中国税制改革与发展编辑部 ● 编

2023
中国税制改革论文集

2023 ZHONGGUO SHUIZHI GAIGE LUNWEN JI

辽宁大学出版社 | 沈阳
Liaoning University Press

图书在版编目（CIP）数据

2023中国税制改革论文集/中国税制改革与发展编辑部编. --沈阳：辽宁大学出版社，2024.3

ISBN 978-7-5698-1383-8

Ⅰ.①2… Ⅱ.①中… Ⅲ.①税收改革－中国－文集 Ⅳ.①F812.422-53

中国国家版本馆CIP数据核字（2023）第156119号

2023中国税制改革论文集

2023 ZHONGGUO SHUIZHI GAIGE LUNWEN JI

出 版 者：	辽宁大学出版社有限责任公司
	（地址：沈阳市皇姑区崇山中路66号　邮政编码：110036）
印 刷 者：	鞍山新民进电脑印刷有限公司
发 行 者：	辽宁大学出版社有限责任公司
幅面尺寸：	185mm×260mm
印　　张：	37.25
字　　数：	880千字
出版时间：	2024年3月第1版
印刷时间：	2024年3月第1次印刷
责任编辑：	张　蕊
封面设计：	徐澄玥
责任校对：	张宛初

书　　号：ISBN 978-7-5698-1383-8

定　　价：318.00元

联系电话：024-86864613
邮购热线：024-86830665
网　　址：http://press.lnu.edu.cn

《2023 中国税制改革论文集》编辑委员会

顾　问

　　卢仁法　国家税务总局原党组副书记、常务副局长

主　任

　　李永贵　国家税务总局原党组成员、总经济师

副主任

　　刘　佐　国家税务总局税收科学研究所原所长、中国税务学会原副秘书长
　　靳东升　国家税务总局原巡视员、中国国际税收研究会原副秘书长

委　员

　　李文涛　国家税务总局税务干部学院党委书记、院长
　　张有乾　国家税务总局北京市税务局党委书记、局长
　　卢自强　国家税务总局天津市税务局党委书记、局长
　　程俊峰　国家税务总局河北省税务局党委书记、局长
　　齐志宏　国家税务总局山西省税务局党委书记、局长
　　李传玉　国家税务总局内蒙古自治区税务局党委书记、局长
　　许光烈　国家税务总局辽宁省税务局党委书记、局长
　　张鹏飞　国家税务总局吉林省税务局党委书记、副局长
　　田玉山　国家税务总局吉林省税务局局长
　　王跃伟　国家税务总局黑龙江省税务局党委书记、局长
　　马正文　国家税务总局上海市税务局党委书记、局长
　　汤志水　国家税务总局江苏省税务局党委书记、局长
　　龙岳辉　国家税务总局浙江省税务局党委书记、副局长
　　张　健　国家税务总局安徽省税务局党委书记、局长
　　杨　勇　国家税务总局福建省税务局党委书记、局长

范扎根　国家税务总局江西省税务局党委书记、局长
胡苏华　国家税务总局山东省税务局党委书记、局长
孟　军　国家税务总局河南省税务局党委书记、局长
白　渊　国家税务总局湖北省税务局党委书记、局长
曾光辉　国家税务总局湖南省税务局党委书记、局长
王学东　国家税务总局广东省税务局党委书记、局长
刘　虎　国家税务总局广西壮族自治区税务局党委书记、局长
刘　磊　国家税务总局海南省税务局党委书记、局长
黄树民　国家税务总局重庆市税务局党委书记、局长
李　杰　国家税务总局四川省税务局党委书记、局长
丁习文　国家税务总局贵州省税务局党委书记、局长
姜　涛　国家税务总局云南省税务局党委书记、局长
曹杰锋　国家税务总局西藏自治区税务局党委书记、副局长
任　伟　国家税务总局西藏自治区税务局党委副书记、局长
包东红　国家税务总局陕西省税务局党委书记、局长
管振江　国家税务总局甘肃省税务局党委书记、局长
袁继军　国家税务总局青海省税务局党委书记、局长
孙　群　国家税务总局宁夏回族自治区税务局党委书记、局长
孙书润　国家税务总局新疆维吾尔自治区税务局党委书记、局长
闻传国　国家税务总局大连市税务局党委书记、局长
胡立升　国家税务总局宁波市税务局党委书记、局长
张国钧　国家税务总局厦门市税务局党委书记、局长
郑　钢　国家税务总局青岛市税务局党委书记、局长
郭晓林　国家税务总局深圳市税务局党委书记、局长
李宁国　国家税务总局沈阳市税务局党委书记、局长
吕　徽　国家税务总局长春市税务局党委书记、局长
刘晓辉　国家税务总局哈尔滨市税务局党委书记、局长
陈　筠　国家税务总局南京市税务局党委书记、局长
黄　英　国家税务总局武汉市税务局党委书记、局长
杨绪春　国家税务总局广州市税务局党委书记、局长
李杰生　国家税务总局成都市税务局党委书记、局长
王宏伟　国家税务总局西安市税务局党委书记、局长
张惠卿　国家税务总局杭州市税务局党委书记、局长
任　征　国家税务总局济南市税务局党委书记、局长

目　录

税制改革

应用元宇宙实施纳税服务数字化转型的实践探索 …… 国家税务总局广州市税务局课题组（3）
创新驱动发展战略背景下加强研发费用涉税风险
　　管理的研究………………… 国家税务总局广州市税务局第一税务分局课题组（10）
促进共同富裕税收创新的基层实践…………… 国家税务总局四川省税务局课题组（13）
小微企业减税降费获得感影响因子研究
　　——来自C市调查数据的验证 ………………………………………… 李杰生（19）
支持清洁能源发展的税收政策研究
　　——基于四川清洁能源产业发展视角 ……… 国家税务总局四川省税务局课题组（24）
税收视域下浙江自贸区杭州片区发展现状与改革
　　建议 ………………………………………… 国家税务总局杭州市税务局课题组（29）
构建支持光伏产业发展税收政策体系助力实现"双碳"
　　目标 ………………………………………… 国家税务总局四川省税务局课题组（33）
大数据背景下建立自然人纳税信用体系面临的挑战
　　和应对策略 ………………………………… 国家税务总局淮安市税务局课题组（37）
用科学指引和行动指南做好新时代税务工作 ……………………………… 卢李华（43）
推进数字经济时代税收治理变革研究 ………………………………… 王志平　王　静（46）
税收助力项目落地存在的问题与对策 ………………………………… 徐　伟　谭　伟（51）
现代信息技术与税收现代化研究 ……………… 冯光泽　张梦谦　刘建明　展永福（56）
从基层税务机关视角看优化税收营商环境的对策
　　路径 ………………………………………… 国家税务总局高邮市税务局课题组（60）
从税收视角看阜新民营经济发展目标定位及主攻方向 …………………… 闵　峰（64）
从税收视角看海东市绿电行业发展现状 …………………………………… 张习列（68）

从税收视阈谈盘锦"专精特新"企业高质量发展 ……………………………… 王泽忠（72）
促进花都区新能源汽车产业发展的税收政策
　　研究 ……………………………… 国家税务总局广州市花都区税务局课题组（75）
大数据背景下深入推进涉税信用体系建设的研究 ………… 马剑华　林志斌　董李冬（80）
大型国际体育赛事的税收政策研究和建议 ……… 国家税务总局杭州市税务局课题组（86）
发挥税收职能助力宁波建设共同富裕先行市的研究 ………………… 陈光辉　鲁炜（90）
发挥税收职能　持续助力乡村振兴的实践与思考 …………………… 杨长春　吴伟夫（93）
发挥税收职能作用促进共同富裕对策研究 …………………………… 耿韬　刘全（97）
构建我国绿色税收体系的研究探讨
　　——基于浙江省宁波市绿色税收体系分析 ……………………………… 潘一伦（102）
关于我国开征"碳税"的几点思考 ……………………………………………… 邓文英（108）
关于商贸物流行业税收发展情况的思考 ………………… 陈鹏宇　刘颖　邓清华（111）
关于推动研发费用加计扣除政策精准落地的思考 ………… 乙明　梁亚楠　杨羚（114）
关于智慧税务构建与探索的思考
　　——基于用户需求角度 ……………………………………………………… 陈晨（116）
国际税收研究会服务税收主业的实践与思考 …………………………… 王立　李蓬（119）
韩国中小企业税收优惠政策及对我国的启示 ……… 赵福增　刘琳　张婧　刘宝琪（122）
基层税务机关退税减税网格化管理的实践与思考
　　——基于Y区税务局案例 …………………………… 李东波　朱昌云　孙凸（126）
浅谈中国式现代化背景下的税制结构优化 …………………………… 王越　陈映旭（131）
抢抓RCEP机遇促进青岛更高水平发展 ……………………………………… 刘恩源（134）
税收服务重点项目落地助力国家战略实施的实践
　　与思考 ……………………………… 冯光泽　展永福　胡积胜　孙淑梅（137）
税收视角下南沙经济发展现状与展望 ……… 国家税务总局广州市南沙区税务局课题组（140）
税收推动区域协调发展战略研究 …………………………………… 叶华　吴伟夫（144）
新形势下基层税务机关加强保密工作的实践与思考 ………………… 嵇立勋　徐凡（148）
研发费用加计扣除政策助力喀什经济社会高质量发展的
　　路径研究 ……………………… 国家税务总局喀什地区税务局智税丝路课题组（151）
时代变迁视角下的盐税溯源探析及启示 ……………………………… 于云村　朱昌云（155）
智慧税务建设的国际经验借鉴 ………………………………………………… 王玲（161）

增值税

增值税留抵退税政策对企业产品质量的影响
　　——基于 G 市上市公司的分析 …… 国家税务总局广州市税务局第三稽查局课题组（167）
以数电票为抓手推动智慧税务建设的思考 ……………………………… 夏宝杰　张经纬（173）
简析纳税人骗取增值税留抵退税行为的法律责任 ………… 刘少芳　张艳伶　陈　镲（176）
全电发票改革背景下企业涉税风险的形成与防范 … 吴飞洋　时　磊　胡　莹　戴铭韬（180）
我国现行增值税留抵退税制度运行效应及问题研究
　　——以常州市为例 ………………… 国家税务总局常州市武进区税务局课题组（183）
从深化增值税改革工作着眼浅看我国税制改革趋势 ………………………… 陶海明（187）
《中华人民共和国增值税法（草案）》修订应明确有关权限和期限 ……………… 贾　军（191）

所得税

关于实行限制性股票股权激励计划有关所得税处理的探讨 … 郑　艳　涂　珍　赵　谦（195）
加强高收入、高净值人群个人所得税管理和服务的
　　研究 ……………………………………… 国家税务总局天河区税务局课题组（198）
深化企业、个人所得税税制改革的研究 ………………………………………… 华静静（202）
应对我国少子化、老龄化社会的税收政策研究 …… 赖　健　刘　波　艾　玲　李朝富（205）

房地产税

基于共同富裕视角的我国房地产税改革研究 ………………… 张红兵　孙新军　谢　芳（213）
对土地增值税车位（库）清算管理的问题分析与实践思考 … 施吉华　赵廷喜　简萌萌（217）
税收视角下的射阳县房地产业发展现状及税收分析 ………… 顾仁群　陈洪波　魏书文（221）
土地增值税清算中认定房产销售价格明显偏低的几个问题 …………………… 耿东玉（228）

消费税环境保护税及其他

以高质量征缴助推企业职工基本养老保险全国统筹 … 国家税务总局广州市税务局课题组（233）

白酒消费税改革的国际借鉴及建议 ·············· 国家税务总局四川省税务局课题组（240）
关于石化行业消费税征管的思考 ································· 戚慧通（244）
灵活就业人员社会保险制度问题及解决路径研究 ··· 张 弓 董战山 张 婧 韩 东（248）
印花税政策实施中需要明确的问题及建议 ······················ 许建国 殷国斌（252）

税收征管

非税收入管理的国际借鉴研究 ·············· 国家税务总局四川省税务局课题组（257）
纳税服务智能化探索与实践
　　——以浙江"12366"智能咨询建设为例 ········ 国家税务总局杭州市税务局课题组（261）
征管改革背景下的基层税收风险管理研究
　　——以 G 县税务局为例 ··· 何国栋（264）
清单式分类分级管理对基层税收征管效率的影响
　　——基于对基层税收征管模式改革的
　　　研究 ·············· 国家税务总局广州市白云区税务局课题组（268）
构建智慧税务监管面临的挑战与对策 ···························· 吴 昊 徐亚军（272）
协同共治背景下个人出租屋税费征管问题
　　及对策 ·············· 国家税务总局广州市海珠区税务局课题组（277）
大企业税收治理服务改革研究 ··· 汤景流（281）
大数据时代基层税务机关税收征管问题思考与研究 ······················ 王晓刚（284）
"三三制"基层税务机关征管改革研究 ································· 隋焕新（289）
以"三项清单"为指引争当服务盐城市高质量发展排头兵 ·················· 陈扬清（293）
从税收视角看税源高质量发展的路径研究
　　——基于周口市经济税收数据实证分析 ······················ 崔玉亮 陈曙光（296）
在大企业纳税服务中推进内控体系建设的思考
　　——以第一税务分局服务新奥集团智慧税务平台实践为例 ······· 刘 伟 高 曼（304）
对加强集中深度分析的思考和建议 ···································· 杨广胜（307）
防范重大税收风险研究 ··· 丁 峰 胡玉杰（310）
新时期非税收入征收管理的研究 ·································· 卓玉梅 吴明烦（314）
关于加强税收征管改革的研究 ···································· 施吉华 赵廷喜（317）
淮安税费服务运营中心建设的思考与实践 ···························· 侍 伟 李笑冬（321）

基层税务机关征收非税收入面临的困境及解决路径 ………… 辛正平 于 坚 姜 明（325）
基层税务机关风险管理实体化运行的现实困境
　　与对策 ………………………………… 国家税务总局溧阳市税务局课题组（329）
加强机制建设推进县局实体化运行的实践与思考 ………… 王春生 龚韵晴（333）
纳税人满意度影响因素分析及对策建议 …………………… 朱志兵 汪 洋（337）
广州市电商平台税收现状和发展建议
　　——以WP会、J商城和T超市三个电商平台
　　　为例 …………………………… 国家税务总局广州市增城区税务局课题组（341）
深化税收征管改革路径分析
　　——以四川某市为例 ………………… 四川省南充市国际税收研究会课题组（345）
实干为要　砥砺前行　赋能税务服务高质量现代化 ……… 何光荣 吴伟夫（348）
税收征管理论和实践研究 …………………………………………… 曾兰香（351）
提升劳务派遣行业税收征管质量的思考 …… 国家税务总局宁波前湾新区税务局课题组（355）
全面建成税收营商环境最佳体验区域研究 ………………… 匡 鹏 吴伟夫（358）
"以数治税"背景下提升纳税服务质效的思考 ……………………… 王 伟（363）
在减税降费新形势下关于如何把握组织税费收入质量的
　　探讨 …………………………………………… 丁东生 谢 芳 罗欣然（367）
支持民宿业发展的税收征纳模式研究
　　——以从化区民宿业发展为例 ……… 国家税务总局广州市从化区税务局课题组（370）

税务稽查

大规模减税背景下税务稽查风险管理
　　研究 ……………………………… 国家税务总局上海市税务局第二稽查局课题组（377）
加强税务稽查精准监管的思考 ……………………… 张红兵 刘以堂 王志宝（381）
跨区域稽查局管理模式优化研究
　　——以辽宁省某市税务局跨区域稽查局为例 ……………… 罗成伟 陈博妹（384）
以税源管理为主链推进征管体制改革的实践与思考 … 李晓平 张 牧 江 滢 闵 燕（388）
关于完善实名办税制度的思考 ……………………………………… 李清泉（392）
浅议对虚开增值税专用发票行为的智慧稽查与精准打击 …… 李国庆 张艳伶 陈 镔（395）

涉外税收

"一带一路"税收征管合作机制落地见效的基层思考 ………………………… 虞华荣（401）
"专精特新"企业国际税收服务与管理探讨 …………………………………… 杨 洛（404）
低碳绿色税收体系国际比较研究 ………………… 谭婷元 鹿洪源 崔昊力 谭 伟（408）
RCEP对转让定价的影响及建议 …… 国家税务总局广州市税务局第二税务分局课题组（415）
我国非税收入管理研究 ……………………………………………………… 张法德（420）
基于交互式分析方法在基层税务机关出口退税风险管理中的应用研究
　　——以广州市番禺区为例 ……………… 国家税务总局广州市番禺区税务局课题组（423）
全球最低税实施难点研究 ……………………………… 袁金才 沈 涛 周栻吉（436）

税收法治建设

探索建立"协同共治、源头防控"内控监督新机制 … 国家税务总局广州市税务局课题组（441）
关于进一步推进税务机关精确执法的几点思考 ……………………………… 张剑虹（445）
关于认定税务人员玩忽职守罪的思考与建议 ………………………………… 刘焕龙（448）
"明股实债"的税务处理争议研究 ………… 国家税务总局广州市荔湾区税务局课题组（453）
大企业税收遵从面临的挑战与对策
　　——以H市为例 ……………………… 杨向军 郁 典 任 毅 周 伶 李云青（458）
"互联网+"背景下税收治理畅想 ……………………………………………… 李明春（462）
基层税务机关执法的确定性与统一性研究 ……………… 瞿卫国 王云峰 于 叶（466）
加强税务行政执法风险管理的思考 …………………… 沈建华 冯定成 沈洪波（469）
县域税务落实"一体化"综合监督体系的实践路径研究 ……………………… 胡玉杰（473）

职工队伍建设

优化组织绩效和个人绩效衔接机制的实践与思考 … 江苏省淮安市国际税收研究会课题组（479）
发挥党建引领作用　聚焦税务主责主业
　　——努力推进盐城税务税收服务高质量发展 ………………………………… 卢李华（483）

目 录

关于基层税务机关发挥双重领导优势
　　创建"首善党支部"的探索 …………… 国家税务总局北京市密云区税务局课题组（486）
基层税务干部思想政治工作的实践和思考 ………………………………… 武　琼（489）
如何把党建绩效"软指标"变成"硬约束"?
　　——基于H市税务局党建责任考核体系的
　　　　案例观察与思考 ……………………… 张　杰　张晓惠　朱亚兰　张　震（492）
基层税务系统思想政治教育工作研究 ……………………………………… 孙　敏（497）
智慧税务背景下的青年干部培养研究
　　——以广州市越秀区税务局青年干部
　　　　培养工作为例 ………………… 国家税务总局广州市越秀区税务局课题组（500）
新时代税务机关强化思想政治工作与推进模范机关建设路径初探 ……… 庞　斌（505）
加强县级税务机关党建工作的思考 ………………………………………… 王　军（509）
高举伟大旗帜　谱写崭新篇章　为推动税收事业高质量发展建强人才队伍 … 李云鹏（512）
完善基层税务机关"双带头人"机制建设的实践
　　与思考 …………………………………… 张　杰　陈前龙　徐　静　韩　婷（515）
浅论青年税务干部的培养 …………………………………………………… 邹积安（519）
"党旗红"引领"税务蓝"全力打造高素质专业化税务铁军 ……………… 李晓峰（523）
当前基层税务机关思想政治工作存在的主要问题及对策探索 … 孙贵康　周　斐（526）
奋楫争先展现新作为　实干笃行谱写新篇章 ……………………………… 李文芳（530）
关于加强基层税务干部队伍建设的思考及建议 ………………… 李　鹏　宗　瑶（534）
关于新时代税务现代化人才库建设的思考 ………………………………… 吴伟夫（537）
基层税务机关全面从严治党工作存在的主要问题及改进建议 … 陈韶军　周　斐（541）
基层税务机关党建和队伍建设的思考
　　——以金坛区税务局为例 ……………………… 詹必涛　丁爱华　张兰英（544）
加强对基层青年税务干部教育和监督的思考 …………… 杨坤勇　程　垠　朱旭东（547）
加强基层税务机关政治建设的思考 ………………………………………… 胡　巍（550）
浅析如何从严从实加强青年税务干部教育和监督 ……… 刘春阳　徐志峰　吴　静（553）
树清正家风　养浩然正气 …………………………………………………… 王绪友（557）
税务机关组织文化与党建工作融合共建的实践与思考 …………………… 丁向阳（561）
推进税务系统"六位一体"全面从严治党新格局向基层延伸的几点思考 … 万　鹏（564）

新时代全面推进建设清廉机关、创建模范机关的路径办法研究
　　——基于浙江税务系统近年来的实践与思考 …………………………… 周凯姗（567）
新时期税务系统青年干部培养路径探析 ………………… 蒋　红　戴启庚　温　罡（570）
新时期税务青年干部发展路径研究 ………… 国家税务总局射洪市税务局调研课题组（574）
新形势下基层税务部门政务信息工作问题分析及路径选择 ………… 任　林　胡英杰（577）
铸造党建"强引擎"　聚合发展"税力量" ………………………………… 吴　俊（581）

税制改革

应用元宇宙实施纳税服务数字化转型的实践探索

国家税务总局广州市税务局课题组

一、元宇宙的内涵与应用前景

2020年以来，伴随着区块链、人工智能、物联网等技术的推进，元宇宙逐渐进入公众的视野，并呈现出超乎想象的爆发力。国内外各大科技巨头纷纷布局元宇宙，在元宇宙赛道上奋力"起跑"。

（一）元宇宙相关概念

1. 元宇宙的概念

元宇宙目前仍处于起步阶段，学界和业界都在积极研究、探索它的内涵与应用场景。研究者普遍认为，元宇宙将与日常生活、社会经济、商业活动等现实世界紧密结合，如图1所示。元宇宙是具备新型社会体系的数字生活空间，具备虚实联动、沉浸体验、去中心化、用户创造、强社交属性、经济系统等关键特征。其中，清华大学新闻学院沈阳教授在《2020—2021年元宇宙发展研究报告》中的定义较为全面："元宇宙是整合多种新技术而产生的新型虚实相融的互联网应用和社会形态，它基于扩展现实技术（AR）提供沉浸式体验，以数字孪生技术生成现实世界的镜像，通过区块链技术搭建经济体系，将虚拟世界与现实世界在经济系统、社交系统、身份系统上密切融合，并且允许每个用户进行内容生产和编辑。"

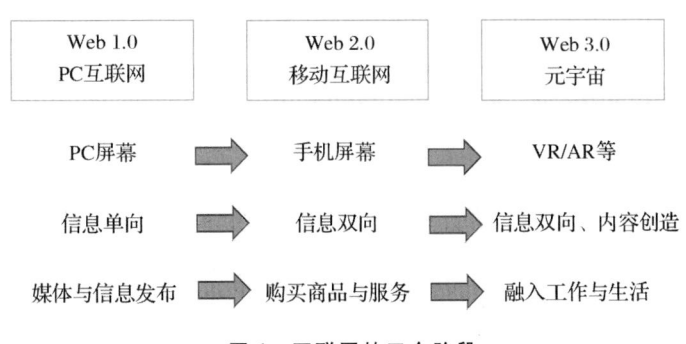

图1 互联网的三个阶段

2. 元宇宙中的虚拟数字人

在虚实融合的元宇宙中，大部分的体验都围绕用户的网络化身展开。这个网络化身就是具有数字化外形的虚拟人物，即虚拟数字人。它被视为人们进入虚拟"元宇宙"的入口。

目前，主流的虚拟数字人可以按形象和功能进行分类：根据形象分类，当前市面上主流的虚拟数字人可以分为2D卡通、3D卡通、3D高写实、真人形象四种类型。

根据功能类型分类，数字人分为交互型数字人和非交互型数字人。非交互型数字人是播放预先生成的人物语音、动作画面。交互型数字人根据驱动方式的不同可分为智能驱动型和真人驱动型。智能驱动交互型数字人预先通过人工智能技术训练，由数字人智能生成语言、动作，跟用户进行实时互动。真人驱动型数字人通过动作捕捉采集系统将真人的表情、动作投影到虚拟数字人形象上，由真人操控虚拟人与用户进行实时交互。

在成熟技术的有力支撑下，虚拟数字人率先成为近两年来元宇宙概念的应用爆点，广泛应用于元宇宙生态中，并逐渐进入各行业领域，如影音娱乐、媒体传播、数字员工和政务服务等领域。虚拟数字人具备"分身"能力，且标准统一、质量稳定，能够突破时空、场地的限制，提供面对面有温度的服务。

（二）纳税服务应用元宇宙的现实意义

2022年6月，国务院印发《关于加强数字政府建设的指导意见》提出，以数字政府建设全面引领驱动数字化发展。在元宇宙作为数字经济众多业态发展的新方向、新趋势下，应用元宇宙对于推动税收征管、纳税服务数字化转型、助力智慧税务建设等方面具有重要意义。

在数字化时代，纳税人的生产、生活、娱乐会逐步与元宇宙接轨，在元宇宙里获得优质、高效、智能的税费服务成为一种预期。因此，税务部门必须提前布局，应用元宇宙积极探索纳税服务数字化转型升级。在元宇宙中，可基于数字孪生技术生成现实世界实体税务局的镜像，借助拥有人工智能大脑的税务虚拟数字人，通过扩展技术为纳税人提供沉浸式服务体验，从"在线"体验变为"在场"体验，为纳税人提供涵盖多维度感官的服务，使得虚拟空间的纳税服务达到现实中面对面服务的相似效果，营造优质、高效的税收营商环境。

二、税务在元宇宙中的应用设计

（一）体系架构

如图2所示，元宇宙税务的体系架构包含五个层次。

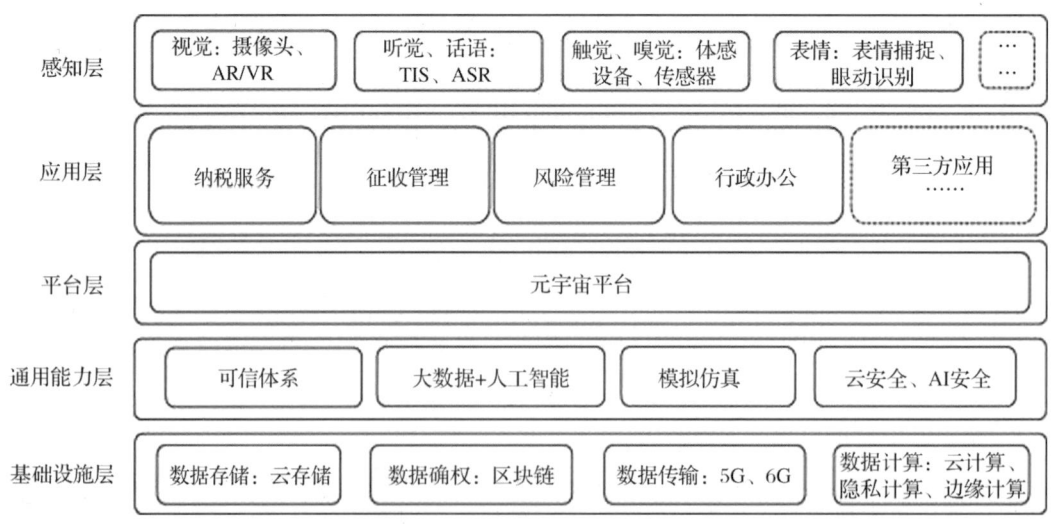

图2 元宇宙税务的体系架构

基础设施层。基础设施层由云存储提供对数据进行存储的功能，由区块链提供对数据进行确权的功能，由5G、6G技术提供数据传输功能，再加上云计算、隐私计算、边缘计算提供的计算功能组成了对数据进行存储、处理、传输的基础功能群。

通用能力层。通用能力层提供支撑元宇宙运作的通用能力，包括提供"实名、实人、实证"在线安全认证的可信身份认证体系、提供自然语言处理等人工智能处理能力的人工智能模块、实现虚拟数字人等模拟仿真功能的模拟仿真模块，以及保障安全的云安全、人工智能（AI）安全模块。

平台层。平台层即各大元宇宙平台，主要提供承载元宇宙应用的业务标准和技术标准的接入功能。随着元宇宙技术的不断进步，各平台将逐渐由原来分散化、单行业、多中心、小生态的状态，进化到跨平台、跨行业的生态互通与融合的状态，形成聚合式的元宇宙生态体系。

应用层。应用层实现税务在元宇宙中的各种功能，是税务元宇宙应用的直观展现，其既包括税务机关提供的纳税服务、征收管理、风险管理、行政办公等模块，又包括税务部门与各外部单位合作推出的第三方应用模块。

感知层。感知层为用户的应用入口，应用层的各种应用在这一层触达纳税人等各种终端用户，并为用户提供沉浸式体验。包括通过摄像头、增强现实技术（AR）、虚拟现实技术（VR）等技术提供的视觉感知模块；利用文本语音转换技术（TTS）、自动语音识别技术（ASR）实现跨模态的信息传递等。

（二）应用设计思路

在元宇宙中开展税务领域的应用要具备以下要素。一是空间。提供线上办税空间，线上办税空间是现实办税服务厅的虚拟镜像，不仅有实体办税服务厅的"在场"感，还能增强实体大厅无法达到的体验。二是人。打造税务虚拟数字人，其被赋予人工智能的智慧大脑，且能被训练出不同智慧、不同个性。三是身份。税务账户是纳税人在虚拟空间中的唯一身份识别，能够记载纳税人在元宇宙中发生的一切，包括日常生产经营中的资金流、物流、行为流数据。四是数据。元宇宙中涉税数据均上链存储，包括纳税人日常生产经营行为数据、办税数据、涉税资料数据等均可实现链上存储。五是程序。基于税收业务逻辑，完善涉税事项可量化的裁量基准，借助区块链智能合约技术实现涉税业务的智能化、自动化处理。以上五个要素构建完成后，可以开展应用探索。

1. 为纳税人提供沉浸式的涉税体验

沉浸式体验是元宇宙的重要特征，它代表着从互联网时代的"在线"转变为元宇宙时代的"在场"，可以在满足线上服务同时覆盖人们在视觉、听觉、触觉等感官的体验需求。

（1）见屏如面的"全真"咨询、辅导、约谈。在元宇宙中进行"在场"约谈可以免除纳税人上门的烦琐，通过还原真实的亲临感、空间感，让纳税人的线上交互更加有温度。

（2）足不出户的"全真"涉税事项办理。元宇宙世界里，纳税人可以随时随地戴上设备进入办税服务厅的虚拟空间，办理涉税业务。一方面，传统实体办税厅与虚拟办税厅的融合实现小空间大容量；另一方面，虚拟办税空间可以突破现实的限制，引入多样的场景与布局，或者用户还可以创建自己的虚拟办税空间。

（3）沉浸式的"全真"税务学堂。元宇宙税务学堂同样不受时空限制，强调沉浸感，税收业务可以在数字空间里进行仿真模拟。例如，一位从未体验过全电发票的纳税人可以在虚拟空间中模拟销方与购方的交易过程，并在税务虚拟数字人的辅导下获得授信额度，将发票开出并交付给对方。

2. 推进信用评价标准量化和开放生态引导纳税遵从

元宇宙的精髓之一在于区块链的去中心化特性，去中心化也意味着摒弃过去"以税务机关为中心"对纳税人进行管理的观念，认识到税务机关与纳税人之间是平等的关系。以接纳的态度，创造开放的环境，将公众智慧经过分析、改良吸收到自身系统中。例如，每个纳税人都拥有一个链上的纳税信用等级账户，其日常活动中所产生的涉税信息及涉税行为都可转换为纳税信用等级账户中的信用值的增加或减少，同时纳税信用值数据与外部门还能交换共享，使纳税信用值为纳税人的生产经营活动带来便利，进而推进整体社会信用体系的构建，引导纳税人自觉提高纳税遵从度。在纳税信用评价标准统一量化的基础上，建立纳税人对税务机关的服务评估机制及反馈机制，鼓励公众参与优化办税服务，并将公众的贡献转化为纳税信用值。建立代币机制，纳税信用值可兑换元宇宙税务社区中的代币，纳税人获得代币后可以以代币换取纳税服务权益，甚至换取银行贷款资格等更实在的利益，以此激发纳税人参与，培养纳税人的认可和信任。

三、税务在元宇宙中的应用成果——以广州税务纳税服务场景为例

按照前文元宇宙税务应用蓝图的总体规划设想，结合元宇宙技术的发展现状，课题组认为，现阶段元宇宙税务应用可先从空间、人和信任体系等方面搭建底层框架，结合实际工作需要探索逐步引入不同应用场景。

下面以广州税务在虚拟数字人和元宇宙办税厅的应用实践经验为例，探讨现阶段如何着手推进元宇宙税务应用的业务领域和场景探索。

（一）税务虚拟数字人项目实践

为将智能应答机器人应用到税费咨询服务中，更好地融入金税四期的智能体系，广州市税务局全力以赴实施税务总局交办的智能应答机器人验证项目，探索构建了智能应答三层架构，在此基础上梳理了一套智能税费知识库、建设了一个智能应答机器人"税宝"和拓展了若干个智能应答应用渠道。与此同时，从形象、大脑两个层面探索构建税务虚拟数字人，以税务卡通形象为原型，设计税务虚拟数字人的形象，搭载"税宝"的智能大脑，实现智能驱动和真人驱动两种类型税务虚拟数字人，在不同领域、多个渠道的上线与应用。

1. 税务虚拟数字人的形象

以纳税服务在用形象代言人"穗悦棉畅"家族中的女税官的卡通形象为基础，打造了一个3D卡通形象的虚拟数字人"悦悦"。"悦悦"能够与用户进行实时交互并智能匹配说话时的嘴型做配套的肢体动作，基本满足日常交互需要。

2. 税务虚拟数字人的大脑

虚拟数字人"悦悦"属于"智能驱动＋真人驱动"混合型虚拟数字人，一方面搭载了税务智能应答机器人"税宝"的智慧大脑，能够与用户进行实时交互，解答税务领域问题；另一方面，也可由后台税务人员直接驱动，作为广州税务对外宣传交流的统一虚拟形象代言人。

智能应答机器人"税宝"目前主要在税务智能咨询方面进行了探索实践，构造了税务智能应答三层体系架构，包括知识资源层、知识搜索层和交互操作层，如图3所示。为了让智能应

答机器人"听清""听懂""答对"用户的税费咨询问题,设计者利用语音识别(ASR)和语义解析(NLP)等人工智能技术,建立了一个强大的税务智能咨询应答引擎,如图4所示。通过不断训练语音识别(ASR)模型、语义解析(NLP)模型,帮助税宝"听清""听懂""答对"税务问题。

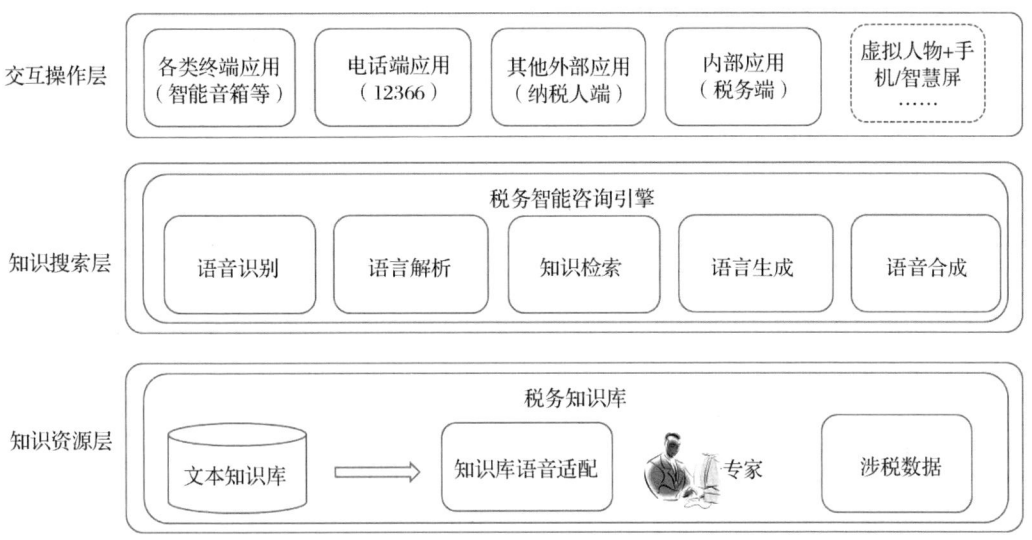

图 3 智能咨询应答体系架构图

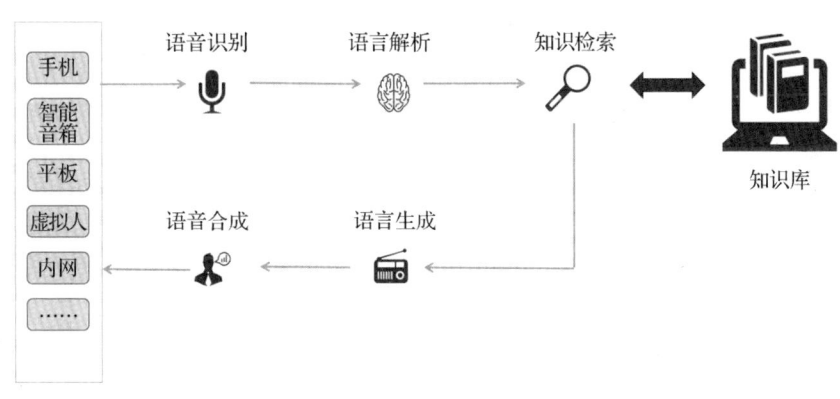

图 4 智能咨询应答引擎

3. 税务虚拟数字人的应用

(1)虚拟数字人提供智能咨询服务。基于智能咨询应答体系的总体规划,虚拟数字人"悦悦"在广州市税务局网站、广州税务微信公众号、电子发票服务平台等渠道上线应用,为纳税人缴费人提供咨询服务。2022年,虚拟数字人"悦悦"为纳税人、缴费人提供智能咨询服务量超过200万件。

(2)智能制作虚拟数字人税宣产品。运用税务虚拟数字人"悦悦",以"悦悦"单独播报、税务人员与"悦悦"一问一答对话等多种形式,从以往耗时费力的人工录制转变为脚本导入智能制作,快速生成各类涉税主题宣传视频,通过微信视频号、官方微博、抖音等社交媒体进行传播，并制作课件用于纳税人学堂，丰富了纳税人学堂的趣味性，受到纳税人、缴费人的广泛好评。

（3）虚拟数字人提供智能导税。目前，广东省税务局已推广应用的 V-Tax 远程可视化办税平台，能够支持税务人员与办税人员实时音视频互动，并办理涉税业务。通过将税务虚拟数字人"悦悦"部署到 V-Tax 平台，实现拟人化的智能导税。当办税人员使用 V-Tax 时，首先由智能驱动型的虚拟数字人解答办税人员的通用咨询，当智能机器人解答不了或办税人员要办理具体业务时，再转接真人驱动的虚拟数字人。

（4）虚拟数字人进驻实体办税服务厅。将税务虚拟数字人"悦悦"部署到办税大厅现有的导税旋转屏中，用于解答纳税人的现场咨询。

（二）元宇宙办税服务厅项目实践

广州市税务局在税务虚拟数字人实践成果的基础上，进一步探索构建广州税务元宇宙办税服务厅。

1. 元宇宙办税服务厅总体介绍

借助现有成熟的元宇宙社区构建的元宇宙办税服务厅，为纳税人带来全新的办税体验。广州税务以某实体办税服务厅为蓝本，根据元宇宙空间特点对外观和内部布局设计进行调整优化，打造广州税务元宇宙办税服务厅。纳税人进入大门，通过金税四期统一的身份管理认证后，就能进入元宇宙办税服务厅办理业务和享受纳税服务。这里有咨询辅导区、办税服务区、税收宣传区等功能区域，能基本满足纳税人办理税费业务、咨询涉税费事项、征纳双线联动等需求，实现 7 天×24 小时"沉浸式"办税。

2. 元宇宙办税服务厅主要功能

（1）办税服务。目前，元宇宙办税服务厅可以提供办理纳税证明、发票领用、社保停保等业务。如涉及其他需要审核的非即办涉税事项，前台智能驱动税务虚拟数字人会推送到后台审核环节，接下来是流程机器人自动审核或真人驱动人工审核。必要时，税务人员可以通过虚拟数字人与纳税人发起对话，进一步询问纳税人申请事项信息，让纳税人在虚拟办税厅实现"无感"办税。

（2）智能咨询。在咨询辅导区，将智能驱动的税务虚拟数字人"税宝"融入元宇宙办税厅空间，其借助税务虚拟员工的角色进驻并提供全天候在线咨询服务。

（3）宣传展示。在税收宣传区，构建大型的税宣作品展示墙，纳税人可清晰看到三维宣传画上的文字和图片，点击画面还可以看到内容详情、税宣短视频等。此外，电子翻页书还提供不同类别的税收政策指引。在游戏活动区，纳税人可以通过税费知识问答练习、闯关和对战等模式积累积分，达到一定积分后即可兑换限量版税务形象卡通数字藏品（NFT）。

（4）会议培训。元宇宙办税厅也搭建了会议室场景，用以召开新的组合式税费支持政策宣讲会、粤港澳大湾区税企座谈会等会议，纳税人可使用移动终端化身虚拟数字人参加元宇宙会议，任意缩放画面与切换不同视角，既可以看着 PPT 课件播报和主讲人讲话，又可以通过语音、动作与其他"数字化身"开展交流。纳税人还可随时提出疑惑，虚拟数字人也会实时提供相应答复。

四、税务顺应元宇宙发展趋势的建议

（一）强化元宇宙税务应用技术储备

目前，元宇宙技术应用仍处在初级阶段，税务部门应认真总结近年来数字化和智能化转型的好经验、好做法，继续深化大数据共享应用、区块链技术应用、发票电子化改革、智能型个性化服务等项目的推进实施，同时在人工智能、Web3.0、数字孪生、人机交互等新技术上加快创新步伐、加大创新力度，持续深化元宇宙相关技术在税务领域应用的技术储备。虚拟数字人是元宇宙的基础之一，税务部门也应持续探索税务虚拟数字人的应用升级，一方面呈现更加丰富的税务虚拟数字人形象，另一方面加强对虚拟数字人的拟人化、个性化训练，为不同业务领域、不同类型的纳税人提供精准服务。

（二）以强化跨部门协作为基础构建元宇宙税务生态体系

推进"税务＋元宇宙"落地应用要坚持系统性思维，通过强化跨部门协作和社会协同，规范数据采集、脱敏、传输、存储、处理、共享、销毁等全生命周期，提升基础设施安全防护水平，增强重点数据和个人信息的安全保障能力，并在此前提下，不断推进元宇宙中政务数据开放共享，持续深化拓展税收共治格局，以服务智慧政务、智慧城市建设为落脚点，建立开放、合作、统一的元宇宙政务一体化生态体系。

（三）构建元宇宙经济税收法律监管体系

数字经济和新技术蓬勃发展，建议将元宇宙新经济纳入税收法律监管体系。目前，元宇宙经济活动中的征税主体、课税客体等法律要素性质不明，立法缺失导致难以对元宇宙经济主体进行税收监管。虚拟资产权属和转移、NFT资产属性和产权、元宇宙平台运行等核心问题亟待税收法律的落地监管，需要定义元宇宙经济新业态下的税收关系与税收要素，从而构建元宇宙经济税收法律监管体系。

课题组组长：杨绪春
课题组副组长：韩流柱　陈汉钗
课题组成员：邓耀良　叶家成　梁其辉　蔡培文
　　　　　　李菡　　纪丹妮　黄馨逸　褚雪梅　何文山

创新驱动发展战略背景下加强研发费用涉税风险管理的研究

国家税务总局广州市税务局第一税务分局课题组

一、基本概念

（一）研发活动的概念

税收、科技及会计方面均对研发活动进行界定，判定标准不尽相同，在此只就税收方面对研发活动的界定进行介绍。厘清研发活动的概念，有助于正确理解和把握研发费用加计扣除政策。财政部、国家税务总局、科学技术部印发《关于完善研究开发费用税前扣除政策的通知》（财税〔2015〕119号）第一条规定："研发活动是指企业为获得科学与技术新知识，创造性运用科学技术新知识，或实质性改进技术、产品（服务）、工艺而持续进行的具有明确目标的系统性活动。"

（二）研发费用加计扣除的概念

加计扣除是企业所得税的一种税基式优惠方式，一般是指按照税法规定在实际发生支出数额的基础上，再加乘一定比例，作为计算应纳税所得额时的扣除数额。例如，对企业的研发支出实施加计扣除，则称之为研发费用加计扣除。

研发费用加计扣除与研发费用据实扣除两者存在以下不同点：一是行业限制不同。享受研发费用加计扣除的企业有行业负面清单的限制，而研发费用据实扣除的企业则没有行业负面清单的限制。二是研发费用范围不同。享受加计扣除的企业研发费用范围限于财税〔2015〕119号文件列举的6项费用及明细项，而实行税前据实扣除的企业研发费用范围按照财务会计制度的规定进行确定。

二、主要涉税风险

一是行业判定不严谨。根据财政部、国家税务总局、科学技术部印发《关于完善研究开发费用税前加计扣除政策的通知》（财税〔2015〕119号）第四条，属于负面清单行业的企业不能享受研发费用加计扣除政策。部分企业只关注税务登记中关于所处行业的判定，而忽略主营业务收入的实际业务性质，对自身所处行业出现误判，从而错误适用研发费用加计扣除政策。

二是活动定义不准确。根据财政部、国家税务总局、科学技术部印发《关于完善研究开发费用税前加计扣除政策的通知》（财税〔2015〕119号）第一条第（二）项，一般的知识性、技术性活动不适用加计扣除政策。部分企业缺乏对研发项目合规管理，忽视对研发活动的实质性进行把控，因而无法准确把握某项目是否属于研发活动，将一般的知识性、技术性活动与研发活动混淆。

三是费用归集不合理。关于研发费用的归集，总局及其他相关部门出台多份政策文件，其中以《国家税务总局关于研发费用税前加计扣除归集范围有关问题的公告》(国家税务总局公告 2017 年第 40 号) 为主，对研发费用包含的各项明细内容进行一一划分及限定。由于加计扣除政策对于研发费用的归集口径与高新技术企业认定的口径、会计核算的口径不尽相同，因而产生的差异直接影响了费用归集的合理性。

三、成因分析

研发费用加计扣除税处理的关键是做好事前的策划工作并注重其他税收优惠政策与研发费用加计扣除的配合作用，而部分企业的财务系统管理效率有待提高。

一是部门沟通不充分。研发费用的核算主要由财务部门负责，但企业发生研发活动的主要部门为研发部门而不是财务部门，因而企业的税务管理制度可能不够完善。研发费用加计扣除离不开财务会计与税收理论知识的帮助，同样需要企业具备完善的财务管理系统。就目前而言，许多企业财务工作模式过于传统，大部分工作都由财务部门统一筹划，未能对其进行精细化管理。一些满足加计扣除政策标准的项目与其他项目混杂在一起，未能明确区分，企业研发费用的归集不准确，对于费用的核算方法也并不全面，使得在实际工作中时常出现账目混乱的现象，影响了后续费用的加计扣除，也有可能导致企业存在税务问题的风险。

二是政策把握不全面。企业对于政策的理解可能不够全面，对研发费用加计扣除优惠政策的准确落实存在一定阻碍，企业在享受税收优惠政策时会逐步出现各类问题。因此，应当发挥政策的导向作用，规范备案核算过程并提高从业人员水平。目前，未有相关制度要求对企业研发活动、资本和费用的投入进行明确规定和监管，企业整体资本投入及费用支出均由企业自身把控。这也会加大企业在税务上存在问题的风险。

三是人员配合不到位。由于研发费用加计扣除流程比较复杂，工作内容也较为烦琐，在项目申报审批环节需要提供相应的计划方案、名单与备案资料，需要大量的人力资源与物力资源。部分企业未对财务人员进行必要的培训提升其综合业务能力，财务人员无法在熟练掌握会计准则、税法的基础上，进行研发费用的财务核算，即使在会计上设置独立的研发费用会计科目也无法确保费用归集的准确性。

四、完善建议

(一) 企业角度

1. 找准"切入点"，提高风险防范意识

在企业风险管理文化的建设中，倡导和强化员工的风险管理意识，通过各种途径将风险管理理念传递给每一名员工，内化为员工的职业态度和工作习惯，在企业内部形成一种风险控制的文化氛围，并将其作为企业文化建设的一个重要组成部分，有机地融入企业生产经营和研究开发过程之中，确保企业能够敏锐地感知风险、分析风险和防范风险。

2. 抓住"关键点"，加强部门联动协作

享受研发费用加计扣除政策优惠需要公司决议、研发合同、会计账簿及科技成果等资料作为依据。由此可见，这一工作并不是单独一个部门可以完成的，需要企业中的多个部门进行紧密的配合。税务风险存在于企业的生产经营、研究开发全流程，税务问题不只是公司财务部门的事情，企业各个部门都应重视税务风险问题。企业应持续不断完善内控制度，建立完善税收法律、法规的收集和研究机制，指定专门人员负责收集适用于企业的税务法律、法规，畅通各业务部门与财务部门的沟通渠道，使各部门及时了解公司可能存在的税务风险点。

3. 立足"支撑点"，优化项目日常管理

企业可通过编号为不同的研发项目命名，按照编号顺序收集、整理项目资料，确保材料保存完整。同时，研发部门要做好研发项目的相关记录，对研发项目的预算、支出、预期验收时间、研发项目小组成员、仪器设备使用情况等信息进行汇总，以便对接财务部门。财务部门及时根据研发项目进度做好研发费用的归集及无形资产的结转，从而提高会计信息的准确度。

（二）税务机关角度

1. 完善政策制度体系，细化流程操作指引

从以上问题的分析可以看出，大多数企业并非出于主观故意、弄虚作假进而达到享受税收优惠的目的，只是苦于没有明确的标准、客观合理的方法去操作，这一客观情况迫切需要国家相关部门进一步完善相关制度，制定详细、切实可行的办法来规范和指引企业，从而鼓励更多徘徊在政策边缘的企业，大胆迈上提升自身核心竞争力的轨道。另外，从企业内部来看，企业的财务人员也需要相关监管部门在政策上给予更好的支持，使符合政策的企业都能享受国家税收优惠政策带来的红利，如科技部门应定期对高新技术企业认定方面的相关政策组织相应的培训，税务部门应及时对企业的财务人员进行辅导，对企业享受优惠的情况从事前、事中到事后进行全程的辅导和监督，帮助企业在享受税收优惠的同时避免税务部门的执法风险。

2. 推进部门联动机制，构建综合治理模式

从企业外部因素看，从研发立项的审批到研发结果的确认，这不单只是看似复杂、烦琐的程序问题，更有专业的高科技成分参与其中，加之高新技术企业是由科技部、财政部和税务部门共同认定的，但最终税务机关却承担着落实优惠、减免税款的责任和税收执法风险。因此，需要当地税务机关进一步加强与科技部门、中介组织、专家小组等部门的紧密配合，切实做到及时沟通、数据共享，确保税收优惠政策落实到位。

3. 执行动态风险监控，兼顾静态日常管理

在日常辅导的前提下，税务机关应对享受税收优惠企业建立有效的服务机制，主动了解和解决企业存在的疑难和困惑，关注和分析企业各报表动态数据的变化，及早发现异常，及时辅导、纠正政策理解和执行偏差。同时，申报享受研发费加计扣除和高新技术企业优惠税率的企业逐年增加，加之两项税收优惠均为备案享受项目。这就要求税务部门必须把日常监管作为管理的重中之重，对同时享受高新技术企业税率和研发费用加计扣除两项税收优惠的企业进行重点审核。

课题组成员：何希文　李丽虹　祝孟勐
　　　　　　　　李业燕　梁哲磊

促进共同富裕税收创新的基层实践

国家税务总局四川省税务局课题组

一、引言

共同富裕是中国特色社会主义的本质要求，是中国式现代化的重要特征。习近平总书记在党的十九大报告中指出，中国特色社会主义新时代，即全国各族人民团结奋斗、不断创造美好生活、逐步实现全体人民共同富裕的时代。2021年8月17日，习近平总书记在中央财经委员会第十次会议上强调，共同富裕是全体人民共同富裕，是人民群众物质生活和精神生活都富裕，不是少数人的富裕，也不是整齐划一的平均主义，要分阶段促进共同富裕。就共同富裕这一党和政府的长期历史任务而言，税收现代化作为中国式现代化的题中应有之意，在共同富裕目标的指引下，如何立足税务部门职能责任，将税收现代化置于党的二十大关于中国式现代化的部署要求中进行系统创新谋划，更好发挥税收在国家治理中的基础性、支柱性、保障性作用，推进国家治理体系和治理能力现代化，使全体人民更好地共享社会经济发展成果将是本研究深入探讨的问题。

二、税收基层实践促进共同富裕的作用机理

税收治理涉及生产、流通、分配、消费各个领域，其筹集财政收入、调控经济、调节分配等职能与促进共同富裕有着天然的逻辑依赖。进一步发挥税收在国家治理中的基础性、支柱性、保障性作用，提升税收治理效能，是推动"全体人民共同富裕取得更为明显的实质性进展"的题中之义和必由路径。

（一）初次分配

按照生产要素对产品的贡献程度进行分配更侧重于效率，促进资源配置效率达到最优是形成共同富裕的基础。首先，税收可以影响要素的相对价格，从而对初次分配产生影响。例如，财产税促使资本进入生产领域，可以提高人均资本数量，降低资本要素相对劳动要素的价格，从而降低资本要素收入者相对劳动要素收入者的收入，最终影响初次分配的结果。其次，社会保障和转移支付可以通过保证机会公平改善初次分配的结果。通过健全社会保障体系和中央对地方的转移支付，推动基本公共服务均等化，消除区域间发展不平衡，让低收入群体学有所教、病有所医、住有所居，使他们有机会积累一定数量的人力资本，更好地参与到社会经济活动中，并获取相应的劳动报酬，以此在初次分配环节保证了共同富裕。

（二）再分配

再分配依靠政府力量进行调节，实现效率与公平的平衡，对于平抑初次分配差距有着重要作用。发挥作用的税费种主要为个人所得税和社会保险费。综合与分类相结合的个人所得税制

度可以降低中等收入群体的实际税负，不断完善专项附加扣除政策则可以提高低收入群体的实际收入，实现"扩中""提低"，控制高收入群体与中低收入群体之间的差距，推进收入分配"纵向公平"。社会保险费制度贯彻社会连带理念，通过缴费分担和待遇支付机制实现社会共济，是国民收入再分配的重要形式。同时，社会保险费制度能有效避免公民因年老、疾病等风险陷入贫困，使其能维持一定的生活标准是推进共同富裕的重要保障。

（三）第三次分配

充分发动社会力量，在自愿基础上，通过募集、捐赠等慈善公益方式鼓励高收入群体和企业回报社会，从而实现社会资源和财富的第三次分配，以弥补前两次分配的不足。同时，高收入群体的捐赠和慈善活动也能满足其本身更高层次的价值需求，通过引导先富人群实现精神富裕从而在社会层面形成效仿效应，是实现全体人民精神共同富裕的重要途径。在第三次分配中，税收政策应发挥激励和引导作用，通过税收政策的优化设计鼓励慈善行为，从而构建一个能够有效促进三次分配的税制环境，整合更多的社会资源以及带动更多的民间财力投入我国的慈善事业中。在促进第三次分配方面，税收是以税收优惠引导为主，主要体现在增值税、企业所得税、个人所得税的税收优惠和纳税扣除上。

三、促进共同富裕：聚焦"做大蛋糕"，助推省域经济高质量发展的四川税务探索

经济高质量发展是实现全体人民共同富裕的物质基础，强调释放市场活力，提高资源配置效率和绿色低碳循环发展。近年来，四川省税务局在创新重点企业税收管理模式、完善绿色税收、护航经济发展等方面综合举措，为推动税务基层高质量发展，服务共同富裕积累了一定经验。

（一）三个集成，撑直"经济脊梁"护航四川优势产业

1. 案例

2021年，四川省税务局紧紧围绕四川打造世界级白酒产业集群战略谋划，率先针对占全省白酒行业收入92.1%的"六朵金花"白酒集团，实施大企业分类分级服务和管理新模式，提升部分复杂服务管理事项层级，创新实现全集团"一户式"集成、全税（费）种"一揽式"集成、全链条"一体式"集成。2021年1—5月，六大白酒集团核心成员企业税收同比增长34.6%。

2. 启示

发展特色产业是地方做强做优实体经济的一大实招。基层税务机关根据地方特色产业特点，因地制宜为特色产业量身打造税收征管与服务模式，能促进产业集群集聚，增大产业的规模经济效应和范围经济效应，从而推进产业集群集约化发展。

（二）生态优先，守好"金山银山"推动城乡绿色发展

1. 案例

坚定走生态优先绿色发展之路，推动绿色低碳产业高质量发展，是四川践行新发展理念、培育发展新动能的主动选择，也是四川保持生态文明建设战略定力、有力有序实现共同富裕的必然要求。

（1）税收优惠政策促进绿色低碳产业健康发展。税务部门从支持环境保护、促进节能环

保、鼓励资源综合利用、推动低碳产业发展四个方面，全面落实支持绿色低碳的税收优惠政策。2018—2021年，四川省清洁能源产业、清洁能源支撑行业、清洁能源应用产业享受节能环保税收优惠年均增幅分别为85.39%、558.83%和73.48%。

（2）税收优惠政策促进绿色低碳产业建圈强链。乐山、成都、宜宾、遂宁、德阳、内江等地水力、生物质能、天然气等清洁能源发电享受节能环保税收优惠金额6.64亿元，占全省的70.57%，有力推进了水、风、光"多能互补"一体化发展，集成开发利用多类型清洁能源。

2. 启示

共同富裕不只是物质上的富裕，而是经济、政治、文化、社会和生态"五位一体"的全面跃升。改善生态能够促进社会福利增加，加快共同富裕的进程。因此，生态文明建设是实现共同富裕的重要一环。

通过落实绿色税制、优化税费服务助力企业决策。税务能够实现两个激发：激发传统经济向现代生态化改造有效转换，激发原始生态资源向现代生态产业高效转化，从而实现绿色低碳发展，提升发展质量。

四、促进共同富裕：紧盯"分好蛋糕"，服务省域经济三次分配的四川税务实践

以调节收入差距为目标，四川税务全面参与省域国民经济三次分配，在初次分配提升劳动要素收入、再分配调节高收入群体收入、第三次分配激励公益事业发展等方面积累了一定的工作经验，为基层税务部门分好发展"蛋糕"，为促进社会正义公平提供了有益参考。

（一）以落实增值税留抵退税为抓手，提升初次分配效率，激发四川经济活力

1. 案例

为提振全省经济活力，四川税务部门用好用足国家政策，从2022年4月开始，对四川小微企业和制造业，科学研究和技术服务业，电力、热力、燃气及水生产和供应业，交通运输、仓储和邮政业，软件和信息技术服务业，生态保护和环境治理业六个行业进行新一轮更大力度的增值税留抵退税。

2. 启示

增值税是政府向企业投入公共产品，然后以要素投入者的身份，同其他要素投入者一道，按贡献大小参与的第一次分配。在第一次分配环节，留抵退税政策调节收入分配的原理为在增强市场主体经营信心中稳定扩大就业，促进产业结构升级，从而提高劳动报酬在初次分配中的比重，促进共同富裕。留抵退税直接促使资金回流企业，化解企业财务困境，为企业纾困的同时稳岗就业，保障劳动要素取得相应报酬。

（二）以合理调节高收入群体为重点，优化二次分配结构，促进社会公平正义

1. 案例

长期以来，党和国家一直坚持要"保护合法收入，调节过高收入，取缔非法收入"。为扎实推进共同富裕，充分发挥税收调节作用，四川省税务局将加强个人所得税股权转让管理作为2022年重点工作之一，围绕落实"四精"要求，立足强化数据支撑，打造股权转让个人所得税全链条管理机制。

2. 启示

调节高收入群体收入是实现共同富裕的重要方向，通过增强对高收入人群的个人所得税征

管力度来调节收入差距成为税务基层扎实推进共同富裕的重要抓手。

（三）以抓优捐赠税收服务为突破，发挥第三次分配作用，激励地方公益事业发展

1. 案例

发展慈善事业、发挥第三次分配作用是助力共同富裕的重要途径。近年来，四川省财税部门出台了有关公益性慈善事业的税收优惠措施，税务机关致力优化慈善捐赠办税流程，为第三次分配贡献了积极影响。

（1）落实公益性捐赠的税收优惠政策。四川省税务局落实企业和个人公益性捐赠所得税税前扣除政策，对企业发生的公益性捐赠支出，在年度利润总额12%以内的部分，准予在计算应纳税所得额时扣除；对个人公益性捐赠额未超过纳税义务人申报的应纳税所得额30%的部分在应纳税所得额中扣除。

（2）优化慈善组织无偿捐赠税收服务。四川省税务机关专注简化办事程序，设计了一套方便捐赠人办理有关减免税的手续，并推出了境外向我国境内依法设立的慈善组织无偿捐赠的直接用于慈善事业的物资，在有关法律及政策规定范围内直接享受进口税收优惠的举措。

2. 启示

税收在第三次分配中的功能定位是适度激励与引导，基层税务机关要紧紧围绕引导财富和资源向第三次分配流动开展工作。与初次分配、再分配相比，第三次分配强调自愿，是前两次分配的有益补充。因此，税收在促进第三次分配中以税收优惠的引导效果最佳。

五、税收基层实践促进共同富裕的问题检视

（一）从理念层面来看，人民至上价值追求践行得还不够突出

"以人民为中心"是党理财治税的思想精髓和推进税制改革的根本政治立场，"取之于民、用之于民"是社会主义税收的本质，"为国聚财、为民收税"是税务机关的神圣使命。党的十八大以来，税收人民性的承载形式和展现形式不断向纵深发展。在扎实推进共同富裕中坚持人民至上的行动方针，要求税务机关必须牢牢树立以人民为中心的发展思想，努力践行党的根本宗旨。

（二）从制度层面来看，现行税制破解共同富裕难题的能力还不够全面

1. 税收法定进程掣肘了税收政策工具的实施效果

税收法定有助于充分发挥税收在推进国家治理现代化中重要作用，有助于优化我国的营商环境，增强税制透明度及确定性。在追求共同富裕目标下深化税收改革，应遵循税收法定原则和税收法治原则，但是我国税收法定的进程未能适应推进共同富裕的步伐。目前，我国共有12个税种完成立法，但第一大税种增值税和对消费有调节作用的消费税等均未通过人大立法，基层没有强有力的执法抓手，面对不配合的企业很难采取合法、强硬的执法手段，工作执法时存在阻碍。

2. 税收制度推进共同富裕作用定位需超越再分配调节

过去，税收制度在推进共同富裕的过程中被过多强调再分配的职能，对扩大社会物质财富职能的论述不多。事实上，税收制度促进共同富裕主要围绕"做大做好蛋糕"和"分好蛋糕"两个层面展开实施，但"做大做好蛋糕"和"分好蛋糕"并不是非此即彼，而是相互统一的关系。这一辩证关系有待贯穿至促进共同富裕税收制度的建设中。

3. 税收尚未充分发挥以促进经济高质量发展"做大蛋糕"助力共同富裕的作用

税收对经济高质量发展的激励机制在于驱动创新发展、协调发展、绿色发展、开放发展，从而使人民共享成果，但我国税制结构和税费设计上的局限限制了税收政策发挥促进经济高质量发展的作用。

（三）从管理层面来看，税费征管保障税收应收尽收服务共同富裕急需深化

不同税务机关间存在征管水平、税费服务、信息技术等差异，虽然国家税务总局有统一的征管规范和纳服规范，但是基层税务征管和服务理解差异大、纳税人和缴费人体验差异大、公共服务体系建设差距大、税收征管成本投入差距大。这种差异不仅体现为东、中、西部差异，也体现在区域内部。与北上广深杭等一线或东部发达地区相比，中西部地区技术力量薄弱、征管理念滞后、征管力量不足。以风险条线为例，虽然已经基本实现数字化，但在应对方面，仍然存在理念较为守旧、方式比较传统等问题，不足以面对日新月异的征管对象。

六、税收基层实践促进共同富裕的创新路径

为扎实推进共同富裕，税收应更加注重制度创新，强化在初次分配、再分配、第三次分配中的调节作用，并以高质量发展促进共同富裕的实现。

（一）坚定人民至上理念，坚持税收法定原则，处理好公平与效率的关系

1. 将人民至上理念贯穿税收工作的始末

共享是中国特色社会主义的本质要求，推动共同富裕是税收人民性的重要任务。习近平总书记强调，要"坚持人民主体地位，做到发展为了人民、发展依靠人民、发展成果由人民共享"。因此，"坚持以人民为中心"是未来我国税收工作开展必须遵循的原则之一。

2. 加强税收立法和执法的协同

税收法定可为市场经济活动提供稳定、明确的营商环境，起到以点带面落实"全面依法治国"的效果。然而，我国尚未建立起完善的税法体系，低位阶的税法规范给税务机关执法带来了诸多不便。鉴于此，我国应进一步完善税法体系，增强税法的权威性和合理性，通过加大税收立法和执法的联动，降低税收成本和执法难度，为税务机关营造良好的执法环境。

（二）聚焦高质量发展，围绕"做大蛋糕"，切实提升税收服务国家治理的效能

1. 完善涉企税制，激发市场活力

增值税领域要加快增值税税率三档并两档进程，降低制造业、交通运输业等重点行业税率，发挥增值税中性原则，降低企业税收负担。适度放宽增量留抵退税条件，完善增值税抵扣链条，用零税率取代免税可能带来的增值税抵扣链条断裂。企业所得税领域针对当前企业所得税"政策多、碎片化"的问题，需要建立更具导向性的所得税体系。具体来说，可以提高企业购置固定资产的税收抵扣标准，提高企业资本积累能力。还可以加大对企业从事国家重点支持行业的税收支持力度，根据国家发展战略调整更新税收政策，确保基础性、先导性产业及时进入税收优惠目录，激发企业生产积极性。

2. 加大税收激励，推动创新发展

推进创新发展的核心是要为创新主体自主创新提供激励相容的税收制度安排，具体包括：简化企业研发费用扣除认定环节，降低企业制度性交易成本；给予投资人研发收益所得一定程度的所得税减免，鼓励资金向研发领域流动；扩大法人企业研发费用加计扣除范围并提高工资

与奖金税前扣除比例，全面激发科研人员的创新能力；放宽小微企业亏损结转年限，对研发培训费用实行税前减免，提升小微企业创新积极性；降低低端制造业抵扣比例，倒逼高耗能、高污染制造类企业加大研发投入，促进产业结构优化升级。

（三）聚焦公平正义，围绕"分好蛋糕"，充分发挥税收调节收入分配的作用

税收调节居民收入差距的主要作用为"削高"，最终体现为中等收入人群规模的扩大，这也成为税收政策在初次分配、再分配和第三次分配中的发力原则。

1. 初次分配中的税收选择

初次分配作为最基本的分配关系，直接关系资本所有者和劳动力之间的利益分配，影响政府再分配的效果。因此，税收政策在初次分配中应主要关注降低生产要素垄断和营造公平发展环境，为再分配和第三次分配夯实物质基础。

2. 再分配中的税收选择

健全直接税体系，提高直接税比重是税收在再分配阶段调节收入差距的重中之重。从个人所得税角度看，改革重点应集中在以下几个方面。首先，继续优化综合所得要素，包括扩大综合所得税范围，将多种渠道取得的各项收入进行汇总征收，提高个人所得税的综合程度。尽可能涵盖纳税人的全部收入，减少综合所得的级次、增加级距，降低综合所得最高税率至世界平均水平，提升横向公平。其次，细化专项附加扣除标准，增加3岁以下儿童抚养扣除内容，提高特殊群体医疗费用扣除限额，放宽赡养老人扣除标准，确保更多群体享受政策红利。最后，加强对高收入人群的收入调节，将高收入人群慈善捐赠支出以一定比例纳入综合所得和经营所得扣除范围，鼓励高收入人群的慈善捐赠行为，以此调节收入差距。

3. 第三次分配中的税收选择

第三次分配突出自愿性、转移性，意在弥补初次分配、再分配的不足。因此，税收在第三次分配中应强调指导和激励属性，以慈善税收政策体系的优化与落实为改革要点。例如，继续优化公益组织享受优惠政策管理办法和免税票证管理流程，完善公益机构的信息披露制度，提升行业自律和行业监管能力，避免税收优惠政策被滥用，出现劣币驱逐良币的情况。为顺应税制改革和慈善事业发展需要，国家出台包括慈善信托税收优惠政策、针对网上捐赠的新的税收优惠政策，引导高收入人群和企业资金流向第三次分配，促进第三次分配的蓬勃发展。

课题组组长：张宏征
课题组副组长：罗　杨
课题组成员：张　海　钟　凯　董　超
　　　　　　　　王　琰　王　硕　李建军

小微企业减税降费获得感影响因子研究
——来自 C 市调查数据的验证

李杰生

一、引言

2015 年，习近平总书记首次提出"要把改革方案的含金量充分展示出来，让人民群众有更多获得感"，此后多次强调"让人民群众有更多获得感"并将"是否给人民群众带来实实在在的获得感"上升为评价改革成效的重要标准。减税降费是我国面临经济下行压力和复杂演变的国内外局势作出的重大决策部署。据财政部统计，2018—2021 年减税降费规模逐年扩大，累计金额超 7 万亿元，在对冲疫情影响、促进经济增长等方面发挥了重要作用。2019 年减税降费政策拉动经济增长 0.8%，大规模增值税减税降费拉动 GDP 增长达 0.59%。为加强民生保障、增强市场主体活力，中共中央始终把小微企业作为减税降费的重要对象，2021 年全国小微企业每百元销售收入缴纳税收同比下降 12.4%，凸显了减税降费良好的政策效应。本文致力于从小微企业的主观认知和综合感受出发，对减税降费获得感的影响因子进行讨论，进而构建小微企业满意度分析模型，结合调查研究数据进行验证，为下一阶段减税降费的科学决策、精准施策提供参考。

二、文献综述与理论分析

目前，对减税降费获得感的已有研究文献多侧重于企业成本费用、办税缴费流程等方面。一是政策优惠力度。小微企业从减税降费中获取的"真金白银"越多，生产经营成本降低越明显，获得感越强（潘孝珍等，2019；黄静怡，2022）。二是企业遵从成本。小微企业减税降费获得感受税费服务效率影响较大，其中税费申报、优惠备案程序等是影响获得感的重要因素（蒋剑锋，2021；黄静怡，2022；张荣静，2020；罗颖，2020）。三是企业认知水平。小微企业减税降费在一定程度上取决于其对政策公平性、确定性的认知，这种认知越清晰、越深刻，减税降费获得感越显著（李宁，2020；冯茜，2021；黄静怡，2022）。

但囿于对企业政策反馈评价数据的可获得性，以小微企业生存发展综合感受为基础的政策效应研究相对不足。一是未对大中型企业和小微企业予以区分。由于不同类型企业的成本结构、决策模式等存在差异，同样的减税降费政策可能导致大企业对政策的满意度高于中小企业的满意度（李艳等，2022）。二是考虑企业主观感受不足。小微企业担负着更多的就业和民生功能，经营决策表现出更多的"人格"特征，研究小微企业减税降费获得感仅考虑财务和经济数据是不够全面的，还应当充分考虑企业经营者的主观感受。

三、研究假设与模型构建

（一）研究假设

马斯洛需求层次理论将人的心理需求划分为五个递进的层次。本文借助马斯洛需求理论的研究框架，借鉴辛秀芹（2016）、钱力（2020）等文章中的研究方法，假定小微企业减税降费获得感的强弱取决于其需求满足程度，从提升减税降费获得感角度对小微企业需求进行解构分析：生存需求，主要指维持生产经营必要投入的需求，现常用间接指标反映企业的生存能力和需求[①]。本文选取较常见的办税成本、营业收入、营业利润、总体税负、社保费负担等因素测度小微企业生存需求。发展需求，指小微企业对维持稳定向好的经营状态、持续扩大生产经营规模、提升管理水平等方面的需求。本文以企业现金流量、社会形象、经营和纳税信用等指标进行衡量。信心需求，即加深对企业自身、经营环境、发展趋势的认知，进而增强发展信心的需求。本文将信心需求量化表达为盈利能力预期、行业发展趋势及经济大环境变化等因素。我们基于上述分析提出如下假设：

H1：生存需求对企业减税降费获得感有正向影响。

H2：发展需求对企业减税降费获得感有正向影响。

H3：信心需求对企业减税降费获得感有正向影响。

根据上述假设，绘制企业减税降费获得感的影响机制理论模型，如图1所示。

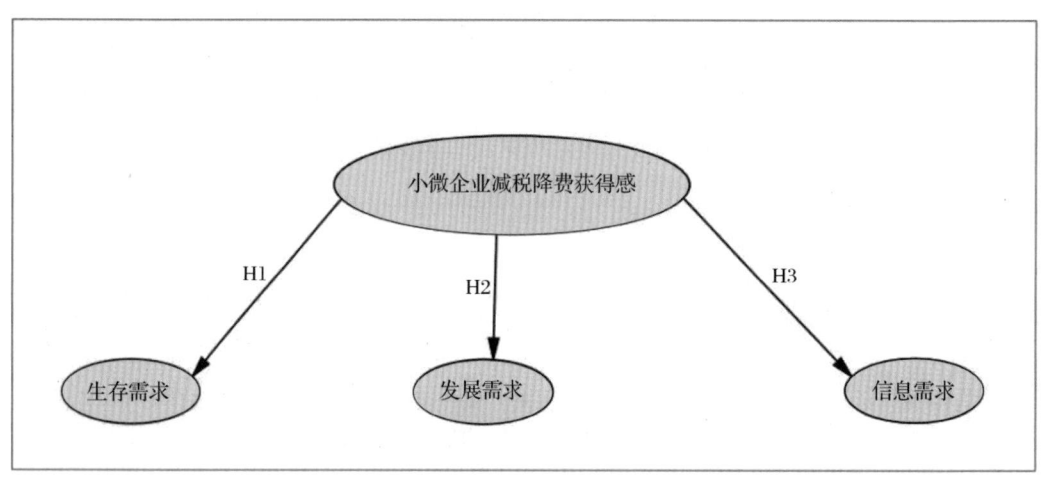

图1　企业减税降费获得感的影响机制理论模型

（二）模型构建

为便于对企业减税降费获得感评价体系中三个层次需求及其表征变量进行计算，并检验企业减税降费获得感评价模型拟合程度，本文采用结构方程模型进行量化计算。基于文中假设构建如下模型：

$$\eta = \beta\eta + \Gamma\xi + \zeta \tag{1}$$

---

① 中国中小企业发展指数、邮储银行小微指数、中国工商总局小微企业发展指数等。

$$y_1 = \gamma_1 x_1 + \zeta_1 \qquad (2)$$

$$y_2 = \gamma_2 x_2 + \zeta_2 \qquad (3)$$

$$y_3 = \gamma_3 x_3 + \zeta_3 \qquad (4)$$

其中，式（1）为结构方程，用来分析模型中的潜在因变量和潜在自变量之间的线性关系，β 和 Γ 分别表示内生潜变量和外生潜变量的结构系数矩阵，ζ 则表示模型中未能被解释的部分，即残差项。式（2）至式（4）为测量方程，用来分析模型中潜变量和观测变量之间的线性关系，y_1、y_2、y_3 分别表示潜在变量生存需求、发展需求、信心需求，x_1、x_2、x_3 分别表示观测变量，γ 表示潜在变量和观测变量之间的因子载荷。

四、数据获取与模型检验

（一）数据来源

为检验上述假设及模型的有效性，本文采用 C 市企业减税降费"获得感"问卷调查数据进行验证。问卷调查运用分层抽样和简单随机抽取统计方法，发出问卷 2300 份，收回有效问卷 2203 份，有效回收率 95.8%。为确保变量的科学性和数据可量化，本文提出的变量和指标均参考借鉴已有文献研究成果，并结合前期走访情况和基层工作实际情况加以修正，组织专家学者对问卷进行审核评估。最终形成的调查问卷包含了 21 个因子、105 个测度项。

2203 个有效样本数据情况如下：59.9% 的受访企业雇工人数在 20 人以下，54.5% 的受访企业年营业收入在 500 万元以下，81.3% 的受访企业表示享受到退税等减税降费优惠。批发零售业、居民服务业、制造业受访企业占比分别为 28.7%、26.6%、10%，其余分布在建筑业等行业。

（二）模型检验

1. 信度与效度检验

首先，在探索性因子分析过程中，剔除符合以下条件之一的题项：因子载荷小于 0.5；跨载荷大于 0.4；共同度低于 0.5。经过多次因子分析，最终剔除无效因子得到修正后的量表。采用主成分分析法和方差极大正交旋转法提取出 3 个主要因子，累计解释方差 56.522%，高于 50%，表明所选取的 3 个因子具有较强的代表性，量表信度分析结果见表 1。

表 1 量表信度分析结果

KMO	Bartlett Sphericity Test		significance
	approximate chi-square	degree of freedom	
0.861	12217.821	91	0.000

从表 1 的检验结果可以看出，KMO 值为 0.861，数值大于 0.7，表明数据检验效果较好；Bartlett 球型检验为"0.000"，说明各观测变量之间具有较强的相关性。进行信度分析，量表整体 Cronbach's α 值为 0.835，数值大于 0.7，表明量表整体可靠。

2. 模型适配度检验

为进一步检验模型科学性、合理性，本文运用结构方程模型进行验证，模型适配度检验结果，见表 2。其中，绝对适配度指数、增值适配指数、简约适配指数均位于合理区间，表明所构建的结构方程模型与样本数据达到适配标准，总体拟合程度较好。

表 2　模型适配度检验结果

评价指标	绝对适配度指数		增值适配指数				简约适配指数		
	GFI	AGFI	NFI	IFI	TLI	CFI	x^2/df	RMR	PGFI
建议值	>0.8	>0.8	>0.8	>0.8	>0.8	>0.8	<3	<0.05	>0.5
研究模型	0.901	0.86	0.88	0.885	0.858	0.885	2.405	0.057	0.72

（三）模型计算结果

表 3 中是假设检验结果，全部假设均通过验证。路径系数、因子载荷均在 1% 统计水平上显著，表征所构建的模型符合结构方程模型基本适配标准。基于路径系数结果分析，各潜在变量路径系数能通过 1% 显著性水平检验，表明企业在生存需求、发展需求、信心需求方面的满足程度与其减税降费获得感的形成与提升存在显著正向影响。

由表 3 可知，企业在生存需求、发展需求、信心需求维度的满足对其减税降费获得感的路径系数分别为"0.5，0.132，0.447"，且均通过 1% 的显著性水平检验，表征企业各层次需求的满足均能对其减税降费政策获得感的提升具有正向影响，即假说"H1，H2，H3"均验证成立。

表 3　SEM 路径系数与研究假说

假设	路径	Estimate	S. E.	P-Value	检验结果
H1	生存需求→获得感	0.500***	0.039	0.000	成立
H2	发展需求→获得感	0.132***	0.015	0.000	成立
H3	信心需求→获得感	0.477***	0.035	0.000	成立

注：*、**、***分别表示在"10%，5%，1%"的统计水平上显著

五、结论与建议

（一）研究结论

研究表明，假设"H1，H2，H3"均成立，三者的路径系数分别为"0.5，0.132，0.447"，即小微企业生存需求、发展需求及信心需求对减税降费获得感具有显著正向影响。其中，生存需求对减税降费获得感的影响最为显著，信心需求次之，发展需求因子影响权重相对较低。具体分析可得出以下结论：

1. 减轻税费负担是形成小微企业减税降费获得感的关键路径

生存需求是决定小微企业减税降费获得感的最重要因子，营业收入、营业利润、社保费负担是影响力最显著的因素。这表明小微企业在通过减税降费实现增加营业收入、提高经营利润、降低社保费负担等方面抱有强烈期待。减税降费通过税式支出所让渡经济利益，让小微企业获取"真金白银"，进一步降低企业交易的制度性成本，提高经营效率，是形成减税降费获得感的关键机制。

2. 稳定发展预期是增强小微企业减税降费获得感的重要路径

研究结果表明，信心需求显著影响小微企业减税降费获得感，且影响程度与生存需求相近。这表明小微企业对减税降费政策给市场预期和宏观环境带来的积极影响十分看重。这一点

与减税降费带来的直接经济利益同等重要，也反映出小微企业对继续实施减税降费政策，保持政策连续、稳定发展预期方面的需求较为突出。

3. 降低经营风险是提升小微企业减税降费获得感的有效路径

研究结果表明，发展需求是小微企业减税降费获得感的次重要影响因子，但其主导因素更为集中，主要是原材料成本、税费缓缴期届满后集中缴纳税费款带来的流动性风险。这表明新的组合式减税降费政策在缓解资金压力等方面起到显著作用，同时也表明企业对税费缓缴到期后集中缴纳税费带来的资金压力较为关注，担心造成经营性风险，进而影响减税降费获得感。

（二）政策建议

1. 注重税费协同，进一步降低小微企业总体成本

研究结果表明，小微企业用工成本对生存需求的路径系数影响较大。这与走访调研中部分小微企业反映人力成本是企业经营成本上升的最主要问题一致。原因可能是随着社保费征收率逐步提升，实际缴费成本升高带动企业总用工成本提升，间接抵消了社保费率下降带来的获得感。长远来看，减税降费政策的完善应更加注重税费协同，如社保费用缴存比率等政策，应针对小微企业特征加强顶层设计、细化制度安排，更好地满足小微企业生存需求，提升减税降费获得感。

2. 稳定政策预期，进一步提振小微企业发展信心

减税降费是当前及今后较长时间内我国财税体制改革和政策导向的主基调。而满足小微企业信心需求是提升减税降费获得感的重要路径，为此应将减税降费作为中长期税收体制改革的重要考虑，对针对小微企业的税费优惠政策予以延续，推动部分成熟的阶段性优惠政策上升为长期性的制度安排，形成长期稳定的收入预期。同时，应加大税费优惠政策宣传力度，丰富税收宣传的渠道和方式，提升政策辅导精准性和有效性。

3. 构建监测指标，促进减税降费获得感持续提升

研究表明，实施大规模减税降费有效降低了小微企业制度性税收成本，形成了减税降费获得感的诱导机制，是提升小微企业获得感的重要路径。后续可借鉴世界银行营商环境调查等经验做法，尝试多维度构建减税降费对市场主体获得感影响的数理模型，借助问卷调查、访谈、座谈、案例剖析等辅助手段，开发出符合国情税情的小微企业减税降费获得感测度指标体系，为下一阶段科学决策、精准施策提供参考和依据。

（作者单位：国家税务总局成都市税务局）

支持清洁能源发展的税收政策研究

——基于四川清洁能源产业发展视角

国家税务总局四川省税务局课题组

党的二十大指出,要完善支持绿色发展的财税、金融、投资、价格政策和标准体系。能源是经济社会发展的重要支柱,实现"双碳目标"要深入推动能源革命。"十四五"规划提出,要建设清洁低碳、安全高效的能源体系,提高能源供给保障能力,加快发展非化石能源。因此,大力发展清洁能源是必然选择和重要路径。

在全国清洁能源战略布局中,四川占据重要地位,《中华人民共和国国民经济和社会发展第十四个五年规划和2035年远景目录纲要》指出,四川是全国九大清洁能源基地之一,属于风光水储一体化基地,具有"丰水、富气、少油、贫煤、风光集中"的禀赋特点。水电资源技术可开发量约1.48亿千瓦,占全国总量的21.2%,水电装机容量达8082万千瓦,居全国首位;天然气(页岩气)探明地质储量占全国第一,是世界第二大页岩气产区,开采技术成熟,已建成国内单体规模最大的整装气田;风能、太阳能资源分布集中,"水风光气"多能互补,一体化发展潜力巨大。同时,清洁能源及相关支撑、应用产业发展迅速,构造了良好的产业发展生态,总体形成了蓬勃向上的发展态势。产业链上游培育了德阳水轮机风机、乐山高纯晶硅、成都眉山光伏电池制造等装备制造基地,产业链下游动力电池、钒钛、新能源汽车等清洁能源应用产业不断拓展,引进了宁德时代等一批有影响力的头部企业。总体来看,清洁能源产业规模逐渐扩大,产业链条趋于完备,集聚效应逐步显现,对探究清洁能源产业发展状况、研判清洁能源产业发展态势、评估现有税收政策的支持效应,具有一定的代表性。

一、四川清洁能源产业特点

(一)产业规模不断扩大

从税收数据看,四川清洁能源产业发展呈市场活力充足、产业规模壮大、经营质效提高、增长潜力较大等特点。清洁能源产业市场主体数量体现了产业的经营活力,近三年市场主体总量逐年提升,增速年均增长达20%以上,纳税人户数占全省纳税人总户数的比例逐年提升。营业收入从企业销售情况角度体现产业的成长性,近三年全省清洁能源产业营业收入年均增长15%以上。受国内国际经济大环境影响,全省企业纳税人营业收入增速下降,而清洁能源产业"表现抢眼",其营业收入增速反呈上升态势。

(二)产业链条整体升级

发展和壮大清洁能源产业,需要在上中下游全产业链全面发力,实现产业整体升级、稳步发展。近年来,四川在清洁能源开发利用的基础上,逐步形成了清洁能源开发产业、支撑产业及应用产业为一体的完整产业链。全省清洁能源发电产业营业收入占发电产业累计营业收入的比重在 70% 以上，发电环节清洁化、低碳化特点明显。清洁能源支撑产业主要服务清洁能源生产、输配和供应，四川发展较好的主要是晶硅光伏产业和能源装备产业，近三年全省晶硅光伏产业营业收入年均增长 30% 以上，高端清洁能源装备产业营业收入年均增长超 10%，其中成德高端能源装备集群建设成效明显。清洁能源主要应用于动力电池、新能源汽车、钒钛资源综合开发利用等重点产业，近三年全省动力电池产业营业收入年均增长 40% 以上，钒钛产业营业年均增长 20% 以上，分布集中于宜宾、攀西地区。

（三）税惠支持作用显现

近三年，全省清洁能源产业、清洁能源支撑行业、清洁能源应用产业享受节能环保税收优惠年均增幅在 50% 以上。乐山、成都、宜宾、遂宁、德阳、内江等地清洁能源发电产业享受节能环保税收优惠金额占全省比重超过 70%，眉山、成都、乐山等地晶硅光伏等先进制造业享受节能环保税收优惠占全省比重超过 90%，成都、宜宾、遂宁、绵阳等地锂电制造等动力电池产业享受节能环保税收优惠占全省比重超过 90%。税收优惠政策促进清洁能源产业建圈强链作用明显。

（四）产业发展尚存不足

龙头企业引领带动不够。目前，四川清洁能源产业在全国具有较高知名度的本土企业品牌有通威太阳能、四川华能、东方电气等，数量较少，固定资产规模过百亿的纳税人仅占清洁能源产业纳税人数量的极小比例，行业引领带动作用有待提高。企业的研发投入还有差距，其主要体现为基础元器件、核心装备、高档工业软件等对外技术依存度较高，可再生能源制氢、高效储能、资源循环利用等一批关键核心技术急需突破，全省清洁能源产业研发费用加计扣除金额占营业收入的比重（类同研发强度）最高的是晶硅光伏产业，占比最低的是天然气开发产业和电力产业，部分清洁能源产业科技研发投入尚显不足。此外，多能互补结构不优。水力发电占比高，但具有季及以上调节能力的水库电站装机容量仅占水电装机 38.6%，丰枯出力矛盾较为突出，一旦水力发电受到限制，将产生严重的电力缺口，如 2022 年 8 月发生的电力供应紧张情况。风力和太阳能发电比重偏低，风电和光伏尚不能弥补缺口，未与水电形成互补效应，存在极端情况下的阶段性电力短缺风险，针对清洁能源发电的不稳定性，电力系统建设的调峰和消纳能力也还有待增强，且加强储能产业的发展十分重要。从四川放眼全国，产业结构存在优化空间、技术攻关需要突破、企业核心竞争力尚需提升、多能互补仍需加强是当前清洁能源产业发展需要解决的共性问题。

二、现行清洁能源产业税收政策存在的问题

我国自 2006 年实施《中华人民共和国可再生能源法》以来，发展清洁能源已经成为经济发展的重要战略任务，促进清洁能源以及可再生能源发展也成为财税政策中的一项重要内容。从清洁能源产业布局和发展角度看，国家已在水电、风电、光伏太阳能发电等清洁能源生产和设备制造领域持续地给出了一系列税收支持政策（见表1），在新能源汽车等清洁能源相关产业技术开发和高效利用方面也集中地提供了政策支持，但还存在一些短板和弱项。

表 1 主要税收政策梳理情况表

发布时间	涉及税种	政策名称	主要内容
2016—07—25	增值税	《关于继续执行光伏发电增值税政策的通知》（财税〔2016〕81号）	纳税人销售自产的利用太阳能生产的电力产品实行增值税即征即退50%的政策。该政策于2016年1月1日开始执行，期限延长至2020年12月31日结束。
2007—12—06	企业所得税	《中华人民共和国企业所得税法实施条例》（中华人民共和国国务院令第512号）	企业从事国家重点扶持的公共基础设施项目的投资经营的所得，自项目取得第一笔生产经营收入所属纳税年度起，第一年至第三年免征企业所得税，第四年至第六年减半征收企业所得税。
2020—04—23	企业所得税	《关于延续西部大开发企业所得税政策的公告》（财政部公告2020年第23号）	自2021年1月1日至2030年12月31日，对设在西部地区的鼓励类产业企业按15%的税率征收企业所得税，风电、太阳能发电项目均属于鼓励类项目。
2007—01—14	关税、进口环节增值税	《关于落实国务院加快振兴装备制造业的若干意见有关进口税收政策的通知》（财关税〔2007〕11号）	自2008年1月1日起，对国内企业为开发、制造大功率风力发电机组而进口部分关键零部件、原材料所缴纳的进口关税和进口环节增值税实行先征后退。
2010—09—30	关税、进口环节增值税	《关于调整大型环保及资源综合利用设备等重大技术装备进口税收政策的通知》（财关税〔2010〕50号）	自2010年6月起，若企业生产制造的设备属于国家倡导的环保设备，则对所需进口的必备零部件以及原材料免征关税和进口环节增值税。
2013—03—25	关税、进口环节增值税	《关于调整重大技术装备进口税收政策有关目录的通知》（财关税〔2013〕14号）	国内企业为生产国家支持发展的太阳能电池设备、集成电路关键设备等装备而确有必要进口的部分关键零部件、原材料，免征关税和进口环节增值税。
1989—02—02	城镇土地使用税	《关于电力行业征免土地使用税问题的规定》（〔1989〕国税地字第13号）	水电站部分用地免征城镇土地使用税。
2007—09—10	城镇土地使用税	《关于核电站用地征免城镇土地使用税的通知》（财税〔2007〕124号）	核电站部分用地免征城镇土地使用税。

续表

发布时间	涉及税种	政策名称	主要内容
2018-07-10 2022-01-20	车船税	《中华人民共和国车船税法》、《关于节能新能源车船税优惠政策的通知》（财税〔2018〕74号）、《关于调整享受车船税优惠的节能新能源汽车产品技术要求的公告》（工业和信息化部财政部税务总局公告〔2022〕2号）	新能源车船免征车船税、节能汽车减半征收车船税。
2022-09-18	车辆购置税	《关于延续新能源汽车免征车辆购置税政策的公告》（财政部税务总局工业和信息化部公告2022年第27号）	新能源汽车免征车辆购置税。

数据来源：作者根据政策文件整理

（一）全产业链分布不均

清洁能源产业是一个较为完整的产业链，产业生态圈中参与者甚广，但现行税收政策的集中度较高，在生产清洁能源产品方面给予了较大的税收优惠，而在上、下游环节税收优惠力度较弱。上游研发环节的税收优惠政策具有普惠性，产业的针对性不强，下游清洁能源应用环节仅对新能源汽车有车辆购置税和车船税的优惠。

（二）引导资本注入的能力不足

清洁能源产业前期投资大，回报周期长，产业链中企业的资本投入大，资本中债务筹资比重一般较高，资金成本高则投资人要求的投资回报率高。目前，我国没有针对清洁能源投资和收回方面的税收优惠政策。我国在基础设施建设过程中，为缓解资金压力，出台了如有关基础设施REITs等企业所得税政策，但计税基础及税务处理相对复杂，在实际征管过程中对纳税主体、纳税义务时点等方面仍然存在税企争议，对这些争议尚缺乏明确的政策指导。

（三）引导创新的能力不足

对于企业实际发生的研发费用，适用的是所有制造企业通用的加计扣除政策，研发费用加计扣除是税基式优惠，税收优惠额度受企业所得税税率影响，而清洁能源企业多为国家鼓励类产业适用15%的企业所得税率，相比较25%的普通税率，享受优惠税率的企业从研发费用加计扣除中获得的税收优惠额度较少，优惠政策的激励效果将打折扣。此外，还存在支持清洁能源消纳的税收优惠政策缺失、地方税费优惠不足等问题。

三、支持清洁能源发展的税收政策建议

税收作为政府的重要经济手段，对促进能源结构转型、支持清洁能源发展具有重要作用，要进一步加强顶层设计，健全政策体系，完善制度机制。

（一）科学规划支持清洁能源税收的顶层设计

要完善涵盖清洁能源全产业链以及全生命周期的税收顶层设计，要系统设计相关税制，考

虑适时开征碳税（建议此处不修改，就是开征一个新税种），继续优化现行税制体系中资源税、成品油消费税、车船税、环境保护税等与绿色低碳内容紧密相关的征税要素，并对对企业影响较大的流转税、所得税中的税收优惠政策进行明确规定。

（二）健全有利于清洁能源发展的税收政策体系

1. 配合保障清洁能源全产业链体系构建

从清洁能源产业的上、中、下游发挥作用构建多元清洁的能源体系。在清洁能源产业上游环节，一方面，增加关键材料和设备的免征范围，对于国家支持发展的清洁能源与能源消纳储存时需要的技术设备、关键零部件、原材料等，可以免征进口环节关税和增值税；另一方面，扩大设备购置过程中的抵扣范围，即对于购买用于清洁能源生产、制造设备装置的企业，允许一次性退还增值税留抵税额，同时在后期运营中允许对设备采用缩短折旧年限、加速折旧等会计核算方法，使企业加快收回设备成本。在清洁能源中游生产环节，对符合地区产业规划的清洁能源企业投入生产之前，其生产经营用地享受免征或减征城镇土地使用税、耕地占用税和房产税的税收优惠。在产成品出售阶段，凡是符合清洁能源标准的产品都可以实施增值税先征后退或即征即退的税收优惠。在清洁能源下游应用及消纳环节，给予相关入网项目税收优惠，对清洁能源发电企业增值税的50%即征即退以支持入网技术开发和电网设备完善，保障技术创新的能源产品顺利入网发电；清洁能源富集地多为欠发达地区，如四川的风光电企业多位于甘孜、阿坝、凉山等偏远欠发达地区，在支持清洁能源发展的同时应兼顾资源地财政利益，对当地清洁能源发电企业的税收优惠应由中央财政负担，实施相应税额的税收返还政策。

2. 加大对清洁能源产业技术创新的支持力度

现有研发费用加计扣除是普惠性政策，增加针对清洁能源产业支持科技创新的特惠性税收优惠政策可以使得产业导向更加清晰，服务于国家能源结构调整的创新战略。一是引导科技创新投资的税收优惠政策。针对各类投资主体的创业投资与天使投资的70%在企业所得税或个人所得税税前扣除，符合条件的研发用仪器设备一次性摊销或加速折旧，高校、院所进口国内不能生产或性能不能满足需要的研发用品进口税收免增值税和关税。二是奖励科技创新人才的税收优惠政策。对非营利性科研机构、高校等单位的科技人员因职务科技成果而获得的现金奖励减半计征个人所得税，非上市企业对科技人员的股权激励个人所得税递延纳税等。三是支持孵化服务的税收优惠政策。对符合条件的科技企业孵化器、大学科技园和众创空间为孵化企业提供的房产和土地免征房产税和城镇土地使用税，孵化服务收入免征增值税。

课题组组长：郝川明
课题组成员：王勇群　何　东　邓文英
　　　　　　　王　潇　王志宏　李长鑫　林远凤

税收视域下浙江自贸区杭州片区发展现状与改革建议

国家税务总局杭州市税务局课题组

一、浙江自贸区杭州片区经济发展现状

浙江自贸试验区杭州片区自2020年9月正式挂牌成立以来，以"数字＋"差异化探索自贸试验区建设路径，以"自贸试验区＋联动创新区＋辐射带动区"一体化新格局推动全域发展，为推动新时代杭州改革高地贡献前沿力量。

（一）总体发展水平

1. 对外开放引领作用显现

截至2021年底，杭州片区市场主体总量为39779户，以仅占全市0.22%的土地面积，贡献了全市11%的实际使用外资金额、18.77%的进出口总额、7.4%的税收收入。其中，出口总额占全市总量的19.59%，较上年同比增长31.3%，高于全市平均增速29.2个百分点。涉外企业1228户，以3.24%的片区规模，贡献片区60.53%的税收，户均创造税收0.12亿元，为稳外资、稳外贸发挥积极作用。

2. 市场主体活力持续激发

截至2020年底和2021年底，市场主体累计户数分别较上年同比增长28.33%和26.50%，占比增速最快的为信息传输、软件信息技术、科学研究和技术服务业。滨江、萧山、钱塘区块各展所长，打造出"数字、枢纽、智造"的金名片。2021年，滨江区块信息传输、软件和信息技术服务业营收2725.93亿元，占区块总量的38.60%；萧山区块交通运输仓储和邮政业营收124.38亿元，同比增长33.2%；钱塘区块内制造业营收762.47亿元，以信息化、自动化较高的通用、仪器等为代表的先进制造业营收占总量的89.85%，同比增长15.05%。

3. 要素集聚"双向赋能"

截至2021年底，杭州片区统筹招引重大项目111个，总投资额超1300亿元。资本、技术等高端要素的加速集聚，进一步促进核心关键领域的突破，实现科技与产业发展"双向赋能"。2021年，杭州片区企业享受研发费用加计扣除总额327.71亿元，高新技术企业减免所得税额39.96亿元，集成电路企业减免所得税额26亿元，软件企业减免所得税额1.68亿元，重点软件企业减免所得税额20.06亿元，牵头获得2021年度省科学技术获奖成果共达28项，占全市总数的73.68%。

4. 数字核心产业优势领跑

截至2021年底，杭州片区数字经济核心产业市场主体11968户，占片区总量的30.09%。2021年，数字经济核心产业增加值占GDP比重27.1%，远高于全省自贸区的11.4%；规上数字经济核心产业营业收入16754.1亿元，同比增长19.3%，占全省自贸区的56.3%；规上

数字经济核心制造业增加值1100.3亿元，同比增长16.4%，占全省自贸区的35.6%。其中，大型企业以1.62%的规模，创造了91.87%的营业收入、92.61%的税收贡献和高于总体1.93个百分点的营业利润，在智慧物联、生物医疗等各领域引领行业创新发展。

（二）联动发展水平

1. 构建"全域自贸"格局

以联动创新区内拥有城西科创大走廊的余杭区为例，已成功复制推广自贸试验区试点经验工作143项，争取片区政策支持2项，帮助吸引创新联动生物经济、服务贸易、电子商务等产业领域的重点投资项目25个，累计投资金额238.72亿元。

2. 融入"长三角一体化发展"总体框架

为更好发挥四地自贸试验区的特色优势，承载长三角区域核心经济功能，苏浙皖三省一市自贸区共同发起成立长三角自贸试验区联盟。以钱塘区块为例，在长三角物联网共建方面，通过提升改造临江出口码头，与宁嘉沪等开展"多式联运"，实现与宁舟沪在机场、港口、保税区间物流等领域互联互通；在产业链合作方面，成功落地上海张江和达高科上海生物医药孵化器项目，形成"张江研究＋钱塘智造"的生物医药全产业链服务新模式。

3. 从税收数据看联动发展

税收发票数据显示，2021年杭州片区市场主体省内购销金额同比增长20.36%，与江浙沪购销金额同比增长25.44%，与东部沿海6省（市）购销金额同比增长20.34%。从发票内容看，购销商品集中在通信设备、计算机及其他电子设备，2021年购进金额同比增长24.35%，销售金额同比增长26.95%，销售金额高于购进金额48.37%，展示出杭州片区数字经济核心产业的增值能力和辐射实力。

二、浙江自贸区杭州片区市场主体的诉求调研

课题组采取问卷调查、实地核查的方式，重点就市场主体的经营现状、数字化发展愿景、政策诉求等进行调研。市场主体对综保区内一般纳税人资格专项政策反响良好，对政府部门办事效率比较满意，对部分政策帮扶诉求较高。

（一）新业态配套政策需求集中

作为新业态代表的跨境电商出口海外仓发展快速，但部分企业表示国际环境日趋复杂、严峻，订单下滑、收汇风险增大；部分企业表示海外仓筹建资金需求高、困难大；还有部分企业表示该模式（9810）相较一般贸易（0110），出口货物确认实现销售的周期长、供应链相关的数据量庞大，希望加快出台配套的出口退税管理便利化举措。

（二）传统制造业转型有困难

传统制造业市场主体的数字化转型升级意愿较弱，部分企业表示数字化转型需要专业人才团队和生产设备投入，成本高、周期长、资金压力过大；部分企业表示制造业从生产到销售的链路长、环节多，数字化改造涉及多部门、多系统，缺乏专业的经验指导；还有部分企业表示装备制造业跟不上智能制造发展的要求。

（三）"一体化综合服务"期盼较高

受访企业期望片区能够打造一个综合性实体行政服务中心，汇集海关、税务、外汇、人社等政府部门和招商、园区管理等服务部门，方便企业咨询、办理各项业务，部分企业希望建立

"自贸区政务一体化服务平台",实现在线查询政策、网上通办等,降低行政成本。以"线下＋线上"的模式为拓展业务提供更便利便捷的支持,发挥自贸区更高的能级作用。

三、浙江自贸区杭州片区经济发展存在的缺憾与不足

综上分析调研,可看出经过两年的持续建设,杭州片区数智格局已构建,但还存在不足。

(一)政策创新方面,"先行先试"配套有待加强

杭州片区现有的框架性政策和现有的地方特色法规,多为规划类的推进。针对自贸区内重点产业的通关监管、财税支持、人才引进等尚无特殊配套优惠政策,支持"大胆试、大胆闯、自主改"的完善法治保障体系尚未形成,"先行先试"的鲜明度和穿透力尚待提升。

(二)产业发展方面:"双引擎"亟待深度融合

数字经济和新制造业是融合发力推动高质量发展的"双引擎",但当前传统制造业数字要素基础薄弱,特别是劳动力密集型的传统制造业,数字核心产业上下游尚不完整,部分原材料进口依赖度大,同时在创新协作融合上,技术领先企业出于对知识产权的考虑带动力不足。

(三)综合服务方面:"一体化"合力有待提升

集成多部门资源、发挥治理合力有待加强。一方面,宣传资源有待整合,当前并未设立独立的杭州片区门户网站、业务办理平台,使得政策知晓和政务办理受影响;另一方面,部门协作机制有待加强,商务、海关、税务等多部门在合作力度和广度上有待拓展,在促进区块间资源对接、要素流动的平台搭建上有待深化。

四、推进浙江自贸区杭州片区建设的对策与建议

针对浙江自贸区杭州片区尚存在的缺憾与不足,本文在借鉴国内外先进经验的基础上,建议立足"数字＋"产业优势和发展定位,以"法治、创新、联动、数治"为理念,提出以下对策及建议。

(一)政策创新:力争"顶层设计"支持度

提升政策层级,对标海南取得中央政策支持,在自主立法权限范围内,构建地方法规制度体系,形成"一揽子"集成优势;重视顶层设计,融入"大杭州、高质量、共富裕"的发展新格局,形成全市域协同互补、要素流动的良性生态循环;推动税惠改革,学习上海、海南等城市的成熟做法,形成以所得税为主的税制优惠体系,对重点发展产业倾斜,加快跨境电商出口海外仓审核试点,以增强杭州片区"数字＋"影响力。

(二)产业融合:增强"数字经济"引领力

加强一体化研发,充分发挥杭州片区在数字安防、云计算、网络通信等领域优势,重视工业机器人等基础领域,推进"云、网、端"建设;探索一体化帮扶,充分发挥平台型、链主型"未来工厂"引领力,探索政府投资基金扶持;探索数据资源流通交易,鼓励生物医药等行业先行先试,打造全球数字贸易中心;落实税费政策,关注计算机等"硬件"产业,确保税惠红利直达快享。

(三)区域联动:促进"区域发展"一体化

对内深化"全域自贸"格局,以杭州市委、市政府的整体战略高度,加大基础建设投资力度,提升自贸区产业能级,重视发挥产业集聚的联动辐射影响力,提高全市域的综合创造力、

竞争力和开放度；向外融入长三角自贸试验区一体化共建，加快产业政策、市场准入、监督管理的有效衔接，构建区域市场规则体系和合作机制。

（四）综合服务：实现"保驾护航"协同力

一是打造在线综合服务平台，横向可"一网受理、全城通办"，纵向可链接至各区块管委会提供个性化园区服务；二是完善"数贸智链"建设，结合政府部门的数字化改革，推动大数据驱动下的"综合数治"；三是健全线下协调机制，以人员集中办公、数据集成处理、统一官方发布为模式，统筹重点推进各大项目建设，主动协调化解发展中的风险隐患。

课题组成员：沈小凤　金晓军　申　雯　陈佳琪

构建支持光伏产业发展税收政策体系
助力实现"双碳"目标

国家税务总局四川省税务局课题组

党的二十大报告提出,积极稳妥推进碳达峰碳中和。立足我国能源资源禀赋,坚持先立后破……加快规划建设新型能源体系,确立了我国能源政策是在确保能源安全前提下积极推进化石能源向清洁能源转型。联合国提出了"2025年碳达峰、2050年实现碳中和"的全球减少二氧化碳排放目标,我国承诺2030年实现"碳达峰"、2060年实现"碳中和"。实现"双碳"目标的核心是以电能取代化石能,以可再生清洁能源发电取代化石能源发电。据美国能源局2005年发布的数据,太阳能占全球可开发清洁再生能源的96.5%,且具有开发利用更便捷、成本更低、生态破坏最小的优势。

一、光伏产业发展再现高峰,全链条增势强劲

目前的太阳能光伏发电产业链主要分为多晶硅环节—硅片环节—电池环节—组件环节—太阳能发电站5个环节,其中前四个环节为光伏发电设备的生产环节,但太阳能发电站的投资建设需求决定了前四个环节的发展轨迹。2020年以来,在"双碳"目标驱动下,太阳能光伏发电投资迅猛增加。国际能源署(IEA)的数据显示,2020年、2021年,全球光伏新增装机容量同比净增加数超过30GW,分别达145GW、175GW,全球光伏发电投资再掀高潮。我国作为全球光伏设备主要产地,光伏产业产量高速增长,投资迅速跟进,产业发展再现。2021年,我国光伏产业主要的多晶硅、硅片、电池、组件四环节产量分别达50.5万吨、227GW、198GW、182GW,同比分别增长27.5%、40.6%、46.9%、46.1%。2021年,我国光伏产品出口金额超284亿美元,同比增长43.9%。

2022年,在全球清洁能源应用加速和俄乌战争带来的能源安全焦虑共同推动下,全球新增光伏装机容量进一步扩大,多家机构预测的全球新增光伏装机容量为230~260GW,较2021年大幅增长。1—9月,我国太阳能发电企业完成投资1328亿元,同比增长352.6%,太阳能发电投资占全部发电企业投资的比重达33.8%,拉动上中游产业迅猛增长。2022年上半年,光伏产业四大环节增速均超45%,其中多晶硅产量约36.5万吨,同比增长53.4%;硅片产量约152.8GW,同比增长45.5%;电池产量约135.5GW,同比增长46.6%,组件产量约123.6GW,同比增长113.1%。海外光伏市场需求持续旺盛,我国出口量价齐升,上半年光伏产品出口金额约259亿美元,同比增长113.1%,其中组件出口量达78.8GW,同比增长74.3%。分环节看,受不同环节投资到投产的时间差影响,处于产业上游的多晶硅生产环节受益最多,价格一路上扬,2022年9月多晶硅价格较2021年初增长了3.75倍,达30万元/吨。

二、能效优势叠加能源转型，产业前景长期看好

光伏发电竞争力持续提升。我国光伏发电的成本下降了近 90%，从每千瓦时的超 2.0 元降至目前的 0.24 元，已经实现市场化平价上网。随着光转换率的不断提高，光伏发电的成本优势将持续扩大，业内预计太阳能组件的光转换率最终将达 50%，技术提高叠加原料成本的降低，预计最终太阳能光伏发电的度电成本将降至 0.1 元，将成为最具性价比的发电模式。

"双碳"目标下光伏产业前景广阔。实现"双碳"目标，既要加快实现行业用能从化石能向电能的转变，如在工业企业推动"以电代煤（油、气）"，更重要的是发电行业实现清洁可再生能源发电取代化石能源发电。从全球看，公开数据显示实现全球 2050 年碳中和目标，电力占全部终端能源消耗的比重至少达 50% 以上。其中，90% 的电力要实现由可再生能源提供，风力和太阳能发电占 63%。国际能源署预测，2050 年光伏发电将占全球发电量的 29%，累计装机容量超过 14000GW，2020 年末全球光伏装机容量为 725GW，由此推算三十年间的复合增长率超过 10%，产业长期成长空间及成长确定性极高。

三、我国光伏产业发展趋势及潜在风险

我国光伏产业的生产设备、生产原材料和辅料实现完全国产化，对全球光伏产业具有主导作用，拥有全球 90% 以上的晶圆产能、约 66.7% 的多晶硅产能和 75% 的组件产能，全球十大光伏企业我国独占 8 席。

（一）我国光伏产业发展新趋势

龙头企业构建产业垂直体系与协作日趋明显。光伏龙头企业吸取了产业发展周期的历史教训，加速发展产业垂直体系，确保企业在产业竞争中均衡平稳发展。"生态"电站渐成集中式光伏发电新趋势。近年来，将光伏发电站建设与渔业、养殖业、牧业、种植业、沙漠（荒漠）治理等产业结合成为产业新风向。

（二）产业潜在风险

产业各环节发展不均衡，产能过剩苗头隐现。受光伏各环节投资周期差的影响（组件厂不到 6 个月，硅片、电池厂一般 9 个月，硅料厂 1—2 年），产业链各环节发展不均衡态势明显。光伏产业协会数据显示，2021 年中游硅片产能迅速扩张到超 350GW，而上游多晶硅料仅能满足约 200GW 的需求，导致多晶硅价格从 2021 年初的 8 万元/吨一路上涨至 2022 年 3 季度末的 30 万元/吨。但公开消息也显示，到 2025 年底我国多晶硅产能达 300 万吨/年，而当年全球光伏装机容量即使达 400GW，对多晶硅的需求也仅为 130 万吨。而且以能源安全为由的产业打压与国际市场风险始终存在。

四、支持光伏产业健康发展的国际借鉴及税收政策建议

保持并扩大我国光伏产业的主导优势，对提升我国在全球"双碳"目标下的能源话语权具有重要意义，廉价且稳定的能源供应更是国家经济竞争力的重要支撑。产业税收政策的制定，可有效提升我国在全球产业竞争中的优势。

（一）支持光伏产业发展的国际经验和我国的历史举措

从国际上看，美国自 2006 年以来实行太阳能投资税收递减政策，2019 年前允许从联邦税收中扣除 30% 的太阳能系统安装成本（2020 年调整为 26%、2021 年调整为 21%、2022 年新法案恢复到 30%），并对符合条件的太阳能发电系统在运营前十年给予一定的税收减免优惠。

从国内看，光伏电价的财政补贴和产业税收优惠政策，曾是我国支持光伏发电的两大主要产业鼓励手段，在实现我国光伏产业成长为全球产业主导的过程中发挥了积极作用。目前，中央财政不再补贴光伏发电，但部分地方政府对光伏上网电价的补贴仍然存在。从执行情况看，补贴兑现难已成为普遍性问题，在财政压力日渐加大的今天，电价补贴将更加不可持续。从成本看，在光伏发电已经实现市场化竞价上网的今天，以财政补贴鼓励光伏发电在技术研发上已无必要。

（二）构建符合产业趋势的光伏产业税收政策建议

降本增效是能源生产的唯一主线，光伏产业也不例外。目前，光伏产业可享受的税收优惠政策有数十项，但没有针对性巩固我国光伏产业国际竞争优势的税收政策，以四川光伏核心产业为例，2022 年 1—11 月总共享受税收优惠 41.98 亿元，其中西部大开发企业所得税优惠 19.85 亿元占比 47.3%、太阳能电池免征消费税优惠 16.80 亿元占比 40.0%，均是普惠性政策。我们认为，结合产业发展和"双碳目标"，在坚持光伏发电价格市场化的前提下，当前鼓励光伏产业的税收政策组合拳应转移到鼓励光伏产品技术创新、光伏电站建设上来，引导我国光伏产业在规模上继续主导全球、在技术上引领全球，也要防止产业发展的大起大落。我们提出以下建议。

1. 鼓励技术创新提高光转换率

我国光伏产品占全球产业规模的比例难以再有大的提升，税收政策的发力要转移到引领技术创新上来，推动我国光伏产品在全球从规模主导型向技术主导型转变。建议：借鉴对新能源电动车发放补贴根据续航里程逐年提高标准的做法，对光转换率领先的光伏发电产品及电站实施税收优惠，并逐步提高享受优惠的转换效率标准（如 2035 年转换率达 35% 及以上），对符合标准的光伏产品在一定年度内（如从认定期起 5 年内）执行增值税 50% 的即征即退、企业所得税减半征收的政策，对符合条件的光伏电站也比照执行。

2. 鼓励推广生态光伏发电

建议：一是对修建在沙漠、荒漠等土地上的集中式光伏电站及配套设施，免征耕占税、房产税；二是明确"渔光一体""牧光一体""农光一体"等不改变原土地整体使用功能的光伏电站的耕占税按照电站基桩实际占地面积征收。

3. 鼓励分布式光伏电站的建设

在经历了 2022 年夏季高温全国性电力紧张后，鼓励分布式光伏电站建设显得尤为重要。建议：一是借鉴国际经验，对分布式光伏电站建设给予税收减免，如工厂、商厦、写字楼等工商业用房修建的光伏电站，根据其满足本单位用电的比例，等比例免征单位的城镇土地使用税、房产税；二是对分布式电站满足自身电力需求以外的对外销售的电力收入，在一定年限内（如 5 年）免征增值税、企业所得税（个人所得税）等经营性税收。

4. 加大对光伏发电站等清洁能源生产企业的增值税留抵退税支持力度

目前,增值税留抵退税不适用于新办企业(纳税信用等级 M 级)。建议:针对清洁能源生产企业扩大享受范围,将新办企业采购生产设备产生的进项税款纳入留抵退税范围。

            课题组组长: 王勇群
           课题组副组长: 罗　杨
           课题组成员: 张　洁　尹麒麟

大数据背景下建立自然人纳税信用体系面临的挑战和应对策略

国家税务总局淮安市税务局课题组

2014年6月，国务院印发了《社会信用体系建设规划纲要（2014—2020年）》，标志我国社会信用建设上升为国家战略规划。次月，国家税务总局发布了《纳税信用管理办法（试行）》，对纳税人（仅限于查账征收的企业纳税人）的纳税信用信息的采集、评价、确定、发布和应用作出了具体规定。2019年8月，国家税务总局办公厅发布《关于加强个人所得税纳税信用建设的通知》，要求研究制定自然人纳税信用管理的制度办法，形成全国自然人纳税信用信息库，并与全国信用信息共享平台建立数据共享机制，标志着我国将纳税信用范围由企业扩展到自然人。

从2019年至今，国家税务总局在自然人纳税信用方面并没有出台新的制度，自然人的纳税信用管理基本处于空白状态，无法对不诚信纳税的自然人加以有效制约，亟须建立自然人纳税信用管理制度，以充实完善现有的纳税信用体系。

与此同时，大数据越来越广泛地被应用到税收征管中。税收征管数据已被共享和应用到更广泛的社会管理领域，纳税人的纳税信用数据也已成为社会信用体系的组成部分。随着大数据的广泛应用，自然人纳税信用信息比法人纳税信用信息更为敏感，更具有人格意义上的隐私，自然人的税收隐私面临潜在风险，或将产生社会治理隐患。因此，我们有必要对自然人的税收隐私权作深入研究，并在此基础上探索和建立自然人纳税信用体系。

一、自然人纳税信用体系及税收隐私权概述

（一）自然人纳税信用体系概述

参照国家税务总局发布的《纳税信用管理办法》，我们可以将自然人纳税信用体系划分为信用信息的采集、评价、共享、监督四个环节。

1. 自然人纳税信用的信息采集

自然人纳税信用信息的采集主要包括税务机关的自主收集、其他政府机关共享和从非政府机关获取三种方式。第一种是税务机关自主收集。目前，税务机关主要是以纳税人或扣缴义务人通过填写纳税申报申请表或其他申报资料的方式来进行收集。第二种是其他政府机关共享。税务机关可以获取其他政府机关共享的行政许可、处罚、变更、基本户账号、海关等信息，用于完善税收征管、信用管理和风险管理等。第三种是从非政府机关获取，比如税务机关在征管和稽查中可获取银行APP、社交软件、网络主播、直播带货和网络销售等平台上的自然人纳税信息。在实践中，目前多用于税务征管和税务稽查。

2. 自然人纳税信用的评价

纳税信用评价主要体现在信用等级评定方面，我国在这方面有相对完善的制度，这主要体现在法人的信用等级评定方面，具体分为 A、B、C、D 四个等级。与企业纳税信用等级评定类似，自然人纳税信用评价也需要将收集到的涉税信息进行加工后按照规定的程序和方法进行评级。总体而言，在建立自然人纳税信用管理体系过程中，我们可以参考现存的企业纳税人的信用评级制度，对自然人的纳税信用进行评级，在此基础上再根据不同的等级制定类似的激励和惩戒制度。

3. 自然人纳税信用的信息共享

与企业纳税信用类似，自然人纳税信用管理的目的也是通过共享来达到共治，从而提高政府行政管理效率的。通过与不同主体的共享，自然人纳税信用信息还可以用于增强金融机构风险控制、降低征信机构运行成本，以及提高征信机构评价准确性。正如本文一直强调的那样，税务机关将自然人的纳税信用信息与金融机构、行业协会、征信机构等组织共享时，尤其要注重对自然人的隐私权保护。这是隐私权保护能否落实到位的最关键因素。

4. 自然人纳税信用的监督

与企业纳税信用体系一样，自然人纳税信用体系也应该有相应的监督机制，用以维护自然人纳税信用评价和修复的公平性。首先，我们应严格谨慎选择监督主体，对其合规性设置更多的限制和约束，并制定完备的、科学合理的监督程序，从实体和程序两个方面强化对自然人纳税信用的监督。参照以往的经验和发达国家的做法，对于自然人纳税信用体系最好的监督就是赋予纳税人本人以更多、更便捷的维权手段，通过纳税人维权来倒逼税务机关以及其他使用纳税信用的机构强化自然人隐私权保护意识，从而最大限度地维护自然人的税收隐私权。

（二）自然人税收隐私权概述

自然人税收隐私权属于个人隐私权的范畴，但是同一般个人隐私不同的是，只有纳税人申报和税务机关征管形成的涉税信息才构成自然人税收隐私的内容。根据《中华人民共和国税收征收管理法》《中华人民税收征收管理法实施细则》，纳税人有权要求税务机关对纳税人的商业秘密及个人隐私（不包括税收违法行为）保密，税务机关应当对纳税人的上述信息保密。纳税人税收隐私权所涵盖的范围应当包括税务机关收集、整理、分析的法人和自然人的任何信息。在具体规定方面，现行税收法律法规对纳税人税收隐私并没有专门的表述，而是将其阐述为"税务机关在税收征收管理工作中依法制作或者采集的涉及纳税人商业秘密和个人隐私"的信息，但并不包括纳税人的税收违法行为。

二、自然人纳税信用体系建设与自然人税收隐私权的冲突

（一）信息收集与自然人税收隐私权的冲突

1. 收集身份识别信息与自然人税收隐私权的冲突

自然人的身份识别信息是自然人纳税信用体系建设的基础，可分为基本身份识别信息及个人生物识别信息，前者包括身份证号、电话号码、家庭住址、电子邮箱等，后者包括指纹、人脸、虹膜和声音等。

在国家税务总局开发的个人所得税 APP 的"自然人电子税务局个人信息及隐私保护政策"中，该系统采集的自然人基本信息包括纳税人本人、配偶、子女、被赡养人等个人身份信息，

以及出生日期、性别、户籍所在地、经常居住地、联系地址、学历、电子邮箱、其他身份证件、银行账号等。该系统不但采集自然人生物信息如人脸，会记录纳税人的手机型号、手机序列号、位置，会访问纳税人手机上的照片和文件等。纳税人个人生物识别信息的不适当采集可能导致隐私的最大限度暴露和人身财产犯罪的产生，如诈骗、威胁、人身犯罪、财产侵害等。另外，此类信息收集保存不当还将导致此类信息被其他组织用于商业推广，由此影响个人的日常生活。

2. 收集财产信息与自然人税收隐私权的冲突

财产信息对于税务机关建立自然人纳税信用体系来说是最重要的。自然人财产信息包括房产信息、银行卡及其储蓄情况、个人的消费记录、持有股权信息等。税务机关可以将其与自然人纳税税基进行比对，以此核实其是否诚实申报纳税。如果税务机关收集财产信息超越了界限，可能导致税务机关掌握了多余的、税收征管不必要的财产信息。另外，税务机关一旦全面掌握了自然人的财产信息，可能会对财产多的纳税人给予更多的关注，采取更多、更严格、更频繁的风险管理手段，从而导致滥用职权和社会不公。

3. 收集外界评价信息与自然人税收隐私权的冲突

个人的外部评价信息包括信用评价信息和其他信息，税务机关关于此类信息的来源主要有如下三种：第一种是来自于征信机构的个人信用信息。第二种是来自于其他政府机关的评价信息，如司法机关的失信被执行人、限制高消费等。第三种是其他民间主体所作出的其他评价信息。

税务机关对征信机构所收集的信息和评价结果进行收集和采用，但这些信息是否准确、可靠存有疑问，税务机关一旦不当使用或直接使用或将影响纳税信用评价结果，侵犯纳税人包括隐私权在内的合法权益。另外，司法机关对于民事判决、刑事附带民事判决或者调解书、仲裁文件中所包含的内容大多是失信信息，除少部分涉及财产转移等情况外，大多数与纳税信用关联度并不高。至于其他民间主体所作出的评价信息主要是互联网征信的部分，例如花呗、度小满、京东白条等互联网产品对个人与其进行的交易进行记录，最后根据个人的遵从度进行评价的信息，此类信息可以帮助税务机关了解纳税人具体的财务情况，但是存在收集信息不准确、带有偏向性的问题，税务机关对此类信息应审慎采集和使用。

（二）信息共享与自然人税收隐私权的冲突

根据《守信激励和失信惩戒指导意见》，自然人纳税信用体系建设中的信息共享主要涉及四个方面：与其他政府机关共享、与金融机构共享、与征信机构共享、与行业协会商会共享。

1. 与其他政府机关共享产生的冲突

目前，国家推动建立全国及各省区市和各行业信用信息系统，归集全国、地区和行业的信用信息，打造全面的信息共享平台。将信息共享到全国各省市区的做法首先增强了税收隐私信息的使用方便性，很多数据即使经过纳税人同意或者默许，但并不代表其他政府机关就可以使用，没有边界地使用个人信息会造成纳税人信息泄露和滥用的风险。

2. 与金融机构共享产生的冲突

税务机关将自然人纳税信用数据与金融机构共享，一方面使得金融机构做审核的依据更多，降低了放贷风险，但是也增加了金融机构因"贷款人要求的其他标准"导致真正有需要的个人成功办理到商业贷款更加困难，改善生活条件难度更大。从本质上来说，金融机构办理业务不应当成为"无风险"的业务，自然人税收隐私信息应当有限制地向金融机构提供和共享，且若不配套金融行业准则的相关规定，可能会压缩中低收入群体的生存空间，不利于共同富裕目标的实现。

3. 与征信机构共享产生的冲突

对于征信机构来说，税务机关的自然人纳税信用信息是其不须同意即可采集的信息，然而征信机构的个人征信报告的查阅并不仅仅针对征信对象本人，还包括"具有向被征信个人提供信贷、赊销、就业、保险、担保等意向或者其他正当理由"、"具有被征信个人进行商账催收等业务意图"和"法律、法规、规章规定的其他情形"这三种情形。也就是说，征信机构利用税务机关提供的纳税人税收信息不需经过纳税人同意，且征信报告提供的对象也存在征信对象本人并不知情的情况，这都可能导致自然人纳税信用信息被不当地泄露给其他主体。

4. 与行业协会商会共享产生的冲突

我国行业协会的发展尚不成熟，将信息共享给行业协会商会将给纳税人的税收隐私带来极大的泄露风险，并且行业协会大多是为盈利而创设的，代表着行业内大多数主体的共同利益的集合。因此，将税务机关的自然人纳税信用信息与行业协会进行共享很有可能导致信息被滥用来获取收益。同时，也可能反过来损害纳税人的税收遵从度，不利于建立和谐稳定的征纳关系，也不利于营造崇法守纪的社会氛围。

三、自然人纳税信用体系建设与自然人税收隐私权保护的冲突原因

（一）信息收集共享冲突的原因分析

如前所述，自然人纳税信用体系建设的核心就是信息收集和信息共享，在冲突原因分析方面，本文也将重点从这两个环节来进行阐述。自然人信用体系建设并无相关的法律加以规定，目前《社会信用体系建设规划纲要》在加强商务信用建设方面阐述了纳税信用的主要发展方向：跨部门信用信息共享、纳税人涉税信息交换、比对和应用、纳税信用等级评定和发布制度完善，信用分类管理加强，信用评定效果差异化增强、税收黑名单制度建设及社会信用联动管理等方面。

1. 信息收集的法律规定及执行现状

税收征管法概述了"税收保密"义务和对相关责任人员的处罚。在信息收集领域，我国采取的标准比较保守，是以信息提供者的"同意"为基本原则的，但是在大数据时代下，要想将技术红利的效果完全应用到税收信用体系建设上，完全遵照同意为原则的标准似乎不能满足大数据分析的信息收集要求。通常来说，同意作为信息收集的准则和要求本身是没有问题的，但如何平衡信息收集和税收隐私保护就成了关键。另外，我国信息收集时已经注意区分信息提供对象和不同信息的收集范围和权限的不同，但并没有具体的制度和原则，这导致了实际运用方面存在一定的混乱。

2. 信息共享的法律规定及执行现状

税收征管法规定，"有关单位和个人有义务向税务机关如实提供有关资料及证明材料"。《自然人纳税信用建设通知》中关于信息共享则主要体现在对于严重失信个人的联合惩戒、将个人所得税纳税信用记录与全国信用信息共享平台共享方面，同时还强调了要"按最小授权原则设定自然人纳税信用信息管理人员权限"以避免信息的滥用和泄露。《社会信用体系建设规

划纲要》强调纳税人"基础信息、各类交易信息、财产保有和转让信息以及纳税记录等涉税信息的交换"。我国税收信用信息共享蓝图宏大，然而相对的信息共享原则和主体区分却不明朗，实践中进行适用困难，且主体责任分担原则相对模糊，以致信息共享无法落地。

（二）大数据技术应用对冲突的增强

大数据技术的飞速发展，一方面导致信息得到了快速传播和广泛应用，另一方面也对个人信息和隐私安全造成了前所未有的挑战。

1. 信息收集量巨大对冲突的增强

大数据价值密度低、基于大量数据的特点使得该技术的应用与纳税人税收隐私权的冲突更加剧烈。在收集巨量信息的基础下，无论是个人隐私还是普通的个人信息都被收集起来，彼此之间难以区分、难以划界。对于税务机关来说，大数据分析的特点导致其在信息收集的前端往往无法区分纳税人的隐私界限，从而导致不符合税收征管目的的信息被过量征收，进而造成对纳税人税收隐私的泄露和侵犯。

2. 信息处理效果对冲突的增强

纳税人信息在经过大数据分析和对比后往往会揭露纳税人本人都无法想象的真实全貌，也就说人们常说的"大数据比你更懂你"。虽然目前我国在信息处理的人才储备和技术上尚且不成熟，但是比起信息收集的巨大体量，大数据技术应用于纳税人信息分析方面所能造成的后果是显而易见的。大数据能够轻易识别个人在各个方面的习惯、喜好、水平和趋势等，况且自然人个人所应当缴纳的税收本身就无处不在，大数据分析将侵入个人生活的方方面面，其所产生的关联性分析若不加以控制，将很难区分可收集共享的信息与不可收集、不可共享的隐私信息，后续一旦不当使用则会造成难以挽回的后果。

四、平衡纳税信用体系建设与自然人税收隐私权保护的建议

（一）建立和完善自然人税收隐私权相关法律制度

1. 明确界定自然人税收隐私权

纳税人隐私权的范围应当及于自然人纳税人，纳税人隐私权的保护也应当区分法人纳税人和自然人纳税人。自然人纳税人大部分存在天然的弱势，其权利应当受到特殊的保护。纳税人税收隐私权的定义不应当与个人隐私权、个人信息权利混淆，应当将其分割出来用制度进行保护。

2. 构建系统的自然人税收隐私权保护制度

在明确界定自然人税收隐私权范围的基础上，建议根据自然人的特点建立专属的纳税信息收集、披露、共享和应用法律法规。鉴于自然人在法律救济中一般处于弱势地位，我们还应着重建立自然人纳税隐私权救济制度，便于自然人税收隐私权在受到侵犯后能及时且方便地维权。保护制度应该涵盖复议、诉讼等内容。在举证责任方面，可以考虑适当降低自然人的举证责任，提高侵权主体的举证责任。

（二）在信息收集环节保护自然人税收隐私权

1. 设定信息收集标准

首先要规范自然人纳税信用体系信息采集标准，也就是规定哪些信息可以采集，哪些信息不能采集，从而对自然人的税收隐私做好源头保护工作。需要强调的是，对自然人税收隐私的保护应当是循序渐进的，不应当在收集阶段就对其隐私权过度保护，应当遵循"合法、正当"

的标准和具有"合目的性",且除法律规定外应当尊重个人拒绝提供的意愿。

2. 设定信息收集程序

税务机关收集信息应当尊重纳税人的同意权和拒绝权。同意权包含"明示同意"和"默示同意"两种类型。税务机关收集纳税人信息时更多是经过纳税人的默示同意,若纳税人明确拒绝税务机关对其涉税信息进行收集,税务机关应当尊重纳税人拒绝的权利,不收集此类信息,已收集的应予以销毁。

(三)在信息共享环节保护自然人税收隐私权

1. 限制信息共享权限

对于政府机构来说,应当严格限定信息共享的机构等级,谨慎扩大信息下载、使用主体的范围。例如,政府机构信息共享应当首先限制于本地区政府机关间信息共享,在建立起区域信息共享平台后进一步将信息共享推广逐渐至全国信息共享平台。对于金融机构来说,应当对非央行以外的金融机构进行信息共享的权限限制。政府可以考虑将金融机构信息共享准入权等主体资格审核权力下放至中央银行等部门,并设置专门的监督管理人员对央行的资格审批进行不定期核查。

2. 设定信息共享程序

税务机关对自然人纳税信用信息要区分为可分享信息和不可分享信息,在此前提下对不可分享的信息不能予以共享,而对可分享的信息仍要保留控制权,即对下载、使用该信息的主体具有知情权、修改权和要求停止使用和删除的权利。

3. 限制信息共享范围

可分享的信息也应当进行安全等级和权限需求的评估,并按规定程序和权限进行分享。不可分享信息是限制共享的重点,这类信息包含纳税人明确指明使用用途的信息、涉及纳税人高度个人隐私的信息以及法律法规规定不可分享的信息等。值得注意的是,在评估信息的安全等级和权限需求时应当建立统一的标准,不能由各地任意决定,以避免权力寻租和徇私舞弊行为。

(四)增强自然人权利保护意识

我国自然人纳税人对自己的税收隐私权认识不高,对于维权途径了解不够,导致其无法有效利用维权手段维护自己的合法权利。对自然人进行税收隐私权维权宣传教育,提高其保护权利的意识;对自然人进行税收信息公开共享监督的宣传教育,提高其主动监督意识。

(五)提高政府用税透明度

政府的用税信用建设是我国纳税人税收信用体系建设的重要基础支点,只有提升政府机关用税透明度,才能提高社会及民众对税收征管的遵从和维护税收秩序的意识,纳税人才能以实际行动来守信。在具体操作方面提出如下三点建议:一是要完善相关法律制度,完整的法律制度有利于全国人大和各级人民代表大会等主管机关有足够的依据对政府依法执行预算进行有效监督。二是可以利用大数据建立不同政府资金使用效果的评估模型,提高各级政府税收使用效率。三是进一步扩大政府机关税收财务信息公开范围,完善政府信息公开的强制性。

课题组组长: 严三国
课题组成员: 荀　思　姜伯明　李永久

用科学指引和行动指南做好新时代税务工作

卢李华

坚持以习近平新时代中国特色社会主义思想为指导，持续深入学习贯彻党的二十大精神，充分发挥税收职能作用，凝心聚力、团结奋斗，必须深思细悟、准确领会、坚定理想信念，砥砺初心使命，在全面建设社会主义现代化国家新征程上贡献税务力量。当前，在全力服务中国式现代化，推动落实税费支持政策、深化税收征管改革等工作中，我们要围绕盐城市委、市政府推进工业强市重大战略，全面发挥好税收职能作用，全身心投入服务经济发展的主战场，用科学指引和行动指南做好新时代税务工作。

一、深刻领会党的二十大对税收工作的最新部署要求，进一步明确税收工作的发展方向

关于税收工作，党的二十大提出了一系列重要思想、重要观点、重要论断，为做好新时代税收工作提供了科学指引和行动指南。

（一）坚持和加强党的全面领导

坚持和加强党的全面领导，坚决维护党中央权威和集中统一领导，把党的领导落实到党和国家事业各领域、各方面、各环节。当前，税收在筹集财政资金、调控经济运行、完善社会治理等方面承担的职能越来越多。这就要求我们坚持和加强党对税收工作的全面领导，立足"国之大者"认识税收问题、把握税收业务、发挥税收职能，为经济社会发展多做贡献。

（二）坚持以人民为中心的发展思想

坚持以人民为中心的发展思想，让现代化建设成果更多、更公平惠及全体人民。税收取之于民、用之于民，无论是在征税收费中减轻市场主体负担，还是使用税费收入为人民群众提供公共服务都体现出税收的人民性。为此，税务部门将牢固树立"以纳税人缴费人为中心"的发展理念，在税费服务上追求高效便民，在税务监管上追求精准利民，在税务执法上追求公平惠民。

（三）着力推动高质量发展

高质量发展是全面建设社会主义现代化国家的首要任务，要构建高水平社会主义市场经济体制，加快建设现代化经济体系。税务部门将积极落实各项税费优惠政策，更好地激发微观市场主体活力，促进分工和专业化生产，引导市场公平有序竞争，推动社会生产方式转变和产业结构转型，使市场在资源配置中起决定性作用，更好发挥政府作用。

（四）加快实现绿色发展

要牢固树立和践行绿水青山就是金山银山的理念，完善支持绿色发展的财税、金融、投资、价格政策和标准体系。税务部门将综合运用以环境保护税为主体，以资源税、耕地占用税

为重点,以车船税、车辆购置税、增值税、消费税、企业所得税等税种为辅助的绿色税制体系,运用税收杠杆引导企业调整产业结构、研发节能环保技术、应用节能环保装备,推动形成绿色发展方式和生活方式。

(五)推动全体人民共同富裕

共同富裕是中国特色社会主义的本质要求。要加大税收调节力度,完善个人所得税制度,规范收入分配秩序。税收对再分配和第三次分配具有调节作用,其中直接税对再分配具有显著的调节作用。为此,税务部门将进一步加强高收入群体、数字经济领域的个人所得税征收管理,适度提高财产性收入的税负水平,进一步体现税收负担公平的原则。

二、推动党建与税收工作深度融合,汇聚学习贯彻党的二十大精神的强大合力

牢固树立"没有脱离党建的业务,也没有脱离业务的党建"的理念,在理论学习、组织建设、能力提升、履职担当中推动党建与税收业务深入融合,确保党的二十大精神落细落地。

(一)开展"五同联学",推动政治理论与税收实践融合

市县税务局党委理论学习中心组每月开展一次"五同联学"活动,每次学习都聚焦一项税收业务,选择相关学习内容,开展集中研讨,确保开展一次联学、研究一项业务、解决一个问题。

(二)打造"三个中心",推动政治功能与税收职能融合

为充分发挥税收筹集收入、调节经济、监督运行的职能,市税务局着力打造税费服务运营中心、税务监管运营中心、智慧税务运营中心,并在"三个中心"分别成立党支部,聚集优势资源,强化组织建设,增强基层党组织政治功能,持续优化税费服务、税收执法、税务监管方式,着力构建与先进生产力和经济发展水平相适应的现代税费征管模式。

(三)聚焦"能力提升",推动政治能力与业务能力融合

市税务局开展"领导班子能力提升年"活动,通过调查研究、工作竞赛、业务测试等方式,增强各级领导班子政治能力和业务能力。在组织税费征收方面,各级税务部门坚持依法征收底线,利用数据分析挖潜增收。在落实优惠政策方面,各级税务部门立足服务经济发展大局,利用优惠政策助力经济回暖。在规范税收执法方面,各级税务部门优化执法流程,营造法治化税收营商环境。

(四)推行"清单管理",推动政治责任与工作责任融合

市税务局找准政治责任与工作责任融合的突破点,编制各部门责任清单、问题清单、任务清单。"责任清单"明确各部门的职责事项、流程环节、工作标准,核心在于明确责任、规范权力。"问题清单"明确行政管理、税收执法等方面的薄弱环节,核心在于防范管理风险和遵从风险。"任务清单"列出部门重点工作任务,核心在于抓落实,形成"确定任务、落实责任、督查督办、月度汇报"的闭环。

三、勇担税务部门的职责使命,争当服务全市高质量发展排头兵

认真贯彻市委、市政府的决策部署,聚焦工业强市重大战略,在聚集财政收入、落实优惠政策、优化营商环境、优化税收治理等方面谱新篇、求突破,争当服务全市高质量发展的排头兵。

（一）发挥聚财职能，在服务大局中助经济发展之力

聚焦征税收费的主业，努力为高质量发展贡献财力。一是守住主动脉。坚持收入质量监管"严"的主基调不动摇，常态化开展收入监控分析，确保税费收入高质量增长。二是打赢主动仗。依托税收征管数字化升级和智能化改造等"以数治税"手段，加强和改进税费征收管理，加大存量税源管理，不断做大税源"蛋糕"。三是把握主动权。围绕全市经济运行动态，建立标准化分析机制，反映经济运行质效。针对重点企业、重点行业、重大项目开展深度分析，为高质量发展提供税收智慧。

（二）推进减税降费，在落实政策中务惠企利民之实

一是助力纾困解难。认真落实税费"减免退缓"政策，切实减轻市场主体负担，激发市场主体活力和信心，为稳定经济大盘蓄力赋能。二是助力科技创新。认真落实鼓励创新研发和吸引高端人才的普惠性税收优惠政策体系，加大对我市"5＋2"战略性新兴产业和23条重点产业链的税收优惠力度，助力建设现代化产业体系。三是助力绿色发展。认真落实绿色税制体系，在资源利用、设备使用、产品消费、污染排放等环节，实施税收激励、约束"双向用力"。

（三）优化税收服务，在简政放权中固营商环境之本

税务部门将优化税收营商的"软"环境，增强高质量发展的"硬"实力。一是推广线上办税。实施办税缴费"零跑动"改革，推动更多事项线上办、集成办。切实解决12366和网上纳税人问题咨询、投诉举报的难题。二是简化办事流程。推进涉税（费）事项"一窗办理"，解决纳税人"多头跑"问题。通过优化办税流程，简并申报事项，减少资料报送，从而降低办税缴费成本。三是集成服务资源。优化办税服务场所布局，推进各类服务渠道资源共享、信息互通、数据集成，协调解决供给需求平衡。

（四）深化征管改革，在促进遵从中提税收治理之效

随着高质量发展中出现的新业态、新模式，税务部门将坚持创新驱动发展，深化税收征管改革，为高质量发展提供税收治理样本。一是推进精确执法。加强税费政策和征管措施的确定性管理，深化落实行政执法"三项制度"。二是推进精细服务。运用大数据分析纳税人办税习惯，开发定制化服务产品，满足个性化服务需求。三是推进精准监管。深入推进"信用＋风险"管理，精准锁定涉税风险，实施分类分级管理。四是推进精诚共治。健全涉税信息共享体系，依托社会力量强化税收协同征管、诚信激励和失信惩戒。

（作者单位：国家税务总局盐城市税务局）

推进数字经济时代税收治理变革研究

王志平　王　静

近年来，我国数字经济发展迅速，已成为拉动经济增长的重要引擎。《数字中国发展报告（2022年）》显示，2022年我国数字经济规模达50.2万亿元，总量稳居世界第二，占GDP比重提升至41.5%，数字经济成为稳增长促转型的重要引擎。同时，数字经济的发展也带来了一系列新业态、新模式和新理念。为有效应对数字经济给税收治理带来的挑战与冲击，税务部门应积极顺应数字经济快速发展的时代潮流，不断推进税收治理变革，提升税收治理的数字化水平。依据中共中央、国务院相继出台的《网络强国战略实施纲要》《数字经济发展战略纲要》《数字中国建设整体布局规划》等一系列支持数字经济发展政策，以及中共中央办公厅、国务院办公厅印发的《关于进一步深化税收征管改革的意见》（以下简称《意见》）提出的主要目标，本文从税收立法、税收制度、税收征管和税务监管等方面探索如何在数字经济背景下构建税收治理新格局，研究数字经济下税收治理面临的困境，对数字经济下税收治理路径提出建议。

一、数字经济背景下税收治理面临的挑战

习近平总书记在党的二十大报告中指出："必须更好发挥法治固根本、稳预期、利长远的保障作用，在法治轨道上全面建设社会主义现代化国家。"税收治理是国家治理体系的重要组成部分，税收治理现代化是国家治理体系和治理能力现代化的内在要求和重要内容。我国作为数字经济发展大国，应高度重视数字经济带来的税收新挑战和新机遇，积极参与税收治理体系的重建，努力提升税收治理水平，不断提升税收治理能力，以税收治理现代化服务中国式现代化。

（一）税收立法基础受到冲击

第一，在经济数字化下，商品和服务以信息化的形式进行交易。数字交易模式不断变化，导致了许多问题，如纳税人难以识别、收入难以确定、税收管辖难以归属、避税界定模糊等。第二，数字革命对人类经济社会带来的深刻影响，不仅影响企业组织架构，也可能给相关法律、制度等带来颠覆性改变。现在主要的税种建立在工业经济的基础之上，未来无论是税基、税种、税率等，可能都需要进行适应性的改革。第三，数字经济快速发展催生新模式、新业态、新要素，税收国际规则受到严重冲击。传统的国际税制通常以企业所在注册地为基本对跨境企业实施征税，但一些数字企业在提供跨境服务时并不需要在当地建立常设机构，那么由于没有在对方国家领土内建立企业，这些数字企业则可以既产生盈利，又无需向对方国家缴纳税费。传统税收制度、政策及税收征管面临挑战，各国已在开展适应数字经济趋势的税制调整。目前，中国数字经济规模已居世界第二位，理顺相关税收法律和完善税收配套政策势在必行。第四，数字经济的内在驱动是不断创新的信息技术，数字产业化必然带出层出不穷的新业态和

新模式，无论是税收立法部门还是税务执法机构都不能预测数字经济的发展趋势，无法事先做好税收治理的判断，因而造成税收立法和税收执法的不适应。

（二）税收制度改革相对滞后

数字经济带来了一些新的变化，导致现行税收制度中多个基本要素的适用性受到挑战，税收制度的可持续性面临一定威胁。具体来说，数字经济对税收制度的冲击与挑战主要体现在纳税人、课税对象和纳税地点三个方面。

第一，数字经济促使经营主体分散化，纳税主体难以有效监管。在数字经济领域，依托互联网平台即可高效便捷地完成信息交互、商品销售、服务提供、资金交付等交易活动，导致数字经济经营主体相较于传统经济明显地分散化，税务部门难以获取个人经营者真实的交易资料，也就无法对从事数字经济的个人经营者进行有效监管和征税。第二，经营主体业务范围边界模糊，课税对象难以合理界定。相比传统工业经济模式，数字经济突破了时空限制，使得生产要素的流动更加迅速，但也使经营主体业务范围边界变得更加模糊不清，给课税对象合理确定和准确判定带来困难。随着数字经济领域新业态、新模式的不断涌现，往往存在传统业务与数字业务深度融合共同创造价值的情况，依据现行税制课税对象的标准，已无法把数字业务剥离出来单独征税，难以对两者进行识别并合理确定课税对象。第三，涉税信息获取难度较大，纳税地点难以合理确定。在数字经济领域，经营者借助互联网平台、电子支付、物流体系等，可在不设立分支机构的情况下向不同地区甚至不同国家的消费者销售商品和服务。这种销售地与消费地的分离，导致数字经济无法像传统交易一样准确确定纳税义务发生地，也就无法合理划分税收管辖权。

（三）税收征管能力有待提高

一是税收管辖权判定存在差异。数字经济衍生出众多的无形产品与虚拟服务，早已脱离传统税收立法所依赖的物质空间和现实关系。税收征管制度虽然进行了多次调整，但依然无法从根本上应对数字经济带来的征税风险，在税收管辖权的判定上仍存偏差。秉持属地主义原则，所得税与流转税分别依据所得来源地与实际消费地进行课税，且在数字经济的冲击下，两者对纳税地的判定逐渐模糊，无法有效确立税收管辖权的归属。二是涉税数据地利用缺乏法律依据。在现有税收征管模式下，税务部门对于各类电商平台主体基本可以做到有效税收监管，但对于在各类电商平台开设店铺销售产品和提供服务的经营主体，目前政策只规定直播平台需要向税务部门提供相关信息，对于其他网络经营主体税务部门很难依法获得公司的数据支持，对于这部分企业和自然人的监管较为困难。三是纳税主体界定模糊。在数字经济的冲击下，虚拟平台的广泛应用使得生产端与消费端的界线逐渐模糊，使交易双方可以凭借多个虚拟账号进行交易往来，甚至能够以虚假的身份和地址完成真实的交易，导致税务机关无法准确界定交易方是否属于法人机构，难以确定各个税种的纳税主体。

（四）税务监管手段亟待强化

第一，数字经济新业态的产业链复杂，一些新业务模式甚至处于税务监管的空白地带，加大了税源管理难度和跨境交易监管难度。目前，各国在数字经济领域的利益严重不对等，多边性质的协调方案始终难以得到实质性推进。第二，目前数字经济下我国国内税制不健全，课税要素判定难，经营参与者脱离税收监管，税务机关缺乏政策支持和与时俱进的管理手段，使得我国税收治理面临着严峻的执法风险和挑战。第三，现代信息技术在各领域中的深度介入，改变了经营和管理模式。税务人员思想意识和管理水平难以适应数字经济带来的冲击，还没有真正建立起一支专业化的人才队伍，无法有效应对工作岗位中出现的各种新形势、新问题，无法应对数字化经济条件下衍生的各种逃税与避税问题。

二、实现数字经济背景下税收治理的基本思路

面对产业数字化和数字产业化的迅猛发展，如何借助数字经济的力量提升税收治理能力现代化是我们当前面临的一项紧迫任务，税收治理要以数字化改革为引领，持续推动理念创新、制度创新、模式创新和文化创新，从而为税收治理现代化提供有力支撑，推进税收现代化建设不断向前发展。

（一）坚持税收治理的理念创新

一是树立依法治税理念，为税收治理提供遵循。依法治税是依法治国的重要组成部分，是治税之本，也是税收工作的基础和灵魂。《中华人民共和国立法法》提出，"税种的设立、税率的确定和税收征收管理等税收基本制度"只能由法律规定，具体表现为税种法定、税收要素法定、程序法定。二是树立守正创新理念，为税收治理注入动能。建立健全与数据管税相适应的组织结构和人力资源配置，全面推进"管户制"向"管事制"转变、实现从"以票管税"向"以数治税"分类精准监管转变，用法律思维和制度思维推进税收治理从"经验治理"向"制度治理"转变，逐步建立更加成熟、更加定型、更加严密的税收治理体系。三是树立以数治税理念，为税收治理创新驱动。以数治税为税收管理服务赋能提效，突出税收在国家治理中的基础性、支柱性、保障性作用。要求我们借助信息化手段打造"智慧税务"，全面摸排税源潜力，实时动态监控，着力做到应收尽收，为国家提供财力支持；以数治税赋能经济调控，在精准减税降费、营造公平环境方面发挥重要调节作用；深入挖掘税收大数据价值，深度融入党委政府决策机制，积极服务经济社会发展大局。四是树立风险防控理念，为税收治理保驾护航。主动预判风险所在并洞悉风险转化规律，按照政治安全、政务管理、组织收入等各条线建立安全责任链，坚决防止出现系统性风险。

（二）坚持税收治理的模式创新

模式就是解决某一类问题的方法论。模式创新是指一种新的管理方式或方法的引入，通过实施新的、有效的管理模式、管理方法和手段，变革或替代原有的不适应组织发展要求的习惯做法和模式，使组织的管理系统具有更高的管理效能。一是不断完善电子税务局。电子税务局的高效便捷带来的是纳税人、缴费人纳税成本的降低，不断拓展"非接触式"办税缴费服务不仅能有效应对疫情环境下纳税缴费的各种难题，同时换来了行政效率和市场效率的提升，对于人口规模巨大的中国式发展实际更具有前瞻性意义和价值。二是打造税费服务平台。对于数字税务建设而言，人工智能也具有重要的驱动作用。要实现 24 小时纳税服务不打烊，以人工智能为核心的智能咨询是必不可少的，同时在纳税服务前端解决了政策咨询、业务辅导和个性化分析等问题。三是加强数据管理与应用。税收数据不仅可以反映国家经济运行的整体情况，也可以反映宏观调控的实施效能和发展趋势，是国家信息安全的重要内容。同时，税收数据事关纳税人个人的信息保护，尤其是在个人所得税管理方面，不仅事关纳税人收入和支出等基础涉税信息，而且事关纳税人财产增量、保值情况和市场交易行为等信息。四是广泛参与国际税收规则制定，提升自身话语权和影响力。同时，我国应尽快完善国际税收法律制度，引入针对数

字经济特点的税收规则,在不妨碍数字经济活动开展、不增加企业额外税收负担的前提下,切实维护我国税收权益。

(三)坚持税收治理的制度创新

从近期来看,要深入分析数字经济发展带来的生产要素和经济业态的变化,充分考虑纳税主体分散、征税范围模糊、计税依据难以确定的因素,改革现有的税费制度体系。从长远来看,数字税务建设应服务于税费征管制度体系的变革,要保证税费制度体系原有的改革方向,同时加入智慧税务的力量。"十四五"规划明确提出,现代税费征管体系不仅强调了地方税体系建设,也强调了直接税体系建设。数字经济对地方税体系和直接税体系建设都提出了挑战,平台经济、共享经济、网络经济不仅造成了区域之间税源划分的复杂性和不合理性,同时增加了直接税的征收难度。数字税务建设必然要积极应对数字经济天然具有的虚拟性、无形性和隐蔽性,通过区块链、云计算等数字化手段深化大数据应用,不断为税费征管制度体系的完善提供精准的分析结果,确保税费征管制度适应经济社会发展的需要。推动互联网、大数据、人工智能、区块链和税收征管快速融合,并能够提高税收征管效率、降低税收成本,为纳税人提供更加便利、快捷、高效率的办税流程。同时,互联网给税收征管模式也带来了巨大挑战,主要体现在课税对象、计税依据、纳税地点等方面,应从征管主体、纳税主体、课税对象、征管制度、征管手段等方面优化税收制度。

三、构建数字经济下税收治理新格局的现实路径

税收治理应通过加强税收立法、完善税收法律体系、优化税收征管方式和健全税收监管机制等方面,不断提高数字经济背景下的税收治理能力,更好发挥税收在国家治理中的基础性、支柱性、保障性作用。

(一)加快税收立法进程

习近平总书记强调,落实依法治国基本方略,加快建设社会主义法治国家,必须全面推进科学立法、严格执法、公正司法、全民守法进程。对于数字经济发展的税收立法而言,要认真落实税收法定原则和《贯彻落实税收法定原则的实施意见》所确定的路线图,确定立法宗旨。从理论上讲,税法的功能包括组织收入、调节分配和调控市场。在数字经济税收治理尚未推进的情况下,立法的功能定位在数字经济税收治理中必须予以明确。税收立法是法治国家建设的重要内容,也是税收法治化的重要表现。现代税收制度的重要组成内容就是一部部税法。在社会主义市场经济条件下,现代国家建设必须包含税收法治建设的内容。科学立法不应局限于对税法要素的合理设置,还要考虑税务机关的征管手段,需考虑将数字经济的生产要素应用于税收征管实际,使数据、网络和技术成为提升税收治理的内在驱动力,同时发挥好数字、网络和技术在经济发展和税收治理中的作用。

(二)完善税收制度体系

从完善税收制度的视角看,目前影响数字经济税收治理的最大难题是完善现有的税收分配制度,既要保证税制的完整性、合理性,也要发挥好税制的作用,促进数字经济的健康发展。数字经济具有跨区域的特点,电子商务、平台经济等数字经济形式都具有跨区域流动生产要素的特点。网络平台等信息化工具,不仅使劳务、产品和数据等生产要素实现跨区域流转,而且也使参与交易行为的各方主体实现了跨区域合作,由此产生的收益和利润也会由各方主体按照

市场规则进行划分。这是数字经济背景下税收治理的重点也是难点。生产要素和受益主体的跨区域分布，决定了税收收入的跨地区分配。按照传统的税收分配格局，在中央与地方政府之间合理分配税收收入是1994年分税制改革的重大成果，实现各级政府财权与财力、事权与支出责任的基本匹配，达成纵向的平衡。面对新型数字经济背景下收益分配格局的变化，如何实现跨区域之间的横向税收分配平衡是进一步完善税收分配格局的重要任务，只有综合运用横向分配和纵向分配手段，税务、财政、金融及市场监管等部门协同发力，完善各部门之间的沟通机制，才能建立更为有效的税收收入分配格局，真正发挥税收的职能作用。

（三）强化税收征管手段

加强数字经济的税收治理，优化税务执法方式是关键一招。要深刻认识数字经济不仅是税收治理的对象，数据、网络和技术等生产要素也是推动税收治理的重要工具，以数治税和智慧税务建设必将与数字经济的发展充分融合。一要加强税收共治，整合涉税数据。在税费治理中要强化规范性，加快建立职责清晰、流程顺畅、征管规范、便民高效的征缴体制。二要加强纳税信用建设，增强纳税遵从度。从降低征税成本的角度考虑，加强纳税信用建设，必然倒逼纳税人依法诚信纳税，实现纳税人自主管理，从而营造良好的征纳环境。数字经济的特点是隐蔽性和复杂性，税收征管成本高于传统产业，在增强税务机关监管、优化税务执法方式的同时，应积极完善纳税信用建设，通过纳税自治管理，自主报送涉税信息、依法申报税款，纳税信用建设必须与相关税收优惠政策的享受相挂钩，实现数字经济条件下对纳税人的整体税收治理。三要充分运用数字工具，强化税务监管力度。《意见》提出要从"以票管税"向"以数治税"的精准监管转变。利用区块链和人工智能技术，加强对发票进行大数据管理，覆盖领用、开具和流转的全链条，尤其在加大实施增值税留抵退税制度以后，充分运用数据、网络和技术，加强以数治税对数字经济的税收治理显得尤为重要。

（四）健全税务监管机制

税务监管是税收工作的重要步骤和环节，在打击税收违法行为、规范税收征纳秩序、保障国家税收收入等方面具有重要作用，是维护公平税收治理环境的重要手段。《意见》提出，建立健全以"信用＋风险"为基础的新型监管机制。健全守信激励和失信惩戒制度，充分发挥纳税信用在社会信用体系中的基础性作用。要加强跨部门合作，建立部门间沟通协调机制，强化信息交流和人员配合，形成合力共同防范化解风险。众所周知，当前数字经济的迅猛发展，越来越成为社会各界广泛关注的焦点，而其给税收增长带来了多大的贡献也逐渐引起人们的重视。同时，数字经济有别于传统经济，它的流动性更大，跨国、跨地区的现象普遍存在，这使得跨国公司可以轻易地进行价值重组。在全球范围内进行收入和利润转移，对税基的稳定性造成了严重影响。在这种情况下，针对数字经济模式下对税务监管法规、制度和措施进行审视和重新定义变得尤为迫切。要强化税收社会化治理，构建税收共治格局。由政府牵头建立起统一的数字经济信息平台，由税务、公安、工商、国土资源等各部门共同参与进行信息交换，从而实现各个部门的信息交换与共享，结合当前我国税务监管的实际情况，有效推动政府税收监管工作健康、有序、稳定开展。

（作者单位：国家税务总局辽宁省税务局、国家税务总局沈阳市税务局第一税务分局）

税收助力项目落地存在的问题与对策

徐 伟 谭 伟

一、研究背景与意义

税收在国家治理中起着基础性、支柱性、保障性的作用。近年来，以习近平同志为核心的党中央准确把握全国经济社会局势，坚持把减税降费作为激发市场主体活力、促进经济增长的重要"先手棋"，并通过科学研判、正确决策，提出了一系列税收政策、措施和主张。2020年12月，习近平总书记主持召开中央全面深化改革委员会第十七次会议，研究部署进一步优化税务执法方式、深化税收征管改革等工作。2021年3月，中共中央办公厅、国务院办公厅印发《关于进一步深化税收征管改革的意见》（以下简称《意见》），并要求各地区各部门结合地方实际认真贯彻落实。税收现代化事业自此开启了新的征程。2021年是青岛市开展"项目落地年"的开局之年，全年共推进274个省、市重点项目，完成投资2031亿元，为经济社会发展提供强大助力。通过引进省外、境外投资者和落地优质项目来融通资本要素、扩大有效投资也是促进当地就业、恢复生产经营、继而实现高质量发展的必经之路。而将项目招引作为创新税收征管、深化税收改革的着眼点也势在必行。

税务部门作为主管税收的重要部门，更应最大限度发挥自身职能作用，高效贯彻落实减税降费工作。在政府工作侧，税务部门将税收服务与项目落地进行实践结合是国家战略与区域战略的精准衔接，有利于我国整体经济稳定发展；在市场环境侧，能够提高市场投资者对项目中长期发展的信心，提振市场预期，从而激发市场主体活力，优化青岛整体营商环境；在项目企业侧，税务部门听取纳税人纳税缴费需求，围绕项目落地对企业开展税收服务，辅助其进行税收筹划，将税收返还、留抵退税等减税政策真正落实到企业账面上，能够使项目相关企业降低实际纳税负担、增加营业利润、提升企业竞争力，从而加速项目落地。以税收服务项目招引，帮助政府提高招商引资项目质量，充分激发企业及劳动者生产经营活力，协调平衡政府、企业、劳动者的利益关系，服务国家"十四五"时期战略布局，为我国经济的可持续发展贡献税收力量。

二、青岛市税务部门服务重点项目落地的实践

青岛市税务局认真学习领会习近平总书记的指示精神，坚决贯彻执行《意见》和国家税务总局系列工作的部署，把服务重点项目落地作为深化税收征管改革的着力点，落实减税降费政策，服务市场主体健康发展，充分发挥以税咨政作用，为支持实体经济发展，稳定宏观经济大盘提供强力支撑。

（一）青岛市税务部门服务重点项目落地工作实践

1. 对接项目需求，提供全生命周期精细服务

一是开展"问需"调查，及时了解各方涉税服务需求。主动采取走访、调研、座谈等多种形式，获取市委、市政府、政府相关部门、项目企业的涉税需求，整理形成重点项目落地税收服务需求建议书，为税务部门开展靶向精准服务奠定基础。二是区分不同阶段，为重点项目提供全程服务。青岛市税务部门将项目发展阶段分为项目评估、项目洽谈、项目落地和竣工运营四个阶段，在不同阶段实施不同的服务措施，为重点项目全程服务。三是线上线下相结合，提供高效闭环服务。充分利用信息技术手段，推出"云平台＋税小蜜"双渠道24小时"云咨询"、发票领用"云约谈"、办税取号"智能赋码"等服务，给项目提供便利、及时的线上服务，累计办税次数减少50%以上，厅内等待时长缩短81%，网上咨询答复效率提高30%。针对重点难点问题、复杂问题，通过全流程线下辅导及现场办公等方式，为项目方提供满意服务。

2. 全程开展政策辅导，高效落实政策红利

一是全程提供政策辅导。青岛市税务局运用税务云平台大数据，开展行业分析和项目调研，针对不同阶段项目企业，分别制定"签约落地政策包""开工建设政策包""投产达效政策包"，坚持"靶向精准"事前税收政策辅导，针对重点项目精心编制《青岛市重点项目税费政策指南》。二是分行业指导，落实政策红利。对于先进制造业项目，重点辅导项目方用好留抵退税政策；针对高新技术类项目，侧重辅导研发费用加计扣除有关政策。三是创新全链条政策红利管理模式。事前精准提醒，充分发挥税收大数据的作用，自动分析符合政策红利条件的企业，通过电子税务局、征纳互动平台等多种途径精准开展"点对点"的政策宣传、辅导、提醒。事中提速增质，在保证审核质量"不打烊"的前提下，政策红利申请提速。事后风险管理，持续开展政策红利风险分析应对以及政策落实自查整改工作，及时总结风险特征，确保工作落实落细。

3. 多方税收分析，充分发挥以税资政效能

一是强化业务培训，组建专业人才队伍。针对重点项目税收经济分析业务新、难度大、专业性强的情况，青岛市税务局专门举办重点项目税收经济分析培训会，分别从组织收入、专业写作、剖析具体项目的角度进行授课。建立两级联合分析机制，将各方面专门人才纳入重点项目税收分析人才库。二是多方位开展税收经济分析，有效支撑政府决策。建立"重点项目清单"和"重点项目资源库"，通过"案头分析＋实地调研"等方式，对拿地、基建、生产筹备及生产环节开展税收测算，预估项目税收贡献，剖析该项目在拉动经济税收增长、促进产业链延长等方面的作用。为政府部门的项目招引决策提供重要依据。发挥税收大数据作用，建立以大项目、产业集群、功能园区、重点行业为对象的落地重大项目税收统计指标体系，做好税收数据和亩均效益指标核算工作，协助政府部门做好财政收入贡献对比。在此基础上，从精准招商、财源建设、税收质量等多角度进行税收分析，为区域经济发展和政府决策提供辅助性支撑。

（二）青岛市税务部门服务重点项目落地的成效

经过一年多的摸索和实践，青岛市税务部门立足税务职能，落实落细服务重点项目各项措施，取得了显著成效。

1. 建立全程跟踪服务模式，有序推进了重点项目落地建设

通过重点项目清单确定跟踪服务对象，成立专班团队和重点项目对接，形成了"事事有人管、人人都管事"的服务对象确定机制，2021年梳理全市164个重点项目，成立25个服务团队进行了对接，2022年确定重点项目311个，由市、区两级的工作专班和服务团队进行跟踪服务。通过项目服务办构建实体化运行机制对重点项目进行全生命周期服务，构建了较为完善的重点项目服务机制，有序推进了重点项目落地建设工作，得到了项目企业的充分肯定。

2. 提供专业税收经济分析，有效支撑了地方政府决策

青岛市税务局发挥税收大数据优势，从税收贡献视角解读招商引资和财源建设重大项目系列税收经济分析工作，深入研究重大项目行业分布、经济效益、税收贡献等，为项目落地提供合理化税收建议。截至2022年5月底，青岛市税务局共完成重点项目税收经济分析报告16篇。

3. 优化延申办税体验，有力提升了税收营商环境

通过服务重点项目落地，青岛市税务局将纳税服务前移，从全生命周期角度为纳税人提供服务，延伸出为纳税人提供税收筹划、组织结构设计咨询等服务，进一步从时效性、有效性角度对原有服务进行优化，实现了对纳税人全过程、全方位服务，更好体现了"以纳税人为中心"的服务理念。青岛市税务局以"便民办税春风行动"为抓手，深入开展"我为纳税人缴费人办实事"，推出系列优化纳税服务硬举措，推出新办纳税人"套餐式"服务，简化发票票种核定资料流程，优化线上线下办理体验，将新办企业发票申领的平均办理时间由2个工作日压缩至0.5小时以内。依托税收大数据精准定位应享增值税留抵退税纳税人名单，税务部门主动联系纳税人"点对点"开展留抵退税政策辅导，通过事前精细辅导，压缩留抵退税平均审核时间至1个工作日。通过这些优化税收营商环境，纳税人满意度连续三年跻身全国前列，为青岛打造中国投资环境"金牌城市"贡献税务力量。

（三）青岛市税务部门服务重点项目落地存在的不足

尽管青岛市已经采取了较多的措施来服务重点项目落地，但税务部门服务重点项目落地还存在不足。

1. 重视程度还需进一步提高

在项目前期的引进和建设过程中，由于项目本身并未产生收益，产生的涉税事项不多、金额不大，在以往的我国实践中，税务部门参与不多。在此阶段，更多的是诸如发改、国土、环保、工信等部门参与其中。在项目竣工投产后，随着生产经营的逐渐开展，涉税事项逐渐增多，这才是税务部门开展税务执法、税费服务和税务监管等工作的重点阶段。长期以来，税收工作实践导致了税务部门对项目落地过程的关注度、重视度不高。尽管近些年来理论界和实务界逐渐开始关注税收参与项目招引和落地的相关工作，但总体上，税务部门对服务重点项目落地的重要性缺乏足够的认识。

2. 体制机制还需进一步理顺

目前，税务领域的体制机制主要表现在税收征管方面，而关于税务部门服务项目落地的体制机制还需进一步理顺。尽管部分地区税务部门为服务项目落地，建立了专门的组织设置专员对接的工作模式以提升服务针对性，但由于税务人员长期习惯于税收征管，能否实现由税务"老兵"变身服务项目"主攻手"，是一个非常重要的问题。此外，在服务项目日益增多的情况

下,大量的工作需要原有直线税务职能部门的工作人员参与,而这些人员本身也从事着本职能部门的工作,如何建立和完善服务项目落地的体制机制是一个值得注意的问题。

3. 数据获取及融合需要进一步加强

充分的数据是有效决策的基础。税务部门服务项目落地,除了税务部门拥有的涉税数据之外,还需要运用与项目相关的各种数据,如来自发改、商务、金融等相关部门的经济数据。虽然税务部门在数据获取方面做了较多工作,但在不同渠道的数据获取方面的工作还需要进一步加强。如何将调查、分析及不同渠道获取数据信息进行融合,提取所需要的数据信息也是值得深入研究的问题。

4. 多部门协同机制还需进一步完善

重大项目落地涉及国地、规划、发改、招商等多个部门的共同参与,税务部门能否与这些部门实现顺利对接是影响税务部门服务项目落地质量的重要因素。

三、青岛市税务部门服务重点项目落地的思考

为充分发挥税务部门职能担当,更好服务重点项目落地建设,结合青岛市税务局的工作实践,提出以下思考。

(一)要提高税收服务重点项目落地工作的战略定位

税收是国家实行宏观经济调控的重要杠杆之一,税务部门作为行政执法和经济管理部门,服务社会经济发展是本职所在。重点项目既是城市投资增长的重要拉动力,也是提速产业结构调整、促进新旧动能转换的重要支撑,关系到地方经济发展速度和发展质量,对推动地方经济社会高质量发展,实现在区域竞争中争先进位具有重要意义。

(二)要注意专业服务能力的培训和提升

税务部门参与项目落地建设的主要职能职责之一是在项目前期,通过对项目建成投产后的税收及国民经济效益进行测算,从而为政府的项目落地决策提供支持。这些工作同以往税务部门从事的工作相比,缺乏足够的历史数据支撑,专业性很强。

(三)要推广智能税务,充分发挥以数治税的作用

税务部门服务重点项目落地主要通过精准的政策辅导、全面的税收经济分析、及时的服务等方式来实现。《意见》规划了"十四五"时期我国现代税收征管改革的宏伟蓝图,开启了新时代我国税收治理的第三次变革,提出了以数治税、大力推行优质高效智能税费服务的理念。这为税务部门服务重点项目落地指明了方向。青岛市利用税收大数据在服务重点项目落地的过程中实现政策红利精准提醒、直达快享、税收数据共享等方面已经进行了一些有益的探索。

税务部门增加现代科技运用,提供便捷税务服务,发挥以数治税、服务重点项目落地可以从以下方面入手。一是建议采用"重点项目一户式"的税收数据管理方式,为每一个重点项目"精准画像",归集重点项目的全部相关信息,从而为向重点项目提供精细的税费服务创造前提条件。二是运用大数据精准推送优惠政策信息,促进重点项目企业充分享受政策红利。三是建立税务部门与相关部门常态化、制度化数据共享协调机制,依法保障涉税涉费必要信息获取。既实现了在税费领域的数据连通,又实现了跨部门之间的数据共享。四是构建重点项目落地决策支持系统,精细开展税源测算和税收经济分析,系统全面反映项目建设经营情况及发展趋

势,为政府项目招引决策和财源建设提供支撑。通过上述措施,可以将"以数治税"贯穿到服务重点项目全过程,进一步深化税收大数据应用,持续提升纳税服务的规范性、便捷性、精准性,开启以数治税的科学发展新道路,为项目落地和健康发展保驾护航。

(作者单位:国家税务总局青岛市即墨区税务局)

现代信息技术与税收现代化研究

冯光泽　张梦谦　刘建明　展永福

以大数据、云计算、移动互联网、人工智能、区块链等为代表的现代信息技术以其智能化、网络化、电子化、高速化和全球化的优势渗透融合变革到经济社会之中，并以前所未有的深度和维度促进经济社会发展，改良和重构了传统经济，有力推动了新产业、新业态、新模式的发展。面对翻天覆地的变化，税收如何适用于新经济模式，运用现代信息技术加速税收现代化进程，是税务部门迫切需要研讨且无法回避的课题。

一、税收现代化内涵

（一）现代信息技术的含义

现代信息技术代表着当今世界先进生产力的发展方向。当前，学术界对现代信息技术还没有确切定义，较为统一的表述为现代信息技术是以电子技术，尤其是微电子技术为基础，以计算机技术为核心，以通信技术为支柱，以信息技术应用为目的的科学技术群。习近平总书记在中国新闻网刊登的《现代信息技术手段将融入中国国家治理体系》署名文章中指出："在中国提升自身治理能力和治理现代化水平的努力中，现代信息技术将扮演重要角色。"现代信息技术已经成为我国治国理政的重要技术支撑。税收是治国理政的一部分，没有现代信息技术支撑就没有税收现代化。

（二）税收现代化的丰富内涵

税收现代化是中国现代化不可或缺的重要组成部分。在不同国家、不同历史时期，税收现代化具有不一样的历史内涵。本文认为，我国税收现代化内涵是具有时代特色的。从本质上看，税收现代化只有起点，没有终点，且与信息技术的不断发展变化息息相关。在新时代背景下，税收现代化可以定义为以现代信息技术为依托，以涉税费大数据为基础，意在实现税收（费）执法、服务、监控和协同共治现代化，适应并促进现阶段经济社会发展的税务治理状态。

（三）税收信息技术发展历程

日新月异的信息技术革命使人类的生产生活方式更趋多元化，同时为税收现代化建设提供了载体和动力。信息技术现代化是税收现代化的重要支撑和工作平台。从税收征管的角度更能清晰地看到这一脉络。现代信息技术和税收工作目标的实现息息相关，大体可以分为五个阶段。税收现代信息技术发展情况，见表1。

表 1 税收现代信息技术发展情况

序号	阶段	时间	信息技术应用情况	工作目标	征管特点
1	人工	20世纪80年代前	电话、电报应用	修正、改革、简并、完善税制	以账管税
2	上机	1983—1996年	计算机单机应用、局域网	三个体系,一支队伍	以账管税
3	上网	1997—2011年	局域网或广域网	34字方针	以票控税
4	联网	2012—2021年	大数据、物联网、云计算、移动互联网、区块链	六大体系	信息管税
5	智税	自2022年起	5G、云计算下的大数据、物联网、移动互联网、人工智能、区块链	新六大体系	以数治税

二、信息技术加速税收现代化进程中有待完善事项

(一)信息化功能在党的领导制度体系建设中有待丰富

党建平台功能有待完善。税务党建应用系统数量多且功能单一,既无法满足形式多样的党建活动的需求,又缺少合理的党建工作评价机制,无法通过合理有效的党建评价实现党建工作的正向激励。党务与业务、政务还存在一定程度上的"两张皮"问题。在信息技术方面,缺少党建系统与业务系统的有效关联、融合,无法实现党建对业务的评价与考核。

(二)信息技术在税收法治体系建设方面有待完善

一是规范执法基础保障方面不到位。近几年,面对税收政策的"多变",税务信息系统的应用调整更新不及时,造成税收执法工作不规范。二是执法全过程中"留痕"没有全覆盖。税收执法应包含执法程序启动、调查取证、审查决定、送达执行、归档公示等多个环节,信息技术应用在执法环节没有做到全覆盖。

(三)税费服务体系智能化程度不高、开放性不够

在税费服务分级管理和个性化服务上仍有提升空间。大数据算法在支撑基于经验的税收业务办理中表现乏力,没有形成基于税收大数据的算法体系。

征纳互动常依托电子税务局、电话、微信等"一对多"方式进行,尚未全面实现服务的自动化、规范化推送及反馈。在提供智能税费咨询方面仍有差距。智能咨询方面还处在探索阶段,多个省市还是靠人力支撑纳税人、缴费人多元化的咨询需求。税费服务体系开放性不够,主要表现在税费服务标准化程度不高,与大企业财务系统、第三方社会服务的互联互通服务缺乏标准化,税费服务设计上偏重税务部门管理,纳税人、缴费人的参与度低。

(四)税费征管体系和税务监管信息化建设有待进一步加强

税收业务信息系统集成度不高。目前,在用的税收业务系统过多,不同功能散落在不同的系统,系统间数据关联应用程度不高,为深度数据共享、数据分析带来了难度。信息化手段防控税收业务风险能力弱。对内:重点在税务执法权力制约方面信息化应用不足,主要是内控建设不足,内控指标的数量和质量、内控机制对业务覆盖范围和应用场景有待进一步完善。对外:数据分析利用在风险防控上缺乏体系化和精准度,风险分级防控智能化程度不高,还处在

"人工分析＋人工经验"广泛应用阶段。大数据、人工智能算法在风险识别方面的应用能力欠缺。

（五）国际税收体系信息技术应用建设不足

由于各国间税收制度与税收法律存在差异，税收法治和税收征管建设的情况也各有不同，信息技术在国际税收体系中的应用与预想相差较大。大多数国际税收业务的数据处于孤岛状态，并未形成有效的一户式国际税收数据串联。同时，税务部门获取外部关联交易数据的手段较为单一，有用的关键信息较少，国家间信息情报交换、国际税收信息关联和企业画像的能力较弱。

（六）税务组织体系中缺乏"数字＋税务"复合型人才

目前，真正具有较高计算机应用水平的人员不多，既精通计算机网络应用又精通税收政策的复合型人才则更少，远远不能适应税收信息化建设的需要。

三、加快推进税收现代化进程的建议

税收现代化顺利实现的核心是建成完善的"新六大体系"，建设符合数字化时代要求的智慧税务。

（一）建立党务、政务和业务联通的"多维度"党建领导体系

运用现代信息技术建立党务、政务和业务多维度联通平台，利用履职数据、统计调查数据、环境数据和互联网数据等大数据给"税务人"精准画像，既可对工作过程进行及时监控，增强绩效考评结果的公正性，又能及时发现思想动态，与内外部监督系统互通互融，针对苗头问题未雨绸缪，防患于未然。

进一步实现党建平台集成。首先，建议充分利用云计算、大数据等新技术，重新设计整合现有党建平台，完善平台功能，实现党务、政务、业务一体衔接。其次，强化党建风险防控和绩效评价。一是建立税务人员的一体化评价机制。围绕"三务"，合理设置指标进行科学评价，使干部专长更好地与税收事业发展相适应。二是定期根据评价出具"党务、政务、业务"分析报告，可分别以红黄绿予以标示，红色应予以约谈，黄色应予以谈话提醒。

（二）建立精确化、规范化和集成化的"强智控"税务执法体系

加强信息平台建设，提高税务执法规范性。完善税务执法全过程信息化建设，建议搭建税务执法记录、存档、公示、查询于一体的信息平台，实现税务部门对内与对外执法信息集成。

内控指标精准化，完善执法监督体系。进一步加强信息技术在税收执法监督体系中的应用，完善税务内控系统指标建设，进一步优化内控系统工作机制，实现对税收执法疑点工作的适时识别推送、快速响应反馈机制，提高内控机制工作效率。

（三）建立精细化、智能化和个性化的"懂你"税费服务体系

1. 构建"全场景"纳税人端办税平台

建立以智能电子税务局为核心的纳税人办税平台，辅以用户特征图谱、多媒体知识库及覆盖各税费种、各业务环节的办税业务子平台，在业务数据要素化的基础上实现数字化管理，实现数据自动提取、自动计算、申报表的预填报、一键申报。"懂你"成为纳税人对现代税费服务体系的亲切感受。

2. 打造更加智能的咨询系统

采用先进 AI 技术，进一步提升多轮对话的语义理解精度，降低机器人客服转人工的概率；引入知识图谱技术，通过半自动信息抽取、自动化更新，提升知识库的构建效率，构建基于知识图谱的问答机器人。

3. 构建开放的税费服务生态

推进部门、区域数据共享与业务协同，通过标准接口的方式，鼓励大企业、第三方社会服务机构接入电子税务局，实现企业业务与税费缴纳无缝衔接，自动完成纳税事项办理，将纳税服务由双边扩展到多边，推进集成式办税。实现办税缴费信息共享公用，建立要素化的数据资产目录，凡税务部门已获取的共享数据不再让纳税人重复报送，一处采集处处使用。

（四）建立精准化、可控化、自动化的"智慧型"税费征管体系

1. 构建"智慧型"税费征管平台

以金税四期建设为契机，充分利用新技术，实现业务重新整合和进一步升级，建设"超融合"税务人端智慧平台与电子税务局无缝衔接。构建税务人员基础信息库和一套岗责体系，依规则自动生成业务流程、自动量化绩效、内控等监督考核数据。在系统设计上，针对税费征管服务开展"微服务架构"设计，可实现服务自由组合、"热插拔"，及时响应税费政策变化，实现系统无感式升级调整。

2. 建立完善适用"以数治税"的税务算法体系

"以数治税"是未来征管改革的方向。建立智慧税务算法体系，结合税务实际选用适合的人工智能算法，如决策树、神经网络等。使用与税务应用场景契合度高的算法，形成税务算法体系。

（五）加快建设信息化、规范化、合作共赢的国际税收体系

深化运用信息化手段强化国际税收合作，搭建税收争端解决机制的信息沟通平台，推动构建合作共赢的国际税收新秩序、提升中国税收话语权和影响力。建立完善涉外税收数据的"一户式"归集分析平台。通过整合税务内部资源、加强政府部门合作和国际税收征管协助、采集涉外纳税人财务等涉税数据，强化大数据分析功能，形成日常管理和决策分析功能齐备的规范化和信息化的国际税收信息管理体系。

（六）打造具备信息化素养人才队伍的税务组织体系

一是增量强基础。录用新公务员、事业编人员提高信息化专业录用比例，在部分省市试点高薪聘用高水平信息化专业人才。二是存量强素质。推行信息人才战略。首先，建立能级管理制度，并辅之相应的收入分配制度，制定留住高水平人才制度。其次，培养高素质的"数字＋税务"复合型人才。利用学习兴税、数字人事等税务系统内部平台资源，配合正向激励措施，改变现有税务人员的知识结构，以满足和适应税收管理信息化的要求。

（作者单位：青岛市税务学会、国家税务总局青岛市税务局科研所）

从基层税务机关视角看优化税收营商环境的对策路径

国家税务总局高邮市税务局课题组

良好的营商环境是一个国家或地区经济社会发展"硬环境"和"软环境"的综合体现。税收营商环境是营商环境的重要组成部分。本文以税收营商环境为研究对象，沿着"是什么—为什么—怎么样—怎么做"的基本思路展开。对税收营商环境是什么、为什么要优化税收营商环境进行了简要阐述，从基层视角深入挖掘税收营商环境存在的问题，提出优化对策建议。

一、相关概念

（一）营商环境

"营商环境"一词，源于世界银行集团国际金融公司，是指市场主体在准入、生产经营、退出等过程中涉及的政务环境、市场环境、法治环境、人文环境等有关外部因素和条件的总和。

（二）税收营商环境

税收营商环境是一个地区市场主体所面临的税收发展环境，是影响企业遵从税法规定、合理纳税的相关环境条件，是企业投资与决策的重要参考指标，对经济增长及产业结构发展具有重要影响。在世界银行营商环境评价体系10个重要指标中，涉及税收营商环境的就有"开办企业""纳税""登记财产""办理破产"4个指标。从世界银行发布的年度营商环境报告中可以看出，凡是营商环境排名靠前的国家和地区，其税收指标也名列前茅，说明两者具有很强的关联性。

（三）我国的营商环境发展

党的十八大以来，习近平总书记先后作出一系列重要论述，强调"营商环境只有更好，没有最好"，要"打造市场化、法治化、国际化的一流营商环境"。中共中央、国务院围绕优化营商环境作出一系列重大部署，出台了一批政策举措。2019年10月，国务院通过《优化营商环境条例》，标志着我国从制度层面为优化营商环境提供了更为有力的保障和支撑。我国优化营商环境的实践在不断积累宝贵经验的同时，也取得了丰硕成果。2017年，我国在世界银行发布的营商环境评价中位列第78名，2018年位列第46名，2019年位列第31名。而2020年是我国连续第二年位列营商环境改善幅度全球排名前十。

二、优化营商环境的必要性

（一）持续优化营商环境是检验政治立场能力的重要标尺

习近平总书记多次强调，要改善投资和市场环境，加快对外开放步伐，降低市场运营成本，营造稳定、公平、透明、可预期的营商环境。中共中央高度重视营商环境建设，从深化

"放管服"改革,到清理精简审批核准事项,再到推行负面清单制度,优化执法方式,降低税费负担,持续作出一系列重要部署。优化税收营商环境既是服务党和国家发展大局的客观要求,也是发挥税收基础性、支柱性、保障性作用的重要保证,更是检验各级税务局党委政治意识和政治能力的重要标尺。

(二)持续优化营商环境是践行为民服务宗旨的具体体现

国务院《优化营商环境条例》明确指出,要建立和完善以市场主体和社会公众满意度为导向的营商环境评价体系,要求政府及有关部门进一步增强服务意识,转变工作作风,为市场主体提供规范、便利、高效的政务服务。服务市场主体是优化营商环境的出发点和落脚点,市场主体的满意度是衡量营商环境的重要标准。这与税务部门"为国聚财、为民收税"的宗旨完全契合。

(三)持续优化营商环境是深入推进征管改革的重要内容

中共中央办公厅、国务院办公厅印发《关于进一步深化税收征管改革的意见》,要求深入推进精确执法、精细服务、精准监管、精诚共治,推动征纳成本明显降低,税法遵从度和社会满意度大幅提高。深化完善新征管体系,推进新一轮征管改革,明确把提升纳税人满意度和解决营商环境评价问题作为深化征管改革的重点内容和重要目标。

三、从基层实践角度看存在问题

(一)在思想认识方面

一是协同作战局面尚未形成。各部门还存在各自为战的情况,联动配合、统筹兼顾还需进一步加强。二是为民服务宗旨意识不够强。响应纳税人、缴费人的需求还不够,以上级不追责、绩效不扣分为目标追求的思想在一定程度上仍然存在。

(二)在手段技术方面

一是线上办税比例仍有提升空间。更正申报、简易处罚、代开发票及退税办理等线下高频业务,仍需加大宣传辅导推广力度,持续引导纳税人优先通过电子税务局和江苏税务APP办理,或自助机、委托代征等"非接触式"渠道办理。二是线上服务方式还不够智能便捷。纳税人对系统智能化的期待十分突出,如希望实现申报数据自动预填和提取,自动计算税额,增强线上操作引导式填写服务,优惠政策数据能够在报表中自动生成等。三是线上办理技术还不够稳定。电子税务局存在运行不稳定、登录不稳定、操作不稳定及频繁升级等问题。

(三)在岗责流程方面

一是"一网通办"有待进一步加强。一些跨部门、跨层级的政务服务事项,目前实现集成化办理的还不够多,涉税信息系统与地方政务服务平台的对接和数据双向共享机制尚不够完善,减少纳税人、缴费人填报数据或资料提供还存在不足。二是岗责设置有待进一步优化。部分业务受理环节在纳服机构,案头分析、约谈说明、调查核查环节在属地税源管理机构,审批环节管控在各级机关。三是流程设置有待进一步优化。在机制体制建设、流程设置、办税效能提升等方面还存在一些亟待解决的突出问题,业务阻断不精准,事前审核比对校验项目复杂,环节过多等,导致部分办税事项线上照提交、线下照跑腿,影响纳税缴费体验感。

(四)在严格执法方面

一是服务改革发展还存在一些问题。还存在不敢担当、不愿负责;多头重复执法、检查及派任务、要表格；执法政策层层加码；作风不正，存在廉政风险等问题。二是执法监督成效还有一定空间。在如何破解优化税收营商环境难题方面，还存在坐等上级指示、主动识别、提前预判、有效防范能力不足的问题。还存在监督机制不健全，监督手段运用不到位，监督成效未显现，问责整改不彻底等问题。

（五）在纳税人满意度方面

目前，纳税人、缴费人差评反馈主要集中在以下几个方面：咨询的问题未解决；对咨询员回复的解决方案不理解或者不满意；对服务态度不满意；对操作流程不清楚，觉得过于烦琐、花费时间长等方面不满意；对办理发票领用、增值税期末留抵税额退税业务时未通过的原因不清楚；对系统不稳定或有故障导致无法办理业务不满意等。

四、优化税收营商环境对策建议

（一）加快构建"大服务"格局

一是形成统一协同共识。税收营商环境不仅仅是简单的纳税服务工作范畴，而是一项具有政治性、全局性、整体性的工作，税收执法、服务、监管的各方面、全过程，都是税收营商环境建设的有机组成部分。因此，要在系统上下树立起把税收营商环境建设贯穿于各项税收工作全过程的统一共识。二是树立管服相融理念。进一步转换税收执法理念，既寓管理于服务，在服务中落实管理要求；又寓服务于管理，对不同风险等级的纳税人分类施策，做到管理与服务相协调。三是坚持需求导向指引。以纳税人需求为导向，在提升电子税务局使用体验、加强减税降费政策辅导、推进区域间执法标准统一、运用大数据精准推送等高频关注事项上下真功夫。

（二）加快推广现代化服务方式

一是持续推广线上办税方式。全面梳理各类线下办理业务，对可以线上办的，加强线上辅导区的辅导力量，对来厅办税的纳税人、缴费人进行线上办税宣传和辅导，持续推行线上办理，提高线上办税率。二是积极拓展电子税务局功能。线上线下全面征集纳税人非接触式办税需求，根据意见进行合理化的系统软件优化升级，不断丰富电子税务局功能，继续扩大电子税务局业务覆盖范围，同时加快APP版本的研发，最大限度满足纳税人非接触式办税需求。三是不断提升系统稳定性能。持续开展电子税务局规范化改造，梳理整合当前信息化系统软件，在系统安全性能够得到可靠保证的前提下，对能够兼容的系统软件进行合并，优化电子税务局网页交互模式，减少因系统壁垒造成的卡顿和数据错误。

（三）加快融入多元协同治理体系

一是深化办税服务便利化改革。继续合理优化涉税审批流程，简化办税程序。规范、简并纳税人报表资料，能够"一表集成"的就集成，拓展"最多跑一次"办税事项。理顺后台流转区岗责体系、工作职责和管理制度，加强内外部信息共享，实现"一窗受理、集成办理"。二是强化政府部门管理协作。要发挥政府部门协同作用，完善各类协作机制，为税收治理提供行政支持和司法保障，统筹税务部门与涉税各方力量，推动税收管理社会化协作。加快推进税收数据资源跨层级、跨地域、跨系统、跨部门的联通聚合、共享共用，持续开展税收数据治理，丰富规范统一的税收数据资源。三是融入社会信用体系建设。充分运用公共信用信息平台，将纳税信用评价结果纳入信用数据库，及时归集、分析、应用外部门发布或推送的信用信息，深化与发改委、人民法院、市场监督管理等部门的协调合作,推进纳税信用和其他社会信用的联动管理。

(四)加快凸显法治监管成效

一是加强依法行政。加大收入监控分析力度,定期排查税收异常入库风险,有效应对组织收入过程中出现的问题,对税收风险疑点及异常情况及时处置,确保依法依规征税收费。加强优惠政策后续管理,强化政策落实跟踪问效,及时组织情况核查,确保各项税收优惠政策落到实处。二是加强法治建设。定期对工作人员进行业务培训,注重防范税收执法风险、预防涉税职务犯罪等方面的学习,强化从专业知识和实务操作两个方面的学习,全面强化税务干部法治思维意识、提升依法执政水平。优化税务人员工作职责,完善税务人员考评机制,加强税务人员廉洁自律管理,将各项指标与绩效考核挂钩,全面提升为民服务水平。三是加强执法监督。推进内控机制建设,深入排查执法和廉政风险易发、高发、频发漏洞,消除管理和监督的断层。严格制度执行,进一步健全纪检、巡察、内审等统筹联动的监督体系,对发现的违规行为严格按照相关法律法规严肃问责追责。主动接受外部监督,加强与纳税人、行业协会的联系,定期征求纳税人意见建议,做好跟踪反馈。

(五)加快推进满意度和营商环境指标"双提升"

一是持续提升纳税服务水平。增强宣传辅导内容的针对性,细分群体、对症下药,提升纳税人对税收工作的理解和认同。打造专业精准的纳税咨询平台,强化办税服务现场咨询辅导,着力解决服务水平与纳税人需求不匹配等短板问题。二是充分发挥涉税专业机构作用。加强对社会化纳税服务行业的引导和管理,充分利用涉税专业服务,科学整合办税服务平台资源、服务渠道资源、信息技术资源,从优化流程、简并资料、压缩时限、评价互动等多角度为纳税人提供效率更高、质量更优、获得感更强的办税服务。三是科学用好纳税评价体系。以"纳税人深度参与、积极献策,税务人虚心听取、完善提升"为目标,积极推广"好差评"系统,加强对评价数据的分析运用,从纳税人视角发现各类涉税问题,加强差评回访整改管理,形成制度化跟踪问效机制,促进科学决策、精准管理、高效服务。

从税收视角看阜新民营经济发展目标定位及主攻方向

闫 峰

党的二十大报告强调,优化民营企业发展环境,依法保护民营企业产权和企业家权益,促进民营经济发展壮大。民营经济是我国经济发展的重要力量,民营企业是保障国家财力的中坚力量。民营企业在经济增长、稳定就业、促进增收、保障民生等方面贡献巨大,已成为推动我国经济社会发展不可或缺的力量。税务部门坚决贯彻中共中央、国务院决策部署,聚焦政策落实落地、措施利民助企、服务提质增效,为民营企业发展保驾护航。

一、阜新市民营经济发展状况

阜新市民营经济在增加就业机会、推动经济增长、稳定社会秩序、完善市场经济体制等方面发挥了重要作用,为阜新市经济发展做出了突出贡献。

(一)民营经济主体地位稳固

2022年,阜新市民营经济受疫情影响程度远超公有经济及涉外经济,其中个体经营受影响最为明显。加之国家各项组合式税费支持政策力度加大带来的减税效应,全市民营经济税收仅完成33.47亿元,同比减收3.21亿元,下降8.74%,降幅高于全部税收降幅3.59个百分点。其中,个体经营税收仅完成0.77亿元,同比减收1.78亿元,收入降幅高达69.92%。阜新市民营经济税收占全部税收的比重为74.67%,受疫情影响虽比2021年占比下降2.95个百分点,但收入规模依然处于绝对主导地位,成为支撑和推动地区经济发展的重要力量。

(二)民营经济发展保持活跃

从市场主体变化情况看,截至2022年末,阜新市民营经济办理税务登记户数为49819户,比2021年末净增4228户,增长9.27%,实现增长态势,反映出民营经济活跃度有所提高。民营经济登记户数占全部登记户数的比重达97.42%,相比2021年占比下降2.95个百分点。

(三)民营企业外贸逆势向好

从外贸出口情况看,2022年在全市经济总体下滑的情况下,阜新市民营企业出口逆势上扬。全年出口退税完成12419万元,同比增加1497万元,增长13.70%,占全市出口退税的比重达60.74%,较2021年提高6.17个百分点。

(四)民营经济呈现多元格局

从产业税收结构看,阜新市民营经济已初步形成了以第二产业中的新能源、绿色食品、高端装备、精细化工四个优势产业及第三产业中的传统的批发零售业与快速发展的房地产、金融等新兴现代服务业为主要牵动力量的多元化税源格局。其中,2022年第二产业民营经济四个优势产业税收完成11.1亿元,占民营经济税收的比重为33.17%,占民营经济第二产业税收的比重达62.67%;而第三产业三大行业2022年实现税收收入11.14亿元,占民营经济税收的比重为 33.29%，占民营经济第三产业税收的比重达 73.04%。

二、对阜新民营经济发展的目标定位

近期，市委、市政府制定《"全面振兴新突破三年行动"方案》，确定了"双千双百"奋斗目标，即用三年至五年时间，地区生产总值超过千亿元、规上工业总产值超过千亿元，一般公共预算收入超过百亿元、重点工业园区产值超过百亿元。基于阜新市公有经济增量有限、外商及港澳台经济总量畸低的现状，民营经济责无旁贷地要承担起实现"双千双百"目标主导力量的重任。因此，阜新市民营经济发展的目标定位应当聚焦于全力服务"双千双百"目标，确保民营经济总量、工业产值、财税收入、园区建设实现重大突破。

（一）做大民营企业经济总量

通过对阜新民营经济与全省数据的对比可以看到，2021年阜新民营经济税收占全省收入（不含大连）的比重只有2.39%，而第七次人口普查阜新总人口占全省（不含大连）比重为4.68%的。从民营经济人均税收角度看，阜新市只有全省平均水平的一半左右，与省内先进地区的差距非常明显。经济税收总量特别是民营经济税收总量的严重不足已经成为制约阜新经济社会发展的最大短板。因此，阜新市民营经济发展必须采取超常规措施，按照省政府、市委、市政府"抓好常规增量，激活存量，壮大总量"的工作要求，力争经济总量在最短的时间内实现跨越式高质量增长。

（二）做优民营工业经济质量

从目前阜新市民营工业企业现状看，产业低端化态势仍未得到根本改变，由于附加值相对较低、缺乏差异化开发，同质化现象普遍存在，从而造成产品增值空间小，经济税收贡献率低，这也是造成阜新民营工业企业发展缓慢的重要原因。

做大做强民营工业经济，一是要加快培育产业龙头企业，通过发挥头部企业的龙头牵动作用，有效释放优势产业的集聚效应；二是要积极推动产业链优化升级，有效整合产业链条，完善产业链功能，着力提升产业链聚集效应。

（三）做足民营经济财税贡献

"双千双百"目标中财政收入超百亿不仅仅有财政收入数量目标的达成，还要有结构优化的质量要求，最优的财政收入结构是减少不必要的非税收入降低企业负担，通过培育和涵养税源的方式增加企业税收贡献，提高税收收入占财政收入的比重。一是积极鼓励、引导民营企业实现规模化生产、集约化经营，实现企业产能提升、成本降低、效益提高，进而提高税收贡献率。二是积极推动民营企业优化升级，鼓励、引导民营经济实施数字化、智能化改造，建设创新平台，构建优势产业产学研用体系，通过创新生产经营模式，拓宽效益提升空间，增加税收贡献。

（四）做高民营经济园区集聚度

在地区经济发展中，产业园区发挥着平台、引领、集聚的重要作用，是支撑经济高质量发展的重要载体，提高民营经济在产业园区的集聚度，可以充分利用各类产业园区相对完善的基础设施和公共服务，有效地发挥各类要素资源的作用，促进产业集聚发展，引领经济跨越发展。一是积极引导民营企业按产业链在各类产业园区集聚，通过延链、补链、强链有效促进上下游产业和配套产业协调发展，提升供应链稳定性和竞争力，推动产业链向价值链高端拓展。

二是积极承接京津冀民营经济产业转移。以辽西融入京津冀协同发展战略先导区建设为契机，依托各类产业园区打造承接产业转移重点平台，促进承接产业集中布局和集聚发展，打造京津冀产业外溢的"桥头堡"。

三、对阜新民营经济发展主攻方向的建议

按照市委、市政府创建全国资源型城市转型示范市、能源综合创新示范市的总体要求，通过对经济转型替代产业的梳理，依据阜新地区资源禀赋及产业技术优势特点，建议将二产业中的新能源、绿色食品、高端装备、精细化工四个优势产业及三产业中的现代服务业作为全市民营经济发展的主攻方向，充分发挥民营经济的重要支撑作用，实现阜新经济"高质量转型、全方位振兴"。

（一）推动现代农业与绿色食品加工业协调发展

从产业链、供应链建设角度看，发展绿色食品加工必须要有大量绿色、优质、稳定的农林禽畜产品做保障，而阜新市通过大力推进现代农业建设高效化、规模化生产的农林禽畜产品同样需要与之配套的加工企业进行消化吸纳。因此，现代农业与绿色食品加工业相互依存、相互促进的特点决定了其融合、协调发展的必然趋势。初级农产品及农产品初加工行业产品增值率低且又享受较多税收优惠的特点决定了其较低的税收回报率，而科技含量高的精深加工行业则因其增值率高且税收优惠较少的特点表现出较高税收回报率。因此，推进现代农业与绿色食品加工业协调发展也是涵养税源增加财政收入的必然需求。

积极构建现代农业经营体系，大力吸引民营资本参与新型农业经营。以规模化、科技化、绿色化、标准化、产业化为方向，优化调整农业功能布局，按照农业生产适宜性，立足阜新市地处北方农牧交错带的地理特征和半干旱半湿润的气候条件，因地制宜发展旱作农业、绿色畜牧业和精品高效农业，推动阜新由农业大市向农业强市转变。

做大做强农产品精深加工，引导支持民营资本投入扩大产业规模。围绕畜产品、特色杂粮、绿色果蔬、林产品等特色农产品做大做强农产品精深加工产业，引导支持民营资本通过合资、兼并、控股等方式，组建大型企业团，进一步扩大规模，延长产业链条，提升加工水平，做大做强功能食品、休闲食品、健康饮品制造等高附加值产业，打造高品质食品品牌，带动食品配料及包装等配套产业集聚发展。

（二）推动新能源与能源装备制造链式融合发展

阜新市"十四五"规划纲要提出，要建设新能源产业集群，推动传统能源向新能源转变，产业场景由单一发电向新能源开发、装备制造、智能化应用、储能示范于一体的基地化目标迈进，推动新能源和传统能源重大项目建设，打造全国重要的新能源创新示范基地。这就要求民营经济参与新能源产业集群建设时要发挥风光资源主导优势，大力开发新能源，带动发展装备配套产业，推动新能源本土化应用，推动新能源与能源装备制造链式融合发展。近年来，阜新市新能源产业发展迅猛，风电、光伏、生物质能等多业态全面布局发展，新能源装机容量居全省之首，但与新能源产业配套筹划并为其提供支撑的新能源装备制造业却始终发展缓慢，产业规模小、产品档次低、缺乏核心技术等问题始终未能得到有效解决，非但未能成为全市经济转型新引擎，反而在某种程度上成为新能源产业发展的拖累。

推进优势产业集聚发展。依托阜新在铸造和机加工等领域的技术、资源优势及装备制造业

多年积淀发展形成的强大零部件配套能力,以能源装备龙头企业为牵引,聚焦新能源发电装备、储能装备及矿山装备等领域,完善产业链条,提升基础零部件、核心零部件的本地配套能力,着力推进能源装备产业集聚发展。

推进新能源产业突破发展。在产业发展上要积极吸引具有资金、技术优势的民营资本参与新能源发电建设,迅速做大装机总量,力争在传统风、光新能源项目建设体量上实现新突破。

(三)推动氟化工业全产业链集聚发展

阜新市的精细化工产业主要包括氟化工和煤化工产业,由于煤化工产业的主体企业大唐煤制天然气公司尚未投产达效,所以目前阜新市精细化工产业主要集聚在依托阜新及周边地区丰富的萤石资源及雄厚的产业基础优势发展壮大的氟化工产业。从氟化工产业链培育情况看,目前阜新市氟化工产品主要位于产业链中游的医药、农药中间体,而居于链条终端高附加值、高性能的含氟医药、农药产品基本没有,产业链条出现明显缺失,急需对全产业链进行拓深延展,构建从原料、中间体、原药向成品、制剂延伸的产业链条。

招引头部企业。积极引进、培育一批民营氟化工终端头部企业,从根本上解决阜新市氟化工产业链结构严重失衡的问题,切实发挥终端高附加值、高性能产品的牵动作用。

延伸产业链条。鼓励有条件的民营氟化工向产业链下游延伸拓展,通过延伸产业链条来创新新模式、开发新业态、提高价值链水平,进而整体扩大企业规模、提升企业垂直整合制造能力。

打通供应链条。鼓励民营资本积极参与氟化工原材料供应链建设,积极参与开发域外、境外萤石资源和市场,补充氟化工行业生产需求,确保阜新市氟化工产业供应链的安全与稳定。

(四)推动传统服务业向现代服务业升级发展

服务业是阜新市民营经济的重要组成部分,2022年全市民营经济服务业税收完成15.3亿元,占全部民营经济税收的比重达45.58%,对全市经济社会发展的支撑作用发挥明显。但阜新市民营经济服务业同先进地区相比还存在较大差距,如产业经济结构不合理、传统服务业占比较高、运行质量较差、新兴业态规模弱小等问题表现突出,全行业提档升级急需推动。

推动产业融合。引导民营生产性服务业与先进制造业、现代农业深度融合化发展,推动民营生产性服务业向专业化和中高端延伸。

加速服务升级。加快民营生活性服务业品质化发展,以提升便利度和改善服务体验为导向,加快发展文化旅游、商贸流通、康养体育、养老托幼、家政服务,增加高品质服务供给。

培育龙头产业。积极培育和引进民营软件和信息技术、研发、供应链等领域的服务外包龙头企业,推动民营服务外包产业做大做强。

(作者单位:国家税务总局阜新市税务局)

从税收视角看海东市绿电行业发展现状

张习列

打造国家清洁能源产业高地是青海省高质量发展的现实路径，也是实现碳达峰、碳中和目标的基本思路和重要举措；对实现绿色环保、节能减排、生态文明建设具有重要意义。海东市位于青海省东部，光、热资源较为丰富，辖区内有黄河、大通河、湟水河流经，为当地经济发展提供了丰富的水资源，使之成为省内重要的能源基地，而如何提高这些天然能源的利用率，是海东市发展面临的一个重要问题。本文以绿电行业数据为依托，通过对绿色电力生产行业现状分析，挖掘发展过程中存在的问题，探索解决对策，为推动海东市绿电行业高质量发展提供一定的参考，助力海东市电力生产行业更快更好地融入国家"双碳"战略布局。

一、绿电行业发展特点

（一）行业布局相对广泛，生产规模逐渐扩大

海东市绿电行业主要包括水力发电、风力发电、太阳能发电等。目前，海东市拥有水、风、光、生绿色能源发电产业89户，其中水力发电43户，太阳能发电40户，风力发电5户，生物质能发电1户，基本覆盖海东市所辖各个区县，尤其是互助县、乐都区、民和县居多，分别占到全市绿色能源发电产业的29.21%、22.47%、15.73%。2017—2021年，海东市绿电行业装机总容量由433.22万千瓦增长至526.58万千瓦，年均增长3.98%，呈现逐年稳定增长态势。绿电行业发电量由2017年的90.11亿千瓦时增长至2021年的143.73亿千瓦时，年均增长9.79%，整体呈现上升趋势。五年间，绿电行业平均设备利用时间由1308小时提升至1664小时，年均增长4.93%。绿电行业装机规模持续增大、发电量整体上升，反映出海东市绿色能源增长韧性不断加强，能源生产结构持续优化，绿电行业整体朝着低碳、绿色、可持续的方向稳步迈进。

（二）财务指标持续优化，税收贡献逐步提升

申报数据显示，绿电企业主营业务收入由2017年的3亿元增长至2021年的9.93亿元，年均增长27.06%；利润总额由2017年的－1.63亿元增加至2021年的1.9亿元，即五年间实现了从亏损到盈利的转变；财务费用率由2017年的67.88%降低至2021年的14.25%，呈现逐年下降的趋势，产业生产经营压力进一步减轻，可见海东市水电行业整体效益持续向好，盈利能力逐步增强。企业效益增长也带动了税收收入的增加。2017—2021年，海东市绿电行业累计税收收入12.38亿元，占税收收入总额的4.5%。税收收入由2017年的1.59亿元增至2021年的3.29亿元，年均增长15.65%。占海东市税收收入总额比例由2017年的4.45%增长为4.73%。分级次来看，2017—2021年，全市绿电行业地方级收入合计6.6亿元，占全市地方级收入的8.54%。其中，地市级收入0.69亿元，占地市级收入6.7%，县级收入1.64亿

元,占县级收入 3.03%。由此可见,绿电行业税收已经成为地方级税收的重要来源之一,进一步助力地方经济高质量发展。

(三)水电充当"主力军",切实发挥引领作用

水力发电行业带动了海东市绿电行业迅速发展,促进了当地经济发展,成为海东市绿电行业的绝对主力。从纳税主体数量来看,目前海东市共有水力发电企业 43 户,占海东市绿电行业的 45.7%;从税收收入体量来看,海东市水力发电行业税收五年来成倍增长,由 2017 年的 1.53 亿元增长至 2021 年的 2.89 亿元,年均增长 13.56%;从税收贡献看,水力发电税收占绿电行业税收比重五年来稳居第一,且维持在 90% 左右;从头部企业来看,2017—2021 年,海东市绿电行业中税收规模前十的企业税收收入占绿电行业总税收的比重每年均为九成左右,龙头企业效应明显。尤其是青海黄河上游水电开发有限责任公司所属的公伯峡发电分公司、积石峡发电分公司,五年间税收贡献始终稳居前二。2021 年,两户企业装机容量共计 252 万千瓦,占海东市装机容量总和的 47.9%;发电量 102.38 亿千瓦时,占绿电行业发电量总和的 71.2%。

(四)节能减排贡献突出,助力双碳格局形成

2020 年 9 月 22 日,中国在第 75 届联合国大会上正式提出 2030 年实现碳达峰、2060 年实现碳中和的目标。各国实现双碳目标的前提,首先是要实现零碳的电力,而水电作为再生能源的主力之一,肩负着加速双碳格局形成的任务与使命。2021 年,海东市绿色能源累计发电量 143.73 亿千瓦时,按照环保税推算,每输出 1 千瓦时,需消耗标准煤 316.60 克、排放 CO_2 939.40 克、烟尘 0.01 克、SO_2 0.03 克、NOX 0.20 克。依此计算,2021 年,海东市绿色能源企业相当于节约标准煤 455.05 万吨、减少 CO_2 排放 1350.2 万吨、减少烟尘排放 143.7 吨、减少 SO_2 排放 431.2 吨、减少 NOX 排放 2874 吨。与环保税开始征收的 2018 年相比,海东市环境保护税税目申报额中 SO_2 税目减少 11999.01 万元、NOX 税目减少 90.8 万元、烟尘和粉尘税目减少 2899.67 万元,税收数据有力诠释绿电行业助力海东市节能减排取得成效。

(五)税收优惠持续发力,增强企业发展信心

近五年来,在减税降费优惠政策的支持下,绿电行业税收红利持续增加,尤其受益于"西部大开发战略""企业所得税三免三减半"等政策,累计享受税收减免 2.64 亿元,税收减免额从 2017 年的 0.03 亿元跳跃式增长至 2021 年的 1.24 亿元。2022 年,中共中央、国务院部署实施的新的组合式税费政策,留抵退税作为组合式税费政策的"重头戏",增加了企业现金流,有效缓解了绿电行业的资金压力和疫情带来的负面影响,增强了企业持续经营的信心。截至 2022 年 10 月底,全市绿电行业享受该政策留抵退税 1.68 亿元,通过调查,企业获得的留抵退税资金 74.57% 用于偿还债务,22.1% 用于支付其他与筹资活动有关的费用,2.6% 用于购买原材料、支付劳务,0.73% 用于支付职工工资。

二、绿电行业发展面临的问题

(一)研发强度总体偏低

随着我国经济发展向可持续转化,绿电行业在发展过程中要考虑的因素越来越多,结合科技攻关和技术改造提高生产率,成为行业发展的必然要求。税收数据显示,海东市绿电行业 2017—2021 年合计主营业务收入 121.28 亿元,研发费用仅 76.4 万元,五年来研发强度不足

0.1%，值得一提的是，2017年、2018年海东市绿电行业甚至无研发支出，可以看出海东市绿电行业对研发创新方面的重视程度过低，绿电行业亟需加大科研力度，从而提升行业竞争力。

（二）企业资金压力较大

现阶段海东市绿电行业主要集中于水电和光伏发电，开发成本高，施工难度大，前期投资及后续水土环保投入大，导致企业融资成本较高。特别是太阳能发电需要采取相应的措施将太阳能进行有效的储备，以控制储能系统进行充放电来促进电网稳定运行，较高的科技需求也增加了企业的生产成本。对绿电行业退税资金流向调查显示，有74.57%的企业将退税资金用来偿还债务，海东市绿电行业资金压力可见一斑。

（三）交易模式尚未成熟

海东市所在的西北地区属于绿色电力资源丰富地区，但本地产业电力消纳需求小，绿电消纳能力不足，而东南部地区经济发达、人口密集，需要大量电力支撑，可见目前电力市场地域供需不平衡。同时，绿电进入跨区跨省的市场准入未充分放开，不同省区市场规则差异较大，短周期交易品种不足，都成为绿电行业发展的掣肘。

（四）自备电厂转型滞后

截至2022年10月，海东市共有自备电厂企业16户，主要集中于制造业，装机容量共计11.5万千瓦。2021年月均发电量为0.3亿千瓦时，其中有9户企业正常缴纳可再生能源发展基金和国家重大水利工程建设基金，4户企业由于经营状况不佳，自备电厂未运转，3户企业将设备进行转让，利用本公司余热发电，发电量向外销售。虽然自备电厂缩短了电力生产与使用之间的距离，减少企业的用电成本，但其同时是一种历史产物，由于海东市自备电厂大多数机组规模小、煤耗高，"先天"的碳排放量较大，随着环保约束趋紧，自备电厂转型升级成为不可忽视的问题。

三、高质量发展绿电行业的建议

（一）加大绿色能源产业研发力度

一方面，在更广范围、更深程度、更高水平上推动校企合作，引导企业与高校院所技术对接，鼓励高校科研机构与企业共同组建项目课题组，开展与实际应用相结合的项目研究开发，充分发挥高校基础研究主力和科技突破源地的作用，让人才成为推动发展的第一动力；另一方面，可依托于研发课题组，通过经营性较强的项目组合开发，吸引更多社会投资主体向绿电市场靠拢，利用社会资本专项发展基金，不断加大研发投入，打通研发、生产、投资之间的堵点，润滑研发生产链条，提高产品质量，进一步增强产业竞争力。

（二）强化绿电行业政策支持

一是建议金融部门对风电企业用于投资建设风电项目的贷款融资给予专项绿色优惠政策，各级地方财政部门对于风电场开发中的环保投入给予适当奖励或专项基金支持，进一步降低风电开发企业的生产成本，提高企业经济效益，提升企业生产动力。二是针对绿电行业出台多层次、多形式的税收减免政策，引导企业研发绿色低碳技术，降低能源开发成本，对于企业购进研发设备、研发技术等投入，继续加大增值税留抵退税、税收减免、研发设备投资额抵免等税收优惠政策，激励企业加快转型绿色发展。三是发挥政府引导带动作用。鼓励行业龙头企业、大型国有企业等消费绿色电力，发放绿色电力证书，树立绿色低碳发展的企业形象，发挥示范作用,加强对高耗能企业使用绿色电力的刚性约束,提高绿色电力消费最低占比。

(三)优化多元交易生态市场

一是构建多元交易并行的绿电交易市场机制,建立统一标准的碳减排核算标准,形成合理绿电交易价格机制;针对地域供需不平衡问题,探索新能源就地消纳与跨区域交易的同步运行机制。二是延伸绿电产业链条,加快装备制造、节能减排、能源金融、能源综合应用等全产业链建设,促进绿电与农业、建筑、生态等行业融合发展,通过政府引导鼓励企业积极使用绿电,扩大绿电下游市场,增加绿电消纳能力。

(四)探索自备电厂发展道路

探索自备电厂新发展之路是适应供给侧机构改革、防止大气污染的重要途径之一。基于海东市自备电厂企业数量不多,可探索尝试"一户一策"的方式,深入开展燃煤自备电厂升级、关停或转公用的可行性研究,帮助企业算好经济账和环保账,强化企业主动淘汰燃煤机组意识,也可以对提前关停或升级改造的企业给予优惠政策,如实施过渡电价、给予电力补偿等。同时,鼓励就近利用清洁能源,支持有条件的企业开展"光伏+储能"等自备电厂、自备电源建设,优化电力资源配置,加快推动海东市自备电厂与国家"双碳"目标的融合发展。

(五)协作共治助推绿色区块发展

积极融入地方经济发展大局,扩大海东市绿色能源区块,建立"多税种+跨部门"的信息化税收征管协作机制。一方面,发挥税收在国家治理中的基础性、支柱性、保障性作用,推动构建环境保护税、资源税、耕地占用税等税种"多税共治"的现代税收治理体系,落实好科技创新、节能环保等税费优惠政策,充分发挥税收对绿色能源区块的促进作用。另一方面,税务、生态环境、自然资源等部门通力协作,实现部门间数据共享、联合执法,形成"政府领导、税务主管、部门配合、司法保障、社会参与"的社会综合治税机制,为税务部门加强绿色税收的征收管理提供保障,更好地促进环境保护和资源高效利用,从而引导企业绿色低碳发展。

(作者单位:国家税务总局海东市税务局)

从税收视阈谈盘锦"专精特新"企业高质量发展

王泽忠

"专精特新"企业是指具备专业化、精细化、特色化、新颖化特征的中小企业，是未来产业链的重要支撑，是强链补链的主力军，在我国经济社会发展中扮演日益重要的角色。笔者从税收视角，以盘锦市43户省级"专精特新"企业为研究样本进行分析，提出促进盘锦市"专精特新"企业高质量发展的相关建议，为进一步激发中小企业的活力和发展动力，为推动中小企业转型升级提供助力。

一、盘锦"专精特新"企业发展情况

税收数据显示，盘锦市"专精特新"企业发展呈现出深耕制造、成长较快、创新有力、活力充足等特点，但部分企业仍面临资金、人才、成本匮乏等方面难题，需政企同向发力，引领"专精特新"企业持续高质量发展。

（一）深耕制造细分领域，分布广泛潜力大

43户"专精特新"企业行业分布广泛，覆盖12个行业小类。其中，医药化工类制造企业3户，占比7%；装备制造企业12户，占比28%；防水材料制造企业6户，占比14%；有机化学原料制造企业4户，占比9.3%；农产品加工类制造企业4户，占比9.3%；非金属和有色金属制造企业3户，占比7%；电子器件制造企业3户，占比7%；橡胶和塑料制品企业4户，占比9.3%；原油加工、电力工程、机械零部件加工和非织造布制造企业各1户，占比9.3%。43户"专精特新"企业平均注册资本2816万元/户，2022年户均净利润783万元，平均资本收益率27.8%，呈现"轻资产、高收益"的运行特点。

（二）销售规模不断扩大，逆势增长韧性强

2022年，43户"专精特新"企业实现开具增值税发票销售收入72.3亿元，同比增长6.26%，高出盘锦市全部企业销售收入增长率3.3个百分点。2020—2022年，43户"专精特新"企业销售收入分别为54.83亿元、68.04亿元和72.3亿元，年均增长率达14.81%，快速发展态势明显。

（三）创新投入持续增加，蓬勃发展前景佳

2020—2022年，43户"专精特新"企业研发费用总支出分别为1.93亿元、2.74亿元和2.96亿元，年均增长率达23.6%，研发强度（研发资金/营业收入）由2020年的3.52%提升至2022年的4.09%，"专精特新"企业通过持续创新研发，不断提高技术实力和市场竞争力，为企业快速发展提供了动能支撑。

（四）税收政策护航发展，轻装前行活力足

税务部门成立由税收业务骨干组成的税收服务团队，深入企业调研，建立企业档案，通过

"专"线直连、"精"细体检、"特"事特办、"新"政速递，为"专精特新"企业提供一对一精准辅导、立体化政策帮扶。2022年，43户"专精特新"企业享受各种税收优惠1.63亿元，户均享受379万元，助力企业在创新路上轻装前行。

二、"专精特新"企业发展面临的困难

笔者对43户"专精特新"企业开展了问卷调查，企业普遍反映，入围"专精特新"名单提升了企业品牌价值和影响力，增强了企业市场竞争力和发展动力，但在生产经营过程中也普遍面临区域市场需求不足、人才缺失、资金短缺、成本上升等方面的难题。

（一）区域市场需求不足

"专精特新"企业反映产品主要销售市场在省外，提高了竞争成本。发票流向数据显示，2022年盘锦市43户"专精特新"企业盘锦市内销售额占20.48%，辽宁省内（不含盘锦）销售额仅占10.25%，辽宁省外销售额占69.27%，区域市场需求不充分，补链强链仍有较大提升空间。

（二）人才引进困难

调查企业反映，人才短缺已成为当前制约企业发展的最重要因素。73%的企业表示目前受区位、薪资水平等影响，高端人才选择落户盘锦市的较少；36%的企业反映专业人才缺失，尤其是熟练技术工人招工困难；28%的企业表示对高级技术人才和高级管理人才的需求日益迫切；部分企业表示在人才，尤其是研发等创新人才的招聘上存在招不来、用不起、留不住的现象；个别企业由于难以招聘到合适的研发人员，研发进度受到影响，导致研发项目无法及时适应市场需求。

（三）企业资金短缺

调查问卷显示，65%的企业反映资金占用率很高，资金流紧张，急需融资；大部分企业反映银行抵押品要求过高，只接受房屋、土地资产的抵押，融资成本高，急需融资扶持政策；企业普遍反映没有专门的针对"专精特新"企业发展不同阶段需求的金融产品，融资渠道单一。调查显示，融资难主要从两个方面制约了企业发展：一是影响企业持续研发的能力，研发具有高投入、高风险、长时间等特点，研发阶段投入资金较多，在产品投入市场一段时期后资金才能回笼，在这一期间企业面临的资金压力较大；二是影响扩大再生产，企业技术提升、市场占有率扩大，需要投入大量资金扩大再生产，资金短缺造成企业无法及时将新技术转化为实际产品。

（四）生产成本上升

近两年，大宗原材料等商品价格大幅上涨，导致部分"专精特新"企业生产成本上升幅度较大。面对原材料价格上涨，大型企业可通过产品涨价等方式进行对冲，但"专精特新"企业属于中小企业，议价能力较弱，涨价空间有限，造成部分企业获利能力有所下降。

三、促进盘锦市"专精特新"企业高质量发展的相关建议

（一）完善区域供应链产业链，扩大市场主体规模

一是深挖存量企业潜力，激发涌现更多"专精特新"企业。定期组织市内、省内产业龙头企业与盘锦市中小企业开展供需对接，努力建设相对完善的区域供应链、产业链；发布重点支

持产业清单,对清单产业中小企业参评省级"专精特新"企业,适度放宽参评标准,在存量中培育"专精特新"企业。二是在增量中孕育更多"专精特新"企业。持续优化营商环境,培育更多市场主体,大力引进拥有自主品牌、主导产品的龙头企业,在增量企业中培育"专精特新"企业。

(二)促进产学研融合,构建人才支撑体系

一是从市级财政中拿出部分资金,设立"专精特新"亟需高技能人才培育基金,鼓励企业与大专院校、科研院所深度合作,扶持校企合作培养高技能人才,院校为企业培养一名稳定就业高技能人才,培育基金给予学校一定补助。二是加大人才政策扶持力度,灵活人才引进方式。制订紧缺技能人才安心政策,在子女入学、住房等方面比照高端人才执行,将服务对象拓展到人才的父母、配偶、子女,服务覆盖到住房、医疗、教育等工作生活的各个方面。三是在薪资分配上向研发核心人员、高技能人才倾斜,培育重用人才企业文化;重视对产业工人的人文关怀,提升职工对企业的认同感、归属感。

(三)加大政银企合作,破解企业融资难题

一是在政府层面,建议根据盘锦实际情况,制订出台鼓励突破关键技术目录清单,针对清单内项目,持续加大财税支持力度;设立"技术突围基金",对企业取得清单内项目专利并实现产业化的,给予一定比例的财政奖励;鼓励国有及国有控股产业龙头企业与产业链关键性中小企业交叉持股,在技术、资金、人才、管理上加大对优质中小企业的支持力度,构建链式产业集团。二是在金融层面,建议搭建银企对接平台,引导金融机构增加对"专精特新"项目的信贷支持力度。优先对信誉良好、技术领先、市场前景好的企业的在建厂房、在建生产线发放"信用贷款"或者先放贷后抵押;积极探索股权融资、融资租赁和设备抵押贷款、知识产权质押贷款等融资模式,增加企业资金来源;有针对性地辅助和奖励企业到资本市场上市融资,扩大企业直接融资规模。

(作者单位:国家税务总局盘锦市税务局)

促进花都区新能源汽车产业发展的税收政策研究

国家税务总局广州市花都区税务局课题组

一、我国新能源汽车产业相关税收优惠政策

(一) 供给端税收优惠政策

1. 企业所得税

第一，所得税税额优惠，主要包括研发费用加计扣除以及无形资产摊销方面的优惠政策。第二，所得税税率优惠，即利用自身技术投入适用企业所得税税收优惠。同时，高新技术企业认定条件的新能源汽车企业，可以减按15％的税率缴纳企业所得税。

2. 增值税

新能源汽车企业拿到的国家补贴是与车辆的销售数量直接挂钩的，按照先行增值税规定，也需要计算缴纳增值税。

3. 消费税

根据《消费税暂行条例》的规定，电动汽车不需要缴纳消费税，因而不在消费税的征收范围内。

(二) 需求端税收优惠政策

1. 车辆购置税

2021年1月1日至2022年12月31日，对购置的新能源汽车免征车辆购置税，其中免征车辆购置税的新能源汽车是指纯电动汽车、插电式混合动力（含增程式）汽车、燃料电池汽车。

2. 车船税

财政部、税务总局、工业和信息化部公告的2012年第7号文件，明确指出第一批节约能源、使用新能源车辆减免车船税的车型，自2012年1月1日起，对节约能源的车辆，减半征收车船税；对使用新能源的车辆，免征车船税。

二、花都区新能源汽车产业发展状况

(一) 花都区新能源汽车产业总体状况

汽车产业是花都第一大支柱产业。2017—2021年花都区汽车产业产值与数量，见表1。目前，花都汽车产业基地已成为以智能汽车为特色的粤港澳大湾区人工智能与数字经济创新高地，引进东风日产、东风启辰、滴滴自动驾驶、T3出行华南总部、禾多科技总部、采埃孚华南研发中心等项目。从新能源汽车产业链上来看，下游整车制造企业仅有东风日产于此落户。

本次调研结果主要围绕东风日产的现状进行研究。

表1 2017—2021年花都区汽车产业产值与数量

项目	2021年	2020年	2019年	2018年	2017年
全区工业总产值/亿元	3028.31	3037.08	2939.46	2844.52	2649.75
规模以上汽车工业总产值/亿元	1810.09	1857.50	1868.38	1826.32	1675.40
规模以上企业汽车数量/万辆	98.65	105.95	114.43	108.55	128.66

注：数据来源于广州市花都区国民经济和社会发展统计公报

在充电桩等基础设施上，全区累计投资建设电动汽车充电站78个（其中外部公共站点39个），充电桩规模共计852台，综合电费除波谷低于1元/度外，其余时间段基本介于1元/度至2元/度。

（二）花都区新能源汽车整车厂商现状——东风日产

1. 生产销售状况

表2 东风日产新能源汽车生产销售状况

项目	2021年	2020年	2019年
生产数量/辆	15258	7570	5203
出厂价格/万元	10.07	11.08	12.27
总生产成本/万元	150000.00	83270.00	62436.00
单位生产成本/万元	9.83	11.00	12.00
总营业收入/万元	153639.90	83858.37	63865.40

注：数据来源于调研结果

根据调查，花都区东风日产自2019年至今，主要生产启辰系列新能源车型，包含T60EV、D60EV和E30三款纯电动汽车，未生产混合电动汽车和燃料电池汽车。企业销售新能源汽车时享受新能源汽车国家补贴和单位生产成本的降低使得其出产价格从2019年的12.27万元/辆下降至2021年10.27万元/辆。由表2可以看出企业新能源汽车生产数量逐年提高。它的原因主要可以归纳为：第一，东风日产基于"双积分"政策方面的现实考虑；第二，看中上升期的新能源市场而布局；第三，购车成本的降低刺激了消费者的购买意愿，财政补贴政策的引导及更多的需求也使得企业有信心继续在新能源汽车领域研发生产。

2. 税收负担状况

表3 东风日产新能源汽车税收负担状况

项目	2021年	2020年	2019年
增值税税额/万元	19973.19	10901.59	8302.50
增值税税负率	13%	13%	13%
企业所得税税额/万元	38409.98	20964.59	15966.35
企业所得税税负率	25%	25%	25%

注：数据来源于调研结果。税负率的计算公式为新能源汽车所纳税额÷新能源汽车营业收入

从表3可以看出，东风日产的增值税和企业所得税税负率均与税率相同。因为不属于高新技术企业，所以未享受企业所得税研发费用的加计扣除优惠。

三、新能源汽车产业发展问题研究——基于花都区的新能源汽车产业发展

（一）供给端角度

1. 核心零部件技术待突破

新能源汽车最主要的性能指标离不开续航里程和充电速度。新能源汽车在核心零部件动力电池的续航能力提升是急需的，原因如下：一是一般情况下的续航能力弱于燃油汽车。二是低温环境下的续航能力会较大程度被削弱。以花都区东风日产生产的启辰T60EV为例，快充需要0.5小时，慢充需要6.8小时。与燃油汽车加油时间不超过5分钟相比，充电速度仍有待提高。

2. 清洁动能运用不足

第一，电力能源清洁水平有待提高。新能源汽车的动力来源为电，电源结构亟须由火电向风电、太阳能发电等清洁低碳电力转型。第二，我国新能源汽车的类型主要为纯电动汽车，氢燃料汽车发展不足。从花都区来看，新能源汽车仅生产纯电动汽车。从全国范围来看，2022年5月中国纯电动汽车产销分别完成36.4万辆和34.7万辆，燃料电池汽车产销分别完成243辆和103辆，氢燃料汽车有待发展。

3. 新型产业生态待构建

相关体系与平台需持续完善下游产业链中涉及的新能源汽车后期服务，如何激发潜力使得这些产业链下游的企业专注研发与服务，培养一批"专精特新"企业群体，构建新型产业生态并推动产业融合也是新能源汽车亟须解决的问题。

（二）需求端角度

图1为用户使用不满意因素及用户不计划购买新能源汽车的主要原因，主要反映新能源汽车产业发展在需求端存在的问题。

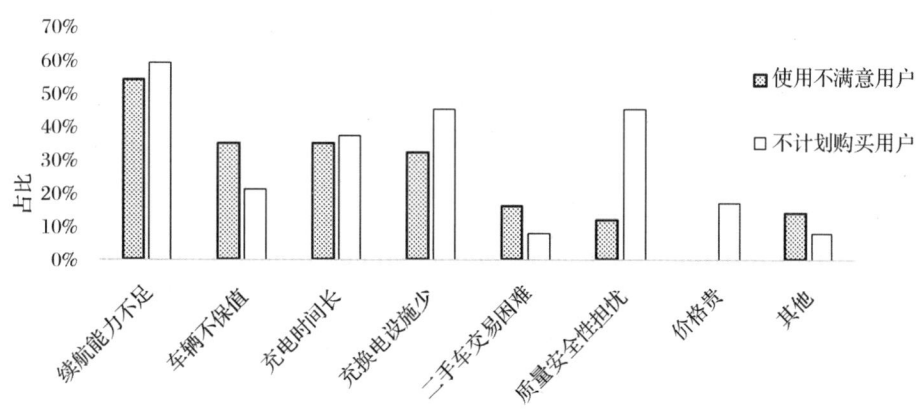

图1 用户使用不满意因素及用户不计划购买新能源汽车的主要原因

注：数据来源于巨量算数《2022年中国新能源汽车用户调研》

1. 用户的续航焦虑

从调研数据可以看出，大部分用户都有续航焦虑，这并不是只跟续航里程相关，实际上还有关充电效率问题。一台车充满电使用慢充需要 10 小时左右，即便是快充也得 40 分钟左右，如果要在公共充电桩来充电，时间成本较高，尤其是在节假日出行时，排队充电更是常态。

2. 购买和后续成本较高

巨量算数调研发现，从用户的购车价格分布来看，69%的已购车用户的车辆价格区间集中在 10 万～50 万元，71%的高潜用户更偏好 5 万～30 万元。消费者越来越注重经济性、实用性的融合，新能源汽车补贴减少，购买价格可能会让部分新能源汽车的潜在用户却步。此外，在购车过程中，由于企业缴纳的增值税会转嫁给消费者增加购车成本，车辆的售价也会相应提高。

新能源汽车的用户也看重后续成本。第一，使用成本。从充电的综合电费上来看，相同公里数的电费低于燃油费，但因为充电站需要一定面积的场地租金等费用，充电服务费（一般高于低谷时段充电费）作为其主要收入来源也包含在综合电费中导致使用成本增加。因此，对于用户来讲，这比私人充电桩的充电成本要更高。第二，电池损耗。电池使用寿命一般只有 6 年，6 年之后车主就面临着更换新电池的问题，继续使用的成本较高。第三，保值率。中国电动车市场 3 年的二手车保值率为 42.9%，相比之下，燃油车 3 年的平均保值率为 70% 以上。相对来说，燃油车的二手车出售要更有优势。

四、完善新能源汽车产业发展的税收政策

（一）供给端角度

1. 设置税收政策倾斜，鼓励企业加大研发投入

从企业所得税和增值税入手，设置税收政策倾斜，激发新能源汽车产业的研发投入，突破更多的技术难关，激发消费潜能的同时在国际上占领技术高地。

（1）增加所得税直接优惠方式。三电系统构成新能源汽车的核心部位，可对于新能源产业链条中游三电制造企业给予更多的税收优惠。通过在 15% 的税收征收的基础上再减税率，利用税率式减免的税收优惠政策激发企业的研发热情和技术投入。

（2）增加所得税间接优惠方式。加大企业研发人员培养支出和其工资薪金在企业所得税的税前扣除力度。通过设置税收倾斜政策，保障企业加大人才投入机制。首先，对于研发人员的工资薪金所得在企业所得税中加计扣除，加大抵扣企业成本，同时与企业培养人才相关的支出也允许税前加计扣除，建立健全人才成长保障机制。

增加企业研发支出在企业所得税的税前扣除力度，对于企业在研发过程中发生的研发支出，在 2023 年 12 月 31 日的基础上，延长研发支出加计扣除期间，同时扩大加计扣除在税收政策上的应用，完善固定资产加速折旧并适当推行加计扣除政策。

2. 鼓励新型产业生态建设

政府在城市经济发展布局中规划新能源汽车产业园区，通过税收政策吸引上下游新能源汽车及零部件制造企业在园区建厂，划拨企业用地，并针对给企业用地给予城镇土地使用税税收优惠。积极推动产业链迈向中高端，完善下游产业链建设，打造新业态后期服务网络。就花都区而言，鼓励东风日产为代表的链主企业吸引更多的汽车零部件制造企业和后期提供配套服务

企业入驻，通过税收政策引导在动力总成、底盘系统、车身内饰、智能网联、工业软件、仓储物流六大环节技术发展和融合上实现突破。

（二）需求端角度

1. 加大税收优惠降低购车成本，刺激消费潜力

就车辆购置税而言，延长免征车辆购置税的时间，在全国经济生产逐步复工复产的情况下，通过免缴降低消费者购置新能源汽车的成本，从而刺激消费。

就个人所得税而言，在 2022 年 1 月 1 日至 2025 年 1 月 1 日使用分期付款方式首次购买新能源汽车单价在 30 万元以下的消费者，依据购买合同和购买发票等资料可以申请从工资薪金所得中扣除，在专项附加扣除中新增购买新能源汽车利息扣除部分，按照首台汽车每月 1000 元的购车利息扣除，可扣除两年。另外，如果是夫妻双方申请扣除，可由一方按照每月 1000 元扣除，或者由双方各扣除 500 元。

2. 加大税收优惠降低使用成本，提高用户满意度

对于电池更换，给予电池生产企业税收优惠从而降低电池更换成本，降低后续新能源汽车使用成本，提高新能源汽车的性价比。

加大对充电桩、换电站建设的支持力度，通过政府划拨土地使用权的方式，在建设用地上给予优惠，降低充电桩这种商业用地后续缴纳税费金额，通过税收优惠政策带动后续保障设施的建设。

对于新能源汽车后续充电费用的问题，企业取得的这部分充电费用收入可适当程度地降低缴纳的增值税税率，通过降低充电收费减少消费者的税收负担，从而提高新能源汽车购买意愿。

课题组成员：潘　旭　苏敏瑜　王　勇
　　　　　　曾维莹　鲍睿智　尹卫娥

大数据背景下深入推进涉税信用体系建设的研究

马剑华　林志斌　董李冬

人类文明发展到今天，"信用"这个词已经被赋予丰富的内涵，并成为最复杂、最难以捉摸的概念之一。一般而言，信用是指一种相互信任以及依赖的社会关系和生产关系。这种关系是在人与人之间、单位之间、商品交易之间形成的。然而，对信用的真正内涵的认识，仁者见仁，智者见智，众说纷纭。我们大致可以从伦理道德层面、经济学层面、法律层面、货币层面来理解信用。从伦理道德层面看，信用是指人们在日常生活交往中遵守诺言、诚实不欺骗的行为准则；从经济学层面上来讲，信用是指人们在从事经济活动中具有良好的契约精神，能够遵守相关法律法规和商业规则，是维护良好的经济秩序的准则；从法律角度上讲，信用也可以是法律范畴的活动，如果违背信用的行为触犯了法律，就应当承担相应的法律责任；从货币层面来讲，信用就是货币，货币就是信用，信用创造货币，信用形成资本。

"大数据"一词最早出现在阿尔文托夫勒的《第三次浪潮》。他认为，人类社会的第三个阶段是信息化阶段，大数据将成为"第三次浪潮的华彩乐章"。自20世纪80年代"大数据"被提出以来，大数据的研究和应用一直停留在传统的数据利用和挖掘层面。直至2008年，Nature杂志出版专刊 Big Data，该专刊系统地介绍了"大数据"的巨大潜在价值，并从多个学科的角度探讨了其带给未来研究的挑战。自此，"大数据"第一次被明确系统阐述，从而引起了各个领域研究人员的兴趣，成为各个领域的研究和应用热点。大数据是相对于传统数据来讲的，不仅仅是一种体量巨大的数据集合，还应该包含数据之上的数据存储、分析等算法和工具，整合了传统的数据挖掘、云计算、互联网等概念、技术和工具，具备了全新的结构、内容、算法和工具，还具有智能化特征，能够对大量数据进行语意分析，自动分析其关联关系并作出预测。

一、研究意义

我国经济社会在经过30多年的高速增长之后，发现信用在市场经济中的作用越来越重要，中国社会也正在从货币经济时期向信用经济时期过渡。因此，国务院和国家税务总局对信用建设也越来越重视，并相继出台了信用建设和税收信用建设方面的规划，明确了我国社会信用体系和税收信用体系的目标、规划和具体要求。作为社会信用体系的重要组成部分，税收信用与市场经济中的生产机构和个人都有非常紧密的关系，影响着人们生产、生活和工作中的方方面面，税收信用建设对于我国社会信用建设具有巨大的促进和示范作用。

近年来，随着互联网技术的高速发展和广泛引用，"税务＋互联网"迅速发展，特别是金税三期在全国范围内成功上线，税务系统涉税数据实现全国大集中。同时，各行各业的信息化也发展迅猛，涉税信息普遍实现了数字化，涉税数据在数量上已经具有大数据的特征。一般来说,分析的信息量越全面、规模越大、分析工具越先进,分析的结果就会越准确,而根据分析结果所采取的行动成功率就越高。大数据技术让税务机关能实时读懂看似毫无规律的纳税人行为,也能让上级机关更有效地监督税务机关的征税行为,从而推动税收信用建设。总之,大数据在税务行业的应用已具备了数据基础和技术基础。大数据在税收信用建设领域中的应用,具有降低税收征管成本、减少税款流失、提升税收管理质效、提高纳税信用、征税信用、用税信用和税务中介信用的作用,对税收信用建设具有较强的现实意义。

二、国内税收信用建设的经验教训及成因分析

(一)当前税收信用缺失的主要表现

我国的税收信用建设相对于发达国家起步较晚,目前还处于创立初期阶段,亟须形成系统的体系。《中华人民共和国税收征收管理法》出台后,我国各级税务机关从完善制度和机制上入手,着眼于优化税收发展环境,税收信用建设也随之推进,并取得了一些成绩。但是,随着信息技术以及经济形势更加复杂化,我国税收信用体系发展不能适应迅速发展的税收管理事业要求,税收信用建设的任务十分紧迫。从当前我国的税收信用现状来看,纳税人、税务机关、政府用税人以及税务中介税收诚信缺失的状况依然可见。

从纳税信用方面来说,纳税人恶意逃税、漏税等现象仍然存在。有些纳税人为追求经济利益,采取隐瞒收入、购买发票等多种手段少缴税款,甚至有的纳税人还恶意抗税。例如,纳税人通过多套账目应付税务检查,以偷逃税款的缴纳,一套应付税务机关,一套应付工商或者银行等债权人,一套供企业管理层使用。伴随着信息技术的发展以及电子商务交易的隐蔽化等,纳税人的涉税信息更加复杂,给纳税人偷漏税行为制造了有利的外部条件,偷逃税问题也日益凸显。

从征税信用来说,我国税务机关在征税过程中还存在税收政策不稳定、税收人员违法征税等征税不诚信的现象。例如,为完成税收任务,税务机关不依法征税而进行税收任务摊派的现象还大量存在;税收机关的税收自由裁量权过大,导致税收人员在具体征收过程中徇私枉法的现象时有发生,损害了税务机关的征税信用;我国税收立法层次低,对税务机关的征税信用造成了不良影响。

从用税信用来说,我国虽然制定了《中华人民共和国预算法》,在财政预算管理方面有了长足进步,但仍然存在着财政预算不透明、颗粒度粗、预算随意更改、大量财政资金的使用没有体现公共服务要求等现象。

税务中介存在信用缺失现象。税务中介机构,如会计师事务所、税务师事务所等机构为争取客户,获得经济利益,从而和纳税人合谋,帮助纳税人打法律的擦边球,漏报、瞒报税款。

(二)国内税收信用问题的成因分析

税收信用缺失的原因是错综复杂的,本文主要从纳税人、征税人、用税人和税务中介四个方面探讨当前税收信用问题的成因。

1. 纳税信用缺失的原因分析

纳税人之所以出现不诚信纳税的行为主要受经济利益最大化的驱使以及外部环境为其偷逃税等行为提供了有利条件。一方面,税收的发生会减少纳税者的既得利益,减少人们用于自身可支配的财富,纳税者有可能选择逃税和避税。追逐经济利益是直接形成纳税信用缺失的内驱

力。另一方面，纳税人所处的外部环境构成了税收信用缺失行为的诱因，由于税务机关和纳税人之间存在着纳税信息的不对称，在一定程度上造成了税务机关对纳税人的稽查率和稽查成功率低。

2. 征税信用缺失的原因分析

税收是社会公众和政府之间建立的一种委托关系，政府把征税权又委托给税收机关，由税收机关实施具体的征税工作。在政府和税收机关的委托代理关系中，税收机关开展税收具体活动具有税收信息优势，而政府不参与税收管理的具体过程，并不掌握税收机关的全部涉税信息，两者之间存在严重的信息不对称。这必然导致税收机关的逆向选择和道德风险问题的出现。我国征税信用缺失的主要原因有两点：一是税收法律不健全、不完善。一些法律条款的不细致，导致税收机关自由裁量权过大，给了税收机关和税收人员违法违纪的法律空间。二是税收执法监督体系不完善。由于相关法律缺失或不完善以及征税信息存在严重的不对称，政府和社会公众对税收执法缺少有效的监督。

3. 用税信用缺失的原因分析

税收的本质是为了满足社会公众的公共需求而形成的一种契约关系，政府用税信用的缺失的深层次原因是相关法律的不完善以及用税理念偏离了税收本质。概括而言，我国用税信用缺失的原因主要有以下三点：一是相关法律不完善。财政预算缺乏硬约束，财政资金信息公开不到位。二是税款的使用理念没有完全体现税收的公共本质，特别是在GDP政绩等因素刺激下，政府更愿意把税款投入拉动GDP、见效快的项目上，而对教育、医疗等见效慢或者没有效益的公共需求则投入不足。三是对税款的使用过程缺乏有效的监督，各级人民代表大会虽然具有监督权，但是由于存在严重的信息不对称以及监督制度不完善，使其监督权形同虚设。四是对税款的违法使用行为缺少问责机制。

4. 中介机构税收信用缺失的原因分析

税务合谋是中介机构税收信用缺失的主要表现。所谓税务合谋，是指中介机构为了追求自身利益，可能与纳税人串通，采取不正当手段为纳税人做虚假税务鉴定报告或形成其他虚假性涉税材料，帮助纳税人逃避税款或取得其他税收利益，并从中渔利的一种社会经济现象。税务合谋的目的在于税务中介机构和纳税人双方都能够从合谋中获得利益。税务合谋严重损害了国家税收利益，破坏了税务中介机构的独立性，引发了中介税收信用缺失的问题。

三、大数据时代下税收信用建设的建议

（一）大数据时代下的纳税信用建设

纳税人是否选择诚信纳税与纳税人偷税漏税行为受到的罚款倍数、纳税人的偷漏税金额、税务机关能否稽查出纳税人偷漏税的概率以及纳税人的诚信损失有关。纳税人是理性的经济人，在与税务机关的税收信用博弈中追求自身利益最大化。纳税人偷漏税受到罚款的倍数越大、查处时的诚信损失越大，从而偷漏税的积极性就降低，会有更多的纳税人选择诚信纳税。为加快纳税信用建设，提出以下建议。

1. 完善纳税信用法律制度，加大纳税信用缺失惩罚力度

一个良好的纳税信用环境不仅仅需要道德上的约束，只有更需要法律的强制约束，只有两者之间互相促进、共同发展才能形成良性机制，纳税信用越高、税法遵从度越高，税法遵从度

越高、纳税信用越好,最终越容易形成良好的纳税信用环境。纳税人纳税信用的好坏和纳税人逃税的罚款和诚信损失呈负相关,纳税人不诚信纳税的罚款和相关诚信损失越大,纳税人的纳税信用越好,反之,纳税人的纳税信用越差。然而,我国关于纳税信用的立法还很不完善,主要局限于税务机关对纳税信用的管理和约束方面,手段单一,惩罚力度小,追逃税款过程漫长。综上所述,我国应当建立相关法律,把纳税人的纳税信用和纳税人的生产经营、开设公司、银行贷款、高消费等方面关联起来,在法律层面建立纳税信用的管理、奖惩制度,明确各相关机构配合税务机关进行纳税信用建设和管理的责任和义务。

2. 完善纳税信用评价体系,强化纳税信用分级管理。

纳税信用评价制度主要是指税务机关根据纳税人的纳税行为、申报质量、有无欠税和稽查情况,通过评价指标算法把纳税人的纳税信用进行量化,并据此把纳税人的纳税信用分为若干信用等级,为后续分类管理提供依据。2003年7月,国家税务总局颁布了《纳税信用等级评定管理试行办法》(以下简称为《办法》),开启了纳税信用建设的征程。税务机关可以根据纳税人的实际情况对纳税人的纳税信用进行分级,即"A,B,C,D"四级,并根据评价分级对纳税人实施分类管理。《办法》还规定了纳税信用等级的评定方法、内容和程序,以及奖惩措施。可以说自这一规定实施以来,在一定程度上提高了税收征管的质量效率,强化了企业的信用意识。

3. 利用税收大数据完善纳税信用的监管体系

纳税信用不仅需要纳税人对税法的自觉遵从,也需要政府的监管和社会的监督,建立完善的监督制度是纳税信用建设的重要环节。

加强纳税信用的政府监管工作。利用税收大数据平台,完善税务日常检查、纳税评估和税务稽查工作机制和流程。目前,日常检查、纳税评估和稽查三项工作并没有很好的分工界限,没有发挥其应用的作用。一是因为三者之间的关系没有厘清,定位不清晰。二是日常检查和纳税评估流于形式,实际效果不明显。在大数据时代,这三项工作可以利用税收大数据平台厘清关系、找准定位,切实发挥作用。在大数据时代,纳税评估应当以税收大数据平台为基础开展工作。一是将纳税评估工作上移,在总局和省局成立专门的纳税评估部门并配置复合型人才。二是依据税收大数据平台建立系列评估模型,可以针对不同行业、不同税种建立不同的评估模型,以自动化或半自动化的手段对纳税人开展纳税评估,并在必要时开展实地纳税评估。三是要加强纳税评估作为征收管理和税务稽查的纽带作用。纳税评估通过模型分析,发现风险点或疑点,为税务稽查提供案源,依托大数据有效提高税务稽查的选案准确率。

充分发挥纳税信用的社会监督作用。一是建立纳税人纳税信息公开制度,使公众能够查询和监督纳税情况。税务总局应建立全国范围内的纳税人纳税信息公开数据库,在遵守信息安全相关法律的前提下,适度公开纳税人纳税信息。社会公众可以查询相关纳税人的纳税信息,并影响社会公众的消费交易行为,使失信纳税人在社会公众中降低诚信度,通过市场机制对其进行惩罚。二是建立纳税人偷逃税举报机制。允许社会公众通过网站、电话、邮件等多种形式,对纳税人的偷逃税行为进行举报。三是发展和完善成熟的税务中介市场,提高税务中介的诚信度和职业操守,使他们成为纳税信用监督的重要社会力量。

(二)大数据时代下的征税信用建设

在征税信用的建设过程中,最重要的是如何建立最优契约和科学的激励机制和监督机制。

一方面,要利用大数据加强对税务机关的监督;另一方面,合理的奖惩制度有利于提高税务机关努力工作的积极性。

1. 完善相关法律制度,优化委托—代理契约关系

在税收领域,政府和税务机关实质上是一种委托—代理关系,政府(委托人)委托税务机关(代理人)征税,委托人要使代理人按照自己的意图工作,关键在于建立政府和税务机关之间的最优契约关系。因此,规范税务机关的征税行为是征税信用建设的核心。我国现行税收法律中包含税收执法、税收执法监督的规定,但这些规定比较笼统,在实际过程中难以落实。因此,征税信用法律应当从以下几个方面加强:

一是修订相关法律及相关配套制度和细则,明确和细化税务机关的征税流程、明确纳税人的权利,严格控制税务人员的税收自由裁量权。

二是在相关法律中明确赋予相关机构,如各级人大、政府和检察机关等对征税活动的监督检查权,并从法律层次上明确对征税违法行为的处罚对象、处罚措施。同时,也要建立激励制度,对税收执法公平、信用良好的税务机关和税务人员进行奖励。

三是在相关税法中明确纳税人应当享受的权利,赋予纳税人监督税务机关的权利和责任。纳税人可以对税务机关的违法行为进行举报、诉讼,通过法律维护自己的合法权益。

2. 利用税收大数据完善政府对税务机关的绩效考核

征税信用一直以来都没有受到重视,更没有形成完整的征税信用体系。对税务机关的绩效考核主要是以"税收任务"为核心指标,组收任务是各级税务机关的指挥棒,很少对税务机关征税工作的其他方面进行考核,如执法违法、流程不规范、征税质量、征税成本等。造成这种状况的原因主要有两点:一是作为委托人的政府机关只重视税收收入数量,不重视税收过程和质量。二是因为政府机关和税务机关在税收工作方面的不对称,如专业人员的不对称、税收信息的不对称,政府机关没有能力和精力对税务机关进行更细致、更科学的绩效考核。

在大数据时代,一方面,税收大数据的集中可以消除或减轻政府机关和税务机关的信息不对称状况;另一方面,税收信用平台及相关工具的成熟和应用,降低了政府机关对税务机关进行征税评价的难度,减轻了政府机关的工作。因此,大数据时代有充足的条件和手段建立完善的征税信用评价体系。

3. 消除信息不对称,加强对税务机关的监督

在委托—代理关系中,由于委托人和代理人之间的信息不对称,委托人只能监测到代理人的某些变量,无法有效监督代理人的行为。税收大数据的整合,为委托人有效监督代理人提供了可能。因此,在大数据时代,建立完善的征税信用监督制度对建设征税信用具有至关重要的作用。依托税收大数据,对征税信用的监督应从以下几个方面加强和完善:

一是加强各级人大对税收机关的监督。人大既是立法机关,也是执法监督机关。监督权是我国宪法、组织法和监督法赋予人民代表大会及其常委会的一项重要职权。

二是强化政府机关作为委托人对税务机关的监督。通过税收大数据平台,设计征税监督功能,使税务机关的税收执法过程暴露在政府机关监督之下,并能够结合大数据算法和工具对某些具有执法风险的税收行为进行警示。

三是加强上级税务机关对下级税务机关、税务人员的监督。通过分析纳税人数据、税务人员执法过程的数据,利用大数据平台和工具发现执法风险,及时纠正。

四是加大和完善社会监督体系。建立独立于税务机关的纳税人维权机构，负责纳税人的税务行政复议、投诉及税务诉讼等服务，纳税人可以针对税务机关的征税违法行为到纳税人维权机构进行投诉。

（三）大数据时代下的用税信用建设

政府用税所获得的最大收益与纳税人对政府的信任有关，并且政府的税收效用与政府的声誉是正向递增关系；政府维持声誉的积极性和自身声誉的好坏呈同向变动。一方面，大数据使纳税人可以更清晰的了解税款的使用情况，有利于建立用税人和纳税人之间的信任关系；另一方面，大数据的应用也有利于纳税人对用税人进行有效监督，从而促使用税人的用税信用提升。因此，加强政府用税信用建设，要依托税收大数据，从用税信息公开、用税监督等方面开展。

1. 完善相关法律制度，加强用税规范和信息公开

我国在税款使用方面的法律主要有《中华人民共和国预算法》及《中华人民共和国预算法实施条例》，对财政资金的使用进行了规范，但是从实践效果来看，还存在着一些问题。一是我国的预算是软约束，对政府的财政资金使用约束力不强，因而财政资金的挪用、违规违法使用等现象普遍存在，降低了财政资金的使用效果，纳税人享受公共服务的质量降低。二是财政资金的使用信息公开程度不够，公开信息不全面、粒度粗，不能全面、真实地反映财政资金的用途。三是对公共服务方面的财政投入没有硬性比例要求，对政府在公共方面的事权和责任没有明确客观的规定。

因此，用税信用法律应当在以下几个方面加强和完善。一是强化和完善预算约束的立法，使全国人大及各级人大能够依法监督政府的预算执行情况。二是完善财政信息公开的立法，除涉及国家秘密的，其他财政资金使用全部公开，接受社会公众监督。三是通过立法规定政府在公共服务方面的财政投入责任，并对财政资金使用效果进行评价和监督。

2. 建立大数据时代下的用税信用监督评价体系

税收的本质是社会公众和政府之间的契约关系。因此，用税信用的核心在于"取之于民、用之于民"，用税信用评价应当从财政资金的绩效评估入手，评价税款使用效益，从用税透明化、用税效率、用税规范和用税合理等方面建立合理、客观的用税信用评价指标体系，基于财政和税收大数据，建立评价模型，实现用税信用评价的高度信息化和自动化。

用税信用监督应当包括两个方面：一是政府内部的监督，主要是各级人大、审计部门对财政资金使用部门的监督。二是社会公众的监督，应当加大财政资金使用的透明度，使纳税人能够了解财政资金的流向、使用范围和使用效果。

（作者单位：国家税务总局扬中市税务局）

大型国际体育赛事的税收政策研究和建议

国家税务总局杭州市税务局课题组

大型国际综合体育赛事作为体育产业的一部分，带来了产业的发展商机、运动场馆的建设契机、城市格调品位和市民精神气质的提升良机。大型国际综合体育赛事的正外部性决定了其成功举办离不开税收政策的支持。本文从税收视角对大型体育赛事进行研究，归纳分析我国支持大型国际综合体育赛事的税收举措，剖析在实践中存在的问题，针对性地提出完善我国大型国际综合体育赛事税收政策的建议。

一、我国体育赛事税收政策

2008 年北京奥运会的成功举办，使得中国人的百年奥运梦想得以实现。此后，我国又成功举办了广州亚运会等多项大型体育赛事，支持赛事举办的税收政策也日益完善。

目前，我国支持大型体育赛事的税收文件主要以财政部、国家税务总局和海关总署制定的规范性文件为主，如财政部、税务总局、海关总署《关于杭州 2022 年亚运会和亚残运会税收政策的公告》等。采用的是对单个赛事出台针对性优惠政策文件的方式，一般不适用其他赛事。

（一）赛事税收机构职能设置

国家税务总局非常重视税收对体育赛事的支持作用，推动建立跨部门、跨区域的协同联动机制。以北京冬奥会为例，在总局层面，对外建立与组委会、财政部等部门的协调沟通机制，对内形成调度谋划的跨司局工作机制，负责冬奥会税收优惠政策的制定及解读。在省市局层面，北京市税务局和河北省税务局成立了冬奥税收服务领导小组，横向对接组委会等部门，纵向对接总局相关司局，打造政策共享、办税互通的协作机制。张家口市税务局联合地方设立"冬奥税收服务办公室"。

（二）我国赛事税收政策发展

2003 年 1 月，财政部、国家税务总局、海关总署颁布的《关于第 29 届奥运会税收政策问题的通知》是我国制定的第一份大型体育赛事的税收优惠文件，以该文件为开端，随着亚运会、冬奥会等体育赛事的成功承办，我国制定了一系列的大型体育赛事税收优惠政策，具体税收政策文件，见表 1。

表 1 我国大型体育赛事税收政策文件

赛事	文件
2008 年北京奥运会	财税〔2003〕10 号、财税〔2004〕38 号、财税〔2005〕54 号、财税〔2005〕156 号、财税〔2006〕36 号、财税〔2006〕128 号、财税〔2006〕163 号、国税函〔2006〕671 号、国税函〔2006〕771 号、财税〔2007〕38 号、国税函〔2008〕286 号
2010 年广州亚运会	财税〔2009〕94 号、国税函〔2010〕485 号、国税函〔2012〕108 号
2022 年北京冬奥会	财税〔2017〕60 号、财税〔2019〕6 号、财政部公告 2019 年第 92 号、国家税务总局公告 2021 年第 13 号
2022 年杭州亚运会	财政部公告 2020 年第 18 号、财政部 税务总局公告 2022 年第 1 号

根据表 1 相关文件所规定的具体内容对我国大型体育赛事税收政策进行总结概括，我们可以发现几场赛事的税收政策既具有一定的共同点，也有显著的差异。最突出的共同点有三个：一是相关税收政策仍呈现出以减免优惠为主的特点，即对各方参与者从体育赛事中取得的经济利益免征税款，目的是降低赛事举办成本等。二是所涉税种基本一致，集中于增值税、企业所得税、个人所得税、关税等。三是税收优惠政策的享受期限一致，除赛后出让资产相关税收优惠外，均以赛事活动的结束日为截止日期。

差异点主要有以下几个方面：一是税收优惠类型越来越多样。相比于北京奥运会、广州亚运会以免征、税前扣除为主体的优惠方式，北京冬奥会则增加了增值税继续抵扣、增值税退税等。二是涉税主体更加细化。例如，免征个人所得税的收入范围，从北京奥运会时的参赛运动员的奖金收入扩大到北京冬奥会的参赛运动员奖金奖赏收入、外籍技术官员劳务报酬收入、临时来华人员取得组委会支付的收入。三是税收优惠政策的享受更加便利。捐赠企业税前扣除政策由备案享受向自行判别、申报享受、资料留存备查方式转变。

二、赛事税收政策效果及问题

我国成功举办了 2008 年北京奥运会、2022 年北京冬奥会等大型体育赛事，税收政策支持力度不断加大并取得不错的政策效果，但仍面临部分问题，亟待解决。

（一）赛事税收政策效果

1. 节约赛事成本

税收减免节约了大量的资金成本，为大型体育赛事的盈利创造了更有利的条件。以 2008 年北京奥运会为例，北京市税务局累计减免与奥运会相关税收 10.62 亿元，其中对奥组委会取得的电视转播权销售分成收入免征营业税约 4.3 亿元，赞助和特许经营收入免征营业税约 4.52 亿元。总体看来，累计减免的相关税收约为赛事直接成本的 2.55%，约为赛事宣传和主题活动支出的 83.63%。

由于 2022 年北京冬奥会结束不久，因而相关税收数据尚未完成统计。从总体来看，初步测算北京冬奥组委电视转播权分成收入免征增值税约 1.74 亿元，赞助收入免征增值税约 5.47 亿元，特许权经营收入免征增值税约 1.61 亿元，三项收入合计免征增值税约 8.82 亿元。另外，截至 2021 年 12 月，累计向首钢滑雪大跳台减免水资源税近 70 万元。

2. 正向循环，收入增长

税收减免在节约办赛成本的同时，拉动地方经济迅速发展，税收收入快速增长。比如，2001年至2008年，北京市税收收入年均增长20.18%，呈现出迅猛增长态势；2007年，长春亚洲冬季运动会举办后，当年长春市的地方税收收入实现了历史性突破，共组织全口径地税收入77.36亿元，同比增收18.66亿元，增长31.8%。同时，赛事带来产业结构逐渐转型和优化。例如，2008年北京市第三产业实现税收达1360亿元，增长15.2%，占税收总额比重的86.2%。

（二）赛事税收政策问题

1. 政策体系不完善

缺乏完善机制体系。现有的对大型体育赛事的税收优惠政策主要集中在税收优惠政策的享受、日常征管操作等方面，对于赛事相关税源的监控、与赛事组织方的协调、参赛国税务机关情报共享等方面有所欠缺。例如，税务部门对外籍运动员在参赛期间从中国境内获得的代言费等收入情况缺乏了解。

2. 机构设置以临时为主

虽然在赛事期间各层级建立了协同联动机制，也较好地完成了赛事期间的涉税工作，但该协调机制的目的是应对税收问题和争议，在赛事筹备中主动参与程度不够，存在前瞻性不足的问题，无法就赛事活动税收收入等情况进行预测评估，也未在城市竞选期间制订特色税收方案，对涉赛税源没有重点关注培育。部分经验做法值得学习，如英国伦敦奥组委下设税收办公室，负责赛事税收评估、税源培育监管等，其重点培育的涉赛税源带来35亿英镑的经济增加值、4.83亿英镑的税收。例如，北京冬奥期间，国家知识产权局支持组委会下设知识产权保护小组。

3. 政策扶持对象较单一

税收政策未关注赛事特色产业。从体育文化产业上看，2015—2020年，由冰雪赛事、冰雪旅游业、冰雪装备制造业等组成的中国冰雪产业总规模从2700亿元增长至6000亿元。从已经出台的税收优惠政策看，未对冰雪产业出台针对性税收优惠政策。对体育产业的税收优惠则主要针对公共部门的体育彩票业，而非竞赛表演、健身娱乐等体育经营行业。从周边相关服务业来看，2022年一季度，崇礼、延庆住宿餐饮业销售收入同比分别增长3.5倍和55.9%，但也未针对周边服务业出台相应税收优惠政策。

4. 赛后扶持力度不够

税收政策与体育经济周期性规律不完全配套。税收优惠政策的享受除赛后出让资产外，均以赛事结束为截止日期。几届体育赛事税收政策也主要是针对赛前筹备阶段和赛中举办阶段，对赛事善后工作涉及较少、涉及范围不全面。同时，关于防治低谷效应、产业选择等关系到体育赛事后期经济运行的针对性措施仍然缺乏。相比韩国在汉城奥运会之后给予体育服务和会展业等活动非常大且持续的税收优惠，我国对于体育场馆运营、配套设施的载体产业税收扶持也较匮乏。

三、制定赛事税收政策的建议

税收政策支持体育赛事，应立足于我国税收政策实践，充分发挥大型体育赛事的公益属性，助力算好大型赛事的直接经济效益和间接经济效益的大账本。

（一）完善赛事税收政策体系

建立完善的体育赛事税收优惠政策体系。从税收优惠政策与征收管理、税收收入评估与监测、税源培植与监控、国际税收情报沟通、纳税服务、与赛事组织沟通协调等方面入手，建立涵盖赛前筹办期、赛中举办期、赛后影响期的税收体系，从而大力提高税收优惠政策对赛事影响的持久力。进一步激励各级税务机关针对赛事性质及规模等提出针对性税收优惠政策建议，更好地发挥税收的支持和调节作用，激发赛事经济活力。

（二）组建税务办公室

总结北京奥运会、广州亚运会等相关赛事的工作经验，抽调国际税收、外语、税收分析等领域的人才组建专业团队，参考伦敦奥运会税务办公室等国外体育赛事税务团队的运作成效，在赛事筹备期间即在总局层面设立体育赛事税务办公室，其主要职能有以下五项：一是为竞选赛事举办城市提供赛事税收方案介绍及评估等。二是负责联系和协调举办城市政府、赛事组委会和国家税务总局关于赛事税收方面的工作。三是负责涉赛税源的培育与监管。四是宣传有关体育赛事的税收政策。五是在赛事举办期间入驻赛事场馆及运动员村，协调开设办税服务专区。

（三）做足调研，扩大惠及面

制定税收政策应以促进体育产业、体育事业和体育运动发展为目标，应在制定前对赛事所涉行业、产业及其上下游做通盘梳理，将尽可能多的相关行业产业纳入政策筹划范围，并通过调研分析，精准设定国家想要引导鼓励的产业发展领域、方向，制定税收优惠政策时把触角延伸到赛事相关产业链上下游，引导更多民间资本投身其中，推进更多体育相关产业积极发展。比如，将税收优惠政策对象扩大到现代体育科技产业，以提高体育产业科研项目地加计扣除比例等政策鼓励大家投入体育科研，提高赛事产业和体育技术发展水平，增强我国体育产业活力。

（四）注重后赛事期扶持政策制定

后赛事期的体育活动及配套产业发展更能对举办国和地区的经济发展产生长远影响，应重视体育赛事后在体育、文化、娱乐、旅游等行业的引导和带动。针对体育场馆等赛事遗产的保护与开发，制定出一系列能够有效刺激体育文化产业发展的税收优惠政策，特别是对能继续发挥城市体育功能的竞赛表演业、会展业等给予大力支持，进而消除这些行业中可能存在的税负较重、税种结构不合理等现象。同时，要运用税收大数据加强对赛事后相关产业的跟踪分析，及时关注到产业发展的瓶颈和阻梗，向地方政府提供税收分析参谋，为体育赛事后期的城市经济发展、税源培育积累宝贵经验。

课题组成员：王荪怡　舒　博　万倩云
梅保银　徐宇婷　徐　捷

发挥税收职能助力宁波建设共同富裕先行市的研究

陈光辉　鲁　炜

一、宁波建设共同富裕先行市的目标

（一）共富体制机制实现新建设

我们追求的共富是建立在更高水平上的富裕，需要建立更高水平的共富体制机制，通过财政、税收、社保、金融、人力资源等政策的调整推动更加公平公正的全社会各领域改革。促进建设多方位立体式的长效机制，取长补短，相辅相成，建设真正意义上的共富体制机制，为长远理想目标的实现夯实制度基础。通过促进就业、稳定经济发展等政策机制，为按劳分配为主体，多种分配方式并存的分配制度赋予新时代的内涵，致力提高居民人均收入水平。

（二）经济发展质量实现新突破

经济发展是共富的前提与基础，我们不能只追求经济发展的体量，更要注重质量。经济发展质量的好坏直接影响共富目标创建的后劲是否充足，决定我们追求共富的信心是否充足。在建设共富先行市过程中，经济实力势必跃上新台阶，人均地区生产总值将达到中等发达水平。居民人均可支配收入将进一步提升，创新动能不断加码，市场主体更显活力，国内国际双循环的效能充分释放，港口经济作用辐射市域、省域经济的发展更加明显。宁波自贸区建设更能彰显地方特色，外向型经济发展更加蓬勃向上。

（三）区域协同发展实现新格局

宁波坐拥第一大港口，也包揽浙东北丘陵山区全貌，可谓是"山海一体"城市典范。这就要求我们在追求共富的道路上，要尤其关注区域协同发展的需求，力争实现区域协调、均衡发展。充分利用沿海港口的特点，写好"引进来、走出去"的新时代共富篇章。积极发挥港口—山区辐射作用，不断深挖各地区之间的潜力与动能，实现市域范围内的"循环促动"。以乡村振兴为着力点，深入推进美丽乡村建设，不断缩小城乡贫富差距，实现"三农"现代化纵深发展，打通绿水青山就是金山银山的转化通道，加快"山海协作"，助力贫困薄弱地区发展。

（四）群众满意认可实现新高度

老百姓在民生、政务领域的获得感和满意度不断提升，是实现富先行市的重要衡量指标。我们国家现阶段的主要矛盾是人民日益增长的美好生活需要和不平衡不充分的发展之间的矛盾，这就要求我们在追求共富的道路上，必须从老百姓关注的医疗、教育、安全等切身需求出发，不断进行改革创新。以老百姓的需求作为工作的出发点，以老百姓的肯定作为衡量工作绩效的秤杆。不断加强公共服务普惠力度，在幼托、养老、教育、卫生、医疗、住房等资源投入上不断实现从量到质的转变，凸显精准普惠的力度与实效。

(五) 精神文明风尚实现新跨越

积极践行社会主义核心价值观,积极建设全国文明典范城市,所有县(市)创成全国文明城市。将县级文明村镇建设到更高水平,提升市民素质、社会文明程度,实现新的跨越。推进新时代精神文明建设,依托"书藏古今"历史底蕴,推进历史文化名城建设,注重文化精品建设选树先进典范,做好理论宣传,结合新时代中国特色创新老百姓喜闻乐见的文体活动,不断丰富共富道路精神文明成果。

二、宁波建设共同富裕先行市的现状

(一) 大众创业、万众创新潜力有待挖掘

在民营经济发展领域,国际国内市场环境的变化促使老百姓不敢轻易创业、实体经济不敢大胆创新。企业发展动力受阻,全市经济发展必然阻滞。在建设共富示范市的道路上,只有通过制发各项政策制度、建立体制机制进一步促进市场环境的向好发展,才能使大众创业、万众创新的潜能充分释放。

(二) "橄榄型"社会结构建设有待完善

宁波这几年GDP增速和人均GDP增速逐渐减慢,收入分配改革面临空前压力。老龄化趋势的不断加剧,也在一定程度上减弱了居民收入增长动能。城乡差距的存在致使居民可分配收入差距偏大,这就导致居民可分配收入并未朝着"橄榄型"结构发展。对高收入群体监督不够,税收征管数字化和专业化水平还需提升,再加上社会保障再分配力度不够,社会层面捐赠热情不高,老百姓对社会慈善组织信任度不高,这也导致再次分配收入对于建设"橄榄型"社会结构的作用无法发挥。

(三) "富脑袋"精神文明建设有待加强

虽然近几年精神文明越来越得到重视,但还是存在较多的形式主义、面子工程。有些人往往认为建造了"文化礼堂""社会文化中心"就算完成了文化基站全部工作,实则不然。我们需要更加注重老百姓真正的精神文化需求,充分发挥文化基站传播文明的功效,多组织贴近老百姓的文体活动,多开展爱党护党的主题教育,多举办凝聚群众基础的爱国主义活动。另外,对精神文明建设政策理解存在偏差,往往以争创文明荣誉为导向,投入大量人力物力财力用于创建验收形象工程,老百姓大多无感精神文明建设的实际意义,这也容易形成不良的社会舆论与风气。

(四) "数字型"政府改革效能有待提升

宁波在"数字型"政府改革过程中面临的问题是建设标准设定较难。各个部门、各个领域通过数字化改革,实现的阶段性小目标和长远性大目标之间未达成一致,这在一定程度上影响共富先行市的建设发展。同时,各部门之间、各县(市)之间存在数据壁垒,政府协同共享缺乏信任度,横向信息互联互通难以实现。没有建立统一协调的数字标准,使得"数字型"政府改革转化成服务老百姓的公共服务资源效果大打折扣。而且政府对数据安全性方面不够重视,也导致"数字型"改革政府运行效果欠佳,改革效能未能充分发挥。

三、从发挥税收职能角度提出几点建议

(一) 优化税收营收环境,精确落实税费支持政策

建设共同富裕先行市,首先是要盘活宁波经济市场主体,促进经济发展势头与质量迅猛提

升,优化税收营商环境无疑至关重要。税收营商环境的优化贯穿每个市场主体全生命周期,即与市场主体设立、发展(纳税次数与时间、总税费负率及报税后流程)、退出等全过程息息相关。税务部门秉持打造市场化、法治化、国际化的营商环境的理念,以市域范围内一体化的思路和举措打破行政壁垒、提高政策协同,让要素在更大范围畅通流动。推行"全市通办""全程网办""最多跑一次"等服务举措,让税收营商环境更加舒适、便捷。积极落实组合式税费支持政策,精准筛选本市范围内各类型市场主体,"点对点"定向推送政策,跟踪政策享受情况,定期发送政策红利账单。这样能进一步激发市场主体活力,促进大众创业、万众创新,不断迸发出新的生机。

(二)加强税收精准监管,调节收入实现扩中提低

建设共同富裕先行市,通过加强税收监管形成税收调节体系,加大二次分配调节力度,建立长效的收入分配机制需提上议事日程。首先,建设智慧税收征管体系,充分利用税收大数据分析功能,建立常态化精准监管机制,对税收违法行为绝不容忍,逐渐实现对收入分配、再分配的精准监管。其次,进一步实行个人所得税改革,可在宁波地区先行增加工资薪金的每月减除费用标准的试点,从每月 5000 元提高至 8000 元,这能整体提升全市人民可分配收入水平。最后,提升对高收入群体的调节能力,加大对资本性收入的征税力度,摸排全大市不动产登记情况并试行房产税试点征收工作,促使税收调节机制向更困难节点推进,真正实现扩中提低的目标,推动"橄榄型"社会结构的建成。

(三)注重税收政策宣传,精细服务帮促精神富足

建设共同富裕先行市,在攻坚老百姓"富口袋"难题的同时,还要夯实老百姓"富脑袋"工程基础。满足老百姓多样化、多层次、多方面的精神文化需求,构建高品质公共文化服务体系刻不容缓。税务部门通过"便民办税春风行动"、"春雨润苗"中小微企业服务月、税收宣传月、"诚信兴商服务月"等活动,不断丰富企业、老百姓的税收文化涵养,感受税收文化的力量,体会精神文明建设在税收领域的延伸与拓展。通过打造"一次不用跑、税事全办好"税收服务品牌,扎实构建"线下服务无死角、线上服务不打烊、定制服务广覆盖"的税费服务体系,实现从无差别服务向精细化、智能化、个性化服务转变,不断提升企业、老百姓的满意度和获得感,促进全体人民的精神富足,进而推动精神文明建设、共富先行市的建设。

(四)打造税收"数字"共治,部门协同推进改革先行

建设共同富裕先行市,需要充分发挥"数字型"政府职能,自上而下、由内而外建立数据平台和数字资源系统,融合第三方数据充实政府资源数据库,提升数字资源统筹管理能力和安全保障能力。结合共富先行市要求积极调整"数字型"政府建设方案,筹建"数字超市",发挥税收大数据中流砥柱的作用,在"无证明城市""信用承诺制办理""非税社保划转"等税费征缴领域勇敢尝试,推进多部门之间数据统计、分析、共享、共用,让数据真正"畅通无阻"。打造"数字"共治体系,创新"5G+政务外网"推行"最多跑一次"政务改革,实现税费事项与其他部门事项"一窗一端综合受理",逐步实现政企"一对一"交互,一体化"网上办""掌上办"业务协同,最大限度提升政务效能,助推共富先行市建设走在前列。

(作者单位:国家税务总局宁波前湾新区税务局)

发挥税收职能　持续助力乡村振兴的实践与思考

杨长春　吴伟夫

习近平总书记在党的二十大报告中提出"全面推进乡村振兴",强调"建设宜居宜业和美乡村"。为新时代新征程全面推进乡村振兴、加快农业农村现代化指明了前进方向。镇江市税务局紧扣中央、省委一号文件及市委《关于强化2022年"三农"重点工作落实全面推进乡村振兴实施意见》工作任务要求,组织深入我市农业企业开展调研,就税收优惠政策落实情况进行了分析,就进一步完善财税政策推进乡村振兴提出了相关建议。

一、在乡村振兴中税收职能作用得到充分发挥

当前,我国共实施了109项税费优惠政策,主要针对农业、林业、畜牧业、渔业,农、林、牧、渔专业及辅助性活动,农副食品加工业,农业合作社及农业资源综合利用和农产品流通等涉农企业。现行税收政策通过免税、减税、减计收入、即征即退、简易计税等多种方式,在优化土地资源配置、促进农业生产、鼓励新型经营主体发展、促进农产品流通、支持农业资源综合利用等方面制定了一系列优惠政策,从而有效推动了乡村特色产业发展,有效激发了乡村创业就业活力,有效增强了乡村振兴的内生动力。

(一)"减免退"组合式发力,涉农企业享"红利"

2021年,全市推进乡村振兴累计"减免退"各项税费近4亿元,其中减免税费就达3亿元之多。2022年,在继续落实好税费优惠政策的基础上,国家又新出台了大规模增值税留抵退税、加大小型微利企业所得税减免力度、扩大"六税两费"享受范围等组合式税费优惠政策。2022年1—8月,全市推进乡村振兴累计"减免退"各项税费近3亿元,其中减免税费同比增长81.91%,增值税留抵退税同比增长457.13%。

分税种看,目前全市现行税种15种,涉农企业"减免退"涉及税种9种,其中减免力度最大的是增值税、企业所得税和个人所得税,分别占比40.23%、35.29%和20.57%。分板块看,句容、丹阳作为我市涉农企业户数最多的板块,享受的涉农减免税费效果最佳。2021年,在全市推进乡村振兴"减免退"税费总计中,句容近2.2户涉农企业享受"减免退"税费1.6亿元,占比45%。丹阳1.1户涉农企业享受"减免退"税费近1.5亿元,占比39%。丹徒区、经济技术开发区、扬中市因涉农企业数量较少,占比均不足9%。

(二)落实落细税惠政策,助力"三农"发展

税务部门始终坚持以"三农"为着力点,认真落实落细各项税费优惠政策,助力农民增收、农业发展、农村稳定。从新增户数看,市场主体的数量、质量,直接反映经济活跃度与成色。2022年1—8月,全市新登记三农企业近千户,较去年同期675户增长了39.26%,显示出全市营商环境得到较大改善,三农企业活力得到有效激发。从开票数据看,2022年1—8

月,全市三农企业开票销售额近160亿元,较去年同期增长了8.07%。其中,××粮油工业有限公司2022年1—8月开票销售额近33亿元,同比增长44.75%。据企业反映,近三年生产速度明显加快,经营势头良好,这得益于税务部门系列涉农税收优惠政策。从税负看,2022年1—8月,全市三农企业税负率为0.54%,低于全市所有企业平均税负率1.03个百分点;三农企业的主营业务成本率为91.95%,较去年同期下降了1.37个百分点。对全市部分重点三农企业获得感调查情况显示:七成企业认为企业税负合理,剩余三成认为税负较轻。

(三)发挥税务职能优势,助力乡村振兴

近年来,市税务部门充分发挥税务职能优势,通过税收大数据实现针对涉农主体精准宣传,贯彻落实及风险防范,为乡村振兴贡献"税动力"。一是全面梳理涉农惠农优惠政策。2022年5月,市税务部门编撰了《支持乡村振兴税费优惠政策指引汇编》,分门别类归集6个方面109项税费优惠政策,并逐条进行梳理,便于纳税人查阅、用足用好税收优惠政策。二是多渠道精准推送税费优惠政策。市税务部门主动靠前,通过"集中培训+上门辅导"的方式,提供"兜底式""跟踪式"政策宣传与辅导答疑服务,把税费政策红利精准送达当地涉农市场主体。三是积极防范化解涉农行业风险。依托"智慧税务",挖掘税收大数据,加强涉农企业及相关行业发票管控力度。同时,借助大数据平台,强化与外部门的数据交换,对发生涉农企业基础信息不实、报表逻辑关系不对应等情况,积极帮助企业自查自纠,降低税收风险。

二、税收政策助推乡村振兴存在的问题

(一)支持乡村振兴的税收优惠政策亟待完善

1. 涉农税收优惠政策涉及面过窄

第一,现行涉农税收优惠政策系统性不强,分散在财政部和国家税务总局的各项通知、公告、条例,以及地方政府根据经济形势发展所制定的各种补充类政策中,导致政策互相掣肘,影响实际执行效果。第二,涉及面过窄的涉农优惠政策,使得涉农产业难以规模化,影响到农业产业的结构化调整和产业化发展。第三,优惠政策存在力度不够、幅度小、条件过于苛刻等问题。

2. 对新兴产业的扶持力度不够

资本要素投入农业主要看重资本回报率的高低,但当前税收政策对新兴产业的扶持力度不够,降低了资本这一主要因素流向乡村的积极性,也未充分激发相关主体的创新性,不利于乡村产业升级。近期,根据市税务部门对全市三农企业优惠政策落实情况调查问卷的结果统计,近60%的纳税人目前或者计划采用互联网等平台售货新模式,因而纳税人希望获得多类型的税收优惠,而目前对于农村电商等新兴涉农企业缺少相关的税收优惠政策。

3. 对乡村人才的税收优惠政策缺失

在当前乡村振兴战略推进的大格局下,缺少直接针对乡村人才的税收优惠。仅仅在减税降费的形式下,乡村人力资本享有一些短期的税收优惠政策。目前的税收优惠政策仅仅针对零就业家庭、享受城市居民最低生活保障家庭劳动年龄内的登记失业人员、毕业年度内高校毕业生、残疾人等。根据我局对全市三农企业优惠政策落实情况调查问卷的结果统计,所有纳税人都认为税收优惠政策对鼓励本企业招录涉农人才的效果较差或无效。

(二)税收制度设计尚不合理

我国税法主要以对农业企业减免增值税的方式来间接补贴农民,但农业生产者销售自产的

农产品时，个人无权开具增值税发票。而农民在购买需要的化肥等农资用品时，要经过生产商、批发商和零售商等环节，这抬高了农业生产资料的价格。这些都在一定程度上导致了农民成为间接税的实质承担者。减税降费的优惠政策红利多被采购商和中间商所获得，农民没办法真正获益，实质税负过重。

（三）相关配套措施不完善，影响乡村振兴的发展

长期以来，农村的人才、技术、资金、劳动力等要素流入明显不足，投入主体单一，市场发展不充分。农村的产业组织形式大多为农民专业合作社，他们的税法遵从度不高，财务管理水平较低，税收治理基础比较薄弱。根据我局对全市三农企业优惠政策落实情况调查问卷的结果统计，有近40%的涉农企业负责人表示本企业的财务制度不够健全，信息化软件的操作不太熟练，有些企业无专职办税人员或虽有办税人员但是不专业。有近45%的纳税人表示，希望加大涉农优惠政策的宣传力度，提供相关优惠政策的解读和培训，让企业全面准确地了解并享受涉农税收优惠，简化涉农优惠政策的备案程序和流程，进一步优化纳税服务。

三、落实相关税收政策以推进乡村振兴的建议

贯彻落实中共二十大报告精神，建设全体人民共同富裕的中国式现代化，构建完备的税收政策体系，保持税收优惠政策的长期稳定性，让税收政策在调整乡村产业结构、推动农业产业升级、刺激乡村居民消费、促进农村就业、带动共同富裕，以及引导社会资本、技术、人才等各种资源向乡村振兴聚集等方面发挥重要作用。

（一）精准滴灌，优惠政策惠三农

1. 扩大政策覆盖范围

首先，归并和简化相关涉农税收优惠政策，使之更趋于系统化、合理化，保证税收优惠政策在生产资料供给、农产品生产、加工、储存、流通、运输等方面实现全覆盖；其次，制定税收优惠政策清单和操作流程，增加税收政策的透明度和可执行性；最后，加大对涉农产业产品的优惠政策力度，适当延缓有关税收优惠政策，如延续支持农村金融发展的有关税收政策。鼓励金融保险机构向农业农村提供金融贷款和保险服务，引导投入乡村振兴的事业。

2. 加大新兴产业扶持力度

加大对涉农电商企业、家庭农场等新型农业经营模式的税收优惠政策扶持，加大"互联网＋农业"、农村生态康养等新型农业产业的税收支持力度。比如，在基础设施建设环节，进行耕地占用税、契税、印花税等税收的减免，对农村生态康养等实行多项税种的税收减免政策，在乡村文化产品的销售环节执行低税率或减免税政策。

3. 加大乡村人才税收优惠力度

利用政策引导各类优秀人才下乡，一方面促进农村产业升级，另一方面有利于缓解当前经济形势下"就业困难"的问题。比如，对回乡自主创业兴办实体的人员，乡村引进的管理型和研发型人才，在农村从事互联网、大数据、云平台等新兴产业和新型模式从业人员，在乡村从事讲学、技术服务和指导等人员在所涉各税种上给予税收优惠政策；鼓励优秀专业人员以技术指导和兼职等方式参与乡村产业研发和技术服务，弥补人才短板；探索税收支持本地区职业院校培育乡村文化继承人，提高乡村文化继承人的个税优惠待遇等。

（二）政策辅导，精细服务促发展

首先，党建引领，发挥"两个作用"。充分发挥党支部的战斗堡垒作用，组织税务干部走进农村、贴近农业、服务农民，让税收惠农政策落实得更加有温度、有力度、有速度。充分发挥党员的先锋模范作用，在扎实开展驻村帮扶的基础上，真心真情为群众排忧解难。加大与地方党委政府、金融机构等部门的协作力度，"政税银＋"多部门携手联动，持续推动乡村组织兴、产业兴、文化兴，为企业增添发展新驱动。

其次，精细服务，优化营商环境。优化征管流程、简便审批流程、减少涉税资料报送，采用多种方式为涉农纳税人提供便利。比如，线下"手把手"辅导村民通过微信小程序等"非接触式"方式进行社保费缴纳；积极协调乡镇邮政点代开发票，同时在办税服务厅为农户开通绿色通道，为涉农纳税人解决各种涉税问题；线上为涉农企业和农户提供医保、养老征缴的咨询辅导服务。农民作为乡村振兴的主要建设者，是推进"三农"发展最积极的因素。针对涉农企业反映的市场销路不畅等问题，建议税务机关可以在地方党委政府主导下"搭把手"，拓宽农产品销售渠道。比如，运用税收大数据平台，精准对接农产品需求端，助力农户们打通销售市场；组织机关工会、食堂或电商平台合作，通过微信群直销等线上线下多种销售形式，帮助农民拓宽扶贫产品销售渠道，增加农户综合收入。

再次，优化乡村税收宣传服务。聚焦服务乡村经济发展，结合区域行业特点，"点对点"为涉农企业制定个性化政策辅导方案，包括信息采集、发票核定和申领、税收优惠政策辅导等一系列涉税事项；尝试将"纳税人学堂"直接开到乡镇，针对农产品税收优惠、季度申报、税收风险管理等政策内容进行一一讲解，帮助农业专业合作社经理、会计及办税员弄通用好惠农政策；联合市场监管、金融保险等部门，加强对新型农业经营主体和农民个人税收优惠政策的宣传和培训，增强他们运用税收优惠政策服务自身发展的动力和能力。

最后，探索创新途径解决涉农企业融资困难。基于涉农企业融资困难的现状，在地方政府扶持下、在税务部门与金融部门"银税互动"的合作基础上，探索推出"云税贷""税信贷"等信贷产品。这些信贷产品是金融部门面向涉农中小微企业推出的，以企业在税务部门的纳税信用等级、纳税信息、开具发票记录等信息为依据，给纳税信用等级良好的企业信用贷款，并可随借、随用、随还的普惠金融产品。

（三）科技赋能，乡村振兴强助力

聚力"智慧税务"转型升级。在地方党委政府领导下，精准落实贯穿农产品种植、生产、加工、流通、消费各环节的税惠政策，引导有条件的乡村企业补链、延链、强链，形成完整产业链，提升农产品附加值，培育税源。利用税收大数据破解涉农税收征管难题，提升精细服务、精准监管、严格执法能力。在精细服务方面，通过税收大数据筛选出符合减税降费政策的涉农企业、小微企业等，第一时间推送属地税务部门，及时给予企业税收辅导，帮助其办理税收优惠业务；在精准监管方面，探索采用差异化管理的方式，利用税收大数据平台对涉农企业执行分级分类管理，对一类企业强调需求服务，对二类企业突出纳税辅导，对三类企业采取风险评估，对四类企业强化重点监管；在精确执法方面，利用"智慧税务"的数据资源，筛查涉税风险疑点，营造公平公正的税收环境。

（作者单位：国家税务总局镇江市税务局、江苏省镇江市国际税收研究会）

发挥税收职能作用促进共同富裕对策研究

耿 韬 刘 全

一、推进共同富裕遇到的瓶颈

近年来,财税体制改革加快推进,税务部门被赋予了更重要的职能,税收的作用深度融入经济、社会、生态、文化等各领域,为高质量发展注入了新动能。税收作为国家治理、宏观调控的重要工具,在收入分配中扮演着关键角色,但对标共同富裕更高愿景和目标,税收在推动共同富裕,妥善处理好效率和公平关系上,仍面临较多现实问题。

(一)共同富裕的经济基础需夯实

改革开放以来,我国经济基础不断夯实,经济规模越做越大,发展韧劲越来越强,取得了万众瞩目的辉煌成就。随着形势变化,我国经济步入高质量发展新阶段。发展是第一要务,实现共同富裕不仅要放眼长远、高位谋划,而且要立足当下、结合实际,用好用足税费政策,扩大经济总规模,提升经济质量。受三次产业结构影响,湖南省产业税收贡献度不高,2021年税收收入占地区生产总值9.79%,低于全国平均水平,见表1。

表1 2021年国内(地区)生产总值和税收情况

地区	GDP/地区生产总值/亿元	税收收入/亿元	税收占比
全国	1143669.7	172731	15.10%
湖南省	46063.09	4507.29	9.79%
湘潭市	2548.35	182.03	7.14%

数据来源:国家统计局、湖南省统计局网站以及全省收入分析

目前,新的组合式减税降费政策优惠整体上向小规模纳税人倾斜,在实地调查中我们发现,较多增值税一般纳税人反映,随着大宗商品价格上涨、能源价格提高,企业生产和运输成本持续上升。发展不景气时期,增值税一般纳税人的"阵痛"感更强。从发展优势看,湘潭作为老工业城市,区位空间和产业结构受限。湘钢、湘电等传统制造业比较优势不明显,发展动能需加快重构。新兴产业和高新技术企业较多往长沙、株洲集聚,区域间发展不平衡较为突出。

(二)税收调节收入分配力度需加强

公开的数据显示,我国基尼系数常年处于较高位置,保持0.46以上,居民收入差距较大,如图1所示。2021年,我国基尼系数为0.466,虽低于第一大经济体美国基尼系数0.494,但

收入分配不均衡的问题仍值得密切关注。

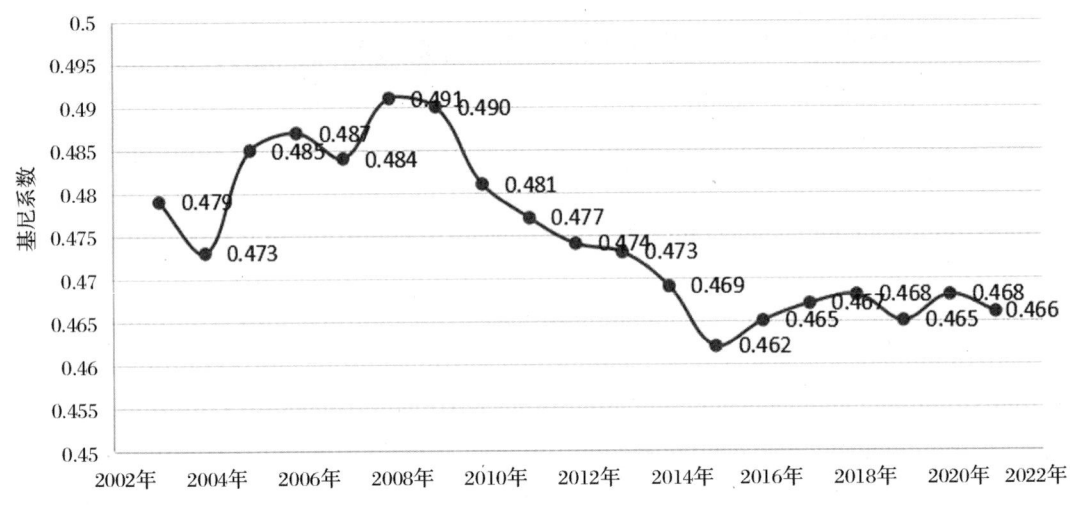

图 1 2002—2020 年我国基尼系数

数据来源：根据《国家统计年鉴》及公开数据整理

（三）支持第三次分配的税收政策落地需优化

第三次分配主要依靠慈善机构和社会力量来实现。国家为了鼓励慈善事业发展，出台了一系列优惠政策，如公益性捐赠在利润总额12%以内准予在企业所得税税前扣除，超过部分可在三年内结转扣除；法律规定的个人公益性捐赠准予在30%以内扣除。针对疫情防控和精准脱贫，也相应制定了阶段性优惠政策。在调研中我们发现，部分慈善组织机构管理制度不够健全，在信息公开方面不够透明，公众的信任度不高，财税专业人才缺乏，对税收优惠政策了解不全面，从而影响优惠政策的红利释放。有的企业反映企业所得税前捐赠扣除的比例偏低，有的个人认为捐赠扣除办理手续烦琐，捐赠后未申报税前扣除，政策激励效果和引导作用不明显。

（四）税收服务城乡融合协调发展需深化

国家统计年鉴数据显示，全国居民人均可支配收入实现稳步增长，从2013年的18310.8元提高到2021年的35128元。全国城乡收入比自2012年起呈现下降趋势，如图2所示。2021年，湖南省人均可支配收入创历史新高，达到31993元。其中城镇居民人均可支配收入为44866元，农村居民人均可支配收入18295元，城乡收入比2.45，略低于全国平均水平。由此可见，随着收入分配机制的日渐成熟，城乡收入差距正在逐步减小，见表2。

表2 2021年全国及湖南省居民收入情况

区域	居民人均可支配收入/元	城市居民人均可支配收入/元	农村居民人均可支配收入/元	城乡收入比
全国	35128	47412	18931	2.5
湖南省	31993	44866	18295	2.45

数据来源：根据《国家统计年鉴》、湖南省统计局网站以及公开信息整理

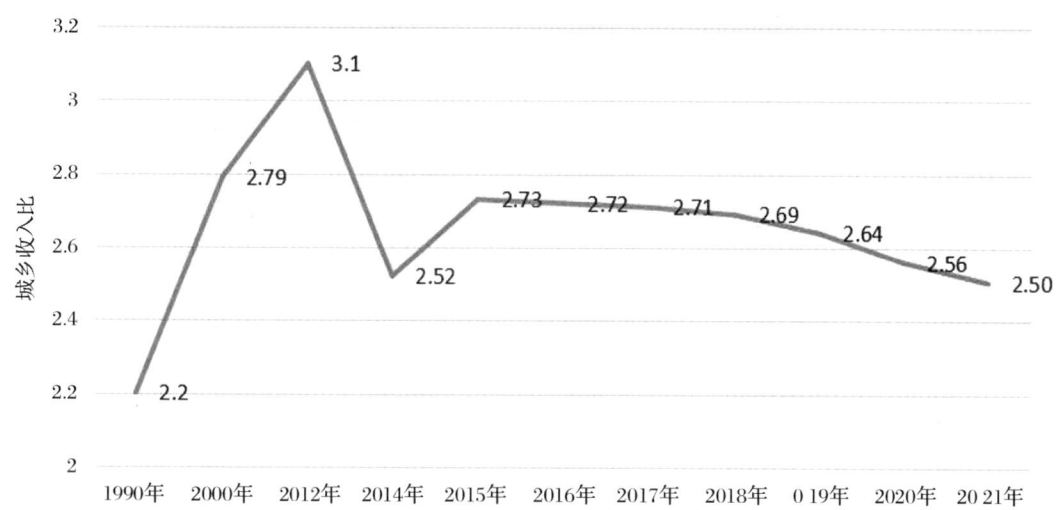

图2 全国城乡收入比

农村是改革发展任务最艰巨、最繁重的地方，实现共同富裕必然要贯彻新发展理念，加快实施乡村振兴战略。乡村振兴的工作范围更广、战线更长、难度更大，税务部门当以强烈政治担当，落实《支持乡村振兴税费优惠政策指引》优惠政策，深入调研湖南省实际情况，聚焦农业、农村、农民问题，做好长效制度设计，优化涉农领域的税费优惠政策体系。重点关注老少边穷地区，在争取国家层面政策优惠、地方税费减免上下功夫，围绕具湖南特色的兴农产业提前做好政策储备，进一步缩小城乡差距。

二、促进共同富裕的对策建议

（一）稳住根基，做大做优经济蛋糕

立足新坐标，找准税收工作定位。以创新理论思想为航标，聚焦税收主责主业，高质量服务经济社会发展。当前，经济挑战超越预期，坚决落实稳经济一揽子政策，特别是新的组合式减税降费政策，"减免缓退"多政策协同发力，巩固经济回稳向上基础。简化办税流程，优先为小微企业办理留抵退税，落实新出台的《促进个体工商户发展条例》各项举措，精准为市场主体纾困解难。从快从准释放政策红利，减到位、帮到位、扶到位，保住市场主体，为稳就业提供支持。重点关注制造业和科创企业，适度提高研发费用加计扣除比例，助力基础研究和科技创新，提高发展"含新量"。有针对性地进行跟踪辅导，用减税缓税的"时间"换取升级发

展的"空间",支持企业发展转型,壮大新兴朝阳产业。立足湖南省情办好湖南自己的事,加强区域协调发展。支持"长株潭"融城战略,促进平台共享、产业共融,重塑湘潭钢铁、军工、机电设备制造、汽车制造等产业优势,激活数字经济"引擎",加快布局新兴产业链,培塑涵养新税源,开辟更具影响力的新赛道。

(二)优化税制,多策联动科学分配

持续优化税收营商环境,优化增值税、消费税制度,促进各要素自由流通和全国统一市场的形成。二次分配更加注重公平,以稳中求进、步步进阶的方式完善与高质量发展相适应的现代化税制,巩固所得税主体地位,提高直接税的比重。突出个人所得税的累进性,逐步将财产性所得、资本性收益纳入综合所得,规范分配秩序,加强高收入人群的税收征管。考虑物价上涨及工资增长因素,完善起征点浮动调整机制,扩大各档级距,降低工薪人员税收负担。优化专项附加扣除项目,对大病医疗超出金额准予跨年度抵扣,保障基本民生。对三岁以下婴幼儿照护费实行递增式扣除,降低生育成本,扩大中等收入群体。稳步推进房产税改革,扩大财产税税基,调整消费税征收范围,抑制高消费行为。完善多税组合、多策协同的绿色税制,拉动绿色消费,提高"含绿量"。延长车购税阶段性减免期限,促进新能源汽车消费,发挥税收政策杠杆作用,提升百姓生活品质。

(三)服务大局,缩小城乡收入差距

既积极融入国家重大发展战略,又靠前服务地方发展。支持创新创业,减小中小微企业税收负担,鼓励劳动致富。健全农业农村扶持政策,支持经济落后地区产业发展,如扩大农产品进项税额核定扣除范围。主动服务乡村振兴战略,构建税政企多方联动联建机制,强化联点帮扶举措,优化帮扶方式。支持产业振兴,帮助当地特色农产品"走出去",共建共绘美好乡村蓝图。厚植绿色理念,探索"红色、绿色、古色"融合发展道路,以旅游发展大会为平台,整合利用湖南文化旅游资源。注重乡土文化保护,对乡村少数民族文化产品实行低税率,促进乡村文旅融合发展,打造共同致富样本。树牢"税费皆重"新理念,构建税费协同服务民生机制,完善城乡居民社保费制度,扩大参保覆盖面,实现全民覆盖,逐步提高政府补贴标准,进一步谋求民生福祉。规范残保金、教育两费等非税收入的征收,为民生事业提供经费保障。发挥非税收入的政策灵活性和针对性的作用,抑制负外部性,促进公共服务均等化,提高人民群众改革获得感和幸福感。

(四)积极宣传,引导慈善事业健康发展

完善支持公益事业税收政策制度和机制。适度提高捐赠的税前扣除比例,延长大额的捐赠行为结转时限,鼓励社会和个人积极参与公益捐赠活动。与民政、财政等部门深化协作,促进慈善机构专业化、规范化管理,提高信息公开的透明度,增强社会互信,形成有利于公益事业发展的良好氛围。加强慈善事业税收政策宣传力度,明确支持慈善事业发展的税收指引,强化捐赠税收政策的辅导,精简捐赠业务办理流程,确保优惠政策落地落细,以优质服务、高效管理构建财富和收入分配的新格局。

(五)依法治税,严厉惩处税收违法行为

深化税收征管体制改革,以智慧税务建设为契机,提高"以数治税"能力和水平。完善对高收入群体的税收监管机制,健全数字经济征管体系,堵塞征管漏洞。健全税收精诚共治格局,提高与工商、公安、海关、人民银行和金融机构的合作层级,实现数据互联、信息互通,

全方位掌握纳税人收入和经营情况。加强税收稽查力度，推动跨区域联合执法，严厉打击网络服务平台、电商直播从业人员、文娱行业等高薪人群隐匿收入偷税漏税行为，惩处获得非法收入行为，提高税收执法刚性和税收遵从度，为共同富裕营造公平正义的法治环境。

（作者单位：国家税务总局湘潭市雨湖区税务局）

构建我国绿色税收体系的研究探讨
——基于浙江省宁波市绿色税收体系分析

潘一伦

"十四五"是实现我国碳排放碳达峰的关键期,是推动经济高质量发展和生态环境质量持续改善的攻坚期。党的二十大报告指出,我们坚持绿水青山就是金山银山的理念,坚持山水林田湖草沙一体化保护和系统治理,全方位、全地域、全过程加强生态环境保护,生态文明制度体系更加健全,污染防治攻坚向纵深推进,绿色、循环、低碳发展迈出坚实步伐。当前,我国生态环境保护结构性、根源性、趋势性压力总体上尚未根本缓解,重点区域、重点行业污染问题仍然突出,实现碳达峰、碳中和任务艰巨,更需要绿色税收政策的有力支持与保障。因此,探索建立科学完善的绿色税收体系,更好发挥税收职能作用,对可持续经济发展有着重要意义。

一、绿色税收体系

(一)绿色税收的概念

绿色税收,也称为环境税收、生态税、绿色税,是 20 世纪末兴起的概念。在荷兰出版的《IBFD 国际税收术语》中,它首次被界定:是给予参与污染预防项目的纳税人的税收减免或以排放污染物的行为为征税对象所征收的税。狭义的绿色税收是指环境保护税,即为减少环境污染而对造成环境污染行为的企业或个人所特设的税种。广义的绿色税收则包括了为改善自然环境、提高资源利用率、协调环境资源与社会发展之间的关系而采取的各种税收政策总和。

(二)宁波市绿色税收体系现状

1. 绿色税收渐成体系

我国已形成税收优惠与税收限制"双向用力",资源开采消耗、污染排放、循环利用和进出口政策"多环相扣",环境保护税、资源税、耕地占用税、车船税、车辆购置税等绿色税种和绿色税收优惠政策相配合的"多税共治"。"独立税种调节+税制要素引导+税收政策辅助"的绿色税制体系,充分体现了国家兼顾经济发展和环境保护的重要布局。如图 1 所示,目前实施的绿色税收根据征收对象及执行效果,可以分为三类:一是环境保护税,属事后干预型绿色税收。二是其他绿色税种,包括资源占用型和行为引导型两种。三是绿色税收优惠政策。

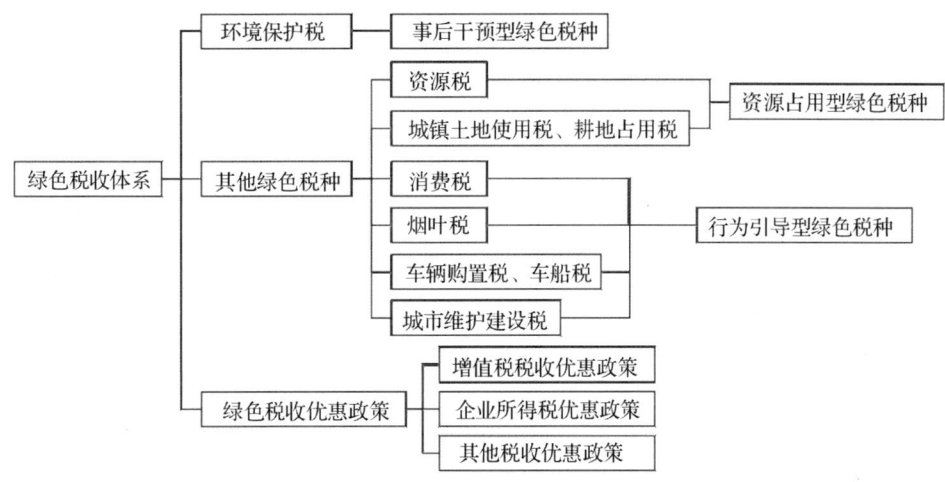

图 1 我国绿色税收体系构成

2.征收规模

（1）环境保护税。因环境保护税按照"税负平移"原则由原排污费改动而来，自 2018 年正式开始实行。收入规模保持平稳，在宁波税收收入中占比较小，见表 1。

表 1 宁波市环境保护税征收额及占比

年份	环境保护税收入/亿元	宁波市税收收入/亿元	环境保护税收入占宁波税收收入比重
2018 年	0.41	3217.11	0.129‰
2019 年	0.59	3213.76	0.185‰
2020 年	0.54	3140.43	0.171‰

（2）其他绿色相关税种。资源占用型绿色税收包括资源税、城镇土地使用税和耕地占用税。根据图 2 可知，资源占用型税收整体呈增长趋势，仅在 2017 年出现过一次大幅下降。其

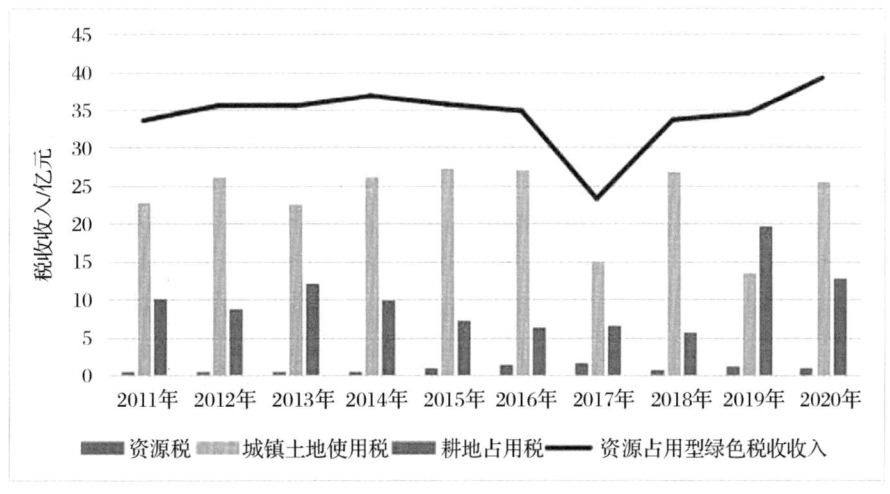

图 2 2011—2020 年宁波市资源占用型绿色税收情况

中，征收额最大的是城镇土地使用税，在 2020 年达 25.42 亿元。其次是耕地占用税，近年来波动不断，在 2013 年达 12.27 亿元后便逐渐下降，而在 2019 年出现了一个大幅上升。而资源税没有较大的波动，这与经济高速增长的发展事实不相符合，间接说明宁波市要加强对资源税的管理，减少资源损耗，避免资源不必要浪费。

行为引导型绿色税收：如图 3 所示，消费税发挥着重要作用，2020 年达 333.42 亿元，占宁波市绿色税收总额 10.62%；城市维护建设税，从 56 亿元增加至 88 亿元，这背后是宁波市增值税和消费税的增长；车船税从 2011 年的 3.2 亿元增加至 2020 年的 9.7 亿元，增幅也较大。

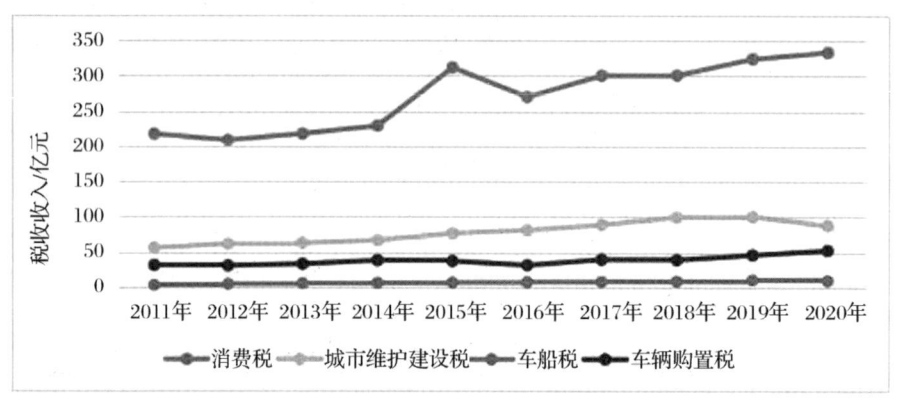

图 3　2011—2020 年宁波市行为引导型绿色税收情况

3. 税收绿化度

税收绿化度是指税收体系中体现对环境改善和促进资源节约的税收性质的程度，在指标上沿用了 OECD 国家的方法，即用绿色税收收入占税收收入总额的比例来表示现行税制的绿化程度。税收绿化度＝广义绿色税收收入/税收收入，具体见表 2。

表 2　2010—2020 年宁波广义绿色税收绿化度

项目	2010 年	2011 年	2012 年	2013 年	2014 年	2015 年	2016 年	2017 年	2018 年	2019 年
广义绿色税收/亿元	342.38	341.76	355.73	377.85	469.28	427.10	461.74	482.70	516.83	523.86
税收绿化度	16.39%	15.18%	15.26%	15.62%	19.44%	17.70%	16.23%	15.00%	16.08%	16.68%

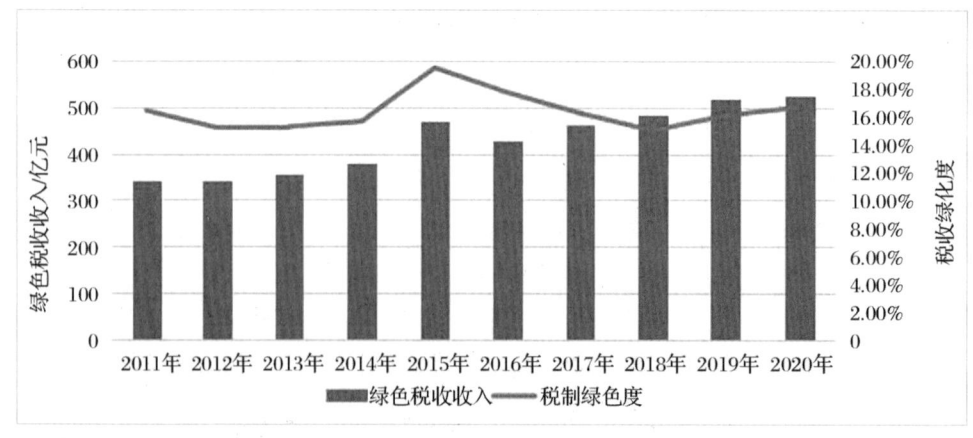

图 4　2011—2020 年宁波税收绿化度变化情况

由图 4 所示，宁波市 2010—2020 年税收绿化度为 15%～17%，在 2015—2018 年有所回落，2018 年环境保护税开征后逐步上升。

二、绿色税收体系存在的问题

（一）现行税制体系设计理念没有把环境保护作为重要内容

目前，我国税制体系的设计理念主要是增加财政收入、发展地区经济及调节收入水平，对构建低碳绿色社会、促进环境保护的目标导向缺乏系统考虑，甚至部分税收政策的实施抵消了低碳绿色税收的功能。

（二）碳税缺位

碳税直接通过燃料中碳含量来计算最终的污染物总量，计算简便精确且征税成本较低，是国家控制二氧化碳排放，实现绿色循环、节能环保的有效手段。目前，我国尚未单独针对二氧化碳排放量征税，在环境保护税中也没有设置针对碳排放的税目，仅仅在消费税中对成品油进行征税，未对天然气、煤炭等"碳排放大户"征税。

（三）绿色税收主体税种作用缺失

作为主体税种，环境保护税对鼓励企业治理污染、筹集环境损害修复资金起到积极作用，但存在征收范围有限、税负过低的情况。比如，环境保护税主要对固体废物、水污染物、大气污染物和工业噪声四类污染征税，然而生产过程中实际存在的污染物种类远超这四类。同时，相比于排污处理所产生的费用，环境保护税税负更低，企业对节能减排缺乏积极性。

（四）税率水平不一造成税收洼地和环境破口

笔者整理了我国各省市自治区大气污染物、水污染物的税额标准，京津冀地区对大气污染物和水污染物的适用税额明显高于其他地区，处于第一梯队；上海、江苏、河南、河北的部分地区处于第二梯队；山东、浙江、福建、湖北、山西等 13 省份均依照自身经济情况和环境承受能力适当调高了税率；其余的吉林、辽宁、江西、甘肃等 12 省则完全按照法定最低税率进行征收。

各省市自治区环境保护税税率的不同，容易造成两个问题：一是造成税收洼地。理性的企业会倾向于前往低税率地区，以获得最大的经济收益，但受限于自然资源禀赋、生产配套设施，在部分低税率地区开展同样工艺和规模的生产行为，可能对环境造成更大污染。二是造成环境破口。给予各省市自治区高度的定税权，可能会导致部分地方官员为了政绩，人为降低环境保护税税率，以吸引部分高污染、高耗能但具备高经济收益的产业。

（五）"费改税"完全平移

从抑制经济在环境上的负外部性考虑，理想的环境保护税税率应当略高于纳税人的边际减排成本，从而使得理性的纳税人更倾向于控制污染。

表3 排污费和环境保护税品目对比一览

类别	排污费	环境保护税	税负变化
水污染物	0.7元/污染当量	1.4～14元/污染当量	增加
大气污染物	0.6元/污染当量	1.2～12元/污染当量	增加
尾矿	5元/吨	5元/吨	不变

续表

类别	排污费		环境保护税		税负变化
煤矸石	15元/吨		15元/吨		不变
危险废物	1000元/吨		1000元/吨		不变
冶炼渣、粉煤灰、炉渣、其他固体废物	30元/吨（粉煤灰25元/吨）		25元/吨		基本减少
工业噪声	大于1分贝	350元/月			不变
	大于2分贝	440元/月	1~3分贝	350元/月	减少
	大于3分贝	550元/月			减少
	大于4分贝	7000元/月			不变
	大于5分贝	880元/月	4~6分贝	700元/月	减少
	大于6分贝	1100元/月			减少
	大于7分贝	14000元/月			不变
	大于8分贝	1760元/月	7~9分贝	1400元/月	减少
	大于9分贝	2200元/月			减少
	大于10分贝	2800元/月			不变
	大于11分贝	3520元/月	10~12分贝	2800元/月	减少
	大于12分贝	4400元/月			减少
	大于13分贝	5600元/月			不变
	大于14分贝	7040元/月	13~15分贝	5600元/月	减少
	大于15分贝	8800元/月			减少
	16分贝及以上	11200元/月	16分贝及以上	11200元/月	不变

从表3可以看出，对于完全平移排污费税目的环境保护税来说，"费改税"虽有助于节约改革成本，但也使得环境保护税税率过低，影响了环境保护税节能减排的作用。

三、优化绿色税收经济体系的建议

（一）加快政策体系建设

完善的绿色税收体系，必须兼顾多个税种相配合、课税与收费相补充、差别化税率相协调。我们应通过加大节能减排税收优惠力度，扩大优惠政策适用范围，科学合理地进行体系创新、环节创新、征管创新、支出创新来引导和推动制度创新、市场创新、方式创新、技术创新，从而引导企业实现节能减排目标、创造低碳经济。我国东西部区域经济发展程度差异较大，东北、西南地区发展又各具特色，可以因地制宜制定区域差异化低碳税收政策，也可以选择部分低碳形势发展比较严峻的地区先行试点。

（二）加强税费政策调控力度

在碳达峰、碳中和目标下，我国对碳减排的要求不断提高，为进一步发挥低碳税制的调控作用，部分专家认为应选择适当时机、逐步开征碳税。第一种方案是结合国际上实施碳税国家的经验与我国现状，以能源矿产资源税和成品油消费税为基础，以化石能源含碳量的高低为标准，进行碳税改造。第二种方案是从碳达峰、碳中和的目标考虑，针对碳排放设计碳税，既可以减少社会各界能源消耗，也可以促进碳捕捉设备开发与引进、碳减排技术改进与创新。但无论是哪一种方案，其最大的障碍来自新设税种的社会反响、立法难度和时间长短。在我国现有的税收体系中，环境保护税与碳税的原理相近，建议采用融合型碳税方案，基于现有税费种类增加税目、提高税率和实施税收优惠政策，减少前期征管阻碍，加速落地进程。

（三）加大税收优惠力度

通过低碳技术研发投入税前加计扣除和税收减免、环保专用设备购置投资抵免和加速折旧、重大技术装备进口采用投资抵免和再投资退税等方式，以多样化的税收优惠形式鼓励高新低碳技术的研究、开发、转让、引进，降低低碳技术开发成本，突破目前低碳领域关键技术匮乏、产业链创新能力不足、碳捕获和利用与封存技术研发资金不充裕等困境。

（四）加大产业结构转型升级税收优惠力度

要抓住调整产业结构、优化产能布局这个工业领域碳减排工作的关键，要抓住碳排放所具有明显的地域性、东西不平衡、南北差异大的特点，推动部分有能力的过剩产业向高端、绿色产业转型，减少高排放、重污染企业占比，优化产业结构。为此，我们可以采取激励性和约束性的政策促进工业领域低碳发展。在约束性政策方面，针对工业领域的节能减排，以扩大调节范围、增加调节力度、加大惩罚力度为主要方向，在适当的时机，将碳排放纳入环境税收体系的征税范围。在激励性政策方面，要注重税收与财政、金融、价格等政策的融合，对低碳工艺和循环利用资源的行为，提供增值税即征即退、财政补贴等鼓励性税费优惠政策。要适应本区域的特点，定制特色化的财税方案，东、中、西部地区协同推进，避免国内区域"碳转移"。

（作者单位：国家税务总局慈溪市税务局）

关于我国开征"碳税"的几点思考

邓文英

一、全国碳排放和碳定价基本情况

（一）碳排放总量增长，结构有所固化

一是排放总量持续增长。2017—2019 年全国碳排放受经济高增长影响，总量上升至 1025670 万吨，单位产值排放量下降至 1.25 吨/万元。二是排放结构变化不大。2019 年，全国工业领域仍为主要碳排放源，占当年碳排量总量的半数以上；再加上生活消费和交通运输、仓储和邮政业，合计占当年总排放量的近 90%。

（二）碳交易覆盖范围有限，交易机制仍未健全

一是碳交易覆盖度低。2020 年，全国七大碳交易所和四川省联合环境交易所碳排放合计成交量为 4340 万吨，仅占上年全国碳排放总量的 0.42%。二是碳定价偏低。2020 年，全国七大碳交易所碳成交均价为 29.2 元/吨，低于《巴黎协定》目标所需价格水平。

（三）减碳税收政策分散，缺乏统筹协调

一是涉及税种众多。鼓励碳减排的税收政策较多，主要涉及企业所得税、增值税、消费税、环保税等 11 个税种。二是尚未形成系统性税收体系。低碳税收政策以优惠为主，分散于科技创新环节、生产环节、制造开发环节、流通消费环节、排放环节等，相关政策效果缺乏数据评估，尚未针对碳排放量构建直接的税收关系。

二、碳税潜在开征模式 SWOT 分析

借鉴国际经验，我国开征碳税主要有两种模式可供选择：第一种模式是改造相关税种成为名义碳税，第二种模式是改造环境保护税征收实质碳税。

（一）改造相关税种成为名义碳税

1. 优势

在化石能源开采和销售环节，我国目前存在资源税、消费税和增值税。一是从立法层面来言。资源税和消费税在立法过程中充分考虑了环境保护的税收功能，且资源税、消费税和碳交易不存在重复计征的问题。二是从征收对象来看。与碳排放相关的消费税主要覆盖成品油和机动车相关使用群体，而煤炭和原油在开采环节征收资源税。三是从征管成本而言。以消费税为例，消费税中机动车和成品油测算二氧化碳较为简便，通过机动车的气缸容量、尾气中的碳含量可以估算出碳排放量；成品油根据种类分配对应的碳含量也可以计算碳排放量。四是税收性质和相对占比。以消费税为例，消费税属于中央税种，便于跨区域使用和安排。根据 2020 年碳交易均价和覆盖年度 50% 碳排放量测算碳税税负，碳税占消费税总额的 11.92%，将成为消

费税重要组成部分。

2. 劣势

通过改造其他相关税种使其成为名义碳税存在三大主要弊端。一是减排的调控目标很难实现。因开采和销售化石能源有较高的税负，建议采用税负平移的方式，但这样就难以利用税收手段倒逼纳税人改变经济行为，进而实现碳减排。二是调控目标不够精准。对化石能源开征碳税，但化石能源在开采和销售环节并不能判断是否在后续加工生产中产生并对外排放二氧化碳。三是会弱化其他税种的调控功能。因不同的税种有不同的立法目的和调控功能，进行税种改造将弱化这些税种的调控功能。

（二）改造环境保护税征收实质碳税

1. 优势

一是从立法层面而言。在现有环境保护税中增设"二氧化碳"税目，既覆盖所有化石能源，又满足生态环境主管部门对"二氧化碳"减排监管的需要。因此，和改造其他税种相比，改造难度更低，也更符合双碳目标。二是从征收对象而言。环保税的纳税人是直接向环境排放应税污染物的企事业单位和其他生产经营者，即不包括消费者个人和家庭，但基本覆盖化石能源使用场景。因此，改造环保税后，其覆盖范围也基本符合碳税开征的目标要求。三是从征管成本而言。当前环保税计税主要依据排放物当量，而且有多种计算方法，征管成本相对较高。

2. 劣势

目前，通过改造环境保护税征收实质碳税主要存在两个问题：一是部分环境保护税纳税人税负将有较大增长，企业经营成本有所增加；二是需要大量的其他配套政策来保障宏观税负不增加，否则短期将对经济社会发展带来一定的冲击。

（三）两种潜在开征方式的比较

从立法难度、覆盖范围、征管成本、税种占比、税收性质来看，改造消费税和改造环境保护税都各有特点，碳税开征两种模式比较分析，见表1。

表1 碳税开征两种模式比较分析

项目	改造消费税	改造环境保护税
立法难度	适中	适中
覆盖范围	偏低	较大
征管成本	偏低	适中
碳税在税种中占比	偏低	较大
税收性质	中央税	地方税
推荐程度	一般	推荐

在现有情况下，笔者建议采用第二种方案，即通过改造环境保护税征收实质碳税。该方案更符合我国的国情，更有利于我国"双碳"目标的实现。

三、关于开征碳税的几点建议

（一）明确碳税"中性原则"

在保持我国宏观税负稳定的前提下开征碳税，尽可能降低碳税对经济社会发展的影响。征收碳税不能作为增加财政收入的手段，开征碳税的目的是通过增加使用化石燃料且对外排放二氧化碳这一行为的税负来提高碳排放成本，从而使企业相机决策减少二氧化碳排放。使用化石能源的行业主要集中在能源和工业方面，这些行业与国民经济的关联度高，征收碳税必然会改变现有的供给和需求关系，进而对宏观经济造成一定的影响。因此，在开征碳税时必须统筹这些行业现有的税收政策，避免碳税增加引起宏观经济不稳定。

（二）分阶段调整征收范围

我国要在短时间内实现碳达峰、碳中和，应同时采取碳交易和碳税两种政策手段。具体到碳达峰、碳中和阶段，可以差异化地调整征收范围。在碳达峰阶段，要对纳入碳交易体系的行业征收碳税，通过税收手段减少二氧化碳排放，进而降低峰值，为后续的碳中和阶段创造条件。而在碳中和阶段，随着碳交易市场机制的完善，再逐步将纳入碳交易体系的行业排除在碳税的征收范围之外，仅当在碳交易价格过低时，在碳交易价格基础上加征碳税，通过价格机制约束二氧化碳排放行为。

（三）采用简易计税方式

为降低企业的监测成本和税务机关的征管成本，建议所有纳税人，无论是否对排放二氧化碳不采取在线监测和监督性监测，均不分行业，也不考虑各种特殊因素，仅以化石能源消耗量、化石能源中的含碳量和排放系数来计算合理计算二氧化碳排放量和应纳碳税额。相关部门要根据技术发展建立排放系数动态调整机制。这种简易计税方式能降低企业核定碳排放量的成本，同时使税收征管成本也相应降低。

（四）合理设定税率

我国作为发展中国家，发展仍是第一要务，因而碳税税率设置也需要分步施行。实施初期，可在碳交易的重点行业开征碳税，但要制定低税率，在减少对企业和居民带来的冲击同时利用税收的调控手段，降低"碳达峰"峰值，为"碳中和"阶段创造条件；公布未来的调整计划，形成稳定预期，引导纳税人在前期没有较重税负时，主动采取减排措施，有一段较长的缓冲期；逐步提高税率和覆盖面，定期设置减排目标。

（五）配套税收优惠体系

在碳税开征的初期，为了避免对经济社会造成太大的影响，应推出一系列的减免政策。一是参照国际做法，针对碳税应出台一些优惠政策。比如，对于能源密集型行业给予优惠，如对国际航空航运，公共交通，以及电力和热力生产行业等。二是统筹其他税费种出台一些优惠政策。比如，加大对可替代的清洁能源的税收优惠力度，增强清洁能源的市场竞争力。随着碳税的发展，为了实现其减碳目标，必然会缩减保护性优惠范围，但同时也会给予强化碳减排、碳补偿措施的纳税人更多的税收优惠。

（作者单位：国家税务总局四川省税务局）

关于商贸物流行业税收发展情况的思考

陈鹏宇 刘 颖 邓清华

商贸物流行业属于多产业融合的复合型服务业，是保障经济循环畅通的关键，对促进经济社会发展具有重要作用。大力发展现代商贸物流产业，有助于提升地区整体配套服务水平，有利于促进生产、引导消费、推动经济结构调整和经济增长方式转变。商贸物流业高质量发展，对该行业税收贡献具有重要影响。为更好促进安次区现代商贸物流行业发展，安次区局通过深入企业实地调研，综合分析当前商贸物流行业发展现状，按项目测算未来税收收入和公财收入前景，并针对性研提相关对策和建议。

一、安次区物流和商贸行业基本情况

安次区现有商贸物流产业项目9个，总投资额约64亿元，其中已投运项目5个、在建项目4个，见表1。在物流业方面，有廊坊智能供应链物流园（已投入使用）、凯雷中驰车福华北运营中心（已投入使用）、普洛斯廊坊仓储中心（已投入使用）、英大商务华北区运营中心（建设中）、泉安金融物流园（建设中）、韵达北方总部一期（部分建成）6个项目；在商贸业方面，有安次万达广场（已正常营业）、红星美凯龙家居生活广场（已正常营业）、廊坊览秀城商业综合体（建设中）三个项目。但综合考虑占地、投资、规模、租金等复杂因素，按照项目满负荷运营10年时间所产生的税收收入和公财收入通过分项目测算发现，现有商贸物流产业项目营收形势和可实现的税收收入形势仍不明朗。预测10年税收收入过亿元的项目仅有3个，即年均税收收入1000万元以上的项目仅3个。

表1 安次区商贸物流产业项目税收预测表

序号	项目名称	行业类别	投资额/万元	占地面积/亩	亩均投资/万元	运营状态	税收收入合计/万元（预测10年）	公财收入合计/万元（预测10年）	亩均税收/万元
1	廊坊智能供应链物流园项目	物流	31000	150	206.7	投运	2484	2862	1.7
2	凯雷中驰车福华北运营中心	物流	69000	193.56	356.5	投运	4061	3539	2.1
3	泉安金融物流园项目	物流	46000	125	368	在建	939	1720	0.8

续表

序号	项目名称	行业类别	投资额/万元	占地面积/亩	亩均投资/万元	运营状态	税收收入合计/万元（预测10年）	公财收入合计/万元（预测10年）	亩均税收/万元
4	普洛斯廊坊仓储中心项目	物流	35300	282	125.2	投运	14269	9864	5.1
5	韵达北方总部一期项目	物流	100000	300	333.3	在建	18078	8606	6.0
6	英大商务华北区运营中心项目	物流	127000	232.86	545.4	在建	43092	15137	18.5
7	安次万达广场项目	商贸	30000	84	357.1	投运	1596	500	1.9
8	红星美凯龙家居生活广场项目	商贸	44250	80	553.1	投运	7107	5521	8.9
9	廊坊览秀城商业综合体项目及城市展厅项目	商贸	160000	84	1904.8	在建	−15844	3770	−18.9

注：预测10年是指按照该项目满负荷运营10年时间所产生的税收收入和公财收入（万达广场项目为原大拇指广场项目，投资额为万达补投）

二、制约商贸物流行业发展原因分析

（一）仓储企业仓库出租附加值较低

物流项目依据国民经济分类标准属于交通运输、仓储和邮政业门类下的通用仓储业，附加值高。但实际经营业务为仓库出租，属于房地产门类下的房地产经营租赁业。仓库出租附加值远低于仓储服务及相关物流辅助服务，营收、利润均较低。

（二）仓储项目招商困难

一是现有工业企业整体仓储需求较小，且大部分能够自给自足，对外租赁需求不足。二是物流企业、电商平台对仓储需求较大，但近年来逐步由租赁第三方仓储向自建仓储转型。例如，京东、顺丰均在全国各地建设大型仓储设施。三是未能充分融入京津冀物流产业链，安次区区位优势明显，但现有物流项目专业化程度低，仓储服务、装卸搬运、物流辅助服务等配套服务不足，未能充分衔接上下游资源。本地物流项目招商困难与环京津仓储物流用地稀缺形成明显反差。

（三）居民消费受到影响

过去三年，商贸企业受新冠疫情影响较严重，商户经营情况普遍较差，制约了出租率和平均租金的提高。受到房地产业低迷影响，家装、家具市场下滑，影响商户信心，红星美凯龙受到严重影响。

（四）税收服务手段相对欠缺

商贸物流企业往往更希望得到税务机关更多的个性化服务，以满足其不断扩大的经营规模和不断拓展的经营范围。但对于税务人员而言，要真正满足该方面的要求，除了要具备扎实的会计知识和操作技能外，还需要熟悉一定的行业知识。税务机关目前的人员数量和业务素质与这一要求还有一定的距离。

（五）基层部门大数据运用率较低

一方面，税企交流的方式较单一、渠道较狭窄，获取到的信息比较零散、滞后，不能清晰、准确地反映企业的需求，在一定程度上阻碍了纳税服务的发展；另一方面，综合治税平台利用率仍不够高，虽然可以通过动态监管平台收集庞大的数据信息，但并没有实现数据的"零门槛提取"。对于特定的涉税数据，仍然需要经过线下沟通，手工获取，增加了信息交流获取的成本，降低了工作效率。

三、商贸物流行业发展建议

（一）探索更加完善的物流配套服务

加大对现有物流项目的帮扶力度，将高标准的仓储设施作为招商引资的重要优势以及园区建设的亮点对外宣传。组建招商团队，利用省、市搭建的招商引资平台，加大上下游产业链招商力度，引进专业仓储服务、供应链管理企业进入现有物流项目。将单纯的库房租赁升级为集交通运输、物流服务、仓储服务、供应链管理一体的全链条物流产业集群，提升综合盈利水平。

（二）探索更加集约的仓储用地方式

探索园区共享仓储模式，让园区内的物流项目成为调节园区企业仓储需求的调度站。提高土地利用效率，减少企业自有地块内仓储设施占地面积。鼓励企业建设更先进的4层仓储库，提升土地利用效率。

（三）探索更加强劲的商贸企业助力措施

承租商户税收作为商业综合体整体税收的重要组成部分，应作为增收重点。协助企业优化招商，吸引品牌价值高、盈利强的商户入驻。引导企业采取集中收款统一结算的方式，提高整体收入水平。制定消费刺激政策，联合商贸企业推出消费券、购物节等活动，大力发展平台经济和"宅经济"，不断拓宽线上消费渠道，增强居民消费意愿。

（四）探索更加优质的税收服务举措

以信息化为依托，建立办税的便捷快速通道；提供预约上门服务，针对商贸物流企业开展专题税收培训班等；为正常工作时间内无法办结的重大复杂的涉税事项提供延时服务等。细化纳税服务职能，让基层管理人员集中精力从事日常程序性纳税服务工作，安排各类专业人才从事税政调研、纳税评估等工作，逐步推进纳税服务专业化。同时，加大税务干部在岗培训力度，合理推动人员岗位流动，有效盘活现有资源，激发税务人员的工作积极性和主动性。

（作者单位：国家税务总局廊坊市安次区税务局）

关于推动研发费用加计扣除政策精准落地的思考

乙 明　梁亚楠　杨 羚

研发费用加计扣除所得税优惠政策是调动企业增加研发投入、实现创新升级的重要手段，是激发创新型企业科技创新活力的政策工具。自研发费用加计扣除税收政策实施以来，全省科技创新型企业数量不断增长、产业结构不断优化，在推动地域经济发展上起到了重要作用。本文立足工作实际，分析在政策把握、具体执行中存在的问题，进而提出针对性建议。

一、研发费用加计扣除政策落实过程中存在的问题

（一）政策享受意愿有待强化

享受研发费用加计扣除政策，往往需要企业根据市场调查、结合企业自身规模确定研发活动，增加投入技术研发、人才引进等人为成本。同时，企业缺乏对科技研发创新的长远考虑，只注重产品投入市场带来的短期效益。尤其在小微优惠政策力度不断加大的前提下，企业认为研发费用加计扣除政策带来的边际效益较低，认为研发是大投入小收益，创新意识淡薄，而忽视科技创新带来的长远经济效益，从而导致享受优惠政策的积极性不高。

（二）研发活动难以准确界定

在研发费用加计扣除政策事后核实中，根据企业提供的留存备查资料难以准确确定企业项目是否为研发活动，研发成功且申请专利的研发活动更是占少数。以木材行业为例，研发立项报告为清水模板预压机自动上料工艺的研发、高密封性清水模板的研发等，单纯看立项报告，无法界定其是否属于研发活动。

（三）研发费用难以准确归集

单独核算、准确归集研发费用是企业享受加计扣除政策的前提条件。在实际运营中，对于一些尚未设立研发部门或者研发部门同时承担生产经营业务的企业，难以准确划分。例如，部分企业存在着研发投入材料领用手续不规范、人员费用超范围归集、生产与研发人员混用、研发人员在生产期间人员费用未扣除在外等问题。

（四）后续核查管理难度较大

研发费用加计扣除优惠政策对研发活动进行了定义，《企业所得税优惠事项管理目录》也对留存备查资料进行了规范。但是在核查过程中发现，部分企业对在研发过程中形成的阶段性成果、文件、进度情况等资料存在重视程度不高、归集不齐全不规范的问题。根据调查，科工部门对于企业的立项报告也仅掌握其数量，无具体立项内容，导致税务部门无法根据企业的留存资料来判断企业的研发活动、研发项目是否符合政策要求，这就导致容易产生政策享受风险。

（五）跨部门联动机制较弱

研发费用加计扣除政策的落实需要企业财务部门、政府科技部门的协调配合。目前，部门间联动机制仍然处于互相交换现有资料上，没有针对研发费用加计扣除政策形成一套完整的资

料归集、上报、审核的规范流程，造成科技部门与税务部门在研发活动和研发项目认定上存在着一定的偏差，导致税务部门在落实优惠政策上存在一定困难，产生一定涉税风险。

二、推动研发费用加计扣除政策更好落实的建议

（一）优化创新土壤，厚植科技研发能力

健全税务与地方科工部门之间的沟通协调机制，鼓励企业加强同高等院校、科研院所的信息、人才、技术全方位合作。引导企业加大在技术升级和人才资源方面的资金投入，推动企业产业升级、创新发展。牢固树立主动服务理念，以"精细服务"为着力点，精准解读研发费用加计扣除政策新变化、新举措。在纳税服务上升级、在办税流程上简化，充分调动企业享受政策的主动性，增强企业在科技创新方面的获得感。

（二）树立风险意识，实现企业健康发展

研发费用加计扣除的核算过程复杂性强、容错率低，需要进一步强化企业会计人员的风险防范意识。一方面，从人员素质入手，企业要加强会计人员培训，全面了解研发费用加计扣除政策内容，完善会计核算体系，做好资料归集，防范税收风险；另一方面，从研发活动界定入手，按照要求做好研发活动的界定工作，区分产品研发和技术研发，规范立项、申报等工作，全力解决材料准备不齐全问题。

（三）强化政策培训，拓展政策理解深度

加大对外政策培训力度，筛选辖区符合政策要求的市场主体，采取集中培训、线上辅导、"点对点"指导等方式，帮助纳税人正确享受研发费用加计扣除政策，在助力科技创新方面发挥积极作用。强化对内业务培训，组织各分局管理人员、窗口人员等参与专项业务培训。采取政策培训、实地教学两种方式，提升分局管理人员核查能力和政策辅导能力；开展纳税人端业务流程教学，提升窗口人员政策宣传辅导能力。

（四）规范财务制度，确保归集资料完备

研发费用加计扣除政策事后核查，最重要的就是留存备查资料。一方面，明确资料归集内容，联合科工、统计等相关部门开展研发费用加计扣除所需资料及办理流程指导手册的编制，并在辖区开展专项宣传，确保企业财务部门做好研发费用的确认、计量、记录和报告等工作；另一方面，做好与科工、统计等部门的工作衔接，实时掌握高新技术企业名单及有研发活动的企业名单，定期对企业上报的立项活动进行审核把关，提高各方对研发活动的判断能力，进一步加大政策落实力度，更好助力企业发展。

（五）加强数据收集，提升资料规范程度

为提升核查的规范性、高效性，可在电子税务局设置研发费用加计扣除申报信息专项模块。由享受研发费用加计扣除的企业从项目立项、实施、费用归集到申报备案等环节，自主填报相关内容，提升税务部门核查效率和精准度，规范辖区企业政策享受规范程度，防止违规享受研发费用加计扣除政策，确保税收优惠政策更精准落实到位。同时，在建立信息模块基础上，加强信息管理。定期对各企业报送信息进行整理。对在报送内容中发现的问题要及时与企业沟通并进行修正规范，提升信息管理规范程度。

（作者单位：国家税务总局文安县税务局）

关于智慧税务构建与探索的思考

——基于用户需求角度

陈 晨

2021年3月，《关于进一步深化税收征管改革的意见》提出，建成以服务纳税人缴费人为中心、以发票电子化改革为突破口、以税收大数据为驱动力的具有高集成功能、高安全性能、高应用效能的智慧税务，为智慧税务建设指明了方向。本文主要以用户需求为导向，重点列举当前基层税收实际工作中在业务信息化、业务规则化等方面遇到的不足与困境，以局领导提出的"两化、三端、四融合"为主线，针对性地提出需求构想。

一、智慧税务建设推进过程中存在的问题

（一）业务信息化过程中存在不足

业务信息化过程缺乏统一的体系架构和弹性的系统架构，存在"数据烟囱"现象。一是"系统林立"导致"信息孤岛""数据打架"。目前，应用终端层面有多个系统，各系统独立开发使得信息、技术及资源衔接出现障碍，同时还带来耦合紧、业务高峰期出现卡顿、响应慢等问题。二是征管数据质量亟待提高。完整性不足表现在与第三方涉税信息交互不足，部门间信息未应享尽享，业务流程不完整导致体外信息多等。准确性不足表现在申报等基础数据自主填报、录入过程中操作错误，不规范或故意隐匿收入，虚列支出等造成数据失真。可比性不足表现在部门间对数据缺乏统一规范的标准、格式和共享方式，给后续的对比分析等应用带来困扰。三是涉税数据不关联、不同步，未形成互联互通统一整体。不同系统并未互联互通，数据接口、类型、格式不一致。数据分散在各个系统、互联网中，进行业务处理时需要多头录入、多头查询，没有实现数据同源，无法共享共用、关联同步。

（二）业务规则化过程中存在不足

业务流程目前尚未理顺。一是智慧税务大脑未成型，决策研判能力不足。对于涉税数据的应用仍在浅层次，对涉税数据的管理储存、增值利用、深度挖掘和决策支持能力亟须提高。应当探索基于规则引擎，探索用分析能力强、自我学习能力强的智慧大脑替代人工判断，实现智能化开端。二是业务规则引擎未建立，业务需求落地难。规则硬编码到程序内部，更改需要编码和部署，但税费政策、业务流程种类多变化多，导致不断地升级且上线流程需要花费较长时间。如果建立业务规则引擎，允许非程序员添加或更改业务逻辑，能够在税费业务发生变化时重新加载规则，无需重新部署便可应用，能够降低时间成本。三是数据分析指标未成体系，监管一体化程度不高。目前，尚未建立统一的基础数据规范和数据质量指标体系，督审、征管、各税种部门自有一套指标体系，横向与纵向关联性方面还有待进一步提升。

二、进一步优化智慧税务建设的建议

(一)"自上而下"和"自下而上"相结合

一是强化"自上而下"的顶层设计。智慧税务对接国家政务服务平台建设标准,融入全国政务数字化改革大局,实现"整体智治"。建立对应的"四梁八柱",即详细的顶层规划,包括理论依据、工作体系和制度规范等,还有实施主体、路径和标准。完善配套的法律法规,建立税收数据制度体系,制定税务系统信息化建设标准,清晰界定数据产权,制定基础数据规范,推进改革一体化、规范化。二是注重"自下而上"的基层探索。将"智慧税务"化整为零,最大限度激发社会各界主观能动性和创造性,最大限度满足纳税人缴费人和税务人的个性化用户需求。鼓励基层创新实验室基于总局标准格式的小场景小切口应用探索,鼓励社会协税互税力量在税务部门共性建设的基础上,通过开放的 API 接口进行个性化需求接入。税务总局通过严格的审核机制把关,成熟一个推广一个,形成顶层与基层的双向互动、双向赋能,实现智慧税务生态体系的循环给予。

(二)两化:数字化升级和智能化改造

在数字化升级方面,一是推进业务信息化。不断将涉税信息、业务流程、规则制度等完整纳入,逐步实现规范化、体系化、标准化和数据化。在此基础上,推进数据内外、线上线下有机贯通,数据同源维护、实时汇聚、有效打破"信息孤岛"。二是推进业务规则化。从各类文件、规范、指引中提炼业务数据要素和处理规则,再造业务流程,探索关键业务智能审批。探索对不同类型办税主体和业务应用"数据+规则"双驱动、"信用+风险"双体系,实现"办理时限、流转环节、报送资料"等方面分类分级差异化管理和服务。

在智能化改造方面,不断借助人工智能、大数据、云计算等技术单独或组合对税务系统进行智能化升级。比如,5G 技术应用下的虚拟空间能够提供极具现场感的税费服务,交互方式更加立体和多元化,缩小线上与线下管理服务之间的体验差距。在区块链技术应用下,利用其自动触发、自主执行和可追溯性特点,扩大智能合约适用范围。在人工智能技术应用下,不断迭代升级"税务大脑",使其具有"三融五跨"的思考、分析、学习、判断能力,实现对人和事的智慧管理。

(三)三端:纳税人端、税务人端、决策人端

纳税人缴费人端服务平台。一是通过办税中心实现一户式归集涉税信息、一站式智慧办税。以实名办税、网络可信认证体系为依托,统一身份认证机制,系统自动根据用户身份属性定制、提供相应的服务功能。办税方式从预填式、引导式申报向"数据预填、要素申报、业务联办"转变,实现"数字化、场景化、智能化"办税。它可基于用户使用习惯和标签体系,通过"服务提醒""猜你需要""常用功能"等功能,提供日益完善的个性化服务,提前提供可能需要的关联政策和服务。二是通过体检中心实现自我评价、自动预警、自我纠错。税务数字账户归集全生命周期税务信息,汇总展示涉税信息和行为轨迹,为政策精准推送、服务自动触发提供精准辅助,引导纳税人缴费人进行自检、自评和自纠。三是通过互动中心实现一键检索、精准推送、智能应答。纳税人缴费人自愿公开共享的涉税咨询问题汇入知识库,强化检索功能,"标签化"归集归类政策、问答、需求等内容。设置人工智能应答助手,将海量纳税人缴费人咨询内容进行分类提炼,实时多语种人机互动、图文、音视频多媒体互动,综合用户情绪,24 小时拟人响应、自动答复。

税务人端工作平台。一是通过应用中心实现系统集成，认证用户单点登录。整合现有的各类信息系统，实现面向税务人的应用一端集成，应用中心集成各类系统应用，用户根据权限定制个性化功能列表。整合云化文档、识图等各类办公类应用软件，实现税务专网工作全过程、全流程处理。二是通过任务中心实现从业务支撑型向智能管理型转变。事项提醒、任务代办一窗展示，任务自动生成、随机派单，业务流程实时监控。通过"消息/任务提醒"功能，集成推送"党务、队伍、业务"各类事项和任务，对正在办理的在时限内对进度实时跟踪和提醒，对已办结的主动推送到税务人端。跟进办税动态，对即将逾期任务，如即将到期的委托代征协议、缓缴等可进行事先提醒。三是通过互动中心实现税税互动、税企互动。持续征集税务人员端用户体验，打通内外部涉税知识库，汇集税费政策、业务规范和操作流程，强化检索功能。税务人能够快速从海量信息中找到有效信息，加强税务机关和税务人员横向、纵向互动交流。

决策人端指挥平台。一是通过分析统计中心实现动态实时、主题式展示。将常规统计自动化、直观化，并结合GIS税源地图，定制化、可视化展示。通过业务流水号自动归集前后台工作人员工作量、任务进度等信息，实现对税务工作人员全过程考核考评。设计各类主题报表、报告，自动生成决策参考信息，如自动生成标准格式的征期运行报告和税收政策效应分析报告，决策人只需通过钻取、展开、链接就可查看或下载相关数据报告。二是通过监控反应中心实现风险扎口闭环管理、快速反应。通过征管质量指标、关键财务指标等建立涵盖税收征管、产业链等多维度、全链条的税收指标分析体系，构建跨区域、综合性的风险管理监控模式，实现对风险的发现、推送、应对、反馈、考评的扎口闭环管理。三是通过战略研判中心实现以数说理、以税资政。服务宏观到经济社会、中观到区域产业、微观到市场主体的各类经济运行分析和政策效应分析，为顶层决策提供有效支撑，推动税收工作深层融入国家治理。比如，对增值税税率是否可进一步降低政策效应分析和可行性分析；对阶段性宏观层面经济运行走势、行业景气程度开展分析，实现对宏观经济、产业发展等的指向性、趋势性、规律性研判。

（四）四精：执法、服务、监管、共治场景应用

一是"精确执法"场景化应用举例。智能合约，对未按期申报、新欠等自动生成责令限改、催报、处罚等一系列待办任务并推送，提高执法精确性。5G下的移动执法记录仪，将执法全过程实时上传至后台管理系统，防止执法记录间断或丢失。内外部数据贯通之后，实现各类外网公示项目自动从系统关联取数，并根据要求对项目自动处理、公示，减轻基层负担。二是"精细服务"场景化应用举例。纳税人缴费人在市监部门登记或变更后实现套餐式办税，能够自动写入系统的直接写入系统，需要自主办理的，电子税务局端推送引导式提醒方便纳税人缴费人一键信息确认，并自动办结银行存款账号报告、财务会计制度备案等关联事项，降低对办税人员的素质和水平要求。三是"精准监管"场景化应用举例。实现主营行业动态认定，调用发票底账、第三方和登记信息，挖掘纳税人缴费人主营行业痕迹。定期动态判定涉税行业所属，及时通知纳税人缴费人根据实际提交变更申请，确保能够更准确享受税收优惠。四是"精诚共治"场景化应用举例。推动实施"一件事"联办，从纳税人缴费人角度出发重新定义一件"事"，并对每件"事"进行流程再造，取消的取消、归并的归并、压缩的压缩。通过内部信息系统、电子档案和其他政府部门共享数据库可调用数据和材料，真正实现共享复用不再要求纳税人缴费人重复提供。

（作者单位：国家税务总局慈溪市税务局）

国际税收研究会服务税收主业的实践与思考

王 立 李 蓬

税收学术研究是税收事业的重要组成部分,是团结、凝聚全社会税收学术力量和培养税收学术人才的重要平台,对推进税收事业现代化具有极其重要意义。2022年,南充市国际税收研究会完成了换届选举工作。新一届国际税收研究会继续坚持发挥"参谋助手、桥梁纽带、窗口阵地"作用,扎实开展课题研究并推动成果转化,为服务科学决策、税收事业和地方经济社会发展贡献"税智税力"。针对如何服务税收主业及南充经济发展,我们走访了各行业的群团组织,并进行了思考。

一、不同群团组织间的区别及国际税收研究会的定位

随着市场经济的发展和完善,政府越来越小,市场和社会越来越大。但企业具有分散性,有着各自不同的利益追求,存在盲目发展的情况,需要有一个组织作为企业之间真诚交流的纽带。为避免政府过多干预,且能够将政府声音有效传达到企业中去,同样需要有一个中间组织。各行业的群团组织正是在这种需求下出现的,它介于政府、企业,商品生产者与经营者之间,并发挥服务、咨询、沟通、监督、公正、自律、协调等作用。它不属于政府的管理机构。

税收是一门社会科学,做好税收工作,需要强有力的理论指导。税务部门是重要的经济职能部门,历来都有从事税收理论研究的优良传统。在新时代,需要从事税收领域的学术性研究团体置身于经济税收工作大局谋划和思考问题。国际税收研究会正是税收工作领域的学术性研究团体,它独立于税务部门,但又归税务局管理,属群体组织。在通常情况下,人们习惯把各种群团组织混为一谈,其实它们也有一定的区别。

一是协会。它是指由个人、单个组织为达到某种目标,通过签署协议自愿组成的群众性团体或组织,一般带有政治性和行业色彩。行业协会在所有群团组织中最多,既有政府组织的,也有民间组织的,具有协商、协调、沟通、自律、合作、中介、市场调节等功能。比如,作家协会、体育协会、老年协会等,它一般都属于非营利组织。

二是学会。它是研究某一学科的人组成的学术团体,属于专业性很强的学术研究组织,如财政学会、建筑学会、税务学会等。它一般属于非营利组织。

三是研究会。它是发起人为特定目的而设立的专门的研究机构,可以起到学术、产学研、决策咨询、智囊、课题研究等多方面的作用。它既有官办的,也有民办的;既可以是营利组织,也可以是非营利组织,形式多样。比如,传统文化研究会、诗词研究会、国际税收研究会等。

由此可见,国际税收研究会与协会、学会有区别,它属于研究会之一,是针对税收工作重点问题进行研究、难点问题进行破解、关键问题进行攻克的群团性组织。它的生命在于研究,

目的是为税收工作实践服务、为当地经济建设服务。它至少应该有以下任务：一是组织学习、宣传、贯彻党的基本路线、方针、政策和国家有关涉外的税收、财政、经济政策、法规；二是开展国际税收理论、政策、制度、管理问题的研究，为地方发展和国际经济交往服务；三是针对涉外税收出现的新情况、新问题，探索正确的解决办法，及时将成果推荐给决策部门；四是开展税收社会服务，接受税务局及有关部门、纳税单位、个人的委托，开展国际税收宣传、咨询、人员培训、经济查证论证、财务管理、代理等业务活动；五是组织评议税收学术研究成果，加强与有关学会的协作；六是搜集国际税收资料，翻译、整理、编辑出版内部参考资料。国际税收研究会因其自身特点和作用，归类于非营利组织，其服务收入主要用于下一步研究，其会员或研究人员也不在里面领取薪酬。

二、国际税收研究会面临的行业现状

推进中国式现代化南充税务新征程，国际税收研究会任务艰巨、使命光荣。为此，我们把国际税收研究工作置于南充经济工作的大局中谋划和思考。坚持立足南充，放眼川渝经济圈建设。关注税收工作新动向，围绕企业的诉求，选择税收事业发展中的一些重大理论问题和实际工作中的热点、难点深入开展调研，并以此服务于纳税人和南充经济社会。

作为群团组织，我们明确自身定位：一是员工助理角色。会员既有基层税务骨干，又有高校理论权威，还有企业界精英，他们具有各个方面的智慧和才能，其意见和建议能够为地方经济社会提供决策服务，成为税务局、党和政府经济建设的智库。二是桥梁角色。当企业与税务局产生税收分歧时，国际税收研究会能够及时出面调解，避免冲突。三是咨询培训角色。研究会拥有大量信息，能够对企业进行政策指导，为企业和会员提供咨询服务。指导和帮助企业改善生产经营管理，发展市场，诊断问题，及时提出改进意见和建议。

国际税务研究会属税务局管辖，容易在以下三个方面陷入误区：一是研究会出现行政化趋势。国际税收研究会的会员主体是税务干部，应避免将税务管理与政策服务混同，否则容易成为第二个税务局，失去研究会的本质，也容易导致企业不信任。二是研究会出现企业化趋势。从大环境讲，研究会可以盈利，但国际税收研究会是税务局与企业之间的桥梁。若是盈利，则有可能与国际税收研究会成立的初衷相违背，且容易导致企业的不信任。三是研究易流于形式。国际税收研究会主要成员是退居二线的领导或中层干部，另外还有一部分年轻税收业务骨干、企业领导及高校研究工作者。退居二线的领导若是余热发挥得不够好，必然影响正常工作的开展；年轻骨干本身有着大量的事务性工作，若不注重统筹协调，难以发挥研究作用；企业领导及高校研究工作者容易对研究会产生不信任感，也必须正确引导。

三、切实提高新时代国际税收研究水平

当前，国际环境日趋复杂严峻，国内经济恢复仍然面临着不少挑战，但是我国经济长期向好的基本面依然没有改变，国民经济总体呈现回稳向好态势，特别是党的二十大为我国经济走向指明了方向。我们应在新形势下，全面落实习近平新时代中国特色社会主义思想，把握机遇，迎接挑战，进一步推动国际税收理论研究工作向前发展，全面促进南充经济社会健康发展。

一是认清方向，推进国际税收研究新发展。要立足南充，放眼川渝经济圈建设，发挥自身

职能作用，以各种行之有效的方式，为各级领导的决策提出科学性、前瞻性的意见和建议。要关注税收工作新动向，选择税收事业发展中的重大理论问题和实际工作中的热点、难点、重点问题进行调研，将对经济社会发展有现实指导意义的意见、建议、措施和办法传递给各级领导和相关部门，用于指导实践、解决问题。要积极组织开展学术研究活动，密切社会各界与税务部门之间的沟通联系，取长补短，共谋发展，开阔视野。要根据自身优势和特点，以税收宣传、税务培训、税收咨询等方式为纳税人提供国际税收政策服务，促进征纳关系更加和谐。

二是发挥作用，开创国际税收研讨新局面。要充分争取各级领导的大力支持，确保研究工作不偏离方向。能够紧贴税收中心工作实际，在深化税制改革、完善征收管理、优化纳税服务、加强队伍建设等各个方面作出有益的思考。要充分发挥研究会的桥梁作用，进一步加强自身建设，不断健全完善研究会组织架构，不断提升研究会的管理水平和组织能力。要充分调动全体会员的参与度，不断增强研究会的活力、不断搞好国际税收学术研究、不断营造良好的学术研究氛围。

三是围绕热点，提高国际税收研究新水平。要紧紧围绕当前热点，立足国情、市情，谋篇选题，深入思考，广泛研究，努力提高调研水平。要积极研究如何发挥税收的杠杆作用，促进经济结构调整和发展方式转变。特别关注全球经济新走向，积极研究国际税收促进南充经济发展的各项区域性优惠政策，为争取更多的政策支持提出建设性意见。要坚持专家调研课题与群众性调研课题相结合、全国性调研课题与地方性自选课题相结合，注重研究成果的转化和应用，不断扩大成果影响，提升成果价值，为科学决策提供更加有力的理论支持。

四是夯实基础，促进国际税收研究新提升。研究会的持续发展在于人才保障。要有计划地组织广大会员开展调查研究，参加各种形式的交流活动，帮助会员提高归纳分析和调查研究能力，把丰富的实践经验上升到理论高度。要不断调动会员的调研热情，经常性地对会员布置课题研究任务，并提供一定的信息资料和相关指导，帮助会员提升研究水平。要加强与其他研究会的沟通交流，取长补短，促进南充国际税收研究会的全面发展。

（作者单位：四川省南充市国际税收研究会）

韩国中小企业税收优惠政策及对我国的启示

赵福增 刘 琳 张 婧 刘宝琪

韩国中小企业数量占全部企业数量的99.9%，吸纳就业人数占全国的82.7%。韩国为鼓励中小企业发展出台了多项税收优惠政策，对我国税收具有一定的借鉴意义。

一、韩国中小企业概述

（一）韩国中小企业认定标准

韩国中小企业的认定包括资产总额、营业额及经营独立性等要素。其中，资产总额标准为5000亿韩元（100韩元约合人民币0.51元）以下；营业额标准根据各行业不同，在400亿至1500亿韩元之间不等。同时，韩国还根据营业额对各行业的中型企业和小型企业进行了划分；经营独立性标准要求中小企业在所有权和经营管理上具有实质独立性，即当企业30%以上的股份或者投资额是由资产总额在5000亿韩元以上的法人及其管理人或者亲属直接或间接持有的，且后者为最高持股人或投资人时，该企业不能被认定为中小企业。

（二）韩国中小企业主要税种税率

韩国中小企业的主要税种为公司所得税和增值税。其中，公司所得税在制度设计上，就有中小企业适用的较低税率。

1. 公司所得税税率

韩国的公司所得税采用超额累进制税率，适用全部企业。但中小企业由于营业额较低，应纳税所得额也相应较低，一般适用低档税率。营利法人和非营利法人的公司所得税税率分为4档，为10%、20%、22%和25%；公会法人的公司所得税税率分为2档，为9%和12%。

2. 增值税税率

以经营者上一年度全部经营地的提供货物或劳务的总营业额是否低于4800万韩元为标准，韩国将其增值税纳税人分为一般纳税人和简易征收纳税人，增值税税率统一为10%。为了解决不同行业利润率差异较大适用同一征收率而出现的税负公平问题，韩国简易征收纳税人按行业不同确定了6档增值率，从15%至30%不等。增值税计算公式为：应纳税额＝所属期内销售额×增值率×增值税税率。

二、鼓励中小企业发展的税收优惠政策

（一）普适性税收优惠政策

在公司所得税方面，韩国《纳税特别限制法》根据中小企业所属行业和是否位于首都圈内，明确了不同比例的税额减免优惠政策，见表1。

表 1 普适性税收优惠政策

行业	小型企业税额减免比例		中型企业税额减免比例	
	首都圈内	首都圈外	首都圈内	首都圈外
经营批发及零售业、医疗业	10%	10%	—	5%
制造业、研究开发业、其他科学技术服务业等（批发业除外）	20%	30%	—	15%
技术、信息产业	—	—	10%	—

以上减免税额以 1 亿韩元为限，若相应纳税年度的长期劳动者人数比前一纳税年度的长期劳动者人数有所减少，则每减少一名劳动者，限额减少 500 万韩元，直至降为 0。

（二）支持中小企业创立的税收优惠政策

为支持初创型中小企业，韩国《租税特例限制法》为初创型中小企业以及孵化器企业制定相关所得税优惠政策。自取得第一笔营业收入的纳税年度起 5 年内，对上述纳税人公司所得税或个人所得税应纳税额给予 50% 或 100% 的减免优惠，具体见表 2。

表 2 初创中小企业应纳税额减免比例

初创小型企业					初创中型企业	孵化器企业	拥有新能源技术的中小企业
首都圈外			首都圈内				
青年创业企业	年营业额在4800万韩元以下	其他	青年创业企业	年营业额在4800万韩元以下			
100%	100%	50%	50%	50%	50%	50%	50%

注："青年创业企业"指年满 15 周岁且在 34 周岁以下的青年创业者创立的企业；"拥有新能源技术的中小企业"减免优惠仅对利用新能源技术产生的收入减免，需与其他产品分开核算。

（三）支持中小企业创新及技术研发的税收优惠政策

为支持中小企业创新及技术研发，韩国政府在技术转让、企业并购、研发投入等方面均给予了税收支持。

技术转让方面：一是中小企业转让专利等知识产权，将减计其 50% 的应纳税所得额；二是对出租实用新型等专利的中小企业给予 25% 的应纳税额抵免优惠。

科技创新型中小企业并购方面：对境内公司以符合条件的方式对科技创新型中小企业进行并购，允许并购企业就该次并购支付的款项享受 10% 的应纳税所得额抵扣优惠，最高抵扣额为所收购技术的价值总额；以符合条件的方式收购科技创新型中小企业股份的公司，在 2024 年 12 月前，同样适用上述优惠政策。

研发投入方面：一是为提高生产率，企业在流程改进、自动化设备和高科技设备更新等方面的投资可享受应纳税所得额扣除优惠小型企业扣除额为投资额的 10%，中型企业为 5%；二是用于研发的设备投资可享受应纳税额抵免，小型企业抵免额为投资额的 7%，中型企业为 3%；同时，新增加的研发成本可按照一定比例进行限额税收抵免。

（四）支持中小企业改善就业和提高员工薪资待遇的税收优惠政策

韩国在改善就业和提高员工薪资待遇方面，无论大型还是中小型企业都享有一定的税收优惠，但对中小企业尤为倾斜。

在改善就业方面，除经营消费类服务业务的企业外，每增加 1 名青年固定员工，从应纳税所得额中扣除一定金额，一般企业扣除额为 400 万韩元。中小企业有首都圈内和首都圈外之分，首都圈内的中小企业扣除额为 1100 万韩元，首都圈外的中小企业扣除额为 1200 万韩元。此外，韩国为促进退休女性重返工作岗位，并充实中小企业的人力资源，还特别出台了有针对性的税收优惠政策：女职工在退休后 3 至 15 年内被其在退休前工作的同行业的中小企业重新聘用的，小型企业可从其应纳税所得额中扣除雇佣女职工支出的 30%，中型企业扣除比例为 15%。

在提高员工薪资待遇方面，为鼓励企业提高职工工资水平，当全职员工人数（指根据《劳动基准法》签订劳动合同的本国劳动者）大于或等于上一年度人数时，对按规定方式计算的企业工资总额增长率超过过去 3 年社会平均工资增长率的，其工资增幅适当抵免公司所得税或个人所得税（经营所得）应纳税额。其中，大型企业享受的税收抵免为工资增幅的 5%，中型企业为 10%，小型企业为 20%。

三、启示与借鉴

（一）在认定中小企业时可增设"经营独立性"标准

韩国在认定中小企业时，一个比较有特色的做法是设定了"经营独立性"标准。这对解决实践中部分纳税人为享受中小企业税收优惠政策，将原有业务分解为多个中小企业并分别签订业务合同从而进行逃避税的问题，具有一定的积极作用。我国可借鉴韩国做法，如在中小企业认定中引入"经营独立性"标准，减少部分纳税人恶意筹划逃避税情况的发生。

（二）进一步统一并细化中小企业认定标准

目前，我国对于中小企业的认定的标准尚不统一，存在着"小型微利企业""制造业中小企业""中小微企业"等多种认定标准。相关标准对于行业分类较为粗略，难以同企业实际经营特点相匹配。这既增加了征管工作的难度，也影响了税收优惠政策对企业的支持效果。韩国对于中小企业的认定标准统一明确，涵盖指标较为全面，尤其是行业分类较为细致，其结合不同行业的经营特点，划定了具体的营业额标准，较为精准地贴合了中小企业的经营情况，有助于税收优惠政策对于不同行业的中小企业的精准帮扶。我国可借鉴韩国的做法，进一步统一并细化形成与税收适配度较高的中小企业认定标准，适当扩大税收优惠政策的覆盖面，使更多中小企业受益。

（三）探索引入增值税简易征收的"增值率"

我国对简易征收纳税人统一适用 3% 的征收率，但各行业利润率差异较大，不利于税负公平。可借鉴韩国制定简易征收"增值率"的做法，根据不同行业经营特点规定对应的增值率，探索新的增值税简易征收税额计算办法，以便更好地解决利润率不同行业的简易征收纳税人增值税税负不公平问题。

（四）制定支持改善就业和提高企业员工薪资待遇的税收优惠政策

韩国在规定企业适用的税收优惠减免额度时，与其吸纳的就业人数挂钩，并且根据其吸纳就业人数的增加或者减少进行额度调整,在鼓励企业吸纳就业人员时更加灵活。我国也可借鉴实施类似措施,以提高企业扩大就业的积极性。此外,在提高职工工资方面,我国可借鉴韩国做法,出台与企业员工工资增长和增幅对应的税收减免优惠政策,鼓励企业提高员工工资待遇,进而提高人民收入水平,促进共同富裕。

(五)加强对孵化器及初创企业的税收减免力度

为扶持创业中小企业,韩国对创业中小企业以及孵化器企业给予了企业所得税和个人所得税应纳税额减免优惠,且优惠时间较长。我国针对该类企业,可将税收优惠范围从房产税、城镇土地使用税扩展到企业所得税、个人所得税等税种,给予孵化器及初创企业一定幅度内的所得税减免。比如,孵化器企业可享受企业所得税 50% 的优惠减免。同时,针对技术型初创企业及其孵化器企业前期投入多、资金回笼少、速度慢的特点,可将相关优惠政策适用时间扩展至整个筹备期及后续运营的合理期间,进一步减轻初创企业负担。

(作者单位:青岛市国际税收研究会、国家税务总局青岛市税务局科研所、青岛市黄岛区税务局)

基层税务机关退税减税网格化管理的实践与思考
——基于 Y 区税务局案例

李东波　朱昌云　孙　凸

随着大规模组合式税费支持政策的落实落地，在时间紧、任务重的前提下保质保量完成退税减税任务，成为税务部门工作的难点和热点。针对这一难题，Y 区税务局坚持系统思维和问题导向，借鉴社会治理的有益经验，在前期网格化管理工作基础上，按照《关于进一步深化税收征管改革的意见》有关要求，以"横向到边、纵向到底、责任到人、不留死角"为工作指南落实退税减税网格化管理，顺利完成各类退税减税工作。2022 年，Y 区共办理新增退税减税 15.2 亿元，惠及纳税人 62098 户次，金额和户次均位于全市前列。

一、Y 区税务局退税减税网格化管理成效

Y 区网格化管理体系以金三系统和智慧税务平台作为数据支撑，通过数据关联和智能分析精确掌握网格内综合概况和服务对象需求，全面、直观地了解全区退税减税工作的动态，及时处理纳税人缴费人需求问题并及时予以解决，充分体现了网格化管理在政策落地更精准、服务方式更便捷、风险控制更完善的三个方面优势。

（一）政策落地更精准

结合网格化管理体系，税务部门退税减税工作模式不再以单一的"属地＋属人"管理相结合，转而向更为科学、高效的网格化管理模式，这丰富了税务部门的政策推行手段，创新了政策服务模式。从二维的系统数据分析到立体的线上线下相结合，细分区域内每一类留抵退税企业数量、退税金额和办理时间，实现户户有人管、事事有人盯。纳税人缴费人画像更加精准，政策推行更加符合实际，让税务机关在大量减税退税任务面前能够较为充分地进行事前分析调查。通过网格化管理平台，Y 区税务部门先后开展税收服务提醒和专项税务宣传共计 120 余次，覆盖纳税人缴费人达 4 万多户次。

（二）服务方式更便捷

通过网格化管理手段，税务部门将政策宣传、基层网格员与纳税人面对面直接沟通的工作特点相结合，实现了减税退税政策循环上门推送，让政策上门找人，基本解决了税务部门无法为纳税人缴费人提供经常性上门服务的困难。这种将政策宣传、税费服务与网格员日常巡查工作相融合的方式，使税费服务的广度和深度得以拓展。企业和纳税人遇到问题可"一键呼叫""一屏对话""一次解决"。同时，网格化管理坚持税费巡察报告、服务报告和社情民意报告"三报告"制度，在政策落地事前、事中、事后畅通了纳税人缴费人的诉求反映和救济渠道，便于及时收集退税减税过程中诉求，能反映较多的热点、堵点问题，做到下情上达，利于税务机关及时回应，减少舆情的发生，切实维护纳税人缴费人合法权益。

（三）风险控制更加完善

依靠现有的网格化管理体系，结合"智慧税务"平台征管效能、网格管理、精细服务三大板块，Y区税务部门可以对全区退税减税全过程进行管理、分析、监控，方便人工管理，提升网格化管理效率。网格化管理可以准确了解纳税人当前经营状况、企业动向和风险态势，更可串联多部门信息数据，较为及时地发现企业可能存在的涉税疑点，对企业进行政策和业务辅导，避免税务管理模式与纳税人缴费人脱节。帮助税务部门加强事前、事中风险控制力度，提升风险管控效能。1—8月，Y区共治网格完成涉税核查任务总计200余户次。税务部门还邀请部分网格员和两会代表担任税费政策落实监督员，监督税务干部在政策落实过程中廉洁自律情况，加强政策实施过程中的外部监督。

二、退税减税网格化管理存在的问题

（一）税务主导职能浮于表面

从Y区税务局实践来看，税务部门虽然依托政府支持建立三级网格管理体系，搭建信息化管理平台，在退税减税工作中发挥一定的作用。但网格化管理实际效能与预期作用之间存在较大差距。目前，在网格管理中，税务部门仅能依托政府协助对具体事项进行分工布置，无法直接推送管理任务，工作的及时性、便捷性大打折扣。同时，税务主导作用直接被简单理解为税务部门承担大部分工作，其他部门简单配合即可，大大弱化了网格化管理点线面的协作效能。在实际工作中，网格员的工作在很多情况下以应付收尾，不尽如人意，导致退税减税大规模开展期间工作存在滞后。

（二）网格队伍建设不够完善

基于条块间目标差异观点，人员的重要性主要表现在任务目标与专业水平一致的层面上，任务与专业协调与否是推进一项工作持续进行的关键因素。在推行退税减税网格化管理的过程中，网格员队伍建设是整个网格化管理体系中最重要的环节。从网格员数量看，全区2万多户企业、50多万缴费人，对应30名税务网格联络员和422名基层网格员，队伍建设不足以满足需求。一是网格员一岗多责。因地方政府行政需求较多，基层网格员承担了大量的行政化和半行政化事务，造成他们在退税减税网格化管理工作的实际支出时间极为有限，严重分散了他们的工作精力。不仅不能有效保证网格化管理任务目标的实现，同时也压缩了他们提升专业水平的空间。二是人员稳定性差。基层网格员多是临时外聘人员，他们的工资低、工作量大，加之人员自身原因，导致人员稳定性较差，需要税务机关不断地对基层网格人员开展政策培训与辅导。这些都严重影响退税减税网格化管理工作开展的延续性。三是人员专业性欠缺。基层网格员在此之前基本上都没有接触过税务领域，使得他们无法准确有效传达相关政策，错误的政策解答也容易引发舆情，大大影响网格化管理的质效。

（三）关键信息传递存在阻碍

当前，Y区税务局退税减税网格化管理主要借助于税务部门内部搭建的"智慧税务"平台和外部现有的网格通平台。工作期间，由税务网格联络员将平台实时监控情况、企业名单和需要排查事项分析处理后，由政府OA系统发送至相关单位和街道（乡镇）等地方政府，再由他们对相关情况进行处理、分析、转交基层网格。因两个平台建设时间较短，且须遵从内外网交互、信息保密等要求，信息传递的时间成本较大，数据精准度不足。税务部门对基层网格员采集的数据的准确性无法再次核实，导致数据只有初次加工，缺乏后续核实监管，大大降低了数据准确度，导致相关信息传递存在滞后。

三、退税减税网格化管理存在问题成因

（一）税务主导权力受限

在税务网格化管理过程中，税务部门的权力来自地方政府的授权。但政府给予的自由裁量权限不够充分，导致税务部门存在职责定位不清的情况，限制了网格化管理职能的发挥。同时，税务部门受传统垂直管理责任意识的影响，"重分配轻管理"的思想始终未能得到有效改善，依旧按照"上下一条线"的传统模式开展退税减税网格化管理工作。在工作上，只要责任分配到位，最终可以得到结果即可，对工作过程的关注度不高。认为过程存在的指导意义不强，使工作的全过程管理流于形式，主体责任意识过于淡薄，对过程管理的刚性有待进一步加强。

（二）利益共识尚未形成

一是税务部门与地方政府利益不完全一致。在网格化管理中，地方政府和有关部门参与度较大，他们的意愿在一定程度上影响退税减税网格化管理效能。由于退税减税工作中税务部门与地方职能部门间的利益并不完全不一致，加之协调机制不够完善，导致部门间协作不畅、合力不足。二是管理目标利益与税务网格化管理要求不尽相同。退税减税政策偏向自愿性，在一定程度上网格化管理目标与纳税人缴费人之间存在冲突。一旦纳税人缴费人意愿不强，配合度不高，税务机关对他们是束手无策的。同时，对纳税人缴费人利益保护力度越来越大，网格员仅能开展辅助工作，这样影响实际效能发挥。

（三）人员选用仍需完善

一是网格化管理参与人员素质参差不齐。镇（街道）、村（社区）网格员来源渠道不一，严重缺乏返乡大学生、税务临聘人员、退役军人等相对高素质人员参与，未能充分利用网格化的优势。二是业务培训不够系统。退税减税过程中缺乏对网格员集中系统的培训，即便培训也以线上辅助培训居多，缺乏有针对地专业培训。三是人员管理依据不充足。缺乏直接的激励手段和严格的考核体系，对网格员管理仅能在侧面发挥影响，导致税务机关在管理上困难重重，管理职责受到极大限制。

（四）信息交互缺乏机制

一方面，税务部门与地方政府部门之间退税减税信息交流仍通过定期汇报、临时数据交换等形式，需由各自领导层层审批才能实现。因为各家信息交互时效问题，还会出现部门间人为设置障碍的情况。另一方面，受权力、职责、环境、人力等多重因素限制，Y区税务部门的智慧税务平台与地方政府尚未搭建互通渠道，信息数据无法做到及时传递、有效核实与全面评价；同时，网格化管理平台在开发资金、人员利用等方面尚有欠缺，平台功能不能满足实际需求。

四、通过整体性治理完善退税减税网格化管理的对策建议

整体性治理理论作为一种新的治理理论，核心理念是协调和整合。协调主要是为了消除不同组织间的矛盾，解决认识上的问题；整合则是要求各种组织在行动上能够从整体局面考虑，

以期在行动上达成一致。由此来看，当前减税退税网格化管理实践应从以下方面发力，不断提升退税减税网格化管理水平。

（一）持续完善税务网格化管理制度

一是明确主导部门权限范围。可根据本地区的实际情况，制定出因地制宜的地方性法规或办法，让税务部门网格化管理有法可依、有章可循。可通过区域行文的方式明确税务作为主导部门的权限范围，增强其实践推进过程中的权威性，提高其作为主导部门的责任意识。二是健全基层网格工作规范。突出用制度管人、管事，着力健全网格化管理过程公开制度，为纳税人缴费人提供公开、透明、高效的服务，加强管理实效。进一步细化服务管理流程。在理顺具体服务事项的基础上明确办理流程，严格按程序办事，坚持三项报告制度，提供标准化、规范化的网格化管理服务。三是加速"税网融合"，汇聚起优化营商环境的新动能。充分发挥网格员"穿针引线"的作用，可推出手持打印设备，在落实退税减税各类税收核查、服务提醒任务时一键打印关键信息，实现"业务办理不出楼、行业政策精准推"，发掘社区管理微创新，不断赋能管理效能。

（二）加强部门协作机制建设

一是完善职责分工机制。进一步细化职责分工方案，出台具有针对性的措施来加强部门间协作，提升部门协作能力；明确各部门在退税减税网格化管理工作中的责任，形成以税务为主导的管理体系，配合好主导部门开展各项管理工作。通过协作机制达成利益共识，实现职责分工的精细化、利益倾向的同质化。二是健全监督考评机制。健全监督考评机制，建立网格化参与部门考评约束机制，形成内外双向的约束力量从而确保网格化工作效率。应将结果纳入地方政府年度绩效考核，形成科学发展的政策导向。三是健全缴费人需求满足机制。要进一步畅通沟通渠道，完善纳税人缴费人表达保障需求的机制。要通过基层网格责任人的走访调查，收集汇总信息。要搭建信息平台让纳税人缴费人主动发表意见，参与到网格化管理的实践中，从而形成责任清单，让需求导向、责任导向成为各单位工作共识。

（三）加强专业网格人才队伍建设

一是推动人员配比合理化。可积极吸收返乡大学生、税务临聘人员、退役军人作为网格人才，实现老、中、青相结合的人员结构，促进退税减税网格化管理的优化升级。通过考试选拔的方式从网格员中选出优秀典型，加强优秀典型的号召力量。二是实现选拔培训系统化。加强定期培训，通过走出去、请进来等多种培训形式，对基层网格工作者进行有针对性的培训。避免任务式的无效或低效培训，切实增强职业素养，提升专业化水平。提高就业门槛，建立健全税务网格员管理体系，完善网格员管理办法。实施网格员素质提升工程，奠定社保费网格职业化、专业化的人才基础。三是激励措施精准化。充分尊重网格员的劳动付出，建议将网格员薪酬纳入同级财政预算，突出星级管理、按劳取酬，科学制定基层网格员岗位设置、薪酬体系、绩效考核、奖惩待遇等规定，提升其存在感和依托感。

（四）创新信息共享平台

作为对工具理性的回应，整体性治理理论中的协调与整合不能只是停留在口号上，必须要有可操作性的方法和手段。而建立起信息共享机制与交互平台则为协调与整合的进一步推进提供了便利。一方面，健全信息共享运行机制。借助于政府平台和大数据的力量，分层级建立起综合治税管费的信息共享运行机制，明确事前、事中、事后处理事项，将机制建设与维护落实到具体部门，各部门各司其职负责对应环节信息的维护修正工作。同时，以税务为主导强化数据运用，建立数据采集、传输、存储、使用、开放等各环节的管理机制，规范数据在各业务系统间的共享流通，促进数据价值充分释放，更大程度保证信息的及时准确传递。另一方面，完善信息共享平台建设。完善以智慧税务为税收共治平台，探索推动社会资源、公共服务、基础设施的有机整合，逐步实现政府联动、社会协同、资源共享的新型社会治理模式。打通三级网格问题处置联系通道，实现与政府部门、街道（乡镇）等所有涉及网格管理工作的职能部门的信息资源共享，打破各职能部门的"信息孤岛"困境。构建全区互动一网式应用系统，打造税费全科服务 APP 品牌，满足居民查询、缴费、问题咨询等多元化需求，为智慧税务增砖添瓦。

（作者单位：国家税务总局盐城市税务局）

浅谈中国式现代化背景下的税制结构优化

王 越 陈映旭

税收作为国家公共财政最主要的收入形式和来源，在国家治理中发挥着基础性、支柱性、保障性作用，在落实党的二十大精神，服务党的中心任务，实现第二个百年奋斗目标中有着不可替代的独特作用。本文将从三个方面浅谈中国式现代化背景下的税制结构优化。

一、现行税制结构的不足

我国现行的税制结构是以商品税为主体的。以 2021 年为例，我国货物劳务税类占税收总收入的比重达 53.6%。我国的税制结构与我国国情紧密相关，以商品税为主体的税制为政府带来了稳定的收入来源和便利的征收条件，但同时反映出一系列税制问题。

（一）税收负担公平性有待提高

一是税负转嫁普遍存在。由于商品税普遍具有税负转嫁的特性，故企业将商品和劳务所缴纳的商品税以提高定价等方式转移给消费者，消费者成为最终的实际负税人。二是累退性税制结构问题存在。增值税、消费税等我国主体税种均具有累退性的特点，即低收入阶层人群比高收入阶层人群要承担更重的税负。三是个人所得税费用扣除模式不合理。目前，我国个人所得税的费用扣除标准既没有考虑到通货膨胀与价格水平的因素进行动态调整，也没有考虑到残疾人、失独、单亲等特殊群体的实际情况，存在不合理、不公平的因素。

（二）税收政策更新相对滞后

一是消费税征税范围存在"越位"和"缺位"现象。目前的消费税仍然对人们生活的必需品如高档化妆品及重要的生产资料如电池、涂料等征税，已不能起到调节产品结构、引导消费及调节收入分配作用，在课税范围上存在"越位"现象。而一些奢侈消费品如高档时装、保健品、高档家用电器及对环境污染大的物品，如一次性包装物、含氯汞电池等未被列入课税范围，出现了征税范围的"缺位"。二是房产税税基受限。房产税的征收范围主要限定在城市和工矿区，对农村的房产不征税，特别是已纳入了城市版图的村民组织自建的房产即便用于出租获取巨额租金，也可以不用缴纳房产税。同时，个人所有的非营业用房产免税，即一个人即使拥有高级别墅以及几套房产，只要不用于营业活动，也可以不纳房产税。三是税收行政立法缺少授权限制。我国目前税种按照征税对象分类共五大类十八个税种。截至 2023 年 4 月 28 日，我国 18 个税种中已有 12 个税种完成立法，剩余增值税、消费税、房产税、城镇土地使用税、土地增值税、关税 6 个税种还未立法。目前，发布立法草案的有 3 个税种，具体包括增值税法草案、消费税法草案、关税法草案。值得注意的是，我国收入规模最大的增值税还只是以全国人大常委会授权国务院制定的"暂行条例"形式出现。

（三）税种配置不科学

一是部分税种尚未开征。从我国税种构成来看，部分根据国家经济政治发展需要开征的税种尚未开征，如遗产税、赠与税和社会保障税等。二是主体税种比例失衡。我国商品税比重大，而所得税和财产税比重小，税制结构不利于税收自动稳定器功能的发挥，也不利于我国经济的稳定发展。三是地方主体税种缺失。在施行"营改增"试点以后，尽管对增值税收入的分成安排能够在短期内缓解地方收入分配问题，但地方税体系仍不完善，地方主体税种缺失。

二、税制结构优化的切入点

税收制度改革只有牢记"国之大者"，紧紧抓住中国式现代化各要素的特征和本质，读懂中国特色，坚持普遍性与个体性、原则性与灵活性相结合的原则，才能少走弯路、少做无用功，更好地融入经济发展、融入社会发展、融入人民生活，推动经济社会不断向前发展。

（一）健全顶层设计的指南针作用

兼顾全局关照性与地方的差异性是非常重要的，既能保证全域的统一，又能照顾到地域特点、社会经济人文差异。由于自然条件、历史文化等多方面原因，我国在发展过程中很多方面并不平衡，要充分考虑和把握多方面实际情况。税收制度应不折不扣地将相关要求转化为具体措施，政策向实体经济倾斜，使实体经济在享受优惠政策的同时，不断地发展壮大。

（二）发挥市场经济的杠杆器作用

税收在市场经济的杠杆器作用，主要表现在：既有集聚资金的作用，又是有计划的调节生产、流通和分配的重要手段，具有强制性、无偿性和灵活性的特点。通过税种的设置、税率的确定，多征、少征、免征的规定，起征点的多少等多种形式，改变各经济部门、单位、个人的经济利益，起到调节生产、流通、消费的作用。

一是杠杆器支点选位正确。杠杆器的作用有正面与负面、积极与消极、有害与无害之分，大部分取决于杠杆支点位置是否正确。若是支点放在错误的位置，轻则影响经济的健康发展，重则引发经济危机。二是放大杠杆器协同效应。政府主导的税收杠杆在众多引导市场经济发展的杠杆器中处于相对强势地位，既是风向标，又是瞄准镜。要发挥税收杠杆器的作用，就必须充分规范和治理市场经济环境，让市场在资源配置中起决定性作用。

（三）发挥促进共同富裕的助力机作用

中国式现代化的其中一个特征就是全体人民共同富裕的现代化。党的十八大以后，中国打响了声势浩大的脱贫攻坚战，现行标准下9899万农村贫困人口全部脱贫，832个贫困县全部摘帽，12.8万个贫困村全部出列，区域性整体贫困得到解决，中国全面建成小康社会。展望二〇三五年，"十四五"规划提出，人民生活更加美好、人的全面发展、全体人民共同富裕取得更为明显的实质性进展。

实质性进展是一种质的要求，同时还要体现充分性要求。人民群众生活水平改善提高，既有量的需求，也有质的需求，量达到一定程度后必然会带来质的转变。因此，实质性进展应该是稳定、持续、有保障的质的提高，不是不平衡、不充分的提高。要达成取得实质性进展的目标，还要扎扎实实作好规划目标提出后的"下半篇文章"。

税收制度改革作为政府看得见的手，在实现共同富裕这一目标中应当发挥积极作用，创新政策制度、完善不足、缩小贫富差距，在动态中平衡，实现动态中再分配。例如，在财产税、遗产税、个人所得税等涉及个人资产增加的一些税种上加大政策研究力度，及时出台有利于防止财产过分集中的举措，细化征收标准。对于偷逃的，通过行政惩戒（行政处罚、个人征信等）、刑事惩处等严厉措施实现应征尽征。

三、税制结构优化的展望

党的二十大报告强调，"优化税制结构"，"加大税收、社会保障、转移支付等的调节力度"，"完善个人所得税制度"。此前发布的"十四五"规划纲要也作出具体部署，明确要求"优化税制结构，健全直接税体系，适当提高直接税比重"，"完善综合与分类相结合的个人所得税制度"，"进一步优化增值税制度"。现行税制结构优化首先就是深入学习领会党的二十大精神，为实现中国式现代化进一步发挥积极作用。

一是完善综合与分类相结合的个人所得税制度。首先，调整征收范围。推进扩大个人所得税综合征收范围，对合法合规的过高财产性收入依法征收个人所得税。其次，调整费用扣除范围和标准。完善专项附加扣除项目，减轻老人、残疾人等群体的税收负担；建立个人所得税基本减除费用和专项附加扣除的动态调整机制，综合考虑通货膨胀等因素，定期根据相关经济指标动态调整减除和扣除标准，减轻中低收入阶层的税收负担。另外，优化税率结构，合理调节过高收入，规范资本性所得管理。

二是培育地方主体税种，扩大地方税种收入。按照"立法先行、充分授权、分步推进"的原则，积极稳妥推进房地产税立法，整合目前房地产开发、流转、保有环节各类收费和税收，统筹推进房地产税制度改革，发掘房地产税筹集收入、调节收入差距的潜力。结合消费税立法统筹推进消费税改革，扩大对高耗能、高污染、资源性产品，以及高档消费品和消费行为的征税范围，将征收环节由生产环节后移至批发或零售环节，并逐步下划地方，补充地方税收收入来源。

三是优化税种配置。优化税制结构需要建立健全的辅助税系，优化和完善已有税种，特别是对与房地产相关的税种进行调整优化，同时根据经济社会发展的要求开征新税种，如遗产税、赠与税和社会保障税等，形成主次分明、兼顾公平效率的税制结构。

目前，我国的税制结构仍存在诸多需进一步优化的地方。我们当深入学习领会党的二十大精神，结合日益发展的经济形势，认真研究当前的问题和矛盾，扎实有效地优化中国式现代化背景下的税制结构。

（作者单位：国家税务总局廊坊市税务局第二稽查局）

抢抓 RCEP 机遇促进青岛更高水平发展

刘恩源

《区域全面经济伙伴关系协定》（RCEP）签署是我国继加入世贸组织后又一重大开放成果。青岛是中日韩地方经贸合作桥头堡、新欧亚大陆桥经济走廊重要节点和 21 世纪海上丝绸之路主要节点、黄河流域生态保护和高质量发展龙头。RCEP 的生效实施将为青岛贸易投资高质量发展和扩大产业开放注入新动能，青岛也将迎来开放引领高质量发展的重要战略机遇期。我们只有充分发掘 RCEP 机遇并系统梳理当前需要注意的问题，才能更好地发挥青岛在新发展格局中的"双节点"作用。

一、RCEP 内容和特点

RCEP 是目前我国签署的内容最全面的自贸协定，体现了现代、全面、高质量和互惠原则，由序言、20 个章节、4 个市场准入承诺表组成。货物贸易关税消减与取消、原产地累积规则、倡导 6 小时便利通关、扩大服务贸易市场准入、电子商务、投资等规则是其核心条款，主要特点如下：

（一）全球体量最大的自贸区

RCEP 缔约方包括中国、日本、韩国、东盟十国、澳大利亚、新西兰 15 国，总人口 22.7 亿人，经济总量 26 万亿美元，出口总额 5.2 万亿美元，均占全球总量约 30%。

（二）经贸规则的"整合器"

RCEP 整合了东盟与中国、日本、韩国、澳大利亚、新西兰之间的各个"10＋1"自贸协定，以及中、日、韩、澳、新西兰 5 国之间已有的多对自贸伙伴关系。这是首次在中日、日韩之间建立起自贸伙伴关系，为中日韩自贸协定谈判创造了有利条件。

（三）实现高质量和包容性的统一

RCEP 缔约方通过立即降税和过渡期线性关税减让，最终实现区域内 90% 以上货物贸易零关税，服务贸易和投资总体开放水平也显著高于原有"10＋1"自贸协定。还纳入了高水平的知识产权、电子商务等现代化议题，同时给予最不发达国家特殊与差别待遇。

二、RCEP 的重要意义

（一）RCEP 是我们国家构建新发展格局的重要平台

RCEP 将对构建新发展格局提供有力的支撑。一方面，RCEP 的实施将有利于引进国外更好的产品技术和服务，打通国内产业链的循环，优化国内生产、分配、流通、消费各个环节，从而扩大国内消费，促进国内大循环；另一方面，RCEP 将推动东亚形成一体化的大市场，巩固我们在区域产业链供应链中的核心地位，扩大国内国际两个市场、两种资源的联动效应，可以发挥链接国内大循环和国际大循环的接口作用，从而服务构建新发展格局。

（二）RCEP 是我们国家全面贯彻新发展理念的成功实践

RCEP 体现了创新发展的理念，创新性地纳入了新的开放规则，以制度创新推动开放。另外，RCEP 充分体现了开放共享的发展理念，发展阶段不一的各个经济体，通过相互开放市场和原成产地累积规则，共享东亚一体化发展的繁荣。

（三）RCEP 是新发展阶段拓展国际合作空间的重要抓手

党的十九届五中全会开启了全面建成社会主义现代化强国的新征程，向第二个百年奋斗目标奋进。在这样的一个新的发展阶段，我们面临着复杂且严峻的国际形势。推进并完成 RCEP 谈判，表面上是增强了我们与东亚地区的利益纽带关系，加强与亚太各国的经贸联系，实际上是通过自贸关系进一步稳定我们周边整个外交局面，有利于增强我们在国际斗争当中的战略核心地位，也有利于我们营造一种长期稳定的制度环境和周边外部环境，对于维护我们发展的战略机遇期起着重要作用。

三、RCEP 给青岛带来的主要红利

2022 年，青岛对 RCEP14 缔约国贸易进出口约 3000 亿元，占全市进出口的 33%。东盟、日本、韩国、澳大利亚分别是第 1、第 4、第 5、第 7 大贸易伙伴。主要进口商品为机电产品、铁矿砂、天然及合成橡胶、农产品、原油，主要出口商品为机电产品、纺织服装、农产品、塑料制品、家具及其零件。与 RCEP 成员国有贸易往来的企业约 15000 家，其中 AEO 高级认证企业 72 家。RCE 实施将给青岛深化国际经贸合作带来重大利好。

（一）有助于深化青岛对日韩外经贸合作

RCEP 最大突破是中日、日韩间建立了自贸伙伴关系，形成了中日韩三国的间接自贸关系，为中日韩自贸协定提速创造了良好条件。

（二）有助于进出口货物通关便利化

RCEP 把贸易通关便利化措施作为一项重要内容，在简化海关通关手续方面，采取预裁定、抵达前处理、信息技术运用等高效管理手段。货物在抵达并提交放行所要求的信息后 6 小时内放行，这将促进青岛果蔬和肉、蛋、奶制品等生鲜产品贸易增长，以及快递等新型跨境物流发展。

（三）有助于青岛跨境电商快速发展

为鼓励电子商务发展，RCEP 对无纸化贸易、电子认证和电子签名、消费者线上保护等也作出了全面具体安排。目前，青岛跨境电商进口主要市场在日本、韩国，提升潜力巨大，RCEP 有助于推动青岛跨境电商加速倍增，再上新台阶。

（四）有助于降低外贸企业制度性成本

RCEP 实现了统一的自贸协定原产地规则化，降低了企业的贸易成本和风险。RCEP 为国际中转、分销货物设定了背对背原产地证明要求，相关货物再次出口到 RCEP 成员方，企业可凭证明享受协定项下优惠税率，降低了企业享惠成本，便于青岛海外仓集货分销、国际中转等贸易新业态发展。

（五）有助于吸引欧洲优势企业来青投资

欧洲与 RCEP 成员国贸易额巨大，《区域全面经济伙伴关系协定》《中欧全面投资协定》相继签署，将形成联动效应，预计未来欧洲企业在汽车、精密机械、通信、高端医疗等领域将加大对华投资。

四、RCEP 机遇需要关注的两个方面问题

（一）中低端产业加速转移的问题

RCEP 项下关税壁垒削减将促使中、日、韩、东盟地区多边货物自由流通，青岛具有毗邻日韩优势的加工贸易将逐步被内外兼顾的一般贸易取代。未来电子零部件、纺织服装、化工等行业企业竞争压力增大，RCEP 对高纯异丁烷、发泡剂等系列化工品关税减免实施后，将对国内化工品市场产生冲击。同时，生产要素成本偏高将导致劳动密集型、以国内市场为主的日韩企业从青岛加速转移至中西部地区或东南亚国家。

（二）"重 FTZ、轻 FTA"现象普遍存在的问题

与各类外贸扶持政策相比，RCEP 等自贸协定生效时间跨度大、政策专业性强，对利用政策企业的要求偏高。还需各界厘清对 FTA（自贸协定）和 FTZ（自由贸易试验区）的认识。青岛存在对已有自贸协定政策宣传培训缺位问题，这一问题易导致对自贸协定利用不充分。在淄博、菏泽出口货物中，韩自贸协定利用水平超过 80%，远高于青岛的 57%。

五、有关对策建议

（一）放大关税减让贸易促进效应

建立农产品、纺织服装等对日出口产品关税享惠商品和企业清单，指导企业有针对性地提前拓展市场渠道和布局产品生产。建立日本高新技术、关键零部件、消费品进口商品和企业清单，与进口贴息政策相衔接，引导企业加大进口和项目引进。对因原产地规则制约无法享惠的中韩、中澳等自贸协定企业开展技术指导，支持"背对背原产地证明发放社会化"，提升企业 RCEP 享惠利用率。推广应用原产地证书智能审核和自助打印。

（二）畅通中日韩"海上高速公路"

争取将威海—仁川中韩整车运输模式复制推广到青岛—仁川陆海联运通道，并与胶东国际机场、仁川机场链接，力争实现跨境全物流链"门到门"运输。开展口岸信息互换合作，设立通关绿色通道。

（三）做大做强"齐鲁号"欧亚班列

发挥山东高速日、韩营销中心作用，建立离港岸（日韩）—山东港口—中亚全程物流供应链。将欧亚班列班期和海运船期相匹配，做优做强"齐鲁号"日韩陆海铁快线，发展日韩—中亚国家间的转口和过境贸易。打造多式联运日韩快线集结中心，在中国传化（上合）国际物流港设立海关监管作业场所和保税监管场所，建设集口岸、保税功能为一体的集结中心。发展欧亚班列、TIR 国际公路运输，集中利用日韩过境货源，加快形成规模效应。

（四）提升贸易便利化水平

落实 RCEP"6 小时通关"，依托青岛口岸，针对易腐货物实行货物抵达海关监管作业场所，提交放行所要求的信息后 6 小时内放行。提高"提前申报"比例，鼓励企业采取"提前申报"方式通关。扩大 AEO 企业规模，强化与 RCEP 成员国有贸易往来的企业信用培育，设立培育基金，给予通过海关 AEO 认证企业的资金奖励，对与 RCEP 成员国有贸易往来的进出口企业优先培育、优先认证，增强 AEO 企业国际竞争力。

（作者单位：澳门城市大学）

税收服务重点项目落地
助力国家战略实施的实践与思考

冯光泽　展永福　胡积胜　孙淑梅

党的二十大报告提出"高质量发展是全面建设社会主义现代化国家的首要任务",对推动共建"一带一路"高质量发展、实施自由贸易试验区提升战略等作出安排部署。近年来,中共中央、国务院相继赋予青岛建设上合示范区、军民融合创新示范区、山东自贸区青岛片区、RCEP试验基地和打造"一带一路"国际合作新平台等国家战略任务,为更好发挥税收在国家治理中的基础性、支柱性、保障性作用提供了新机遇、新平台。本文系统总结了青岛市税务局创造性做好重点项目跟踪服务、助力国家重大战略落地生效的经验做法,并就税收更好助推经济高质量发展进行探讨。

一、青岛税务部门服务重点项目的探索实践

(一)坚持全方位统筹,健全机制强化保障

第一,坚持顶格推进。在市、区两级税务机关均设立由"一把手"挂帅的重点项目跟踪服务领导小组和实体化运行的办公室,选派二级巡视员(督办)、一级调研员(一级高级主办)等刚刚退出领导岗位的高职级干部为13个派驻专班团队负责人,分工对接全市重点项目,实行顶格协调、顶格服务;对内制定8项工作规范,对外与市投促办等建立联合工作机制,实时共享信息,有序对接需求。第二,主动上门问需。及时走访地方各级政府、经济部门和项目建设一线,了解政府关切重点,倾听企业涉税诉求。根据市财源建设领导小组需求,组建跨部门政策支援团队,开展招商引资专题培训,并制定《招商引资项目税收评估和税源筹划工作指南》,提升精准招商质效。为省级重大建设项目胶州湾第二海底隧道建设方普及税费政策,解答涉税疑问。第三,注重精准施策。围绕上合示范区、山东自贸区青岛片区等重点项目企业,推出出口退税"核实可视＋信用赋能"等42条举措,助推国家战略落地落细。聚焦青岛市《加快实体经济振兴发展三年行动方案》,开展"全链护航税兴实体"行动,经验做法全市转发。梳理城市更新和城市建设八大任务、974个项目,出台税务助力"八大任务2022年度攻坚行动"《实施意见》,充分发挥税收职能作用。

(二)实施全周期服务,持续优化营商环境

系统研究重点项目规划时、建设中、投产后等全生命周期税收服务职责、服务流程和政策依据,操作规范,全程实施专业化、个性化、精准化服务。在项目规划时提前介入、按需服务,开展税源测算,强化风险预测,吸引优质项目落地。

(三)加强全要素保障,税费政策直达快享

第一,精心打造"政策超市"。梳理形成《青岛市24条产业链税费优惠政策汇编》《青岛

市重点项目税费政策指南》《城市更新和城市建设税收政策指引》等，为加快项目落地提供政策支持。深入调研 18 户上市培育库企业，编写《企业 IPO 税务一本通》，并推出"滴灌式"靶向措施，助力科技企业上市。第二，持续创新便捷办税。实施链主企业"一企一策"，为"专精特新"企业提供"税帮办"；优化业务流程，大幅缩短新办企业发票申领、票种核定和个人股权变更等办理时间；探索推行"云端办税""无感智税"等，实现涉税业务一次办、一键办，网上申报和申领发票分别达 99.8%、96%。第三，高效落实税费优惠。全力落实中共中央、国务院推出的新的组合式税费支持政策。截至 2022 年 12 月底，全市累计退税减税缓税（费）611.57 亿元，办理增值税留抵退税 432.7 亿元。其中，为重点项目企业留抵退税 99.59 亿元，减免税 13.76 亿元，帮助企业纾困解难，有效激发市场主体活力。

（四）开展全景式分析，提升以税咨政效能

针对地方政府对拟招引项目未来"行不行"和已落地项目发展"好不好"的研判需求，依托税收大数据，以重点项目经济社会效益分析为重点，推出具有前瞻性、专业性、参考性的分析报告。2022 年累计完成重点项目税收经济分析报告 49 篇，被地方党政领导肯定批示的有 18 篇次。第一，强化数据支撑。针对重点项目数据来源广、信息不够全面等情况，首创"重点项目基础数据管理平台"，具有数据更新快、流程追踪快、查询统计快的特点，为摸清项目底数、提升分析质效夯实基础。以打造上合示范区"一带一路"国际合作新平台为契机，配合地方财源办，搭建"智税上合·重点项目可视化平台"，实现重点项目亩均税收数据等四个方面可视化。第二，聚焦国家战略。实地调研上合示范区重点项目建设进度和投产质效，剖析短板弱项，从税收视角提出了打通梗阻实现多方供给、完善配套设施吸引高端人才等建议；深入调研国家级新区 30 个市级重点项目的发展状况，从税收视角提出助推高质量发展的对策建议。第三，锚定重点产业。运用发票数据，透视分析 24 条重点产业链、47 个链主企业重点项目的发展优势与潜在风险，形成高端化工、汽车制造业等产业链专题分析报告。积极向党委政府建言献策。

二、存在困难与问题

青岛税务部门在跟踪服务重点项目实践中，发现还存在一些需要探索解决的现实困难和问题，主要表现在：一是税务部门服务重点项目的体制机制、主要职责需进一步理顺和明确。税务部门职责是《中华人民共和国税收征收管理法》等法律法规赋予的，一般在进行税务登记后，才对重点项目纳税人缴费人实施服务和管理。而在现实中，很多重点项目在招商引资环节尚未进行税务登记，但税务部门的服务管理却不能缺位。二是税收团队跟踪服务水平与重点项目快速推进的需求还不相适应。为承担好国之重任，加快建设现代产业先行城市，青岛市持续掀起"大抓项目、抓大项目"热潮，2022 年明确了 416 个市级重点项目，总投资 9282.1 亿元；2023 年安排了 520 个市级重点项目，总投资 1.38 万亿元。尽管青岛税务部门组建了一支专门力量，但与逐年增加的重点项目相比，力量还显不足。三是从税务系统外部来看，共促重点项目落地见效的机制尚不够健全，重点项目数据共享需进一步加强。重点项目招引大多是由地方政府经济部门主导的，税务部门在获取重点项目信息时还存在不准确、不及时、不全面等现象。

三、税收服务重点项目落地、助力国家战略实施的体会与思考

在扎实做好跟踪服务、加快推进项目落地见效过程中，青岛市税务局深切感到，项目是经济工作的生命线，抓项目就是抓发展，谋项目就是谋未来。税务部门做好重点项目跟踪服务，是落实国家重大战略的必然要求，是助推经济社会高质量发展的迫切需要，是落实深化税收征管改革的务实举措，是发挥税务部门优势的具体实践。必须增强使命感责任感，紧紧抓住实体经济这个着力点，以助推重点项目做强、做优、做大为目标，聚焦地方政府重大关切和重点项目企业涉税疑难，大力推行精细化、智能化、个性化服务，推动经济实现质的有效提升。

为推动税务部门跟踪服务重点项目的制度化、规范化、长效化，青岛市税务局将从以下五个方面精准发力，为助力国家战略实施、加快构建新发展格局贡献税务力量。

（一）进一步探索重点项目服务管理职责，实现税收服务全覆盖

总结近年来跟踪服务重点项目的实践经验，对贯穿项目招引签约、施工建设、投产运营等全生命周期的税收服务职责予以细化和规范，切实做到服务管理有章可循、有据可依。

（二）健全专业化服务团队，厚植人才资源优势

坚持区分层级、充实人员、提升能力，打造一支以退出领导职务的高职级干部为引领、以业务处（科）室骨干为支撑的重点项目税收专业化团队。坚持上下联动、汇聚合力，健全便捷实用的运行机制，推动服务项目持续有序高效运转。

（三）健全信息共享应用机制，为高效服务提供数据支持

积极协调地方政府整合规范项目信息和统计口径，打通项目数据共享路径；建立行之有效的信息交换机制，全方位、多层次、准确无误地获取项目信息，实现对重点项目全链条、可视化的跟踪监测和服务管理。

（四）聚焦需求精准服务，充分发挥税收职能作用

按照服务项目、服务园区、服务产业的思路，加强与地方经济部门的协调联动，实时掌握重点项目的总体情况、企业涉税需求等，区分层次、把握重点、分类施策，增强服务的精准度、实效性，夯实产业根基，厚植民生福祉，助力稳住宏观经济大盘。

（五）扎实开展税收经济分析，推动项目加快落地

深入挖掘一些引领性、成长性、支撑性强的重点项目数据价值，科学研判项目发展趋势，有针对性提出税收建议，努力形成高质量、深层次的重点项目税收分析成果，服务领导科学决策，助力经济高质量发展。

（作者单位：青岛市税务学会、国家税务总局青岛市税务局科研所、青岛市崂山区税务局）

税收视角下南沙经济发展现状与展望

国家税务总局广州市南沙区税务局课题组

中国（广东）自由贸易试验区南沙新区片区获批成立后，南沙经济建设进入新的发展阶段，经济总量和税收规模保持较快增长态势。2022年6月发布的《广州南沙深化面向世界的粤港澳全面合作总体方案》（以下简称《南沙方案》）再次让南沙迎来价值提升的新契机。在经济发展迎来重大利好的背景下，从税收视角研究南沙区域经济高质量发展的现状和挑战，旨在为将南沙打造成为立足湾区、协同港澳、面向世界的重大战略性平台提供新视角和新思路。

一、综合实力显著增强

（一）税收规模与增速保持全市领先

税收收入在一定程度上体现经济发展水平。如图1所示，2021年度南沙区税收规模显著提升，税收保持两位数增长。税收收入首度突破500亿元，占全市税收比重10.5%，较2018年增加3个百分点；税收规模排在全市第三位，较2018年前进2名。税收增速与经济增长息息相关，2021年度南沙税收增速11.9%，高于全市平均水平。自2015年以来，税收年均增速14.2%，在全市保持领先态势。

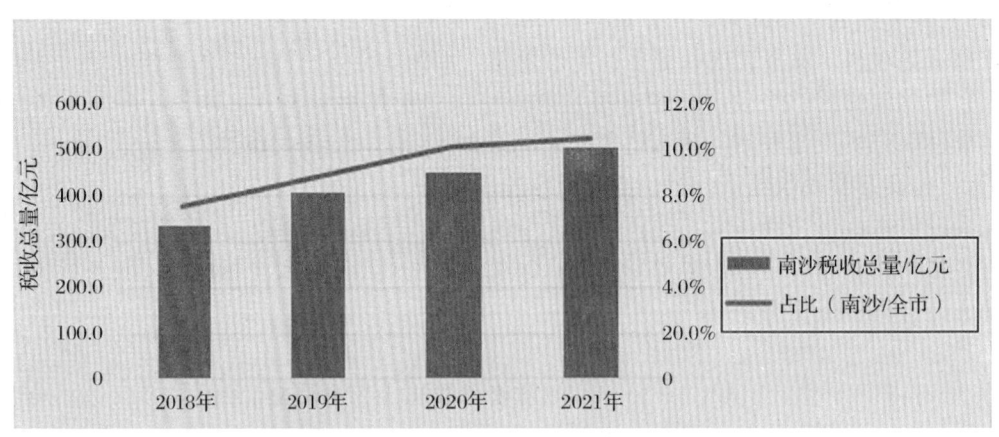

图1 2018—2021年度税收总量及占全市比重

（二）市场主体稳步增长

政策红利的释放和营商环境的优化对市场主体吸引力增加。如图2所示，2021年度新增涉税市场主体2.4万户，是2015年新增数量的3.8倍。截至2021年底，存续涉税市场主体13万户，较2015年增加10.8万户，年均增长率34.5%。在涉税市场主体中，企业纳税人9.7万户，占比74.8%，这显示出南沙市场主体整体基础好，发展潜力大。

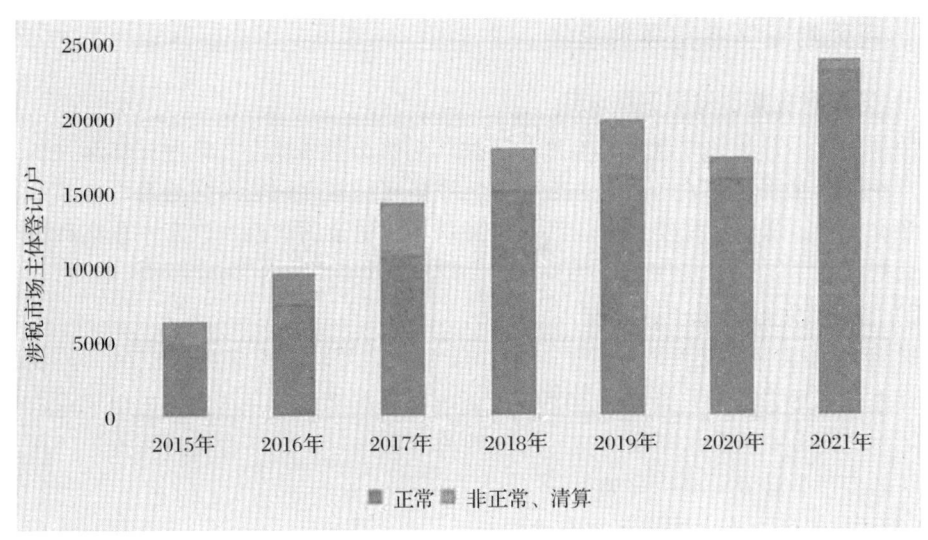

图 2 2015—2021 年度涉税市场主体登记情况

(三)经济体量显著提升

增值税发票金额客观反映了市场主体生产经营规模和活跃程度。如图 3 所示,增值税发票数据显示,2021 年全区累计销售规模较 2017 年度增长 1.2 倍,年均增长 22.0%。2021 年度销售额达千亿级以上的行业,除主导产业制造业及与其相关的批发零售业外,在投资持续增长的带动下,建筑业开票销售额在近两年也突破 1000 亿元。

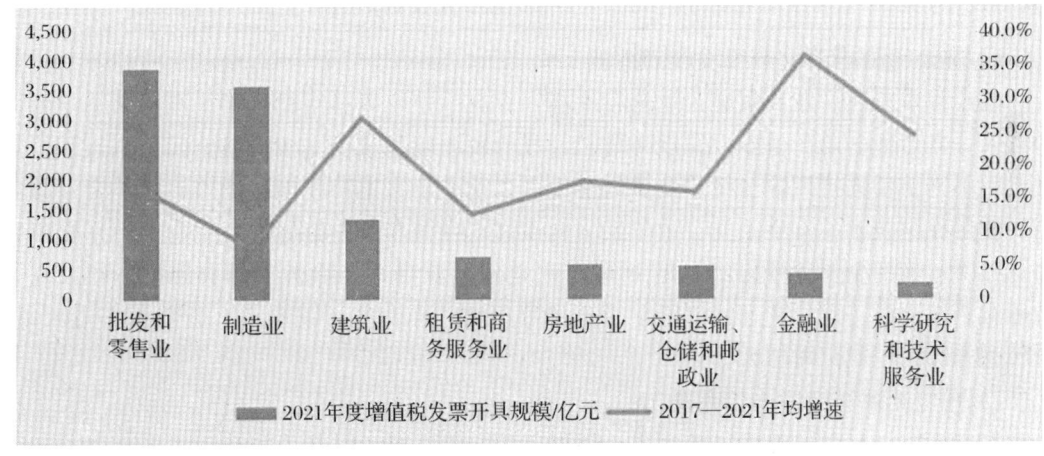

图 3 2021 年度主要行业增值税发票开具规模及年均增速

(四)对外贸易提质向好

2021 年度南沙区企业出口销售额超 200 亿美元,同比增长 25.7%。从已申报退税出口产品离岸价金额前十商品的类型看,全球经济回暖带动贸易往来增加,拉动集装箱、船舶出口同比增长 3.1 倍和 1.1 倍,居增速前两位。高科技附加值产品印刷电路的出口金额规模排名第五,同比增长 23.2%,显示南沙科技赋能推动高技术产业蓬勃发展。

二、现代产业体系初具规模

（一）汽车产业集群发展日益成熟

汽车制造业以整车生产为龙头企业，配套产业涉及零部件生产企业、批发零售、交通运输行业。南沙拥有全国最大的汽车码头集群，从零部件供给到销售和交通渠道，都有较为成熟的千亿级产业集群。从增值税发票看，汽车销售市场辐射全国。南沙汽车产业集群配套成熟，市场覆盖面广。

（二）金融业税收连年快速增长

2021年度金融业纳税额快速增长；与2015年比，年均增长率高达65.4%，在主要行业增速最快。融资租赁、基金、商业保理等特色金融行业迅速发展，其中飞机租赁成为南沙特色金融的重要组成部分。随着广州期货交易所落地南沙和国际金融岛建设持续推进，南沙区在服务实体经济的特色金融方面将持续加力。

（三）战略性新兴产业为经济发展赋能

南沙战略性新兴产业涉税市场主体超6000户，涵盖新一代信息技术、生物医药大健康、海洋经济、文化创意和科技服务五大领域。2021年度，税收收入占全区税收比重4.1%。在人工智能领域、生物医药领域和半导体新材料领域，南沙的领军企业是广州创新型科技企业的佼佼者，在自主创新和自身硬科技实力凸显的同时，正逐步发挥"头雁"效应，带动更多新兴产业发展壮大。

三、从税收数据看南沙产业发展面临新变化、新挑战

（一）制造业面临产业升级发展的挑战

一是税源对单一产业和旗舰企业依存度高，存在一定税收稳增长风险。汽车制造业自落户南沙以来，在产能、总产值等方面逐年增长，成为税收收入重要支柱。但地区经济过于倚重某一产业，不利于增强抗风险和稳定发展的能力。二是本土自主科技创新投入不足。合资品牌车企主要使用外国技术，本土独立自主研发力度不高。在汽车产业链的主要企业中，享受研发费用加计扣除政策的企业数量比例不足10%。三是新能源汽车产能暂未形成规模。暂未有大型新能源车企在南沙正式投产，目前整车生产主要以燃油车为主，混动车、新能源车占比不高，产业转型升级的步伐仍需加大。

（二）市场拓展有待进一步完善

一是主要市场集中在省内，扩大产品辐射范围仍需时日。二是采购和销售形成逆差，不利于涵养流转税税源。购入发票数据显示，资源采购来自省外超六成，向省外购进资源的发票金额高于产品销往省外金额近15%，在一定程度上形成贸易逆差，增值税税源存在流失风险。

（三）税源培植巩固力度要进一步加强

一是战略性企业规模不大。南沙区成长性强、科创能力强的独角兽，专精特新小巨人企业仍未成规模。从2021年全球独角兽中国上榜企业情况分析，南沙独角兽企业从排名和数量来看均不占优势。2021年度专精特新企业税收规模仅0.1亿元。二是新兴企业旗舰型龙头企业数量偏少，其中头部企业规模仍需进一步培育壮大。

四、对南沙抓住发展机遇取得新进展、新突破的对策建议

"十四五"时期,世界百年未有之大变局与中华民族伟大复兴的战略全局深度联动构成南沙发展环境的主基调,南沙如何把握机遇、应对挑战,促进《南沙方案》落地落实,成为促进高质量发展的重中之重。

(一)优化营商环境,提升优质企业落户南沙的吸引力

第一,推进传统优势产业转型升级。立足现有产业基础,发挥现有头部企业的集聚效应,充分发掘和壮大产业基础较好、发展成熟等产业战略优势,持续做大市场份额,增强竞争力、创新力,促进区内制造业等传统优势产业加快转型升级、提质增效。第二,助推中小型企业发展壮大。多部门协调推进组合式减税降费政策落细落实,强化技术支撑和金融服务,打通中小型企业发展的堵点、难点。大力扶持专精特新企业发展壮大,争取"小升规"、"规升巨"。第三,打造对外开放新高地。2020年11月RCEP落地,标志着当今世界人口最多、经贸规模最大的自由贸易区正式起航。南沙应及时把握RCEP实施机遇,提升贸易便利化水平,多方协同助力企业在区域共同市场中抢占先机。

(二)发挥"链长制"作用,促进稳链固链强链

顶层设计协同提效。发挥"链长制"顶层设计效能,主动融入国家重大战略需求和大湾区战略产业规划布局,开展靶向招商、以商招商和补链招商,加强区域协作、资源共享,促进地方布局形成差异化和互补式发展,避免同质化恶性竞争。发掘优势强基补链。依托现有产业基础,助力产业转型升级,引进和布局更多发展前景好、科创能力强、符合未来发展需求的战略性产业,构建立足当下、面向未来的具有竞争力、先进性的现代产业体系。培育品牌做精做优。培育地方品牌,提升产业向心力。加快培育或引进产业链"链主"企业。掌握产业发展的地方话语权,树立优质地方性品牌。加强链际融合共赢。加强产业链之间配套合作,拓宽技术、金融的多领域运用,加强现代服务业和现代制造业融合互通,做大做强。

(三)完善粤港澳大湾区协同创新体系,促进创新要素集聚

细化产业目录层级,推进鼓励类产业落地。加强对《南沙方案》提出的产业目录进一步细分和研究,提升精准分类施策能力。依托现有产业发展基础和特定行业发展优势,确定按目录引进和发展产业的近期、中期、远期落地目标,做好分类行业配套准备,按层级推进各项产业稳步发展。汇聚资源联合攻关。以港科大落成为桥梁,引入港澳、国际科创技术,鼓励国内外科技企业、研发机构通过共建实验室、研究中心等模式,共享产研学资源。组建平台增强综合实力。探索建设大湾区协同创新体系,推动科创资源实现跨境、跨市高效流动,通过整合大湾区重点产业链、研究中心、著名高校和专家学者等优质资源,组建实力强大的科创平台,争取国家重大科研项目布局落地见效。前瞻性打造世界级名片。南沙定位为打造"立足湾区,协同港澳,面向世界"的战略平台,在率先对接港澳规则的基础上,集成自贸试验区和《南沙方案》战略定位,前瞻性打造国际规则对接的先行区、试验区,提升国内国际知名度,提高内生增长和海外引进相结合的良性互动共赢能力。

税收推动区域协调发展战略研究

叶 华 吴伟夫

自党的十八大以来,习近平总书记谋划、部署、推动京津冀协同发展、长江经济带发展、粤港澳大湾区建设、长三角一体化发展、黄河流域生态保护和高质量发展等区域重大战略,助力我国经济实力实现历史性跃升。党的二十大报告再次强调提出,要深入实施区域协调发展战略、区域重大战略、主体功能区战略、新型城镇化战略,优化重大生产力布局,构建优势互补、高质量发展的区域经济布局和国土空间体系。一直以来,我国聚焦实现战略目标和提升引领带动能力,推动区域重大战略取得新的突破性进展,促进区域间融合互动。我国区域经济发展格局愈加优化完善。影响经济发展的重要因素之一是社会资源的分配,在我国经济高质量发展的大背景下,需要财政税收来对收入进行合理调节,所以积极研究支持雄安新区、粤港澳大湾区、深圳中国特色社会主义先行示范区、成渝双城经济圈建设以及黄河流域生态保护和高质量发展的税收政策措施,可以为重点地区发挥区域优势、实现协调发展提供精准服务。

一、区域协调发展的内涵和目标

(一)区域协调发展的内涵

习近平总书记指出,做好区域协调发展"一盘棋"这篇大文章,不能简单要求各地区在经济发展上达到同一水平,而是要根据各地区的条件,走合理分工、优化发展的路子。促进区域协调发展,应根据不同地区的资源禀赋条件,遵循区域经济发展规律,不断调整完善区域规划与政策。既要避免各类要素、资源在各地区间出现分配的平均主义,又要杜绝产业结构雷同和发展模式照搬的现象。各地区在制定发展规划时不仅要考虑本地资源禀赋等内部条件,更要兼顾自身在整体发展格局中的定位,优势区域应当进一步提升集聚效率、增强创新发展动力、壮大规模经济效应;非优势地区要加快弥补薄弱环节,增强在保障粮食安全、生态安全、边疆安全等方面的功能。各地区均按照其实际条件和功能定位形成合理分工,强化彼此间的协作联系,以要素的合理流动和高效集聚带动区域协调发展,形成主体功能明确、优势互补、高质量发展的区域经济布局。

(二)区域协调发展的目标

区域协调发展战略的目标主要包括三个方面,即努力实现基本公共服务均等化、基础设施通达程度比较均衡、人民基本生活保障水平大体相当。习近平总书记指出,新形势下促进区域协调发展,总的思路是按照客观经济规律调整完善区域政策体系,发挥各地区比较优势,促进各类要素合理流动和高效集聚,增强创新发展动力,加快构建高质量发展的动力系统,增强中心城市和城市群等经济发展优势区域的经济和人口承载能力,增强其他地区保障功能,形成优势互补、高质量发展的区域经济布局。

二、税收对区域协调发展的影响

税收政策通过价格机制、投资、产业结构、技术进步四个方面影响区域协调发展。

（一）税收政策通过价格机制影响区域协调发展

一个区域企业的发展必然带来所在产业、地区经济的发展。税收对企业产品价格的影响主要表现在利润的增加上，税额的高低决定了商品价格的高低，进而影响到销售额和企业利润。税额的高低与企业利润成反比，但企业的投资行为是以利润为导向的，如果出台政策减少税额，企业有可能因为利润的增加而扩大投资规模，从而推动企业发展。大量企业得到发展，必然带来所在产业的繁荣，最终带来所在区域经济的发展。区域内企业的发展使得其他地区的投资者看到在该地区投资可以获得收益，于是纷纷向该地区投资，同样促进了该地区产业和经济的发展。

（二）税收政策通过影响投资影响区域协调发展

作为追求利润最大化的市场主体，企业的投资行为主要取决于对投资收益和投资成本的比较。只要投资收益大于投资成本，企业必然会继续投资或加大投资，直到投资收益等于投资成本为止。在政府征税的条件下，最终决定企业是否投资的是税后的投资收益。政府税收会降低企业的投资收益率。在这种情况下，企业要么会为了维持以往的收益率而追加投资，要么会用消费等别的方式来替代投资。税收对企业投资水平的最终影响，取决于企业的这两种选择哪一种处于支配地位。考虑国内不同区域之间不同的税收政策，税收对投资的影响表现在投资的地区分布和对企业位置的选择上。一个地区税负率越高，向这个地区的投资就越少。从我国的情况来看，税收政策对国有经济投资的作用不大而对非国有经济的影响较大。国有经济投资主要受收益率和上年投资惯性的影响，降低税负可以促进非国有经济和外商直接投资的增长。

（三）税收政策通过影响产业结构影响区域协调发展

税收主要从需求和供给两个方面来影响产业结构。从需求方面讲，税制结构能够通过直接影响居民的收入分配结构影响消费需求，进而调整产业结构。税制可以通过设置跟财产有关的税种来调控，通过不同征税方式以及差异化的税收优惠政策对社会财富进行再分配，这样税收就直接影响居民的收入分配结构。当居民的收入分配相对合理时，消费者的实际购买力就会提升，高层次的消费需求也会涌现，即需求质量提升。此时企业为了获得更多的消费者，会提供更加高级的产品和更加精细化的服务。在消费者不断更新消费选择，企业不断优胜劣汰的过程中，产业结构会随之进行调整升级。从供给方面讲，税制结构会影响资金投向。资金投向影响着不同产业间的资本存量，而资本存量会对产业的技术供给和劳动供给产生影响，进而影响产业结构调整。税收政策会影响资金投向，如企业所得税的征收直接影响了企业的实际利润，企业会根据税负情况调整发展方向。税负过高会使企业数量和产品数量减少，相应的产业会随之萎缩；而较低的税负会使资本大量涌入，企业数量增加，相应产业不断扩张。在税负影响下，企业数量不断增减，产业结构的调整也在这一过程得以实现。

（四）税收政策通过影响技术进步影响区域协调发展

生产率提高不仅需要资源配置水平的提高，还依赖于技术进步，即技术进步对于产业结构升级具有重要意义。由于技术具有外溢性，企业进行技术创新带来的利润要低于社会收益，所以采用单纯靠企业进行的技术改进研发决策，技术的推进就会比较缓慢。通过制定相应的税收政策来增加企业的收益，能使企业在做技术研发决策时，充分考虑到技术给企业带来的政策收益，最终推进整个产业的技术进步。政府参与技术创新的方式主要有财政补贴和税收优惠两个途径。财政补贴在一定程度上弥补企业技术创新时的支出，税收优惠则可以降低企业成本，鼓励企业积极从事技术创新有关活动。

三、税收进一步推动区域协调发展的建议

（一）优化税收优惠形式，提升区域协调发展水平

一方面，通过加大对中西部地区的税收返还的力度，让中西部地区的企业有更多的资金进行技术研发，激发企业的创新积极性与创新潜能。政府要积极倡导有利于区域协调发展的观念，推进市场化改革。相关科技服务税收优惠制度还应结合本地的自然条件和风俗习惯，促进资本、人才和技术流通，提高创新成果转化为市场化水平。同时，政府要打破和消除不利于区域协调发展的行业壁垒和限制，健全科技公共服务系统。另一方面，允许企业设立研发准备金，增强企业创新的信心，并允许这部分资金在税前扣除。政府可以考虑增加高校和科研机构税收优惠政策，对于其向基础研究和初创类企业的捐赠支出按一定比例在税前扣除，鼓励它们与企业加强合作和联系，吸引更多资金投入区域协调发展。

（二）提高税收制度的普适性，注重区域发展的均衡性

一是要弱化直接的财政补贴，将税收政策作为提升区域协调发展能力的主要手段，并最大限度地扩大税收优惠的覆盖面。二是注重提升税收制度的精细化程度，使税收优惠政策更具操作性。适当扩大税收政策的适用范围，简化企业申请创新类减税政策的流程，切实优化区域协调发展环境，促进区域协调发展。三是进一步提高税收政策的透明度，破除信息壁垒。同时，还要建立相应的评估机制，通过专家评审等方式，及时调整相关税收政策，为区域协调发展提供一个良好的税收环境。

（三）进一步优化税收营商环境，提升区域发展的普惠性

优化税收营商环境对于推进区域协调发展、建设现代化经济体系、实现新旧动能转换具有十分重要的意义。优化税收营商环境需要以市场主体和群众需求为导向，细化量化税务服务标准，压缩自由裁量权，同一事项实行无差别受理、同标准办理。推行当场办结、一次办结、限时办结等制度，实现集中办理、就近办理、网上办理、异地可办。大力推行关联事项"打包办"、高频事项"提速办"、所有事项"简便办"，推进税务服务标准化、智能化和便利化。

（四）进一步规范税收立法，提高税收立法的系统性

一方面，要坚持立法和政策制定的系统化，基于税收理论和科技创新理论，立足我国区域协调发展存在的问题，将税收优惠政策贯穿于区域协调发展各领域、各环节。对区域协调发展的税收优惠政策体系进行全面系统设计，形成周密、兼容的区域协调发展的税收制度体系。提升面向区域协调发展的税收法律法规立法层次，将与协调发展有关的税收优惠暂行条例、单行法规和部门规章，上升到更高级别的法律，进一步明确和巩固税收制度的权威性。另一方面，要进一步完善知识产权相关的税收优惠制度，推进区域协调发展知识产权开发、布局和保护工作，引导社会资本投入知识产权交易，为企业"走出去"主动创造条件，加快推进科技成果的转化。

(五)加快"以数治税"应用水平,提高税收效率

结合《关于进一步深化税收征管改革的意见》,区域应率先推进"以数治税"的智慧税收治理模式,强化对税收数据的收集、加工和应用。一是实现区域税收数据互联互通。在省级税务部门打通数据管理权限,全面收集整理区域税收数据,深入开展税收数据分析,为区域经济发展提供税收数据支持。二是加强"条线"联动。在重点发展区域内,将税收征管、纳税服务所采用的不同工作平台进行合并,减少信息不对称性,促使税收征管、纳税服务数据相互映射,反映更多数据信息。

(六)推行新兴产业税收支持政策,加快区域发展水平

为实现中共中央确定的区域发展战略,结各区域产业结构特点,持续推出针对国家重点产业、新兴产业的税收支持政策,如减税降费、智慧征管、创新服务等,以达到吸引资金、人才、技术投资创业的目的。发挥税收支持政策的导向作用,扶持区域新产业、新业态、新模式发展,进一步形成产业集聚效应,实现区域经济发展模式,推动特定行业正向良性发展,引领区域整体经济健康运行。

区域经济的发展受到全球和国内整体经济运行的影响。在实现国家战略、实现区域发展的过程中,需要密切关注社会发展背景和经济运行趋势,定期优化税收治理规划蓝图,在把握总体目标不变的基础上,不断调整和完善税收服务举措,完善税收功能。

(作者单位:国家税务总局江苏省镇江市税务局、
江苏省镇江市国际税收研究会)

新形势下基层税务机关加强保密工作的实践与思考

嵇立勋　徐凡

近年来，基层税务部门深入学习贯彻习近平总书记关于保密工作指示要求，积极践行国家安全发展战略观和保密观，从强化保密意识、完善保密机制、抓牢保密防范等方面主动作为，推动保密工作取得了一定的成效。但鉴于当前工作的严峻形势和挑战，基层税务部门仍需不断思考和探索，以更加科学有效的方式进一步提升保密工作质效。

一、基层税务机关加强保密工作的具体实践

（一）聚焦宣传教育，基层税务干部保密意识不断增强

面对税收事业发展新变化、新挑战，基层税务部门能主动适应新时代保密工作新形势、新特点，坚持把贯彻执行《中华人民共和国保守国家秘密法》《中华人民共和国保守国家秘密法实施条例》《税务工作秘密管理暂行办法》等保密法条融入税收工作全过程，做到逢会必讲、遇事必提，让"保密就是保安全、保发展、保纳税人缴费人"的保密观念深入人心。深化保密学习教育，积极通过党委会议、党委理论学习中心组学习、保密委员会会议及保密警示教育大会等形式，认真组织学习保密工作法律法规及上级保密行政管理部门印发的保密文件、讲授的保密知识。不断把保密培训融入党务、业务培训之中，切实引导干部职工增强保密意识、安全意识和防范意识。紧盯涉密人员和涉密部门等"关键少数"，定期开展专项培训，研判形势、明确要求、学习技巧、提升水平，持续强化保密意识、提升保密能力。

（二）聚焦机制建设，基层税务机关保密能力不断提升

坚持把建章立制作为指导保密工作开展和实现保密管理规范化的根本要求，根据国家和上级有关保密工作制度和规定，结合基层保密工作实际，建立健全保密工作责任制、定密管理、涉密人员管理、信息系统和信息设备管理、信息公开保密审查等保密规章制度。立足规范操作，进一步完善教育培训、涉密载体、网络安全、涉密会议等方面的保密管理制度，确保制度建设覆盖保密日常管理工作的各个方面，让干部职工能够清楚掌握保密管理工作如何干、干什么、干到哪等。同时，不断修订完善保密考核、保密监督、保密责任追究等保障机制，初步形成了用制度推进工作、以机制化解问题的保密制度体系，保障了基层保密工作落实、落细和落地。

（三）聚焦重点领域，基层税务机关保密水平不断提高

强化税务工作保密管理，围绕日常工作保密的定义、职责、管理等内容，强化日常宣传教育和督导检查制度。强化政务公开工作管理，持续推进政务公开标准化、规范化建设。严格依照国家保密和工作保密范围，加大对公开信息和数据的把关审查，以保密促公开、保公开，杜绝因公开不当而引发的泄密事件发生。强化涉密会议管理，坚持"谁主办谁负责"的原则，严

审涉密人员资格，严格涉密载体，严控会议过程，严加技术防范，严守宣传报道，全面消除泄密隐患。强化网络安全管理，科学运用防火墙、杀毒软件实现密网与非密网、内网与外网隔离，维护信息安全。强化税务干部网络安全意识，进一步构建技防与人防相结合的保密防护体系。

二、基层税务机关保密工作面临的挑战

（一）复杂的国际形势增加了外部风险

近年来，随着世界百年变局加速演进，作为直接掌握基层收入数据的税务部门，势必会成为其窃取信息的重要目标，或直接窃取相关税收数据或经济数据，或通过相关数据分析获悉我国政治、经济、文化、民生等方面的情况，甚至利用一些税收和经济数据故意制造舆论，扰乱正常的经济和社会秩序。因此，基层税务部门保密外部风险形势比较严峻。

（二）特殊的岗位属性增加了风险隐患

基层税务部门处于落实国家经济政策、履行税收征管职能的最前沿，无论是纳税人缴费人等个体登记信息，还是减免优惠等最新政策执行，或是区域、行业等税收经济数据，它都能广泛接触、直接获取、大量掌握。这些数据信息不仅仅被外部势力觊觎窃取，国内的很多机构和个人出于经济利益需求，也在千方百计通过各种手段进行获取。税务干部的个人言行，税收执法和服务过程、新闻宣传和政务公开、会议报告和分析报表等，都可能成为一些别有用心之人获取信息的源头，这也给基层保密工作提出了更高的要求。

（三）科技的快速发展增加了保密难度

在当前网络技术和新媒介广泛应用的背景下，网络信息系统已经成为被攻击的重点领域，新媒体平台已经成为泄密的主要渠道，网络信息安全形势更加严峻、问题更加突出。从系统内外通报的系列案例来看，服务器防护等级不够、内网计算机违规外联、微信传递涉密文件、朋友圈晒发涉密内容等，都给基层税务部门做好保密工作发出了预警信号。

三、基层税务机关进一步加强保密工作的路径

新时代的保密工作，就是保党的执政地位、保国家安全、保人民幸福、保民族复兴。作为基层税务部门，做好保密工作依然任重道远，需要结合基层工作实际，从增强保密意识、掌握保密知识、运用保密常识等方面进行系统、全面思考，不断探索加强基层保密工作的新路径，真正守牢保密防线。

（一）抓教育强宣传，进一步增强保密意识

保密工作"万无一失、一失万无"。因此，基层税务部门必须从"讲政治的高度、事业发展的角度、自我负责的态度"全方位开展保密意识的宣传教育。围绕保密工作的重要性，通过常态化的宣传提醒、经常性的教育培训，引导基层税务干部深刻领会做好基层保密工作的重要意义。特别是要把理想信念教育、安全保密形势教育贯穿其中，使基层工作人员深刻认识国家秘密的神圣性、保密工作的严肃性，切实增强风险意识。针对保密宣教形式，要积极探索保密宣传教育新思路、新方法，如经常性组织开展各类体验式、参与式、沉浸式宣教活动，提升宣传教育的吸引力。科学借助互联网、新媒体等平台，定期推送、开展保密知识和警示案例的学习内容，建立保密宣传教育网络矩阵。坚持保密教育"大水漫灌""精准滴灌"相结合，在广

泛营造保密氛围的同时，还应区分不同岗位、不同职能、不同对象的保密需求和接受能力，因岗施教、因人施教，确保保密教育与业务工作能紧密结合，保证宣传教育实效。同时，也要加大保密宣传教育阵地的建设，各地结合税史馆、税收博物馆、党建活动室等设施条件，开辟保密教育板块，真正把保密工作同党性教育同步、融合起来。

（二）建机制强落实，进一步夯实保密基础

保密制度是保密管理的基础，是推进保密管理现代化的关键，也是安全保密工作的根本防线。基层税务部门要主动跟上形势、适应形势，持续加强内部保密制度建设，建立健全符合工作实际、操作性强的保密制度体系，坚持按制度管人、按制度办事。细化责任落实机制，明确各项制度和任务的落实主体、监督主体、考核主体。要结合基层各部门工作实际，细化保密工作机构、各业务部门以及每名税务干部的保密职责和工作目标，推动贯彻执行，确保制度落地见效。完善涉密载体管理机制，严格按照法律法规的规定，对涉密载体的制作、审批、递送、传阅、归档、销毁等制定一套完整的管理机制。完善保密人才培养机制，重视保密人才队伍建设，科学制定培养方案，建立保密工作人员奖惩机制，培养更多具有坚定理想信念和优秀综合能力的复合型专业人才，不断为基层做好保密工作提供人才和智力保障。

（三）严监督强考核，进一步提升保密水平

相比于其他方面工作，保密工作在监督方面力度还不够大、不够严，多是在日常具体工作时简单提醒或教育，缺少一定的保密检查和监督举措。对此，必须要加大日常保密工作的检查和监督力度，如结合作风纪律、信访舆情督查等形式，组织开展对保密工作的检查。同时，将保密检查与巡察、专项检查相结合，通过"进驻式"专项检查和体检，推动基层全面找差距，深刻认识不足，及时整改提升。在考核方面，尽管保密工作也纳入基层组织绩效考核范围，但在实际操作中，只要没有发生泄密事件一般都不会考核扣分，这也导致对基层保密工作的推动作用有限。对此，在考核方面，必须进一步扩大和细化保密工作指标内容，如在保密宣传成效、保密测试成绩、保密硬件设备、保密监督检查等方面进行细化和明确，增强基层开展保密工作的压力和动力。目前，如出现个别同志用手机传送工作秘密内容、朋友圈晒发敏感信息等情况，只要没有产生大的负面影响，一般都是及时提醒其撤回或删除，没有过多的追究责任，也导致类似问题频发。因此，对于忽视、轻视、无视保密制度而产生的违规行为，特别是一些常谈、常说、常讲的保密问题，必要时还应予以严格的责任追究，发挥"问责一个警醒一片"的震慑作用。

（作者单位：国家税务总局淮安市洪泽区税务局）

研发费用加计扣除政策助力喀什经济社会高质量发展的路径研究

国家税务总局喀什地区税务局智税丝路课题组

《中国创新指数研究》课题组发布2021年中国创新指数测算结果显示，2021年中国创新指数达264.6（2005年为100），比上年增长8.0%。测算结果表明，2021年，我国创新发展水平加速提升，创新环境明显优化，创新投入稳步提高，创新产出较快增长，创新成效进一步显现，为推动高质量发展提供了有力支撑。由此可见，研发费用政策的落实有利于企业创新，有助于盘活企业资金，助推企业增加研发投入。本文将通过分析喀什地区研发费用政策落实情况，找出政策落实过程中存在问题。通过分析原因提出对策建议，努力探索出一条研发费用政策助力经济社会高质量发展的有效方法，为税收现代化服务中国式现代化提供路径参考。

一、研发费用政策落实现状

科技创新是支撑引领产业和经济结构优化升级的重要一环，喀什税务系统主动提升政治站位，深刻认识到研发费用政策是推动供给侧结构性改革和落实退税减税降费政策的重要举措，积极采取措施，贯彻落实优惠政策，确保政策应享尽享。

2022年，喀什地区从事研发活动的企业主要集中在加工制造业行业。受制造业和科技型中小企业研发费用加计扣除比例提升至100%的政策影响，企业加大研发费用投入，提高自主创新能力，加快产业结构调整步伐。

（一）科技创新企业是研发主力

2022年，喀什地区企业获得高新企业和科技型中小企业资质的企业数量同比增长95.32%。科技型中小企业和高新技术企业是喀什地区研发活动的主体，研发金额超总研发资金的60%。研发费用政策助力喀什地区研发企业坚持把提升原始创新能力摆在突出位置，努力实现更多从"0"到"1"的突破。

（二）加计扣除100%成效显著

制造业和科技型中小企业研发费用加计扣除比例提升至100%后，新增加计扣除金额占总加计扣除金额的20.66%。其中，科技型中小企业（剔除科技型中小制造业企业）新增加计扣除金额占总的新增加计扣除金额的11.71%，制造业企业新增加计扣除金额占总的新增加计扣除金额的88.29%。制造业和科技型中小企业加计扣除比例提升至100%，有力激发了企业生产活力，提升实体产业发展信心。

（三）制造业领跑行业研发活动

加工制造企业享受研发费用政策的户数和加计金额均超过全行业研发户数和扣除金额的50%，是喀什地区研发活动的主力行业。科研创新不仅使企业产生"智"的飞跃，还带动加工制造行业销售量迅猛增长，2022年三季度加工制造业企业实现总收入同比增幅27.74%。

二、研发费用政策落实过程中存在的问题

我国历来重视科技创新，早在1996年便出台研发费用加计扣除税收优惠政策，虽然近些年国家逐步完善该政策，但在政策落实过程中还存在一些问题。

（一）科技创新投入有待增加

我国各省区市的研发投入差距悬殊，这也制约了研发强度的进一步提升。除了北京遥遥领先以外，上海、天津、广东、江苏和浙江等省市的研发投入比重均超过全国平均水准，但绝大多数省区的这一比重太低，如海南、广西、青海、新疆和西藏等省区均不到1%，研发企业数量和研发金额较低。同时，科技经费投入企业后，相关部门缺少跟踪管理，导致企业未将科研专项经费用于企业再生产、再研发，企业后续科技创新能力较弱，研发费用政策受企业经费投入影响无法发挥应有作用。

（二）跨部门协作能力有待提升

部门沟通力度有待提升，如科技、发改、财政、税务等部门在创新技术资格认证以及研发企业数据等方面沟通有待加强，精诚共治意识有待强化。跨部门信息交换渠道有待建立和完善，科技创新经费的投入去向、企业研发成果的展示等关键数据缺失，导致税务部门无法有效对比重点企业研发费用申报加计扣除。

（三）研发创新能力有待提高

企业研发活动存在不符合政策条件的情况，部分企业将外购技术作为研发费用进行加计扣除；还有部分企业错误填报，将正常生产成本作为研发费用进行加计扣除，或将常规技术升级费用作为研发费用进行加计扣除。账务处理不及时、归集不准确，虽存有研发活动，但是无法区分研发与非研发成本，账务处理较为混乱；归集数据不准确，造成一定的涉税风险。

三、完善研发费用政策落实路径的对策建议

未来五年是全面建设社会主义现代化国家开局起步的关键时期，税务部门要坚持以习近平新时代中国特色社会主义思想为指导，坚持创新在我国现代化建设全局中的核心地位，深刻领会"两个确立"的决定性意义，增强"四个意识"、坚定"四个自信"、做到"两个维护"，用好研发费用政策，激发市场主体创新活力，为实现高水平科技自立自强，奋力推进税收现代化，为实现中华民族伟大复兴的中国梦作出新的更大贡献。

（一）建立正向激励机制，强化经费投入与政策享受联动

一是用好高新技术企业专项奖补资金。在符合相关规定的情况下，对企业科技创新成果进行脱密展示。建立正向激励机制，充分发挥研发费用政策助推作用，激发更多企业参与科研创新。继续对当年通过认定的高新技术企业给予奖励，引导企业在国家重点支持的高新技术领域内开展新产品、新技术、新工艺、新业态等创新活动，推进技术成果转化运用；继续对有效期内的高新技术企业给予研发费用奖励，用于鼓励企业持续开展研发活动，带动企业加大研发投入，提高自主创新能力。

二是积极探索重大任务，实施"揭榜挂帅""赛马"等制度，对前沿探索项目实行首席科学家负责制。做好科技创新需求调查研究，摸清科技创新底数、分析存在问题、提出对策和措

施。聚集强大的科研队伍，发挥人才优势，加强科研经费投入力度，发挥科研资金的集约优势，从而提升科研经费的使用效率。

三是加大财政科技经费对企业研发投入的引导。进一步完善研发费用政策与重大项目补助、科研经费投入的联动机制，促使企业安心研发、高效研发。把研发投入和创新绩效作为财政支持的重要考核指标，采用事后奖补、绩效奖励等支持方式。同时，健全企业技术创新政策导向机制，在企业申报科技及符合要求的相关产业发展等专项资金时，将研发经费投入作为重要因素之一。将企业研发经费投入数据与税务部门联动共享，确保专项奖补资金精准有效。

（二）政策落实由点及线到面，提升跨部门精诚共治水平

一是抓好政策落实关键点。党的二十大报告提出，强化企业科技创新主体地位，发挥科技型骨干企业引领支撑作用，营造有利于科技型中小微企业成长的良好环境，推动创新链产业链资金链人才链深度融合。研发费用政策的享受主体是开展科技创新与研发活动的企业，税务部门作为税收优惠落实部门，要全力抓好政策落实关键点，配合科技等部门助推科技创新迈向新台阶。

二是条块结合，精诚共治。坚持以《关于进一步深化税收征管改革的意见》为指引，积极推进跨部门协同监管。建立财政、科技、工信、税务等多部门研发活动联合跟踪落实机制，精诚共治，全力服务中国式现代化。提高优惠政策落实协同效率，提高研发费用政策知晓度、享受度。做好财务会计制度的宣传辅导和监管工作，提升企业内部财务会计的核算水平。提升税收现代化水平，充分利用税收大数据优势进一步提高"政策找人"的精准对接能力。

三是统筹协调，协作配合，建立研发一体化信息平台，扩大研发活动面。科技创新是"十四五"时期的重要工作内容之一，建议相关部门统筹协调，将政府部门科技经费投入、科技立项审批、银行科技贷款、科技转化成果等信息及时公布在统一网络平台上，形成研发数据聚集效应，发挥集成联动作用，以便税务部门及时开展政策辅导。

（三）提升涉税服务水平，激发市场主体科技创新意愿

一是科技和税务部门要鼓励企业立足"四个面向"开展科研活动，做到真研发、敢创新。研发费用政策的落实要以为企业减负增效、助力企业发展、提升科技自立自强为目的，通过保障重大科技项目落地、全力做好税收政策落实、全面分析政策实施效果等措施，不断提高纳税服务和税收征管水平。

二是持续深化服务与辅导，提升企业享受优惠的意愿。针对部分研发费用加计扣除的企业内部管理和财务核算不够规范完善、享受税收优惠的意识欠缺、享受税收优惠的底气不足的情况，进一步增强政策宣传辅导的针对性，拓展政策宣传辅导的广度、深度。抓创新不问"出身"，只要符合研发费用政策的研发活动，税务部门都要全力支持，提升企业竞争力。

三是明晰研发活动定性，有效化解管理风险。目前，征纳双方对"新产品、新技术、新工艺"业务范围把握不准，企业涉税风险较大。因此，为更高水平促进企业做大做强，建议从"新产品、新技术、新工艺"的界定环节开始，对研发活动给予较为清晰和明确的定义，包括细化研发活动的内容、建立更为科学的认定程序、厘清各方职责、形成合理的风险共担机制、促进政策落地落细。

（四）持续优化税收营商环境，吸引优质研发企业入驻

一是加大科技型中小企业培育力度。建立高新技术企业培育库，加大政策资金扶持力度，

支持企业内部建立研发中心、技术中心等研发机构；鼓励企业加大研发投入，提升企业技术创新能力、形成自主知识产权、推动科技成果转化，引导企业向高新技术企业转型升级。

二是持续做好重点企业辅导。将高新技术企业、科技型中小企业研发活动情况与科技部门对接，积极鼓励企业开展适合自身的研发活动，促进企业经济社会效应有效发挥。对账务归集存在困难的企业继续加大帮助力度，对已申报研发费用政策的企业适时开展留存备查资料检查，降低政策落实风险。搜集政策落实存在难点堵点，通过纳税人了解企业存在的疑虑和研发生产情况。加强与科技、发改、财政等部门的外部沟通交流，获取最新研发企业信息。

三是持续加大数据监控、优化税收营商环境力度。对企业会计财务报表填写情况开展综合分析，对填报研发费用栏次的企业，以及购进、销售发票具有研发字眼的企业进行重点跟进。同时，发挥税务代理公司的作用，进一步帮助企业正确归集相关费用，降低企业涉税风险。税务部门继续严格按照修订后的《企业所得税优惠政策事项办理办法》规定，实行政策享受"自行判断、申报享受、相关资料留存备查"的办理方式，为创新主体提供优质纳税服务，减少企业办税成本。

课题负责人：沈建业

时代变迁视角下的盐税溯源探析及启示

于云村　朱昌云

在中国历史上，盐税是历代朝廷财政收入中仅次于田赋的第二大税，其中两淮盐税的税额比重举足轻重。唐朝中期，江淮盐税占全国税额的1/3，宋代两淮盐税税额占全国盐税税额的1/3～1/2。明代两淮盐税税额占全国盐税税额的一半，占全国税收金额的四分之一。到清代，盐税税额从初期的每年200万两到清末1300万两，可以说盐税撑起了封建王朝收入的半壁江山。

盐及盐业与人类发展和史前文明的溯源

食盐凝练而成，它凝练了人的劳动与智慧，也凝练了时光。中国历史上有"煮海为盐"的记载，最早见于先秦时期的《竹书纪年》。相传神农时代，山东沿海有一支名为"夙沙"的部落，擅于煮盐，被后人奉为"盐宗"。在我国山西解池盐湖周围，黄河三角地带的数百千米地区，也就是如尧都平阳、舜都蒲阪及禹都安邑，均建立在解池附近。

在原始社会生活中，盐成为影响人类聚居和分散的重要因素。考古人员在黄河、长江流域发现，史前时期聚居的人类及文化遗址，往往与这里的天然盐湖、盐池、盐泉及岩盐有关。因此，黄河流域成为华夏民族的摇篮，长江流域（如川东）又成为人类史前文明的发祥地。但海盐业的起源一直没有被发现，这一问题只能依靠科学的考古发掘和研究来解答。

先民们利用海滩地下卤水或者海潮的涨落制卤、煮盐。它包含了卤水坑井、卤水沟、沉淀过滤池、蒸发池、储卤坑、大型盐灶、烧火煮盐的工作间等，可以说早在商周时期我国先民就形成了"取卤—制卤—煮盐"的制盐流程。

商周时期，先民们开始利用含盐量高的滩涂资源刮取盐泥制作卤水，然后将卤水放置在灶台上烧煮成盐，这在当时已经形成了一个比较完善的流程体系。西周中晚期已经建立了国家机构来控制盐的开采与利用，《周礼·天官·盐人》："盐人：掌盐之政令，以共百事之盐。祭祀，共其苦盐、散盐。宾客，共其形盐、散盐。王之膳馐，共饴盐，后及世子亦如之。"

东汉时期，解池畔的盐工们苦于"看天吃盐"，便掀起了新的"制盐革命"——人们垦地为畦，反复浇淋湖水、晾晒制卤，再将卤水进一步制作成盐，大大缩短了制盐周期。此时，盐中杂质的问题虽尚未解决，但产量提升了。

南北朝时期，刺土淋卤已形成一种生产工艺；唐宋时期，该工艺逐步成熟并在沿海各海盐产区应用、推广，大大提高了海盐的生产效率。

明代中后期，随着灶户产盐的诞生，聚团公煎制度随之废除。富灶（就是有实力的灶户）开始自己出资铸造煎盐工具，于是像这样适合一家一户独立自主生产的锅丿流行起来。从煮盐工具的变化上可以看到，盐政制度的变化决定着生产工具的演变。

大约在宋、金时期，山东、福建一带出现了将淋卤池中的卤水倒入小面积的晒盐池中、借助风吹日晒结晶成盐的制盐方式。到了明代，这一技术在各海盐区逐步推广。各地盐民在实践中，因地制宜创造出多种利用卤水晒盐的方式。比如，在卤池旁高筑土盘，用瓦片平铺，将卤水倒入其中，使其经风吹日晒结晶成盐；或用砖块等铺成砖池板晒盐，将制成的卤水倒入晒板中，使其经过阳光曝晒成盐。从淋卤到晒盐，每一个生产周期为6~7天。

泥池滩晒逐步成为晒盐方式的主流，极大地提高了生产效率，成为我国近现代最普遍的制盐方式。它最早出现在清光绪年间，并一直沿用至20世纪80年代。盐民按照八卦、九宫等形制，把晒盐滩地设计成一个"八卦形"盐田。修滩可使池底、池埝（念）、池板等坚实、平整、不渗漏；进而可纳潮引水，蒸发制卤；海水在盐池中经自然蒸发，变成高盐度的卤水；再让海水结晶，收盐，放入饱和卤水，等卤水漂花时，将盐种撒入池中，待卤水浓缩到30波美度左右时将老卤排出，即完成结晶。

无论煎盐还是晒盐，都少不了盐民的参与。盐民，又称"灶民""盐丁"。他们常年居于荒滩，煎于烟火，饱受灾害侵扰、官商盘剥，朝不保夕，生产生活条件极其艰苦，社会地位低下。西汉时，官府招募游民及被流放的犯人来制盐，发给费用，至此，制盐成为一种职业。唐代中叶，官府为垄断食盐生产，将沿海煮盐者编入专门户籍，称亭户（灶户），并经历代沿用。入灶籍者，可免杂役，专事产盐。我国古代，官府一般通过招募、组织移民、充军发配三个渠道向盐场充实劳力，以满足盐场劳动力需求。

在我国数千年历史的进程中，对于盐及盐产地权力的控制已成为影响民族发展、霸权建立、朝廷更替和国家兴衰的一个重要因素。同时，历代盐政、盐法变化繁多，但其实质无非在盐利上打尽主意，企图借此增加财源。

从西汉承袭周制实行国家管控专营，到后世各个朝代皆国家管控，一直延续至今。海盐生产出来之后，要进行存储、运输、加工和销售等，要有收纳型存储和中转集散型存储。收纳型存储是官家收取正额盐税的场所，属于官盐仓，创始于明洪武十二年（1379）。"便仓"是官家收取灶户余盐的仓储机构，形制与官盐仓相同。中转型存储，如今天的仪征就是淮盐区真州转般仓之一。真州转般仓是淮盐及其他各类物资的集散处，从隋唐到清代以前都是漕运、盐运和货运的中转之地，因而逐渐成为江淮一带的繁华富庶之地。

存储之后，便要进行盐的流通。古代朝廷对盐的流通把控得非常严格，自古以来，盐多以水运和陆运两种方式运输，以水运为主。河道主要由盐场内河、场外运盐河，以及淮河、长江、黄河、大运河等公共河道等三部分组成。盐的收购、放销、计量、包装、开运和验放等，都有一套成熟的体制和程序。而海盐运输与销售在盐业专卖实行以后，其流通范围才开始有明确的划分。

食盐从盐场到老百姓手中，离不开盐商这一特殊群体。史书记载我国最早的盐商是胶鬲，人们视其为盐商始祖。胶鬲，殷商末年人，原是商纣王的大夫，商纣之乱后，弃官隐遁经商，贩卖鱼盐。后被周文王发现，委以重任，后又帮助周武王成就了大业。

唐代盐业专卖制度改革后，盐商逐步成为专卖体制的重要组成部分，甚至成为协助政府进行管理的重要力量，他们在不同朝代会享有一些特权。北宋时期，官府将官方特有的黄旗发给盐商，盐商将黄旗插于船头，就可以畅通无阻，过往官员及其他客船、商船一律回避让路，一时风光无限。还有科举特权，中国自古以来备受歧视的"盐籍"盐商，到了明清时期，反而拥有了超然的权益，朝廷专门给予远离家乡的商人子弟异地参加科举考试的权利。

盐商凭借食盐经营获取巨大财富，在享受奢华生活的同时，也会报效朝廷，回馈当地的城镇建设、教育、文艺发展等。自康熙至嘉庆年间，清朝廷收到扬州盐商报效银子共近4000万两。

新中国成立以来，盐业制度不断发展变化，但是国家专卖的性质从未改变。2016年，国务院颁布《盐业体制改革方案》，废除了食盐计划管理和政府定价机制。自2017年1月1日开始，放开所有盐产品价格，取消食盐准盐运证，允许现有食盐批发企业向食盐定点生产企业购盐并以自主品牌开展跨区域经营。中国步入了盐业开放的充分市场竞争时代。

盐税历来是国家财政收入的支柱

一颗颗雪白的盐晶体，不仅能滋养人类，而且能作为农业、医药、化工领域的原料，还能承担税赋。盐税是指以从事生产、经营和进口的盐商为课税对象所征收的一种税。从上古时期到新中国成立以来，盐税制度不断变化、完善，一直是国家财政收入的支柱。

夏、商、周是无税制朝代。《尚书》记载夏朝的禹制定了九州贡法，根据各个州土地的具体情况来划分上供的数量，史载的青州也就是现在山东的部分地区上供的就是海盐，这个时代是无税制时代的"任土作贡"。这时候，没有专门的盐业政策，只在产盐地有专门的官员管理食盐的采制，同时也允许民间自由开采。周朝设立太宰，掌管诸侯的贡赋。诸侯岁有常贡，各以其土特产贡于王室，盐是贡物之一。因此，远古时期并没有专门的盐政，市场完全放开，食盐只是作为土特产之一，献于王室，与其他商品并无二致。

春秋之时，齐国宰相管仲推行"官山海"政策，开创了民产、官收、官运、官销的"食盐官营"盐政制度，大兴盐铁之利，对食盐产、运、销专管以增加国税收入。于是，齐国变富，称霸诸侯。秦国商鞅变法，主张盐铁官营，专山泽之利，管山林之饶，收到了显著成效。"盐铁之利二十倍于古"，解决了"军旅之费""国赋之急"。

秦朝延续商鞅的政策，奖励耕战、发展生产，除非特定的战略物资，一般不施行专卖制度。秦国允许民间自由开采食盐，官方加以征税。秦始皇统一六国后，并未改变盐政，只是盐税大幅提高，从而大幅推高了盐价。《史记》记载，秦朝的盐税曾增长20倍，人食贵盐、盐商暴富、小民贫困。

汉初承秦制，民营、征税。私人允许经营盐业，国家征税，不过税收直接归属主管皇室财政的少府。诸侯国可以经营食盐，收入不归中央。汉武帝在位期间，对内实行政治经济改革，将天下的盐池收归国有，实行"完全专卖制"；对外用兵，开拓疆土，西通西域，南开黔滇，北击匈奴。由于连年用兵，国库极其紧张。为了维护祖宗旧法，采取了一系列措施。国家雇工煮盐，发给费用，山海天地的物产都归国有，不能据为私有。在重要的产盐地设置盐官，让盐地之利尽在国家掌控之下。

魏晋南北朝，对食盐实行"完全专卖"制，设立司盐校尉主管盐政，榨取盐利。西晋统一天下后，延续曹魏政策，禁止民间煮盐，食盐由国家专卖。东晋及南北朝，从北魏至北周、北齐，盐政常有变动，时而专卖、时而征税，但仍以征税制为主，历经宋、齐、梁、陈没有更改。

隋朝及唐朝前期的一百多年，国家对盐业实行宽松政策，无专卖、无盐税。隋文帝统一全国后，躬行节俭、轻徭薄役、休养生息，废除盐、铁、酒的专卖，对食盐既不专卖又不征税，食盐之利与百姓共享之。隋炀帝即使横征暴敛，也没有涉及盐利。唐朝前期继承了隋的盐、铁、酒的政策，从隋开皇三年至唐开元初年的130年，中国的盐、铁、酒无税。这样的宽松政策使得产盐面积和规模都不断扩大，到了唐肃宗至德三年（758），又将食盐官营推向全国。

唐朝中后期持续130年"食盐无税"。开元十年（722），唐朝开征盐税。安史之乱后，唐肃宗为了筹集平叛军费，实行盐铁官营。肃宗宝应元年（762），刘晏接替第五琦成为盐铁使后，创新了盐业专卖制度，"民制—官运—官销"变为"民制—官收—商运—商销"。盐的零售渠道仍由政府进行宏观调控。创新了就场征税的专卖制度，即将盐税计入盐价卖给盐商，盐商交钱领盐之后，自由运销，这给朝廷带来了丰厚的收入。在刘晏上任之前，每年盐利才40万缗，其上任之后的十多年后，盐利每年达600多万缗，已占到国家财政收入的一半以上，成为财政支出的主要财源，盐税一度撑起唐朝半边国库。唐朝后期，官府陆续开征了酒税、茶税，至唐宣宗，盐税收入和占比均有所下降，盐税278年贯，占比30%，但是这一制度的影响波及整个中国古代盐业经济制度史。

北宋前期，盐政在唐末的基础上加以创新，采用"完全专卖"制；北宋中期，推出"折中法"，由商人将粮食运到边疆，核算成本，最后到盐场领取食盐销售。北宋后期及南宋，商人交钱购买盐引，相较于"就场专卖"制。盐引法通过增加商人购买盐引的手续，加强了对盐商的控制，因而被以后的朝代所沿用。政府让商人拿着钞、引到盐场取钱，再转销给百姓。"钞引法"在中国盐业史上产生了重大影响，为宋之后各代所沿用。宋代财政对盐税的依赖不断提高。

元代在盐法制度上承袭了宋代，但盐法严苛，再加上国家对盐利无限度的追逐，使得盐引越卖越贵，引价日增，农民买不起官盐就去买私盐，致使民不聊生，最终爆发了全国范围内的盐民起义。

明朝的盐法制度实行的是"开中法"，由北宋"入中法"演变而来。明代盐价较低。除了崇祯末年因为农民起义使盐价大幅上涨，其他时间的盐价都不高，多数时期的价格在每斤8文至10文之间。明代的盐税比较稳定，官方的产盐总量为4.91亿斤，发放了245万盐引。而万历年间的盐税是130万两，因而盐引的价格为0.53两/引，合530文/引，每引200斤盐，则每斤盐隐含税收为2.65文，只有宋代的1/9。如果比较一下，宋代和明朝的隐含税率都是33%，可是两者的终端价格差了八九倍，所以盐税也相差巨大。明代末期，官收场盐不足，商人经常领不到盐，故积攒了大量盐引。为了清理盐引，明政府将商人所领盐引编成纲册，纲册上无名的商人不得卖盐。

清代承袭了明末的纲盐法。清前期，盐税一直在400万两以内，到了乾隆朝接近600万两，乾隆十八年达701万两。随着清统治者的腐化，对百姓的剥削增加，盐税占财政收入的比重逐步提高，嘉庆年间达14.4%。清代末年，由于税重、腐败，食盐运销困难，盐引销售不畅，盐商潦倒，改革势在必行。道光十二年（1832），两江总督陶澍在淮北盐区推行废引改票制度，收到显著成效。在14年间，每年行销盐量是改革前的两倍，达600万引，纳税银1100万两，后因太平天国起义（1851—1864）受阻。

1840年鸦片战争以后，列强打开了中国的大门。尤其是1895年与日本签订《马关条约》后，两亿两白银的赔款使清政府无力承担，在不得已的情况下只好将我国的盐税作为抵押。从那个时候开始，列强就控制了中国的盐税，盐税大幅提高。道光年间的盐税超过1000万两，光绪末年的盐税达3000万两。1911年辛亥革命爆发以后，以善后为由的清政府向列强借款，使中国的盐政管理权丧失殆尽。

中华民国时期，盐税已发展为中央财政收入的三大支柱之一。

1949年中华人民共和国成立，政务院于1950年1月20日颁布了《关于全国盐务工作的决定》，建立起新的盐务管理机构，确定了盐税征收原则、盐税税额和管理办法。为使盐务部门集中力量发展盐业生产，自1958年7月1日起，盐税的征收工作由盐务部门交由税务机关办理。1973年税制改革时，把盐税并入工商税中作为一个税目，但仍按原盐税制度执行。1984年9月18日，国务院颁布了《中华人民共和国盐税条例（草案）》，盐税从工商税中分离出来，重新成为一个独立税种。

现行的盐税是国家在1994年税制改革时将原有的盐税一分为二，即增值税和资源税。自2007年2月1日起，盐业资源税适用税额标准调整。自2007年9月1日起，盐（指主体化学成分为氯化钠的工业盐和食用盐，包括海盐、井矿盐和湖盐）适用增值税税率由现行的17%统一调整为13%。

时代变迁下盐行业税制改革的启示

中国历朝历代都认识到，盐是人民生活中必不可少而又无可替代的物资。新中国成立之初，盐税仍为财政收入的重要组成，但随着经济发展，盐行业专营在增加财政收入上的作用已日渐减小，盐资源税占国家税收的比重下降至0.001%左右。改革开放四十多年来，我国经济的持续高速发展以高能耗、低效率、粗放型经济等为代价，使得资源短缺和环境问题成为制约我国目前经济发展的瓶颈之一。为解决这一问题，国家采取从量计征改为从量和从价结合相结合的方式，较好地保护了资源，促进了公平税负，改善了环境。

盐税在时代变迁下的变化，对盐行业发展提出新的课题，赋予新的动能。首先，由于盐的税收征收载体作用已改变，盐作为税收载体的功能已弱化。非食盐和食盐的专营方式也发生变化，2016年取消特许经营，使盐税收的功能消退。同时，盐作为资源的属性也在弱化。盐主要有两种生产方式。一种以海水制盐，一种以矿用真空制盐。真空制盐的矿盐方法产量大、所需人工较少。海水制盐受天气等影响较大，所需人工较多，生产效率较低。"十三五"期间，我国矿盐已探明的储量为4000亿吨，所以矿盐必将渐渐成为市场化、国际化的大宗产品。鉴于上述变化，我们应加快盐行业税制改革：

启示之一：从长远看，创建盐行业世界一流龙头企业，有利于盐产品的竞争力。目前，全国注册制盐企业约290家，其中食盐定点生产企业131家（含多品种食盐定点生产企业36家）。盐行业"多、小、散、弱"，集中度不高，具有核心竞争力的盐行业企业集团不多。应鼓励大型企业集团充分利用"一带一路"倡议开拓国际市场，可重点培养创建发展一两个世界一流的龙头盐行业。同时，可考虑取消盐资源税，并以环境税替代，这有利于国内盐的开采和生产盐产品的竞争力。完善盐的计税依据改革，实行从价和从量复合征收，解决由于资源税税负水平过低所带来的调节级差、资源综合利用、资源开采地补偿及收入功能弱化等问题。

启示之二：盐业的管理要放在关乎国计民生及民族生存来考量。盐是人民生活的必需品，也是化学工业及其他诸多产业领域的基本原料；食盐更是党和国家赋予盐行业保障人民身体健康的特殊任务。我们要以构建国内大循环为主体、以国内国际双循环相互促进的重大决策为导向，根据《中华人民共和国国民经济和社会发展第十四个五年规划和 2035 年远景目标纲要》，进一步优化结构，满足人民群众生活需求的多元化、多层次、健康化趋势和消费结构升级的需求。建立布局优化、调控有序、技术升级、效益提高的新型产业体系，推动盐行业持续、健康、协调发展，促进税收的增长。

启示之三：要立足盐主业，拉长变宽盐产业链税源口径。"十四五"期间，盐业需求量最大的两碱行业产能总量会更加趋于合理，产业结构、产品结构将进一步优化，给盐行业发展带来新的机遇和更大的挑战。我们可根据企业的资源条件和外部环境，合理发展盐化工，扩大生产规模，实现产业升级；发展盐田生物、水产养殖及产品深加工，发展渔光产业，提高盐田的综合利用率。对接海水淡化项目，形成"海水淡化—提溴—制盐—苦卤化工"相结合的绿色海生态产业链，实现传统产业向生态海洋经济转型。大力开发盐穴资源在储能、储气等方面的应用。实现盐资源充分利用，形成以盐、元明粉、硫酸钙等为主的多种无机矿物质产品经济结构。积极鼓励更多有条件的企业延伸产业链，发展纯碱、氯碱及其下游产品，形成新的税收价值链。

启示之四：加快盐行业新技术使用和新产品开发，促进盐产业税收持续增长。"十三五"期间，海盐受区域经济发展的影响，盐田面积逐渐减少，产能下降；井矿盐受环保政策及生产成本限制，产能增长放缓；湖盐目前产能小幅增长。"十三五"末，原盐产能 12000 万吨，产量 9640 万吨，消费量 10591 万吨，产能过剩近 2000 万吨。对此，我们要加快盐行业新技术使用和新产品开发，促进盐产业税收持续增长。积极推广井矿盐区五效、六效真空制盐工艺技术和机械热压缩制盐工艺（MVR）技术在新建制盐项目中的应用，着力开展盐穴综合利用研究及湖盐科技创新开展可再生资源的开发利用，探索风、光、牧、盐新业态。提高湖盐矿床资源利用率和回采率、降低采矿贫化率等。推广使用水溶开采工艺与技术，以市场需求为导向，推进盐行业供给侧改革，重点开发高中端个性化、差异化、定制化食盐产品，提高市场占比。加快研发日化生活、医药、交通融雪用盐品种，提高产品附加值，促进盐行业税收的增长。

（作者单位：国家税务总局盐城市税务局）

智慧税务建设的国际经验借鉴

王 玲

2021年3月,中共中央办公厅、国务院办公厅印发了《关于进一步深化税收征管改革的意见》(以下简称《意见》),要求到2025年,深化税收征管制度改革取得显著成效,基本建成功能强大的智慧税务,形成国内一流的智能化行政应用系统,全方位提升税务执法、服务、监管能力。智慧税务建设作为有效应对数字经济带来的征管挑战、推动税收治理创新的重要抓手,应以《意见》为指引,持续深化数字技术运用,积极探索构建顺应新形势、适应新要求的智慧税务体系,推动税收治理创新发展。

一、智慧税务建设的理论供给

(一)税收遵从理论

税收遵从是指纳税人依照税收法律规范的规定履行纳税义务。税务机关以提升纳税人税收遵从度为终极目标,通过税收行政行为引导、约束和修正纳税人的不遵从行为,提升税收征管效率。为此,精准识别纳税人税收遵从的影响因素成为税收遵从理论的重要内容。纳税人在自身实际税负、公共品供给状况、对税务机关的观感、对税收公平的认识等方面存在的认知偏差会影响其税收遵从意愿,应当采取相应措施,降低纳税人的主观税负感知,改善其对公共品供给的主观评价,消除其对税务机关的认知偏差,优化其对税收公平的感知,最终提高其税收遵从意愿。理性纳税人具有对纳税成本最小化或经济利益最大化的追求,只有纳税人的税收遵从成本较低时,才能驱动其自主纳税,形成纳税人与税务机关间的良性互动关系。

(二)税收大数据理论

税收大数据理论源于对大数据应用研究的拓展。税务机关在日常的税收征管中掌握纳税人的海量基础信息数据、申报数据、生产经营数据等,这些数据兼具大数据的大量、高速、多样、价值、真实性等特征,具有较高的分析价值。受制于数字征管能力的不足,当前税务机关对上述数据的利用率相对较低,因而税收大数据的应用还存有广阔空间。税收大数据具备获取及时、结构化程度低、以申报系统数据为主要来源及分析方法多元等特点,在现阶段主要应用于编制经济景气指数、促进纳税遵从及优化纳税服务等领域,其发展受到理论基础、技术水平和隐私安全等方面的限制。涉税数据的获取制约了我国涉税数据挖掘价值的挖掘,应进一步扩展深挖税务部门的涉税数据价值,借助其他公共部门和私人部门数据,从整合公私部门数据价值两个方面充分提升数据的使用价值。

(三)智慧税务理论

智慧税务强调从技术上通过现代信息技术对传统税收征管方式进行改造,并全方位实现数据的全面感知、广泛互联、海量计算、多应用整合、管理者和使用者的融合共用。智慧税务建设是近年来学术界研究的热点。有学者认为，智慧税务建设应以纳税人为中心，以提升税法遵从度和社会满意度为己任，着力突破智慧税务建设过程中存在的历史局限，以高集成功能、高安全性能、高应用效能为建设标准，从执法、服务、监管和治理四个维度助力提高税收征管效率。还有学者从税收风险管理、纳税申报等征管环节提出了建设智慧税务的建议。

二、我国智慧税务建设存在的主要问题

（一）信息立法缺位

智慧税务体系是税收发挥职能作用强有力的工具，其"智慧"的知识储备源于完善的法律体系。因此，推动信息立法、建立完善的法律体系是智慧税务建设的必经之路。我国税收法律体系主要是以《中华人民共和国税收征管法》及税种立法为主，以国务院制定的暂行条例、税收法规等为辅。税收体系中缺失信息立法，相关信息政策大多以条例形式出台，法律约束力低，无法作为智慧税务建设的法律基础。智慧税务的服务对象是社会经济整体，而非仅实体经济一部分。信息立法缺失，使得国家对于电子经济、平台经济等非实体经济的约束性相对而言较为松散，在一定程度上降低了部分纳税人偷逃税的门槛，不利于贯彻税收公平原则。

（二）"信息+税务"型复合专业人才缺乏

信息化时代，构建智慧税务体系不仅需要运用高新技术，更需要信息技术人才建设的高效可行的税收系统。就目前而言，我国税收体系中缺乏"信息+税务"型专业人才，了解税收法律制度的税务员大多不了解信息技术，懂得信息技术的技术员却缺乏税收专业知识。税务人才的专业水平与业务素质有待进一步提高，尤其是在税收信息化技术方面的应用能力还有很大的提升空间。

（三）智慧税务意识缺失

智慧税务意识要求税务管理人员重视智慧税务建设及运用，督促相关人员通过利用我国已成熟的信息技术手段，建立24小时在线的信息化、智慧化的智慧税务体系，并通过这一体系完成税务征管、监督、服务工作。对基层工作人员而言，智慧税务意识要求其能够认识到数字信息的重要性，并能够充分利用智慧税务体系，运用数字信息寻找需要帮助的纳税人，为其提供便捷、切实可行的问题解决方式。受传统业务模式的影响，我国税务机关基层工作人员管理思维仍停留在较为传统的线下服务模式中，认为只要完成"上门"业务即可。部分税务人员虽有线上服务意识，但仅能够为纳税人提供涉及当地的税收服务，无法为纳税人提供跨省的全面税收服务；无法充分利用智慧税务，完成纳税人数字信息的采集及质量把控。数字信息分析的结果也无法受到完全重视，纳税人真正需求自然会受到忽视。

（四）尚未建成一体化的智慧税务体系

我国税务系统目前主要是以各地智慧税务建设为主，且各地区建设程度不一，未形成互联互通的统一整体，仅为局部智能化。纳税人无法完全实现异地跨省智能申报。随着科技手段的不断更新，技术手段在经济活动中的运用不断深入，各行业之间的联系将越发紧密，税务系统建设滞后对我国税收征管的冲击也将不断加大。局部智能化的省级智慧税务建设，无法满足信息时代税务工作的要求，将会使政府对经济社会的管理、服务程度相应降低，这不利于税收职能作用的充分发挥，更不利于经济的稳定发展。

三、国外税务部门的智能税务应用经验

(一) 欧盟：利用新技术实现纳税环境数字化

统一网站，发挥税收宣传作用。欧盟开设税收和教育门户网，目的是向年轻欧洲公民普及有关税收的知识，并告知受众税收如何影响生活。

统一标准，提高纳税服务质量。波兰国家税务总局为了树立专业化、现代化、友好化的公众形象，出台各项税收征管工作的标准，启动网上办税项目，进行机构调整，包括建立涉税信息库、明确纳税服务窗口办公标准等，为纳税人提供服务。英国皇家税务与海关总署为了满足纳税人日益提高的期望，提供了一流的在线服务，纳税人使用税务服务系统像在网上购物一样简单快捷。

统一平台，建立涉税数字账户。欧盟成员国利用信息技术的不断发展，形成了统一的电子政务信息平台，并通过平台提供种类多样的纳税服务，如电子支付税款、纳税申报表在线申报和评估、政府部门之间税务评估相关信息的共享、纳税人的涉税问题解答等。

(二) 韩国、新加坡：采用新方式实现纳税服务现代化

数字技术助力纳税服务更高效。作为全世界网络覆盖率最高的国家，韩国线上电子税务局覆盖了95%的税收业务，无纸化办税、全年无休服务不断提升了办税的便利化。同时，韩国纳税人通过"家庭税收系统"来完成线上申报、缴税、开具纳税证明等一系列税收业务。此外，新加坡国内税务局运用自主开发的软件增强数字服务虚拟助手"Ask Jamie"的功能，更加方便快捷地处理纳税人的咨询。

创新科技促进纳税方式更便捷。为了方便纳税人办理纳税申报，韩国国家税务局使用Android和IOS操作系统提供移动服务。移动应用程序允许纳税人处理诸多的税务信息。对于小型企业家而言，在智能手机上通过电子税务局APP就能在线上提交预填的纳税申报单、开具电子税务发票、查看商业合作伙伴信息，以及实现年终纳税结算、费用扣除，十分便利。韩国新税务综合系统（NTIS）也已经实现了三十多个子系统的全面整合和功能优化，高度的功能整合和数据共享成为纳税人准确、便捷申报的有力支撑。

四、国外智慧税务实践对我国的启示

(一) 全面推广电子发票服务平台，利用智慧税务确保精确执法

发票在我国的税收管理工作中已经基本实现了由传统的"以票控税"模式到"以数治税"新型管理模式的转化，电子发票在进一步降低征纳双方成本的同时又可以促进信息管税战略目标的实现。随着数字经济在全球快速发展及信息技术的广泛运用，纳税人经营模式复杂性与税源多样化造成传统的纸质发票管理模式备受冲击，难以适应新经济、新业态、新模式的发展需求。电子发票服务平台的全面推广将助力智慧税务建设，可有效提升执法精确度。利用电子发票服务平台严厉打击涉税违法犯罪行为，充分发挥税收大数据作用，对发票开具、使用等进行全环节即时验证和监控，可实现对虚开骗税等违法犯罪行为的惩处从事后打击向事前、事中精准防范转变，精准有效打击涉税违法犯罪行为。

(二) 推进纳税服务多元化，利用智慧税务提供精细服务

互联网时代，纳税人的经济行为常常超出时空、传统方式的限制，这就要求税务部门提供

的纳税服务也不应受时空、传统方式的限制。从税务部门角度讲，税收治理模式从"管理"走向"治理"要求"为全社会提供最优的税收服务"。智慧税务建成后，将形成以纳税人端、税务人端、决策人端为主体的智能应用平台体系，为税务部门提供精细服务创造有利契机。税务部门可在准确、广泛地向纳税人宣传法律法规和税收政策的同时，准确定位纳税人需求并向其提供精细的个性化服务，拓展税法宣传与服务的力度和广度，打造"智慧税务"服务系统，满足纳税人线上、线下、全天候、跨地域的纳税服务需求。

（三）基于治理主体多样化，利用智慧税务达成精诚共治

构建"党政领导、税务主责、部门协作、社会协同、公众参与、国际合作"的税收共治新体系，可借鉴国外经验，不断加强部门之间的密切协作，助力实现信息共享，努力提升税收治理效能。基于税务部门与其他部门合作共治的视角，要强化"整体政府"理念，顺应数字化时代的发展要求，努力实现部门间数据信息的共享共建。要发挥税收数据及时、精准的优势，与其他部门的数据进行必要整合，提升数据价值，形成行业、区域指标体系。基于税务部门与纳税人协作协同的视角，要尽力为纳税人提供更全面、更便捷的服务，努力将更多涉税信息纳入税收征管系统，使尽可能多的涉税问题在纳税人提交纳税申报表之前或期间就得到识别和解决。

（作者单位：国家税务总局扬中市税务局）

增值税

增值税留抵退税政策对企业产品质量的影响
——基于 G 市上市公司的分析

国家税务总局广州市税务局第三稽查局课题组

一、引言

在我国减税降费大环境和"营改增"全面推行的影响下,业界逐渐发现增值税的期末留抵税额通过现金流量与未来税负等因素影响企业规模的扩大和技术方面的投入。其中,像大型设备制造和初创高新技术这类"高进低销"的企业能够明显感受到留抵税额的积压对再投资的限制。

2019 年 4 月 1 日,国家税务总局全面推行留抵退税制度,允许符合条件的增量留抵退税额在计算时全额退还。政策没有影响企业的税费总额,而是通过影响在不同时期可支配资金的数量,进而影响投资收益。

由于研究对象不同,众多学者从固定资产、现金流、行业差异等角度对增值税留抵税政策实施后的企业税负及投资经营状况进行了分析讨论(何杨、邓栖元、朱云轩,2019;刘金科、邓明欢、肖翊阳,2020)。对于技术创新型企业来说,留抵税政策造成的生产能力的滞后可能会冲减部分甚至全部的减税降费红利。解洪涛、张建顺、王伟域(2019)探讨了留抵税政策对企业融资成本和现金挤占的影响。本文在此前学者研究的基础上,选取企业层级数据,并以多期留抵退税政策制定作为冲击,构建准自然实验。使用研发投入和员工数量来衡量企业的创新投入,并用 DID 双重差分模型进行多期政策冲击的检验。我们通过探讨增值税留抵退税政策能否显著影响企业的创新性投入,以期为增值税优惠政策的制定做好理论铺垫,也为我国经济的高质量发展提供新的思考角度。

二、理论分析与作用渠道

政府实行的增值税留抵退税政策对企业创新行为的影响路径可以分为直接影响和间接影响两个方面。

(一)直接影响

增值税留抵退税政策通过改变现金流来影响企业创新投入。这将使得由企业生产资金转化而来的留抵税额无法及时回流到现金流当中去,进而影响企业发展初期的创新水平。

(二)间接影响

增值税留抵退税政策通过改变企业的盈利能力、偿债能力等来降低企业经营风险水平。首先,影响企业的盈利能力和资金报酬率。其次,留抵税的资金滞留使得企业无法及时偿还企业的债务。此外,满足条件企业的利息支出无法调整在税前列支,进一步提高了企业的所得税负。再次,盈利能力和偿债能力的下降使资金周转压力无法得到有效释放,从而大大提高了企业的经营风险。最后,上述指标共同影响了企业的综合经营能力,不仅反映在其市场竞争力方面,还体现在企业的技术创新能力、风险管理能力等方面。

三、研究设计

(一)计量模型设定

基于上述分析,本文将运用双重差分模型进行实证分析,验证留抵退税试点行业的研发投入是否与非试点行业的研发投入存在显著差异。回归模型设计如下:

$$RD_{ijt} = \alpha_0 + \alpha_1 Treat_j * Post_{jt} + \gamma X_{it} + \delta_i + \theta_t + \varepsilon_{ijt} \tag{1}$$

其中,i 代表企业;j 代表行业;t 代表年份。RD_{ijt} 是 j 行业 i 企业第 t 年的研发投入,以研发投入金额/营业收入表示。$Treat_j$ 是分组虚拟变量,行业在样本期内已推行留抵退税政策,则为处理组,赋值 1,否则为 0。$Post_{jt}$ 是政策虚拟变量,行业推行留抵退税政策当年及以后年份,赋值 1,否则为 0。X_{ijt} 是企业层面的控制变量集合,包括:企业规模($lasset_{it}$),用总资产自然对数表示;企业年龄($lasset_{it}$),用样本年份和成立年份的差额的自然对数表示;管理费用率($agent_{it}$),用利润总额/财务费用表示;营业毛利率(ogm_{it}),用(营业收入－营业成本)/营业收入表示;资产负债率(lev_{it}),用负债总额/资产总额表示;综合税率($taxburden_{it}$),用(营业税金及附加＋所得税费用)/利润总额。δ_i 表示个体固定效应。θ_t 表示年份固定效应。ε_{ijt} 为误差项。

(二)样本处理的描述性统计

本文使用的数据源于国泰安 CSMAR 数据库,为避免 2008 年金融危机对样本的影响,本文选取 2009—2019 年的 A 股上市公司数据。剔除样本期内 ST 的企业和金融行业企业,对所有连续变量进行了前后 1% 的缩尾处理。表 1 展示了本文主要变量的描述性统计结果。

首先,用营业收入标准化处理的研发投入变量 RD 的标准差较大,反映出企业对待技术研发的态度有较大的差异,这可能与企业的性质和经营对象有关;其次,用总资产自然对数表示的企业规模变量 lasset 也具有较大的标准差,说明所选企业样本中覆盖了大小不同规模的企业;最后,用净利润与平均资产总额的比值表示的变量 roa 均值为正,说明所选样本企业具有基本正常的盈利能力。

表 1 主要变量的描述性统计

变量名称		样本数	均值	标准误	最小值	最大值
研发投入	RD	20,246	0.046	0.044	0.000	0.258
企业规模	lasset	28,695	22.022	1.306	19.470	26.048
企业年龄	lage	28,695	2.822	0.367	1.609	3.466
管理费用率	agent	28,676	0.099	0.088	0.009	0.595
营业毛利率	ogm	28,675	0.289	0.176	−0.009	0.834
资产负债率	lev	28,694	0.428	0.215	0.049	0.952
综合税率	taxburden	28,691	0.337	0.436	−0.733	2.741

四、实证分析

(一) 留抵退税政策对企业创新投入的影响

本文基于方程(1),以2009—2019年数据进行回归分析。表2反映的是留抵退税政策对企业研发投入的基准回归结果。本文采用逐个回归的形式,依次加入企业年龄、管理费用率、营业毛利率等企业层面控制变量进行模型估计,本文的所有回归均控制了个体固定效应、时间固定效应。

表2第(1)列结果显示,在只控制个体固定效应和时间固定效应的情况下,treat×post的系数在1%的置信水平上显著为正,说明政府实施增值税留抵退税政策有效增加了企业研发投入水平。在表2第(2)列至第(7)列的回归中,逐步加入企业的时变控制变量,treat×post的系数及显著性没有明显变化,说明现有的控制变量已能较好地控制与解释变量相关且影响被解释变量的因素,本文基准估计的结果是相对稳健的,不会因为遗漏变量而产生较大的偏误。

表2 留抵退税政策对企业研发投入的影响

项目 变量	(1) 研发投入	(2) 研发投入	(3) 研发投入	(4) 研发投入	(5) 研发投入	(6) 研发投入	(7) 研发投入
treat×post	0.006***	0.006***	0.006***	0.011***	0.011***	0.011***	0.011***
	(0.001)	(0.001)	(0.001)	(0.001)	(0.001)	(0.001)	(0.001)
lasset		−0.003***	−0.003***	0.001	0.001	0.002**	0.002**
		(0.001)	(0.001)	(0.001)	(0.001)	(0.001)	(0.001)
lage			−0.013**	−0.012**	−0.010**	−0.007	−0.007
			(0.005)	(0.005)	(0.005)	(0.005)	(0.005)
agent				0.199***	0.198***	0.200***	0.199***
				(0.012)	(0.012)	(0.012)	(0.012)
ogm					0.025***	0.020***	0.020***
					(0.005)	(0.005)	(0.005)
lev						−0.016***	−0.016***
						(0.003)	(0.003)
taxburden							−0.002***
							(0.000)
个体固定效应	YES	YES	YES	YES	YES	YES	YES
时间固定效应	YES	YES	YES	YES	YES	YES	YES
截距项	0.045***	0.112***	0.145***	0.025	0.018	−0.006	−0.005
	(0.000)	(0.020)	(0.025)	(0.024)	(0.024)	(0.024)	(0.024)
观测值	20,018	20,018	20,018	20,018	20,018	20,018	20,018
R-squared	0.834	0.834	0.835	0.864	0.866	0.867	0.867

注:括号中报告的是稳健标准误差,***、**和*分别代表在1%、5%和10%的水平上统计显著,下同。

（二）平行趋势检验

基准回归的结果表明，留抵退税试点企业的研发投入水平显著高于非试点企业。为了检验处理组与对照组企业的研发投入差异是否在留抵退税试点前就已经存在，本文进行了多期双重差分的平行趋势假设检验。回归模型设计如下：

$$RD_{ijt} = \alpha_0 + \sum_{n=-9;\,n\neq-1}^{n=1} \alpha_n Treat_j * Postyear_{jt} + \gamma X_{it} + \delta_i + \theta_t + \varepsilon_{ijt} \quad (2)$$

该模型除了交互项以外，其他设定与方程（1）基本一致。$Postyear_{jt}$ 代表试点企业享受留抵退税政策的第 n 年，本文以企业享受留抵退税政策的前一年（n=-1）作为基准年。α_n 是平行趋势检验中关注的解释变量系数。当 n<-1 时，若 α_n 不显著异于 0，则处理组与对照组在留抵退税政策前的研发投入水平没有显著差异，满足平行趋势假设。检验结果如图 1 所示，在开设留抵退税试点之前，处理组与对照组的研发投入水平在统计上虽有波动，但没有显著差异，平行趋势成立；在开设留抵退税政策试点后，试点企业的研发投入呈上升趋势。虽然留抵退税政策试点时间较短，但根据政策开展当年（current）和开展政策后第一年（after_1）的结果看，留抵退税政策至少对研发投入存在短期的正向效应。

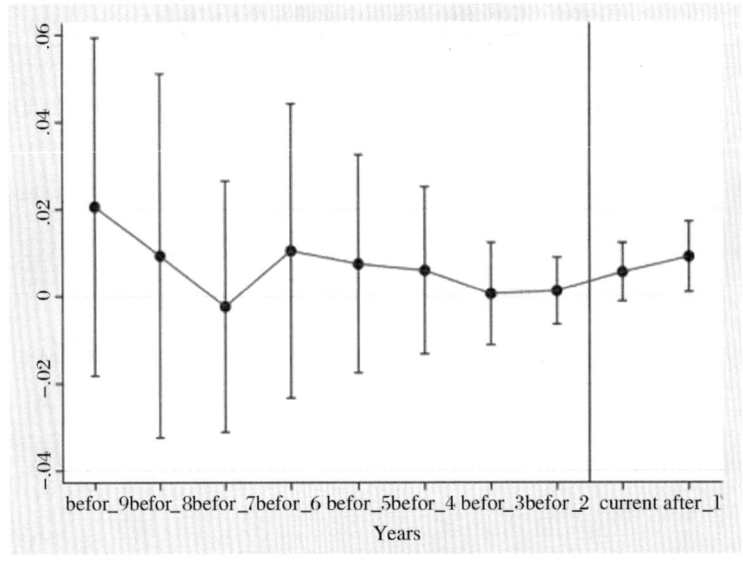

图 1 基准回归平行趋势检验结果

（三）机制分析

增值税留抵退税政策影响企业研发投入的核心机制在于：增值税留抵退税政策节省了留存结转税款的时间成本，使企业拥有更多可支配资金，以提高研发投入。在这一机制下，增值税留抵退税政策应该对增值税留抵税款较多的企业产生更显著的效应。增值税留抵税款常见于"高进低销"企业（何杨等，2019；刘金科等，2020），因而本文试图依据"是否为'高进低销'企业"进行分样本回归，然后以进行组间系数检验来识别这一机制是否存在。其中，企业生命周期是识别是否为"高进低销"企业的一个较好角度。企业在成长阶段，易产生大量增值税留抵税款，所以本部分把处于成长期的企业视为"高进低销"企业。

现金流模式法（Dickinson，2011）：通过经营、投资、筹资三类活动现金流净额的正负组合来反映不同生命周期的经营风险、盈利能力和增长速度等特征，既能够规避行业固有差异的干扰,也能够避免对生命周期的样本分布进行主观假设,具有较强的可操作性和客观性。本文使用现金流模式法来划分企业生命周期,将样本划分为成长期、成熟期和衰退期三个阶段,见表3。

表3 企业在不同生命周期阶段的现金流特征组合

现金流	成长期		成熟期	衰退期				
	初创期	增长期	成熟期	衰退期	衰退期	衰退期	淘汰期	淘汰期
经营现金流净额	−	+	+	−	+	+	−	−
投资现金流净额	−	−	−	−	−	−	+	+
筹资现金流净额	+	+	−	−	+	−	+	−

表4第(1)和第(2)列结果显示,在开设增值税留抵退税试点后,"高进低销"(gd=1)企业和非"高进低销"(gd=0)企业的研发投入都有显著提升。但从系数上看,"高进低销"企业的提升幅度更大;在第(3)列中,本部分通过构建交互项进行组间系数检验,其中gd×treat×post的系数为0.002,在10%水平上显著为正,由此说明,"高进低销"企业的研发投入水平有更显著的提高。

表4 机制分析

项目	(1)	(2)	(3)
变量	非高进低销企业	高进低销企业	全样本
	研发投入	研发投入	研发投入
treat×post	0.011***	0.012***	0.011***
	(0.001)	(0.001)	(0.001)
gd			0.002
			(0.007)
gd×treat×post			0.002*
			(0.001)
控制变量	YES	YES	YES
营改增	YES	YES	YES
高新技术企业	YES	YES	YES
财政补贴	YES	YES	YES
固定资产加速折旧	YES	YES	YES
个体固定效应	YES	YES	YES
时间固定效应	YES	YES	YES
截距项	−0.025	0.005	−0.002
	(0.034)	(0.030)	(0.025)
观测值	9,885	9,079	20,018
R−squared	0.887	0.882	0.868

五、研究结论与政策建议

经过研究，我们认为政府的增值税留抵退税政策主要是通过影响企业的现金流水平来实现对其研发投入的直接与间接影响的。接下来，本文进行了研究设计的平行趋势检验，其结果符合我们的预期。

增值税留抵退税政策能够显著激发企业创新投入的活力，并能有效提升企业在未来发展阶段的价值。增值税留抵退税不会影响企业的税费总额，从而在一定程度上不会造成企业管理成本的显著增加，这是其在实施过程中的一大亮点。

此外，我们还要认识到在未来政策实施过程中可能会出现的问题。首先，政府应该加大对小微企业和中小型科技创新企业的扶持力度，激发其增加创新研发投入、提高企业价值实现的积极性。其次，政府在推行政策时要注意财政赤字的支出强度，不能出现顾此失彼，在其他公共服务的提供方面缺失的现象。最后，相关部分预期可以借助区块链、大数据等智慧税务技术来实现，从而构筑起良好的税收秩序与企业创新环境。

课题组成员：邓国锋　江　莹　谭惠心　吴国斌
　　　　　　王　恒　胡　沁　江南钦　林高怡

以数电票为抓手推动智慧税务建设的思考

夏宝杰　张经纬

2023年4月25日,国家税务总局江苏省税务局发布《国家税务总局江苏省税务局关于开展全面数字化的发票试点工作的公告》(以下简称《公告》)。《公告》表示,江苏省将开始加大推广全面使用数字化电子发票的力度,自2023年4月27日起,江苏省的部分纳税人开展数电票试点。数电票的推广无疑极大地推动了智慧税务的建成,也代表着税务工作的数字化进程向前迈进了一大步。

一、什么是"数电票"

全面数字化的电子发票(以下简称"数电票")是与纸质发票具有同等法律效力的全新发票,不以纸质形式存在、不用介质支撑、无须申请领用、发票验旧及申请增版增量。纸质发票的票面信息全面数字化,多个票种集成归并为电子发票单一票种,实行全国统一赋码、开具金额总额度管理、自动流转交付。

二、数电票与纸质发票票面电子化(以下简称"纸电票")的主要区别

(一)开票前置环节不同

开票前,纸电票需进行票种核定申请,需申领税控设备,需向主管税务机关领用纸电票的号码段。数电票相较于纸电票,无需进行票种核定,无需进行税控设备申领,无需进行发票领用。

(二)发票开票限制不同

对纸电票发票数量和票面限额的管理同纸质发票是一样的,即只能在给定的份数和限额内开具发票。纳税人需要申请才能对发票增版、增量。而数电票采用"授信制",纳税人可在给定的总额度内开具任意额度与任意份数的发票。

(三)票面展示内容不同

数电票票面更加简洁,它删除了纸电票票面上的地址栏、银行账户账号栏、发票代码、开票人及密文区,将购买方和销售方信息并列展示,更加直观。纸电票与数电票发票号码位数不同,数电票号码为20位,含年度、行政区划代码、开具渠道、顺序编码等信息,而纸电票发票号码为8位,按年度、分批次编制。纸电票项目有8行的限制,数电票取消了该限制,废除了纸电票清单开票模式。

(四)发票开具平台不同

纸电票在公共服务平台上开具,可以离线开票。而数电票在电子发票服务平台上开具,且仅允许纳税人在线开票。

（五）发票种类构成不同

纸电票仅包括增值税电子普通发票和增值税电子专用发票。而数电票通过标签化和要素化，设计了显性标签和特定要素，将"7＋10"种制式发票统一为电子发票，其不仅涵盖了增值税发票，也囊括了机动车发票、二手车发票、航空运输客票电子行程单、铁路电子客票、医疗发票等普通发票，其内涵与外延较纸电票更加丰富。

（六）发票交付手段不同

纸电票开具后，开票方需将发票电子数据版式文件通过邮件、短信等方式人工交付给受票方。而数电票开具后，发票电子数据文件会自动发送至开票方和受票方的税务数字账户，并可对各类发票数据进行自动归集。

（七）版式文件格式不同

纸电票电子数据版式文件格式为OFD等格式。而数电票电子数据文件增加了国际通行的XML纯数据电文格式，同时保留了OFD、PDF等格式。

三、数电发票的优点

（一）领票流程更简化

新办纳税人可实现"开业即可开票"。数电发票实现了"去介质"，纳税人不再需要预先领取专用税控设备。通过"赋码制"取消纸电票的特定发票号段申领模式，发票信息生成后，系统自动分配唯一的发票号码。通过"授信制"自动为纳税人赋予开具金额总额度，实现开票"零前置"。

（二）开具发票更加便捷

第一，发票服务"一站式"更便捷。纳税人登录电子发票服务平台后，可进行发票开具、交付、查验及用途勾选等系列操作，享受"一站式"服务，不再像以前需登录多个平台才能完成相关操作。

第二，发票数据应用更广泛。"一户式""一人式"发票数据归集，可加强各税费数据联动，为实现"一表集成"式税费申报预填服务奠定数据基础。

第三，发票使用满足个性业务需求。数电发票破除特定版式要求，增加了XML的数据电文格式便于交付，同时保留PDF、OFD等格式，降低发票使用成本，提升纳税人用票的便利度和获得感。数电发票样式根据不同业务进行差异化展示，为纳税人提供更优质的个性化服务。

第四，纳税服务渠道更畅通。电子发票服务平台提供征纳互动相关功能，如增加智能咨询功能，即纳税人在开票、受票等过程中，平台自动接收纳税人在业务处理过程中存在的问题并进行智能答疑。增设异议提交功能，当纳税人对开具金额总额度有异议时，可以通过平台向税务机关反映。

（三）入档归档一体化

去除纸质票的媒介后，数电发票可以通过制发电子发票数据规范、出台电子发票国家标准，实现数电发票全流程数字化流转，进一步推进企业和行政事业单位会计核算、财务管理信息化。

四、数电票在推动智慧税务建设中的作用

全面数字化的电子发票可以说是智慧税务建设的重要组成部分,其推动智慧税务建设的作用主要体现在以下几个方面:

(一)提高税收征管的精确性和高效性

数电票可以为税务部门提供更加精确的纳税信息,使税务管理更加规范化和高效化。数电票可以自动采集和处理企业的纳税信息,从而实现纳税信息的快速获取和实时监控。这样可以避免由于人为原因造成的信息误差和漏报等问题,同时也可以避免在传统纸质发票管理过程中存在的漏税、逃税等问题。

(二)降低企业成本和提高管理效率

数电票能够为企业带来更低的成本和更高的管理效率。传统的纸质发票需要手动填写、盖章、复印等多个环节,不仅浪费时间和人力,而且还容易出现错误和遗漏。而数电票则可以实现一键开票,减少了人力和时间成本,同时还可以避免传统纸质发票可能存在的假冒伪劣等问题,提高发票的真实性和可信度。同时,对于一些很少开票的个体户而言,数电票的开具更加方便简洁,也无需申请税控设备和购买打印机,因而降低了开票的门槛,提高了开票的便捷性。

(三)促进税务服务的智能化

数字化电子发票的推广可以为税务部门提供更多的数据支撑。税务部门可以通过对数字化电子发票数据的深度挖掘和分析,更好地了解企业的经营情况、税收情况等信息。这样可以为税务部门提供更准确的税收预测与决策依据,帮助税务部门制定更科学、更合理的税收政策,同时也可以更好地为企业提供更智能、更精准的税务服务。

(四)推动数字经济的发展和创新

数字化电子发票的推广还可以促进数字经济的发展和创新。随着数字经济的快速发展,数字化电子发票已经成为数字化企业管理的一个重要组成部分。数字化电子发票的应用可以为企业带来更高效的财务管理和更便捷的信息共享,同时也可以为税务部门提供更多的数据支撑和管理依据,从而推动数字经济的发展和创新。

五、结论

数电票的推广,贯彻落实了《关于进一步深化税收征管改革的意见》,推动了发票全面数字化与智慧税务的建设进程。

数电票的推广普及,大大缩短了首次开票时间,降低了开票的难度,这对于一般纳税人是极大的利好。对于其他纳税人来说,数电票的推广易于纳税人之前发票的传递、勾选及日常申报等,发票的开具更加灵活化,不再拘泥于发票份数与单张发票开票金额。对于基层税务工作者来说,减少了发票审批的工作量;通过全量化采集、标签化处理、要素化处理管理纳税人交易行为,数电票的数据颗粒度更细、覆盖面更广,更有利于税务干部进行数据分析和防范税收风险;发票实施规范化与归集入账后更易于稽查、查补等相关工作的开展。

(作者单位:国家税务总局淮安市淮阴区税务局)

简析纳税人骗取增值税留抵退税行为的法律责任

刘少芳　张艳伶　陈　镔

近年来，受全球形势的影响，国内诸多行业的生产经营状况均受到不同程度的冲击。中共中央、国务院为了支持小微企业和制造业等行业发展，提振市场主体信心、激发市场主体活力、缓解市场主体资金压力，将增值税留抵退税（以下简称"留抵退税"）政策在以前年度的基础上又进行了进一步升级。2022年初，国家税务总局发布了《财政部、税务总局关于进一步加大增值税期末留抵退税政策实施力度的公告》（财政部、税务总局公告2022年第14号）。文中明确了如何规范、高效、快捷地为纳税人办理留抵退税的相关内容。而在政策实施中，税务部门通过大数据，分析出诸多留抵退税的疑点与风险点。为此，国家税务总局、公安部等六部门联合发布了《关于严厉打击骗取留抵退税违法犯罪行为的通知》，文中明确指出，把打击骗取留抵退税违法犯罪行为作为今后一段时间常态化的工作重点，集中力量开展联合打击。为护航国家部署实施的大规模留抵退税政策落准落好，税务部门要坚持"快退""严查""狠打"的工作方法，即全力以赴抓退税进度，在政策兑现的同时，还要严打骗取留抵退税的税收违法行为，体现税法刚性，提高纳税遵从度。近期，我们对违法者骗取留抵退税的手段和方法及其应承担的法律责任进行了归纳，并将如何防范风险进行了梳理。

一、作案手段

大规模的留抵退税是近年来我们国家实施的"组合式"税费支持政策的"重头戏"。然而，这一助企纾困的"及时雨"竟然成了不法分子妄图借此"捞上一笔"的"良机"。他们公然铤而走险"触红线""踏雷区"，心存侥幸践踏和逾越法律。2022年国家税务总局曝光的多起骗取留抵退税案例，就释放了不法分子是在恶意骗取留抵退税的强烈信号。与以往的涉税违法犯罪活动相比，它具有环节少、链条短、行动快、获利大、团伙式、跨区域等特点，这其中暗藏税收风险的严峻性也就不言而喻。它的高发行业有交通运输、商贸、物流、中介机构及劳务派遣等。作案手段大体有如下6种情形：

（1）利用少计收入，逆增留抵税额骗取退税。采取通过个人收取销售款隐匿公司销售收入，减少销项税额，进行虚假申报等手段，骗取留抵退税。

（2）利用虚列进项，扩增留抵税额骗取退税。在没有真实业务交易的情况下，从上游企业非法取得增值税专用发票，虚增进项税额，进行虚假申报，骗取留抵退税。

（3）利用进项转出，暗增留抵税额骗取退税。企业购进的货物产生非正常损失（非经营性损失），以及将购进货物改变用途（如用于非应税项目、集体福利或个人消费等），其抵扣的进项税额应做进项税额转出。但是，个别企业将不予抵扣而应转出的税款与正常的留底税款合并，混淆视听，进行虚假申报，骗取留抵退税。

（4）利用关联企业，转嫁留抵税额骗取退税。为了享受留抵退税优惠，个别关联企业在没有真实商业目的的前提下，上游企业虚开销项发票抵消结存留抵税额，不产生应纳税款，为下游企业提供虚假进项，骗取留抵退税。

（5）利用中介机构，助增留抵税额骗取退税。中介人员在提供财务记账服务的同时，还为其编造虚假的财务数据，在没有真实业务发生的情况下，为被服务企业取得虚开的增值税专用发票，进行虚假申报，骗取留抵退税。

（6）利用优惠政策，叠加骗取多重退税。主要表现为上游享受即征即退的企业，利用税收减免和地方财政扶持返还作为盈利保底，向下游企业虚开或实开增值税专用发票，使下游企业通过抵扣进项税额骗取或套取留抵退税。

二、法律责任

（一）纳税人以隐瞒收入方式虚假申报，骗取留抵退税行为的责任

纳税人通过隐匿销售收入，即以不列、少列收入方式不申报或虚假申报本应缴纳的销项税款，符合逃税罪的客观行为要件，在逃避缴纳税款达到刑事立案追诉标准时，应以逃税罪追究刑事责任，但达到追诉标准并非一定要追究刑事责任。隐瞒收入方式虚假申报的前提是纳税人的进项增值税专用发票是真实的，不存在取得虚开增值税专用发票行为。

根据《中华人民共和国刑法》第二百零一条第4款规定，经税务机关依法下达追缴通知后，补缴应纳税款，缴纳滞纳金，已受行政处罚的，不予追究刑事责任；但是，5年内因逃避缴纳税款受过刑事处罚或者被税务机关给予2次以上行政处罚的除外。

（二）纳税人以虚增进项方式虚假申报，骗取留抵退税行为的责任

纳税人在没有真实交易情况下，以骗取国家税款为目的，通过让他人为自己虚开增值税专用发票来骗取虚假的留抵税款，造成国家税款损失，达到追诉标准的，应以虚开增值税专用发票或者虚开用于抵扣税款发票犯罪追究刑事责任。

根据《关于公安机关管辖的刑事案件立案追诉标准的规定（二）》第六十条规定，不法分子向上游开票方支付"开票费"，并让对方为自己虚开增值税专用发票用于骗取留抵退税的，还可能形成虚开增值税专用发票罪与非法购买增值税专用发票罪的竞合。纳税人为了骗取留抵退税虚开增值税专用发票或其他可抵扣税款的发票，致使企业少缴其他税款，如企业所得税等，属于偷税违法行为，情节严重的涉嫌构成逃税罪。

（三）纳税人以其他欺骗手段虚假申报，骗取留抵退税行为的责任

纳税人利用关联企业，转嫁留抵税额骗取退税；利用进项转出，暗增留抵税额骗取退税；利用优惠政策，叠加骗取多重退税。如若达到追诉标准，应以虚开增值税专用发票罪追究其刑事责任。

三、成因分析

在税收实践中，税务部门如果监管缺失、责任淡化，那么税收质量就无从谈起。个别纳税人之所以存在骗取留抵退税违法行为，是因为我们在征管手段、政策宣传及风险化解方面还存在薄弱环节。因此，我们要从自身查找原因，弥补管理上的短板。

（1）大数据捕捉风险点不够及时。例如，A公司于2020年—2022年4月购进大量货物，

却无大量销售，两者不相匹配，存在接受虚开发票、隐匿销售收入的嫌疑。但有关税收监控系统没有做到适时关注，致使该疑点到企业申请增量留抵退税时才被发现。

（2）税务人员执法权限受到制约。例如，甲市税务机关发现A公司的开票进销金额差异较大、疑点较多后，受发票查询权限的限制，无法及时查询乙市B公司的开票状态及与A公司有其他业务往来公司的开票链条走向。这在一定程度上错过了查证A公司与上下游企业之间虚开发票的最佳时间，致使个别有疑点的企业快速走逃、快速注销。

（3）疑点指标的预警提醒周期过长。由于基层人员在调取纳税人辅助信息时方式不够便捷，导致税务人员在日常管理中很难第一时间发现涉税疑点，尤其是对于复杂隐蔽的团伙式、跨区域作案，基层税务机关除非直接调查检查，否则仅利用税收大数据分析是很难及时识别与应对的。

（4）稽查方法和手段有待于完善。从多起骗取留抵退税案例可以看出，盲目稽查、草率定性情况时有发生。在实际工作中，应该采取分级分类方法去筛选管理与稽查。对非主观故意违规取得留抵退税的企业进行约谈提醒、警示教育、促其整改；对恶意造假骗取留抵退税的企业，依法从严查办，按规定将其纳税信用直接降为D级，采取限制发票领用、提高检查频次等措施，同时依法对其近3年各项税收缴纳情况进行全面检查，并延伸检查其上下游企业，如有涉嫌犯罪的，移交司法机关。

四、风险防范

针对如何防范和打击骗取留抵退税行为，一方面要在"防"上下功夫，依托税收大数据，防范税收风险；加大对留抵退税申请的严格审核力度，既要应退尽退，又要堵塞漏洞。另一方面要在"打"上出重拳，做到露头就打、及时曝光、纳入失信名录，充分发挥常态化打击虚开骗税工作机制作用，形成工作合力，依法严厉打击。

（一）注重数据分析，精准定位疑点

基层税务机关处于税收征管工作的第一线，相关人员要树立大数据意识，加强利用金税四期等税收管理平台进行数据分析，提高应对与防范留抵退税风险的智能化水平。为此，建议采取以下措施：一是优化发票查询权限配置。在税收法律框架下，适当赋予基层税务机关更大的发票查询权限，以便及时分析存在疑点企业及其上下游企业的经营情况，精准对标检查疑点。二是建立事后跟踪智能反馈体系。加强对留抵退税企业的全程智能管控，对已经办理留抵退税或退税后申请注销的企业，开展事后风险防范分析，引入联合调查机制，一旦发现疑点就迅速发起多方位调查。三是利用大数据开展风险时时扫描。对扫描中发现的风险点，按照低、中、高进行差异化推送。对低风险纳税人，重点加强事前服务提醒和事中风险防控；对中风险纳税人，采取暂缓办理、启动风险核查等应对措施；对高风险纳税人，按税务稽查工作规程实施税务稽查。

（二）完善管理手段，突出智慧防控

在具体工作中，将留抵退税监管工作引入联合调查机制，对存在疑点的申请留抵退税企业，要与其上游企业所属税务机关开展联合调查，做到及时高效、精准定位，直至追查到源头企业。一是完善增值税进销项监控系统功能，扩大增值税发票比对范围。税务机关不但要从信息技术手段上防止不法分子虚增成本费用问题，出现而且还要用智慧捕捉企业间交易的真实情

况,以此提高金税工程对增值税发票比对功能、对留抵退税实施信息化管理的使用价值。二是加强基层税务机关与公安、工商、银行等部门联动。税务部门要善于利用金税四期的强大功能模块会同公安等相关部门进行互动与联动,获取与资金相关的信息作为增值税留抵退税审核的辅助资料,通过采用多种技术手段实现对纳税人资金流向的全景式监控,以期在事前及时发现纳税人在经营过程中隐瞒收入、虚开发票的违法行为。

(三)规范检查方法,加大稽查力度

进一步规范打击骗取留抵退税的检查程序和方法,丰富税务稽查的有效手段。一是查资金流。重点看企业银行流水的合理性,可以借助公安部门的资金流穿透技术,检查开票企业之间的资金往来是否合法合理,判定是否存在资金回流。二是查货物流(服务流)。重点查开票企业之间货物交易的真实性。三是查发票流。重点查开票企业之间进销货物的一致性,看应税货物或劳务名称、规格型号、单位、数量、单价、银行账号等是否相符。四是查"合同流"。合同流是税务管理中最基本,也是最重要的流程,它包括确定有关税款负担方、税收优惠权利等事项,因而要认真审核,不可掉以轻心。

(四)强化以查促管,提升监管效能

在税收实践中,要通过建机制、强分析、促征管,充分发挥税务稽查以查促管的作用。一方面,认真分析涉税违法行为特征及趋势,总结规律、提炼经验,提升案件查办质效;另一方面,通过检查及时发现税收监管薄弱环节,提出完善政策、健全制度、加强管理、防范风险的意见建议,起到"查处一案、治理一域"的良好效果。

(五)实行一案双查,规范执法行为

在落实留抵退税政策中,工作人员如果存在滥用职权、玩忽职守、徇私舞弊等违法行为,要依法依规进行问责追责。对企业留抵退税申请时,没有落实留抵退税相关制度规定,该审核不审核、该把关不把关的;对企业退税资格等重要信息未按规定进行核对,应比对未比对的,且造成数额差异巨大、多退税款的;对在留抵退税工作中不作为、慢作为、乱作为等行为,特别是对内外勾结、通同作弊骗取留抵退税等行为的,要深入开展一案双查,发现一起、查处一起。要依法严惩,确保留抵退税政策平稳顺利落地。

在实际工作中,税务机关要进一步发挥公安等六部门联合打击机制作用,聚焦形式多样、复杂多变的骗取留抵退税等违法犯罪行为,要借助"天眼"、睁开"税眼"、利用"慧眼",以"零容忍"的态度坚决予以打击。要对伸向退税资金的黑手及时采取早发现、快处置、聚合力等一系列狠打举措,以确保留抵退税政策助力实现平衡税负、惠企利民、稳经济、促发展的重要目标。

(作者单位:河北省廊坊税务学会)

全电发票改革背景下企业涉税风险的形成与防范

吴飞洋　时　磊　胡　莹　戴铭韬

自 2022 年 6 月 21 日起，江苏省作为"全电发票"扩大受票范围第一批试点省份，接收内蒙古自治区、上海市和广东省的试点纳税人通过电子发票服务平台开具的发票。发票作为经济活动的凭证，是企业会计核算不可缺少的要素之一，是审计、监督检查的基础对象，也是国家税收的载体和工具。随着技术手段的高速发展和大数据运用的日趋成熟，中国税收征管正从"经验管税"和"以票控税"，向着"以数治税"分类精准监管发展。

一、全电发票的特点

全电发票全称是"全面数字化的电子发票"，是与纸质发票具有同等法律效力的全新发票，它不以纸质形式存在、不用介质支撑、无须申请领用、发票验旧及申请增版增量。纸质发票的票面信息全面数字化，将多个票种集成归并为电子发票单一票种，全电发票实行全国统一赋码、自动流转交付。

（一）全电发票与传统发票的区别

在发票管理方面，全电发票无需使用税控专用设备，无需办理发票票种核定，无需领用全电发票，开业即可开票，系统自动赋予开具额度，并根据纳税人行为动态调整。而传统发票需要通过增值税发票管理系统开具，开业后先申领专用税控设备并进行票种核定，纳税人需要依申请对发票增版增量。

在发票交付方面，全电发票的发票数据文件自动发送至开票方和受票方的税务数字账户，交付入账发票数据自动归集。而传统发票通过发票版式文件进行交付（邮件、短信等），受票方人工下载进行归集、整理、入账等操作。

在发票生态方面，全电发票依托大数据管理体系，从"控票"向"控事"转变，全电发票的开具、交付、查验等应用实现深度融合，纳税人可享受"一站式"服务。传统发票通过专用税控设备实现"控票"，发票平台功能较为单一，且发票开具、交付、查验等平台互相独立。

在发票样式方面，一是全电发票票样将原有发票代码＋发票号码变为 20 位发票号码，取消了校验码、收款人、复核人、销售方（章），发票密码区不再展示发票密文。二是全电发票特定业务会影响发票展示内容，不同的特定业务展示的发票票面内容不同。三是全电发票将原备注栏中手工填列、无法采集的内容，设置为固定可采集、可使用的数据项，并展示于票面上。

（二）全电发票的优点

1. 领票流程更简化

全电发票实现"去介质"，纳税人不再需要预先领取税控专用设备，无需再前往大厅或者登录电子税务局领取纸质发票,而是直接由系统自动分配唯一的发票号码。基于"授信制",新办纳税人可实现"开业即可开票"。

2. 发票开具更便捷

电子发票服务平台全部功能上线后,纳税人可以通过电脑网页端、客户端、移动端手机APP等方式实现方便快捷开票,不再受税控设备的位置限制,可以实现随时随地开具发票。同时,纳税人登录电子发票服务平台后,可"一站式"进行发票开具、交付、查验和勾选等,避免登录多个平台多次操作,更加方便快捷。

3. 入账归档一体化

通过制发电子发票数据规范、出台电子发票国家标准,全电发票全流程数字化流转得以实现,进一步推进企业和行政事业单位会计核算、财务管理信息化。

二、全电发票涉税风险的形成

全电发票依托大数据、云平台等实现发票全流程管理。也正因如此,不法分子很有可能利用全电发票开具的便捷性,通过一些不法手段大量开具发票后"走逃",造成虚开发票风险激增,扰乱税收征管秩序,造成恶劣影响。

(一)当前快速发展的数字化浪潮带来了监管难点

随着新产业、新业态的发展,增值税发票虚开也越来越向全行业及新兴领域延伸,除了传统高发领域,更多现代服务业出现在虚开行业里。而税务部门增值税发票风险全链条快速反应机制存在滞后性,传统反应机制已无法完全适应对新产业、新业态的监管,尤其是在全电发票改革后的核定总额的管理方式更加方便不法分子快速顶额虚开发票。此外,快速反应机制属于事后反应,在经过系统扫描分析、人工审核确认等环节后,相关疑点数据才能层层下发至基层部门,而在获取数据后再上门查看,很多虚开企业就已经走逃失联。因此,强化对新产业、新业态的动态监管,及时优化调整税务部门精准监管指标很有必要。

(二)全电发票的核定开票总额管理增加了虚开风险

全电发票采用核定开票总额的方式代替了原来纳税人的发票最高开票限额和发票份数的申请,并且发票总额为普票和专票共用总额,不再单独设置专票额度和普票额度,也就是说纳税人可以在额度内全部开具增值税专用发票,这相较之前的最高开票限额及份数核定,给了纳税人充分的开票自由。而在纸质发票管理中,新办企业普遍新申请发票只核定每月领用25份专票、50份普票,开票限额为10万元,合计发票额度为750万元,但同样的额度在全电发票中,企业可以全部开具增值税专用发票,且发票额度较之前有大幅提升,因而企业虚开风险也随之水涨船高。

(三)全电发票开具的便利性增大了企业虚开风险

全电发票在票种核定阶段主要通过对纳税人风险等级的预判来加强对虚开企业的管理。对系统认定无风险的纳税人实行自动受理办结,在极大方便纳税人的同时也带来了巨大虚开风险。还权于纳税人的管理方式主要依赖纳税人自觉及税务部门后续监管,而系统预设的风险监控模型和指标往往有一定的滞后性,很难做到全流程、全环节、全时刻监管。因此,若不法分子在短期内大量开具发票并且快速"走逃",就很容易在税务部门发现前形成虚开事实。

（四）可信身份认证体系存在局限性

可信身份认证体系是对全电发票监管的重要手段之一，旨在通过对相关人员的信用进行核查来防范涉税风险。然而在实际操作中，大量虚开企业的法人、财务负责人、办税人员等并非实际决策者，甚至多为涉世不深的大学毕业生，这些毕业生在被利益诱导且缺乏对违法犯罪行为基本认知的情况下，被当做"枪手"办理违法涉税事项，而真正的不法分子则躲在背后远程指挥遥控。这些企业被发现后往往会选择立即注销，即便"三类人员"受到处罚，但是幕后指使的人可能还会逍遥法外。

三、全电发票涉税风险的防范

随着数字化浪潮席卷全球，数字资产的价值越来越受到关注。全电发票上线之后，税务监管体系要实现从"以票管税"向"以数治税"分类精准监管的转变，在掌握更多企业数据的基础上，须开展全方位、立体化风险防控工作。

（一）注重大数据使用，持续优化精准监管指标

在网格化闭环服务管理的基础上，以服务纳税人缴费人为中心，以数据"一户式"和"一人式"归集为驱动，以大数据云平台为支撑，实现各类税收风险防控体系的整合和统一。通过深度挖掘税收大数据价值，充分释放数据要素作用，在确保税收数据和个人信息安全的基础上，实现"以数治税"下的税收分类精准监管目标。通过建设税收大数据平台，实现税收数据的全量集中和数据智能化归集，实现数据自动、灵活组合，夯实税收监管的"数字基础"。结合新产业、新业态的发展趋势及征管实际，不断优化精准监管指标，加大对同一人员在多个不同企业分别担任法人、财务负责人、办税人员的监管力度，在大数据基础上开展全国监管，对虚开团伙使用雷霆手段予以打击，将风险排查在虚开前，将事后监管向事前监管和事中监管转移，充分发挥大数据作用。全电发票全面上线后探索实施全国统一监管，将全国数据统一在精准监管框架下，依托大数据清扫"以票管税"模式中的盲点。

（二）培养更多数字化税务人才，提升监管水平

全电发票的推广应用对税务部门的数字化分析、使用能力提出了更高要求。税务部门现有信息化人才远远无法满足工作需求，因而税务部门首先要改变业务优先、忽视技术学习的现状，建立内部信息技术学习体系，提高全体干部对信息技术的重视程度。

（三）联合外单位实现多头监管，形成征管合力

不断深化信息共享，加强税务、公安、法院、检察院等多部门数据交互，建立风险检测预警、线索会商研判、部门合力作战等多项工作机制。在税收大数据分析的基础上，强化对重点人群的监管，对于可能存在涉税风险的重点人群进行先提示提醒、再督促整改、后约谈警示，必要时联合公安部门共同侦查。加强税务机关间的合作，对于跨市、跨省进行违法犯罪的不法分子要共同织好管理网，确保他们逃不出去。

（作者单位：国家税务总局淮安经济技术开发区税务局）

我国现行增值税留抵退税制度运行效应及问题研究

——以常州市为例

国家税务总局常州市武进区税务局课题组

2018—2022年,我国增值税留抵退税(以下简称"留抵退税")经历了一段快速发展、逐步接近全行业覆盖的制度改革。留抵退税是保持增值税中性的重要体现,是完善我国增值税制度的重要一环。对于留抵税额,在2017年以前,我国采取留待下期抵扣的办法。在2018年以前,留抵退税仅适用于集成电路重大项目、大型客机等个别领域;2018年,我国率先在"18+1"个行业实施一次性留抵退税;2019年,我国试行制度性增量留抵退税;2022年,我国首次尝试对13类行业和小微企业实施大范围的全额留抵退税,政策力度远超以往。

一、大规模留抵退税产生的积极效应

(一)从退税户数和金额看,退税力度不断加码

纵观我国留抵退税政策发展史,从对优质产业的扶持到普惠性扶持,政策越来越具普适性,退税力度也不断加码。2018年,对装备制造、研发、电网等"18+1"个行业实施的留抵退税虽规模小、范围窄,但具先导意义。常州市共有771户企业享受留抵退税13.25亿元;2019—2021年,一般行业、先进制造业及疫情防控企业年均退税520户,退税金额43.4亿元;2022年,留抵退税新政实施,常州市全年累计退税182.5亿元,惠及3.45万户市场主体,退税金额、户数分别是2021年的3.2倍和44.8倍。

(二)从退税行业和企业类型看,政策广度不断扩展

根据第四次修订的《国民经济行业分类标准》(GB/T 4574—2017),我国经济行业被分为20个门类、97个大类、473个中类、1380个小类。据统计,新政实施以前,常州市留抵退税享受主体涉及16个门类、56个大类、155个中类、251个小类;而自2022年4月新政实施以来,享受留抵退税的企业横跨19个门类、82个大类、339个中类、837个小类,行业小类覆盖数量是原政策的3.33倍,政策广度扩展效果十分明显。此外,按照工信部相关企业划型标准,原留抵退税政策更多地适用于常州市中大型企业,小微企业户数比仅41%,但自2022年新政实施后,小微企业享受户数占比达96%。由于小微企业是经济主力军,因而扩面至全行业并惠及小微企业是2022年留抵退税的重点和亮点。

(三)从退税频次和留抵消化程度看,退税强度不断提高

按原留抵退税政策,一般行业退税周期至少6个月且每次仅退增量留抵的60%;先进制造业可每月申请退税,但仅享受100%的增量留抵退税,存量留抵无法消化。从完善增值税制和接轨国际留抵退税制角度来看,即时全额退税是我国未来留抵退税发展的大势所趋,在本轮改革中,小微企业和特定行业两类主体率先实现了退税频次增加和留抵消化更彻底两个目标。

在新政实施前，常州市一般行业退税频次为 1.12 次/年，先进制造业退税频次为 1.23 次/年，2021 年申请两次以上退税的企业仅 108 户。2022 年退税政策实施仅 4 个月，全市已有 3075 户企业退税两次以上，退税频次达 3.27 次/年。2019 年 4 月至 2022 年 3 月，在享受留抵退税的 1224 户企业中，截至 2022 年 3 月申报期期末，留抵为零的企业仅 211 户，留抵完全消化户数占留抵退税户数的比重为 17.24%；2022 年 4 月至 7 月，在享受留抵退税的 3.35 万户企业中，截至 2022 年 7 月申报期期末，留抵为零的企业有 2.07 万户，留抵完全消化户数占留抵退税户数的比重为 61.57%，占比比 2022 年 3 月申报期期末提高 2.6 倍。

（四）从纳税人获得感调查情况看，惠企热度不断升温

大规模留抵退税新政实施后，常州市首月留抵退税办理量为 2.62 万户，退税金额为 70.4 亿元，日均办理 907 户企业退税，户均退税审核时长由原 0.19 天缩短至 0.07 天，所有留抵退税核准开票流程每半小时推送一次人民银行，最大限度地缩短了到账时间。许多受访企业表示，若当天申请退税，当天或最迟次日就能到账，对退税办理体验的满意度较高。对常州市部分退税企业进行问卷调查，结果显示：从办税情况来看，100% 的纳税人对现行留抵退税政策表示满意，100% 的纳税人对税务机关的政策辅导表示满意，82% 的纳税人对网上退税办理功能表示满意；从退税成效来看，95% 以上的纳税人表示留抵退税政策对纳税人的激励效果明显，36% 的纳税人将退税主要用于扩充经营资金，26% 的纳税人准备用其扩大经营规模，11% 的纳税人将其用于投建固定资产，23% 的纳税人将其用于增加研发投入，4% 的纳税人将其用于偿还贷款和支付职工薪酬，72% 的纳税人对退税后发展预期持正常或乐观态度。

（五）从退税企业回补情况看，经济动能不断增强

真金白银的大规模留抵退税大大减轻了企业负担，为企业发展提振信心，为地方经济注入活力。截至 2023 年 3 月，常州市 3.45 万户退税企业的回补面已达 81.5%，52% 的企业已实现完全回补；退税企业整体实现增值税净入库 118.6 亿元，相当于退税规模的 65%。在此期间，退税企业累计实现销售 8660.4 亿元，较上年同期增长 46.7%。其中，退税规模占 52% 的制造业势头正盛，销售同比增长 59.7%；退税规模占 18% 的房地产业破冰松绑，销售同比增长 116%。

二、留抵退税制度发展存在的主要问题

（一）三重因素限制留抵退税制度尽快简化

现阶段留抵退税政策设计较为复杂，纳税人填报和税务机关审核差错率明显增加，原因主要有三个方面：首先，财政因素决定了简化留抵退税制度须分步到位，留抵退税政策逐年扩大适用范围、提高退税力度，形成阶段性措施和制度性安排并存情形。它的根本原因一是我国增值税中央与地方平分共享的财政体制决定了即时留抵退税须谨慎实施；二是财力无法支持一次性全额退还全行业留抵，2022 年退税节奏加快，各地财政"三保"压力骤增，部分地区反映存在退税资金缺口。其次，抵扣政策和发票管理制度不完善是留抵退税计算复杂的主要因素。我国增值税扣税凭证包括专票等 7 类，抵扣方法包括凭票抵扣、计算抵扣、加计抵扣、农产品核定扣除 4 种。为将加计抵扣等进项税额排除在退税范围外，政策设计了"进项构成比例"调控可退税额，也因此导致了计算复杂，部分纳税人留抵无法彻底消化，且该调控方法会出现因退税频次加快而失效的问题。最后，征管现状是导致留抵退税门槛较多的重要因素。部分行业

少计收入、虚增留抵现象大量存在,如常州市53%的批发零售留抵企业存在动态风险命中指标,当前征管法的不完善(如未明确对走逃纳税人的后续强制措施)、退税后续征管风险较高使留抵退税风险防控须前移。

(二)部分争议及空白政策亟待完善和明确

一是M级纳税人无法享受留抵退税存在争议,对纳税信用评价的运用有待优化。常州市927户企业受多种因素影响,2021年零申报由A级、B级转为M级,因而1.28亿元留抵无法退税,6939户企业因2021年新办,被评为M级,涉及14.27亿元留抵无法退还(新办企业留抵约占全市留抵资源的7%)。由于纳税信用一年一评,新办企业约有两年无法享受留抵退税,而这段时间往往是初创企业进销倒挂、资金较紧张的阶段。二是免退税抵扣政策不明确。《财政部 税务总局关于进一步加大增值税期末留抵退税政策实施力度的公告》(财政部 税务总局公告2022年第14号)规定,适用免退税办法的,相关进项税额不得用于退还留抵退税额,而"相关进项"口径不明,外贸企业取得全部或部分用于出口货物但未取得出口退税的固定资产、租金、运杂费等进项税额,是否属于不得用于退还留抵的"相关进项"存在争议。三是骗取留抵退税等后续处理缺乏明确的法律依据,各地对虚开、少计收入或错误适用政策等不同情形的稽查处理口径不一,与依法治税原则存在矛盾。此外,由于缺乏明确规定,纳税人担心被冠以"骗取留抵退税"罪名而退税意愿大幅减退,因而许多受访企业表示即使不享受退税也可将留抵用于后期抵扣,而一旦受到退税后风险评估,就很可能会受到骗取留抵退税的相关处罚。

(三)税制顶层设计系统性和协同性有待增强

加强顶层设计是深化增值税制改革、加快增值税立法的必然要求:一是留抵退税与出口退税双轨运行机制有待简并。双重退税操作繁复,从增值税抵扣原理来说,出口退税和留抵退税本质都是留抵退税,国际上实行现代留抵退税制度的国家普遍不设置单独的出口退税制度,一般采取出口免税和统一留抵退税办法。二是中央清算机制有待健全,常州市76%的留抵税额源于市外,大量进项税额未在常州市入库却在常州市退税,在一定程度上打击了地方政府退税积极性。三是留抵退税与欠税追征缺乏衔接机制。部分企业将退税款用于偿还贷款或购买原材料等,而不是及时偿还欠缴增值税以外的其他税费,在一定程度上造成国家税款流失。《国家税务总局关于应退税款抵扣欠缴税款有关问题的通知》(国税发〔2002〕150号)规定,用应退税款抵扣欠缴税款及其滞纳金。但由于文件出台时尚无留抵退税政策,各地普遍按可抵扣的应退税款不包括留抵退税执行,因而应退留抵可用于抵减其他欠缴税款的规定应重新明确。

三、留抵退税制度优化建议

(一)逐步清扫障碍,加快简化留抵退税制度

一是部分地区财力条件已基本具备,可适时试点实施全行业全额即时留抵退税。经过2022年大规模留抵退税,大部分留抵已消化,可适时取消留抵退税对行业、时间、额度的条件限制,实施全行业全额即时留抵退税面临的财政压力大幅降低。以常州2022年3月以来的退税及回补数据测算,如实施全行业全额实时留抵退税,预计首年减税132亿元,约占2021年净入库增值税比重的32%。二是完善发票管理制度,清理抵扣政策,简化留抵退税计算。依托全电发票完善自然人开票制度,取消收购发票及计算抵扣政策,清理加计抵扣、农产品核

定扣除政策，从而取消按"进项构成比例"计算留抵退税的方法。三是简化退税审核要求，强化后续风险管控。根据动态风险得分情况，对低风险纳税人进行先退税后评估、对中风险纳税人进行先分析后退税、对高风险纳税人进行先应对后退税，取消对存在增值税风险疑点的纳税人暂停退税的限制，将风险管控后移，简化退税审核流程，提高退税办理效率。

（二）政策不留盲区，推动细化留抵退税制度

一是将部分 M 级纳税人纳入留抵退税范围。对 M 级纳税人采取连续 12 个月动态评价机制，将新办企业以及由 A 级、B 级转为 M 级的纳税人纳入留抵退税范围；或通过动态评价机制缩短 M 级生效时间，使留抵退税对纳税信用评价结果的运用更加及时、准确，最大限度减轻对纳税人的资金占用。二是建议明确免退税办法抵扣政策与内销免税政策一致的要求，即专用于免退税货物且未核准退税的相应进项应转出，既适用于免退税办法又适用于一般计税办法的无法划分的进项税额，固定资产、无形资产和不动产可全额抵扣，其他货物、劳务和服务应按免退税销售占全部销售比重划分转出。三是明确骗取留抵退税的定性标准和处罚依据。建议在法律层面增加骗取留抵退税的处罚规定，明确骗取出口退税的定性标准为有证据证明的"主观故意"，不以退税结果作为定性依据，对主观故意情形以正列举形式明确，防范随意执法和无限扩大骗取留抵退税处罚适用范围，给非主观故意多退留抵的纳税人一定的自查整改空间，使留抵退税成为一项利好政策而非贴上涉税风险标签。

（三）加强顶层设计，整合优化留抵退税制度

一是接轨国际，将出口退税与内销留抵退税简并为一项留抵退税制度。明确统一的管理职责部门，简化申请流程，将留抵退税（含出口退税）申报作为增值税纳税申报附列资料，与增值税纳税申报合二为一。二是建立健全留抵退税中央清算机制。借鉴国际经验，完善留抵退税财政分担机制，秉持"谁入库谁退税"的分担原则，关于留抵退税，中央级次的进口增值税占比部分由中央补贴，其余来源国内的进项占比部分由中央财政每年按留抵税额来源地区占比统筹调节。三是将留抵抵欠范围扩至其他税费。《中华人民共和国民法典》和《中华人民共和国企业破产法》中对税收优先权的相关规定，对已应退留抵抵减欠税的征管制度具有借鉴意义，建议明确"国税发〔2002〕150 号"文件第一条第四项"其他应退税款、滞纳金和罚没款"中的"其他应退税款"，包括留抵退税，同步完善系统监控，保护国家税款及时征收。

课题组成员： 崔晓宇　王贤方　张黎丹　王丽旦

从深化增值税改革工作着眼浅看我国税制改革趋势

陶海明

2019年,时任国务院总理的李克强同志在《政府工作报告》中指出,要实施更大规模的减税,并提出了2019年深化增值税改革的具体安排和工作要求。财政部、税务总局、海关总署根据相关要求在2019年3月20日印发了《关于深化增值税改革有关政策的公告》(财政部公告2019年第39号)。公告的主要内容包括降税率、扩"抵扣",退"留抵"等多项举措。该公告延续近年来增值税改革的方向和趋势,对全面深化增值税改革具有里程碑式的意义。本文主要从当前增值税政策管理角度入手,结合日常政策执行过程中存在的矛盾和问题,探讨近年来增值税改革工作中存在的难点问题,并提出相应对策,以确保增值税改革平稳落地。

一、增值税改革工作中存在的主要问题

(一) 历史沿革与现状

1. 增值税纳税人制度

我国现行增值税纳税人分为小规模纳税人和一般纳税人。两者划分的基本标准为年应纳增值税销售额是否超过500万元人民币。其中,一般纳税人采取税额抵扣法计算增值税,即销项税额减去进项税额;小规模纳税人采取简易计税方法,即销售额乘以征收率,不抵扣进项税额。一般纳税人可以自行开具增值税专用发票,小规模纳税人不能自行开具增值税专用发票,营改增后逐步扩大小规模纳税人自行开具增值税专用发票的试点范围,自2020年2月1日起,所有行业的小规模纳税人均可以自行开具增值税专用发票。

2. 增值税税率制度

自1994年全面开征增值税以来,增值税设置了三档税率:17%、13%和0。2012年试点营改增,增加了11%和6%两档税率,由此形成了增值税的五档税率。再加上增值税3%的征收率及营改增增加的5%的征收率,在增值税制度中出现了七档税率/征收率。随后,我国开始了增值税税率兼并档次、降低税率的改革。截至目前为13%、9%、6%和0四档税率,以及3%和5%两档的征收率。

3. 增值税抵扣制度

自1994年全面推行增值税制度以来,增值税抵扣主要经历了以下几个阶段:1994年全面推行增值税制度,实行生产型增值税,购进固定资产所含增值税进项税额不允许抵扣;自2009年1月1日起,实行消费型增值税,允许抵扣固定资产所含进项税额,完成增值税转型改革;自2019年4月1日起,纳税人购进国内旅客运输服务,其进项税额允许从销项税额中抵扣;自2019年4月1日至2021年12月31日,允许生产、生活性服务业纳税人按照当期可抵扣进项税额加计10%,抵减应纳税额;自2019年10月1日至2021年12月31日,允许生

活性服务业纳税人按照当期可抵扣进项税额加计15%，抵减应纳税额；自2019年4月1日起，试行增值税期末留抵税额退税制度；自2019年6月1日起，同时符合规定条件的部分先进制造业纳税人，可以自2019年7月及以后的纳税申报期，向主管税务机关申请退还增量留抵税额。

（二）增值税改革工作中存在的问题

全面推行"营改增"、简并税率、农产品核定扣除及近两年基础税率下调等一系列增值税改革，降低了企业税收成本，增值税抵扣链条已逐渐打通，增值税税制也正日趋完善。但在税制改革的同时，其暴露的问题对增值税管理也提出了新的挑战。其中，包含了一些共性问题：一是增值税相关法律层级较低，随意性大、权威性不足。传统增值税相关法规以国务院制定的"暂行条例"形式确立，"营改增"后销售服务、无形资产、不动产的增值税以财政部和税务总局的规范性文件确定，法律层级较低、容易造成税制不稳定，不符合税收法定原则，权威性不足。二是目前条文众多，缺乏条理性，不同文件对同一事项的规定存在差异，如部分条款中对纳税义务发生时间、视同销售、境内等规定有所差异，易令纳税人混淆，在理解与执行中形成偏差。

1. 增值税纳税人制度方面

2019年11月27日，财政部向社会公开征求意见的《中华人民共和国增值税法（征求意见稿）》第五条规定，在境内发生应税交易且销售额达到增值税起征点的单位和个人，以及进口货物的收货人，为增值税的纳税人。增值税起征点为季销售额30万元。销售额未达到增值税起征点的单位和个人，不是本法规定的纳税人；销售额未达到增值税起征点的单位和个人，可以自愿选择依照本法规定缴纳增值税。

这一改革试图取消增值税小规模纳税人制度，符合国际惯例，值得肯定。但其具体制度设计存在以下三个问题：

一是将销售额未达到增值税起征点的单位和个人排除在增值税纳税人的范围之外，不符合起征点制度的原理。起征点是对增值税纳税人实行的一种税收优惠，适用这一制度的前提是相关单位和个人是增值税纳税人，如果不是增值税纳税人，根本不存在起征点的适用问题。

二是允许销售额未达到增值税起征点的单位和个人自愿选择依法缴纳增值税，实际上又把它们视为潜在的纳税人，一旦它们选择缴纳增值税，如何界定它们的身份就成为值得研究的难题。选择缴纳增值税以后是否还可以再选择不缴纳增值税，这些问题都很难解决。

三是个人可以成为增值税一般纳税人。按现行规定，个人中的自然人是不能成为增值税一般纳税人的。征求意见稿实际上允许自然人成为一般纳税人，未来在开具发票等一系列征管问题上，都会有很大的困难。

2. 增值税税率制度方面

一是自2019年4月1日起，增值税税率为13%、9%和6%三档，征收率有3%和5%，虽然税率较原来下降，但部分行业低征高扣现象愈加突出，造成不同行业间、不同经营项目间税负不公。例如，适用9%税率的交通运输业和建筑业等，进项大部分为高税率货物，税率下调后，进项税率下降3%，而销项税率仅下降1%。

二是起征点上下小规模纳税人税负差异过大。自2019年起，对增值税小规模纳税人月销售额未超过10万元（按季未超过30万元）的，免征增值税，超过的全额按照3%征收率征收增值税。这造成起征点上下纳税人税负差异过大。

3. 增值税改革工作方面

一是农产品核定扣除政策亟须完善。虽然农产品核定扣除政策在一定程度上减少了农产品收购发票的管理风险，但在政策执行中尚有值得商榷的细节。比如，兼营未纳入农产品核定扣除范围的产品的纳税人不能使用核定扣除方法计算进项税额。

二是交通运输业中"紧密型挂靠"税收风险大。由于国家对运输行业的资格有限制性规定，一些个体运输户往往需要通过挂靠企业来取得开展经营活动的资质，进而以被挂靠人名义对外经营并承担法律责任。一方面，被挂靠企业税负过高，在实际经营中，购车、燃料和修理修配等费用均由挂靠人承担，挂靠人难以按照增值税管理的要求取得合法扣税凭证，因而被挂靠企业不能取得相应进项税额。按照现行9%适用税率计算应纳税额，企业税负过高，这就导致个别被挂靠企业通过非法途径取得燃料、配件、劳务等专用发票虚抵进项税。另一方面，被挂靠公司逐渐成为"开票公司"，目前被挂靠公司不对挂靠人开展进项税管理和财务核算，仅利用其名义开具运输费增值税专用发票，虚构运输业务较简单，无法核实业务真实性。

二、预计未来发展趋势

一是取消增值税小规模纳税人制度。当前，国际社会多数国家采取的是增值税纳税人登记制度，即销售额超过登记标准的纳税人必须进行登记并成为增值税纳税人（相当于目前制度中的一般纳税人），销售额在登记标准以下的纳税人，自愿选择是否登记成为增值税纳税人。未登记的纳税人不进入增值税体系内，不缴纳增值税。这种制度设计可以大大简化增值税制度、简化增值税税率制度、简化增值税发票制度，最终可以实质性降低税务机关与纳税人双方的征纳成本。

二是压缩税率，同时取消征收率。从欧洲各国增值税税率来看，我国增值税税率并不算高。大多数欧洲国家的增值税基本税率都在20%上下，如法国、英国增值税基本税率为20%；德国增值税基本税率为19%；意大利增值税基本税率为22%。由于中国税制与欧洲各国税制存在较大差异，中国更应与周边国家/地区的税率相比。另外，我国还有降低间接税所占比例的税制改革任务，增值税作为间接税的第一大税种，如果要降低其比重，必须降低增值税的税率。

鉴于以上原因，我国未来也将可能实施增值税三档税率，即基本税率为9%、低税率为5%，另外一档是出口商品适用的零税率。也就是说取消现行13%的税率，全部降低为9%；现行6%的税率减低至5%。

三、增值税改革工作的建议

增值税作为我国第一大税种，其改革产生的影响力和影响范围巨大。增值税改革平稳落地，将为财政、经济、社会等方面的发展发挥积极作用。针对目前增值税改革工作中出现的问题和难点，笔者建议从以下方面入手，以深化增值税改革，切实提高纳税人获得感，将减税降费落到实处。

（一）积极推动增值税立法

随着不断深入的税制改革，增值税立法的条件已经逐渐成熟。从增值税要素来看，纳税人、基本税率等关键要素已处于相对稳定的状态,而现行增值税法规层级低、权威性不足,因而急需加快增值税立法进程。建议借鉴国外先进增值税立法经验,结合我国国情,加大调研力度,对财政部、税务总局下发的规范性文件进行完善整理,规范政策执行口径,以相关条例为基础,结合"营改增"试点过渡政策等配套文件,建立以增值税法为核心、相关部门规章及税收规范性文件为补充的增值税法律体系,落实税收法,推动增值税改革不断纵深发展,向建立现代增值税制度目标迈进。

(二)简并增值税税率,逐渐完善税制

一是建议进一步推动增值税税率由三档(13%、9%、6%)归并为两档,取消中间档9%的税率,将交通运输业、建筑业等适用9%税率行业统一按照6%征税,降低企业税负,盘活企业现金流,提高进一步扩大再生产能力。二是建议将增值税征收率两档(5%、3%)归并为一档。同为小规模纳税人,因经营项目不同,而征收率不同,易造成税负不公,建议统一征收率,全部按照3%征收,避免税负不公,优化营商环境。

(三)加强小微企业税收政策管理

为降低处于起征点上下小规模纳税人税负差异,建议将增值税起征点修改为免征额。将月销售额10万元(按季申报为30万元,下同)定为小规模纳税人免征额,即对小规模纳税人月销售额10万元以下的部分予以免税,仅对月销售额超过10万元的部分按照3%征税,降低小微企业税负,助力小微企业良性发展。同时,取消小规模纳税人核定征收。对于实行核定征收的纳税人,税务机关应加强辅导,帮助其建立健全账务,实行查账征收,提高征收效率,增强纳税人纳税遵从度。

(四)完善农产品核定扣除政策

针对农产品核定扣除政策落实中出现的问题,提出以下两点建议:一是完善农产品核定扣除单耗标准。二是扩大农产品核定扣除行业范围,全面推行农产品核定扣除办法,在减少农产品收购发票管理风险的同时,也能降低兼营与非兼营纳税人间税赋差距,统一地区内税收环境。

(五)完善运输车辆挂靠政策

针对运输企业监管难题,提出以下三点建议:一是上级税务部门制定详细文件,与交通部门挂靠规定口径一致,规范运输行业挂靠经营,同时利用交通部门挂靠信息加强税收监管。二是完善运输业会计核算方法,细化会计分类,进一步强化运输收入的管理,规范计税依据,强化类别分类进行会计核算。三是规范运输发票开具,要求纳税人准确填写收货人与发货人的名称税号,同时将起运地、经由地、到达地,以及货物名称、数量、单位运费和吨位填写齐全,以便于核对车辆加油信息、过路和过桥费信息,有利于加强监管力度,降低执法风险。

(作者单位:国家税务总局称多县税务局)

《中华人民共和国增值税法（草案）》修订应明确有关权限和期限

贾 军

2022年12月30日，党的十三届全国人大常委会第三十八次会议对《中华人民共和国增值税法（草案）》（以下简称《草案》）进行审议，并向社会公开征求意见。《草案》总体上按照税制平移的思路，保持现行税制框架和税负水平基本不变，将现行《中华人民共和国增值税暂行条例》和有关政策上升为法律，并对相关税制要素作出了明确规定。但是，笔者发现《草案》中在有关权限和期限等方面的规定还不够明确。为此，笔者试提出如下修订建议：

一、建议《草案》第五条增加由"国务院财政、税务主管部门规定的其他不征税情形"的兜底条款

《草案》第五条列举了四项应税交易情形不征收增值税。但是，根据现行政策，既有与"取得存款利息收入"性质基本相同的"被保险人获得的保险赔付"未列入其中，又有"资产重组过程中，通过合并、分立、出售、置换等方式，将全部或者部分实物资产以及与其相关联的债权、负债和劳动力一并转让给其他单位和个人，其中涉及的不动产、土地使用权转让行为"等多个非经营活动或不征增值税项目也未列入其中。在实务中，随着市场经济下经营模式的不断变化，未来还很有可能会增加新的不征税情形。因此，建议在《草案》第五条已明确的四项不征税情形的基础上，增加"（五）国务院财政、税务主管部门规定的其他不征税情形"的兜底条款。这样可以为今后出台新的不征税项目提供法律依据和政策制定空间。

二、建议明确有关销售额确定的权限问题

（一）建议明确特殊情况下的销售额确定的权限

《草案》第十二条规定，销售额是指纳税人发生应税交易取得的与之相关的价款，包括全部货币或者非货币形式的经济利益，不包括按照一般计税方法计算的销项税额和按照简易计税方法计算的应纳税额。特殊情况下，可以按照差额计算销售额。本条中"特殊情况下，可以按照差额计算销售额"的表述，有三个方面的问题不够明确。一是什么样的情况属于特殊情况，二是如何按差额计算销售额，三是由哪个部门来规定"特殊情况"和"差额计算销售额"的方法。因此，建议在《草案》第十二条"特殊情况下，可以按照差额计算销售额"这一规定上，增加"前款所述的特殊情况和差额计算销售额方法，由国务院税务主管部门另行规定"。这样可以为国务院税务主管部门规定具体的"特殊情况"和"差额计算销售额"的方法提供法律依据。

（二）建议明确视同应税交易销售额确定的方法及权限

《草案》第十四条规定，发生本法第四条规定的视同应税交易及销售额为非货币形式的，纳税人应当按照市场价格确定销售额。在实务中，该条规定也会出现两个问题：一是有些企业

将刚研发生产的新产品或试制品，用于发放职工福利或赠送客户，在这种情况下，企业既无同类产品的出厂价，也无同类产品的市场价，纳税人就难以准确确定其销售额；二是纳税人按照什么时期的市场价格确定销售额不明确。因此，建议将《草案》第十四条修改为："发生本法第四条规定的视同应税交易以及销售额为非货币形式的，纳税人应当按照视同应税交易行为发生最近时期的市场价格确定销售额。对纳税人发生应税交易行为无同类市场交易价格的，按照国务院税务主管部门规定的方法确定销售额。"这样授权国务院税务主管部门制定具体的确定销售额的方法，既与现行的相关政策衔接，又便于实际操作和执行。

（三）建议明确销售额明显偏低或者偏高的核定方法及权限

《草案》第十五条规定，纳税人销售额明显偏低或者偏高且无正当理由的，由税务机关按照规定的方法核定其销售额。本条中也有两个问题需要明确：一是本条中的"税务机关"是指哪一级的税务机关不够明确；二是税务机关按照哪个部门的规定及采用什么样的方法核定销售额也不够明确。因此，建议将《草案》第十五条修改为："纳税人销售额明显偏低或者偏高且无正当理由的，按照国务院税务主管部门规定的方法核定其销售额。"这样不仅便于征纳双方的理解和执行，而且与《草案》第十四条规定相衔接，保持了税法的统一性。

三、建议明确其他有关权限和期限

（一）建议明确《草案》第十八条"规定期限"中的权限和期限

《草案》第十八条规定，纳税人可以选择适用简易计税方法的，计税方法一经确定，在规定期限内不得变更。本条规定基本上是平移了《财政部 国家税务总局关于全面推进营业税改征增值税试点的通知》（财税〔2016〕36号）附件1《营业税改征增值税试点实施办法》第十八条"一般纳税人发生财政部和国家税务总局规定的特定应税行为，可以选择适用简易计税方法计税，但一经选择，36个月内不得变更"的规定。但是，《草案》第十八条用"规定期限"取代了财税〔2016〕36号文件中"发生财政部和国家税务总局规定的特定应税行为"的规定权限和"36个月内不得变更"的规定期限，使得《草案》中的"规定期限"是由哪个部门规定以及具体的期限不够明确。考虑到今后36个月的固定期限可能会有调整，因而建议将《草案》第十八条修改为"纳税人选择适用简易计税方法的，计税方法一经确定，在国务院财政、税务主管部门规定的期限内不得变更"。这样由国务院财政、税务主管部门来规定期限，使税法更明确更完整。

（二）建议明确《草案》第二十五条"规定期限"中的权限和期限

《草案》第二十五条规定，纳税人可以放弃增值税优惠。放弃优惠的，在规定期限内不得享受该项税收优惠。本条基本上是平移《中华人民共和国增值税暂行条例实施细则》第三十六条"纳税人销售货物或者应税劳务适用免税规定的，可以放弃免税，依照条例的规定缴纳增值税。放弃免税后，36个月内不得再申请免税"的规定。但是，对比两者的规定，《草案》第二十五条用"规定期限"取代了细则中的"条例的规定"和"36个月"的期限，使《草案》中的"规定期限"是由哪个部门规定及具体的期限不够明确。同样，考虑到今后36个月的固定期限可能会有调整，因而建议将《草案》第二十五条修改为："纳税人可以放弃增值税优惠。放弃优惠的，在国务院财政、税务主管部门规定的期限内不得享受该项税收优惠。"这样既能保持本条与《草案》第十八条规定的权限一致，又便于在实务中理解和执行。

（作者单位：国家税务总局镇江市丹徒区税务局）

所得税

关于实行限制性股票股权激励计划有关所得税处理的探讨

郑 艳 涂 珍 赵 谦

一、限制性股票相关概念

股权激励是指上市公司以本公司股票为标的,对其董事、高级管理人员及其他员工进行的长期性激励。股权激励实施方式包括授予限制性股票、股票期权、股权奖励,以及其他法律法规规定的方式。

限制性股票是指激励对象按照股权激励计划规定的条件,获得的转让等部分权利受到限制的本公司股票。限制性股票的授予日,指上市公司向激励对象授予限制性股票的日期。限制性股票的限售期,指股权激励计划设定的激励对象行使权益的条件尚未成熟,限制性股票不得转让、用于担保或偿还债务的期间,自激励对象获授限制性股票完成登记之日起算。限制性股票的授予价格,上市公司向激励对象授予限制性股票时所确定的、激励对象获得上市公司股份的价格。解除限售日,指解除对限制性股票的上市禁止日,限制性股票当日可以上市交易。

二、实行限制性股票股权激励有关个人所得税处理的问题与建议

(一) 目前政策规定存在的问题

1. 计税依据不够科学合理

根据《国家税务总局关于股权激励有关个人所得税问题的通知》(国税函〔2009〕461号)第三条规定,上市公司实施限制性股票计划时,应以被激励对象限制性股票在中国证券登记结算公司(境外为证券登记托管机构)进行股票登记日期的股票市价和本批次解禁股票当日市价的平均价格乘以本批次解禁股票份数,减去被激励对象本批次解禁股份数所对应的为获取限制性股票实际支付资金数额,其差额为应纳税所得额。

例1:A上市公司2018年7月16日将10000股限制性股票授予集团内部管理层张某,授予的10000股限制性股票于2020年7月16日解禁。2018年7月20日进行股票登记日期的股票市价为40元/股,授予价为20元/股,2020年7月16日股票市价为80元/股。按照国税函〔2009〕461号规定,张某的应纳税所得额=(股票登记日股票市价+本批次解禁股票当日市价)÷2×本批次解禁股票份数-被激励对象实际支付的资金总额×(本批次解禁股票份数÷被激励对象获取的限制性股票总份数)=(40+80)÷2×10000-200000×(10000÷10000)=400000元,而实际上张某从接受A公司10000股限制性股票到全部解禁时实际获取收益为800000-200000=600000元,但此时的个税计税依据却为400000元。

例2:假设2020年7月16日股票市价为30元,其他条件不变。张某的应纳税所得额=

（40＋30）÷2×10000－200000×（10000÷10000）＝150000 元，而实际上张某从接受 A 公司 10000 股限制性股票到全部解禁时实际获取收益为 300000－200000＝100000 元，但此时的个税计税依据却为 150000 元。

从上述举例中可以看出，如果按照《国家税务总局关于股权激励有关个人所得税问题的通知》（国税函〔2009〕461 号）文件的计算方法，很可能出现个人所得税计税依据与实际所得相悖的情形，造成纳税人少缴或多缴税款。从实质上来说，股权激励是企业为购买员工服务而支付的对价，属于员工因任职受雇而取得的所得，应按照员工实际获取所得计算扣缴个人所得税。单纯从税收原理和合理性角度来看，由于限售期的存在，接受限制性股票的个人在股票登记日并未实际拥有股票处置权，因而按照股票登记日和解禁日股价均价计算应纳税所得额并不科学合理。

2. 集团内部实施股权激励政策问题

实施股权激励时，激励对象可能是本公司员工，也可能为其控股等关联公司员工，这在现实中是十分普遍的。比如，A 上市公司制定限制性股票股权激励计划，激励对象为子公司的高管人员 B。在个人所得税处理上，股权激励所得属于"工资薪金"性质所得，原则上应按照"工资薪金所得"项目来计算。按照现行政策规定应由实施股权激励计划的 A 上市公司作为扣缴义务人进行申报，可是激励对象为子公司高管 B，其并不在 A 公司任职受雇，因而 A 公司能否按照"工资薪金所得"项目计算个人所得税是值得商榷的。但目前由于该部分政策存在缺失，基层税务机关在面临这些问题时难以把握。

（二）解决上述问题的相关建议

1. 调整计税依据计算方法

从科学性和合理性角度出发，建议企业实行限制性股票激励计划时，参照股票期权个人所得税计税方法，按照解禁时股票市价与实际购买价差额确认应纳税所得额，即应纳税所得额＝本批次解禁股票当日市价×本批次解禁股票份数－激励对象实际支付的资金总额×（本批次解禁股票份数÷激励对象获取的限制性股票总份数）。统一用激励对象实际取得处置权时的公允价格减去实际付出的价格确认计税依据，这样更符合税收法理精神，员工个人对政策的理解度和接受度也会更高。

2. 完善股权激励相关政策

考虑到股权激励实质是支付员工服务的对价，因而在集团内部实施股权激励时，建议由激励对象的实际服务单位进行扣缴申报，即上述案例虽然 A 上市公司作为股权激励实施的主体，但由激励对象任职受雇的子公司按照"工资薪金所得"申报个人所得税更加的合理。

三、实行限制性股票股权激励有关企业所得税处理的问题与建议

（一）目前政策规定存在的问题

1. 政策规定存在盲区

目前，关于股权激励有关企业所得税政策规定的文件主要是《国家税务总局关于我国居民企业实行股权激励计划有关企业所得税处理问题的公告》（国家税务总局公告 2012 年第 18 号，以下简称"18 号公告"）。该公告的出台，对促进中国资本市场发展和企业的发展意义重大，是税收政策对资本市场的有效支持。但是，该公告不适用于上市公司以自身股票为标的，对其

子公司的高管及其他员工进行股权激励，而现实中很多上市公司在进行股权激励时都会包括其子公司的高管人员，甚至这部分激励对象的人数远远超出上市公司本身激励对象的人数。这就产生了母公司对子公司高管实施股权激励的工资薪金支出是在母公司还是子公司进行企业所得税税前扣除的问题。如果严格按照文件来讲，因为企业所得税制度施行法人税制，母公司与子公司从税法层面来看是两个独立的法人，所以母公司对子公司员工的股权激励不适用"18号公告"的相关规定，那么母公司和子公司都不得扣除。但如果这样，明显非常不合理。

2. 个税计税依据与企税税前扣除金额不一致

对于股票期权和股权奖励，企业所得税确认的工资薪金扣除金额与个人所得税的应纳税所得额是一致的。但是，对于限制性股票，企业所得税的扣除金额与个人所得税的应纳税所得额并不一致。

例3：沿用例1，可知张某缴纳个税的计税依据为40万元，而按照"18号公告"第二条第二款"在股权激励计划可行权后，上市公司方可根据该股票实际行权时的公允价格与当年激励对象实际行权支付价格的差额及数量，计算确定作为当年上市公司工资薪金支出，依照税法规定进行税前扣除"的规定，A公司2020年可作为工资薪金支出的金额是60万元（公允价格80万元－实际行权支付价格20万元），与个税计税依据40万元不一致。这样就出现了企业所得税中作为工资薪金扣除的部分股权激励支出实际上未缴纳个人所得税的问题。如果沿用例2，就会出现缴纳个人所得税的计税依据高于企业所得税中作为工资薪金扣除的股权激励支出的问题。

（二）解决上述问题的相关建议

1. 完善政策规定范围

对于符合集团股权构架的企业成员内部实施股权激励的，建议由激励对象的实际服务单位按照"18号公告"要求，进行企业所得税处理。例如，上市公司以自身股票为标的，对其子公司的高管人员进行股权激励，因高管人员实际就职于子公司，因而建议将该部分费用作为子公司支付给在本企业任职或者受雇的员工的工资薪金支出按照有关规定税前扣除。

2. 个税计税依据应与企税税前扣除金额一致

从理论上讲，实行限制性股票股权激励在企业所得税上的扣除金额与激励对象确认的个人所得税应纳税所得额应保持一致，即如果个人就这部分所得按照工资薪金所得缴纳了个人所得税，那么就应允许企业按这个金额在企业所得税税前扣除。根据《中华人民共和国企业所得税法实施条例》第三十四条规定，企业工资薪金支出，必须按每一纳税年度"支付"。而企业实行限制性股票股权激励计划，在多数情况下会设定一定条件，在实施过程中，有可能出现各种变化，故扣除时间节点应在激励对象行权并产生个人所得税纳税义务的年度给予扣除。这样就形成了个人确认收入与企业确认成本费用相互匹配。

（作者单位：国家税务总局北京市密云区税务局）

加强高收入、高净值人群个人所得税管理和服务的研究

国家税务总局天河区税务局课题组

一、绪论

(一) 研究背景及研究意义

2020年3月1日至6月30日，我国数千万个人纳税人首次通过线上或线下申报方式自主完成个人所得税综合所得年度汇算（以下称"个税年度汇算"），这意味着社会普遍关注的、从2019年开始实施的新个人所得税法成功落地。但相关税收法律征管却仍存在监管空白、与税制不匹配的征管能力不足等问题，这些将成为制约税制真正起到"抽肥补瘦"的分配调控功能的重要影响因素。因此，还需要在未来的配套中加以细化。

(二) 研究思路和研究方法

1. 研究思路

本文以天河区在实际工作中对于高收入、高净值人群（以下简称"双高人员"）个人所得税管理和服务的现状为基础，从实践中总结归纳存在的问题和难点，提出完善"双高人员"个人所得税管理和服务的建议和意见。

2. 研究方法

(1) 案例分析法。通过对天河区"双高人员"个人所得税的征收管理和纳税服务调研分析，思考归纳出"双高人员"个人所得税管理和服务机制的对策和建议。

(2) 比较分析法。通过对国际上主流的"双高人员"个人所得税征收管理做法进行对比研究，构建与完善"双高人员"个人所得税管理和服务机制并提出建议。

二、"双高人员"个人所得税管理和服务的现状及问题——以广州市天河区为例

(一) "双高人员"个人所得税管理和服务的现状

1. 依托经济发展数据和个人所得税数据分析加强"双高人员"个人所得税管理和服务的充分必要性

2021年，天河区地区生产总值为6012.20亿元，比上年增长8.2%，总量连续15年位列全市第一，如图1所示。五大主导产业分别是金融业、新一代信息技术业、现代商贸业、高端专业服务业和现代都市工业。

所得税

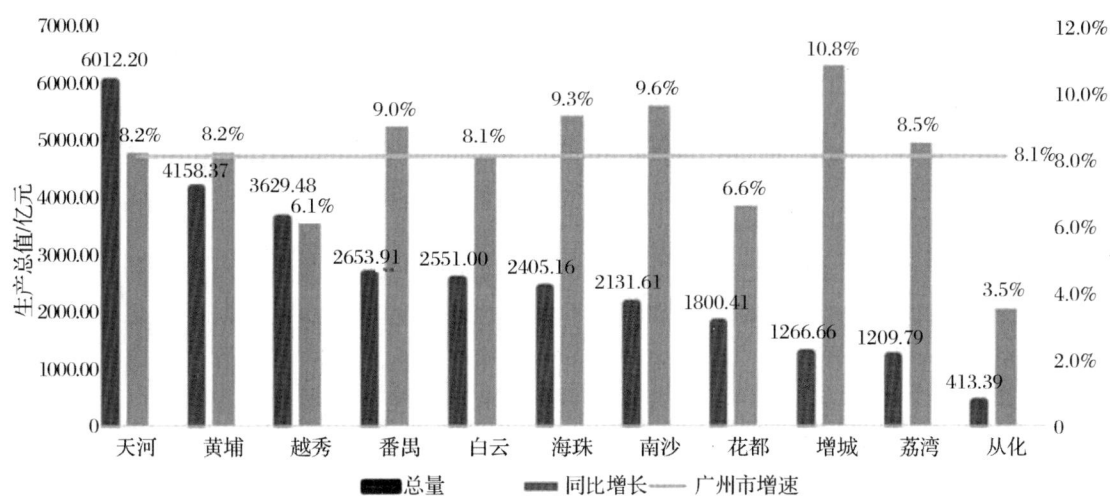

图 1　2021 年广州市各区生产总值一览

数据来源：搜狐网

2022 年，天河 CBD 已拥有总部企业 120 家，占全市 12.7%。四大会计师事务所、五大地产行、市十大律所和主要人力资源机构、超过 200 个世界 500 强投资项目、54 家外国领事机构、33 家外资银行地区总部以及 2000 多家港澳服务业企业均落地于此。同时，也吸引了各行各业的高端人才在天河投资置业。

天河区 2021 年度个人所得税汇算申报人数达 103.30 万人。其中，申报收入 1000 万元（含）以上 11 人、1000 万元以下 500 万元（含）以上 23 人、500 万元以下 100 万元（含）以上 1835 人，分别占全市同等收入水平人数的 18.97%、11.92% 和 15.04%。此类高收入人群个人所得项目多、来源广，大多从事商务服务、信息技术、教育、投资、房地产、金融、保险等行业的工作，如图 2 所示。

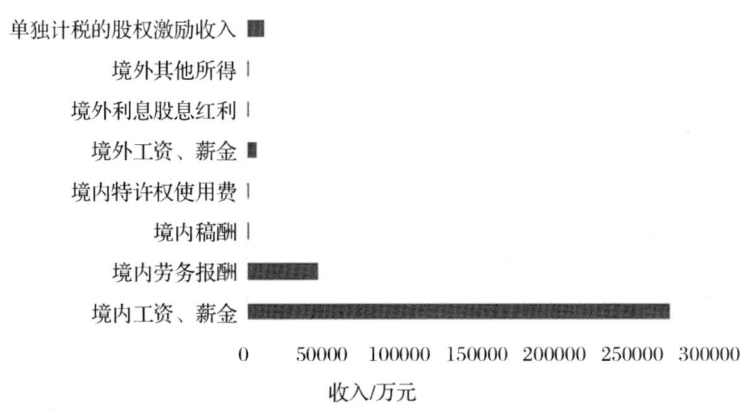

图 2　天河区年度汇算高收入人群收入类型

数据来源：自然人电子税务局

从行业数据来看，2021 年全年个人所得税收入排在前三位的行业分别是信息技术服务业 205187.62 万元、商务服务业 199679.89 万元、科研技术服务业 165062.15 万元，占比分别是

21.07%、20.50%和16.95%，呈现出高精尖行业个人所得税收入贡献大的特征。总体来看，天河区"双高人员"数量多，主要分布在高精尖行业，呈现个人收入结构复杂的特点，具备探索"双高人员"个人所得税管理和服务的充分条件。

2. "双高人员"个人所得税管理和服务情况

下面以天河区税务局为例，简单阐述"双高人员"个人所得税管理和服务情况。2022年，天河区局辅导引进人才倪教授避免双重纳税，正确享受税收协定政策和个人所得税优惠，实现个人所得税退税约100万元；辅导体育名人苏教授享受向教育事业的捐赠准予在个人所得税前全额扣除政策，实现减免应纳税所得额100万元；提示、提醒专家学者武教授存在税收风险，辅导其按税法规定正确申报纳税。但不可否认，目前天河区"双高人员"个人所得税管理模式仍处在初级阶段，在征管制度、数据应用、人才配备、信用惩戒等方面都存在着亟待解决的问题。

(二) "双高人员"个人所得税管理和服务的问题

1. 制度保障不够完善，缺乏程序法支撑

一是"双高人员"个税征管的配套制度不健全。缺少"双高人员"个税征管配套的执行制度和程序，税务部门难以获取"双高人员"财产登记、资产状况、投资收益、境外所得等涉税信息。二是个人所得税反避税条款不成熟。三是缺少自然人执法程序指引。

2. 数据管理不够完善，数据精准度欠佳

一是缺乏统一管理，使得数据不够安全、保密。二是共享数据的标准不统一。三是税务部门自身数据精准度不高，数据对接存在困难。四是受区域管辖权限制，主管税务部门难以核实经管纳税人异地纳税情况。

3. 内部建设不完善，管理和服务仍待优化

一是目前自然人税收管理系统模块凌乱且分散，对同一纳税人的数据查询、分析需要同时使用多个模块，影响工作效率。二是缺乏个税专家型人才。

4. 税收遵从度不高，缺乏有效信用体系

一是"双高人员"税收遵从动机不足。高收入、高净值人群相对于其他群里来说更具有税收筹划倾向，往往采取各种手段来规避或减少个人所得税。二是缺乏健全的信用体系和奖惩机制。目前，对自然人的税务文书送达、约谈、调查取证等都存在很大难度，对纳税失信个人难以形成强有力的约束。

三、完善"双高人员"个人所得税管理和服务的建议对策分析

(一) 强化个人所得税制度保障

完善个人所得税涉税信息交互制度。进一步拓展税务部门与公安、人民银行、金融监督管理等相关部门的信息交互范围，整合"双高人员"财产登记、资产状况等信息，从而加强对"双高人员"的税务管理。

完善个人所得税反避税条款配套制度。完善国际涉税信息共享制度，利用情报交换和CRS数据综合运用，全面掌握"双高人员"全球的收入来源。

完善个人所得税征管程序配套制度。出台自然人执法程序指引，明确税务机关对自然人的征管程序，降低税务机关的执法行为风险。

（二）强化信息数据应用

运用区块链技术加密算法保障数据安全。加强区块链技术的应用，对于双方操作人员数据采集的时间、地点、传输内容进行全面痕迹管理，有效保护数据本身的安全和被查主体的隐私安全。

规范数据信息交换标准。参考各地市现有的相关文件及金税三期数据标准，制定本地区第三方涉税信息交换数据业务标准指引，统一规范第三方税收信息数据交换标准。

提高税务部门自身数据精准度。严把数据输入质量，提高登记信息有效性，如规范外文转中文时姓名录入规则等。畅通跨区域数据查阅渠道，可适度扩大基层税务人员在金税三期系统和ITS系统查阅在管纳税人跨区域纳税申报的权限。

（三）强化税务机关内部建设

优化自然人电子税务局建设。自然人电子税务局系统模块可进一步整合，形成一人式查询。与金税三期核心征管系统和社保费管理系统的关联度有待进一步提升。加强与外部门信息共享和联合监管，提升信息融合分析应用。

培养个税专家型人才。探索"双高人员"的偷、避税手段，多开展"一竿子插到底"业务培训，进一步优化约谈技巧、提升数据分析能力等。

（四）加强纳税遵从管理

推广应用纳税信用数据。积极探索、拓展纳税信用等级的社会应用。

增强纳税人诚信纳税意识。加强与高校等教育机构合作，积极推广税制进校园等活动，持续做好对"双高人员"的辅导，为其提供税费政策动态定制服务。

强化税务中介机构作用。采取专业中介机构综合审计申报制度，提升"双高人员"的遵从度和配合度，优化"双高人员"的申报准确率。

深化企业、个人所得税税制改革的研究

华静静

随着我国生产力的发展和经济体制改革的深入，人们的收入水平、收入方式、收入结构都发生了很大的变化，原有的法律、法规、制度逐渐难以适应新形势发展的需要，现行的所得税制在调节收入分配方面存在很多弊端，因而所得税税制改革势在必行。

一、所得税现状及税制改革的方向

企业所得税和个人所得税是我国的主要税种，在我国现行税制中占有重要地位。企业所得税是国家参与企业利润分配并调节其收益水平的一个关键性税种，是实现经济资源合理配置的重要手段。个人所得税在组织财政收入和调节个人收入分配等方面发挥着越来越重要的作用，是调节个人收入分配的重要手段。我国对所得税的征收和管理，是根据企业组织和个人合伙的组织形式的不同来确定征收对象的。以往人们在研究所得税税制改革时，企业所得税方面是从调节国内外税收差异方面去研究的；个人所得税方面是从分类征收到综合征收，改变征收方式方面去研究的。但不管从哪个方面进行研究，其目的都是公平地调节收入水平。进入新时期，面临新挑战、新要求，目前的税制改革要在总结以往经验的基础上，聚焦更高程度的社会公平正义，更高质量发展的现代需求，在推进中国式现代化进程中持续深化税制改革，实现共同富裕。

二、个人所得税改革的重大意义

个人所得税的改革对于调节税收分配、深化税制改革、推动税务征管现代化及提升税收治理水平都具有重大意义。

（一）有利于缩小贫富差距

政策实施与技术手段的配合，减轻了广大群众的个人所得税负担，避免了高收入者少纳税、中低收入者多纳税的逆向收入调节。个人所得税改革有利于鼓励劳动，增加收入，综合计征个人所得税的改革让广大劳动者受到保护，让不劳而获者受到限制，在市场环境中树立鼓励劳动、鼓励创造的收入分配导向；个人所得税改革有利于扩大中等收入群体。个人所得税改革后，中低收入人群的压力减轻了，纳税主体变为中高收入人群，这使中低收入人群有了更多的创造空间；个人所得税改革有利于经济可持续健康发展，若能有效减轻中低收入人群的税负，广大群众就可以将减税效应直接作用于增加消费中，这在客观上也起着鼓励居民消费的作用。

（二）个人所得税改革让纳税人的意识苏醒

纳税人意识不光包括纳税人义务意识，还包括纳税人权利意识。自 2019 年个人所得税改革工作开展以来，国家提高了个税起征点，扩大了低档税率级距，同时增加了专项附加扣除，促进了税收公平。2020年，首次综合所得汇算清缴工作的平稳落地，不仅精准兑现改革红利，提高征收质量，还调动了人们参与个人所得税改革的积极性，激发了人民纳税遵从度，使参与个人所得税改革的人数逐渐增多，个人所得税申报数据质量不断提高，纳税服务不断完善。

（三）个人所得税改革倒逼税收征管机制进行巨大改革，进而推动税收征管现代化

2021年中共中央办公厅、国务院办公厅印发《关于进一步深化税收征管改革的意见》，对现有制度和政策进行完善和改进，为深入推进税务领域"放管服"改革，完善税务监管体系，打造市场化、法制化、国际化营商环境。个人所得税APP和自然人电子税务局web端是全面推进税收征管数字化升级和智能化改造的具体实践，是自然人税费信息"一人式"智能归集。它健全了监测预警和应急处置机制，确保了数据全生命周期安全，加强了智能化税收大数据分析力度，并在探索加强税收大数据在经济运行研判和社会管理等领域的深层次应用方面具有重要意义。

（四）推动玉树地区税收治理能力提高

个人所得税综合征收加强了对重点风险的防控和监管，针对逃税人群和隐瞒收入行为的人群加强了依法防控和监督检查力度。这使得税收法治对玉树地区的渗透力增加，同时也使纳税人的义务和权利意识得到激发，两者相互促进，提高了纳税人满意度和纳税遵从度。一方面，纳税人更能理解税务局的一些措施；另一方面，税务局也能更好地回应纳税人的需要，最终推动玉树地区税收治理能力的提高。

三、加强企业所得税管理，把握企业所得税改革和发展趋势的脉搏

受环境和地域影响，玉树经济市场不活跃，企业所得税征收规模小，纳税人体量不高，同时玉树地区面临着贫富差距较大，行业差距明显等特征。因此，加强企业所得税管理，有利于实现企业收入的二次分配，有利于有效促进社会公平。加强企业所得税管理，要把握企业所得税改革和发展趋势的脉搏：一是企业所得税税负不断降低。二是企业所得税的优惠范围和幅度更加公平、科学。三是创新企业所得税服务重点。

四、存在的问题及解决办法

（一）存在的不足

税收是调节收入分配的重要工具。与调节收入分配、促进社会公平的要求相比，现行税制还存在一些有待完善的地方，主要体现在：初次分配和再分配的税收调节机制尚不完善；直接税比重偏低，影响税收调节收入分配的力度；个人所得税调节收入分配的作用有待增强；财产税制不健全，对财富分配的调节力度不足。因此，迫切需要积极深化税制改革，缓解和调节收入分配方面的矛盾。这是提高开放型经济水平的必然要求。随着经济全球化的快速发展，我国已融入世界经济发展的大潮。现行所得税税制不能完全适应促进扩大开放、构建开放型经济新体制的要求，其主要表现在：税制建设的国际化视野有待进一步拓宽，税制国际竞争力有待提高；国际税收交流与合作的广度和深度需要拓展，维护我国税收权益和保护跨境纳税人合法权益的任务十分繁重；支持企业"走出去"的税收措施尚不完善，难以适应不断扩大开放的新形势。因此，要继续完善税收制度，增创我国参与和引领国际经济合作竞争新优势。

（二）所得税税制改革缺乏内动力

税务部门要加强与财政等有关部门的协调配合，精心设计税制改革总体方案及分项、分步实施方案，并广泛听取意见，进行必要的实证分析和评估论证，注意把改革的力度、发展的速度和社会的可承受程度结合起来。注重统筹协调，切实增强科学性、现代性、操作性、系统性、整体性和协同性。既要坚持顶层设计，从整体上谋篇布局，又要尊重群众首创，鼓励探索创新，最大限度聚合改革的正能量。要积极借鉴国际有益经验，推动我国税制与国际惯例接轨。

（三）改革落实不到位

认真抓好实施。要逐项明确落实税制改革的责任，有计划、分步骤、稳中求进推改革。要发扬"钉钉子"精神，扎扎实实、不停顿地把税制改革推向前进，同时及时化解实施中出现的新矛盾、新问题，使改革工作干一件成一件，一件接着一件干，环环相扣、层层递进，不断释放改革红利，增强发展动力。要加强监督检查，抓好跟踪督办，确保各项改革落到实处、取得实效。要做好税制改革的正面宣传和舆论引导工作，及时回应社会关切的重大认识和热点问题，为顺利推进改革营造良好社会环境。

五、未来计划

当前，我国进入全面建成小康社会、实现中华民族伟大复兴中国梦的关键时期。积极深化税制改革，是推进国家治理体系和治理能力现代化的必然要求。它将为持续发展经济、不断改善民生、促进社会公正提供强大动力，为实现"两个一百年"奋斗目标奠定科学完备的物质和制度基础。

国家治理体系和治理能力是一个国家制度和制度执行能力的集中体现，财政是国家治理的基础和重要支柱，其中税制是否科学完善、是否能够有效实施，直接展现国家治理体系和治理能力现代化水平。深化税制改革，关乎经济体制改革乃至政治、社会、文化、生态文明等改革。它不仅有利于增强国家财政实力，规范政府与市场主体分配关系，而且有利于促进经济健康发展、社会和谐稳定、国家长治久安。

我国现行税制仍未完全满足打造中国经济升级版的要求。近年来的税制改革在这方面进行了积极探索，今后仍要继续加大力度，进一步探索出有利于经济转型升级的税收制度安排。把税制改革与征管改革、服务优化、技术升级等聚合起来，并运用绩效管理、税收共治等手段，蹚出一条转型发展新路。为确保各项改革平稳实施，电子税务局"互联网＋税务"等创新层出不穷，大数据、云计算、人工智能等前沿技术为税收征管服务提档升级，深层次激发经济增长新动力，助推结构优化、产业升级、绿色发展。当前，优化税制结构，着力完善直接税体系是实现税负公平的主要措施。在保证税负公平的同时，税制改革还要通过税法的统一促进市场统一，为市场主体创造公平竞争的税制环境。

（作者单位：国家税务总局玉树藏族自治州税务局稽查局）

应对我国少子化、老龄化社会的税收政策研究

赖 健 刘 波 艾 玲 李朝富

新中国成立后,党和国家高度重视人口问题,始终坚持人口与发展综合统筹决策,根据经济发展水平、人口生育形势和人口变动趋势,适时调整完善生育政策,促进了我国人口再生产从"高出生、低死亡、高增长"向"低出生、低死亡、低增长甚至开始负增长"的历史性转变。1992年总体生育率下降至1.98,我国进入了少子化阶段;2022年生育率更是不足1.15,我国迈入超少子化社会,人口自然增长率－0.60‰,年末总人口141175万人,比上年末减少了85万人。新生儿减少,人均预期寿命延长,2001年我国65岁以上的老龄人口率达7.10%,跨入了联合国认可的老龄化社会;2022年老龄人口比达14.9%,从此我国进入中度老龄化社会。少子化不但难以维持人口更替水平,而且会导致劳动力减少、社会抚养比提升,以及生活消费、投资需求逐渐萎缩;老龄化不仅会增加社会保障支出,还会加大家庭赡养负担,而医疗养老费用的增加又自然会挤压家庭的正常消费支出。少子化与老龄化并存,对我国经济运行各领域、社会建设各环节、社会文化各方面乃至民族未来、国家综合实力以及国际影响力和竞争力,都有着深远且重大的影响。

面对我国超少子化叠加中度老龄化、区域人口增减分化的人口发展新形势,税务机关应当按照2023年5月5日二十届中央财经委员会第一次会议提出的建立健全生育支持政策体系,推动建设生育友好型社会,努力保持适度生育水平和人口规模,推进基本养老服务体系建设,大力发展银发经济,加快发展多层次、多支柱养老保险体系的战略部署,积极构建生育成本合理分担机制和生育养老友好的政策环境,促进释放生育潜能,努力保持适度生育水平和人口规模,以人口高质量发展支撑中国式现代化强国建设,助力中华民族伟大复兴的中国梦的实现。

一、定期提高个人所得税综合所得的减除费用限额

我国的个人所得税年度减除费用经历了多次调整,目前执行的是2018年确定的60000元限额。为了保证居民的可支配所得不缩水和个人所得税税负不因通货膨胀而增加,建议:在每个五年规划的第一年,根据上年末居民的人均基本消费支出、社会抚养比及五年来的居民消费价格总指数,统筹调整提高个人所得税的综合所得的减除费用限额。

二、调整个人所得税的现行住房贷款利息或住房租金扣除办法并按照同住父母子女数量定额加计扣除

根据国家统计局公布的2022年上半年各省市人均收入及新建商品住宅交易均价,全国平均房价收入比为11,各地房价收入比差距很大,上海最高,达35;北京次高,也有28;最低的是内蒙古为7;次低的湖南为8。这都超过了国际公认房价收入比在3~6倍的合理区间。

为了减轻家庭的住房负担,支持多代同堂,便于扶幼助老,落实购房与租房居住都应享受同等税收待遇的公正公平原则,建议:调整现行个人所得税税前定额扣除住房租金或首套住房贷款利息的支持政策,根据国家统计局按年调查统计公布全国城市房价收入比和同一房屋实际共同居住的父母及子女人数,在房贷偿还期间或租房居住期间按照购房者或租房者工作所在地的房价收入比,具体确定每月的房贷利息或住房租金的扣除限额,见表1。

表1 购房贷款利息(租房租金)扣除标准明细表

房价收入比	标准扣除/元	加计扣除/元
	每户每月	同住父母、子女每人每月
6.0及以下	0	100
6.1~8.0	月利息或租金的10%或600元	100
8.1~10.0	月利息或租金的20%或700元	100
10.1~12.0	月利息或租金的30%或800元	100
12.1~14.0	月利息或租金的40%或900元	100
14.1及以上	月利息或租金的50%或1000元	100

该项扣除可以选择由夫妻一方或子女一人100%在其综合所得中扣除,也可以选择夫妻双方各按50%或子女平摊在其综合所得中扣除。具体扣除方式一旦确定,在一个纳税年度内不能变更。

三、调整个人所得税的婴幼儿照护服务费用扣除办法与标准

由于客观存在的城乡婴幼儿的照护服务收费或支出差异,为使税收优惠政策更加公平公正,实现好"幼有所育"奋斗目标,建议:调整现行的婴幼儿照护费用定额扣除办法,根据婴幼儿当年常住地,分别按城市与非城市、城市大小来确定每个婴幼儿照护费用月度扣除限额,见表2。

表2 婴幼儿照护费用扣除明细表

常住地	每人每月扣除标准/元
非城市	500
Ⅱ型小城市	600
Ⅰ型小城市	700
中等城市	800
Ⅱ型大城市	900
Ⅰ型大城市	1000
特大城市	1100
超大城市	1200

允许扣除的家庭婴幼儿照护费用总额,由其父母在一个纳税年度内分别从其综合所得收入中扣除50%或其中一方扣除100%。具体扣除方式一旦确定,在一个纳税年度内不能变更。

四、增加个人所得税的定额扣除未成年子女生活费用项

2022 年,我国城镇居民年人均消费支出为 30391 元、农村居民人均消费支出为 16632 元。按照我国现在鼓励的一个家庭可以生育三个孩子来计算,2022 年消费支出总额城镇家庭为 151955 元、农村家庭为 83160 元。假设夫妻都有工作、三个孩子没有收入,其家庭的综合所得可以扣除的生计费用总额是 120000 元,如此城镇家庭减除的生计费用合计不能覆盖其支出总额,会影响家庭幸福生活。

由于城市与非城市、城市大小的生活成本、生养支出等客观因素存在差异,为使税收支持政策更加公平合理,鼓励适龄生育,更好地实现"幼有所育",建议:按照未成年子女(含已成年的在校大学生)个数,以其常住地(学生按照学校所在地)分别按城市与非城市、城市大小,来确定每人每月生活费用扣除限额,见表 3。

表 3 未成年子女生活费用扣除明细表

常住地	每人每月扣除标准/元
非城市	500
Ⅱ型小城市	600
Ⅰ型小城市	700
中等城市	800
Ⅱ型大城市	900
Ⅰ型大城市	1000
特大城市	1100
超大城市	1200

允许扣除的未成年子女生活费用总额,由其父母在一个纳税年度内分别从其综合所得收入中扣除 50% 或其中一方扣除 100%。扣除方式一旦确定在一个纳税年度内不得变更。

五、扩大个人所得税的赡养老人支出扣除范围并调整扣除方式和额度

截至 2021 年末,在全国 26736 万 60 周岁及以上老年人口中,参加过全国基本养老保险的离退休人员仅占 49.21%,而超过 50% 的老人依靠自身积蓄和子女赡养生活。我国已有超过 1.76 亿的独生子女家庭,其中"失独家庭"在 2020 年就已经超过 110 万,并且每年还以上万户的速度递增。

为了减轻赡养人的赡养负担,按照"老有所养、弱有所扶"的要求,传承我国孝老敬老养老的美德,倡导儿媳对公婆、女婿对岳父母的赡养关爱,特别鼓励儿媳对"失独"公婆、女婿对"失独"岳父母的赡养关怀。建议:将被赡养人明确为年满 60 岁的父母、无法定赡养人年满 60 岁的公婆和岳父母,以及祖父母、外祖父母,根据被赡养人当年常住地,确定每位被赡养人的赡养费用月度扣除标准,见表 4。

表 4　赡养老人支出扣除明细表

常住地	每人每月扣除标准/元
非城市	500
Ⅱ型小城市	600
Ⅰ型小城市	700
中等城市	800
Ⅱ型大城市	900
Ⅰ型大城市	1000
特大城市	1100
超大城市	1200

允许扣除的赡养老人费用总额，可以由赡养人均摊或者约定分摊，也可以由被赡养人指定分摊。指定分摊优先于约定分摊。具体分摊方式和额度一旦确定，在一个纳税年度内不能变更。

六、扩大个人所得税的大病医疗费用扣除范围并适时下调个人负担起扣额、限扣额

2022年，居民人均医疗保健支出2120元，同比增长8.6%，比人均可支配收入增幅快了3.6个百分点，更比人均消费支出增幅多了6.8个百分点。

为了减轻大病患者家庭的医疗支出，切实缓解其生活困难，更好落实"病有所医"要求，弘扬孝老敬老养老的传统美德，促进家庭和谐幸福，让人民群众更多更公平地享受我国经济发展的成果，建议：将大病医疗费用扣除范围扩大可纳税人及其配偶、未成年子女以及其他法定被赡养人、"失独"的岳父母（公婆）发生的大病医疗费用支出，并且根据财政承受能力，在每个五年规划的第一年，调低个人负担的大病费用起扣额和调高限扣额。

七、允许婚育假期工资奖金福利在计征企业所得税时加计扣除或婚育假期视同工资性收入在计征个人所得税时扣除

为了建设婚育友好型社会，稳定并提升人口出生率，国家和地方出台了带薪的婚育假，包括婚假、产假与陪产假、育儿假，同时假期的工资、奖金和其他福利待遇照发。

婚育类假的不断增加与假期的逐渐延长，客观上会提高用人成本。除机关事业单位和国有企业外，其余用人单位和灵活就业者就直接面临着这类假期的工资、奖金和其他福利待遇费用自行承担的问题。此外，婚育类假政策，对于灵活就业人员不会产生激励作用。为了消除性别歧视和生育限制，对于这类假期需要建立成本费用支出在国家、企业和个人之间的分担机制。建议：对缴纳企业所得税的纳税人，允许将员工婚育假期的工资、奖金和其他福利待遇支出加计100%在其应纳税所得额中扣除；对灵活就业者在婚育假期减少的工资性收入，允许按其申报的上一个纳税年度的日均综合所得，依照规定的婚育假期天数计算求得的视同工资性收入的数额，从其本年度的综合所得中扣除来间接弥补其收入，本年度扣除不完的，可以延续到下一

个纳税年度继续扣除,直至扣完为止。

八、增加个人所得税的失能人员照护费用按人定额扣除

我国不完全统计的失能老人有约 4200 万人,另外在 8500 万残疾人中,极重度残疾人就占 29.62%,他们也是失能人员。按照平均每户家庭 2.62 人计算,仅失能老人和极重度残疾人就会导致 2000 多万个家庭难以享受无忧无虑的幸福家庭生活。

为了减轻失能人员家庭负担,传承中华孝老助残帮亲文化,营造具有中国特色的社会主义人道社会氛围,建议:对失能人员家庭的法定赡养人、抚养人、扶养人按照其家庭所在地,依据照护人数及失能或残疾等级来确定失能人员照护费用月度扣除金额,见表 5。

表 5 失能人员照护费用扣除明细表

常住地	中度失能每人每月扣除标准/元	轻度失能每人每月扣除标准/元	重度失能每人每月扣除标准/元
非城市	500	在中度失能照护扣除标准上下降 20%	在中度失能照护扣除标准上增加 50%
Ⅱ型小城市	600		
Ⅰ型小城市	700		
中等城市	800		
Ⅱ型大城市	900		
Ⅰ型大城市	1000		
特大城市	1100		
超大城市	1200		

允许扣除的失能人员照护费用总额,由法定赡养人、抚养人、扶养人在一个纳税年度内分别从其综合所得中按人平摊扣除或者约定分摊,也可以由失能人员指定分摊。指定分摊优先于约定分摊。具体分摊方式和额度一旦确定,在一个纳税年度内不能变更。

九、扩大个人养老金覆盖范围并适时提高计税扣除限额

我国现行的对个人养老金实施递延纳税优惠政策。只有在我国境内参加城镇职工基本养老保险或者城乡居民基本养老保险的劳动者才能享受,按照 12000 元/年的限额标准,在综合所得或经营所得中据实扣除。

按照人社部和国家统计局数据计算,我国灵活就业人口在 2021 年已达 2 亿人,已经占到了总人口的七分之一、就业人口的四分之一。根据艾瑞咨询的预测,未来数年我国灵活就业市场的复合增长率将会维持在 25% 左右。

为了解决大量灵活就业者的个人养老金的社会保险问题,建议:取消个人养老金仅限于在我国境内参加城镇职工基本养老保险或者城乡居民基本养老保险的劳动者的规定,允许灵活就业人员自愿参加个人养老金保险保障,并且在每个五年规划的第一年,根据国家财力状况,提高个人养老金的税前扣除水平。

十、实行"一小一老"事业和专用品税收优惠

儿童既是一个家庭的未来,也是一个民族的希望,更是国家未来的主人;而老人退休前是社会财富的创造者,退休后又是银发经济的引领者,也是消费市场不可忽视的重要力量。

为了尽量降低"一小一老"社会服务成本,努力减轻"一小一老"生活支出负担,加速发展成本可负担、方便可及的"一小一老"普惠性专业服务,助力民生福祉的加快改善,建议:对托儿所、幼儿园、中小学校、儿童福利院、未成年人救助保护站、老年大学、养(敬)老院、医养和康养场所等提供"一小一老"专业服务的单位、机构、企业或个人免征增值税、印花税和企业所得税或个人所得税;对土地、房产和交通工具等专用于上述"一小一老"服务的出租收入免征增值税、减半征收企业所得税或个人所得税;对征用耕地专门用于"一小一老"服务的免征耕地占用税;对从事"一小一老"服务的机构或个人,免征城镇土地使用税、房产税;对与"一小一老"生活密切相关的专用的食品、药品及用品免征国内增值税、进口关税与进口环节增值税。

(作者单位:国家税务总局资阳市税务局、
国家税务总局资阳高新技术产业园区税务局)

房地产税

基于共同富裕视角的我国房地产税改革研究

张红兵　孙新军　谢　芳

党的十八届三中全会强调,科学的财税体制是优化资源配置、维护市场统一、促进社会公平、实现国家长治久安的制度保障。税收作为国家资源配置和调控经济运行的杠杆,是促进共同富裕的重要再分配工具,特别是以房地产税为代表的财产税,能够均衡财富水平,发挥税收调节作用、提升经济效率、稳定政府收入来源,助力我国在高质量发展中实现共同富裕。开征房地产税的议题在我国由来已久,从广义来说房地产税并不只针对房产,但当前我们提到房地产税改革主要是指保有环节的个人住房。房地产税从开始立法到试点改革,关于"如何改"和"如何征"的讨论从未停止。

一、共同富裕背景下我国房地产税改革的必要性

(一)房地产税改革是我国实现共同富裕的重要手段,有助于合理调节贫富差距

面对蓬勃发展的房地产市场,要适时加大税收调节贫富差距的力度和精准度,要正视房地产对财富再分配调节和制约的不足已成为贫富差距过大成因的重要推手这一事实。贫富差距越大,对扩大内需、促进经济发展的制约性就越强。房地产税以财富存量(尤其针对土地和房屋)课税,税基宽广、非流动性、不可隐瞒、税源稳定、税负难以转嫁都是其不可替代的显著优势,因内嵌于财富调节分配环节,与个人所得税只对收入征税的特点形成互补,是一项有效的调节分配政策工具。

(二)房地产税改革是我国财税体制改革的重要举措,有助于优化财税体制结构

纵观我国房地产税的改革进程,从1951年颁布《中华人民共和国城市房地产税暂行条例》构建了房地产税制度的雏形,到计划经济时期的止步不前与改革开放后的经济复苏,再到房地产税与城市房地产税并行阶段的"内外有别"和2009年《中华人民共和国房产税暂行条例》的颁布消除界限,最后到达现如今的开始探索个人住房房地产税改革。国家的每一步财税体制改革都具有里程碑的意义。

房地产税改革对我国财税体制改革的助力显而易见。结合我国当前流转税、所得税和财产税三足鼎立的税基结构模式和税制与税基结构脱节、税收负担不公平等社会问题长期存在的现状,房地产税可以健全直接税体系,优化地方财政收入结构,保持地方财政的自主性,提高政府收支效率,缓解基层政府财力短缺问题并且降低债务风险。

(三)房地产税改革是我国建立长效机制的重要环节,有助于降低炒房热度,实现安居乐业的目标

近年来,房地产市场热度逐年攀升,市场上哄抬房价的"投机者"接连"炒作",房子价格一年比一年高,百姓苦房价久矣。各地区响应党中央号召,落实房子是用来住的而不是用来

炒的的政策，相继出台了一系列"限购""限价""限贷"强调控手段，给房地产行业"降温"，新房销售不再火热，房地产投资开发增速也持续放缓。但依靠政府的调控手段只是扬汤止沸，无法治标又治本。因此，需要建立和完善房地产长效机制，利用房地产税累进性特征，使拥有房产数量越多且评估价值越高的阶层缴税越多。如此可以有效调节不动产的财富分配，缓解行政成本过高、正常购房需求受影响、制度存在负面性等问题。

二、共同富裕背景下我国房地产税改革的必要性

（一）房产拉大居民贫富差距

伴随着城市住房市场化改革，房产已经位居中国居民家庭财富榜的首位。房产的增值就意味着家庭人均财富的增长，这种高投入高回报的特性诱发了投资、投机行为，显著拉大居民贫富差距，诱发社会尖锐矛盾。目前，房产溢价已经远远超过我国GDP增长速度，这类资本性收入使得国民收入分配格局进一步失调，天平无法保持平衡，左边是高收入家庭通过房地产投资取得巨大财产收益，右边是大量的房屋空置、中低收入者难以满足居住需求。

（二）房地产税再分配职能未实现

我国房地产税采取试点实践的方式，但却浅尝辄止、止步不前，再分配目标并未实现。原因有三：其一，每年缴纳一次的房地产税如果税率较高，则纳税人接受度低，征管成本大。因此，采取了低税率、低规模，这就制约了再分配效应的产生。其二，房地产税的计税依据大多是房产评估价值，而评估具有周期性，评估结果相对经济活动来说有滞后性，不能及时反映实际征税对象纳税能力的变化。其三，房地产税收入是各地政府收入的大头，与当地医疗、教育等公共服务紧密相连，具有地区差异性和不均衡性，不同地区居民对房地产税的认可度并不相同。

（三）房地产税体系重流转、轻保有、税负多、税基小

当前，我们提到房地产税改革主要是指保有环节的个人住房，但从广义上来说房地产税并不只针对房产。我国房地产税收体系可以划分为"开发建设""流转交易""持有"三个环节，体系中针对土地与房屋设置了包括房产税、城镇土地使用税、耕地占用税、契税、土地增值税的房地产"五税"。"五税"的收入比重已经多年超过全国收入的一成，收入占比不低且课税对象存在一定程度的重叠。流转环节的税种多、税负重，保有环节的税种少、税负轻，持有一套或多套房产的基本不征税，无论何种房型、自住还是空置，都不增加税负。这不仅不利于空置房流转，而且还会将税负转嫁给购房者，加剧房价攀升。不同环节失衡的税负水平使政府对财产增值的调控无法把握，削弱了税收调节社会财富公平分配的作用。同时，税基覆盖面也偏小，房产税只针对城镇，不包含农村地区，试点改革也只对增量房不对存量房征税。

（四）房地产税的计税依据有失公平

目前，我国以房屋的"市场交易价格"（计税余值或租金收入）而不是世界上大多数征收房地产税的国家或地区采用的"市场评估价值"作为计税依据。但依照财产税的特性，房产税的征税对象是非流动性的财产，是往年价值累计的总和而不是某一时间的市场价格。这就很容易偏离实际价格，违背量能课税原则，加剧财富分化，有失公允。

（五）房地产税的代际传承缺失

房产已经成为家庭财富的主要组成部分，占据绝对比重。房产转让、赠与、继承征收的相

关税种税率也是大家重点关注的问题。西方国家的普遍做法是征收遗产税，既激励了年轻人的自我奋斗，又调节了财富的代际传承，缩小了贫富差距。我国并没有开征遗产税，子女继承房产通常是免税的，只对个人转让房产所得按次征收20%的个人所得税。因为缺少有效调节居民个人房产投资投机获利和房产代际传承的税种，所以公平分配的力度被弱化，房地产投机操作越演越烈，贫富差距也越来越大。

三、共同富裕背景下我国房地产税改革的要素设计

（一）征税范围和税率

在征税范围方面，我国住房类型和房屋产权类型较多，小产权房、福利房、经济适用房、军产房、两限房等各不相同。此外，还有私人自建房、商品住房、工业区配套宿舍等各类宿舍、公共住房、单位自建房和居住配套等其他住宅。建议在免除免征面积和给予税收优惠后，将所有商业地产和个人居住房屋都纳入征税范围，改变非经营性房产在保有环节不征税的现状。

在税率方面，为了提升税收的收入分配能力、满足合理住房需求、抑制投资投机，建议采取累进税率。具体为：具有公共属性的房产零税率，居住类房地产税率在1‰左右，超出一定面积标准的高档住宅、别墅等根据面积和产权数量制定阶梯累进税率。基于"宽税基、低税率"税制改革原则和我国房地产均价高于居民平均收入水平的现实情况，房地产税改革的税率制定不宜过高。

（二）免征方案

为了培养全民纳税意识、减少居民税负"痛感"以及考虑到房地产税的可转嫁性和税制改革的成本，建议合理设置免征面积，确保单个家庭所缴纳的房地产税在合理范围内。建立以家庭为单位的数据库，包含家庭成员户籍、婚姻关系、实际居住人口数、房源、产权人等房地产相关信息，参考国内试点改革经验、借鉴专家学者的创新方案，可综合采取"家庭首套房免税""家庭面积减免""人均面积减免""人均价值减免"四种免征优惠方案。

（三）税收优惠

从纳税公平性和共同富裕目标角度出发，同时考虑到税收收入对地方财政的影响与激励机制，适当减免特殊住房类型与纳税主体的房地产税是不可避免的。

首先，从住房类型考虑，对特殊房源给予减免。应对保障性租赁住房、政府共有产权份额住房、公共租赁住房、符合国家规定但禁止上市交易住房、产权受限住房等房产及其用地进行减免。其次，从纳税主体考虑，对特殊人群给予减免。应对符合条件的低收入家庭、丧偶失独家庭、低保家庭、残疾人家庭、烈士军属家庭、受到自然灾害的家庭和其他因为不可抗力导致纳税困难的弱势家庭进行减免。

四、共同富裕背景下我国房地产税改革的建议

（一）优化房地产税改革相关制度体系

在注重多维协调、兼顾效率与公平、重视地区差异性的原则下，按照中央"房住不炒"的调控定位优化房地产税体系，建立以消费为主导的房地产市场长效机制，出台系列配套政策，全面遏制以房投机赚钱的问题。具体如下：一是税收调控要供给、需求双管齐下。为确保房地

产与租赁市场的稳定,针对预测的租金上涨问题,可结合房地产税推行状况和各地区实际情况,适当提高住房公积金租房提取比例,来对冲产生的房租支付压力。二是建立房地产生产经营、存量持有、产权转让三个环节并行的税收体系,并将税负重点从流转环节转移到持有环节。可根据纳税人持有房屋的套数和持有时间的长短以差别税率征税,同时探索征收遗产税。三是调整合并房地产税种,实现房地统一征税。要妥善处理房产、土地相关税费关系,进一步优化、完善税制结构与配套政策,并做好新旧制度的衔接工作。

(二)完善房地产税改革税基评估工作

房地产税改革需要重点关注税基评估工作。首先,要建立住建、民政、公安等相关部门的联合工作小组,全面采集各类房屋,包括产权人、房源等信息的数据库,并以数据为支撑,开展研究比价、评估模型等工作。其次,要对居住用房、地产开展税基评估工作,不仅需要综合考虑地理位置、用途、权属、年限等因素,还要结合房地产市场价值或租金价格。最后,要设立税基评估管理委员会,负责制定评估办法、监督评估工作、开展税基评估复核鉴定、处理评估争议等工作,评估工作以年为单位进行更新。

在开展评估工作的同时,还应做好宣传引导、政策解读、舆情管控、信访应对等工作,加强市场监管、充分研判形势、提前预估风险并做好防范预案和政策储备。

(三)充分调动地方政府的改革积极性

我国地区经济发展极不平衡,城市房价和居民收入水平在核心城区和偏远地区差异明显,因而征收房地产税不能一概而论,需要给予地方政府一定的自主权,调动其改革积极性。一方面,在不违背国家大政方针的基础上赋予地方政府灵活的行事权利,因地制宜地制定适用税率、免税优惠和征收办法;另一方面,提高政府房地产税的征管水平、征管效率和社会保障的能力。

(作者单位:国家税务总局淮安市税务局)

对土地增值税车位（库）清算管理的问题分析与实践思考

施吉华　赵廷喜　简萌萌

目前，土地增值税清算中清算类别主要分为：普通住宅、非普通住宅和其他类型房产三种。车位（库）转让（销售）归为其他类型房产进行清算。在实际清算中，由于车位（库）各个省市规划审批情况不一、不同地区车位（库）销售价格不一、开发企业转让销售形式不一、清算审核政策掌握口径不一等因素，使得车位（库）清算变得极为棘手、极为复杂和极为敏感，难免会出现开发企业与税务部门对政策理解的偏差、观点角度的不一、意见分歧较大的现象，以致引发清算涉税争议。笔者结合清算工作实践，就目前车位（库）清算中不同的情形、常见的问题及应对的方法进行一些思考分析和实践探讨。

一、目前车位（库）所涉及的不同情形

（一）在规划审批（权属登记）上的不同情形

（1）能够办理权属登记的车位（库）。由于不同省份、城市间对房地产开发规划审批条件的要求和规定的差异，一些发达地区，特别是一线、二线城市对地下空间开发及配建设施（包含车位）作出了具体规划和明确规定，要求开发企业在取得地上土地的同时按规定缴纳相应的地下规划配套设施的土地出让金（常见做法是按不低于地面土地价款的40%或地下负一层按地面土地价款的50%缴纳、负二层以下按地面价款的25%缴纳），这样配建的地下车位（设施）就能够办理产权证。

（2）不能办理权属登记的车位（库）。一些欠发达地区，特别是四线、五线城市对地下空间开发及配建设施（包含车位）没有作出一线、二线城市那样的具体规划和明确规定，不要求开发企业在取得土地时缴纳地下规划配套设施的土地出让金，因而配建的地下车位就不能办理产权证。

（二）在销售价格上的不同情形

（1）销售价格较高。能够办理产权权属登记的一线、二线城市或城市中心区域车位（库）销售价格较高，一个车位（库）少则十几万元多则几十万元一个，每平方米价格在2万～3万元，甚至更高。由于车位（库）销售价格相对较高，因而对其他类型房产清算影响不大。

（2）销售价格较低。不能办理产权权属登记的四线、五线城市或城市偏远郊区车位（库）销售价格较低，一个车位几千元至几万元不等，甚至是零元（买房送车位）。由于车位（库）销售价格严重偏低，因而对其他类型房产清算影响巨大。

（三）在销售形式上的不同情形

由于房地产市场开发楼盘（项目）的特色性、车位（库）建造的差异性、阶段行情（销

售）的变化性、促销方式的多样性，车位（库）销售情况五花八门、形式多样。主要有以下几种情形：

（1）正常销售情形。开发商与购房人签订车位使用权转让（买卖）合同（协议），按市场价正常销售，开具发票并收取款项。

（2）零元销售情形。开发商与购房人签订车位使用权转让（买卖）合同（协议），按零元价格销售，未开具发票。

（3）随房附赠情形。开发商在购房人购买房屋（1套）的前提下，与购房人签订长期（20年）车位使用协议，提供车位（1个）给购房人使用，即俗称的"买一赠一"。车位未收取款项、未单独开具发票，商品房销售合同中未注明车位价款、未分开开具发票。

（4）变相销售情形。开发商以"买一赠一"名义（形式），在购房人购买房屋（1套）时，与购房人签订长期（20年）车位使用协议，提供车位（1个）给购房人使用。形式上车位未收取款项、未开具发票，商品房销售合同中未注明车位价款、未分开开具发票；但实质上通过设置第三方机构（平台），让购房人以入会方式缴纳一定数额会员费，以会员费抵减购房款，并且可凭会员身份享有车位使用权。开发商在签订销售合同及开具发票时，实际涉嫌少计收入，以达到逃避缴纳其他类型房产税款，甚至想方设法人为地让普通住宅的增值率小于20%以达到退税的目的。这种操作方法，会严重影响土地增值税增值额和增值率的计算。

（5）未销售的情形。开发商未销售车位或开发商只与购房人（使用人）签订短期租赁合同（协议）出租车位并收取租金。

（四）在同一楼盘（项目）上的不同情形

在实际清算中，遇到的同一楼盘（项目）地下车位（库）销售形式各不相同。

（1）有的楼盘（项目）部分车位正常进行销售，签订合同、开具发票；部分车位（库）"零元"销售，签订合同、不开发票。

（2）有的楼盘（项目）少部分车位正常销售，签订合同、开具发票，大部分车位"买一赠一"销售，签订合同、不开发票。

二、车位（库）清算政策的前后变化及对税收的影响

2020年11月20日，省局政策确定性二明确：根据《江苏省地方税务局关于土地增值税若干问题的公告》"能够办理权属登记手续"相关规定，在暂不具备实际办理地下非人防车位产权权属登记条件的地区，转让经依法批准建设的非人防地下车库（车位）的，应纳入土地增值税征税范围；对房地产开发企业与业主之间签订不动产买卖合同、开具销售发票的，认定为土地增值税征税范围的转让房地产。这样就使经依法批准建设的非人防地下车库（车位）转让（销售）由过去的保留成本不进行清算改为纳入清算。这一改变，对其他类型房产清算产生了较大的影响，尤其是对四线、五线城市的影响更大。因其他类型房产中的商业类房产销售价格较高，每平方米价格在1万～2万元，远远高于地下车位每平方米几百元到上千元的价格，所以车位（库）纳入其他类型房产进行清算，直接导致其他类型房产扣除成本的大幅增加，单位销售价格的大幅下降，以致造成其他类型房产由过去的缴税或补税变成了现在的不缴税甚至退税。

三、车位（库）纳入清算后企业（销售）策略的改变

（一）对车位（库）销售进行筹划以达到清算条件

2020年11月，省局政策确定性二明确"在暂不具备实际办理地下非人防车位产权权属登记条件的地区，转让经依法批准建设的非人防地下车库（车位）的，应纳入土地增值税征税范围"后，部分开发企业为了使一些车位（库）滞销的开发项目达到清算条件（已转让的房地产建筑面积占整个项目可售建筑面积的比例在85%以上），采用"零元"销售或低价销售的方式将剩余的未销售车位（库）进行集中销售，以提升销售面积占比来达到清算的条件。

（二）对车位（库）开票进行筹划以满足清算要求

2020年11月，省局政策确定性二明确"对房地产开发企业与业主之间签订不动产买卖合同、开具销售发票的，认定为土地增值税征税范围的转让房地产"后，部分开发企业为了达到将车位（库）纳入其他类型房产进行清算的目的，仅签订部分销售合同、开具部分销售发票，以满足这一清算要求。此做法导致出现了经依法批准配建的多达七八百个车位（库）的一个楼盘（项目）仅签订开具了几个或几十个车位（库）的销售合同和发票，其余的则通过随房附赠（买一赠一）方式进行处置的极端行为的情况出现。

四、车位（库）纳入清算后带来的税收变化

（一）一线、二线城市销售价格高税收影响较小

一线、二线城市或城市中心区域由于人口多、需求大，车位（库）大都十分紧缺，加之能办理产权权属登记，车位（库）销售价格一般都较高，每平方米价格甚至1万元以上，一个车位（库）少则十几万元、多则几十万元。车位（库）销售价格较高，每平方米销售单价与商业类房产价格相差不大。因此，将其纳入其他类型房产清算对土地增值税整体影响不是太大。

（二）四线、五线城市销售价格低税收影响较大

四线、五线城市或城市偏远郊区由于人口少、需求小，车位（库）相对数量较多，加之又不能办理产权权属登记，车位（库）销售价格一般都较低，往往一个车位只有几千元到几万元不等，甚至是零元。车位（库）销售价格偏低，每平方米销售单价往往只有商业类房产价格的1/5～1/10，甚至是零元，两者相差极大。因此，将其纳入其他类型房产清算对土地增值税影响巨大。此做法导致其他类型房产出现了未纳入清算前（2020年11月20日）有税可征，多数还需补税；纳入清算后无税可征，多数还得退税的明显反差和不良现象。

五、车位（库）销售不同情形的清算处理方式

在现行政策不变的前提下，针对车位（库）销售（转让）的不同情形，应分别采用以下不同的处理方式：

（一）正常销售情形

开发商与购房人签订车位使用权转让（买卖）合同（协议），按市场价正常进行销售开具发票并收取款项。按其他类型房产进行清算，车位销售（转让）收入、成本同步计入。

（二）"零元"销售情形

对项目（楼盘）车位（库）前期开始销售时正常销售，签订合同、开具发票；后期为了销

售面积达到清算占比（85%），对剩余车位（库）以"零元"价格销售，签订合同、不开发票的情形，按其他类型房产进行清算，同时对"零元"销售车位（库）按市场同期同类车位价格或评估价格进行调整计入收入，成本同步计入。

（三）随房附赠（"买一赠一"）情形

开发商未在商品房销售合同中注明附赠车位价款，也未将商品房和车位发票分开开具的情形，可按"国税函〔2008〕875号"文件第三款"企业以买一赠一等方式组合销售本企业商品的，不属于捐赠，应将总的销售金额按各项商品的公允价值的比例来分摊确认各项的销售收入"之规定，将随房附赠的车位（库）对应价款从主房价款中进行分离，作为车位（库）收入计入其他类型房产收入，车位（库）成本计入其他类型房产成本予以扣除。

（四）变相销售情形

开发商以"买一赠一"名义或形式，在购房人购买房屋（1套）时，与购房人签订长期（20年）车位使用协议，提供车位（1个）给购房人使用。该情形虽然在形式上看车位未收取款项、未开具发票，商品房销售合同中未注明车位价款、未分开开具发票，但在实质上通过设置第三方机构（平台），让购房人以入会方式缴纳一定数额会费，以会员身份来享有车位使用权。对此情形的清算处理方式为：一是经核实确认后，对收取的会员费应计入收入；一是视为弄虚作假来变相满足清算条件达到清算目的，隐瞒收入以偷逃税收，可保留成本不进行清算。

（五）未销售的情形

开发商未销售车位或开发商只与购房人（使用人）签订短期租赁合同（协议）出租车位并收取租金，保留成本不参与清算。

六、对车位（库）清算适用房产类型的针对建议

针对车位（库）清算的特殊性和复杂性，相关部门必须客观正视和清醒看待土地增值税实际清算中车位（库）所涉及的不同情形，即在权属登记上有的能够办理、有的不能办理，在销售价格上有的价格较高、有的价格较低，在销售形式上五花八门、各不相同的问题。与此同时，要充分考虑开发企业建造车位（库）实际支出的成本费用需要扣除问题，充分考虑车位（库）纳入其他类型房产清算后对税收尤其是对四线、五线城市税收的巨大影响问题，充分考虑当前房地产市场行情持续低迷、复苏乏力的问题。因此，建议税务总局会同住建、自然资源等相关部门，进一步加强对房地产市场发展形势变化、房地产产权权属登记需求、房地产企业促销手段方式的调查研究和分析研判，完善政策措施、规范顶层设计。具体可采取的方法：一是对车位（库）办理权属登记手续等相关制度进行进一步明确和细化，以规范开发企业的应尽责任，保护购房人的应有权利。二是对房屋清算类型进行进一步细化和区分，在三种（普通住宅、非普通住宅、其他类型房产）类型的基础上可考虑再增加一个类型，将车位（库）单独作为一个清算类型进行清算。三是对车位（库）销售（转让）的新的各种不同情形的政策把握和处理口径进行进一步明确和界定，方便基层税务部门和清算审核人员清楚掌握和实际操作。以此方式调整，不仅可以适应房地产市场发展形势和房地产企业促销方式的变化，符合车位（库）清算工作的实际需要，而且还可以实现房地产市场健康发展、车位业主受益、开发企业减负、国家税收增收的多方共赢的良性循环。

（作者单位：国家税务总局句容市税务局）

税收视角下的射阳县房地产业发展现状及税收分析

顾仁群　陈洪波　魏书文

随着我国经济的高速发展，城市化进程不断加快，房地产行业也随之快速发展，并且逐渐成长为我国经济的重要支撑产业之一。由于房地产开发过程中涉及的环节众多，资金流动性大，于是它成为影响地方经济社会发展的重点行业之一，也成为国民经济增长的主要动力之一。因此，对房地产行业的涉税进行分析研究，有利于射阳县的基层税收建设，同时也能助力射阳县房地产企业的良性健康发展。

一、射阳县房地产行业发展概况

近五年来，射阳县城镇居民收入不断增加，消费投资和收入预期较好。在诸多利好因素和相关政策的影响和推动下，射阳县房地产开发经营呈现出较好的增长态势。

（一）房产销售各项指标情况

截至 2022 年 10 月底，射阳县正常状态房地产开发经营企业共 144 户，占全县单位纳税人 1.15%，其中目前有项目的为 106 户。2017—2021 年，全县房地产销售总面积从 2017 年的 26.46 万平方米上升至 2021 年的 118.34 万平方米，增幅 347.20%；销售总套数从 2017 年的 2403 套上升至 2021 年的 10003 套，增幅 316.27%；销售总额从 2017 年的 13.20 亿元上升至 2021 年的 75.73 亿元，增幅 473.71%。2017—2021 年，射阳县商品房销售一直呈上升趋势，其中 2018 年增幅最大，销售面积同比上升 97.27%，销售总额同比上升 147.24%。2022 年 1—10 月销售总量第一次出现同比下降的情况。2022 年 1—10 月，有 69 家房地产企业实现销售，共计销售套数为 3007 套，同比下降 66.82%；销售金额 23.2 亿元，同比下降 66.21%；销售面积 36.11 万平方米，同比下降 66.25%。

从销售区域来看，受政府发展意向引导和学区房影响，2017—2022 年 10 月，射阳县城东一直是销售热选，销售面积和销售套数占比均超六成，其中又以射阳吾悦广场销售最为火爆，累计销售 2978 套，面积 34.36 万平方米，分别占比 9.18% 和 8.95%，见表 1。

表 1　2017—2022 年 10 月射阳商品房销售总套数前 10 位小区

序号	项目名称	销售总套数/套	销售总面积/平方米
1	射阳吾悦广场	2978	34.36 万
2	剑桥郡小区	1757	22.63 万
3	紫金壹号西苑	1372	16.36 万
4	悦府商住小区	1243	16.86 万
5	绿洲·麒麟府	1182	14.24 万

续表

序号	项目名称	销售总套数/套	销售总面积/平方米
6	金科未来城	1137	12.38 万
7	悦珑熙苑	1135	11.89 万
8	紫宸小区	1091	15.37 万
9	翡翠华府住宅小区	1081	13.7 万
10	集美望湖公馆 A 区	1071	11.45 万

从销售性质来看，住宅和非住宅均呈增长趋势，但住宅的销量总量远超于非住宅。2017—2021 年，住宅销售总面积 336.03 万平方米，是非住宅（11.64 万平方米）的 28 倍多，年均增长率为 46.21%，高于非住宅 16.32 个百分点；住宅销售总套数 27890 套，是非住宅（1529 套）的 18 倍多，年均增长率为 44.15%，高于非住宅 19.51 个百分点，见表 2。持续上涨的销量，在一定程度上体现了射阳近几年的整体房地产经济形势趋好。

表 2 2017—2021 年射阳房地产开发经营业销售明细情况表

年份	销售住宅面积/平方米	销售住宅套数/套	销售非住宅面积/平方米	销售非住宅套数/套
2017 年	24.96 万	2207	1.5 万	196
2018 年	51.24 万	4259	0.97 万	148
2019 年	64.98 万	5391	2.71 万	328
2020 年	80.8 万	6503	2.19 万	384
2021 年	114.05 万	9530	4.27 万	473
2022 年	35.01 万	2830	1.08 万	177

（二）行业投资规模情况

从投资增速来看，房地产开发企业固定资产投资的平均增速相对较慢，由 2017 年的 43.12 亿元增加至 2021 年的 43.37 亿元，年均增长速度 0.14%；第三产业固定资产投资由 2017 年的 99.1 亿元增加至 2021 年的 118.35 亿元，年均增长速度 4.54%；全县固定资产投资由 2017 年的 335.62 亿元增加至 2021 年的 455.56 亿元，年均增长速度 7.94%。房地产开发投资的平均增速远低于三产和全县总投资的平均增速。

从占比来看，2017—2021 年房地产投资总量虽有所增长，但在第三产业中占比整体呈下降趋势。2021 年占第三产业总投资额的比重为 36.65%，较 2017 年（43.51%）下降了 6.86 个百分点；2021 年房地产投资规模占全县总投资的比重为 9.52%，较 2017 年（12.85%）下降了 3.33 个百分点，如图 1 所示。

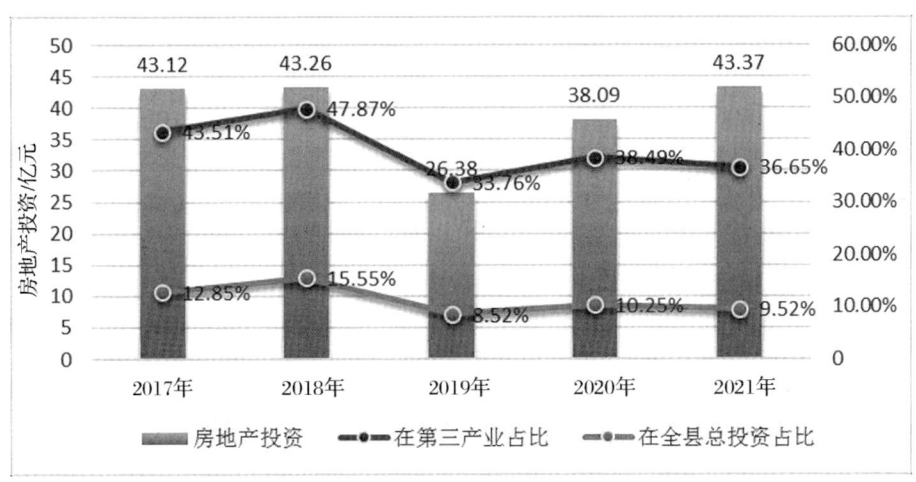

图 1 2017—2021 年射阳房地产固定资产投资情况

(三)房价绝对值不高

近五年,房地产业销售价格虽有波动,但整体还是呈上升趋势。2019—2020 年,成交均价同比有所下滑,其余年份一直保持增长态势。以住宅销售为例,2022 年 1—10 月全县住宅销售均价达 6259 元/平方米,较 2017 年的 4916 元/平方米增加了 1343 元/平方米,增幅达 27.32%,但与盐城市其他县区相比,射阳县住宅类销售均价仍处于较低水平,如图 2、图 3 所示。

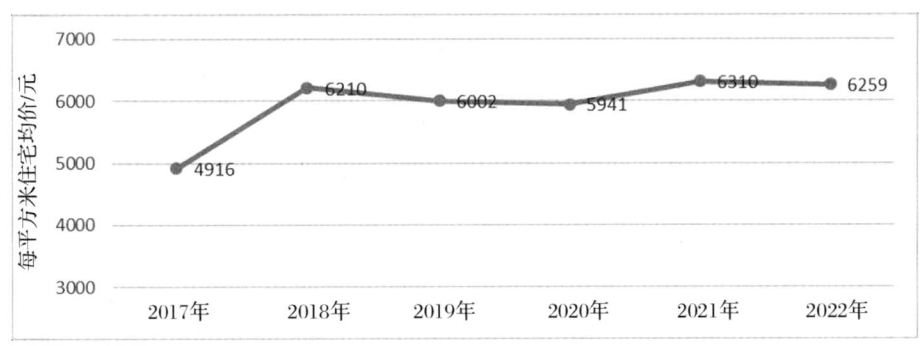

图 2 2017—2022 年射阳县商品住宅均价趋势图

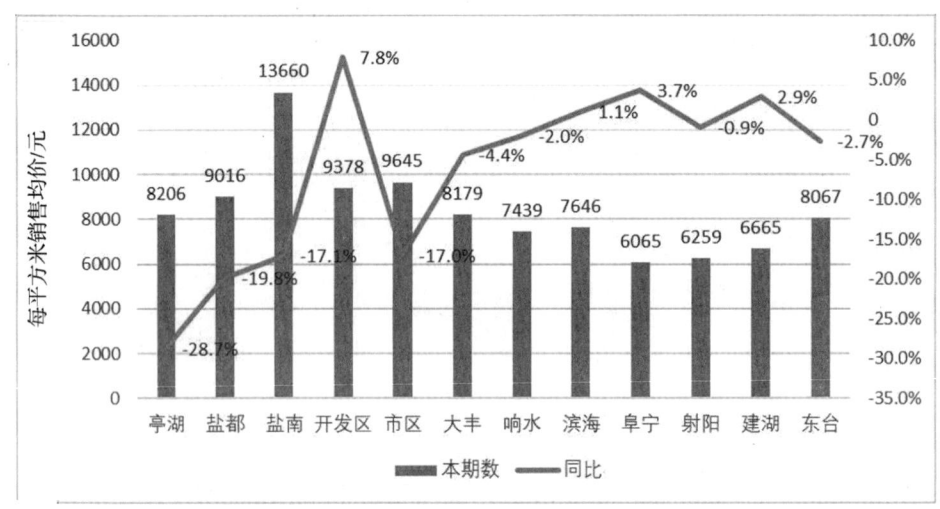

图 3 2022 年 1—10 月各县（市）商品住房销售均价

（四）区域规划和学区配套产生较大价差

主要受政府发展规划及学区房的影响，2022 年 1—10 月住宅销售面积排名前十名小区主要集中在城南和城东。金茂府以均价 8387.46 元/平方米位居首位，颐景园成交均价为 4789.58 元/平方米为全县最低，两者差价达 3597.88 元/平方米，见表 3。

表 3 2020 年射阳住宅销售面积 TOP10

项目名称	销售住宅面积/平方米	销售住宅套数/套	每平方米住宅销售均价/元
翡翠华府	3.06 万	230	5486.78
华耀首府	2.8 万	228	5918.47
珺悦府	2.62 万	213	6565.33
上书房	2.54 万	241	6770.83
金茂府	2.11 万	154	8387.46
融悦名邸	1.76 万	150	5254.53
伊顿蓝庭	1.51 万	122	6926.9
永胜华府	1.34 万	109	7634.53
紫宸小区	1.32 万	89	6413.65
颐景园	1.31 万	111	4789.58

二、房地产税收收入情况（核心征管）

（一）税收比重有所回升

2018—2021 年，全县税收收入从 2017 年的 35.19 亿元增加至 2021 年的 42.64 亿元，年均增幅为 6.61%；而全县房地产开发经营业税收收入也从 2018 年的 5.13 亿元增加至 2021 年的 5.62 亿元，年均增幅达 3.09%，低于全县税收收入年均增幅 3.52 个百分点。房地产开发税收占全县税收的比重有所下滑,从 2018 年的 14.58% 持续下滑至 2020 年的 8.22%,2021 年有所回升,上升至 13.18%,带动税收增长的同时对全县税收结构造成一定影响,如图 4 所示。

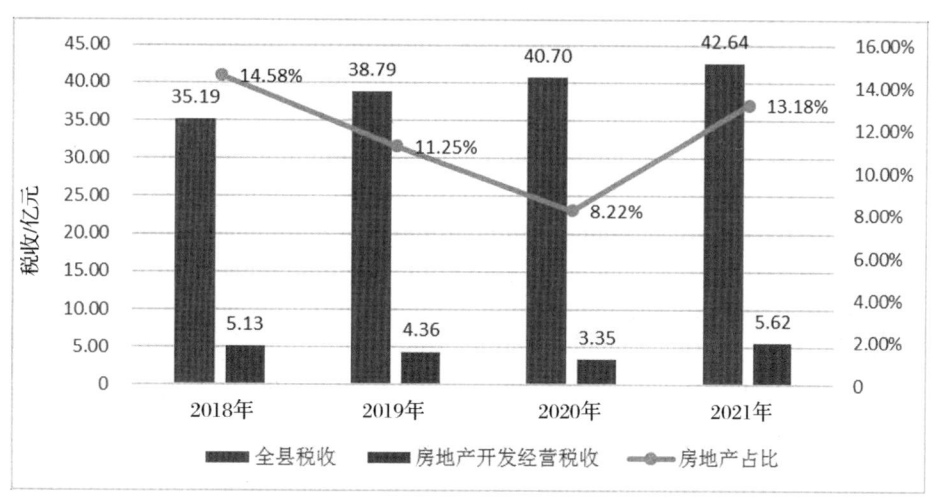

图 4　2018—2021 年房地产开发经营税收情况(核心征管)

(二)税收贡献度持续提升

近年来,射阳县房地产行业一直保持较好发展态势,税收超千万的企业户数不断增加,由 2018 年的 13 户增加至 2021 年的 21 户,该类企业税收占房地产开发总税收比重也大幅度增长,由 2018 年 69.74% 上升至 2021 年的 84.72%,见表 4。

表 4　2018—2021 年税收超千万以上房地产开发企业(核心征管)

年份	户数	总户数	占比	实现税收/亿元	总税收/亿元	占比
2018 年	13	129	10.08%	3.58	5.13	69.74%
2019 年	11	116	9.48%	2.75	4.36	63.03%
2020 年	16	118	13.56%	2.79	3.35	83.34%
2021 年	21	124	16.94%	4.76	5.62	84.72%

(三)行业涉及税种较广

与制造业、批发零售等传统行业相比,我国现行税制中房地产开发涉及十余项税费,包括增值税及附加、企业所得税、个人所得税、土地增值税、印花税、契税等,主要以房地产业开发企业销售收入和利润等为计税依据。通过对其中十个主要税种进行分析,可以看出,在房地产行业所缴税收中,土地增值税、增值税、企业所得税占比较高,基本保持在 50% 以上。其中,土地增值税,受地价上涨、宏观调控等因素影响,全县房地产企业土地增值税的税收由 2018 年的 1.37 亿元上升至 2021 年的 1.41 亿元;企业所得税由 2018 年的 0.47 亿元上升至 2021 年 1.10 亿元,见表 5。总体来说,十个税种近五年占比均有较大变化。

表5 2018—2022年房地产开发经营业税收（按税种）情况　　　　单位：亿元

项目		2018年	2019年	2020年	2021年	2022年1—10月
房地产业税收		5.13	4.36	3.35	5.62	1.83
房地产业税收分项	增值税	1.93	1.46	0.36	1.67	−0.03
	契税	0.86	0.82	0.33	0.92	0.44
	企业所得税	0.47	0.39	0.95	1.10	0.72
	土地增值税	1.37	1.14	1.32	1.41	0.35
	城镇土使用税	0.18	0.28	0.15	0.14	0.14

（四）减税降费助力发展

下调增值税税率、增量留抵退税和降低社保费率等一系列减税降费政策的实施，使得房地产企业获得实实在在的红包福利。2020年实现减税降费达2.43亿元，2021年享受减税降费达2.12亿元，2022年1—10月累计减税降费达2.12亿元。减税降费政策的进一步落实，将进一步有力助推房地产开发企业的高质量发展，大大地促进了企业的良好发展态势形成。

三、房地产行业健康持续发展面临的挑战

（一）市场需求趋稳，房地产业逐步进入存量化

随着城镇化比例逐步提高，在国家宏观政策收紧，产业结构调整，金融信贷支持力度大幅缩小的大背景下，房地产企业的扩张发展态势会出现明显的减缓。商品房待售面积激增，截至2022年10月，商品房总面积达576.6万平方米，已上市面积41.91万平方米，已销售面积达36.09万平方米。从整体看，射阳房地产市场已经迈入了存量市场。

（二）消费结构升级，改善型住房需求凸显

自2019年起，全国房地产市场需求逐步转向改善型住房。相比传统的价格因素，相关配套服务需求增长空间巨大。开发什么样的住宅产品才能满足消费升级的需求，将是房地产行业现阶段的重点研究方向。

（三）盈利空间收窄，行业利润水平逐步下降

根据最新房地产企业上市报表统计数据可知，今年上半年房地产龙头企业的毛利率水平在16.9%左右，射阳2021年房地产开发企业毛利率均值在13.86%。相较过去几年的高速增长，房企的盈利增速降幅明显。与其他行业相比，射阳房地产行业的盈利水平目前整体处于中游水平，房地产行业的利润水平已经接近社会行业平均利润水平。

（四）区域位置对射阳县房地产形成较大冲击

盐城市区现代化建设有序推进、中心城区加速建设所发挥的龙头带动作用，给射阳县房地产行业带来机遇，同时也带来了挑战。盐城市区的现代化发展与建设虽然对周边的房地产市场价格有带动作用，但伴随着人民生活质量的提高，房产需求和人口迁移等逐渐向盐城市区偏移，射阳县房地产呈现出减速发展态势，进而影响房地产税收。

四、促进行业发展的相关建议

(一) 从企业自身来看

由房地产开发转向服务。重点关注如何提升消费者幸福指数、为顾客营造美好生活的服务上来。因为目前在我国经济结构形式中,服务业仍然有较大成长空间,由"价值链与附加值"及"微笑曲线理论"可知,通过服务获取的利润,要远远高于销售新产品所获取的利润。对于房地产行业来说,地产开发和相关服务具有和谐共处的生态效应。商品住宅销售新增市场空间有限,而对于目前市场保有量巨大的存量住宅而言,为其提供服务和支持的市场空间和商机巨大。服务化使得房地产开发的产业链拉长,能够使开发企业从单一的住宅销售盈利,转变为通过销售+售卖相关服务的方式,多渠道盈利。同时,服务具有较高的边际利润,因而两业融合能够实现经济高质量发展。服务型地产开发,通过挖掘顾客的需求,创造新的市场领域,吸引相关服务业进入市场,可以延长企业提供产品的价值链,实现以住宅开发销售为中心向以住宅服务为中心的战略转变。

(二) 从政府层面来看

创新加大融资证券化力度。资金对于房地产企业来说是至关重要的资源,是否能够更加高效地获取低成本、高稳定性的资金,已经成为房地产企业的综合竞争力的核心内容。随着社会资源日益向资本市场集中,更多地通过资本市场资源配置,客观上要求房地产的间接融资体系进一步向直接融资体系转变,而直接融资中的证券融资占据很大的比例,所以创新证券化融资就显得尤为重要。创新实现房地产融资证券化,将是推动射阳房地产间接融资体系向直接融资体系转变的必然选择。

(三) 从税务层面来看

优化税收服务,强化税收宣传辅导,支持专业化、规模化租赁发展。一是通过印发宣传材料、宣传手册,在新闻媒体、税务网站上开辟房地产宣传专栏,举办专项培训,将国家房地产政策特别是相关税收政策传达给每一个企业。二是主动深入企业宣讲有关政策。了解企业生产经营情况,帮助房地产行业企业规避纳税风险。还可通过设立招商引资绿色通道,优先为外来房地产开发企业办理相关手续。三是目前我国针对住房租赁机构的税收优惠政策较少,因而建议简化烦琐的税收环节,探索对住房租赁企业实行综合征收率,降低运营住房租赁的成本。同时,引导分散的个人业主将自持住房资源委托给专业机构统一管理。四是经常向地方政府汇报工作,将房地产税收管理情况进行专题汇报,向有关领导宣讲房地产税收政策,分析规范房地产行业税收管理对地方经济发展的促进作用,最大限度地争取地方政府的支持。

(作者单位:国家税务总局盐城市税务局)

土地增值税清算中认定房产销售价格明显偏低的几个问题

耿东玉

国家税务总局在《土地增值税清算管理规程》中指出，税务机关在清算审核时要"对销售价格进行评估，审核有无价格明显偏低情况"。但该文件及以后出台的相关文件中并没有对哪些情况属于"价格明显偏低"，以及需要怎样进行处理予以明确。文件只规定："房地产开发企业将开发产品用于职工福利、奖励、对外投资、分配给股东或投资人、抵偿债务、换取其他单位和个人的非货币性资产等，发生所有权转移时应视同销售房地产，其收入按下列方法和顺序确认：1. 按本企业在同一地区、同一年度销售的同类房地产的平均价格确定；2. 由主管税务机关参照当地当年、同类房地产的市场价格或评估价值确定。"各地税务机关在确认纳税人房产销售价格明显偏低，需要进行纳税调整时，大多以此条作为同期同类纳税调整的参考。但理解却有所不同。

一、基本情况

（一）关于同期的理解

根据国家税务总局《土地增值税清算管理规程》规定，同期主要指"同一年度"。各地作为参考，有的地区直接引用了总局的文件，如北京、广东、海南等。有的地区则结合地区实际予以了细化，如贵州规定其收入按以下方法和顺序确认：首先，按房地产开发企业当月或最近月份销售同一房地产项目同类房地产的平均价格确定；其次，按房地产开发企业在同一地区、同一年度同类房地产的平均销售价格确定；最后，由主管税务机关参照当地、当年同类房地产市场价格或评估价值确定。第一顺序并没有直接选择以一年为期，而是选择了当月或最近月份。

（二）关于同类的理解

国家税务总局和各地税务分局对同类房地产的概念大都没有作出解释。查询相关文字，只在住建部《国有土地上房屋征收评估办法》第三十条有类似规定："被征收房屋的类似房地产是指与被征收房屋的区位、用途、权利性质、档次、新旧程度、规模、建筑结构等相同或者类似的房地产。"这显然与销售新建房地产的情况又有所不同。在实际清算工作中，为简便易行，通常把住宅归为一类，商业归为一类，车位归为一类，储藏室归为一类。一般只做大类的考虑，没有考虑其他因素，特别是房产的层次、朝向、户型等影响房价较大的方面都予以忽略。

（三）关于如何确认有正当理由

房地产销售价格明显偏低，也存在有正当理由的情形，应予确认。有的地区予以了明确，如海南规定，"符合下列条件之一的房地产销售价格明显偏低的情况，视为有正当理由：人民法院判决或裁定的转让价格；政府有关部门确定的转让价格；经主管税务机关认定的其他情形"。江苏规定，对以下情形的房地产转让价格，即使明显偏低，也可视为有正当理由：法院判定或裁定的转让价格；以公开拍卖方式转让房地产的价格；政府物价部门确定的转让价格；经主管税务机关认定的其他合理情形。当然，也有的地区未予明确，这就需要主管税务机关凭经验判断和自由裁量了。

（四）关于确认价格明显偏低的依据

最高人民法院于2009年4月发布"法释〔2009〕5号"文件规定：对于合同法第七十四条规定的"明显不合理的低价"，人民法院应当以交易当地一般经营者的判断，并参考交易当时交易地的物价部门指导价或者市场交易价，结合其他相关因素综合考虑予以确认。转让价格达不到交易时交易地的指导价或者市场交易价百分之七十的，一般可以视为明显不合理的低价。"法释〔2009〕5号"文件被废止后，最高法又发布了"法释〔2021〕94号"，最高人民法院关于印发《全国法院贯彻实施民法典工作会议纪要》的通知。对于《中华人民共和国民法典》第五百三十九条规定的明显不合理的低价或者高价，人民法院应当以交易当地一般经营者的判断，并参考交易当时交易地的物价部门指导价或者市场交易价，结合其他相关因素综合考虑予以认定。转让价格达不到交易时交易地的指导价或者市场交易价百分之七十的，一般可以视为明显不合理的低价。延续了"法释〔2009〕5号"文件的解释。

税务机关一般是参考最高法的意见执行的，如海南规定："纳税人申报的房地产转让价格低于同期同类房地产平均销售价格30%且无正当理由的，可认定为房地产转让价格明显偏低。"但也有不同规定，如江苏规定："对纳税人申报的房地产转让价格低于同期同类房地产平均销售价格10%的，税务机关可委托房地产评估机构对其评估。纳税人申报的房地产转让价格低于房地产评估机构评定的交易价，又无正当理由的，应按照房地产评估机构评定的价格确认转让收入。"当然，也有未作出规定的，这些地方在实践中大多是由具体执行部门去探索，有参考最高法意见的，也有不进行调整的。

（五）关于如何进行调整问题

北京、海南等地区规定其收入按下列顺序确定：按纳税人在同一地区、同一年度销售的同类房地产的平均销售价格确定；由主管税务机关参照当地当年、同类房地产的市场价格或评估价值确定。安徽规定，按本企业当月销售的同类房地产的平均价格核定。按本企业在同一地区、同一年度销售的同类房地产的平均价格确认。参照当地当年、同类房地产的市场价格或评估价值确认。河南规定，申报的计税价格明显偏低，又无正当理由的，按核定征收率8%征收土地增值税，该处的"明显偏低"是指低于该项目当月同类房地产平均销售价格的10%，如当月无销售应按照上月同类房地产平均销售价格计算；无销售价格的，主管税务机关可参照市场指导价、社会中介机构评估价格、缴纳契税的价格和实际交易价格，按孰高原则确定计税价格。

关于调整的幅度各地区执行标准也不一样，有的按平均价格确定，有的按平均价格的70%确定，还有的则按评估价格确定。其中，按评估价格确定的，有的是税务机关委托评估，有的是要求纳税人自行提供评估报告，还有的是按核定征收率征收的。

二、存在问题

一是各地对政策的不同理解,特别是对同一地区,不同主管税务机关的不同理解给纳税人带来很大困惑。比如,调整幅度有按均价的,有按均价70%的,还有不进行价格调整的,没有体现出税法的公平性,也有失税法的严肃性。又如,关于提供评估报告的规定、关于价格明显偏低、关于有正当理由情形的规定等,各地理解也有不同。

二是关于同期,按一年计算的规定在时间上显得略长。房地产市场变化很大,特别是在市场波动激烈的时候,不同销售时点的销售价格有时差距会很大。笔者以为,选取按月或最近月份计算更为精准,按此做法不但和其他税种的调整规定保持了一致,而且在执行中争议也会少些。

三是关于同类,规定得太过宽泛。即使都是住宅,由于层次、朝向、户型等的不同,价格也会有差异,有时还会很大,这都是现实的存在。

三、几点建议

一是建议考虑市场的激烈变化,优化同期的具体指向。按本企业当月或最近月份销售同一房地产项目的同类房地产的平均价格确定;按本企业在同一地区、同一年度销售的同类房地产的平均价格确定;由主管税务机关参照当地当年、同类房地产的市场价格或评估价值确定。

二是建议明确同类的范畴。不仅要考虑建筑类型大类相同,还要考虑层次、朝向、户型等条件,将类型标准细化,以尽量减少税企争议。

三是建议规范有正当理由的情形。采取政府指导价、限价等非市场定价方式销售的开发产品,由法院判决或裁定价格的开发产品,采取公开拍卖方式确定价格的开发产品,因政府限购等政策调整导致需重新定价的开发产品。经主管税务机关认定的其他合理情形,有以上情形之一的应予认定为是有正当理由的情形。同时,也应将产品周边环境等影响因素予以考虑。

四是建议参考最高人民法院的文件,将房地产转让价格低于同期同类房地产平均销售价格30%且无正当理由的,认定为房地产转让价格明显偏低,与最高法文件保持一致。对于价格明显偏低的,规定一律调整到均价。

五是建议按评估价格进行确认的,必须由税务机关进行委托评估,不得由纳税人自行委托并提交评估报告。

(作者单位:国家税务总局北京市平谷区税务局)

消费税环境保护税及其他

以高质量征缴助推企业职工基本养老保险全国统筹

国家税务总局广州市税务局课题组

习近平总书记在党的二十大报中阐述"健全社会保障体系"时提出,健全覆盖全民、统筹城乡、公平统一、安全规范、可持续的多层次社会保障体系。这是首次在党的报告中对社会保障体系提出"安全规范"的要求。"安全规范"就是要统筹"发展和安全",确保社会保障基金收支平衡,制度长期稳定运行。只有安全性得到了保障,可持续性得到了提高,才能够给广大参保人以安全感。

当前,社会保险基金收支规模不断扩大、基金风险不断凸显,基金安全和可持续发展受到巨大挑战,其中以养老保险基金最为明显。对此2021年12月国务院印发《企业职工基本养老保险全国统筹制度实施方案》(以下简称《实施方案》),决定从2022年1月1日起实施企业职工基本养老保险(以下简称"职工养老保险")全国统筹。为助力社会保险制度,筑牢规范统一防线,税务部门应立足统一征收社保费用的实践,落实《实施方案》要求,探索构建现代化征收管理体制,以高质量征缴助力养老保险制度的高质量发展。

一、从广东实践看,税务部门统一征缴社会保险费执行的成效和偏差

作为国家改革开放的前沿地,广东始终坚持社保费征管改革先行先试。2000年税务部门统一征收社保费、2009年率先实施税务"全责征收"、2017年先行先试养老保险省级统筹、2021年率先放开外省户籍灵活就业人员参保限制……二十年间全省社保费年均增长18.7%,基金收入和结余总额连续多年位居全国第一。在取得成绩的同时,我们也必须认识到若以《实施方案》中"两率"90%考核目标为检视标准,当前征缴仍有较大的提升空间。

(一)广东省社保费征缴效率在全国整体表现及定位

2021年全国真正实现税务部门统一征收社会保险费。在税务部门征缴效率方面,以《中国社会保障发展报告2018》的征收效率为衡量指标,广东省税务部门企业职工基本养老保险征缴效率在全国排名第三,见表1。在实际征缴率方面,2021年全国实际征缴率与2020年相比略有下滑,而广东则呈逆势上升,同比上升2.57个百分点,为全国社保费稳定征缴提供重要助力。

表 1　2021 年全国各省市税务部门企业职工基本养老保险征缴效率

地区	政策费率	实际费率	实际征缴率	实际费率与政策费率之差		实际征缴率与政策费率之比	
				数值	排名	数值	排名
上海市	24.00%	13.63%	57.71%	10.37%	1	2.40	1
青海省	24.00%	12.12%	51.87%	11.88%	2	2.16	2
广东省	22.00%	10.02%	46.52%	11.98%	3	2.11	3
甘肃省	24.00%	11.57%	50.44%	12.43%	4	2.10	4
山西省	24.00%	11.05%	47.65%	12.95%	6	1.99	5
吉林省	24.00%	11.00%	47.61%	13.00%	7	1.98	6
辽宁省	24.00%	10.90%	46.98%	13.10%	8	1.96	7
浙江省	22.00%	9.20%	43.02%	12.80%	5	1.96	8
内蒙古自治区	24.00%	10.88%	46.73%	13.12%	9	1.95	9
湖北省	24.00%	10.82%	46.53%	13.18%	10	1.94	10
贵州省	24.00%	10.47%	46.09%	13.53%	11	1.92	11
黑龙江省	24.00%	10.01%	44.20%	13.99%	13	1.84	12
广西壮族自治区	24.00%	10.02%	43.43%	13.98%	12	1.81	13
云南省	24.00%	9.60%	42.23%	14.40%	16	1.76	14
山东省	24.00%	9.76%	42.02%	14.24%	14	1.75	15
四川省	24.00%	9.70%	41.94%	14.30%	15	1.75	16
安徽省	24.00%	9.59%	41.62%	14.41%	17	1.73	17
天津市	24.00%	9.54%	41.24%	14.46%	18	1.72	18
北京市	24.00%	9.51%	41.13%	14.49%	19	1.71	19
河北省	24.00%	9.47%	40.79%	14.53%	20	1.70	20
西藏自治区	24.00%	9.11%	39.59%	14.89%	22	1.65	21
海南省	24.00%	9.16%	39.51%	14.84%	21	1.65	22
新疆维吾尔自治区	24.00%	9.02%	38.63%	14.98%	23	1.61	23
江西省	24.00%	8.96%	38.43%	15.04%	24	1.60	24
湖南省	24.00%	8.83%	38.29%	15.17%	25	1.60	25
宁夏回族自治区	24.00%	8.59%	37.41%	15.41%	26	1.56	26

续表

地区	政策费率	实际费率	实际征缴率	实际费率与政策费率之差		实际征缴率与政策费率之比	
				数值	排名	数值	排名
河南省	24.00%	7.83%	33.15%	16.17%	27	1.38	27
福建省	24.00%	7.26%	31.26%	16.74%	28	1.30	28
重庆市	24.00%	6.78%	29.63%	17.22%	29	1.23	29

数据来源：各省2021年企业职工基本养老保险征缴金额取自各省市人民政府公布的2021年社会保险基金决算、国民经济和社会保障报告公布数据，2021年末企业职工基本养老保险在职参保职工人数和上一年度城镇单位在岗职工平均工资取自国家统计局公布数据

（二）征缴现状与《实施方案》中"两率"考核目标仍存在一定差距

实际缴费人数占应参保人数的比率，反映出用人单位和劳动者在缴费人数上的合规度。自省级统筹以来，全省企业职工基本养老保险缴费人数在就业人数中的占比稳步上升。2021年广东省颁布新政，放开外省户籍灵活就业人员在本地参加企业职工基本养老保险政策的户籍限制，助力该比率在5年内提升了近10个百分点，缴费人数占比整体向好，但与90%的目标仍有差距。

平均缴费工资占单位就业人员平均工资的比率，反映缴费基数合规的遵从度。2019—2021年广东省该比率呈波动态势，2020年受阶段性减免政策和基数冻结的影响稍有下滑，随着阶段性减免政策期满和基数回调，2021年略有回升，但距离全国统筹目标要求仍有很长一段路要走。

二、税务部门征缴质量提升阻碍原因分析——基于史密斯模型

2018年3月，中共中央印发的《深化党和国家机构改革方案》中明确提出，为提高社会保险资金征管效率，将各项社保费交由税务部门统一征收。从广东省实践来看，即使是征收效率在全国排名前列的省份，征缴现状也与高质量征缴目标有较大距离。作为一项公共政策，税务部门统一征收社保费是一个受诸多因素影响的复杂行动过程。为了系统性厘清该政策执行偏差背后的原因并寻找破解之策，本研究引用史密斯模型，从理想化政策、执行机构、目标群体和政策环境四个维度开展分析。

（一）理想化政策：企业职工养老保险顶层建设不足带来政策执行中的梗阻

在史密斯模型中，"理想化政策"包括顶层建设是否完备、政策规定是否明确可行等，在本文中指企业职工养老保险制度本身。

一是实体法建设待完善。当前，在我国职工养老保险制度体系中，行政法规层级以下的政策性文件占比为80%以上，制度建设主要依靠政策文件进行规范和调整。在立法层级方面，目前企业职工养老保险尚未有针对性、具体化、专业性的统一规范，法制化层级较低。《中华人民共和国社会保险法》虽有设置养老保险专章，但内容简单。在体系框架方面，现有政策性文件多是以"打补丁"的方式出现，缺乏整体规划，这就导致本应全国统一的养老保险制度出

现了各地不一、上下冲突等情况，损害了制度的统一性。

二是政策实操性待提升。当前，职工养老保险相关条文侧重于指导性和原则性，缺乏具体规制，实践推进缓慢。当前，《实施方案》虽然明确了全国统筹的"五个统一"，但多处提到"具体政策另行制定"；关系到省级政府考核的"两率"指标也暂无具体计算口径和推进时间表，因而各地暂时难以参照细化。

三是政策实效性待提升。目前，养老保险立法未能紧密衔接好与改革实践的互动关系。在基数和费率方面，当前缴费标准的多轮下调缺乏上位法支撑，未能严格实现"于法有据"。税务部门在政策制定方面的参与度还较低，因而不利于及时反映征收实际。在最低缴费年限方面，现行养老保险最低缴费年限为15年，滞后于当前我国已步入轻度老龄化的现实。在待遇领取年龄方面，当前我国人均预期寿命实现了翻倍增长，而待遇领取年龄未能实现同步调整。

（二）执行主体：征管体系建设滞后影响政策执行效力

在史密斯模型中，"执行主体"指负责政策执行的相关机构，本文指负责社保费征缴的税务部门。

在职责配置方面，目前虽然全国正在积极推进统一社保费征收模式改革，但稽核权、监督检查权、行政处罚权等大量"管"的职权仍集中于社保部门，这不利于征管制度的规范性建设。在专业化分工方面，当前与社保费征收相关的业务仍集中于税务内设的社保部门，税收和社保费的业务、制度规范仍是分部门推进的，社保欠费、漏缴、少缴等行为还未纳入风险管理，补缴、欠费注销等高风险执法事项还未纳入内控机制，因而税费齐抓共管的工作机制有待完善。在"以数治费"方面，当前部分地区的特色业务，如广东省暂缓加收滞纳金、政策性补缴等还不能在金税三期社保费标准版中实现；系统数据深度分析处理能力较弱、税费数据还未整合，难以为风险监管、决策管理提供精准支持；各部门间对数据质量、采集校验方面尚未形成统一的规则、标准，影响数据共享效率。

（三）目标群体：主观认知偏差影响配合政策执行意愿

在史密斯模型中，"目标群体"指政策直接作用的组织和个人，本文指职工养老保险的参保对象，即用人单位、职工和灵活就业人员，其政策遵从度决定了政策执行效果。在"用人单位"参保遵从方面，目前全国统筹中统一缴费基数和比例在部分地市已感受到市场端压力，下一步规范基金征缴措施推进，必然带来更大的压力向征缴传导。在"职工"参保遵从方面，通过劳资合谋方式规避缴费义务在我国劳动用工市场中长期存在。在"灵就人员"参保意愿方面，缴费高门槛、养老关系"难携带"是影响"灵就人员"参保意愿的主要因素。

（四）政策环境：外部客观不利因素影响政策执行效果

在史密斯模型中，"政策环境"指影响政策执行效果的外部因素，本文指助力税务部门征缴质量提升的客观环境支撑因素。

在部门协作方面，人社、医保部门内设基金办公室、待遇领取、劳动监察、稽核等多个线条。由于增加了税务与人社、医保各线条间的沟通复杂度，加之部门之间定位导向不同，因而双方对同一事情解释口径不一的情况时有发生。在历史清欠方面，中央目前还未出台具体的历史清欠方案，多部门共同参与的治理格局还未建立。由于部分追缴事件呈现群体化和境外组织参与、策划、煽动的痕迹，故增加了税务部门的执法风险。在央地责任分担方面，随着全国统筹工作的推进，中央事权将不断增加，以往高度地方化的养老保险财政责任随之同步上移至中央。一方面，带来基金财政风险迅速向中央集中，使中央责任边界无限化；另一方面，地方政府转变为次要责任或辅助责任承担者，大大减弱其维持养老保险基金平衡的内生动力。[①] 以基金征缴为例，基金结余较多地区出于"杀富济贫"心理，消极应对中央"合规征缴"要求；收不抵支的地区因"依赖"心态，失去了扩面增费和打击逃费行为的内在动力，不利于征缴效率提升。

三、提高社保费征缴质量，以助力养老保险全国统筹的对策建议

以推进企业职工养老保险全国统筹为契机，从制度体系质量、征收管理质量和宣传服务质量、治理环境质量四个维度入手，全面提高征缴质量，助力养老保险制度可持续、高质量目标实现。

（一）加强制度体系建设，科学设计职工养老保险制度设计

1. 以实现养老保险政策统一为核心，加快出台高层级行政法规

建议抓紧出台职工养老保险行政法规，解决当前高层级立法缺位问题。在立法形式上，应考虑到切实可行性，率先推动国务院以《实施方案》为基础，尽快出台《企业职工基本养老保险条例》，再在充分调研和论证的基础上，开展社会保险法修法工作。在具体内容上，除了《实施方案》中已经明确的缴费基数和费率、计发基数、待遇项目与调整等，对于《实施方案》中未明确的关键要素如参保主体等应进行补充明确。注重将实践积累的政策经验转化形成稳定法律，从顶层设计推动制度的完善。

2. 以实现养老保险全国统筹为核心，推进养老保险改革政策有效落地

以当前全国统筹工作为契机，明确职工养老保险建设的短期、中期和长期目标，制定"分步渐进"的改革路径。第一步以政策参数统一规范到位，实现制度统一。按《实施方案》部署，争取在2024年底前实现制度参数的全国统一。第二步以"两率"考核达标，推动合规征缴。在扩面征缴方面，探索建立平台、个人、政府共同负担的职工养老保险政策制度，创新平台代缴模式。加强用人单位应参未参的劳动监察力度，在对各行业、各类型企业欠费分析的基础上，拟定针对性的推进方案。在规范基数不实方面，建议由"易"到"难"，从合规率较高的国有企业着手，逐步推进基数合规；规范缓缴标准和流程，推动经济下行缓缴的常态化；通过"按时足额缴费、社保返还一定比例"的方法，鼓励企业逐步提高基数合规程度。第三步以基金统收统支，夯实全国统筹质量。在制度统一、基金可持续的基础上，加快推进基本养老保险制度"七统一"升级；启动基金统收统支管理，实现中央对养老保险预算的统一编制，根据参保人数、待遇领取人数、缴费基数、计发待遇等确定各地年度财务收支责任。

3. 以实现制度自我优化为核心，建立税务部门参与实体制度制定机制

建立税务部门参与社保实体制度制定机制，充分发挥税务部门征缴信息优势，推动政策参数科学化调整。在参与方式上，有关社保制度改革和政策调整的内容，由人社、医保会同税务部门报请中央。在内容上，一是建议在合规征缴前提下，明确费率、费基可以依需调整。加强名义与实际费率差距测算，研究单位费率的下调空间；参与相关统计核算制度制定，结合实际

---

① 许航敏. 国家治理视域下的基本养老保险全国统筹改革[J]. 地方财政研究，2022（04）：17—27.

拓宽基数统计口径，根据基金运行情况，适时将缴费下限调整为最低工资。二是明确具体最低缴费年限调整机制。将最低年限的表述调整为"可根据经济发展与人口结构状况，逐步提高最低缴费年限"。引入美国的"早减晚增"机制，以约束和激励鼓励长缴和多缴。三是参与待遇领取年龄调整。以"小步渐进、女快男慢、分段推进、兼顾特殊"为原则，推动退休年龄调整政策的具体细化。

（二）规范征收管理体系，建成统一高效的社保费征收管理体制

1. 建立统一的征收模式，逐步推动实现税务征管"于法有据"

依法依规推进全国统一征收模式改革。在实践基础上，推进《社会保险费征缴暂行条例》修订，赋予税务部门缴费核定、欠费追缴、违法查处、行政处罚等方面的职权，巩固改革成果，实现税务部门"于法有据"。由税务部门提请国务院，会同人力资源和社会保障部门共同开展社会保险费征缴政策性文件的清理工作。对于不符合征缴现状的政策性文件予以修订或废止；对于《社会保险费征缴暂行条例》中未明确的，补充制定如《社会保险费申报缴纳管理办法》的细则办法；对于与税费征管程序相似但针对实体不同的事项，如缴费信用管理、风险管理等，还可以通过修订现有税收征管法律文件，拓展文件适用范围来予以明确。

2. 推进税费一体化建设，建立"税费皆重"征管格局

在日常征管方面，加强税费征管业务流程、制度规范、数据要素、岗责体系的一体化统筹，将社保费征缴纳入税收检查范围，实现税费同管同查。在风险管理方面，建立社保费风险指标和模型，实现税费风险统筹管理，组织开展大企业社保费风险分析，引导大型企业进行自我偏差纠正。在内控监督方面，建立社保费业务执法风险防控机制，将现金缴费、异常申报、欠费注销、优惠政策落实等常态指标纳入 RED 系统监控，鼓励各地结合实际探索易发、频发、多发的监管指标。

3. 补齐信息建设短板，提升"以数治费"水平

一是推动数据整合。推动金税三期社保费征管信息系统（标准版）与金税三期系统并库，实现一户式、一人式、一员式、一局式等多个维度的数据整合。二是积极融入金税四期建设。积极参与金税四期建设，推动社保费和税收信息化建设同谋划、同部署，加强征缴数据的分析应用，实现纳税人、缴费人行为的智能分析，以及税务决策信息和任务的自动推送。三是推动部门间数据高效共享。会同人力资源社会保障部、国家医保局加快制定社会保险费数据质量标准、采集校验规则，从源头把控数据质量，助力数据交互准确、及时。

（三）优化宣传服务措施，提升企业职工养老保险缴费遵从

一是引导"用人单位"规范到位。探索推广"五险一金"综合申报，减少办费次数；引入社保费信用等级评价机制，推动企业主动按时足额缴费。二是引导"职工"形成正确的价值认知。与人社部门建立联合宣传机制，加强政策强制性宣传，适时推动社保部门出台预期养老金测算服务；加大个人养老金税收支持力度，减轻基础养老金压力。三是创新服务应对"灵就人员"以便捷办费需求。拓展"区块链+"场景应用，实现就（失）业、用工备案等信息的自动读取；以京津冀、粤港澳、长三角等区域为试点，推动异地联办，助力劳动力的正常流动；在乡镇邮政所设立委托代办点、在乡镇便民服务中心等地布设自助微税厅，方便缴费人"就近办"。

（四）营造良好治理环境，构建协同平稳的社保费征收生态圈

1. 建立跨部门协作机制，织密管理服务网

一是建立"税务征收、财政统筹、社保支出"的分工协作机制。厘清人社、医保、财政等部门的职责分工和业务边界。人社、医保负责待遇兑现和征管模式统一前的欠费管理，财政部门负责社保基金预决算管理。二是建立部门间常态化工作协调机制。成立由地方政府牵头，由人社、财政、税务、医保等部门共同参与的社保费征收工作联席会议小组，对社保费征收及时进行沟通交流，共同研究、制定、优化措施和提出建议。联席会议成员单位应当内设一个机构，统一代表本单位参与和联席会议小组、部门的协调工作。

2. 建立历史欠费处理机制，减轻制度改革负担

鉴于社保费征缴争议，特别是历史清欠，其成因复杂、牵涉面广，因而建议通过部门协作重点事项，建立由地方政府主导的部门联合处置机制。在前期准备方面，政府牵头，人社、医保和税务部门合作对历史欠费数据进行核实、整理，摸清欠费底数。在机制建设方面，以"社会综合治理"为导向，建立起以地方党政为主导，税务、人力资源社会保障、医保、信访、人民法院等部门共同参与的联合处置机制，共同研究追缴措施。在条件成熟的情况下，推动跨区域联合处置机制的建成。在实际处置方面，建议在合法合规的前提下，允许企业按照新的降低的社保费率清缴。如企业缴纳确有困难的，通过分期缴纳、剩余费用锁住权益的方式，待企业生产经营好转至某一标准时再清缴社保费；对于主动要求批量清欠的企业，可适当考虑减免滞纳金。

3. 发挥税务双重管理优势，确保政策推进不走样

一是充分发挥税务部门"块"上地方管理优势，助力任务落实更科学。充分发挥税务部门"以费咨政"作用，通过开展分层次、分地区的社保费征管质量比较分析，透视本地社保费征缴现状，为地方政府科学落实中央扩面征缴和缴费基数做实工作提供有力支撑。二是发挥税务部门"条"上垂直管理优势，确保执行落实不偏向。发挥税务部门垂直管理优势，以全国统一的金税三期社保费标准版系统为依托，真实反馈各地社保费征管情况。税务总局加强对各地征管差异的分析和监控，根据中央考核要求，科学部署合规征缴工作进度，减少地方政府干预，最大限度地防范和避免"上交矛盾、上交责任"情况的发生。

白酒消费税改革的国际借鉴及建议

国家税务总局四川省税务局课题组

一、我国白酒消费税征管现状分析

（一）顶层设计未兼顾效率与公平

一是税率设置单一导致不同类白酒间税负差别大。高档白酒与低档白酒相比，从量税成本差距小，利润差别大，税负不公平。二是缺乏关联关系的认定标准。其他酒税率适用范围存在漏洞，加大了执法风险。三是取消抵扣政策制约基础酒生产企业发展。品牌酒通常外购基础酒再包装销售，取消基础酒抵扣，造成重复征税，品牌酒多自行建立生产基地，影响基础酒销售。四是预算分配比例不利于调动地方积极性。因为消费税100%收归中央财政，与地方财政关联不大，所以不利于调动地方政府支持税务机关加强白酒消费税征收管理的积极性。

（二）税收征管面临风险和挑战

一是征收环节前置增大了税款流失风险。白酒消费税仅在生产环节征税，因而白酒生产商为降低其计税价格，或成立不相关联的商贸公司进行购销存，或通过现金回流的方式完成利润转移，侵蚀白酒消费税税基。二是核价程序复杂影响执行效率。按照有关规定，税务机关每月均需要对全部已核价产品与是否触发核价条件进行比对。目前，大型酒类企业如茅台、五粮液、泸州老窖等酒类产品品种多达上千种，且因促销政策使价格变动频繁，核价成本高、效率低，对人力物力消耗大。三是中小企业征管难度大。白酒企业生产销售的季节性强，直接按窖池数量推测产量不准确，若企业外购基酒或进行酒精勾兑、灌装就更难准确掌握其产量。小酒厂的酒类产品大多为个体工商户或个人销售为主，账务建设不健全，销售后往往不开具发票，税务机关难以准确掌握其销售数量和销售额，进而加大税收征管难度。

二、国外酒类消费税征管经验

（一）基本政策及纳税环节方面

国外酒税计税方法主要分为两种类型，即从量定额与从价定率。从量定额更为普遍，比如，英、法、美、俄等国；少数发展中国家如智利实行从价定率31.5%。

国外酒税税率设置主要以酒精含量为划分标准。比如，英国酒精含量22%以上为烈酒，22%以下按照葡萄酒、苹果酒等类别进一步分级课税，税率与酒精含量成正比，烈酒税率3684.62美元/百升酒精，是美国的4倍、俄罗斯的200余倍。美国较为特殊，以产量为依据实行超量累进税率，产量越大，税率越高。

与我国在生产环节征收酒类消费税相比，国外征税环节存在一定后移。俄罗斯直接在零售环节征税。英、美等国在生产环节进入流通领域时，即"第一次投放"征收，生产完成但还没有进入流通领域的产品暂停缴纳消费税并存放在保税场所内,当所有者完成消费税缴纳后再移出,实际上税款是由批发商缴纳。智利、法国均在流通环节征税,但智利对批发商之间的转移行为征税,法国则免税。

(二)税收监管措施方面

一是实行征纳双方互信。国外严格遵循税收信赖原则,税务机关不直接参与核价,对纳税企业税务检查也很少。纳税人自行核价、申报和缴纳税费,但要注重纳税资料留存,以备随时接受税务机构的抽检,一旦出现税收问题,纳税人将面临受重罚。

二是建立税收保障制度。英国、美国提前向纳税企业征收一定比例的保证金或担保费,用以弥补迟缴、漏缴税款。美国、俄罗斯实行"预付缴"制度,规定信誉较低、税收风险高的企业提前缴纳税额,美国明确规定预缴税后才能转移酒类产品。

三是征管数字化程度高。法国为葡萄酒以外的小规模纳税人提供特殊模式的申报表,在简化申报流程的同时,还开发了税收模拟功能,可模拟出不同情况下纳税金额的多少和最新税改政策下的纳税情况,帮助纳税人作出最佳选择。英国为纳税人创建个性化数字税务账户,进行信息收集与处理,为纳税人自动生成纳税申报表。俄罗斯已实现国际、国内大范围酒类产品生产与流转监控、中小企业和税务系统的直连、建成用于记录酒类产品生产量和营业额的自动化信息管理系统。

四是税收监管协同发力。首先,纳税人行为自觉。英国生产企业聘用专业分析师,保证税收的准确性。建立业务记录和啤酒税账户,方便税务官员随时审查。其次,税务机关多措并举。美国税务机关实行价格过账以及时掌握产品价格变化。英国税务机关通过税务系统与企业财务、资金等系统的直连,实现在线监管,要求纳税人填报税务确定记录,类似我国发票,但不同的是其直接显示酒类产品计税过程,以便税务机关审查。再次,以完善的法律法规为保障。英国税法严格规定现有啤酒厂只能拥有一个子啤酒厂,这是因为小型啤酒厂使用低税率,所以许多大型企业被人为拆分为多个小型啤酒厂来避税,这与我国设置多级销售公司异曲同工。最后,全流域行业监管。英国实行源头监管,直接和生产商合作建立消费税运输及控制系统,全面获取酒类产品流动情况,使偷税产品在进入市场之前就能被税务机关拦截;俄罗斯于2016年建成酒类产品商品生产与流转监控系统,大规模减少了非法售卖酒精制品的现象,增加了酒类商品消费税收入。

三、我国白酒消费税改革路径

(一)优化税制设计,调节消费税分配比例

一是明确政策执行标准。明确重新核价条件。建议将连续三个月上涨或下降20%的产品重新申报核价的条件,修改为按年计算。核定后,上年缴纳消费税计税价格低于核定价格的,按照差额补缴消费税。明确关联销售单位、其他酒种类等认定方式,减少税收执法风险。

二是取消从量税,从价税按酒精含量分级课税。从表1来看,根据A企业、B企业、C企业三家白酒企业真实销售数据测算消费税应纳税额发现,取消从量税有助于实现税负公平,从价税按酒精含量课税,有助于限制高度白酒的消费,引导消费者健康消费。

三是将白酒消费税纳入地方级财政收入。完善中央和地方间财政关系,健全地方税体系,适时将白酒消费税划归地方税以提升地方财力,不断增强地方政府治税力度,减轻税务部门的

征管压力。

表 1 不同税率设置效应分析

项目	从量税分级，从价税不变	取消从量税，从价税分级
具体方案	38°以下，0.2元/斤；38°（含）～50°（不含），0.4元/斤；50°以上，0.8元/斤	酒精含量<38%，20%；38°（含）～50°（不含），22%；50°以上，24%
优点	符合国际惯例，有助于促进人体健康	限制高度数、高价格的品牌白酒的生产
缺点	不利于基酒发展（基酒度数高）	不能限制高度劣质白酒的生产
A企业效应估算	同等条件，从量税增加10.96%，总消费税收入增加0.4%	同等条件，从价税增加12.6%，总消费税收入增加8%
B企业效应估算	同等条件，从量税增加41%，总消费税收入增加1%	同等条件，从价税增加20%，总消费税收入增加16%
C企业效应估算	同等条件，从量税增加27.4%，总消费税收入增加0.8%	同等条件，从价税增加16.2%，总消费税收入增加14.6%

（二）简化核价方式，建立税收保障制度

一是积极开展白酒消费税征税环节后移至批发环节试点。通过税务"金四"系统完善白酒消费税批发信息，对系统内可直接利用的信息进行转化使用，对缺失的数据进行补充完善。借鉴国外经验设置保税场所，未缴税的产品统一保存在保税场所内，待批发商缴税后，纳税系统自动生成电子完税凭证，凭完税凭证生产商向批发商转移酒类产品。

二是核价方式由审批制转变为备案制。纳税企业在缴纳消费税后，在线填报税收确定记录（包含核价关键信息和计算方式），税务部门不定期抽取部分企业的税收确定记录，核对纳税金额，变事前核价为事后抽查。同时，辅之以实地考察，严厉打击偷逃税现象。

三是建立税收保障制度。建议借鉴国外结合社会征信体系，对高风险、信誉低等级的白酒企业征收一定数量的保证金。除此之外，还可以实行保险制度，允许纳税企业向保险公司投保以防范较大经营风险发生时白酒消费税迟缴、漏缴。

（三）升级征管数字化，推进智慧税收监管

一是深化税收征管数字化改革。实行价格过账，要求纳税企业实时更新白酒品牌和价格等信息。创建智能表格，充分运用大数据和AI技术，智能表单自动提示纳税人使用正确的单位、格式、计算方式，突出显示必填字段防止输入错误。建立白酒消费税信息自动化管理系统，积极开设税企直连试点，通过税务系统与企业财务等系统直连收集信息加强监管，同时链接电子税务局、"金四"系统，收集酒类生产企业及关联销售公司的生产经营数据、纳税数据。创建智能申报表，根据信息系统自动生成消费税申报表，推出企业个性化服务。对于财务制度完善的大企业，主要提高有效信息收集率；对于财务制度不健全的中小企业，重点提高申报、缴纳简便度。

二是深入推进智慧税收监管。落实"信用+风险"动态监管，对比第三方信息，根据风险点绘制税收风险地图实现精准管控。推动税收法治建设，明确规定将与白酒相关联的销售单位或子公司的设置数量和标准纳入法律，违法必究；末端治理和源头治理并重，严格规定零售商

从未经批准的渠道进购酒类产品将构成违法违规行为,从销路上打击国内偷逃税行为。强化法律保障,出台数字化征管相关的法律法规,增强电子税务的法律效用,完善部门信息交换的法律依据,为新技术的推广应用打下坚实的基础。

课题组组长:张 海
课题组副组长:付鸿雪
课题组成员:张 洁 梁璧莎 黄剑波

关于石化行业消费税征管的思考

戚慧通

石化行业是我国的支柱产业，实现巨额利税，社会贡献大。但该行业的生产活动技术专业性强，难以判断投入产出，加之以"劣油"驱逐"良油"现象的出现，导致了偷逃消费税情况频发。

一、现行税收政策存在一定的争议

石化行业实现的税收主要为消费税，征收品目为7类应税消费品，实行从量定额的办法计算税额。以下以汽油（1.52元/升）和柴油（1.2元/升）两个品目为例，分别从征收范围、适用税率和连续生产应税消费品等三个方面的税收政策进行探讨。

（一）消费税征收范围

截至目前，共有两个文件对汽油和柴油的征收范围作出了规定。一是《汽油、柴油消费税征收范围注释》（国税发〔1998〕192号）规定的征收范围，见表1。

表1 征收范围（一）

名称	一般规定					补充规定
	油品种类	原料	生产工艺	质量标准	用途	非标油
汽油	轻质石油产品的一大类	天然、人造原油或其他原料	蒸馏、裂化、调和或其他工艺	辛烷值不小于66	汽油发动机燃料	以汽油组分为主，辛烷值大于50，经调和可以用作汽油发动机燃料的非标油品
柴油		天然或人造原油	减压蒸馏或调和	倾点—50号至30号	转速不低于960r/min的压燃式高速成柴油发动机燃料	以柴油组分为主，经调和和精制可以用作柴油发动机的非标油品

二是《财政部 国家税务总局关于提高成品油消费税税率的通知》（财税〔2008〕167号）规定的征收范围，见表2。

表 2　征收范围（二）

名称	一般规定				补充规定
	油品种类	原料	质量标准	用途	非标油
汽油	各种轻质油	原油或其他原料	辛烷值不小于66	汽油发动机燃料	非标汽油视同石脑油征税
柴油		原油或其他原料	倾点或凝点在-50号至30号	柴油发动机燃料	以柴油组分为主、经调和精制可用作柴油发动机燃料的非标油

对上述两个文件梳理后，汽油、柴油的征收范围，见表3。

表 3　征收范围（三）

名称	一般规定				补充规定
	油品种类	原料	质量标准	用途	非标油
汽油	各种轻质油	原油或其他原料	辛烷值不小于66	汽油发动机燃料	以汽油组分为主，辛烷值大于50，经调和可以用作汽油发动机燃料的非标油品
柴油		原油或其他原料	倾点或凝点在-50号至30号	柴油发动机燃料	以柴油组分为主，经调和精制可以用作柴油发动机的非标油品

"轻质"定义广泛，难以设定标准。顾名思义，"轻质"就是密度小，是一个相对值，没有明确的国家标准，一般泛指沸点范围为50℃至350℃的烃类混合物。在石油炼制工业中，它可以指轻质馏分油，也可以指轻质油产品。因此，何为"轻质油"？不论是石化行业的国家标准，还是税法规定，均没有统一定义。

（二）应税消费品适用税率

成品油消费税实行1.52元/升和1.2元/升高低两档税率。部分企业参照国家标准，修改抗爆指数、铅含量、十六烷值、馏程等质量指标和工艺流程，生产"非标油"，将适用不同税率的油品混淆，降低税负。

在生产实践中，原油随着加工装置蒸馏温度的升高，逐渐分离形成液化气、石脑油、汽油、柴油、煤油、蜡油及渣油等各种组分，但各组分存在重合区间，企业可通过减压、加氢、重整、催化、裂化等方式进一步处理，生产各类合格石油制品。但部分企业经简单蒸馏处理后，便以石脑油、汽油和柴油等组分生产非标油品对外销售。组分没有固定化学结构，难以量化体积或质量，加之各"组分"区间存在重合部分，难分主次。因此，非标油的适用税率存在争议。

（三）连续生产应税消费品

《中华人民共和国消费税暂行条例》第四条第一款规定："纳税人自产自用的应税消费品，用于连续生产应税消费品的，不纳税；用于其他方面的，于移送使用时纳税。"《国家税务总局关于取消两项消费税审批事项后有关管理问题的公告》（国家税务总局公告2015年第39号）第一条规定："纳税人以外购、进口、委托加工收回的应税消费品（以下简称外购应税消费品）

为原料连续生产应税消费品，准予按现行政策规定抵扣外购应税消费品已纳消费税税款。"在上述两项针对是否应当纳税或是否准予抵扣税款规定的描述中，"连续生产应税消费品"是判定的标准。石化行业生产的主要过程为化学变化，原料、半成品和产品难以明确区分。因此，如何理解"连续生产应税消费品"存在争议。

以 H 市某炼化企业为例，该企业的一种生产工艺分三道工序，流程如下：

（1）100 吨原油经过常减压处理，产出 99 吨石脑油组分。

（2）99 吨石脑油组分经过加氢处理，产出 20 吨拔头油（产成品，直接销售）和 80 吨重石脑油（半成品，继续生产）。

（3）80 吨重石脑油经过连续重整处理，产出 3 吨戊烷油、40 吨重汽油、4 吨苯、15 吨二甲苯四种产成品，18 吨剩余油回炉。

第二道工序产出的拔头油和重石脑油皆为应税消费品，拔头油于对外销售时纳税，但关于"重石脑油进入第三道工序继续生产"的行为是否属于"连续生产应税消费品"存在争议。

一种观点认为，"连续生产应税消费品"这一概念的标准是"产品是否为应税消费品"。第三道工序的生产过程存在以下客观事实：一是重石脑油为企业自产的应税消费品，二是重石脑油再进一步生产，三是最终产品中既包含应税消费品也包含非应税消费品。《中华人民共和国消费税暂行条例》第四条第一款关于连续生产应税消费品的规定属于对产出物的限制性规定，而重石脑油经过第三道工序，生产出戊烷油、重汽油、苯、二甲苯四种产成品，其中苯和二甲苯均不属于应税消费品。因此，"重石脑油进入第三道工序继续生产"的行为不属于"连续生产应税消费品"。上述重石脑油用于生产苯、二甲苯的部分，应于移送第三道工序时纳税。

另一种观点认为，第三道工序的加工方法为"重整"，即通过将重石脑油这一混合物中各分子之间的化学结构进行改变，从而形成其他纯净物和混合物。戊烷油、重汽油、苯、二甲苯四种产品的化学元素均源于重石脑油，戊烷油和重汽油均为应税消费品。因此，"重石脑油进入第三道工序继续生产"的行为属于"连续生产应税消费品"，不应纳税。

笔者认为，"连续生产应税消费品"描述的是一种具体生产活动的过程。以榨果汁为例，假设 1 千克苹果榨出 0.5 千克果汁和 0.5 千克果肉，不论是果汁还是果肉，均由 1 千克苹果产生。B 市某炼化企业的第三道工序是重整，即重新排列 80 吨重石脑油分子结构，产出的 3 吨戊烷油和 40 吨重汽油所需分子，均源自 80 吨重石脑油。如果重石脑油少于 80 吨，就无法满足 43 吨成品油所需要的各种化学元素的数量，正如若要得到 0.5 千克果汁就必须投入 1 千克苹果。因此，"重石脑油进入第三道工序继续生产"的行为属于"连续生产应税消费品"。

综上所述，在是否属于"连续生产应税消费品"问题的判断上，如果仅仅简单机械地判断产出物是否为应税消费品，失之偏颇。对于石化行业以化学反应为主的生产活动，应当结合其总工艺流程、原料性质、产品方案及生产装置的功能等方面进行综合研判。

二、税收征管面临的困境

（一）数据查询权限不足

上下游交易信息是判断变名风险的重要依据。目前，各级税务部门的查询范围权限普遍设置为销售方或购买方为本辖区内企业，对于跨省、跨市的购销交易，难以取得全链条信息。

（二）部门之间缺乏沟通

税务系统内部缺乏沟通。Z市石化公司于2020年接受B市石化公司委托加工原油，双方约定返回产品大部分为白油。经Z市税务局稽查局调查，返回白油数量的30%属于燃料油变名。然而，B市石化公司在同一时期发出相同原油，委托Q市石化公司加工，双方约定成品油收率为85%，远超Z市石化公司的收率。企业放弃高价值商品而追求低价值商品明显不符合市场经济规律。Z市税务局在发现变名行为后，没有及时通知B市税务局，B市石化公司收回委托加工商品后以"白油"名义直接对外销售，存在虚开发票的风险。上述案件涉及两项违法行为：一是Z市石化公司变名返回受托加工应税消费品，少代收代缴消费税；二是B市石化公司变名销售货物，虚开发票。如果Z市税务局与B市税务局进行了及时有效的沟通，则可通过B市石化公司在同一时期发出相同原料委托其他单位加工原油的收率判断Z市石化公司的收率，也可将B市石化公司收回委托加工商品的流向作为进一步固定商品变名违法行为的证据。

各监管部门之间缺乏沟通。公安、交通运输、市场监管等部门虽持续开展打击黑油窝点、非法运输车辆、查处无证无照加油站等工作，但各部门在执法过程中会遇到案值未达立案标准、检查黑油车时驾驶员弃车逃跑、没有权限对不合格油品追溯来源等问题。黑油之所以能够在市场流通，是因为在生产源头偷逃消费税从而获得价格优势。各监管部门在发现违法行为后，也未能及时共享信息、形成合力、闭环管理。因此，黑油借机获得生存空间。

三、工作方法与改进建议

（一）研究技术资料，紧盯物料平衡

以质量守恒定律为原理，"物料平衡"不失为判断石化企业投入、产出及损耗的合理方法，即"物料的实际用量"和"产品的实际产量、损耗之和"，与"理论用量"和"理论产量"之间的比较，并考虑可允许的偏差范围。将其与财会知识简单结合，便可计算企业在某一时期内的生产数据，进而判断其纳税申报的准确性和可能存在的税收风险。《可行性研究报告》和《安全涉及专篇》针对各种生产方案的投入原材料数量、工艺流程、合理损耗、能源耗用，以及各种产品的性质、收率等情况进行了详细描述，税务部门可充分利用该资料并结合上下游交易信息和财务报表，判断投入产出。

由于技术资料涉及企业商业机密，故本文无法举例列示。但其涉及企业生产数据，属于涉税资料，税务部门可依据《中华人民共和国税收征收管理法》第二十五条获取。

（二）全面以数治税，开拓取证渠道

一是各地税务部门应建立涉税情报的共享机制，遇到重大风险时及时协查、并案。二是税务部门应当与其他行业主管部门建立信息共享机制。现行税收政策针对质量指标和产品用途的规定较为明确，一方面，税务部门须凭借行业主管部门的行政许可（确认）信息或专职机构的专业意见作为判断辛烷值、倾点或凝点等质量指标的依据；另一方面，税务部门须凭借货物运输的实际流向判断其用途。这就要求税务部门将外部门掌握的企业生产、仓储、物流、环保、质检、销售、交易方等多方面的零散信息进行梳理，结合税务工作需求，制作立体式的税收大数据，以便使用者从多角度观察研判，开拓多种取证渠道。最大限度避免因信息闭塞导致的征管漏洞，减轻一线税务工作人员的负担和压力。

（作者单位：国家税务总局淮安市洪泽区税务局）

灵活就业人员社会保险制度问题及解决路径研究

张 弓 董战山 张 婧 韩 东

改革开放后，随着市场经济体制改革及产业结构调整，大量进城务工的农村富余劳动力和下岗职工涌现。这些人成为灵活就业人员最初的主要力量。劳动关系不稳定、工资不稳定、薪资待遇差异较大等原因，造成了灵活就业人员个人社会保险参保不完备、制度覆盖不全等众多问题。

一、灵活就业人员社会保险的现存问题

相较于传统的长期就业模式，灵活就业的优势在于相对宽松的准入和退出机制。对求职者而言，灵活就业获取工作机会的门槛更低，不合适也可以随时离职；对企业而言，在选人用人以及如何用、用多久等方面也都比较灵活。因此，无论是求职者还是企业，灵活就业都为其提供了更多的尝试空间和选择机会。但与此同时，也存在较多问题，本文将从个体层面、制度层面和征管层面进行分析。

（一）个体层面

社会保险具有即期缴费、预期消费的特点。一方面，缴纳社会保险费会减少当期收入，限制当期消费；另一方面，养老金在几十年后才能领取，跨越时间长，具有不确定性，而且医疗风险的不确定性更强。因此，很多年轻人或者身体健康的人存在侥幸心理，倾向不参加社会保险。尤其是选择参加职工社会保险的灵活就业人员，其社会统筹部分也需个人负担，故造成较重的缴费压力，降低了人们的参保积极性。

（二）制度层面

1. 参保范围受户籍地、身份限制

在部分地区，灵活就业人员无论是参加职工保险还是居民保险都需要有本地户籍，这就导致大多灵活就业人员只能在户籍地而不是工作的城市参保，这对于农民工、异地就业者等人群非常不便。由于各地社会保险的缴费基数和缴费档次互不相同，因而极有可能出现工作期收入较高而退休后待遇较低的情况。

2. 社会保险费由个人自理，且转移接续困难

一方面，由于灵活就业人员大多与劳动单位不存在劳动关系，故保险费需完全自理。根据《2022年中国灵活用工行业市场调研分析报告》，有20.8%的灵活就业劳动者的收入在3000元以下，3001~5000元的灵活就业劳动者占23%，还有28.1%的灵活就业劳动者收入在5001元至7000元之间。一旦收入减少他们将会选择放弃缴纳社会保险费，从而解决最迫切的衣食住行问题，这种导致现实中断保的事情时有发生。另一方面，灵活就业人员很多是异地就业，岗

位更换频繁,甚至时常更换就业地,因而难以满足社保连续足月缴费达到缴费年限的要求,并且还会面临账户转移衔接困难的问题。

3. 缺少工伤保险和失业保险等制度保障

根据规定,灵活就业人员可以参加养老保险和医疗保险,但未明确能否参加工伤保险和失业保险。因为工作的不稳定性,所以灵活就业人员更容易"失业",而一旦失去用工需求,他们既没有收入也无法领取失业金,生活极易陷入困境。另外,灵活就业人员还属于职业伤害易发、多发人群,一次严重的工伤很可能会使个人丧失劳动能力,导致家庭陷入困境。

(三)征管层面

1. 征管制度差异大,规范性不足

一是划转时间不同。税务机关征收社会保险费的时间在全国范围内各不相同,由此导致各地征收理念、管理基础、征缴习惯存在一定差异。二是征收模式不同,既有核定征收模式,也有自行向税务机关申报模式。不同模式下部门职责、业务流程各不相同,管理方式也存在较大差异。三是管理规定不同。与企业养老保险相对统一的政策管理体系相比,灵活就业人员参保缴费政策依托当地财政支持,更具地方性。特殊群体、特色政策繁多、执行口径不一,故在短期内难以统一。

2. 灵活就业人员征收管理难度大

一是新业态经济改变了传统参保管理。目前,我国灵活就业人员超过2亿人,随着数字经济、平台经济的发展,网约车、快递外卖、网络写手等新型从业人员呈现快速增长的趋势,高流动性、去中心化成为常态,这给以相对稳定性为依托的参保扩面、转移接续带来极大挑战。二是自愿缴费制度影响了征管力度。目前,灵活就业人员可参加的两类社保均以自愿参保缴费为原则,税务部门对停缴、断缴情况通常以提醒等"软"方式管理,难以做到深度介入。三是对部门协作有较高要求。社保管理体系中参保是前提,征缴是桥梁,待遇是目标。税务部门征管效能、缴费人满意度的高低,与人社、医保部门的参保登记准确性、数据交互及时性密切相关,需要各部门在业务联办、系统联动上有更紧密的协同协作。

3. 缴费服务与精细服务的要求有差距

一是个性化不足。受基础信息项目缺失、人员流动性强等因素影响,相关部门对灵活就业人员个体需求关注不足,无法运用信息化手段精准分析,适时提供宣传提醒等服务。二是便利化不足。虽然"网上办""掌上办"的推广为广大灵活就业人员提供了便捷缴费方式,但由于各地发展不均衡,不少业务仍存在办理"盲区"。三是智能化不足。目前,金三社保费系统相关功能模块尚不能完全满足社保费查询统计、汇总核算等需求;金三系统现有规则对各地社保、医保特有政策的包容性不足,对系统初始化设置造成一定困难。

二、完善灵活就业人员社会保险相关政策建议

提高灵活就业人员的参保积极性,满足他们的基本保障需求,同时又不加重该群体的缴费负担,是灵活就业人员社会保险制度设计的重点和难点。

(一)制度完善方案

1. 打破户籍地的限制,实现地区间的转移接续

灵活就业人员的参保需尽早打破户籍地限制,允许其在就业地参保,这对身在异乡的灵活

就业人员而言将非常便利。目前，大部分省市已经实现本地区内的转移接续，但是省级区域之间的转移接续工作尚未完全实现。各个地区的缴费基数不同，导致社保费缴纳的金额和未来享受待遇的不统一。因此，可以尝试通过折算、多退少补等方式进行调整。值得关注的是，2021年7月16日人社部等八部门共同印发了《关于维护新就业形态劳动者劳动保障权益的指导意见》，提出"各地要放开灵活就业人员在就业地参加基本养老、基本医疗保险的户籍限制"。这在突破参保制度限制的道路上又迈出了重要一步。

2. 降低社会统筹部分的缴费比率

为进一步减轻灵活就业人员的社保费缴纳负担，可以采取降低统筹部分缴费比率的方法。一是当遭遇经济严重下滑或重大突发事件时，在短期内临时降费。二是从长远考虑，引入阶段性降费的方法。具体可以采取，每2—3年降低1个百分点，逐渐找到一个适度的缴费比率，同时相应地调整待遇水平。三是针对新业态下的灵活就业人员，明确其与受雇者之间的关系，鼓励其参加职工保险，并且由企业或平台承担部分缴费责任。如此，既能达到提高灵活就业人员的缴费积极性，也可以满足不同人群个性化需求的目的。

3. 建立灵活就业人员工伤保险和失业保险制度

当前，很多地区已经意识到灵活就业人员的职业风险问题，开始尝试建立工伤保险。山东省潍坊市早在2009年规定了灵活就业人员均须参加工伤保险，每人每月按参保职工社会保险费月缴费基数的1‰缴纳保险费，按《工伤保险条例》的规定享受工伤待遇，其中应由用人单位支付的待遇，由灵活就业人员自己承担。但是，由于缴费和部分待遇的支付责任都归个人所有，个人压力大，导致实际的参保率并不高。2022年，青岛市和烟台市相继出台文件，要求灵活就业人员参保工伤保险（快递人员优先），并且规定保险费由平台负担，这对于广大灵活就业人员而言是一个利好消息。

另外，可以考虑为灵活就业人员参保失业保险，尤其是将主要依靠灵活就业收入生活的劳动者纳入职工失业保险的保障范围。从2022年1月1日起，广州、深圳等大湾区9市灵活就业人员可以参加失业保险，保险费用按参保职工社会保险费基数1%的比例自行缴纳。总之，未来灵活就业人员参保工伤保险和失业保险将是大势所趋。

4. 采取强制和自愿结合的缴费方式

疾病风险是每个人不可避免的，而且随着年龄的增大这些风险会进一步增强。灵活就业人员收入不稳定，为降低短视行为和市场失灵带来的退休后收入的大幅减灭，建议把他们的养老保险和医疗保险的投保方式在恰当时机改为强制型。工伤保险和失业保险的投保方式暂可定为自愿型，供灵活就业人员选择。

（二）社保费征管方案

1. 健全完善灵活就业人员社保费征管制度体系

在国家层面，推动《中华人民共和国社会保险法》《社会保险征缴暂行条例》等法律法规的修订，研究制定社会保险费申报缴纳办法等制度。明确包括灵活就业人员在内的自然人社保费征缴规则，提升灵活就业社保费征管立法层级，在全国范围内形成相对统一的征管规范，做到"上有法可依"。在地方层面，由各地人社、医保、税务联合开展政策梳理，重点关注现行有效政策规定中与国家政策冲突、存在缺失的方面，按"谁制定、谁清理"的原则进行修订和完善。明确部门职责分工，规范征收管理流程，形成地方性灵活就业人员社会保障制度体系，做到"下有规可循"。

2. 深化协同共治机制

继续发挥划转改革建立的协调机制作用。会同人社、医保、财政、银行等部门，结合灵活就业人员从业趋势变化、收入分布情况、参保缴费习惯等特点，全面深化在制度建设、参保扩面、业务协同、系统联建、数据共享、征收管理、缴费服务、宣传辅导、风险应对等各方面的协作，形成征管合力。积极发挥社区"网格化"管理服务作用，了解灵活就业人员真实需求，协同开展有针对性的宣传辅导，提高灵活就业人员参保缴费自觉性。

3. 加强征管信息化建设

适应新业态经济带来的灵活就业人员社保费征管新变化，建立健全税务与人社、医保、财政、公安、银行等部门常态化、制度化信息共享机制，完善共享平台建设，实现"一家采集，多家共享"，明确数据标准与交互规则，确保信息传输及时准确。加强各项基础数据收集。实现灵活就业人员信息"一人式"智能归集，充分运用大数据、云计算、人工智能等现代信息技术，提高数据分析预测能力，提升管理服务的精准性，为科学决策提供有力数据支撑。

4. 持续优化缴费服务

结合灵活就业人员特点，建立"点""面"结合式服务体系。一是提升缴费服务覆盖"面"。继续优化"网上、掌上、实体、自助"多样性缴费，拓展缴费渠道，升级缴费功能，积极创新推广安全便捷的"非接触式"缴费服务，为灵活就业人员打造安全便捷的缴费环境；打造线上线下集成服务体系，依托政务服务平台，推行灵活就业经办业务和缴费业务线上"一网通办"，同时依托商业银行网点多、服务佳的优势，通过向银行开放部分业务权限，将税务、人社、医保数据在银行汇总，实现"三家业务、一厅办结、一次办好"，解决线下服务资源不足的问题；积极开展宣传辅导，发挥新媒体宣传优势，重点介绍参保缴费办理流程、待遇享受等与灵活就业人员切身利益密切相关的政策规定，如养老保险最低缴费年限、"多缴多得，长缴多得"等，提升参保缴费自觉性。二是关注灵活就业需求"点"。做好灵活就业人员缴费情况监控，对缴费期截止前未缴费人员，"点对点"发送提醒短信，避免影响待遇享受；提供个性化扣费服务，对选择扣款缴费方式的人员，利用信息系统将参保信息、缴费基数、费率等数据集成，自动生成应缴费信息并推送扣款；畅通诉求表达渠道，对特殊人员、特殊事项的合理需求，开通绿色通道，通过跨部门联合协调机制，为其及时解决实际困难；利用大数据分析灵活就业人员的政策需求，主动推送相关政策，增强宣传辅导有效性。

（作者单位：国家税务总局青岛市税务局科研所）

印花税政策实施中需要明确的问题及建议

许建国　殷国斌

2022年7月1日起施行的《中华人民共和国印花税法》（以下简称《印花税法》）对原印花税制度的部分内容进行了调整完善。调整后的《印花税法》不仅更好地保护了纳税人合法权益，还使印花税的征收管理更加规范。但由于《印花税法实施条例》尚未出台，相关配套政策还不完善，印花税在计税依据、优惠范围、征收管理等方面还存在一些亟待明确的问题。因此，建议相关部门尽快出台《印花税法实施条例》等法规，对印花税计税依据、多缴税款的退税或抵税、减免优惠适用范围等进行明确。

一、印花税政策实施中需要明确的几个问题

（一）关于应税合同未列明增值税税款的计税依据问题

《印花税法》第五条规定：应税合同的计税依据，为合同所列的金额，不包括列明的增值税税款；应税产权转移书据的计税依据，为产权转移书据所列的金额，不包括列明的增值税税款。换言之，对应税合同、应税产权转移书据（以下统称"应税合同"）金额中未单独列明增值税税款的，其计税依据就要包含增值税税款。因此，该项规定在具体执行中，存在以下问题。一是该项规定与其他税种有关规定不统一，有效衔接存在不足。二是该项规定与纳税人的交易习惯不相适应。容易带来纳税人多缴税款的风险。

（二）关于应税合同所列金额与实际结算金额不一致的计税依据确定问题

根据财政部、税务总局《关于印花税若干事项政策执行口径的公告》（财政部　税务总局公告2022年第22号，以下简称"22号公告"）第三条第二款规定："应税合同、应税产权转移书据所列的金额与实际结算金额不一致，不变更应税凭证所列金额的，以所列金额为计税依据；变更应税凭证所列金额的，以变更后的所列金额为计税依据。已缴纳印花税的应税凭证，变更后所列金额增加的，纳税人应当就增加部分的金额补缴印花税；变更后所列金额减少的，纳税人可以就减少部分的金额向税务机关申请退还或者抵缴印花税。"在实践中，纳税人为了少缴印花税可能会出现以下两种情况：一种是合同所列金额少于实际结算金额的，交易双方通常不会变更合同所列金额，因为变更合同后所列金额增加就要补缴税款；另一种是合同所列金额大于实际结算金额的，交易双方通常会变更合同所列金额，因为变更合同后合同所列金额减少，就可以申请退还或者抵缴印花税。因此，此项规定不够严谨。

（三）关于未履行合同已缴纳的印花税不予退还及抵缴的问题

"22号公告"第三条第七款规定："未履行的应税合同、产权转移书据，已缴纳的印花税不予退还及抵缴税款。"该项规定在实际执行中存在以下三个方面的问题：一是对未履行的合同已缴纳印花税的不予退还及抵缴税款的规定不够合理。在实践中，纳税人未履行合同的原因

往往是多方面的,可能受自然灾害等不可抗力的影响,也可能因地方建设或国家公共利益的需要导致合同中止履行。纳税人普遍认为,对受到不可抗力因素或因国家公共利益的需要导致合同未能履行,已缴纳的印花税款不予退还或抵缴的规定不够合理。在实际征收中容易引发涉税争议。二是对未缴纳印花税的未履行的合同是否需要补缴税款规定不够明确。虽然"22号公告"规定了未履行的合同已缴纳印花税的不予退还及抵缴税款,但对未履行合同、未缴纳印花税的是否需要补缴税款没有明确。三是政策条款衔接不够顺畅。根据"22号公告"第三条第二款之规定,对已缴纳印花税的应税凭证与实际结算金额不一致的,纳税人可以通过变更应税合同所列金额,就变更后增加(或减少)的金额,补缴(或申请退还或抵缴)印花税。而根据"22号公告"第三条第七款之规定,未履行、已缴纳印花税的合同,不能申请退还和抵缴税款。这不仅使情形基本相同的未履行合同与未完全履行合同(变更履行合同)之间形成了不同的税收待遇,而且也会促使纳税人今后对未履行合同的情况,通过相应的履行部分合同金额或者直接将未履行合同通过变更合同金额的方式,来变相地达到不缴税或少缴税的目的。

(四)关于纳税人多贴的印花税票不予退税及抵缴税款的问题

"22号公告"第三条第八款规定,纳税人多贴的印花税票,不予退税及抵缴税款。这项规定在实际执行中也存在以下两个方面的问题:一是对纳税人多贴的印花税票是否包括通过税务机关开具的完税凭证缴纳的印花税,规定不够明确。《印花税法》第十七条规定,印花税可以采用粘贴印花税票或者由税务机关依法开具其他完税凭证的方式缴纳。这里规定的"纳税人多贴的印花税票,不予退税及抵缴税款"是否包括纳税人通过税务机关开具的完税凭证缴纳的税款,需要进一步明确。二是该项规定与《中华人民共和国税收征收管理法》(以下简称《税收征管法》)存在冲突。《印花税法》第十八条规定,印花税由税务机关依照《印花税法》和《税收征管法》的规定征收管理。《税收征管法》第五十一条规定,纳税人超应纳税额缴纳的税款,税务机关发现后应当立即退还。由此,该项规定与《税收征管法》有关规定存在冲突,容易增加税务机关的执法风险,引发涉税争议。

(五)关于个人免征印花税的范围问题

《印花税法》第十二条第八款规定,个人与电子商务经营者订立的电子订单,免征印花税。同时,税目税率表"买卖合同"税目备注栏注明对买卖合同征收印花税的范围,不包括个人书立的动产买卖合同。该项规定在执行中也有两个问题需要明确:一是对"个人"免征印花税的范围是否包括个体工商户的规定不够明确;二是对只能由订立合同的"个人"一方享受免税优惠,还是合同双方均可享受免税优惠规定不够明确。

二、进一步完善印花税政策的几点建议

(一)明确印花税的计税依据统一为不含增值税税额

为使印花税的计税依据与增值税、消费税等税种的计税依据相统一,建议未来在修订税法或制定条例时,统一明确印花税应税合同不论其是否单独列明增值税税款,均以不含增值税税款作为计税依据。这样既兼顾了常规格式合同文本的使用和纳税人签订合同的习惯做法,又维护了税法的统一性和公平性。计税依据的明确有利于打消纳税人在订立合同时可能面临的疑虑,也有利于促进《印花税法》与其他税收法律法规有效衔接。

（二）应税合同所列的金额与实际结算金额不一致的应一律以实际结算金额为计税依据

为体现税收"实质重于形式"的原则，使印花税政策法规更加合理和严谨，建议将"22号公告"第三条第二款重新明确为：应税合同、应税产权转移书据所列的金额与实际结算金额不一致的，不论纳税人是否变更应税凭证所列金额，都一律以实际结算金额为计税依据。已缴纳印花税的应税凭证，实际结算金额超过应税凭证所列金额的，纳税人应当就超过应税凭证所列金额的部分补缴印花税；实际结算金额少于应税凭证所列金额的，纳税人可就少于应税凭证所列金额的部分向税务机关申请退还或者抵缴税款。这样既可以防止纳税人通过不当筹划以变更合同金额的形式来达到少缴税的目的，又符合税收"该征的则征、该退的则退"的原则。

（三）对未履行的合同已缴纳的印花税可以申请退还或抵缴税款

为了更好地体现税收的公平性和合理性，使印花税与相关法律法规之间相互衔接、协调，建议区分纳税人未履行合同的具体原因，对其已缴纳的印花税根据不同情况作出具体规定。对因合同当事人违约等主观原因未履行的应税合同，不予退还或抵缴税款；对遭受自然灾害等不可抗力的影响，或者因国家公共利益及地方政府规划建设需要等原因而未履行的应税合同，可以申请退还或抵缴税款。同时，明确因主观原因造成未履行合同且未缴纳税款的纳税人也应申报缴纳印花税。

（四）建议对纳税人多缴的印花税可以退还或抵缴税款

针对"22号公告"第三条第八款规定的"纳税人多贴的印花税票，不予退还及抵缴税款"是否包括由税务机关开具其他完税凭证缴纳的印花税不够明确的问题，我们认为，该项规定不论是否包括由税务机关开具其他完税凭证缴纳的印花税，都与《税收征管法》第五十一条存在冲突。如果该项规定不包括由税务机关开具其他完税凭证的方式缴纳的印花税，则会造成同一税种由于缴纳方式的不同而产生不公平的待遇。因此，我们建议对该条款进行修改和完善，统一明确纳税人多贴的印花税票或者多缴纳的印花税。可比照《税收征管法》第五十一条的规定，给予退还或抵缴税款。这不仅符合税收"多退少补"的征收原则，而且能够有效避免涉税争议。

（五）进一步明确对个人免税或不征税的范围

为顺应当前减税降费的政策导向，鼓励大众创业和支持个体经营者的发展，建议在制定《印花税法实施条例》时，明确印花税对"个人"的免税范围（包括个体工商户）。同时，为区分个人与电子商务经营者订立的电子合同和与其他经营者签订的动产买卖合同的免税范围，还应明确对个人与电子商务经营者订立的电子合同，交易双方都可以享受免征印花税优惠。对税目税率表中列举的对个人书立的动产买卖合同不征税，则应明确属于对"特定纳税人适用印花税减免优惠"的范围，即仅对个人（包括个体工商户）免税。如交易双方都是个人的，则交易双方均可免税；如有一方属于企业纳税人的，则企业纳税人应按规定纳税。

（作者单位：江苏省镇江市国际税收研究会第四分会、
国家税务总局镇江市丹徒区税务局第二分局）

税收征管

非税收入管理的国际借鉴研究

国家税务总局四川省税务局课题组

一、我国非税收入管理存在的问题

(一) 法律法规体系不健全,缺乏顶层设计

目前,非税收入管理的最高层级依据是国务院发布的《关于征收教育费附加的暂行规定》以及《残疾人就业条例》,但它们仅属于行政法规。财政部印发的《政府非税收入管理办法》属于部门规章,立法层次较低,且非税收入的征缴、执法程序上的规定还不够明确和规范。目前,税务部门征管工作的执行依据主要是《中华人民共和国税收征收管理法》(以下简称《税收征管法》),对非税收入虽然可以按照税收的管理方式采取登记、申报、征收入库等管理性措施,但不能直接采用《税收征管法》中的保全、强制手段。另外,2019年部分非税项目划转至税务部门征收后,操作层面缺乏全国统一的非税收入征管规范。比如,国家重大水利工程建设基金在全国有10余种征收标准;各级划转文件规定"征收范围、对象、标准、分成、使用等政策继续按照现行规定执行",但并未明确征收相关流程和文书是否延续执行,导致征收流程和文书无法规范统一。

(二) 非税项目种类繁多,征管质效不高

根据国际货币基金组织(IMF)数据库计算,2018—2020年中国非税收入占财政收入比重分别为11.87%、14.44%和14.15%,与发达国家相比,占比不算高,但这种计算方法不包含国有土地使用权出让收入,如果把这部分加上,占比会大幅上升。目前,全国主要非税收入项目共87项,按财政部发布的《2022年政府收支分类科目》来算,三本账里关于非税收入的相关科目就有370余项,种类繁多,加之各省、市、自治区非税收入划转项目各不相同,费种性质、征收对象、征收依据也不相同,难以实施集中有效管理。

(三) 全流程信息管理平台尚未搭建,数据交换传递较慢

目前,非税收入项目繁多、征管主体多元、征管模式各有不同,各部门信息化发展水平不一,尚未利用"大数据"实现"税费同征同管",费源管理部门对于非税项目立项审批、费种认定及数据推送未形成部门间联动协作机制,尚未建立覆盖所有非税项目的互联互通、实时共享、及时高效的管理网络,导致信息传递滞后,制约了征管质效的持续提升。以公路路产损坏(占用)赔(补)偿费、工会经费和工会筹备金、残疾人就业保障金为例,在职能划分上,交通部门、工会、残疾人联合会负责登记、审核、监督检查,税务部门负责征收,当缴费人不申报或不如实申报时,税务部门作为征收主体,没有处理处罚权限和对应征费款强制执行权限,只能根据政策规定,将情况告知缴费人主管部门,由主管部门对违反规定的缴费人进行催告、限改,再由缴费人自行到税务部门申报缴费。这种多头管理的模式,在客观上拉长了行政执法

时间，降低了行政执法效率，还可能由于部门间沟通不畅等原因，导致费款流失。

（四）缺少规范性的监管体系，风险防控较难

目前，国内承担政府非税收入监管任务的部门较多，包括审计监督、财政检查、物价监督、纪检监察等，但更多的是事后监督，且存在监管分工、合力不强，导致监管效力发挥不足。部分政府部门将对非税收入征管的监督视为开源节流的适应性措施，没有充分认识到监督和管理的有机联系。监管体制的不健全使得大量非税收入游离于政府财政体制之外，极大地降低了政府的宏观调控能力。

二、主要发达国家非税收入管理的经验借鉴

（一）非税收入的结构相对合理

相较而言，非税收入占财政收入的比重与市场发展程度相关，绝大多数经济发达国家政府非税收入占财政收入的比重较低，而发展中国家的非税收入占比则较高。IMF政府财政统计数据库的数据显示，高收入发达国家非税收入在财政收入中的占比一般为5%～10%，且呈现逐年下降趋势；中等收入国家为15%～25%；低收入发展中国家为20%～40%。按照各国本国货币计量，其非税收入占财政收入总体比重基本低于15%；从不同层级来看，越是基层政府，非税收入在本级财政收入中的比重越高，其重要性越突出。在同一个国家中，随着政府级别的降低，非税收入在本级财政收入中的比重相应提高，基本达20%～40%的水平。这就意味着对于州、地方及一般政府而言，非税收入是政府财政收入的重要来源，它是地方级别政府提供准公共物品、补充地方公共财政的一个重要途径。

（二）法治化管理程度高

一些发达国家的非税收入管理的突出特点就是坚持法治化原则，非税收入项目的设立、征收、使用、评估、监督都有法可依且公开透明。除详尽的立法授权和严谨的审批程序外，针对某些特别重大的非税收入项目还会设立专门法律进行规范。在通常情况下，设立新项目时会履行听证程序，只有与利益相对人充分磋商并得到其认同后，才能够进入实质性的设立程序，也才有可能通过审查。在项目开征前，审查部门会按规范否决未征求相关方面意见，或者没有在协商的基础上达成共同意见的项目。

（三）项目定价科学化

作为政府非税收入管理的重点之一，非税项目的定价始终为各国政府所重视。尽管各国政府非税项目定价所遵循的原则不同，但多数国家是以低于平均成本的边际成本为标准进行定价的，在确定征收标准时，按照收益水平与负担水平相对等的原则定价，使政府非税收入的收取既能够实现政府对供给成本的补偿，也能充分兼顾社会公众对该价格的承受能力。

（四）财务管理严格透明

各国政府将征收的非税收入都纳入统一的预算管理，由财政部门通过预算统筹安排。德国和澳大利亚还规定非税收入存入财政部门的指定账户，不得存入非官方账户，且没有授权不得支取。为了防止有关部门私自扩大收费范围或滥用收费，规定非税收入不与有关部门和机构的支出相挂钩。资金的使用也必须在法律的框架内，各级政府要通过多种方式定期向公众公布非税资金的征收和使用情况，杜绝资金滥用。

（五）监督机制健全

一些发达国家在非税收入管理上有完备的内外监督机制。在内部监督上，相关行政机构定期进行自查，将非税收入的相关信息、数据以书面形式呈报给立法机构，并向社会民众公布；在外部监督上，设立独立的监管部门对非税收入的征管和使用进行监督管理。同时，公众监督也是非常有效的外部监管力量，非税收入项目的设立、标准调整，都会广泛征求缴费人意见，要求相关利益群体参与论证，公众还可以通过书面报告的形式将意见反馈给相关行政部门，而且所有的非税收入项目运作都要在政府网站上公开，主动接受公民的全方位监督。

三、优化税务部门非税收入管理的思考

（一）完善非税收入管理的法制体系

一是提高立法层级，完善非税收入管理的实体法和程序法。在中央层面，在《中华人民共和国宪法》或是其他基本法中明确非税收入的法律地位及各级政府的权限和管理职责，通过修订《税收征管法》或者出台全国统一的相关法律法规，在非税收入审批设立、征收依据、征收对象、征收标准、违法处理、监督审查等环节上予以明确。在地方层面，明确各级政府对非税项目的设立和管理权限。在中央制定的框架和征收幅度范围内，各级政府按照合理、公平和适当的原则，针对非税收入实际征管问题配套出台地方性法规或规章，真正实现税费统收统管。二是抓紧出台全国统一的《非税收入征管规范》。可按"社会事业类""资源资产类""国有土地类""城市管理类""电力能源类"五大体系编撰，明确部门职能职责分工，理顺征管流程、适用文书、票证管理等重点和难点事项，规范票据的领购、发放、使用、管理、清算及销毁等各个环节。三是建立相关激励制度。

（二）探索实行非税收入分类分项管理

一是可将部分非税收入"费改税"。将政府为筹集资金支持某些重点产业和重点事业发展而设立的政府性基金或专项收费改为相应的税收，通过税收形式筹集资金。在选择上，侧重在性质上有"类税"性质、征收标准较为统一、征收模式较为固定的非税收入，如将教育费附加和地方教育费附加统一改为教育税，残疾人就业保障金改为残疾人就业保障税。"费改税"后，适用于《税收征管法》，将在很大程度上提高征收效能。二是撤销部分非税收入。将部分可以由税收调节的由政府实施公共管理的行政事业性收费撤销，所需经费通过税收筹集，再由财政预算统筹解决。三是将部分非税收入由行政服务性收费改为经营性收费。对由公共部门通过市场提供商品和服务且体现市场经营服务行为的费种，可以选择性地将收费性质从行政服务性收费改为经营性收费，并对收取的费用征收相应税款，如城镇垃圾处理费、自备水源污水处理费等。

（三）加强非税收入征管信息化建设

一是统一各地区信息化建设标准。加大非税信息化建设投入，充分运用大数据、云计算、人工智能、移动互联网等现代信息技术推动智慧非税建设，加强长远规划和布局，统一各地非税申报方式及信息共享平台，保证非税数据和信息能按统一标准汇总，并据此开展分析和决策。二是优化电子征收系统。多套征收系统并行，不仅造成资源浪费，还会增加政府管理成本和公众的遵从成本。我国可以考虑继续扩大银行代征范围，跨部门整合非税征收工作。同时，优化"金四"系统与电子税务局接口，提升费源信息传递的时效性和准确性，以智慧税务建设

为契机，推动税费之间、社保和非税之间数据共享。三是积极构建非税共治格局。鉴于征管涉及部门多、管理链条长，应按照"税务＋"思路，深化税务部门与同级党委政府以及人社、财政、环保、自然资源等部门的共建共享，建立常态化、制度化数据共享机制，推进政府非税收入信息化管理平台建设，解决数据对接中的非自建系统、无业务专网等问题，实现"1＋1＞2"的协作效果。

（四）完善非税收入管理的监督机制

一是改进事后监督的方法，把重心转移到日常监督中，实现深层次、全流程的监督检查。二是拓宽社会公众的监督渠道。从非税项目的设立、修改到执行的全阶段，都应该确保缴费人的知情权。尤其是在设立阶段，可以引入听证、磋商等程序，及时且广泛地听取民意，进一步提高非税项目设立的合理性。三是构建财政与金库、财政与执收执罚单位、财政内部等各个关联单位之间的信息互联互通网络，全流程监控政府非税收入的收缴、拨付和核算，改进收入明细核算和对账办法，通过信息网络对非税收入来源、结构、规模等动态变化情况进行监管和分析，提高管理质效，确保非税收入征收管理的公开、安全和透明。

课 题 组 组 长：罗元义
课题组副组长：罗　杨
课 题 组 成 员：张　洁　李　骞　唐一林
　　　　　　　　刘子涵　周政平
执　笔　人：张　洁

纳税服务智能化探索与实践

——以浙江"12366"智能咨询建设为例

国家税务总局杭州市税务局课题组

一、引言

(一) 选题背景及意义

近年来,信息技术迅猛发展,给税务部门的思维习惯、管理制度、技术手段和服务方式等带来了巨大影响。智慧税务是基于依法治税理念和税收现代化目标,全面应用互联网、大数据、云计算等新技术,以纳税人需求为导向,提供多元化服务和智能化管理,充分实现税收制度和税收技术交融,提供优越的纳税体验、智能化管理和决策的税务生态系统。在"互联网+智慧税务"大背景下,探索发展智能咨询是必然趋势。

(二) 研究思路及框架

对于税务部门来说,启用智能咨询服务系统一方面可以为纳税人提供 7 天×24 小时全天候的实时咨询服务,提升咨询服务的体验舒适度和效率;另一方面可以显著降低税务机关提供重复性咨询的成本和压力,使更多的税务人员投身复杂事项的管理和服务中。此外,通过智能咨询服务系统采集的大数据更有利于科学地进行纳税人需求分析,进而作出合理的政策和征管服务调整。本文以浙江"12366"在智能咨询方面的探索和实践为例,分析税务智能咨询的发展现状、面临的主要问题和未来趋势,提出优化智能咨询纳税服务的思路和建议。

二、智能化纳税服务理论研究

王利群(2010)对我国信息化建设提出了三点建议:一是税务机关要转变思想,从管理者向服务者转变;二是技术人才的引进;三是不断完善网上办税方式,利用信息化手段,让纳税人切实感受信息化的优势,解决传统办税方式带来的弊端。

章亚青(2019)提出税务系统要与时俱进,建立数据共享机制,挖掘大数据潜在价值,共享数据信息资源,充分将大数据技术运用到纳税服务、征收管理和联合治理中。

三、浙江"12366"智能咨询建设实践

(一) 浙江"12366"纳税服务现状

2011 年省中心成立以来,浙江"12366"进入快速发展期,服务范围不断扩大,服务对象持续增加,热线知名度也随之提升。随着国家税制体制改革的不断推进,纳税人涉税咨询需求日益增长,传统的人海战术已经难以满足纳税人咨询需求,且成本较大,不可持续。

为提升咨询服务效率,突破税务咨询电话为人力所限的发展瓶颈,在国家税务总局"互联

网+税务"行动计划的引领下,浙江"12366"于2017年起谋划构建智能咨询服务体系,探索智能化转型升级新路径。

(二)智能咨询建设情况

浙江"12366"智能咨询项目分别在网络端和热线端进行布局,通过"线上+线下"的模式为纳税人提供全方位服务,实现咨询服务模式从纯人工咨询向"智能+人工"转变。

1. "税小蜜"网络智能客服

2017年9月,支付宝"城市服务—浙江税务"页面推出"税小蜜"智能机器人,为广大纳税人提供网络智能咨询服务。目前,"税小蜜"已在微信、征纳沟通平台、电子税务局、支付宝、浙江省税务局官网"一云多端"部署,纳税人可通过网页端、移动端发起文字、图片和语音服务请求,获取税收政策咨询、办税流程指引和信息查询等服务。

2. "12366"智能语音客服

2021年6月18日,智能语音客服正式对外服务,为纳税人提供7天×24小时全天候、标准化、全方位的智能语音服务。智能语音客服有以下亮点:一是切换人工服务便捷,纳税人可通过说"转人工"或按键等方式实时切至人工服务,或在提问连续两次未被识别时,由系统主动切至人工服务;二是答案推送方式多样,纳税人除选择听取语音播报答案外,还可选择以短信方式获取答案;三是信息采集全自动,在举报不开发票等特定业务场景下,在非工作时段可由系统完成信息采集和工单登记流程。

(三)智能咨询成效凸显

1. "税小蜜"智能咨询逐步成熟

"税小蜜"智能机器人上线后,在增值税、申报征收和发票等方面为纳税人提供了有效的帮助。2023年4月,"税小蜜"服务量为402439万通,占语音及网络服务总量的52.23%,已然成为纳税咨询的重要渠道。同时,"税小蜜"在个税改革、企业汇算清缴期间也发挥了积极作用。在个人所得税新政落地期间,税务机关在相关咨询群内安装了"税小蜜"群机器人进行咨询解答,"税小蜜"通过每天扩大知识覆盖面,在2019年1月初政策明确后,解答纳税人个税咨询问题的准确率高达95%,帮助税务机关平稳度过了新政咨询高峰期。

2. 智能语音咨询逐步发挥作用

为全面贴合浙江本地纳税人的咨询服务需求,智能语音项目通过整合"税小蜜"知识库、"12366税费知识库"、来电问题库数据,实现"三库合一",打造了具有浙江本地特色的智能语音知识库,知识类别涵盖税费政策、软件操作、征管规范等,基本可以满足纳税人需求。

2023年4月,智能语音客服的服务量为97987通,占同期语音服务量的26.8%,日均接入量为3266通,智能语音客服的话量分流效应逐步显现,减轻了"12366"座席人员的咨询工作负担,进一步畅通了纳税人的咨询渠道。

(四)智能咨询存在的问题

1. 技术限制阻碍理念落地

智能语音系统涉及自然语言处理、信息检索、数据挖掘等交叉领域。目前,智能语音咨询正面临精确问题理解(自然语言理解)和高质量知识来源(智能知识库)两个关键技术难题。

从多轮测试和纳税人的使用反馈情况来看,智能语音客服在问题识别率和答复准确率上仍存在较大不足,智能化水平有待提升。这主要体现在以下方面:一是人机互动不够友好,话术过于呆板，交互"拟人化"不足，无法应对来电人多样化的互动需求；二是多轮选项框架固化，当多轮场景选项无法命中咨询需求时，智能语音客服仍在多轮场景中无限循环，无法跳脱多轮场景；三是置信度算法参数优化不足，因切词不合理等系统算法问题，导致更具针对性的答复无法推送，影响问题识别率和答复准确性。

2. 智能知识库架构复杂，运维难度大

与传统热线知识库相比，智能知识库日常运维难度更大。这主要体现在以下方面：一是知识库结构体系方面。智能知识库存在多类词库、词条，包含单轮、多轮问答，运维人员需要较长的学习探索周期才能完全掌握知识库结构体系。二是运维团队方面。当前，智能机器人难以通过自主深入学习进行优化完善，智能知识库的运维，尤其是知识条目分场景设置、交互节点设置等关键内容，仍需要人工进行管理与运维，对运维人员的业务水平、工作经验和学习能力的要求较高。

四、提升纳服智能化水平的建议

（一）探索建立税务智能咨询体系

在"互联网＋智慧税务"背景下，智能咨询必定要发挥强大的作用。就全国而言，税务智能咨询体系的未来图景需有长远的考虑和明确的定位，要探索建立一套科学的智能咨询系统，运用大数据技术对用户的咨询进行分析，从而找出可供挖掘的高质量语言沟通内容。这对于把握用户对税务政策的理解趋势，更好地提供全时段和多媒体的纳税咨询服务有重要价值。

（二）创新架构，构建场景化知识库

智能知识库平台要进行场景化服务模式创新，需要获取纳税人在不同场景的信息需求、信息习惯和信息偏好，以服务链为基础，对税费征收的各个服务链节点的工作进行分析，识别核心节点，对核心节点进行知识库的知识创新。

（三）打破部门限制，合作共建智能服务

智能不应仅局限于咨询，应从纳税人角度出发，在提供基础数据信息查询的基础上，基于智能技术为纳税人提供良好的纳税方案，切实通过智能咨询服务平台帮助纳税人评估税务政策，进行税务风险预警，提供应急处置措施。还可以把区块链技术融入纳税咨询服务体系，扩大纳税咨询服务空间，利用虚拟现实技术满足纳税服务的现实需要，更好地在纳税咨询系统中提供个性化建议，有效引导纳税人合理纳税，起到有效宣传税法和落实国家纳税政策的作用。

课题组成员：陈　华　陈　钰　周璐婷

征管改革背景下的基层税收风险管理研究

——以 G 县税务局为例

何国栋

中共中央办公厅、国务院办公厅《关于进一步深化税收征管改革的意见》明确提出"着力建设以服务纳税人缴费人为中心、以发票电子化改革为突破口、以税收大数据为驱动力的具有高集成功能、高安全性能、高应用效能的智慧税务,深入推进精确执法、精细服务、精准监管、精诚共治,大幅提高税法遵从度和社会满意度",突出强调了税收大数据在税收征管全过程中的重要作用。伴随着信息化时代全面来临,大数据资源日益对全球各国社会经济发展及国家治理产生深远影响,成为一种新型的国家战略资源。大数据时代的到来也对税收风险管理产生了深远的影响,各级税务机关都致力于加快信息化建设,推动传统的经验管税、以票管税模式向"以数治税"、分类精准监管模式过渡。因此,基于税收征管改革和大数据时代背景下的税收风险管理研究具有十分重要的理论和现实意义。本文以苏北 G 县为例,对县域税收风险管理的现状和存在的问题进行分析,以期找到更加有效的推动基层税收风险管理提质增效的实现路径。

一、相关概念界定

(一)税收风险

广义的税收风险是指在征税过程中,制度方面的缺陷,政策、管理方面的失误,以及种种不可预知和控制的因素引起税源状况恶化、税收调节功能减弱、税收增长乏力,最终导致税收收入不能满足政府实现职能需要的一种可能性。狭义的税收风险是站在税务机关的角度,其管理和服务的纳税人在经济因素、政策因素、征管因素的综合影响下,未按照相关法律法规规定履行纳税申报义务,侵害正常税收征管秩序、逃避纳税义务的行为,是税务部门管理的税收遵从风险。本文主要关注狭义的税收风险。

(二)税收风险管理

税收风险管理是税务机关运用风险管理理论和方法,在全面分析纳税人税法遵从状况的基础上,针对纳税人不同类型不同等级的税收风险,合理配置税收管理资源,通过风险提醒、纳税评估、税务审计、反避税调查、税务稽查等风险应对手段,防控税收风险、提高纳税人的税法遵从度、提升税务机关管理水平的税收管理活动。

二、G 县税收风险管理的实践探索

G 县围绕省局深化征管改革"50 条"具体任务落实落地要求,坚持问题导向和结果导向,挖掘大数据潜力,聚焦风险管理,强化县局实体化运行功能,构建起分工明确、职能清晰、运行高效的税收风险管理新格局。

（一）规范执法提升风险管理效能

深刻把握机关与基层、属地分局与专业化团队、征管事项前移与后置之间的关系，全面运用"大数据动态监控＋前置式提示提醒＋纳税人自查自纠＋递进执法保障"税务执法新方式，不断提升税务执法统一性、规范性、精确度。一是优化"机关＋基层"重大任务统筹模式。统筹整合业务序列职能，确立风险、纳服为任务分配归口部门，推动业务由多层级分散管理向集成联动转变。明确机关实体化管理职能，对5批次、11项多税种执法任务统筹下发处理，增强税费种管理的协同性，确保整体步调一致。以专班形式推动出口退税、土地增值税清算审核、减税降费等全局性、复杂性事项。同时，在基层分局探索实施弹性工作制，赋予其"分局岗责＋专班任务"双重职能，释放专业化工作效能。二是实施"属地＋团队"工作推进方式。从横纵两个维度，实施风险事项团队化和基础事项网格化管理。集中优势资源做精做强二分局，聚焦重点企业风险应对，在保持分局总人数27人不变的前提下进行专业化整合。同时，县局强化深度分析专业支持保障，组建深度风险分析等15个专业化团队。属地分局按照"定格、定人、定责"的工作思路，建立"横向到边、纵向到底"的网格化税收管理体系，实行分级设置、分层处理、分类监督。三是厘清"前移＋后置"征管事项界限。将发票增版增量等9类高频次申请调查事项前移至办税厅，推动"一件事、一次办"，通过省局预警提醒指标体系，对综合风险应对、专项风险应对全面实行提示提醒前置，除严重涉税违法案件外，提示提醒面达100%。围绕征管改革中期评估，编制并按日更新评估指标，实现工作推进制度化、可视化、动态化，将征管质量5C监控评价融入改革任务落实工作，对主附税行业不一致、未做税费种认定及税费种认定不完整等指标开展数据清理整改。

（二）精准监管激发风险管理动能

全面构建综合监管工作机制，夯实税务监管"四类主责"，在落实业务部门监管主责上求突破，不断提升监管的精准性。一是完善执法监督机制。制订监管工作计划，建立综合监管统筹机制，形成跨税费种、跨部门、跨专业监管任务，落实机关税费政策执行监管、税收大数据分析应用、信息化建设运维等职责。二是全面推进"一户一策"。制定"一户一策"工作规程，逐户逐项分析税收风险、核对政策依据、提出征管建议，提炼形成"一户一策"税费解决方案，做到因企制宜，实现税收风险防控的"精确制导"。三是不断深化风险与督审部门联动。牢固树立系统安全理念，聚焦股权转让、专票电子化、出口退税、土地增值税清算等重点领域和事项，一体推进税收监管和内控风险防范，以流程化、规范化、团队化为导向，强化制度刚性约束，防范和化解重大税收风险，协同提高监管质效。

（三）协同共治挖掘风险管理潜能

发挥双重领导体制优势，完善党政领导、税务主责、部门合作、司法保障、社会协同、公众参与的税费协同共治组织保障体系。一是推动综合治税一体化。强化税收治理在政府治理中的基础性、支柱性、保障性地位，建立县政府领导下的镇街园区收入统筹机制，按月开展经济税收运行调度，分析研判收入形势，协商会办重大事项。按月编制《税收快报》，撰写经济税收分析专报，服务县委、县政府决策。建立人社、自然资源、住建等部门联席会议机制，确保社保费征缴和非税划转平稳有序推进。二是推动部门联动机制化。与商务、公安等部门联合开展成品油专项核查，与县法院联合制定《依法加强税收执法和司法协作意见》，与检察院联合制定《健全工作机制 加强检税合作框架协议》。三是推动数据共享实时化。坚持双向互通原则，全力推动制定税费系统共治工作机制，不断强化综合治税平台建设，积极优化与政府部门常态化数据共享协调机制。

三、基层税收风险管理中存在的问题

（一）税收风险管理理念尚未筑牢

部分基层税务机关的税务干部在认识上存在一定的局限性和狭隘性，认为税收风险管理工作只是风险管理股承接上级机关下发的风险任务、专业化分局和属地分局应对风险，与其他部门关系不大，没有意识到税收风险管理是一项全局性的工作，需要各个部门协作配合、主动预防和分析识别才能完成。基层税务机关更看重如何夯实日常税收征管、提高税源管理水平，如何提升税收营商环境和纳税服务质效，相对忽视对这种先进管理理念的深刻理解，即使开展了风险管理理论的相关培训，也难以结合日常工作灵活运用，进而削弱了税收风险管理理念对风险管理的牵引作用。部分纳税人还没有转变思想认识，仍然认为税务机关只是负责催报催缴、罚款补欠的政府部门，忽视了税务机关还是进行政策辅导和纳税服务的帮手，习惯将税务机关放在自己的对立面，不接受税务机关善意的提示提醒，抱有侥幸心理，甚至试图钻政策漏洞，以少缴或不缴税款，提高了自身的税收风险。

（二）风险任务管理质效有待提升

税收风险识别是税收风险管理的一个重要环节，是针对纳税人开展税收风险管理的逻辑起点。从省局下发任务的应对成效来看，虽应对户数较多但应对成效存在预期差，起点的分析识别和选案是其中的重要因素之一，在分析识别环节，对省局数据仓库的综合运用和挖掘深度有不足。基层分析人员多维度、立体化、全方位的组合式分析未完全到位，利用风险模型并结合地域纳税人特点的精细画像定位能力还有欠缺，充分利用大数据平台实现对数据的精细筛选和处理有短板，难以全面实现对高风险纳税人的"精确制导"，风险识别的指向性不强，最终影响了整体的应对成效。

（三）数据情报驱动作用仍需释放

虽然G县建立了综合治税机制，要求其他部门向税务部门提供涉税信息，协助G县税务局开展数据情报获取工作，但是在实际工作中，许多政府职能部门将涉税信息提供视为额外的负担，认为只会徒增工作量，不产生直接的工作业绩，还有可能带来数据泄密的风险。因此，外部门工作配合度低，协作工作的开展全靠相关部门领导之间的沟通协调，致使此项工作的效率和质量大打折扣。

（四）风险管理队伍建设存在不足

虽然G县税务局很重视风险管理教育培训和BIEE智能分析工具的培训，也在市局层面"以数治税"考试中取得了不凡的成绩，但是学习内容缺乏系统性，相关人员对企业税收风险管理的学习尚有欠缺，安排的学习仍以新发布的税收政策和智能分析工具操作实务为主。当前，基层风险管理人员素质能力高低不一，业务水平参差不齐，培训学习无法同时满足所有人的需求。由于基层人员往往身兼数职，税收风险管理学习经常采取以干促学的方式，传统的管理观念代代相传，新人很容易被禁锢在传统税收风险管理模式中，没有途径主动探索新方法，难以适应大数据时代对管理人才的需求。

四、完善基层税收风险管理的对策和建议

（一）与时俱进，树立整体风险管理理念

基层税务机关全体干部要通过加强税收风险管理理论学习来树立税收风险管理观念。一方面，通过开展思想政治教育和案例警示教育，培育税务干部的风险管理主体责任意识，强化大局观和创新意识，提升税务干部对税收风险管理工作的重视度和主动创新能力，机关党委可将税收风险管理教育作为活动主题融入党建活动和廉政教育等文化建设中，以多种方式促进税务干部将税收风险管理理念内化于心，树立优秀和先进的观念；另一方面，通过税务局内部培训、典型案例解读、税收风险管理相关业务知识竞赛、部门之间轮岗交流等丰富多样的方式，让全局税务干部都能对风险管理理论的发展历程、概念内容有一定程度的了解，学习税收风险管理工作的相关流程、环节步骤、重点要点，甚至通过开设模拟实践课的方式进行理论的实践运用。风险管理部门要牵头负责税收风险管理理论学习的内容，包括分析新增税收政策可能产生的税收风险点、分享国内外优秀税收风险管理工作经验、汇总梳理上级下发的风险难点作为学习案例等。各业务部门和基层应对分局在处理税收风险疑点时应将风险分类汇总，并定期反馈给风险管理部门作为理论学习的基础内容参考。

（二）突出规范，强化风险应对过程管理

一是着力提升分析识别的精准度，通过强化智能分析工具的深度应用，提高"以数治税"的能力。二是对标风险应对职责清单、工作模板和操作规程，突出对各流转环节的全过程监督。三是加强事中事后管理，按照国家税务总局要求真正将风险管理贯穿于税收管理的全过程。

（三）协作共享，情报驱动提升共治水平

一是提高跨区协作的深度和广度。强化信息系统建设，明确跨区协作事项的内容，逐步建立覆盖纳税人全生命周期和多风险事项的常态化协作平台，提高协作的层次，改变过去以发票核查为主的单一局面，同时加强信息化建设，减少人工上门协作事项，提高工作效率，节约政府行政资源。二是规范部门协作流程，提升协作效能。一方面，在本级政府综合治税领导小组的帮助下，了解各政府部门的职能特点，结合税收风险管理部门需要的关键协作内容，对各部门的协作职责进行详细梳理，并在梳理的基础上，对涉税协作职责进行划分，制定出需要协作的税收风险事项清单，进而向本级政府综合治税领导小组上报明确的协作流程建议。另一方面，基层税务机关要向同级综合治税领导小组积极献言，在梳理各部门涉税协助职责的同时，广泛征求各部门的意见，建议本级政府综合治税领导小组建立常态化协作机制；协助领导小组制定统一详细的涉税部门协作流程，编制操作手册，并为各协作部门提供相关的操作培训；保证各部门协作人员依据统一的行动指南来规范和指导协作任务的办理，解决协作流程不明确导致的过分依赖领导沟通协调、协作事项推进缓慢的问题。

（作者单位：国家税务总局连云港市税务局）

清单式分类分级管理对基层税收征管效率的影响

——基于对基层税收征管模式改革的研究

国家税务总局广州市白云区税务局课题组

一、改革背景

2021年3月，中共中央办公厅、国务院办公厅印发《关于进一步深化税收征管改革的意见》（以下简称《意见》）并向社会公布，这是我国税收发展史上具有里程碑意义的大事。《意见》提出要全面推进税收征管数字化升级和智能化改造、不断完善税务执法制度和机制、大力推行优质高效智能税费服务、精准实施税务监管。面对国家远景目标和税务部门具体任务，广州税务积极谋划、主动作为，在2021年全市税务系统工作会议上提出要锚定"高质量推进新发展阶段广州税收现代化"的目标，突出三个战略定位，构建"1＋3＋12＋N"战略体系，科学规划了广州税务高质量发展蓝图，具有重要指导意义和实践价值。

白云区税务局推行的清单式分类分级管理的改革实践便是基于上述背景，也是基于现实出发的需要。近年来，辖区内纳税人缴费人在管规模不断壮大，组织结构、经营方式日趋复杂，税费管理和服务需求日益增长，管户特点、征管环境也发生了很大的变化，税收管理员制度的征管模式难以适应新的税收征管形势，税收征管模式转型升级成为必由之路。

二、改革前税收征管状况及存在的问题

（一）改革前税收征管总体状况

在推行清单式分类分级管理之前，白云区税务局已有的征管模式已经对传统的粗放型管理模式进行了一定程度的摸索改进，也在实现税源管理的现代化、集约化、规范化上取得了一些成效，但这一模式仍然无法完全摆脱"管户制"，税收管理员"各事统管"的模式没有发生本质变化，提高征管效率仍然面临着多种限制。

随着诸多优化营商环境举措的陆续推出，全国各地的企业数量都大规模增加，原本就是管户大区的白云区更是如此，截至2022年6月底，白云区税务局在管企业数量接近30万户，在广州市各区局中排名第二，辖区内各基层税务所面临不同程度的管户增加压力，人均管户动辄几千户甚至上万户。面对如此大的管户压力，如果还要求税管员熟练掌握企业从登记到注销的整个税收管理链条上的大多数业务，显然不切实际。同时，在这一模式下，大量的催报、催缴、咨询、通知、清理、处罚、注销等占用了税管员日常工作的大部分时间，税管员很难将时间放在更加精细的管理和重点税源的服务上，"管户制"模式越来越难适应当前税源管理的新要求，进一步推动专业化分工迫在眉睫。

（二）传统税收征管模式存在的问题

1. 保姆式管理效率低

在传统的"管户制"模式中，税管员"一人进户，各事统管"，税收征管的各类管理事项办理是否高效，各个流程环节运转是否畅通，在很大程度上取决于税管员提供的服务。此征管方式要求税管员成为整个征管体系的全才，所有的业务都需要掌握，既不切实际，也不利于税收工作朝着专业化分工的方向发展。

2. 实行"点对点"服务

在纳税辅导方面，纳税人、缴费人与税务机关之间主要实行单一的"点对点"模式。但在实际纳税服务中，很难要求每一名税务干部对所有业务事项都做到精通熟知，故税收管理员常常只能引导纳税人向其他部门咨询或是自己向职能部门咨询后进行答复，对服务质效产生了较大影响。如果因为不专业而使答复不准确，还可能引发涉税纠纷。

3. 执法风险和廉政风险大

在"管户制"模式中，征管事务大都由税管员负责。但在日常的征管工作中，由于税管员的能力素养不同，对税法的理解程度存在差异，会出现自由裁量权使用标准不统一、执法程序不严谨等情况，税收执法风险较高。同时，此征管模式下的监督机制不够严密，赋予了税管员对管户的绝对权力，但未能配套完善的执法监管，导致部分税务机关或干部不作为、乱作为、缓作为。

三、白云区税务局清单式分类分级管理实践

（一）清单式分类分级管理的具体措施

按照上级税务机关的指示和部署，白云区税务局经过一系列的调研、筹备、论证、试点和分析，于2021年8月选取第二税务所和江高税务所进行先行先试。自2022年1月起，筹备全面推广清单式分类分级管理；2月，召开改革经验交流培训会；3月，各税源管理所按照重点税源改革样板、近郊所改革样板、远郊所改革样本，结合本所税源特色及所内人员架构，形成可操作性强的改革方案；5月，明确5大类2589项涉税费管理服务事项清单，按照"因事设岗、因岗赋权、因权明责"的原则，完成10个税源管理所360位干部的岗责重构。

综合白云区税务局各税源管理所推进清单式分类分级管理的情况，总结出以下四个主要方面。

一是理清"事"，全面梳理划分业务事项，厘清各组具体职能。各税源管理所结合本所征管人力资源现状，综合考量风险程度、工作量大小等因素，对区局各部门、税费疑点核查系统、"金三"系统、市辅系统等下发的任务进行科学合理分配，科学制定改革方案，整合各组岗责明细、事项清单，形成职责明晰、分工合理的岗责体系。

二是考虑"人"，根据"事"的需要，考虑"人"的特长，合理配置。全面摸查了解人员情况，按照"人岗相适、人尽其才"的原则，选拔能力强、经验多的人才充实到管理一线工作中，做好专业化人才和税源专业化管理的有机结合，使专业人才能力互补，发挥合力。

三是分好"户"，推行分级分类管理。根据税源规模、行业特点等，制定纳税人缴费人分类分级清单，划分为重点企业、典型企业、一般企业、个体户四类，其中典型企业包括化妆品、平台经济、出口退免等7类。按照抓大控中放小的方式，对不同纳税主体采取差异化、分

级分类管理举措,有针对性地开展服务、执法和监管。

四是着眼"顺",畅通税源管理所内衔接沟通渠道。对于日常管理事项,全面应用市局"数据＋规则"任务智能集成管理工作规范,以"智能分配为主、人工分配为辅"的原则实施任务分配;对于发票协查、留抵退税、举报工单和出口企业风险应对等工作则组建专门应对团队,确保事事有人跟、任务无遗漏、管理不脱节;建立所内事项流转机制,推进纳税人多类税费事项的顺畅流转衔接和精准台账录入。

(二) 推行清单式分类分级管理取得的成效

1. 人力资源配置进一步优化

改革后,实现了固定管户向清单式分类分级管理转变。按照税务人员的业务水平、沟通协调能力等的不同,进行了合理分组、分工,通过轮流派工、专人专岗等逐步形成了"流水线"式、链条式的"管理＋服务"模式,有力地解决了人员忙闲不均、工作分配不合理等问题,最大限度实现了人力资源优化。

2. 基层工作质效进一步提升

改革后,按照专业化管理的思路,实施税源和事项的分级分类集中管理,规模效应逐渐显现。通过精简税务干部的工作职责,保障涉税催办、调查巡查、户籍联络、数据质量等基础性工作,缓解以往"各事统管"的诸多矛盾,工作质效普遍得到明显提高。

3. 优化了纳税人办税服务体验

改革后,税源管理所的基础管理组主要负责纳税服务和纳税人依申请事项办理,按照分类分级管理原则实行"集约管理＋专人服务"与团队化服务两种模式,建立"对外咨询电话＋税企沟通群＋线下走访问需"立体式服务机制,打造税企沟通"最短回路",实现了服务更加精细的改革目标。

4. 廉政风险进一步降低

改革打破了税务人员与企业的对应关系,任务实施均采取团队化、专业化方式进行,有力避免了税务人员权力过于集中的问题,有效降低了廉政风险和减轻了舆情压力。

(三) 当前存在的问题及建议

1. 固有观念未转变

不少纳税人目前仍持有"有事找管理员"的固有观念,仍习惯只向专属联络员进行税务咨询。这导致基础管理组日常电话咨询量大,专属联络员难以应对海量咨询。建议加强人工座席人员培训力度,提升系统智能水平,提升"12366"纳服人员业务能力,完善电子税务局相关提示性、引导性功能,形成标准化解答模式,非个体特殊性问题即时解决,严格落实首问责任制,提升解答问题的技能,尽量避免将企业咨询后移至专属联络员层面,扭转纳税人"有事找管理员"的固有观念。

2. 税企沟通衔接需顺畅

税务机关依职权联系辅导纳税人办理事项,如纳税人想咨询具体事项办理进度、还需补充的资料等,可能会出现联系不上负责跟进办理的税务人员的情况。建议:一是完善内部查询功能,可在广州市大数据应用平台的任务智能分配模块完善"查询"功能,输入具体纳税人识别号后可查询近期已经办结及正在办理的事项,同时附有具体负责办理这些事项的税务人员的联系方式;二是完善外部查询功能,完善电子税务局及粤税通小程序的相关功能,方便纳税人在网页端及移动端都能准确查询到税务机关依职权办理的事项的进度、负责跟进的税务人员及其联系方式,确保税企沟通无阻碍。

四、对进一步深化税收征管改革的思考

通过白云区税务局转变税费征管方式的实践,我们意识到实现税收工作专业化分工、提高税收征管效率是一项艰巨且长远的工作,在这一过程中,我们还将面临很多挑战。在持续推进税收征管改革的同时,也要做好顶层设计,注意各项工作的协调配合,这样才能妥善把握和解决遇到的各种矛盾和问题,推动传统管理方式向税收征管现代化转变。

(一)扎实推进数字化智慧监管

充分利用大数据、人工智能、5G、物联网、区块链等新一代信息技术,强化对征管对象的数字化动态监测,深入挖掘分析征管数据,实现对纳税人的定期体检和精准画像,推进精确执法和动态监管,提高风险感知和防范能力,做到早发现、早介入、早处理。

(二)持续优化纳税服务

深入落实税务领域"放管服"改革,以更大力度推广"非接触式"办税渠道,建强智慧税务系统,强化网上系统、公众号等的宣传推送,让更多事项实现"指尖办""一网通办"。优化现有服务流程和模式,为不同类别的企业和纳税人提供更多差异化服务,实现精准滴灌、深度服务,为深入培植税源、保持税收稳定增长提供有力支撑。

(三)实施"互联网+"行动计划

加快新技术应用,打造更加高效、便捷的"电子税务局",推动"互联网+政务服务"工作在税务系统深入开展。完善电子签章、电子影像等系统功能,推广"无纸化""涉税(费)事项全流程网上办理"业务事项。建设"智能咨询平台",努力实现"自助服务、智能问答、释放人工"的系统建设目标。进一步丰富和完善网上办税服务厅的各项功能,实现线上线下管理服务的有效融合。

课题组成员:陈家裕

构建智慧税务监管面临的挑战与对策

吴 昊 徐亚军

深化征管改革对智慧税务监管提出了更高、更严的要求,要求构建顶层设计横向到边、纵向到底的体系,从科学、精细、规范方面,不断强化税收风险防范,堵塞征管漏洞,促进税收遵从。在税收征管改革深入推进中,税收风险实现了较大程度的降低,但是目前还存在一些显性、隐性的风险因素。这些因素的叠加势必影响智慧税务监管推进的进程。现结合税收征管实践,探索基于税收风险防范不断完善智慧税务监管的路径。

一、构建智慧税务监管面临的不利因素

(一)税收监管难以完全与改革要求相适应

深化征管改革的初衷是合理设置机构、优化职能配置、提高运行效率,目标是构建系统完备、科学规范、运行高效的税务管理机构职能体系,为推进智慧税务监管、全面提升税收征管质效提供重要的制度保障。但是,受原有税收风险因素还未完全管控,又出现了新的税收风险,以及合并后原有国地税干部不了解对方的税收业务知识等因素叠加影响,智慧税务监管未能有效地实施。

1. 征管改革前税收风险难点还未完全管控

增值税作为税务机关主体税种,在税收收入中所占比例较高。从国家税务总局公布的相关数据来看,涉案金额、税额都呈现出较为明显的上升趋势,且风险情形更加复杂。从增值税发票虚开、骗税的风险特点看,作案手法日趋多样化、智能化,查处难度大;一些走逃企业的存在使办案人员无账可查;款项使用现金入账,使得"资金链"断裂;资金回流现象不明显,增加了通过追查资金证实虚开行为的难度。

2. 征管改革后出现新的税收风险

税务机关对所有税种统一征管,但由于商业零售业、建筑房地产业等行业原有的生产经营特征,服务对象索要发票的占比较低,对主体税种不能完全通过"以票控税"手段进行实时控管,从而影响了对附征个人所得税、城建税等税种基础信息的掌控,容易形成税收监管盲区,难以完全发挥"以票控税"的优势。加大直接税的征收,必将加大对个人所得税等税种的征管。这些税种涉及个人、家庭切身利益,会增加涉税的风险。对于房地产税征收,无论是按面积还是按套数征收,都较难反映住房市场价值,纳税人容易产生不平衡心理。这也是征管面临的风险。

3. 征管资源短缺与税收风险管理需求存在矛盾

征管改革后,要求对所有税种进行征管,纳税人户数持续增加、经营规模不断扩大,组织形式日渐增多,经营业务不断创新;特别是自然人个人所得税征管量将大幅增加。征管体制改

革后，税收执法专业性强、标准高、要求严，基层税务干部中会计类专业人员欠缺，占比较低。基层税务机关缺乏风险应对专业人员，现在要面对所有税种风险应对，对于每名税务干部来说监管范围扩大，受管控时空限制，难以管控纳税人的涉税风险会不同程度地加大。目前，干部队伍结构层次不均衡，老龄化严重，年轻人少，在数量、质量上都与智慧税务监管需求相差较大。

（二）智慧税务监管能力难以有效发挥

1. 数据采集渠道不宽，质量层次与有效监管存在差距

税务机关获取纳税人信息主要有两个渠道：第一个渠道是纳税人主动提供的信息。此类信息是税收征管的前提和基础，但受"五证合一、一证一码"改革实施的影响，税务机关获取纳税人经营范围、分布及行业状况、税源等基本信息主要依靠市场监督部门传递，以及纳税人申报纳税时提供的财务报表、资料等。由于无法实时全面掌握这些信息和缺乏佐证，质量层次难以满足有效监管需求。第二个渠道是政府综合治税部门传递的信息，如市场监督、住建等部门传递的注册资本、房产面积等信息。此类信息往往没有按照金税三期系统统一规范的信息模板采集、传递，主要靠人工传递，不能直接流入金税三期系统加以应用，需加工提炼才可利用，而且实际推进的进度不快，采集的信息不全，可用数据不多，未完全发挥实际效用。

2. 第三方合作机制尚未完全构建，制约了税收监管

在当前大数据背景下，为税务机关实时获取纳税人水、电、原材料耗用等第三方信息提供了可能，尽管征管法中规定了第三方信息报告制度，但是缺乏实际操作性，而且缺失相应的责任追究条款，使第三方信息尚未形成畅通的获取渠道。对于纳税人生产经营、发展规模的资金信息，一方面因银行没有明确的法律授权，另一方面目前对个人隐私的保密管理体制仍不完善，直接导致虽然银行与税务机关既是被管理对象，又是合作对象，但从银行未能完全获取所需的数据。因此，不能完全、准确、及时掌握纳税人的涉税信息，造成征纳双方信息不对称，直接影响税源监管能力。

3. 数据集成未能与系统高度契合，分析监管能力有待提升

金税三期系统是目前税务机关最重要的日常征管系统，具有征管操作和统计查询等功能，但未完全利用大数据对内外部、第三方信息的集成功能，使当前从各种渠道获取的信息数据分散于不同环节、系统之中，数据无法兼容，加之软、硬件平台多样化，缺乏统一的税收数据仓库，信息资源缺乏系统整合，未能自动利用信息数据叠加、筛选功能定位分析纳税人。在基层征管评估中，仅注重对纳税人申报入库税款、发票开具等信息数据进行分析比对，而对经营状况、银行存款、社会信用、水电气消耗、应征与实际入库税款之间、各税种联动的钩稽、关联等内在关系关注度不够，分析结果容易出现偏差，导致纳税人风险定位和后续监管难以动态跟踪，使纳税人游离于监控之外，信息数据未能发挥应有的效用。

（三）税收监管模式未能完全有效转变

放管服改革后，先后取消和下放了一大批税务行政审批事项，对传统的"以票管税"征管方式产生了较大影响；事前审批改事后备案，方便纳税人办理涉税业务，但因纳税人涉税风险难以在其业务发生后直接获取，相应增加了风险。

1. 放管服改革后审核环节变化，容易引发新的涉税风险

放管服改革极大地便利了纳税人办税，但纳税人在短时间内不能准确判断自身的涉税风险。对于优惠政策、发票领用等涉税事项，简化审批、审核手续后，税务机关不再前置环节审核，由纳税人自主审核和判断能否适用、符合并办理；而对于享受税收优惠而不符合税收优惠政策条件；迟申报、少申报应税收入；未按规定开具发票、设置会计账簿的涉税风险，难以从企业申报数据中直接获取数据，即常见的涉税风险点无法用风险指标扫描后直接获得。

2. 风险监管模式相对单一，直接影响监管范围

目前，风险预警指标主要通过对企业报送的税务登记信息、财务报表信息、增值税和企业所得税的备案与申报表信息、发票领购信息等进行扫描，提取风险指标数据，进行比对。对风险扫描后超过预警值的企业，统一下发风险任务。税务机关按照辖区行业特点，再设置地区特色的风险指标进行监管。风险监管模式以风险预警指标监管为主，方式单一，监管范围不够宽。

3. 风险应对靶向相对不强，应对质效提升不快

风险预警指标为指标超过预警值的下达风险任务，统一的关联性分析及分值体系不强，容易造成风险指标命中率不高、基层风险应对资源不能完全有效利用。在风险监管指标中，对于税负率指标、进项税额变动率大于销项税额变动率等指标风险等级高，可以单一指标推送、应对。对于应收账款变动率、预付账款变动率等指标风险等级低，企业出现问题的概率小；如果单一下发，需要开展案头分析、税务约谈甚至实地核查，较多的应对结果是风险指标疑点解除但发现问题会不多，影响风险应对资源有效调配。

4. 精准性信息数据不足，风险预警指标监控受限

税务机关获取的涉税信息大多源于企业报送的各类报表信息，只有一小部分源于第三方信息。风险预警指标需要的信息是全方位的，但这些精准信息数据难以从企业报送的数据中获取。这些数据不足使得风险指标无法应对，容易造成风险监管盲区。

二、完善智慧税务监管的对策

在征管改革深入推进中，税收风险新旧因素叠加给税务机关带来了新的挑战，必须按照中共中央办公厅、国务院办公厅《关于进一步深化税收征管改革的意见》要求，着力构建适应税收征管模式的税收监管体系。

（一）突出精准风险导向，创新税务监管模式

1. 厘清征纳权责，加强事前筛选定位

放管服改革后，要梳理税务机关职责，形成分类分级配置表。梳理省局→市局→县局→税务分局（所）风险监控职责，压缩税务分局（所）除风险监控之外的其他事项；进一步向纳税人放权，为智慧税务监管打基础。依托金税三期系统，模拟纳税人生产经营的各个环节，利用大数据分析纳税人可能存在的风险点，并进行验证、排除；构建"品质""能力""条件"三位一体的"3C"纳税人风险预估模型。"品质"（character），即以往纳税人申报缴纳税款的信誉，是否存在缴纳滞纳金、被处以罚款等情形；"能力"（capacity），即纳税人是否有足够的流动资金申报纳税、缴纳税款；"条件"（condition），即影响纳税人真实、主动申报纳税的主客观条件。借鉴财务审计重要性原则，建立财务报表与税收风险点比对表，依据对纳税人缴纳税款、应收账款变动率、预付账款变动率、其他应付款等指标，进行交叉互动式模型分析，分析纳税人显性的、潜在的风险点，按纳税人规模、行业分别设置与税收风险相适应的风险分值。通过

提前分析、筛选识别和定位税收风险,为有效实施监控提供指引,提高税务机关监控能力。

2. 突出风险管理导向,强化事中事后动态监管

在筛选定位纳税人风险点的基础上,针对不同级别的风险,结合企业性质、行业类型等因素,根据大数据动态传输的信息数据,对纳税人风险点进行动态修正、描述,准确、全面地扫描其涉税风险轨迹,对各项风险指标进行重新组合,形成动态化风险管理模型,实现常态化、动态化监控,并根据提示的风险疑点,实时用微信、QQ对纳税人进行动态辅导,要求其修正申报。对于超过规定期限未修正的纳税人,由基层风险管理部门进行应对。加强事后及时风险推送、应对,因事前风险点还未形成、事中风险点还未完全形成,防止无法识别、控制或者其他因素造成的干扰;事后需及时根据事前、事中分析结果,在完善、细化风险指标分值体系基础上,提高风险指标命中率,对高、中、低风险指标设置不同分值,当同一纳税人风险监控指标值超过一定分值,且事前、事中均有潜在风险,应作为风险任务下发,提高风险指标命中率,将有限的应对资源运用到风险监控中,集中优势资源精准打击高风险区域。

3. 强化反馈分析,注重持续循环监控

要建立上下结合持续循环监控制度,按照分工负责、多次分析、人机结合的原则,明确分析的职责和工作内容,合理设置岗位,深入开展多层次、多岗位的风险监控分析。要自上而下,通过电子档案及风险评估系统,依靠大数据技术发现和发布风险信息和应对任务。同时,要突出基层一线持续监控分析作用,充分运用征管信息、生产经营信息,根据纳税人涉税风险发生的次数、累计涉及风险大小、涉及税款占比等特征,强化对不同规模、不同性质、不同行业纳税人风险点的反馈分析,判定纳税人风险点的具体位置和应对工作的重点、方法,确定更加具体的监管环节和重点。

(二)注重执法流程构建,强化分类精细监管

1. 深化征管改革,重构执法业务流程

在征管改革背景下,征管急需精细、科学管理,要按照"制度+科技"思路完善征管机制,将大数据技术运用到税收风险防范中,建设执法"痕迹工程",秉持"互联网+"涉税信息准确化向执法精准化转变的理念,重构一个节点具体、环节紧扣、边界清楚、职责明晰、运转顺畅的业务流程及岗责体系。以外部涉税信息实时传递为业务流程源头,打破税务机关内部及层次间在执法中流程壁垒,对跨部门、跨层次、跨岗位的业务进行具体归类分配推送,实现流程一体化、操作数字化、执法精准化,用大征管主导涉税信息的大规范,执法业务大统一、执法质效大提升,切实提高监管质量。

2. 合理配置资源,强化精细分类管控

调整完善征管改革后与征管职责相匹配、与提高税收治理能力相适应的人力资源配置,实现执法力量向基层一线倾斜。加强新业态征管,对其商业实质、运行模式、盈利方式、运作流程等环节风险点进行还原,建立行业执法规范。构建和完善个人所得税等税种、金融、保险等高收入行业风险管理指南,推行所有税种、全过程的风险监控管理,按照专业化职能、岗位设置,采取涉税信息外分、重大涉税事项内分方式,利用团队力量对不同规模、不同复杂程度税源、行业实行分类管理,实现动态管控税源。建立专业分工明确、部门联动、层级互动的税收执法机制,构建统一分析、分类应对的监管体系,形成"信息集约分析→个案风险评估(风险自查提醒)→约谈举证→实地核查→专项检查"的税收执法链条和执法节点、环节相互联系且

相互制约的资源集约型团队精管税源机制。探索改变风险应对工作定位，可定位于服务与提醒。

3. 转变税源征管方式，合力强化监管

随着征管改革的深入推进，基于目前各区域经济发展水平现状，制定相关税收监管考核机制，实行专门跟踪管理，挖掘潜在税源。顺应直接税比重逐步提高、自然人纳税人数量多、管理难的趋势，集中开展对收入、行业等纳税人的税收风险分析，将分析结果推送应对，不断提高自然人税收征管水平。充分利用征管信息全面、协税护税网络健全的优势，加强行业监控管理，强化对附加税的监督，减少纳税人偷漏税现象。同时，对新增税源进行规范化管理，加大陈欠清缴力度；完善代征机制，多方借力促征管。要充分发挥现有执法资源的潜能，实现资源整合，建立有效的、长久的监管机制。

（三）构建引导遵从机制，强化服务与监管一体化

1. 以"互联网＋"为基础，顶层设计服务平台

以税务网站为主体，不断完善电子税务局，实现网上登记、网上申报、网上缴税、网上咨询、网上审批等功能；要对从事电子商务等新业态的纳税人做好全面登记；要严格审核其填报的资料，建立详细的户籍管理档案，发放专门的税务登记号。同时，规定其税务登记号码必须展示在其网站上，稽查人员通过税务登记号查询其网站，确认其实际经营信息是否与申报信息一致，以便及时实行监控。按照标准统一、功能整合、运转协调的要求，建立集中统一管理、各级办税服务终端标准化运作的网络纳税服务管理体制，真正实现纳税人随时随地网上纳税；打开手机 APP，精准接收个性化涉税信息提醒和最新政策；纳税人资料网上自动流转，各环节共享，快速回应纳税人差异性需求。

2. 加强纳税信用管理，注重诚信纳税

建立全国联网的纳税人信用体系，引入全国个人财产信息征信内容，纳入统一的信用信息共享交换平台，依法向社会公开，充分发挥纳税信用在税收征管中的基础性作用。推行办税实名制，建立全面覆盖纳税人法人代表、财务负责人、股东、办税员等内容的办税数据库，精准记录、动态反映其涉税轨迹，推行登记、办税、监督全流程管理，纳入个人诚信体系，为纳税人画像，甄别服务对象，准确定位服务需求，强化信用结果应用，帮助纳税人增强风险意识、降低涉税风险，提高其纳税遵从度，实现征纳双赢。完善信用体系管理，加大对不规范税收筹划、恶意节税、恶意欠税、多次违法、重大违法等信用等级低的纳税人的跨部门跨地区信用惩戒联动机制，对新业态纳税人进行发票真实性、逃税等涉税情况的实时在线核查、在线监管。

3. 着力服务引导，提高税收遵从度

根据纳税服务、税务监管情况，不断完善纳税服务引导机制，做到全方位、多层次引导。开发应用纳税人自检风险系统，采取无记名自助体检方式，为不同纳税人提供风险测试服务，给予纳税人消除涉税风险的意见和建议，使纳税人提高对涉税风险的免疫力。要注重纳税人涉税需求调研，健全基于纳税人需求的分类知识库，强化最新出台的税收法规政策宣传，增强纳税人的主动纳税意识，提高税收遵从度。

（作者单位：国家税务总局淮安市淮安区税务局）

协同共治背景下个人出租屋税费征管问题及对策

国家税务总局广州市海珠区税务局课题组

个人出租屋税费征管作为自然人税费管理体系的重要组成部分，由于收入隐蔽、分散以及纳税意识不足等因素，往往成为税收征管薄弱环节。笔者基于《关于进一步深化税收征管改革的意见》（以下简称《意见》）提出的精诚共治目标，围绕通过协同共治提高个人出租屋税费征管质效展开探讨。

一、背景

2021年，中共中央、国务院提出了持续深化拓展税收精诚共治格局以及实现国家治理体系和治理能力现代化的要求。《中华人民共和国税收征收管理法实施细则》和《委托代征管理办法》提出并阐述了委托代征的概念，为推进税收共治提供了政策依据和落实途径，也为结合税收共治和提高基层治理能力要求下便捷征收个人出租屋税费提供了重要选择。

随着流动人口和租赁市场规模的扩大，出租屋经济规模长期扩张，税费征管压力和服务需求不断加重。同时，纳税人法治意识、公民意识不断增强，提出了职能整合、资料简化、用时缩短等要求，信息技术的利用也为丰富税收征管手段、推动高效实现协同共治提供了可能。

二、现有的个人出租屋税费征管模式

广东省现有的个人出租屋税费征管模式大致可分为三种：

一是税务机关自行征收。惠州（除惠东县）等地税务机关采取自行征收方式，由个人到办税服务厅或在线上直接向税务机关申报缴纳出租屋税费、申请代开发票。该方式便于税务机关掌握信息、统计分析，人员管理难度和廉政风险较小，但因征管力量有限，无法掌握地区实际租赁情况，依靠自主申报，可征收的税费有限，且难以开展纳税提醒等。

二是委托基层治理部门代征。广州、中山等地税务机关通过签订委托代征协议，委托街镇出租屋管理部门代征辖区内个人出租屋税费。税务部门建立特定系统，供街镇出租屋管理部门在街镇办事窗口开展代征业务，完成信息录入、税款计算、征收入库、代开发票等操作。该模式缩短了"最后一公里"，提高了纳税便利度和主动性，发挥了基层管理部门的信息优势，但税务机关对街镇工作人员无直接管理权，容易引起廉政、人员管理等风险，街镇工作人员缺乏执法权，强制力不足，个人如同时在多个街镇存在出租房屋行为，需分别向不同街镇管理部门申报。该模式还容易引发街镇间财政矛盾。

三是其他个人出租屋税费征管模式。东莞、汕头等地以经济往来关系为基础，委托企业代征个人出租方收取的租金、水电费等费用涉及的税费并代开发票。该模式具有经济便利性和合理性的特点，但企业容易出现政策把握不当的问题，如果当地存在其他代征模式，还容易产生适用性冲突。

三、个人出租屋税费征管面临的问题

(一) 内部问题

1. 政策依据缺失

个人出租屋税收共治的主要法律依据《中华人民共和国税收征收管理法》和《委托代征管理办法》分别于2015年和2013年施行，已无法完全满足社会经济发展瞬息万变的征管需要。目前，自然人税收管理体系仍在逐步完善中，数据调取政策未齐备，加大了自然人税收违法行为查处难度。

2. 征管力量缺乏

以广州市海珠区为例，2021年海珠区常住人口约为182万人，较2010年增长16.70%，税务部门工作范围广、任务重，征管力量严重不足。

3. 数据及系统支撑不足

目前，税务机关与外部门的数据联通主要通过定期交换方式，进行人工加工、风险识别、分拣下发，最终由基层税务部门应对。部门间未实现口径一致、格式统一、数据同步、智能分拣，严重影响效率，不利于及早发现疑点问题、违法线索以及职能发挥。

(二) 外部问题

1. 税收遵从度不高

在纳税人方面，受文化水平、经济发展、历史习惯、法律意识等因素影响，税收知识的社会认知度低，人们的纳税意识淡薄，且公众对税务监管的抵触情绪较大，存在监管焦虑，担心个人隐私曝光，加之税收遵从的时间、货币成本，导致纳税遵从度不高。在政府部门方面，税种繁多、税制复杂、政策解释不统一等问题对税收遵从产生了负面影响。

2. 租赁市场发展加大征管压力

2022年的《国务院政府工作报告》提出继续保障好群众住房需求，"加快发展长租房市场"。以海珠区为例，2021年9月，广州市住宅租金动态监测报告显示，海珠区租赁成交量环比增长2.37%。在政策和市场需求的共同推动下，租赁市场不断扩大，和可投入的征管力量不成正比，必然带来更大的压力和挑战，故需探索更高效的个人出租屋税费征管和服务方式。

3. 涉及管理部门多且业务繁杂

出租屋涉及部门繁多、业务臃杂，长期受公众诟病。以广州为例，若某个人承租住房居住并经营，则双方需要办理居住登记、租赁备案、税费申报缴纳、市场主体登记，向公安、税务、市监、政法委等多个部门提交资料。这些手续虽均在街道保障中心办理，但因分属不同部门、系统独立，需在不同窗口重复提交资料，增加了资源浪费。形式审查虽能提高办理效率，但缺乏辅助支持，存在真实性风险和管理压力，特别是转租或无法提供产权文件时。市监、税务部门长期应对虚假地址等疑点，耗费大量资源但收效甚微。通过协同共治构建智能共享数据库，既可压减资料、优化流程，提高满意度，也可形成风险地址库，并调取房管部门登记信息，读取前置环节数据，自动判定数据的合理性、逻辑性、真实性，将虚假登记等风险的事后追查转变为事前威慑、事中警示，缩窄犯罪空间。

四、优化建议

(一) 推进个人出租屋税费征管数字化及智能化升级

结合《意见》中"加快推进智慧税务建设"工作目标,和财行税"建立自然人'人—房—车'数据库"的"一人式"服务要求,加快推进个人出租屋税费智慧征管建设。

加快推进个人出租屋税收业务智慧化建设。运用现代信息技术,着力推进购房、居住、营业等数据有机贯通,推进个人出租屋数据自动分析管理,驱动执法、服务、监管制度创新变革,优化资源配置。

实施个人出租屋业务发票电子化改革。实现出租双方发票从税务数字账户到税务数字账户的交付,确保交易凭证长期保存,推动绿色税务发展,降低纸质发票印刷和管理成本,压缩发票违法空间。

深化个人出租屋税收数据共享应用。探索房地产交易和不动产登记、外来人员管理和居住信息、市场监管和工商登记等在税收领域的应用,并持续拓展税收信息反向使用。加快建成数据常态化、制度化共享协调机制,保障必要信息获取,推进信息系统互联互通,不断强化相关信息在个人出租屋领域税源登记、申报征收、风险管理等层面的应用。

(二) 不断完善个人出租屋税务执法制度

不断提升个人出租屋税务执法精确度。创新执法方式,多部门联合,有效运用提醒、说服、警示等非强制性执法方式,提升执法力度和温度,支持租赁业健康发展,形成依法纳税健康氛围。

加强个人出租屋行政执法工作协同。推动执法结果互通、执法信息互认,支持将外部门执法数据作为税务执法证据,简化违法信息取证程序,创新催报催缴送达方式,协同完成个人出租屋税收执法。

强化个人出租屋税收业务控制和监督。构建要求明确、规范明确、责任明确的风险监督体系,结合现金税费核查工作经验做法,强化个人出租屋税收业务的内外部风险控制,不断完善常态化、精准化、机制化监督。

(三) 大力推行优质高效智能个人出租屋税费服务

确保个人出租屋优惠政策直达快享。建立"社区精准投送、部门携手推广、媒体广泛覆盖"的点、线、面三维全面宣传模式,增强宣传的及时性、全面性。精简优惠政策办理流程和手续,实现智能判别、便利操作、快速享受。

改进办税方式,减轻办税负担。智能采集数据,注重数据共享,着力减少重复报送。参照《意见》提出的"信息系统自动提取数据、自动计算税额、自动预填申报,纳税人确认或补正后即可线上提交"要求,拓宽个人出租屋税费"非接触式""不见面"服务,实现掌上办理、便捷办理。

积极满足业务特殊性需求。针对税后交易频繁、转租业务常见、代开发票需求大等特点,探索创新办税方式。建立承租方申请办税流程和业务模块,运用大数据智能分析业务合理性,避免重复缴税,更好地满足业务需求。

(四) 精准实施个人出租屋税务监管

健全个人税务监管机制。完善自然人税费监管服务体系,加大个人出租屋税收违法行为防控检查力度，利用大数据及共享信息防范识别隐瞒交易、"阴阳合同"等逃避税行为，健全守信激励和失信惩戒制度，填补自然人征管漏洞。

依法严厉打击个人出租屋涉税违法犯罪行为。发挥税收大数据和共享信息作用，健全个人出租屋涉税违法行为查处体系，建立风险疑点库，提高对提供虚假材料、逃避申报、欠缴税款、虚开发票等违法行为的惩处力度，保障税收安全。对重大个人出租屋涉税违法犯罪案件，依法从严查处曝光并纳入个人信用记录，共享至全国信用信息平台，发挥警示教育作用。

（五）持续深化拓宽个人出租屋税收共治格局

加强部门协作。加快推进租赁管理信息化和政府信息系统衔接，加快租赁材料无纸化报送、传递、归档、存储，实现"一次报送，智能互通，全程办理"，解决资料重复报送问题。加强情报交换、信息通报和执法联动，推进跨部门协同监管。

加强社会协同。大力开展普及宣传，深化税收法制教育，营造诚信纳税的浓厚氛围。积极发挥中介组织作用，倡议中介组织协同开展出租屋管理，提供相关信息，丰富个人出租屋税收管理数据来源，完善税收大数据内容。

强化司法保障。拓宽公安派驻税务联络机制内涵，将个人出租屋税务违法案件查处纳入联合办案范围，畅通行政执法与刑事执法衔接机制，强化个人出租屋涉税犯罪案件查办工作力量。完善涉税司法解释，细化立案标准和移送规范，明晰司法裁判标准。

（六）强化税务组织保障抓好贯彻实施

加强组织领导和效果跟踪。切实履行职责，密切协调配合，确保个人出租屋管理总体效能提升。适当开展监督检查和评估总结，减轻基层负担，提高社会获得感和认同感，促进协同执法持续优化、协作管理效能持续提升。

优化征管职责和力量。明确基层税务机关在个人出租屋工作上的日常服务、涉税涉费事项办理和风险应对等职责，优化业务流程，科学界定岗位职责。合理投入稽查力量打击个人出租屋涉税违法犯罪行为，加大查处力度。开展专项培训，加大骨干人才培养力度，提高征管和服务队伍素质。

加强宣传引导。认真做好宣传工作，准确解读和规范落实政策措施，引导社会正确理解工作目标和意义，及时回应社会关切和预期，营造良好舆论氛围。

大企业税收治理服务改革研究

汤景流

大企业税收管理是我国税收管理的重中之重。与大多数国家类似,我国企业的税收集中度较高,数量相对较少的大企业贡献了数量相对较多的税收。大企业税收服务与管理改革的成功,将实质性地增加税收,显著地改善依法治税状况。与此同时,大企业税收服务与管理改革作为我国税收管理现代化的一个主要驱动因素,将转变传统税收征管理念,推动税收征管体制改革,全面促进财税体制改革,提高我国税收治理能力现代化水平。作为深化征管体制改革的"重头戏",大企业税收服务与管理改革将如何有效推动税收征管体制改革,提高我国税收治理能力现代化水平,需要我们深入思考。

一、大企业现状

大企业是国民经济的重要主体,有效的税收征管是税收收入稳定实现、税式支出落地到位的手段。就征管效率而言,放眼全球,近20年来许多国家和地区税务部门的组织机构改革,都陆续将早期"税种征管模式"转化为"职能征管模式"与"纳税人分类征管模式"相结合的混合模式,美国、澳大利亚等少数发达国家则较为彻底地实行"纳税人分类征管模式"。从我国的经济发展阶段、税种构成、税源结构来看,对纳税人实行分类分级管理是大势所趋。目前,我国通过税式支出形式为均衡区域发展、产业结构调整、价值链攀升、"走出去"战略等进行宏观调控,大企业是主要对象。这些调控政策执行到位,要通过税务机关的细致管理与精准服务来实现。

二、当前大企业税收治理服务存在的主要问题

(一)大企业税收法治环境不配套

现行《中华人民共和国税收征收管理法税收征管法》与当前的税收征管形势、征管工作脱节,难以满足大企业税收管理的需要。当前,省市局均设有大企业税收服务管理局,县区局也有专门分局对接大企业税收服务管理局,但尚未获得与其职能相适应的执法授权,管理模式、工作流程、涉税信息采集和共享等缺乏必要的法律支持。当前,大量涉税文件以规范性文件方式印发,变动频繁,需要进行权威解读,大企业的涉税争议尚无快速、有效的沟通处理机制,而常规救济途径周期长,不但影响了大企业的资金占用规划,也加大了大企业的风险成本,"放管服"改革后,能够帮助大企业在事前提高政策确定性的法定手段仍然较少。在税收治理中,税务机关的执法权力与纳税人的合法权益平衡保障机制不足,没有形成推动征管体制和流程在法治轨道上持续优化和完善的工作机制,更多的是依靠行政思维和行政手段研究、解决问题,服务大多浮于表面,法治环境不配套,较难实现深层次、有针对性的服务。

（二）大企业税收管理体制欠清晰

一是当前大企业税收服务管理部门在现行税务体制中的定位尚不清晰，不同层级之间、大企业税收部门与其他职能部门之间缺乏统一的管理理念指导下的有序分工协作，容易被大企业诟病。二是大企业局与属地管理分局没有直接的管理关系，在一定程度上影响了执行刚性。三是大企业局与大数据风险分析部门、稽查部门的分工合作不清晰，稽查部门与大企业税收服务与管理部门联动查办违法大企业的案例较少，震慑作用未能充分发挥。

（三）大企业税收征管能力较薄弱

大企业具有跨国、跨界经营的特点，财务核算复杂，信息化水平较高。与大企业的财务管理水平相比，税务部门大企业征管力量明显薄弱，专业力量配备不足且分布不合理，信息管税基础尚待夯实，各单行系统信息共享、第三方涉税信息渠道拓展、跨国涉税信息及时交换、大企业财务报表量化分析等方面障碍较多，影响了税收风险监控平台识别风险的精准度。此外，税务信用的奖惩激励作用也未充分发挥。大部分大企业自我税收风险评估认为企业没有风险，极少数企业认为存在风险，说明大企业的税收风险管理水平存在差异。

（四）大企业税收服务质量有待提升

当前，税务部门尚未建立可供税企各层级不见面联系的信息化平台，税收日常管理没有充分考虑大企业的财务管理体制特点，政策服务的及时性和权威性不够，影响了大企业的获得感和满意度。目前，大企业税收服务现状与大企业纳税人的个性化需求尚存差距。

三、完善大企业税收治理服务改革对策建议

（一）建立与新时代经济特征相适应的管理模式

一是要确立分级分类、平行治理、遵从合作等管理思想，赋予大企业税收服务与管理部门相应的执法资格和执法权力，使其有充足的政策性工具，实现对大企业的遵从引导和监管。二是要优化法律救济，实现涉税信息共享与交换立法，明确第三方涉税中介的法律地位和权力。三是要大力推进政策透明、信息透明、执法透明，提升大企业对税收风险的评估和防控能力，使税收政策的宏观调控作用得到更有效的发挥。四是要建立税务系统不同层级、不同单位、不同职能部门的联动协作关系，使大企业税收服务与管理精准制导，正确释放税务部门的管理意图，引导大企业与税务部门相向而行，有效控制风险。

（二）加强外部合作，强化税收共治

税务部门要充分借助涉税中介的专业化优势，通过购买服务，为大企业提供持续更新的国别（地区）投资税收指南、"一带一路"税收信息、分行业的税收风险指引等有关资料，探索与具有一定资质的涉税中介合作共建税收风险分析平台、联合开展政策调研、授权开展特殊事项审查等领域，提升大企业税收管理和服务的专业化水平。

强化税收共治，加强与财政部门、金融机构、商务部门、政务中心等单位的信息交换，提升信息管税能力。税务部门要适应经济发展新趋势，构建与"引进来""走出去"的大企业管理理念和管理体制高度接轨的大企业税收管理机制，支持不同行业、不同属性、不同国别的大企业合规经营，为"引进来"企业更好地适应国内的税收环境、"走出去"企业更好地防范税收风险提供专业化、个性化服务。

(三)提高税收风险防控水平

以风险防控为目的,不断提高税收风险分析应对质效。一是建立上下联动机制和分析应对团队,组建专门风险分析应对团队,开展风险应对工作,共同完成工作任务。二是人机结合识别风险,闭环管理提高质效。充分利用企业申报、财务书库,采取人机结合方法,开展税收风险分析应对。三是加强督导确保进度,注重风险成果运用。从任务多少、时间缓急、工作难度等角度统筹排定计划表,跟踪督导任务完成进度。

(四)提升大企业税收个性化服务水平

通过开展"实地大走访、政策大梳理、业务大辅导、需求大征集、税企大交流"等活动,提升大企业纳税服务水平。一是建立税企联络制度,丰富税企沟通方式,组建网上纳税服务团队,加强税企信息交流。二是落实减税降费政策,"送政入企"贴心服务,为大企业进行税收政策个性化解读,精细化打造大企业减税降费"铁账本"。对于有大额增值税留抵退税风险的大企业,优先办结其应对任务,并对其申请增值税留抵退税进行跟踪服务。三是开展风险内控调查,通过问卷调查、分层约谈和穿行测试等方式,全方位调查企业税务风险内控状况。

(作者单位:国家税务总局连云港市税务局)

大数据时代基层税务机关税收征管问题思考与研究

王晓刚

一、引言

党的十八大以来，习近平总书记对税收工作作出一系列重要部署，为高质量推进新时代税收现代化提供了根本指引。2015年7月，国家税务总局在《"互联网＋税务"行动计划》中指出，促进互联网的创新成果和税收工作的高度协调，努力建设一个全天候、全方位、全覆盖、全流程、全联通的智慧税务生态体系，推动纳税服务的工作更加方便互利、税收的征管工作更加保质保效、税收执法的工作更加标准公开、协作与发展工作更加开放豁达。2021年3月，中共中央办公厅、国务院办公厅印发的《关于进一步深化税收征管改革的意见》（以下简称《意见》）明确提出，到2025年要基本建成功能强大的智慧税务系统，以真正实现从"以票管税"向"以数治税"的税收征管模式转型。2022年4月，"金税四期"的正式启动为智慧税务开启了新的发展空间。在各界不断探索创新税收治理方式的背景下，加快推进智慧税务建设，创新大数据思维，构建"以数治税"新型税收监管格局，既是实现"十四五"时期税收事业高质量发展的必然要求，也是税务机关交出让纳税人缴费人满意的答卷的重要举措。

当前，学者们主要围绕税收征管理念转变、税收业务模式转变、信息技术应用等多个方面展开研究。本文以江苏省连云港市赣榆区税务局为例，深入分析大数据时代基层税务机关税收征管的积极实践和存在的问题，并提出有针对性的优化建议，以期助力基层税务机关的信息化发展，让大数据更好地提高税务机关征管效率。

二、大数据时代赣榆区税务局税收征管模式现状分析

连云港市赣榆区临海而建、逐海而生，地处江苏沿海经济带和东陇海产业带的东部交汇处。随着石化、钢铁和电子商务等产业持续发力，地区经济发展驶入快车道。虽然企业的数量稳步增长，但税收征管力量、风险管理、内控管理及人员配备仍然维持原有水平，征管矛盾逐步凸显。对此，连云港市赣榆区税务部门以《意见》为总揽，以省市局深化税收征管改革任务为指引，逐步将以人为主导的税收征管模式转变为"以数治税"。

（一）执法任务区域不均衡持续加大

新机构成立以来，赣榆区登记纳税人（正常户）数量增长近一倍，纳税人规模逐渐扩大使税收执法工作量骤增。各属地管理局税源管理结构不一，辖区内纳税人数量、产业分布各具特点，税收格局存在"城区强、乡镇弱"的问题。重点税源分布不均衡，人均执法任务数量在各分局间差异较大，人均工作量较大的分局有青口分局、柘汪分局，人均工作量较小的分局有金

山分局、黑林分局。重点税源分布不均衡往往会造成区域性人少事多的情况，在一定程度上影响了执法质量。

在税收信息化建设不足的当下，管户数量多，税收人员忙于应付，人少事多的矛盾日益突出，保障企业应享尽享税收优惠政策更是一个不小的挑战，特别是在信息化建设不完善使得税收服务、管理水平严重受限的情况下。

（二）执法任务的复杂性持续提高

随着改革的不断深入，内外部环境对税收执法的规范性提出了更高的要求。行政执法"三项制度"、证明事项告知承诺制度和执法主辅制度对基层执法程序的规范性也提出了更高的要求，但执法不规范情况仍屡有发生。

重点领域、重点环节的监管和执法任务复杂艰巨，程序规范要求高，专业性强、涉及多个税种及风险数据逻辑分析。石化、钢铁企业的集团化跨区域涉税监管，平台企业、电商直播等新业态税收管理面临挑战。相关重大且复杂事项对执法人员业务能力、完成时间等均有较高要求。

（三）人力资源青黄不接持续加重

赣榆区税务系统干部队伍进入新老交替、结构调整的重要时期，人力资源存在结构性矛盾。从年龄结构来看，各执法岗位年轻干部比重偏低，各执法岗位中坚力量年龄偏大，队伍老龄化问题日益突出；新生力量工作经历短，岗位实践少，缺乏历练；新老交替衔接不畅，导致专业水平不高、创新能力不足，在一定程度上影响了执法效能。从专业性人才分布情况来看，中坚力量散落在各层级，承担相对重大且复杂的执法任务，因为缺乏任务和人员统筹经验，存在为满足执法时限要求，少数人应付各种任务的情况，导致执法质量不高，执法风险持续加大。

三、大数据时代赣榆区税务局税收征管存在的问题

在大众创业、万众创新的背景下，企业数量呈爆炸式增长，数据体量也呈现海量化状态，加之纳税人的经济活动频繁，跨地区、跨行业经营成为常态，企业注册、变更、注销等涉税数据变动增加，传统的税收征管模式已经难以施效，仅依靠有限的税务干部的人工征管更加不切实际。对此，税务机关进行了近十年的税收征管信息化建设，以不断提高税收征管效率，探索税收征管改革的方向。但通过对连云港市赣榆区的实例进行深入挖掘分析发现，税收征管信息化建设在税务基础管理、风险管理等方面依然存在问题。

（一）大数据背景下征纳双方信息化建设水平存在差异

一是征纳双方存在专业资质差异。赣榆区税务局目前无人取得与大数据、信息化相关的专业资质证书。税务工作人员所学专业多为会计学和财务管理等与税收相关的专业，大部分税务工作人员缺乏大数据专业证书的认证；在纳税单位的财务工作人员中，不乏获得全国信息化工程师、计算机软件工程师、计算机硬件工程师证书的优秀人才，部分人员还有丰富的实践经验。

二是征纳双方存在专业知识差异。税务工作人员缺乏计算机和信息化知识，缺乏信息化专业培训，平时更注重税务知识，忽视了信息化知识的积累，在实际工作中仍使用老办法管理服务纳税人，效率低、效果差；纳税单位不乏电商企业，信息化氛围浓厚，有着深厚的信息化知

识积累和信息化素养。不可否认，一部分纳税单位的信息化能力比税务机关更强，他们在信息化应用上走在税务机关的前列。

三是系统功能不完善。税收征管应用系统覆盖面广，难以由单一的软件开发公司完成。不同软件开发公司的软件数据接口不匹配、数据字典规范与后台参数设置不统一，不同开发人员对业务要求的理解不一致，软件开发使用的底层基础不同，使得各系统内部、系统之间难以平稳对接，系统稳定性差。另外，"金三"税收征管应用系统与电子税务局存在数据的单向传输问题，"金三"税收管理系统进行申报数据更改之后，无法同步更新至电子税务局。税务机关对税收数据的传输、深度挖掘技术和方法的掌握程度较低，对数据的处理依然停留在对数据查询统计模块的运用上，在把握数据规律上有很大的上升空间。

（二）新经济业态下税收风险管理滞后

在税收风险管理方面，国税、地税合并后，区税务局在区局层面设立税收风险管理股，主要负责日常征收管理中的税收风险事项。但是，在新经济业态下，越来越多不同于传统业态的新业态如雨后春笋般出现，如共享经济、平台经济、零工经济、虚拟偶像等，会带来更多的风险挑战。一是现行相关税收政策不适用的问题。现行税收法律多基于工业经济时代和传统业态特征，而新业态的发展带来了新问题。此外，虚拟形象因为人物公众印象的可塑性强、工作效率高、可控性强等优势而被越来越多的企业和个人所青睐。在这些新领域，确认纳税主体成为一件具有挑战的事情，与之相伴的还有纳税地点难以确认。二是相关收入的性质确认更为困难。随着数字经济的发展，不同领域及行业的边界越来越模糊，对相关收入需进行实景式的深入分析及解剖。三是商业模式的复杂和组织结构的灵活对税收风险管理提出了挑战。

（三）综合治税力度不足

综合治税是一项系统工程，强化政府各部门以及社会各界的参与，是准确把握税源信息的最佳途径。但是，税务部门在采集外部门数据时，往往会出现数据不全等问题。政府部门以及社会组织的数据不能有效共享、数据孤岛不能很好地打破制约了大数据的开发使用，在强调以大数据为驱动力的发展阶段，综合治税力度不足的问题显得尤为突出。一是政府各个部门都会有部分敏感数据目前无法做到共享。二是不同级别、不同部门、不同行业间数据交互和共享难。

四、大数据时代基层税收征管模式转型建议

（一）牢固树立"以数治税"理念

一是加大"以数治税"理念的宣传教育。结合当前税收征管改革的重要目标及相关工作要求，通过多种形式开展大数据相关理念和应用技术的学习培训，引导税务干部正确理解"以数治税"的理念，培养"以数治税"的思维方式，重视涉税数据和信息背后隐藏的价值，提升学习数据应用技术的主动性，积极营造"用数据来说话、用数据来管理、用数据来决策、用数据来创新"的文化氛围。

二是延伸"以数治税"应用范围。以海量数据为基础，通过大数据分析充分挖掘数据之间的关联性和背后的发展规律，有效发挥"以数治税"在税收决策中的指导作用。同时，借助大数据手段充分激发数据活力，用数据创新新经济业态下的风险管理模式，推动"以票治税"向"以数治税"转变，实现"无风险不打扰、低风险预提醒、中高风险严监控"。

三是深挖大数据应用价值。税务部门对大数据技术的应用不能仅停留在数据查询上，应进一步强化大数据税收征管模式的顶层设计，整合税务征管的各个工作环节，构建全数字化管理链条和控制链条，以深挖大数据应用价值。建立覆盖税收征管全流程、各环节、各税种、各行业的税收数据分析应用体系，发现隐藏在数据背后的共性数据和行为特征，建立完整、全面的纳税人画像，逐步建立涵盖减税降费、纳税服务、税收征管、经济分析、税收核算等各类数据的应用目录，分类建立分析应用模型，实现大数据应用的产品化、可视化、体系化，用数据解释经济发展、产业结构与行业税收征管状况的内在联系，为深化"放管服"改革、提供精准服务等提供可靠依据。

（二）全面提升税收大数据应用能力

随着信息技术的成熟和大数据的推广应用，税收风险管理人员可以足不出户实现对纳税人的风险识别，为纳税人提供便捷的网上服务。对于基层税务机构而言，税收大数据的应用，既是对机构撤并的有效补充，又能进一步推进机构改革，提升税务管理水平。

一是加大税收信息获取力度。一方面，要提升内部数据信息的挖掘利用；另一方面，要强化外部信息的抓取利用，主要途径是拓宽信息获取渠道。

二是完善税收信息共享机制。在数字经济背景下，异地交易、多地经营行为越来越普遍。税务机关应统筹对纳税人涉税风险行为的全链条监控，各级税务机关需要加强信息的"云共享"，实时交流异地交易、多地经营行为的涉税信息，提升税收风险管理质效。同时，借助数字技术优势，积极参与政府相关数字库建设，规范税收数据的格式、标准及涉税数据交换专线等，全面实现税收数据的共享共用、各部门纳税信用信息互查共认，打破各部门之间的信息壁垒。

三是强化税收数据分析应用。将省局大数据平台作为干部应知应会的基本工具，保证各部门都有1～2名熟练掌握BIEE工具应用的人员，有效解决不知道有什么数据、数据在哪里、数据怎么用的问题。要进一步发挥大数据平台优势，深化"晴雨表"运用，完善税收风险预警指标体系，健全增值税发票全链条风险防控机制，切实防范重大税收风险。

（三）以大数据思维优化征管业务流程

在大数据背景下，税收征管模式转型的关键在于以大数据思维改进税收征管流程。

一是加强征管业务流程规划。加强征管业务流程规划，税务机关必须搭建成熟的税收征管架构，按照税收征管大数据的需求再造业务流程。

二是加强信息平台的智能化。税收征管系统必须从税务局整体的角度出发进行设计，这样才能有效提高税收遵从度。"金三"系统是税收征管应用系统的核心，税务机关应首先对"金三"系统进行优化完善。开放"金三"系统的接口，省市级税务机关可以根据实际业务需求，添加新的必要功能。

三是优化数字办税平台提升用户体验。应建立多功能的综合性服务平台，有效收集纳税人服务需求、税收政策宣传、纳税咨询、纳税人举报维权等内容，并进行有效的整合、分析、采用，根据纳税人的办税要求设计人性化的用户界面，不断优化网上办税平台，提升用户体验。

四是全面推广电子发票服务平台。随着数字经济在全球的快速发展以及信息技术的广泛应用，纳税人经营模式的复杂性和税源多样化导致传统的纸质发票管理模式备受冲击，难以适应新经济、新业态、新模式的发展需求。电子发票具有便捷、高效、低成本、永久保存、真实不可篡改等诸多优势，其中真实性是保障精确执法的首要前提。

（四）健全大数据税收人才保障机制

在大数据背景下，税收征管模式转型应立足于大数据税收应用需求，积极健全大数据税收人才保障机制，以全面支持智慧税务服务。

一是加强税务复合型人才培养。人才是税收征管信息化建设走向科学化、智能化的智力支撑。要积极引进既具备专业的计算机、数学能力，又熟练掌握税收和财务专业知识的大数据税收人才。积极与高校合作，搭建大数据人才对接交流平台，消除大数据人才供给与需求之间的信息误差，以岗位需求为导向，培养熟练掌握"数字＋税务"技术的复合型人才。同时，可以采取"线上＋线下""个人＋集中"等多种形式，借助"学习兴税"平台及各类网络业务培训，定期组织税务人员参加智慧税务培训及考核。

二是组建专业化团队。根据省局扁平化、专业化、实体化的改革要求，在符合"三定"规定的前提下，加强"5＋N"团队建设和规范管理，处理好专业化分工关系，进一步做实县局、做好分局。专业化团队建设要与各级各类人才库建设相结合，着重从业务能手、岗位标兵及拥有专业资格证书的人才中抽选业务功底好、实操能力强、精通数据应用技术的人员组建专业化团队，并鼓励晋升职级后退出领导岗位、管理经验丰富的干部担纲挂帅。专业团队根据工作需要灵活组建，以工作组的形式在一段时间内开展专项工作。通过政策解读与案例分析相结合、个人研究与集体讨论相结合的方式，对本地税收风险管理情况进行及时研判，围绕风险规律及行业主要特征开展常态化分析，推动构建全链条、全税种、全行业的税收风险指标模型体系。

三是创新人才激励机制。按照税务工作人员的工作完成程度进行区别激励，对有突出贡献者加大激励力度。特别是对于在税收风险管理中表现突出、成果显著的人员，应在个人绩效考核、评优评先中予以倾斜、加大奖励力度，或是予以重用、优先提拔，形成正向激励机制，激发人员在促进税收风险管理提质增效中的主观能动性。同时，要创新传统的实物激励、表扬激励等方式，探索职务职级提升、工作轮岗、脱岗培养等激励方式，充分激发税务工作人员的学习积极性和上进心。除此以外，还要完善人才评价方法和考评监督机制，科学制定评价标准，量化考核评价得分，形成科学、公平、公正的激励机制，全力推进人才建设战略。

（作者单位：国家税务总局连云港市税务局）

"三三制"基层税务机关征管改革研究

隋焕新

一、改革背景

青岛市市北区税务局经历了多次区划兼并和机构调整,"五局合一"后队伍结构比较复杂,历史负担比较重,负责中心城区13.3万户纳税人和98万缴费人的税费征管。

骨干力量老龄化,人才断层问题严重。截至目前,青岛市市北区税务局共有在职干部374名、离退休干部339名,预计三年内离退休干部人数会超过在职人员数量,科级中层干部平均年龄偏大,青年骨干青黄不接。基层税收人员负担重。青岛市市北区税务局有基层税收管理员166人,人均管户1146户,在税收政策、征管职责快速变化的背景下,服务执法任务艰巨。缺乏有效的激励制度。国税、地税合并完成后,工作任务增多了,但晋升空间缩小了,进一步压制了干部的工作热情和积极性。固定管户制导致了高执法风险和高廉政风险。税收管理员固定管户的制度惯性在于形式上责任明确、上级分配任务方便,但由于一人管多户,税收管理员的素质能力短板会造成其分管范围内的服务执法存在短板。同时,一人说的算、信息不对称、监督难度大也会导致执法漏洞和廉政隐患。

二、内涵

"三三制"是指实行以行业或属地网格、大数据、单元组为"三个支撑"的税源管理方式和建立统一开展集中分析、统一进行任务统筹、统一实施专业应对的"三个统一"风险治理机制。

(一)实行以行业或属地网格、大数据、单元组为"三个支撑"的税源管理方式

1. 对大企业实行"规模+行业网格"精细化管理

在第二税务所(分管区内重点行业大企业及其直属单位有813户,税收占比为79%)设置4名运行主管,按照行业划分,分别是头部企业主管,房地产行业主管,制造、商贸行业主管,统筹组主管。行业运行主管下设纳税服务专员和风险应对专员,统筹组主管下设工作统筹专员。运行主管主要负责团队日常工作协调、团队运行管理、工作质量监控、工作绩效评鉴等;工作统筹专员主要负责任务事项的接收、派发、梳理、核查、汇总、上报等相关事项,对税收工作进行全面统筹;纳税服务专员主要负责一般纳税人辅导期管理、责令限期改正、简易程序处罚、一般程序处罚决定等相关事项,做好对纳税人的管理服务工作;风险应对专员主要负责企业所得税优惠事项后续核查、异常扣税凭证管理、风险应对等相关事项,做好风险任务的应对和反馈。另外,第二税务所对接区发改、工信、建设、商务等行业网格部门。

2. 对中小税源实行"风险统筹＋属地网格"共治

在各中小税源管理科所设立1名运行主管和3名网格主管，运行主管下设统筹专员、风险应对专员和监督考核专员，网格主管下设纳税服务专员、户籍管理专员和政策技术专员。一个网格单元对应1个街道办事处，7个中小税源管理科所覆盖青岛市市北区22个街道办事处、137个社区、940个网格。

网格主管主要负责团队日常工作协调、团队运行管理、工作质量监控、工作绩效评鉴等；户籍管理专员主要负责欠税公告、个人所得税核定并送达、纳税信用补充评价等日常户籍管理事项，对纳税人进行点对点的管理和服务；政策技术专员主要负责处理"金三"流程问题、提供政策支持、处理各种系统问题等，保障工作流程的正常运转；监督考核专员主要负责发布风险提示、开展内部控制、落实上级主责部门部署的内控措施等相关事项，做好税收工作的日常监督与考核。

3. 专业单元"主管专员双选＋党建业务一体融合"

一是专业单元组建实行"双选制"。按照全员发动、自荐参选主管、民主评议、应知应会测试竞争等八个步骤，组建各专业单元。通过双选，上岗的管理员减少了17.4%，但效率、干劲儿大幅度提高。二是党建业务一体融合。创建"家园党支部"和"单元党小组"，达到标准的一个专业单元就组成一个党小组，主管同时担任党小组组长，发挥模范带头作用，实现党建与税收业务在最基层的深度融合。三是岗责、管理清晰且规范。制定团队日常工作任务清单表，明确特定情境下业务应答处理方式，制定统一的执法用语规范，实现管理服务标准化、规范化。四是绩效考核正向激励。根据贡献付出，考核优秀权重向主管倾斜，专办考核评价等次原则上不得高于所属主管，根据贡献权重考核个人绩效，创新实行党建、绩效、廉政"三位一体"的绩效评估制度，对征管质量考核年度排名后10%的单元组解散重组，队伍活力、凝聚力明显增强。

（二）建立统一开展集中分析、统一进行任务统筹、统一实施专业应对的"三个统一"风险治理机制

一是统一开展集中分析。将散落在各部门的风险分析任务、信息及数据管理、信息分析骨干向风险局集中，风险局汇集各部门风险分析需求，统一进行定制、定期或随机专项分析，提高资源利用效率。二是统一进行任务统筹。风险局统一承接上级部署和本级各部门提报的风险应对任务，根据风险等级统筹全局征管资源部署应对，解决以往多头布置的忙乱无序问题，最大限度减少对纳税人缴费人的打扰，减轻基层负担。三是统一实施专业应对。风险局组织专业团队，直接应对中高风险，各税源管理部门负责低风险应对。风险局是扁平化的分析中心、任务枢纽、应对主力。

在运行机制上，在风险局建立三类专业单元：设立风险分析主管1名，下设数据专员、分析专员。设立风险统筹主管1名，下设统筹专员、监督考核专员。设立风险应对主管若干名，各辖应对专员，负责中高风险应对。风险统筹组负责对上级及本级风险相关工作进行规划统筹。在工作流程前期，通过查重、归并、初步核查等前期工作，减少基层局与纳税人缴费人的负担；中期，对任务完成进度进行监督，督促任务完成；后期，对任务完成情况进行复核，发现问题后督促整改。风险分析组负责风险分析及数据质量相关工作，结合税收政策、税收征管经验及大数据查询技术，整合利用纳税人相关信息，精准快捷地对辖区内不同行业、不同类

型、不同等级的纳税人进行风险分析，实现智能化管理监控，更大程度、机动灵活地警报税收风险，为纳税人提供个性化管理及服务。风险应对组主要负责以下事项：一是负责对统筹推送的中高级别风险任务进行应对；二是负责稽查举报相关工作的应对；三是负责对其他部门移交的案件进行审理核查。

三、改革前后对比

（一）管理员固定管户制度调整为单元组管户制度

"三三制"改革以前，实行以固定管户制度为主的税收管理员制度，即每个税源管理科所固定负责3~4个街道，每个税收管理员固定负责整个属地内的一部分企业，1个街道办事处对应多个管理员，税源管理科所、税收管理员、街道办事处无法一一对应。改革后，将税收管理员固定管户制度转变为单元组管户制度。在单元组管户制度下，第二税务所分行业设置网格单元组，每个单元组设有网格主管1名、专员2~3名，共同对该行业的企业进行管理；各中小税源管理科所的1个单元组对应1个街道办事处，并设有网格主管1名、专员3名，共同对该街道办事处的企业进行管理。

改革后，税收管理员的权力得到了分散，相关涉税事项不再是税收管理员的一言堂，有力地遏制了税收管理员的权力扩大；分工更为明确，有效地解决了税收管理员"全而不精"的问题；单元组与街道办事处一一对应，为条块共治奠定了基础，使责任更加明确。

（二）将单层次管理调整为双层次管理

改革以前，实行的是以属地管理和行业管理为主的单层次管理制度，即第二税务所按照行业进行划分，不同的行业由不同的税收管理员负责；各中小税源管理科所按照属地进行划分。改革后，将以属地、行业管理为主的单层次管理制度调整为"运行统筹＋单元组"的双层次管理制度，即第二税务所设置"规模＋行业网格"的精细化管理；各中小税源管理科所设置"风险统筹＋属地网格"的共治管理。改革后，有效改善了基层税收征管机关"上有千条线、下边一根针"的状况，专员们的税收工作受网格主管和对应运行统筹专员的双线监督管理，权力受到了有效的制约。

（三）绩效考核由对科所进行考核细化为对单元组进行考核

改革以前，绩效考核是以整个科所为考核对象的，即所有税收管理员的绩效都以所在税源管理科所为准，而不是以自己的业绩表现为主。在这种绩效考核方式下，税收管理员个人工作表现的好坏对他们的绩效考核影响不大，缺乏对税收管理员的激励，极大地抑制了税收管理员的工作热情。改革后，将绩效考核由对科所进行考核细化为对单元组进行考核，即税收管理员的绩效不再取决于整个税源管理科所，仅取决于自己所在的单元组。在考核指标的设置上，设置了总量、变量和人均三个维度的考核指标，不仅看单元组的总量指标、增量指标，还看单元组的人均指标，考核维度细化，与个人业绩表现的联系紧密。改革后，有助于凸显税收人员的个人能力，提升税收人员的工作热情，实现了内部竞争。由于管理层级的细化，上升渠道被拓宽，极大地改善了原税收管理员制度下激励不足的问题。

（四）构建自上而下的基层税收风险管理格局

此次"三三制"改革建立了新的风险管理格局：第一，风险管理职能上移，由专门的风险部门统筹开展风险分析，统一分配风险应对任务，统一实施高风险专业应对，大大减轻了基层和纳税人缴费人的负担，同时腾出人力资源集中精力抓中高风险应对。第二，风险管理与税收征管相分离，每个税源管理部门设 1 个运行单元组，其中的风险应对专员负责本部门的风险管理工作。第三，建立从上至下的风险管理制度，由专门的风险部门统筹开展风险分析，运行单元组与风险部门对接，统筹分配本部门的风险管理工作，网格单元组的风险管理专员负责风险应对专员分配到本单元组的风险管理任务。

四、成效

青岛市市北区税务局基层征管改革持续走深走实，基础工作质量不断提升，连续两年获得经济社会发展综合考核优秀等次和青岛市税务局考核优秀单位，纳税人满意度提升 8 个位次，连续两年位居全市前列，荣获全国普法工作先进单位、山东省青年文明号、青岛市五四红旗团委、三八红旗集体、最美职业道德建设单位、新时代职工信赖的职工之家等 18 项省市级荣誉。"三三制"改革在基层党建和征管改革实践中体现出很好的适应性、实效性，入选"中国基层领导力典型案例"，著名财税专家胡怡建教授给予高度评价。

（作者单位：国家税务总局青岛市市北区税务局）

以"三项清单"为指引
争当服务盐城市高质量发展排头兵

陈扬清

2023年,盐城市税务工作会议报告的标题是《践行忠诚干净担当在"两个服务"中展现盐城税务更大作为》,"两个服务"就是服务盐城高质量发展、服务江苏税收现代化建设。今天,我们围绕"税收服务高质量发展"主题,开展市县局党委理论学习中心组"五同联学",这也是盐城市局党委的一次集体调研。如何服务高质量发展?笔者结合平时所学内容,从责任清单、问题清单、任务清单三个方面谈点认识。

一、税收服务高质量发展的责任清单

党的二十大报告提出,高质量发展是全面建设社会主义现代化国家的首要任务,必须加快构建以国内大循环为主体、国内国际双循环相互促进的新发展格局。在2023年1月31日中共中央政治局第二次集体学习中,习近平总书记系统阐述了构建新发展格局的路径。4月28日,中共中央政治局会议在研究当前经济形势和经济工作时强调,把发挥政策效力和激发经营主体活力结合起来,形成推动高质量发展的强大动力,推动经济实现质的有效提升和量的合理增长。

纵观中共中央对高质量发展的一系列表述,我们要准确把握高质量发展的内涵要求:一是更好统筹扩大内需和深化供给侧结构性改革,增强国内大循环动力和可靠性。二是加快科技自立自强步伐,解决外国"卡脖子"问题。三是加快建设现代化产业体系,夯实新发展格局的产业基础。四是全面推进城乡、区域协调发展,提高国内大循环的覆盖面。五是进一步深化改革开放,增强国内外大循环的动力和活力。

对照高质量发展的内涵要求,税务部门在服务高质量发展中的责任清单应包括下列内容:一是调控宏观经济运行。通过发挥聚财功能,为宏观调控提供可靠财力;落实现代化产业培育相关税费政策,合理调控中央税和地方税、直接税和间接税、财产税和行为税的比重,促进产业结构调整和市场充分竞争。二是优化市场资源配置。通过落实支持创新创业、科技研发的税费优惠政策,引导市场主体在生产投资、产品研发、市场推广等方面提高效率。三是调节国民收入分配。发挥税收在收入再分配和三次分配中的调节作用,缩小贫富差距,促进共同富裕。四是维护全国市场统一。深化"放管服"改革,降低税收制度性交易成本;平等对待各类市场主体,推动要素自由流动、市场公平竞争。五是助力绿色生态发展。运用绿色税制体系,推动形成绿色发展方式和生活方式。六是促进社会公平正义。坚持税收法定原则,规范税收执法程序,完善纳税人权益保护机制,打击违法犯罪行为,维护税法权威。

二、税收服务高质量发展的问题清单

对照责任清单，立足当前税收工作实际，梳理税收服务高质量发展的问题清单：

（一）税费收入仍有隐忧

一方面，收入贡献度需要提高，对照全省一般预算收入总体情况，要通过加强日常税收监管、抓实增收项目等措施，提高收入贡献度；另一方面，收入质量也需要提高，要统筹好中央税和地方税的关系，针对虚增空转、招引税收等行为，加强收入质量监控。

（二）政策引导仍显乏力

针对盐城市"5+2"战略性新兴产业和23条重点产业链，利用税收优惠政策推动产业补链、延链、强链。落实供应链行业优惠政策，降低供应链成本，激发内循环动力。加强政策确定性管理，开展政策疑点解读和案例分享，统一执行口径。落实政策不能仅针对单户企业的执行，还要从产业链、供应链上进行研究，用优惠政策引导产业链培育。

（三）营商环境仍未改善

税收营商环境与先进地区相比还有较大差距，具体表现为：融入政务服务一体化程度不高，"一件事"业务联办成效不明显。过度服务、重复打扰与无法有效满足纳税人需求的矛盾并存。一方面，以完成考核指标为导向的数据核实、政策落实、线上办税比例等事项任务增加了税企双方的负担；另一方面，纳税人问题诉求的回应渠道不通畅，服务资源供给和服务需求不完全匹配，影响了办税体验。

（四）风险监管仍存短板

覆盖事前事中事后、融合各税费种、统筹综合风险和专项风险的风险监管体系仍不健全。事前监管与服务之间的职责分工和协作机制不够科学高效，导致重点领域、重点行业、重点事项税收风险仍然存在。跨税费种风险任务整合力度和联动效应不大，对综合风险和专项风险的统筹不够坚决有力。在提示提醒环节精准有效化解风险的问题亟须解决，要加快制定提示提醒函智能化模板。

（五）干部素养仍然不足

服务高质量发展，离不开一支高素质专业化的干部队伍。当前，税收工作需要更多适应法治化、国际化、市场化的专业人才。面对新的经济业态、税收大数据管理模式、税收领域复杂事项，干部职工仍存在不想为、不能为、不敢为的问题，新经济业态的管理能力、大数据的分析应用能力、复杂事项的破解能力都急需提升。

三、税收服务高质量发展的任务清单

从依法征收、落实政策、优化服务、深化改革、建强队伍五个方面，制定税收服务高质量发展的任务清单。

（一）组织收入上校准方位

这个方位就是推进税费收入质的有效提升和量的合理增长。制定落实《进一步加强组织收入工作的意见》，完善收入质量监控指标体系，实时监控分析收入指标，有疑点立即整改。对第一批挖潜增收8个项目进行"回头看"，放大入库成效；同时，梳理形成第二批挖潜增收项目，提高管理贡献率。监测全市重点税源，估算重点户除正常申报外的潜在税源区间，为组织收入提供决策参考。

(二) 落实政策上提高站位

这个站位就是不能站在单户企业的角度落实优惠政策，要站在推动产业补链、延链、强链的角度发挥政策引导作用。要围绕盐城市"5+2"战略性新兴产业和23条重点产业链，利用税收优惠政策推动产业发展壮大。加强对产业链供应链的分析，开展更大视角下的产业整体态势分析，为企业提供上下游匹配信息，为地方提供产业发展建议。

(三) 优化服务上把握定位

这个定位就是打造"以纳税人缴费人为中心、以提升办税缴费体验为核心"的服务产品供给体系。要站在纳税人缴费人的角度，持续简化流程、简并事项、减少资料，切实降低制度性交易成本。要高效收集处理各类问题诉求，让纳税人缴费人的问题诉求能便捷反映、快速响应、准确解决。要加强任务整合，通过信息化、集约化手段开展服务，为税企双方减负。要深化数据分析利用，优化服务资源配置，让服务产品与纳税人实际需求更加匹配。

(四) 深化改革上落实到位

这个到位就是通过打造"三个中心"，推动改革各项任务和"四能四不要"落地。税费服务中心要立足"大服务"，成为统一的服务需求采集、产品设计、资源调配中心，并理顺与监管中心的衔接机制。税务监管中心要立足"大监管"，明确监管中心、税费种管理部门、应对机构、属地机构的职责，理顺税收监管流程。智慧税务中心要立足"大保障"，研发更多数据产品，构建市县共享的数据应用模块，为税收服务管理赋能。

(五) 提升素质上争先进位

针对干部"不想为"的问题，要加强党建引领、绩效考核，深入开展"领导班子能力提升年"活动和"以案促改推进年"活动，推行"三项清单"管理，激励干部担当作为。针对干部"不能为"的问题，通过细化落实"四能四不要"要求，以信息化、集约化、团队化的机制提高业务处理的质量和效率。针对干部"不敢为"的问题，探索制定覆盖税务监管、税收执法、政策落实、纳税服务等领域的尽职免责清单，让干部放手干事。

(作者单位：国家税务总局盐城市税务局)

从税收视角看税源高质量发展的路径研究

——基于周口市经济税收数据实证分析

崔玉亮　陈曙光

党的二十大报告指出，中国式现代化是全体人民共同富裕的现代化。收入分配制度改革关系老百姓切实的利益获得，收入分配制度是促进共同富裕的基础性制度。税务部门作为国家重要的经济管理部门，在新的历史定位下，要坚持深入推进新时代税收现代化，更好地发挥税收在国家治理中的基础性、支柱性、保障性作用，全力服务好经济高质量发展和现代化经济体系建设。基于此，本文在研究税收税源与周口市高质量发展的内在逻辑的基础上，深入分析新形势下税收面临的风险和不足，提出周口市坚持稳中求进、守正创新，在新征程上奋力提升财税治理能力的对策建议，以高质量税收现代化助推周口市高质量发展。

一、周口市经济发展现状

近年来，面对严峻复杂的形势和多重挑战，全市经济平稳恢复、税收持续增长，经济发展呈现出较强的韧性和潜力。

（一）全市经济平稳持续增长

2021年，全市生产总值3496.23亿元，比上年增长6.3%，如图1所示。其中，第一产业增加值610.57亿元，增长6.6%；第二产业增加值1416.79亿元，增长4.7%；第三产业增加值1468.88亿元，增长7.6%。三次产业结构比为17.5：40.5：42.0。全年人均地区生产总值39126元，增长7.3%。

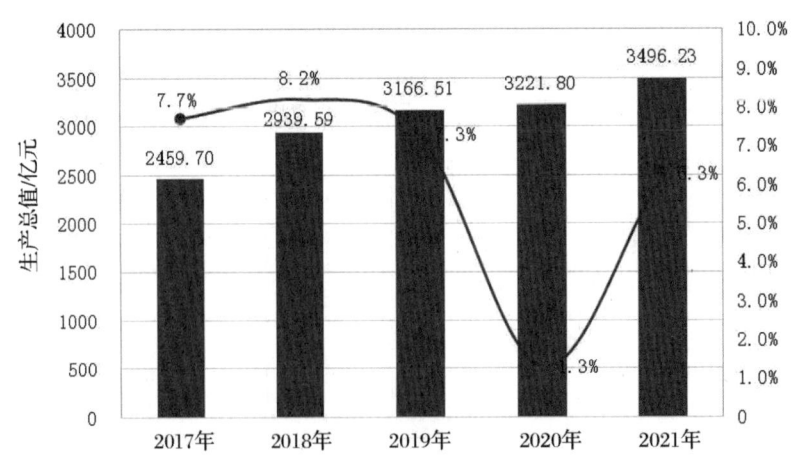

图1　2017—2021年周口市地区生产总值及增速

数据来源：周口市2017—2021年统计年鉴

(二)工业增速持续发力

2021年,全市规模以上工业增加值比上年增长7.8%。在规模以上工业中,重工业增加值增长8.6%,轻工业增加值增长7.2%。从企业性质、规模以上工业主要产品产量及增速看,同比均有不同程度的增长,见表1、表2。

表1 2021年规模以上工业增加值增速

指标	比上年增长
规模以上工业增加值	7.8%
♯轻工业	7.2%
重工业	8.6%
在总计中:国有企业	14.9%
集体企业	-6.2%
股份制企业	8.7%
外商和港澳台商投资企业	-6.3%
其他	1.7%
在总计中:公有制	2.5%
非公有制	7.9%

表2 2021年规模以上工业主要产品产量及增速

产品名称	单位	产量	比上年增长
小麦粉	吨	4079065	14.8%
鲜、冷藏肉	吨	100991	-47.9%
饲料	吨	2073519	27.2%
速冻食品	吨	161501	21.3%
精制食用植物油	吨	243669	-32.5%
乳制品	吨	12196	10.9%
味精	吨	211725	36.7%
饮料酒	千升	169605	-3.9%
饮料	吨	175173	23.7%
人造板	立方米	648354	-14.2%
纱	吨	642875	14.4%
轻革	平方米	21000014	9.3%
纸制品	吨	927662	-13.7%
化学药品原药	吨	1713	37.0%
中成药	吨	44119	19.3%
水泥	吨	1279463	11.5%

数据来源:周口市2021年统计年鉴

(三) 金融存款余额持续增长

2021年,全市金融机构人民币各项存款余额4368.51亿元,比上年增加500.92亿元。其中,住户存款余额3661.09亿元,比上年增加468.20亿元。全市金融机构人民币各项贷款余额2008.36亿元,比上年增加253.67亿元。

二、黄淮四市中的周口市与其他三市的税收对比分析

(一) 税收持续稳步增长

2021年,周口市税收完成206.59亿元,比上年增长4.5%。在黄淮四市中,周口市的税收规模与商丘、驻马店、信阳三市相比位居第三。其中,一般预算税收收入158.24亿元,比上年增长8.6%,税收占比72.0%,比全省税收占比高6.3%,比商丘、驻马店、信阳三市分别高6.8%、4.2%和2.3%,见表3、表4。周口市一般预算公共支出(含转移支付)676.61亿元,位居全省之首。

表3 2021年度全省及黄淮四市税收收入情况表

地区	税收/亿元	同比增长	国内生产总值/亿元	同比增长	宏观税负	税收弹性
全省	5612.72	6.8%	58887.40	6.3%	9.5%	1.1
周口市	206.59	4.5%	3496.23	6.3%	5.9%	0.7
商丘市	210.87	4.3%	3083.32	4.0%	6.8%	1.1
驻马店市	226.34	3.2%	3082.82	7.2%	7.3%	0.4
信阳市	165.74	6.2%	3064.96	6.5%	5.4%	0.9

数据来源:《2021年度河南省税收经济运行监测报告》

表4 2021年度黄淮四市一般预算税收收入及支出情况

地区	一般预算税收收入			一般预算公共支出(含转移支付)	
	收入/亿元	同比增长	税收占比	支出/亿元	同比增长
全省	4347.38	4.3%	65.7%	10419.86	0.5%
周口市	158.24	8.6%	72.0%	676.61	-1.9%
商丘市	190.13	8.6%	65.2%	556.12	-1.0%
驻马店市	181.61	7.9%	67.8%	604.23	-3.4%
信阳市	135.39	13.3%	69.7%	625.46	2.4%

(二) 行业税源及新兴产业税收显著提高

从行业税收情况看,周口市制造业纳税户为15748家,缴纳增值税54.39亿元,比上年增长53.4%,位居四市之首;服务业纳税户为113415家,缴纳增值税34.28亿元,比上年减少8.0%,纳税户数在四市中位居第三,虽然税收收入规模在四市中位居第一,但增速放缓,呈现负增长,见表5。

表5 2021年度黄淮四市行业税收情况

地区	制造业税收			服务业税收		
	纳税户/家	增值税/亿元	同比增长	纳税户/家	增值税/亿元	同比增长
全省	234390	713.64	25.8%	2921085	982.04	23.2%
周口市	15748	54.39	53.4%	113415	34.28	-8.0%
商丘市	12403	17.93	22.2%	119083	23.12	27.1%
驻马店市	11191	18.53	11.7%	129797	28.15	75.7%
信阳市	8837	20.63	2.9%	100220	20.74	14.1%

数据来源：《2021年度河南省税收经济运行监测报告》

（三）科技创新和数字经济迅猛发展

从新兴产业缴纳的增值税看，周口市高技术产业纳税户为6331家，缴纳增值税10.44亿元，比上年增长51.0%；数字经济产业纳税户为7841家，缴纳增值税7.06亿元，比上年增长109.1%。周口市这两大产业的纳税规模位居四市之首，科技创新和数字经济相关产业逐步向高水平发展，见表6。

表6 2021年度黄淮四市新兴产业税收情况

地区	高技术产业税收			数字经济产业税收		
	纳税户/家	增值税	同比增长	纳税户/家	增值税	同比增长
全省	233582	129.21	26.3%	212502	71.55	43.5%
周口市	6331	10.44	51.0%	7841	7.06	109.1%
商丘市	8479	2.55	7.3%	8830	1.07	-1.5%
驻马店市	5738	4.85	148.2%	8777	2.88	120%
信阳市	5060	3.77	-12.1%	5949	1.03	-39.6%

数据来源：《2021年度河南省税收经济运行监测报告》

三、周口市2022年度税收完成情况

2022年1—12月，全市共组织各项收入418.95亿元，同比增长22.9%，增收78.15亿元。其中，税收收入完成184.53亿元，同比下降10.7%，减收22.06亿元，较全省平均（-12.5%）高1.8个百分点，位居全省第14位，在黄淮四市中位居第2位；社会保险基金收入完成136.14亿元，同比增长7.6%，增收9.57亿元；非税收入完成98.28亿元，同比增长1185.4%，增收90.64亿元。

（一）税收情况

中央级税收收入完成76.57亿元，同比下降17.5%，减收16.22亿元；地方级税收收入完成107.96亿元，同比下降5.1%，减收5.84亿元，较全省平均（-11.6%）高6.5个百分点，位居全省第9位，在黄淮四市中位居第2位。其中，省级完成-10.02亿元，同比下降5969.1%，减收9.86亿元；市县级完成117.98亿元，同比增长3.5%，增收4.02亿元，较全

省平均（0.0%）高 3.5 个百分点，位居全省第 13 位，在黄淮四市中位居第 2 位；市级完成 13.33 亿元，同比增长 0.4%，增收 576 亿元；县级完成 104.65 亿元，同比增长 3.9%，增收 3.96 亿元。

（二）重点指标运行情况

全市工业税收完成 46.37 亿元，同比下降 11.3%，减收 5.91 亿元，低于全省平均（2.7%）14.0 个百分点，增幅位居全省第 17 位，在黄淮四市中位居第 3 位。其中，工业增值税完成 36.3 亿元，同比下降 8.4%，减收 3.34 亿元，高于全省平均（-17.4%）9 个百分点，位居全省第 7 位，在黄淮四市中位居第 2 位。全市商业税收完成 49.43 亿元，同比增长 15.7%，增收 6.7 亿元，高于全省平均（13.3%）2.4 个百分点。其中，商业增值税完成 32.27 亿元，同比增长 12.1%，增收 3.48 亿元，低于全省平均（15.4%）3.3 个百分点，位居全省第 7 位，在黄淮四市中位居第 1 位。

（三）可比口径税收情况

2022 年 1—12 月，全市累计办理增值税留抵退税 28.63 亿元，同比增加 24.31 亿元。扣除留抵退税因素还原后，税收收入可比增长 1.1%，地方级可比增长 5.4%，市县级可比增长 6.7%。从重点指标看，工业企业累计办理留抵退税 9.93 亿元，同比增加 8.27 亿元。扣除留抵退税因素还原后，工业税收和工业增值税可比增长 4.4%、11.9%。

（四）退税减税政策落实情况

2022 年 1—12 月，全市退税减税降费及缓税费 53.91 亿元，其中减税 42.62 亿元、市县级税收减收 15.92 亿元；减税规模分别占同期入库税收总量和市县级的 23.1%、13.5%。分政策类型看，办理增值税留抵退税 28.47 亿元，其中市县级税收 4.27 亿元；已办理缓缴税费 8.44 亿元，其中县级收入 3.6 亿元，含制造业中小微企业缓缴税费 7.13 亿元、阶级性缓缴社保费 1.31 亿元；落实"六税两费"优惠、小规模纳税人免征增值税、加大小微企业所得税减免力度等减税降费政策，累计新增减税降费 16.99 亿元，其中市县级收入 5.05 亿元。

四、影响周口市税源高质量发展的问题及因素分析

（一）税收税源质量的问题

1. 产业结构不合理

产业发展的层次和结构直接影响税收收入质量。2021 年，河南省三次产业结构比为 9.5∶41.3∶49.1，周口市三次产业结构比为 17.5∶40.5∶42.0。周口市第一产业与全省相比高 8 个百分点，周口市虽为农业资源大市，但产品多为低端、初级产品，缺少高品质、高附加值的创税农产品；第二产业与全省相比低 0.5 个百分点，缺少大块头的高科技创利税工业企业，而且小微企业产值规模小、产品利润低，企业核心竞争力弱，还处在价值链的低端；第三产业与全省相比低 7.1 个百分点，没有摆脱传统服务业的发展模式，信息经济、分享经济、创意经济等新经济的培育不足。从服务业缴纳增值税税收看，周口市税收下降 8.0%，而全省增长 23.2%，商丘、驻马店、信阳三市分别增长 24.1%、75.7%、14.1%。地方税收依然依赖房地产业、生活服务业、交通运输业等，不能对总体税收增长起到强有力的支撑作用。

2. 经济发展质量不高

从税收上看，2021 年周口市高技术产业缴纳增值税 10.44 亿元。但从全市战略性新兴产

业、高成长性制造业、高新技术产业看，分别增长 12.7%、8.5%、8.1%，分别高于规上工业增加值增速 4.9 个百分点、0.7 个百分点、0.3 个百分点。而河南省工业战略性新兴产业增长 14.2%，占规模以上工业 24.0%；高技术制造业增长 20.0%，占规模以上工业 12.0%；与全省相比发展速度仍然落后。

3. 宏观税负较低

适度合理的宏观税负水平，是政府利用税收杠杆筹集财政资金的立足点，也是调节经济和分配的出发点。从表 3 周口市的宏观税负水平与全省平均税负水平相互对比可以看出，周口市的宏观税负 5.9%，全省的平均宏观税负为 9.5%，低于全省 3.6%，比黄淮四市中的商丘、驻马店分别低 0.9%、1.4%，宏观税负停留在较低水平，相应税收弹性在 0.7，显现出第一产业与比较高及其受相关经济要素的影响等。

4. 退税减税给税收带来的税收减收

近年来，周口市财税部门充分发挥职能作用，严格落实新的组合式税费支持政策，实现 2022 年全市退税减税降费及缓税费 53.91 亿元，对减轻企业负担、激发微观经济活力、促进经济持续增长具有重要作用。但同时也影响了地方财税收入。

5. 金融部门服务于实体经济的力度不够

2021 年，全市金融机构存款余额为 4368.51 亿元，贷款余额为 2008.36 亿元，存贷比失衡，一方面银行在受信用因素限制影响下，支持企业力度略显不足；另一方面部分经济实体创新力不足，产业结构优化升级的空间狭小，动力不足，推不出有足够吸引力、竞争力和高效率的项目吸引金融部门的投资。

（二）税收税源质量差异原因分析

从总体上看，周口市经济税收在全省及黄淮四市中处于较低发展水平，具体原因分析如下：

1. 产业结构不合理是造成差异的根本原因

从历史上看，周口市一直是国家黄淮海平原农业开发区和中原粮仓。近年来，周口市对第二产业、第三产业采取鼓励政策，第二产业、第三产业所占比重有所上升，产业结构得到了不断优化和升级。但是与全省及黄淮三市水平相比，周口市的产业结构仍然不尽合理，突出表现为：第一产业所占比重相对较大，且其所提供的初级农产品深加工不够，附加值较低，不能为第二、第三产业带来更多增加值。由于第一产业基本上不贡献税收收入，因而其比重较高也影响了税收收入和宏观税负的提高。

2. 经济运行质量整体不高是造成差异的主要原因

虽然周口市也有自己的支柱企业，但数量少，绝大部分还都是以传统产业为主。一是在经济税源发展上，整体区域缺乏支持经济发展的大型企业。二是产品结构层次及产出规模较低。三是高新技术产业发展缓慢，目前周口市附加值高、科技创新能力强、高成长、高税负的纳税大企业非常少，影响高质量税源培育壮大。

3. 税源监管略显滞后也是影响收入质量的关键因素

一是数字经济的复杂性、虚拟性和远程交易，容易存在纳税主体向税务部门提供的相关税收信息不全面、不准确等问题，出现部分税源监管存在缺位现象。二是先进数字技术应用相对不足。三是政府部门之间数据系统的互联互通程度还有待提高，各类系统之间存在的数据重复、数据口径不一、数据整合困难等问题尚未完全得到解决，数据利用效率和税收治理能力仍需进一步提升。

4. 扶持区域经济发展的协调性政策发力不足也是造成差异的重要原因

自 2022 年以来，周口市税务部门执行国家新的组合式税费支持政策和接续措施分批推出，全市累计办理增值税留抵退税 28.63 亿元，进一步激发了企业的整体活力。近年来受经济下行压力加大、大宗原材料成本上升等影响，实体经济普遍存在资金短缺情况，企业融资困难、融资贵的难题较为突出，由于受资金限制，全市中型以上企业数量少，大多为规模小效益差的小微企业。尤其是实力足、活力大的龙头非公有制企业很少，反映到经济与税收上增长上就显得潜力不足。

5. 地方财力不足也是难以支持引导战略性新兴产业高质量发展的因素

经济是税收发展的基础，只有高质税源才能促进税收增长，增强地方财政实力。一方面，周口市地方税收规模小，全市税收占比居于全省中下游位置，仍然依靠上级转移支付和财政补贴发展；另一方面，地方缺少财力支持引导，尽管近年来战略性新兴产业企业数量和产值显著增加，但从结构看，发展不平衡，仍有较多薄弱环节，主要表现为科技创新水平及成果转化效率较低，特别是核心技术匮乏，部分产业由于缺乏自主知识产权和核心技术，还处于产业链低端环节，产品附加值不高，科技成果转化效率低、效果有限。

五、加快税源建设实现高质量发展的思路建议

（一）把税源建设的着力点放在实体经济高质量发展上

党的二十大报告提出，建设现代化产业体系，坚持把发展经济的着力点放在实体经济上，推进新型工业化。这为经济高质量发展提供了根本遵循，指明了现代产业体系建设的正确方向。一是各类政策接续跟进。要稳住宏观经济大盘，就要充分发挥工业的"压舱石"作用，把工业稳增长放在重要位置，促进工业经济平稳运行、提质增效。二是工业稳则经济稳，工业好则税源好。既要充分发挥大型企业的"顶梁柱"作用，也要激发中小企业和民营企业的创新活力；坚持把制造业高质量发展作为主攻方向，加快传统产业提质发展、新兴产业培育壮大、未来产业破冰抢滩。

（二）把税收的增长点放在推动经济规范健康高质量发展上

要坚持稳中求进，用足用好政策，强化系统观念，构建极限思维。首先，要积极争取政策、用好政策，提前谋划布局，培育新兴税源，研究制定财政奖补政策，充分发挥产业引导基金和财政专项资金作用。其次，要把恢复和扩大消费摆在优先位置，充分发挥促进消费相关的增值税、消费税、车辆购置税及 2022 年财政部、税务总局《关于支持居民换购住房有关个人所得税政策的公告》等税收优惠政策作用，培育新型消费和服务消费，带动汽车消费和房地产市场健康发展，增强消费能力，继续释放税收政策红利激发内需潜力。

（三）把优化资源配置作为扩大税收规模的抓手

一是巩固区位内陆沙颍港口的通江达海优势。坚持"临港新城、开放前沿"发展定位，加快推进临港经济区建设，大力发展临港经济，将交通优势转化为产业发展优势，着力打造对外开放新平台；积极开通国际集装箱航线，尽快打通周口中心港至南京港、宁波港等国内主航线，打造河南海上丝绸之路新起点，推动周口由"黄土经济"向"蓝水经济"转型，切实将港

区打造成内陆对外开放新高地。二是努力抓好项目落地。牢固树立"落地为王、投产为胜"理念，全周期服务好项目建设，推动招商项目尽早落地建设、投产达产。

（四）把"以数治税"作为提升税收治理能力的"关键变量"

坚持以党的二十大精神为指引，将税收现代化置于中国式现代化的理论与周口实践发展中进行深入思考、谋划和推进，依托税收大数据，把"以数治税"作为提升税收治理能力的"关键变量"，推动税收现代化服务中国式现代化周口出彩篇章。

（五）把打造优质"软环境"作为铸就税源发展的"硬实力"

要聚焦税收现代化服务中国式现代化，找准时代坐标和职责定位，以更高站位、更大格局、更宽视野谋划推进税收工作。首先，要提高政治站位，增强企业服务意识。其次，要进一步落实有关税费政策。最后，积极主动解决企业融资难、融资贵问题。

六、结语

为了充分发挥税收在国家治理中的基础性、支柱性、保障性作用，以高质量的税收现代化助力高质量发展，推动中国式现代化，地方政府要在坚持发展中原粮仓的基础上，加快发展现代化农业，不断提高农业综合效益和竞争力；因地制宜、因城施策，坚持推进产业结构优化升级；以政策助力高科技企业、新兴互联网经济，培育优质税源；加强"以数治税"，精确执法、精细服务、精准监管、精诚共治。税源的高质量发展是一个螺旋上升的过程，前途是光明的，要坚持贯彻党的二十大精神，深入推进税收现代化，更好地服务中国式现代化。

（作者单位：河南省沈丘县财政局、河南省周口市财政局科学研究所）

在大企业纳税服务中推进内控体系建设的思考
——以第一税务分局服务新奥集团智慧税务平台实践为例

刘 伟 高 曼

做好内控管理是大企业可持续发展的永恒法则，具有重要意义。随着税收征管改革和智慧税务建设的持续深化，部分大企业的传统内部控制模式已经无法满足财税管理、降本增效、风险防控的客观需求，既影响大企业经济效益，又阻碍大企业高质量发展。廊坊市税务局第一税务分局基于"税企合作强内控，内控强则企业强"的准则，聚焦精准服务推进大企业内控体系建设，选取总部在廊坊的千户集团企业——新奥集团作为服务对象，助力企业实现智税化转型，帮助企业构建完善的内控监督评价体系，提高集团整体的税法遵从度。

一、基础和现状

（一）企业基本情况

新奥集团于1989年起步于河北廊坊，是国家税务总局千户集团成员单位，2022年经营总收入达1676亿元，纳税总额58.2亿元。新奥集团在廊的企业有74家，户数占廊坊千户集团的5.04%，纳税额10.4亿元，同比增长117.4%，税款占廊坊千户集团的6.14%。新奥集团以"创建现代能源体系、提高人民生活品质，成为受人尊敬的创新型智慧企业"为使命愿景，形成了贯通下游分销、中游贸易储运、上游生产的清洁能源产业链和涵盖健康、文化、旅游、置业的生命健康产品链，旗下有新奥能源、新奥股份、新智认知、西藏旅游4家上市公司。截至目前，新奥集团共有368个成员单位，服务范围覆盖27个省（市、自治区）的230多个城市，服务2681万个家庭用户、21万余家企业用户，雇员超过4万人，在廊企业雇佣的本地员工达9000余人，在促进就业方面发挥了重要作用。

（二）平台运行现状

新奥智慧税务平台于2021年正式上线，塑造了"连接、智能、体验"三大核心理念。"连接"是指新奥集团内部业务系统与税务"金三"系统无缝集成，实现了企业财税一体化；"智能"是指通过规则引擎、数据可视化建模等数字技术的运用，实现各类规则的动态配置，提高平台的扩展性；"体验"是指对标互联网产品，使界面更友好、操作更便捷，带给用户更好的人性化体验。新奥智慧税务平台具有集成开票、智能收票、纳税申报、预警监控、多维分析等多种功能。其中，"销项发票管理功能"通过 API 开票、扫码开票、批量开票等多种方式，实现发票集中电子化开具；"进项发票管理功能"可凭借 OCR 技术自动识别多种类型的发票；"纳税申报功能"自动汇集多个系统数据源，实现一键申报、一键缴款；"税务风险监控功能"助力企业实现对当期税务风险状况的整体评估和对指标实用性的科学评价，迭代提升指标库质量；"数据分析筹划功能"构建了大量数据分析模型，便于企业制定专项筹划方案，深层次促进企业税务管理工作模式转变。

二、问题和不足

（一）"发票开具"系统推广和集成难度大

一是开票设备不统一，统一开票系统推广难度大。新奥集团搭建了统一的发票云系统，开具纸质发票和电子发票，但下属企业使用航信、百望等开票设备，不同设备采用不同开票方式，难以推广统一的开票系统。二是内部业态多，业务系统复杂，集成难度大。新奥集团拥有多种业态，每个业态都有特定的业务交易系统，且均涉及发票开具场景，造成涉及业务系统的改造比较多，投入成本高。

（二）"取得发票"数据采集难、认证抵扣周期长

一是进销项发票数据采集难。新奥集团搭建的统一开票系统未在所有公司上线使用，平台无法自动获得未上线企业的开票数据。二是自动认证抵扣功能上线周期长。进项发票的认证抵扣应在增值税发票综合服务平台完成，新奥集团内部系统无法自动取得相关票据信息，只能采取手工模式。

（三）"纳税申报"系统对接难、工作量大

一是自动计税功能同步调整工作量大。二是税企直连申报接口打通难。三是印花税自动计税推进慢。

（四）"税务风险"筛查精确性差、智能化程度低

在"税务风险"监控方面，新奥集团配置了112个税务风险指标，能够定期扫描企业涉税风险，但整体精准度不够，在实际操作中还需要结合人工分析，指标指向性也需进一步提高。

三、需求和期盼

（一）"开具发票"覆盖面需要进一步拓展

智慧税务平台虽可实现不同场景下的发票开票，但面临上线配置复杂、开票不顺畅、成本高、推广慢等难题。税务相关部门应在全电发票上线后，及时为新奥集团开通"乐企平台"接口，让集团能够通过统一申请搭建好统一的发票开具中心，并快速应用于全部下属企业，切实实现高度集成。

（二）"取得发票"服务端需要进一步开通

当前，部分省份上线全电发票系统后，进项发票的认证抵扣也随之迁移到电子税务局，原数字证书已不再使用。相关税务部门应基于全电发票系统，第一时间提供新的发票数据下载接口，进一步满足企业申报需求。自动认证抵扣功能同样依赖税务数字证书，已上线全电发票的省份面临无法使用的问题。税务部门应关注新奥集团实际需求，提供新的勾选认证接口，让位于不同省份的企业顺利度过全电发票上线的过渡期。

（三）"纳税申报"新场景需要进一步完善

鉴于除河北外的多数省份尚未完成税企直连对接，只能通过第三方服务商进行申报，申报效率较低，而且不同省份存在差异，希望国家税务总局提供统一的税企直连申报口，实现一次接入、全国通用。同时，税务相关部门应主动出击，开放更多接口，拓宽服务广度，助力企业构建涵盖税费核定信息、纳税信用等级、入库金额查询等多重办税场景的智慧税务平台。

（四）"税务风险"新模式需要进一步开启

企业为进一步丰富税务风险指标，提高指标筛查的精准性，未来将根据企业实际案例不断增加指标数量，并根据各行业公司特色配置更有针对性的指标，设计联动性指标来进行风险筛查，提高准确性。税务部门要构建税企连心桥，积极与新奥集团总部建立信息交互机制，分享税务风险指标，有针对性地加强风险监控、预警指导，丰富平台的风险模型，将涉税风险的事后监督转变为事前预判，有效降低企业涉税风险。

四、措施和建议

（一）做好"勤务员"，助力税企直连更顺畅

平台要想实现智能开票、纳税申报、预警监控等多种功能，必须与税务局端进行数据共享及交换。税务部门要针对大企业的经营特点，通过精细服务举措，定期开展内控调查和节点分析，主动了解企业困难和需求，及时获取企业内控机制建设管理意见建议，探讨分析与税务局端对接集团资料的可行性，助力税企直连更顺畅。

（二）做好"辅导员"，助力政策落实更规范

一方面，税务部门要通过梳理行业税收政策、编写行业风险指引、研究税收热点难点，及时向新奥集团推送政策指引，以个性化服务防范税收风险，不断完善新奥智慧税务平台监督机制；另一方面，通过与大企业决策层面对面交流，共同探讨税企间政策理解偏差问题，规范涉税处理，帮助企业有效防范涉税风险。

（三）做好"技术员"，助力平台运转更高效

一是税务部门应结合税务专业管理，依托各类财税数据，帮助新奥集团构建大量数据分析模型，开展系列税务分析，推动企业关注涉税数据，以数据驱动运营。二是运用预警指标，帮助企业从集团层面排查小型微利企业，推进办理一般纳税人转小规模纳税人，及时申请增值税期末留抵税。三是税务部门应打通企业和税务的沟通链条、信息链条，推动双方信息互联共享，助力企业与税友团队实现接口文档、接口开发等对接。四是税务部门应为企业提供办公电脑，用于接口测试及内部网络支持，助力企业完成初步数据灌装、直连测试和修正，进一步实现各个税种的税企直连。

（四）做好"推广员"，助力内控体系更完善

当前，互联互通、高度集成的智慧税务平台在新奥集团取得了不少成绩，可在其逐步成熟之后，由国家税务总局牵头，从上至下，将平台推广至更多大企业，提供常态化、长效化、个性化包保服务模式，促进大企业内控管理水平再上新台阶。

（五）做好"推动员"，助力税务管理更精准

《关于进一步深化税收征管改革的意见》明确指出，2025年基本建成功能强大的智慧税务。税务部门应该深刻领会有关要求，推动税务工作高质量发展。当前，新奥集团以"税企数据直连互通"为切入点的智慧税务平台是相对成功的经验。税务部门应高度重视此类平台的建设，尽早推动税务部门和企业实现管理的自动化、数字化、精确化，携手实现税收现代化，为中国式现代化贡献税务力量。

（作者单位：国家税务总局廊坊市税务局第一税务分局）

对加强集中深度分析的思考和建议

杨广胜

随着税收征管改革的进一步深化,如何构建"无风险不打扰、有违法要追究、全过程强智控"的税务执法新体系,不断提升税务执法的规范性和精准性,是各级税务机关需要研究和实践的重要课题。句容市税务局充分发挥先行先试作用,以实现精确执法为目标,积极探索集中深度分析在风险应对中的重要作用,并就运行过程中存在的问题提出思考和建议。

一、集中深度分析工作在风险应对中的初步实践

句容市税务局深入贯彻改革总体要求,紧密结合风险管理应对工作实际,按照做好任务统筹、把好集中深度分析和集体会商审议两个关键环节的要求,对集中深度分析进行积极探索和实践,把集中深度分析真正落到实处。

(一)规范集中深度分析的组织开展

深刻认识和牢牢把握"集中深度分析是提升应对质量效率的前提基础和重点关键,应对质量成效是体现集中深度分析的精确程度和能力水平"两者之间的内在和必然联系。由风险部门牵头组织,各团队具体落实,抽调业务骨干组成分析小组,按照集中深度分析相关要求,对下达的应对任务认真开展深度分析。各分析小组进行深度分析后形成指向明确的纳税人风险疑点清册,按户制作和发送纳税人易理解、可修正、好操作的提示提醒函件,开展对纳税人的提示提醒和辅导。

(二)提升集中深度分析的能力和水平

在风险应对过程中,紧紧抓住集中深度分析这个首要关键环节,注重业务能力的提升和实践培养,确保集中深度分析的质量。一是积极选派业务骨干参加镇江市税务局组织的深度分析集中办公,通过实战演练、交流讨论,增强对集中深度分析重要性的认识,提高对风险疑点的精准把握和分析能力。通过集中办公这种形式,达到了以练促学、以点带面、以上率下的效果。二是充分利用《深度分析操作指引》和《高频事项应对手册》,结合各应对部门的实际情况,积极进行探索和实践,努力提高集中深度分析的质量。例如,风险股要求应对人员对全部风险任务的疑点进行认真分析,然后通过现场交流的形式对风险疑点发表自己的看法,最终形成精准的疑点应对任务,再安排具体人员进行应对。二分局根据应对人员的业务专长和对税种的熟练程度,按税种对疑点进行深入精准分析,然后通过会议进行讨论,确定应对的重点。

通过上述积极探索,深度分析质量明显提升,为风险应对质效的提升打下了坚实基础,风险应对任务的完成效率、应对成效和案卷质量均大幅提升。

二、集中深度分析在执行过程中存在的问题

集中深度分析是一项全新的工作,要求集中深度分析人员需要有吃苦耐劳的奉献精神、扎实的业务功底、熟练的系统操作和数据应用能力以及超强的分析本领,但集中深度分析在执行过程中还存在一些问题。

(一)思想认识不到位,对集中深度分析重要性的认识不够

有些人认为集中深度分析对提高风险应对质量至关重要,但分析起来太消耗时间,需要投入大量精力、查找大量数据,而且分析出来的疑点未必能够得到应对人员的认可,投入的时间、精力和成效不成比例,不愿从事集中深度分析工作。少数人员认为专门集中人员开展深度分析是风险应对提示提醒策略应用的一个规定程序和要求,却没有一个模板标准和具体格式,不知道如何做,也太耽误时间,意义不是太大,完全没有这个必要,还不如把任务(户数)直接下发给应对人员方便快捷。

(二)开展集中深度分析的机制不够健全和完善

一是团队化运作机制尚未形成。有的团队没有认真落实集中深度分析要求,有的团队虽然开展了集中深度分析,但没有很好地执行和落实,重形式而不注重实效,没有真正发挥集中深度分析的作用。二是对集中深度分析的成效缺少跟踪和验证,对分析的问题运用是否充分跟踪不够,对分析质量缺少后期追踪。三是对集中深度分析在风险应对中的重要性的宣传不够,愿意从事深度分析的人员少,缺少相应的肯定和激励措施,付出与回报不对称、同酬不同工的问题较为突出,在一定程度上影响了分析人员的积极性和获得感。

(三)强化数据支撑,运用大数据提升集中深度分析的能力还不够

对风险管理平台、智能分析工具的应用远远不足。由于缺乏规范化的操作培训平台和针对性的技能培训辅导,目前多数人员存在对省局大数据资源库、大数据平台、核心征管系统以及BIEE智能分析工具不熟悉、不精通甚至不会用的情况,不知道数据有哪些、数据在哪里、数据怎么用的问题比较突出。省局数据管理平台和智能分析工具的应用频率较低,影响了以数治税的能力和深度分析的质量。

(四)风险信息集成有待加强,外部涉税数据的支持力度不够

当前,开展深度分析主要依托内部数据进行疑点分析和排查。而内部数据主要源于纳税人的基础信息、税收申报数据、财务报表数据以及上下游发票数据,其基础数据的全面性、准确性全部依赖纳税人对税法的遵从度,而很少有第三方涉税数据的分析运用,疑点分析均以内部数据分析为主,导致征纳双方信息不对称,以致征管系统中相当一部分数据失真或过时,在一定程度上造成了深度分析的不精准,进而影响了风险应对工作的质量。

三、做好集中深度分析的思考和建议

(一)统一思想,强化对集中深度分析重要性的认识

随着专业化风险应对机构的设立和机关实体化的运行,开展集中深度分析成为风险应对过程中必不可少的一个重要环节。风险应对人员要切实统一认识,转变思想观念,深刻领会精确执法、精准监管的内涵和实质,深化应用以大数据动态监控为主要特征的税务执法新方式,深刻认识集中深度分析是做好风险应对的关键步骤,是保证风险应对质量的基础。要彻底摒弃集

中深度分析是走过场、搞形式的想法，在风险应对过程中真正把集中深度分析落到实处，从而构建公平公正的执法环境。

（二）统筹谋划，建立健全集中深度分析的工作机制

健全的工作机制是实施集中深度分析的制度保障。一是建立集中深度分析团队，在市局机关和专业应对分局选调一些政治素质硬、逻辑思维强、业务根基实、深度分析细的业务骨干成立集中深度分析团队。团队既要有相对固定的人员，也要有一定的灵活性，可根据风险任务的特点临时选调具有专业特长的人员加入。二是建立统一的集中深度分析流程和操作指南，确保集中分析工作标准化，增强深度分析工作的规范性和可操作性，为不同等级、不同行业、不同税种的风险应对任务提供差异化分类应对措施及策略提供有效参考和指引。三是建立集中深度分析内控评价机制，加强对集中深度分析产生疑点应对情况的跟踪，确保每一个疑点都落到实处，切实把分析出来的疑点转化为税收。同时，加强对疑点分析的评价和应用，并对风险疑点指标和模型的完善提出建议。

（三）多措并举，加强集中深度分析人员的能力建设

一是强化培训，提升系统操作能力和应对技能。有效借助和充分利用镇江市税务局"大数据和风控中心"培训平台和"每周一练"培训形式，全面加强大数据应用平台操作技能培训。以专题式、小班化为主要方式，积极采取线下集中辅导，通过个人观点阐述、现场演示操作、进行案例交流、组织实战演练等多种形式，重点开展税收政策业务、平台操作、智能分析工具、数据分析应用的针对性培训，切实提升集中深度分析能力和水平。二是采取专、兼职相结合的方法充实壮大集中深度分析人员队伍，采取"以老带新""师傅带徒弟"的方式加强深度分析人才培养，打造一支懂税收业务政策、会数据应用分析、能进行系统操作的集中深度分析团队，进一步提升风险分析的精准性，提高风险应对能力、风险管理质效。三是实施正向激励激发干部内生动力。坚持"以工作实绩论英雄"的正向激励原则，对于在集中深度分析工作中成绩突出的人员，在人事管理、综合绩效考核、年度评先评优、干部选拔任用上给予倾斜和优先考虑，用激励机制来提升分析人员的获得感和成就感，从而形成愿意来、留得住、干得好的深度分析工作新局面，有效推动风险应对工作质量的整体提升。

（四）拓宽渠道，深化风险管理应对涉税数据采集应用

数据的全面、真实、准确是深度分析质量的保证。当前，税务机关内部税收数据已实现集成和汇总分析，但其准确性需要通过外部涉税信息进行验证。这就需要我们充分发挥主观能动性，通过不断加强外部沟通，拓宽信息获取渠道，获取不同层级的涉税信息，并将相关有效外部信息纳入大数据平台，开展多渠道、多角度的分析应用，以验证风险疑点的准确性，从而为提高风险应对质效打下坚实基础。

（作者单位：国家税务总局句容市税务局）

防范重大税收风险研究

丁　峰　胡玉杰

中共中央办公厅、国务院办公厅印发《关于进一步深化税收征管改革的意见》，为建成"无风险不打扰、有违法要追究、全过程强智控"的税务执法新体系，以"双随机、一公开"监管和"互联网＋监管"为基本手段、以重点监管为补充、以"信用＋风险"监管为基础的税务监管新体系指明了前进的道路和方向。但是，受制于税收风险点的庞大性和隐蔽性、监管力量薄弱性、税务队伍缺乏能动性等现实因素，在深入推进精确执法、精准监管方面还存在不可忽视的窘境。本文从基层税务干部的视角，浅谈对防范重大税收风险的认识。

一、征管体制改革背景下税收监管的困境

（一）税收数据质量良莠不齐

一方面，基础数据质量难保证。目前，税收基础数据大多依靠纳税人自行填报，数据质量不高。这主要有三个方面的原因：一是信息采集缺乏统一、明确的标准和审核程序，对填报内容的真实性、有效性难以审查，易形成垃圾数据。二是自行填报数据对纳税人自身素质水平的依赖性大，报送数据的质量难免参差不齐。三是有的纳税人存在故意瞒报等行为，导致申报资料不实。另一方面，数据应用不健全。上级推送的疑点数据不够完整，有时未对取数口径、规则、指标作说明，县局难以分类定位到对应管理分局，导致精准监管质量和效率受到影响。

（二）风险防范手段应用欠缺实效

一是指标设置不够合理。在日常税收风险管理中，仍存在风险指标设置单一、上级管理与基层管理脱节等问题，没有形成上下联动、良性互动的风险防范长效机制。二是复杂监管能力不足。对于恶意虚开、偷税、骗税等税收违法行为，税务机关存在检查难、取证难、定性难等问题，对企业缺乏强有力的监管措施，致使部分企业存有侥幸心理，难以提升税法遵从度。三是风险识别相对滞后。目前，税务机关对虚开发票等风险的识别往往具有滞后性，常常是纳税人已经虚开、申报甚至走逃后，税务机关才被动地开展事后打击。四是网格化管理欠缺刚性。全面取消税收管理员固定管户制度，由"管户制"向"管事制"的税收管理模式转变，是从以管理为主到以服务为主的税收理念的转变，也是从"以人管税"到"以数治税"的管理方式的提升。但是，这在一定程度上导致基层税收网格员责任意识淡薄，缺乏对纳税人的全面了解，弱化了税源基础管理。

（三）部门信息共享存在壁垒

从税务系统内部来看，不同信息系统间仍存在数据传递不畅的问题。各省税务部门之间的税收数据交互壁垒尚未完全打破，省局间数据不联动的问题日益凸显。从税务系统外部来看，税务机关与地方政府、税务机关与地方各委办局之间的数据孤岛仍然存在。目前，税务部门与

市场监管等部门的信息共享还不到位，对货物流、现金流等信息难以及时监控，资金结算与纳税人申报不匹配等问题难以及时被发现。

二、基层内部在税收风险防范中存在的问题

（一）思想认识不到位

一是部分税务干部对税收风险的认识还不到位，对于存在哪些重大税收风险、如何防范这些风险没有系统的认识，即使在工作中遇到复杂事项，也较少从深层次对其进行研判。二是个别部门对防范重大税收风险缺少参与意识，认为风险防控是特定业务部门的事，与本部门无关，欠缺大局意识，只是被动完成本部门常规的工作任务，缺乏主动作为的态度和热情。三是部分干部对复杂风险防范事项存在畏难情绪。部分干部凭借多年工作经验，对风险领域和事项有较为全面的把握，但出于"多一事不如少一事"的心态，对风险问题放任不管。部分干部对风险防范缺乏全面把握和深入了解，"心有余而力不足"。

（二）考核机制不科学

一方面，缺乏正向激励机制。在上级对基层一线执法及服务人员考核方面，只有考核扣分机制，没有激励机制，更没有物质激励机制，同时晋升渠道窄且晋升速度缓慢，干部对职业发展前景普遍缺乏积极预期。长此以往，导致一线执法及服务人员的工作获得感和职业认可度较差。另一方面，缺乏容错机制。单方面强调执法责任追究的重要性，同时执法督察频次高、指标多、疑点数据庞大，即使是非常小的操作失误，也可能引起责任追究，而在发生执法督察问题时，往往只考虑维护纳税人权益，不考虑维护税务干部合法权益。这导致部分税务干部对工作有抵触情绪。

（三）人力资源不均衡

一方面，基层存在人力资源数量和结构上的困境，业务骨干少，业务量与人力资源数量不匹配，干部年龄断层严重，能干事肯干事的人员少且承载的工作量大、任务重。另一方面，新征管体系建设进一步深化完善丰富，智慧江苏税务迅猛发展，征管核心系统、电子税务局、自然人电子税务局、"江苏税务"APP等信息系统以及大数据平台等工具全面深度应用，对税务干部特别是年龄较大的干部提出了更高的要求，而部分干部工作方法老化、僵化，缺乏信息系统应用能力和大数据分析能力。

（四）工作任务不实际

基层工作存在时间紧、任务重、要求高、重复多、压力大的问题，不仅工作量大，而且要应对各层级、各条线的各种考核、督查以及明察暗访，可谓"上面千条线下面一根针"，导致本来应该最了解实际情况的基层人员疲于奔波、忙于应付。上级在下发任务或布置工作时，对基层干部的工作量、承受力及风险度考虑不充分，对纳税人经营活动的影响考虑不全面。

三、关于如何防范重大税收风险的一些思考

（一）建立数据监管体系

税收风险防范的本质是对数据进行采集、加工、处理、分析和应用，数据采集管理是税收风险分析的基础。在大数据条件下，税收风险监控体系的构建首先要着力于海量、动态、多样涉税数据的有效集成。在内部数据方面，要进一步打破不同系统、地区、层级间的数据屏障，

着力推进税务系统内部数据的有机贯通，通过各部门、各系统涉税数据的集成，为税收风险管理提供全量数据支撑，同时进一步对基层开放相关查询权限。在外部数据方面，进一步推动税务部门与市场监管、住建、法院、检察院等部门建立常态化、制度化数据共享协调机制和信息传递机制，通过协商、采购、合作开发等方式，获取公共服务机构、相关企业及第三方平台等方面的数据，实现涉税数据跨部门、跨层级、跨地区的汇聚融合和深度应用。

（二）优化风险指标模型

大数据为风险识别指标模型的构建提供了海量数据和深度挖掘技术，但由于大数据的混杂性和容错性，以及业务的复杂性，现有的风险指标模型还不能完全精准识别覆盖所有的微观风险点。要进一步优化现有的指标模型，编制更加个性化的风险分析指标，完善模型应用，聚焦行政执法的源头、过程、结果等关键环节和重点执法领域风险事项，结合本地实际深度开展分析研究工作，积极研究改进措施，有的放矢，实现专业化执法。

（三）建立动态监管体系

积极构建事前、事中和事后的动态税收风险管理体制，推动税收风险从静态管理向动态防控转变。实施风险动态监控，就是将风险点嵌入事前、事中的管理链条中，改变过去以事后风险管理为重点的监管方式。推行"信用＋风险"的税收风险动态监管，以分类分级管理为基础，以风险管理为导向，充分运用大数据，对纳税人缴费人进行信用和风险画像，根据纳税人的动态信用状况和风险等级，通过涉税事项的事前服务提醒、事中更正提示和业务阻断、事后快速响应，开展风险预测、监控、防范和应对的全景式动态管理，实现动态"信用＋风险"与税收管理服务深度联动融合的智能、精准、及时的新型税收监管。

（四）强化智能分析应用

BIEE 智能分析工具带来了税务系统大数据应用的新模式，由原来的业务人员从各系统查询数据、从不同模块拼凑涉税信息，变为在一个界面自主确定分析角度、自由选择数据、灵活跨表取数、智能组合应用。自 2023 年以来，省局在全省税务系统组织开展"以数治税"能力提升活动，极大提升了广大税务干部的大数据分析应用能力，是改进工作方式、提升税务执法和监管能力的一支"强针剂"。基层单位应充分认识到"以数治税"的重要性，保持积极开放的心态，进一步强化 BIEE 智能分析工具的应用。一方面，结合本地税务执法和监管实际，基于 BIEE 智能分析工具自主开发实用的数据产品，满足本单位、本部门个性化数据分析需求；另一方面，深入开展系列培训、实操活动，让更多干部知晓 BIEE 智能分析工具有什么用、怎么用，学会自助选取数据分析口径，定制个性化精准查询模型，充分发挥大数据生产要素在新征管体系中的核心驱动作用。

（五）改进人力资源结构

要进一步优化人力资源结构，最大限度地调动人力资源优势。一是合理调整税务机关内部行政、业务机构的人员比例，在人员配置方面向税源管理、征收管理、风险管理等业务岗位倾斜。二是建立激励考核机制，将政治待遇和经济待遇向业务岗位倾斜，坚持以精神激励为主、物质激励为辅，以正面激励为主、负面评价为辅，营造奋发有为、奋勇争先的工作氛围，让想做事、能做事的人有盼头，充分调动干部的主动性和积极性。同时，强化监督考核，对不愿为、乱作为的人从严处理，为工作落实提供有力保障。

（六）全面提升队伍素质

人是一切事物的根本因素，只有转变干部思想，提升干部队伍整体水平，才能达到事半功倍的效果。一是针对不同岗位人员的实际需求，分类、分层、分岗组织培训，提高各岗位精准监管的能力，实现专业化、精细化管理。二是大力培养和引进会计、统计、法律、信息技术等专业的复合型高素质人才，持续优化基层税务监管队伍的年龄和知识结构，加强中青年干部的轮岗交流，使他们在不同岗位上得到锻炼，不断提升队伍综合素质。三是强化执法监督，在聚焦税收主业的基础上，紧盯税收管理、执法、服务，在严管中体现厚爱，围绕弱什么、强什么，及时出台鼓励和保护干部干事创业落实措施，稳步提升税务队伍整体素养。

（七）健全内控监督体系

做到监督有力才能防止执法随意。一是探索构建全面覆盖、全程防控、全员有责的税务执法风险信息化内控监督体系，将税务执法风险防范措施嵌入信息系统。把组织开展税费政策落实、风险应对和税务执法督察等融会贯通，实现事前预警、事中阻断、事后追责。二是积极配合审计部门强化对税务执法行为的监督，建立健全配合外部审计工作机制，理顺配合流程，有效完成核实问题、落实整改、研究反馈等工作。抓住"关键少数"，突出对权力集中人员和岗位的监督，科学设定触发预警的指标区域，及时发现线索，防止发生重大问题。三是对于一些简单的操作失误和微小执法过错，经调查岗核实确认后，用陈述申报、解释说明代替执法追责，努力寻找防范内外部风险与保护干部的平衡点。

（作者单位：国家税务总局扬中市税务局）

新时期非税收入征收管理的研究

卓玉梅　吴明烦

一、非税收入的概念

非税收入是政府参与国民收入分配的一种重要形式。随着现代化财政体系的建立，其存在的合理性和必要性日益凸显。在我国，非税收入是指除税收收入之外，由各国家机关、事业单位、代行政府职能的社会团体以及其他组织，利用国家权力、政府信誉、国家资源（资产）所有者权益等取得的各项收入。

二、非税收入存在的主要问题

我国最早出现"非税收入"一词是在2001年国务院办公厅的文件中，2003年首次对"非税收入"范围做出比较明确的界定。自"非税收入"一词出现至今已走过20余年的历程，我国非税收入管理取得了重大进展和显著成效，但还存在以下不足。

（一）法治化程度不高，信息透明度不够

1. 法治水平有待提高

目前，我国非税收入管理最高层级的文件为《政府非税收入管理办法》。长期以来，我国非税收入政策文件普遍以部门规章甚至是规范性文件的形式存在，法律层级不高，效力层级也因此受限，政策规定缺乏系统性，在一定程度上削弱了征管的法定性。

2. 预算管理有待完善

众多部门拥有征管非税收入的权责，均有权调配财政资金，导致非税收入预算编制分散。在当前公布的财政统计年鉴中，未按非税收入项目——公开收支情况，让数据使用者不能清晰明了地掌握非税收入收支状况。

3. 监督体系有待健全

非税收入管理涉及部门多，存在部门职责不清、分工不明的问题，出现了监督"缺位"现象。同时，各环节透明度不高、信息化程度低，公开内容范围窄、不详细，导致监督者与被监督者信息不对称，出现了监督管理"缺口"。

（二）征管体系不健全，信息共享不够

1. 管理主体分散，存在多头管理

目前，财政部门作为所有非税收入项目的主管部门，内部没有一个统一归口的部门专司非税收入管理。除部分已划转税务部门征收的非税收入项目外，教育、交通、民政等诸多部门都有相应的征收项目，缴费义务人"一对多"现象普遍存在，增加了缴费成本。

2. 信息系统缺乏，存在信息壁垒

目前，非税收入征收和管理无统一的信息系统，各部门间信息系统相对独立，数据共享难度大，系统间不能实现高效衔接，极易造成征管脱节，影响征管质量和水平。

三、加强非税收入管理的启示

非税收入是财政收入的重要组成部分，规范非税收入管理是财政管理制度改革的重要内容，持续推进非税收入管理改革，对于构建高效、统一的现代财政收入体系具有重要的意义。

（一）完善非税收入法治体系

1. 加快法治建设步伐，坚持非税收入法定原则

全面依法治国是中国特色社会主义的本质要求和重要保障，要按照现行立法程序加快我国的非税收入立法进程，制定《中华人民共和国政府非税收入法》对非税收入的主体、客体、基本内容作出原则性规定，推动非税收入项目立法，提升现有政策层级，建立包含非税收入基本法和专项法的法律体系，为非税收入管理提供基本规范，推动现代财政制度建立。

2. 完善预算管理机制，严格非税收入收支管理

非税收入与政府对经济活动的干预紧密相连，是政府合理利用不同收入渠道对经济进行宏观调整、实现资源优化配置、合理分配收入，以及稳定经济的重要手段。构建完善的预算管理体系，以规范性、合理性为预算管理的基本原则，由财政部门严格按国家预算管理要求执行非税收入预算管理，统一布置、统一编制、统一审批、统筹安排。

3. 构建监督管理机制，加强非税收入监督管理

非税收入不仅是政府财政收入的筹集方式，也是社会治理的重要手段，与人民群众的生活息息相关。非税收入监管影响政府廉洁和效率，更重要的是关系广大人民群众的切身利益。首先，建立科学合理的监督体系，明确非税收入各环节各部门监管职责，加强人员培训，提升人员监管意识，形成多层次的内部监管体系。其次，定期分级、分项详细披露非税收入相关信息，坦诚接受社会各界的监督，建立公开透明的监管机制。

（二）优化非税收入征管体系

1. 建立"四个统一"征管体系

规范各部门职能职责，逐步建立"政策、管理、征收和监督"四方统一的非税收入管理模式。一是政策统一。将政策管理统一归口于财政部门，各级财政部门发挥非税收入管理总牵头作用，做好政策制定、解释工作。二是管理统一。各非税收入项目主管部门强化各项目日常管理，为征收奠定扎实基础。三是征收统一。取消现行多部门分散征收方式，将征收范围较为普遍、征收标准相对统一的非税收入项目统一集中于一个部门，由其专门负责非税收入征收。四是监督统一。将监督职能归口于审计部门，强化对非税收入管理的全流程监督。

2. 坚持"消转改留"清理原则

国家多次提出要为市场主体减轻负担，坚决取消不合理收费。对现有非税收入项目，充分考虑其性质、设立目的及征收依据，按"消转改留"原则，加快进行清理，完善"税收收入为主体，政府收费为辅助"的政府收入体系，促进非税收入项目设定的合理化、科学化，减轻市场主体负担。"消"即取消政府为提供普遍性公共服务和实施公共管理而收取的费用，改由财政预算统筹安排；"转"即将根据公共权力征收且收入比较稳定的项目和具备强制性、无偿性、

固定性特征的项目转变为税收收入;"改"即遵循市场经济规律,将能够由市场行为自行调节、合理定价项目改为经营性,并依法征税;"留"即保留政府实施特定管理或提供特殊服务,以及对国有资源(资产)有偿使用收取的必要费用,实行规范化财政收入管理。

(三)健全非税收入信息化体系

1. 规范统一的非税收入数据系统

将全国非税收入基础数据与业务数据集中保存在国家数据中心,分级分类授权,搭建省级集中的属地化数据库,打通部门间信息壁垒,充分利用大数据优势,实现财政部门、项目主管单位、征收单位等数据实时共享,为收入监控、统计分析等提供数据支撑,提升非税收入经济贡献率。

2. 完善统一的非税收入政策法规库

汇集全国所有非税收入政策文件资料,按非税收入项目类型分类成集,以便使用者查找;自动更新文件及文件解读,筛出年限久远文件,及时修订,实现文件的定期维护;设置智能机器人,自动检索政策使用者关心的政策热点,根据使用者类型编制热点问答,实现线上自动答疑,收集使用者对政策的意见建议,为进一步修订非税收入政策提供群众意见。

3. 构建统一的征管一体化信息系统

以"数据标准统一、业务衔接畅通、缴费服务便捷"为标准,构建一套多层次、全方位的操作和监控一体化系统,连接数据系统、政策法规库,将操作痕迹都刻录到系统中,逐环节校验,全程监控业务办理动态、资金流向,对异常数据情况自动判断,形成事前控制、事中监管、事后稽核的监管机制,实现对非税收入业务办理的动态监控,提高非税收入业务办理效率。

(作者单位:国家税务总局达州市税务局)

关于加强税收征管改革的研究

施吉华　赵廷喜

近年来,随着我国国民经济的快速发展,税收制度改革不断深化。2018年,国税、地税合并后,税收征管改革的力度进一步加大;2021年3月,中共中央办公厅、国务院办公厅印发了《关于进一步深化税收征管改革的意见》,更是把税收征管改革提到了前所未有的高度,使之成为当前税务系统的中心工作和重中之重。

一、深化税收征管改革的前提基础和实施背景

一是深化税收征管改革是顺应现代经济发展形势的需要。近年来,随着我国经济的快速发展,原有的税收征管模式、管理体制机制越来越不适应经济发展的形势,必须持续不断地深化税收征管改革,使之适应现代经济发展的需要。二是深化税收征管改革是充分发挥税收职能作用的需要。伴随着我国经济的高速发展,税收的职能作用发生了根本性变化,已由过去的强制性、固定性、无偿性转变为现在的基础性、支柱性、保障性三大作用。三是深化税收征管改革是推进国家治理体系建设的需要。税收是国家财政收入的重要来源及国民经济无可替代的调控手段,也是国家治理体系和治理能力建设的重要组成部分,发挥着越来越重要的作用。四是深化税收征管改革是执行中央改革决策部署的需要。为深入推进税务领域"放管服"改革,完善税务监管体系,打造市场化、法治化、国际化营商环境,更好地服务市场主体发展,中共中央办公厅、国务院办公厅印发了《关于进一步深化税收征管改革的意见》,提出了明确要求和完成时限,作为政治机关的税务机关必须无条件地坚决执行、推进落实。

二、深化税收征管改革的指导思想和基本原则

(一)征管改革的指导思想

以习近平新时代中国特色社会主义思想为指导,围绕把握新发展阶段、贯彻新发展理念、构建新发展格局,以"争当表率、争做示范、走在前列"的精神状态,认真贯彻落实相关意见、方案要求,以深化完善丰富新征管体系为重要举措,全面推进精确执法、精细服务、精准监管、精诚共治和智慧税务建设,努力为"强富美高"新江苏建设做贡献。

(二)征管改革的基本原则

坚持党的全面领导,把加强党对税收工作的全面领导贯穿新征管体系建设全过程;坚持促进遵从,把促进遵从确立为深化完善丰富新征管体系的立足点和根本点;坚持统一高效,统一规范税收征管体制机制、征管事项、征管流程、征管方式,加快征管科学化、规范化进程;坚持依法行政,依法理顺征纳双方权利、义务关系,不断优化税务执法方式,着力提升税收法治化水平;坚持便民利民,进一步加快税费服务一体化进程,完善利企便民服务措施,降低纳税

人缴费人制度性交易成本；坚持服务发展，积极融入江苏经济社会发展大局，提高税收服务国家和全省高质量发展的能力。

三、深化税收征管改革的总体思路和工作目标

到 2025 年，建成国内领先、国际先进的现代化税收征管体系，"智慧江苏税务"以及税务执法、服务、监管水平全方位提升，对全省治理体系和治理能力现代化建设形成强大支撑。

四、税收新征管体系建设的基本框架和主要内容

（一）创新税收征管模式

一是确立新的征管模式。着力打造"以自主申报纳税缴费为基础，以智慧税务、精诚共治为依托，精确执法，精细服务，精准监管"的征管模式。

二是坚持自主申报制度。依法还责还权于纳税人缴费人，积极引导、大力推进纳税人缴费人自主遵从税费法律法规，自主进行申报准备，自主计算应纳税费额，自主选择办理渠道，自主选择享受税费优惠，自主选择税务代理、充分获取涉税涉费信息，依法维权、实施法律救济等。

（二）丰富改革主要内容

1. 健全税务执法新体系

坚持依法治税，以科学精确执法为导向，以深化细化分级分类为重点，以全面实施提示提醒前置的税务执法新方式为突破口，率先建立"无风险不打扰、有违法要追究、全过程强智控"的税务执法新体系。

2. 健全税费服务新体系

坚持以纳税人缴费人为中心，以全面提升获得感满意度、全面优化税收营商环境为目标，以"智能化、精细化、标准化、社会化、一体化"五化建设为统领，以税费服务一体运行为重点，以全面实施"线上办税一揽子提升"项目为突破口，率先建立"线下服务无死角、线上服务不打烊、定制服务广覆盖"的税费服务新体系。

3. 健全税务监管新体系

落实加强税务监管的总要求，以"以数治税"分类精准监管为导向，以强化各级各部门税务监管职能为重点，以防范和化解重大风险为突破口，率先建立以"双随机、一公开"监管和"互联网＋监管"为基本手段、以重点监管为补充、以"信用＋风险"监管为基础的税务监管新体系。

4. 健全协同共治新体系

坚持税费综合协同治理，以深化信息共享为突破口，以持续推进税务执法、税费服务、税务监管协同共治为重点，充分发挥双重领导体制优势，全面建立"党政领导、税务主责、部门合作、司法保障、社会协同、公众参与"的税费协同共治新体系，有效发挥税费协同共治效能。

5. 健全智慧税务新体系

坚持技术引领、"以数治税"，以驱动管理创新、制度变革为导向，以深化大数据和信息化应用为重点，以发票电子化改革为突破口，以强大的基础设施为依托，以科学高效的运维体系

为支撑，以稳固严密的信息化网络安全体系为保障，率先建成高集成功能、高安全性能、高应用效能的智慧税务新体系。

（三）理顺改革主要关系

一是坚持把深化、完善、丰富、优化高效统一的新征管体系作为重要举措，以智慧税务建设为驱动，深入推进精确执法、精细服务、精准监管、精诚共治。二是坚持把税务执法、税费服务、税务监管三个体系作为新征管体系建设的主攻方向，把智慧税务、协同共治两个体系作为新征管体系建设的基础支撑，做到统筹布局、集成推进。三是坚持把精确执法、精细服务、精准监管三位一体作为核心重点。

五、税收新征管体系建设的工作重点和主要任务

健全职责清单制度。按照税务执法、税费服务、税务监管、税费协同共治、智慧税务、内部事务六大类，全面优化征管职责清单，逐条明确流程、标准、时限、岗责。

规范统一征管流程。建立健全基于事前事中事后、全链条、全流程税务监管下的以申报纳税、税额确认、税款追征、违法调查、争议处理为主要环节的税收征管基本流程。

强化征管基础管理。基础管理事项属于纳税人申报、申请后由税务机关内部流转处理的管理事项。要加快转变基础管理方式，促进税务执法、税费服务、税务监管提质增效。

明确五大体系建设重点。一是明确税务执法新体系建设重点。二是明确税费服务新体系建设重点。三是明确税务监管新体系建设重点。四是明确协同共治新体系建设重点。五是明确智慧税务新体系建设重点。

六、税收新征管体系建设的主要方式和主攻方向

（一）注重"信用+风险"监管

对信用等级高、无风险纳税人不打扰，减少无效监管；对中低风险纳税人进行提示提醒，把大部分涉税风险消除在案头分析和企业自查、自我纠正阶段，优化执法方式；对信用等级低、高风险纳税人进行严密监控，及时开展纳税评估或税务稽查。

（二）贯彻包容审慎原则

从扶持市场主体健康发展的角度出发，有效运用非强制性执法方式，推动管理与服务的一体化。寓管理于服务，在服务中落实管理要求；寓服务于管理，分类施策，杜绝无差别管理和服务。

（三）推进税费服务一体化

推动税费服务区域一体化，打通各类纳税服务场所之间的壁垒，打破区域范围、业务范围限制，实现最大限度的业务通办，做到纳税人缴费人只进一个门、最多跑一次、能办所有事。

（四）突出风险管理导向

在风险管理框架下，统筹安排各税费种管理、大企业管理、高收入高净值个人税收管理、跨境税源管理、虚开增值税发票防控等各类专业化征管措施，着重解决好重点领域税收风险防范问题。把税法遵从风险、管理风险和干部廉政风险关联起来，一体防范。

（五）强化"以数治税"的应用

坚持把大数据分析作为执法、服务、监管的前置条件，做到无数据不决策、无数据不管

理。在税务执法、税费服务、税务监管过程中，依托大数据，全面深化省市局集约化处理、批量化推送，市县局差别化实施的新方式。

七、税收新征管体系建设的职能定位和资源配置

（一）完善职能定位和职责分工

1. 深化分级分类管理

进一步健全完善省局统一规划、分级分类执行的管理体制，在对纳税人缴费人和征管事项进行科学分类的基础上，充分发挥各级税务机关的比较优势，合理划分各层级税务执法、税费服务、税务监管职责，推动职权更加相配、岗责更加相宜。

2. 压实职能部门责任

省市县局各税费种、专项业务主管部门按照职责所在、监管所指的原则，抓好本条线、本部门重大风险事项和重要疑点数据的直接应对工作。属地税务机关充分发挥直接服务管理纳税人缴费人的优势，认真履行属地涉税费数据信息情报采集主体责任，围绕本地区的重点行业、重点事项、重点环节，制定有指向、有重点、有针对性的风险防范措施并抓好落实。

3. 推动监管实体运作

发挥省市县局专业化优势，强化机关实体化职能，对上级推送下发的税务监管任务认真做好分析、甄别和补充，提升对大型企业、反避税、土地增值税等重大风险和复杂事项的直接应对处置能力。

4. 突出属地分局赋能

按照实事求是、提高效能的原则，结合区域经济税源和税收征管实际，优化属地税源管理分局职能配置、内部管理机制建设和人力资源调配。认真梳理属地税源管理分局税费网格化管理的具体事项，推动网格化管理从社保费管理向税费综合管理服务拓展。

（二）优化组织体系和资源配置

一是优化组织机构设置。以"三定"规定的职能部门、派出机构为依托，通过团队化建设和管理，稳步解决组织机构设置、人员配置与落实"四精"要求不匹配和不适应的问题。积极对现行组织机构、人力资源配置进行系统优化。

二是优化征管资源配置。切实提高征管资源与税源分布、业务流量、征管需求的适配度，调优配强风险管理、税费分析、大数据应用、大企业管理、税务稽查等重点领域和直接面向一线的征管力量，努力实现征管资源配置效益最大化。

三是优化层级职责功能。巩固省局指挥决策、业务指导、行政管理等职能，做强全省税务风险监管监控中心、省级税费服务集约处理中心、信息化大数据产品研发和集中运营中心，侧重对跨区跨境大企业、国际税收、高收入高净值个人管理等重大复杂涉税费事项的处理，以及对风险事项的数据筛查、风险识别和任务管理，对税收大数据资源的集成加工和应用，等等。市局充分发挥税务监管监控、信息化大数据运维保障等方面的作用，直接面向市域内纳税人缴费人开展税费服务，直接承担批量化、流程化执法和重大复杂执法任务。县局落实税务监管责任和信息化大数据推广应用、运维保障责任，强化基础管理和中低风险应对工作，直接面向县域范围内纳税人缴费人开展税费服务，直接承担批量化、流程化执法，以及综合执法、专业执法任务。

（作者单位：国家税务总局句容市税务局）

淮安税费服务运营中心建设的思考与实践

侍 伟 李笑冬

税费服务工作是税务机关的一项基本职责，做好税费服务工作，既是为纳税人缴费人提供优质高效服务、融洽征纳关系的基本要求，也是促进地方经济高质量发展的基本要求。基于此，建设税费服务运营中心不仅是提高税费服务质效的重要手段，也是推进实现税收现代化、打造新的税费服务体系的重要抓手，更是提高纳税人满意度获得感的重要路径。

一、税费服务的现状及不足

自国税、地税合并以来，从国家税务总局到市县基层税务部门，都非常重视税费服务工作的开展，在市县局设置专门的纳服部门、建立优化纳税服务工作规范、完善纳税服务体系等方面都做了大量工作，促进了税费服务工作良好、有序发展，获得了纳税人的肯定。在提升税费服务工作水平的同时，我们也清楚地看到，市以下基层税务局在推进税费服务工作中存在一些比较突出的问题。

（一）服务资源明显不足

一是人力资源短缺。从淮安地区来看，各县区局人员平均年龄偏大，在属地分局老龄化程度更为严重，少数分局平均年龄可达 50 岁，在知识更新、探索研究等方面人员能力明显不足。二是硬件资源不足。县区局存在经费限制以及购买服务设备流程、标准等的限制，老旧设备不能很好地进行更新，新设备补充进度缓慢，常因自助机器卡顿等引起纳税人投诉。三是横向调度难度大。市县纳服部门对本级其他部门的横向调度难度大，因部门级别、隶属等原因，调度一般由局领导进行，或通过协调会等方式进行，耗时长、协同效果差。

（二）服务意识有待提高

一是思想认识不到位。大部分基层税务人员认为服务是纳服部门或纳服机构的事情，没有意识到服务贯穿整个征管流程，是构建和谐征纳关系的根本所在。同时，他们认为服务就是虚的多、口号多，自觉性不够、主动性差，存在被动应付和等靠思想。二是理念还未更新。时至今日，服务已经是大纳服的概念，但不少基层税务干部片面认为服务就是在窗口，对服务新理念、新概念的理解还不充分。三是服务与管理未很好统筹。税务人员的意识还停留在重管理、轻服务上，还存在办事拖拉、行为不规范、服务不到位的情况。一些属地管理机构税务人员没有准确、全面地了解税收政策及相关规定，也不能主动、及时通过多种方式和途径加以落实，不能很好地为纳税人提供纳税辅导，纳税人办税容易出错，不得不重新办理，降低了办税质量和效率。

（三）服务方式相对简单

近年来，虽然上级税务部门以及市县局在优化服务方式上做了积极的探索和尝试，如优化办税大厅服务流程、优化税费服务事项办理流程等，但在实际工作中，税费服务任务统筹不够，上级税务部门各条线分别下发服务、核查等任务，基层对口部门分别开展工作，对纳税人多头找、多头打扰。税费服务事项的集约化范围还可扩大，如逾期申报后的责令限改等事项，省局已集约化处理，而新政策的分类精准推送、申报提示提醒等也可以进行集约化处理，切实减轻基层工作压力。

（四）信息技术应用不够

税收信息化是将现代信息技术广泛应用于税务管理与服务中，深度开发利用信息资源，提高管理与服务水平。但在信息技术应用上，基层税务部门存在不足，市级以下单位部门目前使用的信息系统不能完全满足各地特色化、差异化管理和服务的需要，同时对社会上已有的新技术的敏感度不够，不能很好地引进使用，在服务工作中还是采用传统的人工模式，效率低下。

二、提升税费服务效能的对策与建议

提高税费服务工作质效，从而提升纳税人满意度和获得感，不仅要通过学习、教育转变观念、提高思想认识，还要打造高效的平台、采取有效的措施。2023年初，江苏省税务局明确提出打造"税费服务运营中心、监管中心、智慧税务中心"（简称"三个中心"），从解决纳税人急难愁盼问题出发，通过贯彻"四能四不要"（即"税务人能做的，不要纳税人缴费人做；机关能做的，不要基层做；系统能做的，不要人工做；集成能做的，不要分散做"）方针，以小切口求大发展。淮安税务率先实践，围绕让纳税人缴费人更加满意、让基层税务人员更加满意、让地方党委政府更加满意，建设了税费服务运营中心，取得了可借鉴、可复制的成果。

（一）聚焦资源配置，解决有没有的问题

坚持因地制宜、节俭建设原则，加强税费服务运营中心建设涉及的办公场地、可视化展示、人力资源等方面的供给和保障，通过优化合理配置做到"三个到位"，打造最优税费服务运营中心软硬件及人文环境，让中心不再是空中楼阁，实现中心实体化。一是人力资源配置到位。发挥纳税服务机构人员能力、年龄等优势，以"市县局纳服部门+纳服机构"为载体，利用纳服人才选拔考试契机，兼顾信息技术、财务会计等方面人才的使用，选调成绩优异的年轻同志参加中心集中办公，形成业务能力多元化的团队，实现人员到位，保障中心人力资源。二是硬件资源保障到位。配齐运营中心计算机、打印机等办公设备，确保中心工作正常运行。根据税费服务运营中心可视化展示需要，配置超大尺寸液晶显示屏，同时配套做好可视化展示平台、办税服务厅远程监控系统、12366座席监控系统网络接入工作。三是场地资源升级到位。利用闲置办公场地，科学规划综合统筹协调、指挥调度监控、需求分析研发业务等区域，建设市县中心指挥调度室，中心人员全部入驻开展工作。统一规范不同区域标识标语、物品摆放，努力打造符合中心特点、特色的办公场所。

（二）聚焦监控展示，解决精不精的问题

将文字表述、探头监控等传统管理服务的粗放式模式，转变为强化数据动态分析、网页版展示、共享使用的新型指挥调度模式。市局中心目前已围绕任务统筹、线上线下办税、需求洞察等10个可视化主题进行深入探索研究。一是加强历史数据分析。对全市上一年度或近期营商环境评价指标、线上线下审批、12366诉求分析等重点工作，进行历史最高值、最低值、平均值的分析，确定各项工作合理的预警值，让市局中心根据预警值判断是否启动指挥调度，让

指挥调度做到科学且有依据。二是定期开展分析研判。市局中心结合预警值，最迟按周对各地相关税费服务工作数据进行分析，当某地数据触发预警时，具体分析是哪些事项、什么原因引发了报警，并对相关要素再次进行可视化展示，建立起由面及点的监控体系，让基层人员既可以进行地区间的比较，又可以找到本地问题。三是及时进行指挥调度。根据研判发现的问题，市局中心提出工作建议，实施"两向"调度。横向对相关职能部门进行指挥调度，要求优化管理、服务措施，建立长效机制；纵向对县区中心进行指挥调度，指导相关单位及时调配人员、实施应急预案等，同时优化本地个性化服务措施。

（三）聚焦方式转换，解决优不优的问题

市县税费服务运营中心牢牢将减轻基层工作负担、提高纳税服务质效作为落实、推进各项工作的标准和要求，切实发挥好中心职能。一是实施集约处理。细化梳理63项中心工作任务，明确任务责任层级，95%以上的任务由市局中心承担，直接开展数据分析、精准推送、指标监控等工作；下发56项线上申请业务后台处理操作规则，规范全市后台业务处理标准，目前市局中心已承担全市60%的线上业务处理量；市局中心实行"短信提醒＋智能外呼＋直播互动"的线上集约宣传培训模式，一季度对23.6万户次纳税人开展了集约化宣传辅导工作，占应辅导人次的90.7%，有效破解了多头服务问题。二是实施一体管理。根据中心工作任务清单，按事项调配专人负责推进和落实跟踪，从制度建设、工作要求、指标编制、指标监测等方面实行项目一体化管理，并可视化展示成果，进行一体化监控，实施指挥调度。例如，针对政策变化、大征期叠加等因素带来的影响，及时开展12366热线资源调度；注重税收营商环境指标监测，补短强特，一季度非接触办税整体比率位居全省第一；针对部分地区D级纳税人占比较高情况，积极联合征管进行非正常户清理。三是实施智能办理。在操作简单、风险较低的税费服务事项处理流程中，积极引入智能录入审核工具，目前已在存款账号报告、跨区域事项报告、财务会计备案、网上领用电子发票等业务的办理上使用了近20个RPA工具，在提高工作效率的同时，为基层节约了人力资源，也给纳税人带来了更快更优的办税体验。

（四）聚焦重点任务，解决专不专的问题

1. 将数电发票推广作为中心优化服务的试金石

市局中心提前介入数电发票的上线推广工作，加强服务任务统筹，梳理市、县两级中心职责事项清单，统筹推进各项工作落实落细，扎口推送各类税费服务提醒，做到"非必要不下发""能不下发的不下发""可发可不发的不下发"，直接负责对市区78户首批试点纳税人进行点对点精准辅导；建立市级专家团队，为全市数电发票复杂咨询业务提供支撑；组建市、县两级中心的征纳互动服务团队，做好精准推送、智能交互、办问协同等工作。截至目前，征纳互动平台淮安座席均准时上线，人工服务成功率100%，有力保障了数电发票上线工作的顺利进行。

2. 把诉求处理作为中心优化服务的必要条件

以切实解决纳税人堵点难点问题为服务出发点，优化处理流程，强化责任追究，让纳税人的合理诉求得到快速有效解决。一是完善诉求渠道。在持续用好"12366"、微信群等现有渠道的基础上，分别建立市、县两级中心与"三员一师"的直连渠道，通过服务问卷、二维码等方式进一步丰富和完善诉求收集渠道。二是分级分类处理。对电话、线上咨询及紧急事项，做到即时解答；不能实时解答的，在3个工作日内主动回复；对于复杂事项，由业务部门支持专家团队、公职律师会商解答,确保回复的准确性。三是加强诉求分析。分析诉求地区差异,根据各县区诉求数量,市局中心及时指挥督导该地区抓好相关事项的辅导培训;分析诉求事项差异,查找诉求产生根源,研判诉求走势,下发督办单,督促相关部门及时改进服务举措。四是维护合法权益。进一步规范执法诉求响应流程,市局制发执法过程中纳税人权益保护专门文件,市局中心按季度通过制作调查问卷等方式开展诉求收集,就发票双零设置、风险应对、税务稽查等执法行为,分析是否存在乱作为等损害纳税人合法权益的情况,根据发生频率和影响程度启动与纪检部门联合调查程序。

3. 将纳税信用升级作为中心优化服务的提高条件

抓好事前事中事后管理,不断推进纳税人信用等级的提升。一是强化事前提醒。充分利用省局纳税信用预警指标,抓好每个申报期的窗口时间,对存在风险的纳税人进行风险提示,通过开展纳税信用专场辅导、微信公众号宣传等方式,培养纳税人看重纳税信用、利用纳税信用享受更优服务的意识。二是强化事中监控。注重对影响纳税人信用的重点指标的分析,预测地区间信用等级变化情况,对信用等级综合指标可能降低或提升幅度不大的地区,督促其采取有效措施加以改进;积极帮助重点企业开展信用修复工作。三是强化事后服务。对信用等级为A级的重大产业项目企业,进一步优化服务举措,设立线下办税专窗和线上审批专员,建立风险应对发起审批制;对重点企业因留抵过大、轻微违法而使信用等级降为B级,坚持包容审慎原则,在发票申领、调查检查等方面探索实施B级信用A级管理,想办法提升纳税人的获得感。

4. 将涉税中介管理作为中心优化服务的关键条件

市局中心制定涉税中介机构管理与服务实施方案,进一步抓好和用好中介这一关键少数。一方面,为中介机构提供针对性服务,为合法中介在办税厅设置中介专席,定期组织中介机构沙龙活动,让中介机构更有获得感,促进登记遵从,系统登记数从2021年的80余家增长至目前258家;建立两级中心与代账协会的联系渠道,对优秀中介机构进行推介和展示,促使其提供更优质的办税服务。另一方面,加大对中介违法行为的打击力度,市局中心组织专门团队开展对中介本身、为他人、中介自行登记户等开票数据深度分析,由市局中心直接应对;结合省局下发的违规宣传线索等,持续做好对中介机构违规宣传的清理工作,联合财政等部门,督促协会做好行业自律。

(作者单位:国家税务总局淮安市税务局)

基层税务机关征收非税收入面临的困境及解决路径

辛正平 于 坚 姜 明

中共中央、国务院将非税收入划转税务部门征收,是基于税务部门具有税费同征同管的独特优势和成熟有效的征管手段,目的是提高非税收入的征管效率。但截至目前,与之配套的法律法规和具体操作办法尚未出台,致使税务部门在非税收入征管中面临法律法规不健全、征管制度不完善、信息共享不通畅、部门协作不给力等方面的困境和风险。为此,本文通过分析基层税务机关在非税收入征管中面临的主要困境,提出相关解决路径。

一、当前基层税务机关在非税收入征管中面临的主要困境

目前,基层税务机关在非税收入征管中主要面临法律法规不健全、征管制度不完善、信息共享不通畅、部门协作不给力等方面的困境和风险。

(一)法律法规不健全,税务执法有风险

1. 法律法规不健全,税务执法缺支撑

非税收入作为国家财政收入的重要组成部分,至今没有全国统一的、权威性的法律制度,基层税务机关在实际征管中缺乏有力、有效的执法依据。目前,税务部门征收非税收入的依据是由财政部会同有关业务主管部门制定的部门规章,或是由地方人大、地方政府出台的地方性法规,层级较低、权威性较差,且规定陈旧、执行标准不一,甚至与现行法律法规相悖。例如,在加处罚款和加收滞纳金方面,有的针对逾期缴费或拒不缴费行为设定了加处罚款和加收滞纳金的规定,有的则没有。但是,根据《中华人民共和国行政处罚法》的规定,加处罚款或加收滞纳金属于行政强制执行的方式,应当由法律设定。这导致基层税务机关在非税收入征管中底气不足,容易引发税务部门的执法风险,使加处罚款和加收滞纳金的规定形同虚设。

2. 征管制度不完善,应收尽收有困难

现行非税收入的征收依据和征收标准都是由原政策规定平移而来的,缺乏统一性和稳定性,导致同一费种在不同地区存在不同的征收标准。例如,水利建设基金、城市垃圾处理费等在不同省、市或同一地级市内的不同县(区)的征收标准均不统一。又如,对安置残疾人比例未达到本单位职工人数1.5%的机关、团体、企事业单位,按职工平均工资计算征收残疾人就业保障金;对未设立工会组织的机关、团体、企事业单位,按职工工资总额的2%征收工会经费,对已设立工会组织的机关、团体、企事业单位,按职工工资总额的0.8%征收工会经费。由于这两项费种的费率较高,缴费人负担较重,要求降费的呼声较高,于是有些地方自行降低征收标准,或采取"以支定收、核定征收"的方法,导致少征或不征的现象普遍存在,从而使税务部门的应收尽收难以实现。

3. 征管手段不配套，拖欠费款难追缴

根据有关非税收入划转文件的规定，缴费人未按时缴费的由税务部门出具催缴通知，并通过涉税渠道及时追缴。但是，目前税务机关对使用何种法律文书进行催报催缴尚不明确。因此，在实际征收中，基层税务机关只能采用打电话（做好电话记录）的方式进行催报催缴，其法律效力低，收效甚微，致使欠费数额有增无减，难以追缴。

（二）部门信息不通畅，信息应用有影响

1. 信息平台不兼容，运行不畅

非税收入具有部门化、地域化的特点，加之税务部门尚未开发全国统一标准的非税收入征管信息系统，税务部门的"金税三期"征管系统与各业务主管部门的征收系统不能实现互联互通。因此，目前基层税务部门除国有土地使用转让收入的征管信息是通过地方政府的信息共享平台获取外，其他非税收入信息都是通过与相关业务主管部门进行线下交换的方式来获取的，甚至通过纸质资料进行传递。这不仅影响了非税收入的征管质效，还容易带来数据丢失的风险。

2. 信息共享不及时，数据不实

目前，大部分非税收入项目采取业务主管部门核定、税务部门征收的模式。由于各个部门的信息化程度不一致，而且由于目前缺乏全国统一的非税收入数据采集标准，故从核定到征收的信息传递滞后，往往会出现传递的信息内容不全、数据不实、质量不高的问题。

3. 信息应用不充分，效率不高

将非税收入划转税务部门统一征管，本可以充分利用税务部门的"金税三期"大数据库，通过整合税收和非税收入的征管业务，着力解决非税收入申报基数不实、征收效率不高的问题。但是，由于目前缺乏配套的法律制度和具体的操作办法以及税费兼容的信息比对系统，税务部门无法对所掌握的涉税信息与非税收入的相关信息数据进行有效的比对分析，对缴费人是否及时足额申报、缴纳非税收入的情况难以作出精准的分析和判断。因此，目前基层税务机关的非税收入征管系统主要用于开票征收和数据统计，实际利用效率不高。

（三）思想认识不到位，同征同管有缺位

1. 思想认识不到位，税费同管有缺位

非税收入划转税务部门征收后，虽然国家税务总局多次强调各级税务机关要树牢"税费皆重"的新理念，提高对非税收入重要性的认识，做到税费同征同管，但是一些基层税务机关仍存在"重税轻费"的思想，没有真正把"收费"放到与"征税"同等重要的位置来抓。在实际征管中，存在"一手硬、一手软"的现象，使非税收入征管始终处于被动局面。

2. 缴费主体不主动，申报缴费有漏洞

有些缴费人受传统思想和协商缴费的影响，片面认为"依法纳税有刚性，依规缴费有弹性"，协商缴费、讨价还价已形成惯性。因此，非税收入划转税务部门征收后，部分缴费人仍然缺乏自觉缴费的主动性，能拖则拖、能少则少、能欠则欠，使缴费遵从度不高，漏缴、少缴、欠缴的现象比较普遍。

3. 协作部门不给力，协同共治有阻力

非税收入划转税务部门后，离不开财政和相关业务主管部门的协作配合。但是，从协作现状来看，有些业务主管部门认为非税收入划转税务部门征管会影响自身利益，在协作配合上往往被动应付,不愿意也不主动参与非税收入的协同征管,甚至给协同共治带来了阻力。此外,部门协同共治机制和协调联席会议制度还未建立,部门间信息共享、征管协作机制尚不健全,在征管中遇到问题,只能由税务部门主动上门协调。

二、当前非税收入征管困境的路径选择

针对当前基层税务机关在非税收入征管方面面临的困境和风险,建议加强顶层设计,加快推进非税收入的立法进程和征管配套制度建设,加快构建税费精诚共治新格局,确保同征同管。

(一)健全法律法规,确保有法可依

1. 健全法律体系,确保有法可依

建议从国家层面加强顶层设计,加快制定全国统一的非税收入征收管理法或征收管理条例,或在修订《中华人民共和国税收征收管理法》时,赋予税务机关征收非税收入的法律地位、征管职责和执法权限。授权税务部门征收非税收入可以比照税收征收管理的相关规定执行,确保税费同征同管的正当性和合法性。同时,对现行非税收入的政策规定进行全面清理,并逐项评估。对已不适时或不符合法律法规,但仍需保留的政策规定,应及时进行修订完善,并以法律法规的形式加以统一规范;对已不适宜保留或与法律法规相抵触的规定,要坚决取消,从而防范和降低基层税务机关的执法风险,提高非税收入法治化建设水平。

2. 完善征管制度,实现应收尽收

建议对全国统一征收的非税收入项目,在征收范围、征收依据、征收标准、缴费期限等征管要素方面实现全国统一;对部分名义费负高、实际征缴率低的费种,要根据缴费人的实际负担能力和资金筹集需要,适当降低征收标准。同时,要根据我国经济社会发展需要,出台非税收入阶段性减免政策,切实减轻缴费人的缴费负担,为缴费人创造一个公平合理的缴费环境,从而实现应收尽收。

3. 完善配套制度,提高执法力度

建议尽快完善相关配套制度和措施,明确基层税务机关催报催缴的适用文书。允许税务机关独立行使涉费检查权,对缴费人漏缴费、少缴费的情况开展风险应对和评估检查,确保非税收入及时足额入库。

(二)加快信息共享,实现以数治费

1. 加快平台建设,确保信息通畅

税务部门要根据非税收入征管数据使用需求,优化完善"金税三期"系统功能,联合地方政府部门加快信息共享平台建设,打通部门的信息壁垒,实现税务机关与政府部门间的系统连接,使税务、财政、国库、业务主管部门的信息互联互通、数据共享共用,从而提升税务部门的数据采集、数据覆盖、数据应用能力。

2. 建立交换机制,确保及时准确

基层税务机关要主动与业务主管部门建立常态化、制度化的信息交换机制,统一数据交换标准、交换内容、交换时限等,分类确定信息共享频率和共享方式。切实解决当前涉费信息不能及时交换和纸质交换带来的信息共享不及时、数据提供不准确且容易丢失的问题,确保非税收入征管数据的及时、安全、真实。

3. 强化数据运用，实现以数治费

基层税务机关要充分利用税收数据与非税收入数据的关联关系，深化大数据分析应用。一方面，要建立健全非税收入大数据库和监测预警机制，常态化开展税费数据统计、分析、比对，精准实施风险评估和应对，从而堵塞征管漏洞，减少费款流失；另一方面，要建立非税收入查询平台和分析报告制度，定期将非税收入征收入库和政策执行等情况推送至信息共享平台，便于政府部门及时了解掌握非税收入的政策和征缴入库等情况，为地方党政领导及相关业务主管部门分析研究、科学决策提供有效的参考依据。

（三）提高思想认识，实现协同共治

1. 提高思想认识，摆正税费位置

基层税务机关要深刻认识征收非税收入的重要意义，将非税收入征管列入基层税务机关党委的重要议事日程，坚决克服"重税轻费"思想和将非税征缴当作"额外工作"的模糊认识，增强税费同征同管意识，切实将"费"放到与"税"同等重要的位置来抓，扎实做好组织税费收入工作。同时，优化组织保障，充实非税收入部门力量，组建非税收入专业化管理团队，加强非税收入干部业务培训，开展非税收入"大学习、大比武"活动，着力提升税务干部税费征管服务能力。

2. 优化缴费服务，促进缴费遵从

全面对接"放管服"改革，制定缴费服务事项清单，注重为缴费人纾困减负。着重从简化申报缴费流程、资料，压减缴费时间、次数入手，为缴费人提供"实体、网上、掌上、自助"等多种缴费渠道和便利化缴费服务。同时，结合"便民办税春风行动"，广泛开展非税收入政策宣传辅导，让缴费人及时了解非税收入征收范围、征收依据和标准，增强缴费人依法依规缴费意识。认真落实各项减税降费政策，让缴费人应享尽享各项减税降费红利，从而促进缴费遵从度不断提升。

3. 加强部门协作，实现协同共治

非税收入征管离不开地方党委政府的领导和重视，离不开相关部门的协作和支持。因此，基层税务机关要积极争取地方党委政府的领导，深化与政府部门的合作，主动融入社会治理网格化管理体系，推动构建"党政领导、税务主责、部门合作、司法保障、社会协同、公众参与"的税费共治新格局。要推动建立党政领导下的各部门分工负责制度，明确部门间的职责边界和协作责任，避免相互推诿和不作为的情况发生。要推动建立财政、税务、国库、业务主管部门之间的协调沟通机制和定期联席会议制度，及时交流非税收入征管中的问题和难点，研究协同解决的方案和措施，从而形成征管合力，提升协同共治水平。

（作者单位：国家税务总局镇江市丹徒区税务局）

基层税务机关风险管理实体化运行的现实困境与对策

国家税务总局溧阳市税务局课题组

一、溧阳市税务局风险管理实体化运行的初步实践

溧阳市税务局认真落实《江苏省进一步深化税收征管改革的实施方案》提出的"推动税务征管机构职能扁平化、专业化、实体化"的要求，从四个方面着手，强化县级税务机关在税务监管体系中的专业化、实体化职能，打造高效的风险管理屏障。

（一）加强部门纵横互联

按照"一体统筹、专业分工、分级负责"原则，组建5大类14个团队，通过重新组合组织体系的纵向层级、横向分工等要素，消除条块分割和部门壁垒，构建专业集约的高效率组织形式。一是加强机关内部横向联动。建立"1+6"模式的税务监管团队，由风险、信息人员组成的综合监管团队一体统筹监管目标规划、监管任务管理、数据情报支撑等工作，分布于各业务股室的6个专业监管子团队实施专业事项的风险分析、过程监控。各监管子团队根据监管事项的风险和管理需求提出应对策略，形成任务清单提交综合监管团队，由其上报上一级后整合下达，形成横向部门协同推进的工作合力。在机关层面组建重大疑难案件执法团队，分管领导靠前指挥，形成良好的内部层级互动。二是加强机关、分局纵向互动。打通局机关股室、分局人才壁垒，组建风险任务深度分析团队，承担应对任务的深度分析、双向推送提示提醒函、确定验证和递进措施等工作；组建发票协查等专项处理团队，流程化、批量化处理专项风险应对事项；组建数据应用专家团队，强化系统平台及BIEE智能分析工具的应用和数据支撑。各团队工作由税收数据和风险管理工作领导小组办公室统一指挥，以强化统筹协调，提升管理效率。

（二）调整岗位职能定位

根据"做实县局、做专分局"的原则，调整机构职能和岗位职责，梳理完善风险管理规章制度，从主要目标和基本任务、组建原则和基本架构、机构设置和工作职责、组织实施和运行管理、组织领导和保障措施五个方面进行规范。为了有效减轻基层负担，由机关处理重大疑难案件应对、提示提醒回函验证审议、税务监管效用评估3类事项，改进任务统筹管理、税收数据管理、风险应对类税务执法、重点事项监管、重点行业监管、临时性阶段性执法任务集约化处理、团队管理机制7类事项，全面理顺机关和分局承担的工作事项、完成标准和时限要求。

（三）改造工作方法体系

一是机关直接参与跨部门、跨辖区任务落实，依据每批次风险事项范围、业务特点、任务数量和涉及部门，研究制定方案，区分不同情况批量处理，切实发挥好机关统筹、协调和指导作用。二是为分局提供方法指引，提高分局应对和监管的针对性、条理性、系统性。整理编制了10类31项方法指引，汇编成《各平台风险任务操作指引》，方便税务人员快速了解、直接上手。

(四)强化信息支撑保障

一是强化专业支持。完善专业支持团队建设,在各级各类人才库优选业务骨干;运用《税收政策请示单》对疑难性政策问题进行流转请示,强化政策支持;专业支持团队对机关参与深度分析的重点项目、行业及纳税人实施跟踪,必要时直接参与后续应对。二是强化数据支持。依托数据应用专家团队,全面加强应对业务和 BIEE 操作技能培训,组织参加以数治税能力提升活动,重点提升数据挖掘应用能力,对特定行业、税种、涉税事项进行数据分析,发挥数据分析在风险管理中的领航作用。

二、当前风险管理实体化运行存在的难点和问题

(一)团队成员隶属关系模糊损耗人力资源

市局机关层面多团队的组织架构在一定程度上模糊了原本清晰的管理关系,进而影响责任履行和目标实现。团队成员可能会同时处于不同的工作专班中,要对接不同的工作安排、承担多样性的组织任务、面对不同的领导、处理更加复杂和多元化的人际关系,各项工作任务会不可避免地产生矛盾和冲突。团队成员处在高度动态化的多元关系和角色中,难以明确自身的责任定位,易产生工作苦乐不均等负面情绪,进而影响工作质效,也使得个体绩效的管理更为复杂。市局老龄化趋势明显,从事风险应对人员的平均年龄已达 49 岁,与高标准的岗位要求不匹配。当模糊化的定位和高标准的技能压力同时存在时,人力资源作用的发挥会受到影响。

(二)执法任务统筹和管理有待改进

伴随着改革的不断推进,风险类执法任务的专业度和区分度逐步提升,任务发布的新平台和种类越来越多,任务处理要求高、时间紧,但股室、分局、团队三者之间缺乏有效沟通和信息交换机制。这些因素给任务统筹和管理带来了一定的困扰。2022 年新增 5 种任务模块,任务量较上年同期增长 47%,如留抵退税类专项任务,通过风险管理平台、"金三"系统"一体式"模块、风险分析模块及大数据平台分别推送,完成时限为 7—14 天。各种任务的产生原因、风险级别、风险特征、核实要求及操作流程各不相同,而负责任务统筹、流程管理的风险部门和负责业务扎口的税政部门掌握的信息不对等,团队应对人员和基层管理人员掌握的信息不对等,以及新流程的熟悉应用等增加了统筹难度和管理成本。

(三)税务执法和监管质效有待提升

团队成员的个体认知差异、专业素养差异使得执法任务和监管质效差异明显,同等体量的综合性应对任务,深度分析程度不一,提示提醒回函验证的职业判断不一,使得风险排除程度和任务成效参差不齐。为减少个体误判,目前采取的主要做法是加强事中审议和事后督查,上收集体审议事项,由市局团队直接参与集体审议,拓宽参与面,加强审议和督查力度。2022 年上半年,应对成效明显提升,较上年同期增加 132%。但单一项集体审议工作使审议团队面临较大压力,有限的人力和精力在一定程度上影响了任务处置时长。2022 年上半年,市局风险应对任务延期比例较上年同期增长 89%,人均综合任务完成量同比下降 48%。虽然组建了税务监管团队,各项监管工作有序开展,但各子团队之间仍存在协调互动较少、信息互通不畅等问题,监管任务整合不到位,存在重布置轻执行、重传达轻反馈等现象。

(四)信息系统及数据应用能力有待加强

对大数据应用的认识存在断层,领导干部和中层干部等决策层对大数据理念的认识很到

位，但不是实际操作者；基层实际操作者往往只是被动接受决策者安排的数据采集和分析任务，缺乏主动挖掘数据情报的意识和能力。县区局对数据应用能力的要求相对较低，虽然建立了数据应用专家团队，但仅占全局人数的2.5%，且团队成员还未全部熟练掌握BIEE等数据应用工具，能够熟练掌握的人员大都集中于个别业务股室。原有的基础较好的数据应用人才存在调离相应岗位、知识结构未及时更新、缺乏继续学习的动力等问题。调查显示，对征管核心系统各平台的操作，熟练运用人员占比21%，水平一般并会出错的人员占比32%，加之新任务模块的出现，约有47%的人员在边询问边摸索中进行操作，与深改大数据应用的目标还有一定差距，影响了实体化运转效能。

三、税务风险管理实体化运行的经验借鉴与启示

（一）人力资源侧重分配

税务机构工作任务都与税收事务密切相关，很少安排大量人力、物力用于上下级内部管理或承担较多社会活动，人力资源主要用于纳税服务和税务审计。在经济合作与发展组织（OECD）成员国税务人员中，约有83%的人员直接从事税收业务工作，有17%的人员从事后勤保障工作。威海市税务局以组织效率和个人能力为切入点，结合人才管理特点，将税务监管指挥中心和四个分中心作为综合性人才快速培养平台，嵌入人才发展规划和动态监控，健全人才成长保障和培训机制，为机关实体化改革提供智力基础。定西市税务局建立了"五组一中心"虚拟架构，通过股室人员下沉，机动调配人力资源，合理调整征管资源。

（二）管理模式专业高效

经济合作与发展组织成员国税务机构总部上收并承担了管理、服务、执法、数据处理等职能，以纳税人的特征作为分类标准，采取按规模、行业或特定对象的分类分级管理模式，并与内外部环境保持高度协调，使税务管理组织提供更能满足不同纳税人需求的服务，取得更规范的执法效果。昆山税务局加强集约化、专业化工作机制建设，对重大风险和复杂监管事项指定单位具体承接并团队化运作，对大批量、常态化的基础性工作，在机关层面加大任务统筹和集约化处理力度。

（三）信息管税充分发挥

通过信息管税来保障实体化运行，如解决征纳双方信息不对称、纳税电子签名法律有效性等问题，明确银行、信托公司等第三方申报涉税信息的义务，定期对风险识别参数进行修改，保障税务风险管理和税务审计的效果。澳大利亚税务局建立了基于法律保障的具有强大信息数据采集功能、广覆盖面的管理信息平台和分析工具，以保证风险管理作用的充分发挥。

四、进一步完善风险管理实体化运行的若干思考

基于风险管理实体化运行实践初期出现的难点和问题，借鉴有效经验，在实践中不断改进和完善。笔者认为，可以从以下几个方面着手。

（一）创新思维引领，重塑风险管理实体化运行定位

充分应用效率理论、风险理论、协同化理念等，增强顺时应变的理论自觉和行动自觉。一是树立大局意识。每名基层干部都要吃透深改精神，从整体和大局出发，认识到做实县局风险管理就要做精做实直接面向纳税人缴费人的重点税源执法、属地监管等工作，加强专业化团队

建设和实体化运行,分类分级直接开展风险分析和应对。二是树立协同理念。通过组织体系的纵向层级、组织内部的横向分工及职责等组织要素的重新组合,消除条块分割和部门壁垒,实现部分执法任务的流程化、批量化处理。三是树立专业思维。要让专业的人做专业的事,调优配强机关、专业化团队力量,让机关、专业化团队履行更多税收执法任务,优化分局职能配置,让分局承担有限的管理和服务责任。

（二）优化管理模式,构建科学的岗位职责和方法体系

依托专业化团队,加强实体化改革具体事项的智能化统筹。一是优化风险任务统筹。机关层面上收能够集约化、批量化处理的任务,主动承担基层难以承担的任务,专业化团队承担专业应对事项；进一步拓展批量化处理的手段和事项,规范处理流程,拓展执法文书电子送达的种类；通过团队加强对应对任务的二次分析,有效控制递进户次。二是制定精细的岗位职责。优化专业化团队、属地分局与专业化分局的职责边界,严格按照清单和规程开展税务执法和监督；按照精简程序、厘清环节、分清责任、明确标准的原则,明确现有工作岗位的职责。三是加强股室横向联动。畅通县局内部微循环,完善常态化跨部门沟通渠道,实现信息传递、事项协商的快速响应和高效协同,避免各自分析、多头部署及分头监控等造成的管理滞后。四是强化集体审议机制。严格把控集体审议,提升风险任务完成质效,同时对内防范执法风险,加强经验交流分享。

（三）盘活人力资源,激发风险管理创效因子

在不突破"三定"方案的前提下盘活人力资源,向机关倾斜,为实体化运行提供有力支撑。一是优化资源配置。结合人才库建设,将人力资源向机关负责风险管理、税费分析、大数据应用等领域的部门倾斜,推动职权更相配、岗责更相宜。二是盘活人才存量。在全系统内优选、鼓励晋升职级后退出领导岗位、管理经验丰富的干部在专业化团队建设中担纲挂帅。三是建设人才梯队。从人员的数量、年龄、工龄、专业、绩效等多个维度进行评价,着重培养年轻的风险分析应对专业力量,构建新老衔接机制。四是实施培养计划。围绕重点工作,着重培养和提升机关干部的高端技能和专业特长,以及解决复杂事项和重点问题的能力。

（四）加强信息聚合,提升税务执法和监管质效

发挥县局的信息化和数据集中处理优势,使其适应实体化改革的需求。一是发挥税务监控中信息的靶向作用。加强数据逻辑比对和研判能力,通过 BIEE 智能分析工具固化分析产品,突出数据对重点风险领域的识别指向,为批量化、集约化处理相关涉税风险提供支撑。二是主动拓展外部信息渠道。在统一的数据采集体系还未建立前,县区局发挥主观能动性,加强与地方政府部门的沟通,构建数据部门牵头、业务部门根据应用场景和数据项目分工对接的外部数据采集格局,为数据分析提供有益补充。三是加强信息深度挖掘和交互。运用多样化的数据挖掘技术,让深度分析真正有"深度"；股室、分局、团队之间加强信息交互,避免因信息不对等而增加沟通成本,影响风险任务处理进度。四是提高大数据分析应用水平。建立健全数据应用专家团队,通过培训、考核等方式,使团队成员熟练掌握 BIEE 智能分析工具应用方法,推动各级清楚知道数据有哪些、在哪里、怎么用。

课题组成员：廖荣辉　吴晓宏　吴　悦
董卡茜　袁琴琴

加强机制建设推进县局实体化运行的实践与思考

王春生　龚韵晴

一、实体化运行的概念和意义

（一）实体化运行的概念

实体化是一种征管运行模式，范围涵盖思维理念、组织架构、制度机制、工作方式等方面。通过优化组织体系、创新制度机制、转变机构职能等方式，充分利用信息化平台和大数据技术支撑，消除条块分割和部门壁垒，优化工作流程，加强任务统筹，构建扁平化、专业化、集约化的征管运行模式。它的目的在于夯实税务机关各部门主责，提高执行效率，提升征管质量。

（二）推进县局实体化运行的意义

实体化运行是深化改革"做实县局"的实现途径。县局要强化实体化运行能力，突出在税务执法、税费服务、税务监管体系中的专业化、实体化职能。实体化运行是优化税收营商环境的有力举措。通过实体化运行，纳税服务精细化程度提升，执法行为进一步规范，税务监管方式优化，有利于降低征纳成本，提升纳税人遵从度及营商环境满意度。实体化运行是落实税收治理现代化的必然要求。目前，基层税务机关存在征管组织、资源与基层税源分布、业务流量、征管需求不匹配和征管资源配置效率较低等问题。实体化运行有利于充分调动县局内征管资源，解决职能定位不清、统筹协调混乱、责任落实不到位等问题，提高机构运行效率，提升税收治理现代化水平。

二、县局实体化运行取得成效及存在问题——以丹徒区税务局为例

（一）丹徒区税务局实体化运行成效

1. 增强税费服务一体化

一是优化组织体系，加强一体统筹。一分局、纳税服务股合署办公，加强对全区纳税服务事项及流程的一体统筹，打破区域范围、业务范围的限制，实现日常税费服务事项全区通办、服务资源统筹调度。纳服部门统一扎口管理税费服务任务，加强税费服务任务统筹，避免多头下发任务。二是转变机构职能，优化流程管理。加强纳税服务职能专业化，一分局一体承担税费服务事项的受理、调查、审核等职责，将部分业务股室、属地分局纳税服务审核事项前移至一分局，最大限度地减少税费服务流程跨机构流转，落实"一口进、一口出"工作机制。三是加强团队建设，提升服务质效。建立"一揽子"线上服务产品应用推广团队，做强线上办税培训辅导和宣传推广；组建税费政策确定性服务专家团队，统筹全区税费政策确定性服务工作，提高税费政策服务的确定性、统一性和透明度。

2. 提升税务执法精准度

一是优化机构职能，提高税务执法集约化水平。区局层面上收重大复杂及较为敏感的专项执法任务，实施流程化、批量化、集约化的执法任务管理，二分局集中落实专业应对事项任务，包括重点税源、出口退税、反避税、土地增值税清算、股权转让、涉房交易等。二是组建执法团队，分类分级开展执法。建立"1+N"风险执法团队，统筹区局各类风险管理工作任务，深度分析工作团队加强数据分析利用，批量化流程化执法团队、专业化应对团队、一分局及属地大数据和风险管理团队实体化开展各类执法任务，专业化支持团队为执法人员提供专业支持。三是加强任务统筹，扎口管理执法任务。风险管理股扎口管理税务执法任务，按照一户归集原则统筹整合执法任务，落实"一个口子"工作机制，避免针对同一纳税人多头执法、重复交叉执法。此外，统筹整合各税费种管理部门，开展跨税费种联动执法。

3. 提高税务监管精确性

一是压实监管主责，加强重点领域监管。区局进一步压实业务部门及属地分局的监管主体责任，实现从以管理为主向以监管为主转变，强化重点风险领域税务监管，做到"督审统筹更有力、部门主责更发力、整体运转更合力、数据支撑更给力"。二是依托监管团队，实体化开展监管。区局分管领导和部门负责人亲自参与团队实体化运行，税务监管综合管理团队统筹协调区局各项税务监管工作，各税费种、专业事项管理部门组建本条线专业税务监管团队，开展重点风险领域监管和日常风险事项监管。三是优化监管方式，提升监管质效。加强监管计划、监管任务的统筹管理，实现监管事项有指向、监管对象有清册、监管措施有清单、监管操作有模板、监管结果有评价。

（二）推进实体化运行存在的问题

1. 观念转变不到位

目前，基层税务机关实体化观念转变仍不到位，领导干部亲自参与各项工作开展的程度不够深，对基层一线的调查研究还需更加深入细致，任务部署及监督问效力度需进一步加强；业务科室主动参与实体化运行的意愿不强，对实体化运行作用和重要意义的认识不够深入。

2. 制度机制建设有待健全

当前，基层税务机关实体化运行体制机制不完善，缺乏统揽全局的系统性制度体系，缺乏在全局范围内有序开展实体化改革的制度支撑，没有对各条线、各部门有关实体化运行的机制进行系统整合，不利于全区实体化运行规范统一、步调一致，不利于系统性开展全区实体化改革。

3. 部门职能转型不彻底

基层税务机关机构设置和职能配置与实体化运行仍有一定程度的不匹配，部门实体化职能定位仍不够清晰，业务股室"二传手"现象仍然存在，机关股室仍以指挥指导为主，对基层分局具体工作事项的参与较少，提供方法指引不到位，导致基层工作缺乏条理性和系统性，制约了征管效率的提升。基层税务机关需要依托实体化改革，进一步实现职能调整、流程再造，合理划分岗位职责，切实提高税收征管工作质效。

4. 运行方式和方法有待优化

从纵向看，基层税务机关缺乏统筹会导致任务执行过程中出现多头指挥、推诿扯皮现象；从横向看，部门间缺乏统筹会导致工作对接和业务衔接混乱，制约工作任务的推进落实。此外，基层税务机关的组织架构呈"倒金字塔式"，机关股室人数占比较大，基层一线人力资源紧缺，需进一步通过团队化运行等方式整合征管资源。

5. 信息化及数据支撑不充分

目前，基层实体化运行缺乏信息化及大数据支撑，过于依赖上级税务机关下发的信息数据，应用大数据平台开展数据分析应用的水平不高，对下发的工作任务缺乏前置性数据分析，导致上级任务部署和指令与基层实际结合不够，难以为基层分局具体工作的开展提供数据支持，容易导致人工核实工作量较大且精准性不高，不利于分类分级实施服务与执法。

6. 考核评价有待完善

目前，基层税务机关实体化运行的考核机制不健全，考核标准不明确，现有的考核指标偏重具体任务落实，对是否按照实体化运行开展工作考核不到位，易造成各单位只求完成各项工作任务，不注重实体化运行。

三、进一步推进县局实体化运行的对策建议

（一）加强思维引领，明确实体化运行目标

基层税务机关需进一步认识实体化运行对税收征管质效提升的重要作用，进一步明确通过实体化改革，促进征管改革"四精"目标实现。领导干部需进一步强化责任意识，深入一线、靠前指挥，深入调研、现场办公、直接参与，主动担当"第一责任"，发挥"头雁效应"。机关股室要进一步转变思维方式，主动担当作为，落实主体责任，"下沉式"开展各项工作，杜绝"二传手"现象。

（二）健全制度机制，规范实体化运行管理

基层税务机关应进一步完善实体化运行制度机制，系统整合各条线、各部门现有的实体化运行制度机制，从"全局一盘棋"角度出发，从组织结构重组、部门职能调整、工作流程优化、工作方式创新等层面，建立统揽全局的系统性制度体系，为在全局范围内有序开展实体化运行提供制度支撑及工作参考，确保各部门凝聚合力、上下协同、一体推进。

（三）转变部门职能，梳理实体化运行职责

各业务部门应进一步转变职能，落实好机关股室实体化运行职责，由发放指令向直接参与转变，提升政策和计划落实的精准性。一是推进任务集约化处理。针对上级下发的或本地化分析产生的任务，业务部门应首先过滤无效任务，采用信息化、技术化手段集约批量处理，对任务进行二次"瘦身"，解决基层负担重、"人海战术"等问题。二是落实业务操作模板化。业务部门针对必须下发基层的任务，制作操作性强、实用性强、简单易懂、智能取数的模板，方便基层操作执行，并建立动态模板库，在实际工作中总结提炼，不断丰富完善模板化工作，解决基层操作千人千面、标准不统一、业务不规范的问题。三是加强常态化跟踪管理。业务部门直接参与任务落实，通过集体审议、进展调度、业务复核等方式，对各项业务进行跟踪管理，提高工作质量，及时发现风险，解决业务工作质量不高、风险隐患较大等问题。

（四）创新工作方式，优化实体化运行举措

基层税务机关急需依托实体化改革，改进方法体系，加强任务统筹，完善团队化运行机制。一是加强任务统筹下发。探索构建上下贯通协同、集成高效的任务统筹管理机制，统筹全局各类工作任务，对各条线业务统筹部门上报的工作任务进行进一步统筹整合。坚持一体统

筹，打破部门和条线壁垒，按事项归集、统筹和分配工作任务，做到无统筹不推送；坚持分级分类，根据任务事项类别、紧急程度、工作量大小对任务进行科学分类，做到无分类不推送；坚持减负增效，充分运用任务管理平台，处理好依法治税、减负增效、防范风险之间的关系。二是推进团队化运作。在"三定"规定的基础上，加大人力资源向风险管理、税费分析、大数据应用等领域倾斜的力度，打破条线壁垒，科学组建工作团队，领导干部亲自挂帅担任团队负责人，直接参与团队运行，合理利用征管人力资源，配优配强团队成员。进一步优化团队建设，加强团队标准化管理，理顺团队管理运作机制，建立标准化团队管理机制，加强团队化运行监督，规范团队运行管理。

（五）强化信息化运用，加强实体化运行数据支撑

大数据应用是实体化运行的重要手段，通过数据赋能进一步提高实体化运行效率，减轻基层数据核实负担。一是提升数据分析运用能力。风险管理部门应建立实战化培训机制，整理使用频率高、应用面广的数据分析加工技能，作为"应知应会"数据分析技能在全局进行推广，加强人才梯队化建设。各业务部门要加强对大数据平台的学习运用，通过实战化、场景化、人格化演练，在实际操作中提升数据分析运用能力。二是加强日常数据分析。业务部门坚持实体化运行，加强对日常数据的深度分析、梳理、加工，将其应用于具体业务场景，提高数据分析精准性，解决数据质量不高、分析不到位的问题。

（六）加强考核评价，激发实体化运行活力

基层税务机关应建立考核评价体系，加强各部门实体化运行情况考核，充分发挥考核的引导作用，促进各部门实体化运行提质增效。督察内审部门加强对各部门实体化运行的监督，定期编发情况通报进行督导，切实履行好监督责任，推动全局实体化工作落实落细。

（作者单位：国家税务总局镇江市丹徒区税务局）

纳税人满意度影响因素分析及对策建议

朱志兵 汪 洋

对纳税人开展满意度调查是税务部门深入挖掘纳税人需求、提高纳税服务质效、营造和谐征纳关系的重要抓手。为此，本文以DT区税务局为例，分析基层税务机关优化营商环境、提升纳税人满意度和获得感的现状、存在的主要问题，剖析成因并提出对应的对策建议。

一、优化营商环境、提升纳税人满意度的主要做法

（一）办税服务厅建设日益规范

办税服务厅建设是近年来各地基层税务机关的工作重点，直接体现了纳税服务工作的水平与质量。随着纳税人需求的不断增加，DT区税务局从场所环境、窗口管理、人员素质等方面进行了改进，以提升纳税人满意度，优化纳税服务。办税大厅"一站式服务、一窗式办理"，实行"好差评"制度。同时，对办税服务厅人员素质进行了强化，每日开展晨会活动，每周进行业务培训，总结近期工作中业务办理的难点、堵点和痛点，并进行新政策、新流程的研讨。此外，每季度开展服务明星评选活动，激励窗口人员提升工作质效。

（二）税收营商环境不断优化

DT区税务局不断丰富针对提升服务质效的宣传培训，着力精简和优化办税流程，积极营造快速、便捷和舒适的办税体验。一是大力推广"非接触式"办税、预约办税、发票邮寄、江苏税务APP等，方便纳税人足不出户解决办税难题。二是在办税服务厅增加电子屏滚动宣传频率和纸质宣传资料数量，及时宣传税收政策、办税流程、投诉咨询渠道等。三是除导税台外，在办税高峰期增配咨询人员，在自助办税区增加辅导人员，引导纳税人自助办税、错峰申报。四是根据长三角"最多跑一次"清单，精简资料进行办税流程优化，实行注销税务登记内部流转。五是加强办税服务厅（含政务服务中心办税场所）自助办税等设备的安全防护，安排专人负责办税大厅自助机的安全保障工作，做好自助机的日常值守、漏洞修复、病毒木马查杀等工作。

（三）纳税人权益保障实现突破

为及时了解纳税人缴费人在事项办理中的满意度，严格执行"好差评"制度，进一步畅通纳税人权益保障渠道，除按规定设立投诉意见箱外，纳税人缴费人还可通过"12366"和"12345"进行投诉，便捷高效处理办税难题。此外，为更好保障纳税人合法合理权益，由纳税服务股牵头，建立办税服务厅领导值班制度、业务股室驻守大厅制度，以便及时发现、上报、解决纳税人的问题，进一步实现纳税服务"零距离"。

（四）纳税人满意度得到提升

通过健全机制、加强领导、统筹协调、多措并举，积极推进"放管服"改革，全面落实纳

税服务规范2.0，实施便利化纳税服务改革，强化服务承诺制、一次性告知制、办税服务容缺制的落实；推行全业务、分时点预约办税，推进办税厅规范化建设，大幅缩短纳税人办税时间；推进便民办税春风行动，助力企业转型发展。在纳服、征管、税政、非税和各分局（所）等部门的通力协作下，随着各项便民措施的落地，DT区局在提升纳税人满意度方面取得了明显的进步。

二、优化营商环境、提升纳税人满意度存在的主要问题

（一）多层次办税需求未被高效满足

目前，办税服务厅存在业务办理等候时间长、办税资料多、窗口人员业务熟练度不高、咨询解答能力不强、自助设备使用便利程度低等问题。这些问题都会降低纳税人的满意度。

（二）政策宣传辅导评价不高

当前，纳税人对税收政策宣传培训的需求较大，希望进行更加有效、有针对性的学习培训。但是，将原咨询特服号与"12366"并线后，部分座席人员的业务水平较低、实务操作水平不高，也影响了纳税人的满意度。

（三）线上办税功能有待拓展

江苏税务APP、电子税务局等线上服务产品的功能尚未充分发挥出优势，"大征期"系统压力较大，稳定性还有待提高，申报数据自动预填和提取、自动计算税额、线上操作引导式填写服务等纳税人反映的智能化诉求还未解决。这些问题都会影响纳税人的办税体验。

（四）办税程序不够简便

所需资料不够精简，业务办理程序多，流转速度慢，且尚未完全实现办税"最多跑一次"，部门间任务整合还有待加强。

三、优化营商环境、提升纳税人满意度和获得感的对策建议

（一）落实以需求为导向的服务理念

1. 构建以纳税人为中心的服务思维

要牢固树立以纳税人为中心的服务思想，树立"始于纳税人需求、精于纳税人服务、终于纳税人满意"理念，强化主动服务、靠前服务、跟进服务、延时服务意识。引导广大税务干部增强"服务好纳税人"的理念，彻底摒弃过去"重管理、轻服务"的错误思想，让干部、职工置身于纳服大格局中。

2. 满足纳税人多层次服务需求

借助微信交流群、电话沟通、上门交流等手段，及时、准确、全面了解各类别纳税人的服务需求，以纳税人需求为导向，以税收大数据为依托，以风险应对为抓手，建立健全纳税人需求调查采集、科学研判、动态分析的机制，实现不同纳税人办税缴费需求动态掌握。为不同群体提供定制式服务，使全局提供的纳税服务具有层次性、多样性和立体性。

3. 结合实际需求开展宣传辅导

要充分考虑纳税人行为习惯，探索"12366"征纳沟通平台、直播间、线下专项辅导等其他渠道，向纳税人精准推送税惠政策、服务提醒、专题辅导等内容。持续加强大数据对减税降费等政策落实情况的监测，及时扫描分析应享未享和违规享受的疑点信息。同时，跟踪纳税人

的各项数据信息和涉税痕迹，进一步研判，提前向有潜在需求的纳税人推送税惠政策，让纳税人通晓政策、放心办税。

（二）提升满意度完善服务供给

1. 优化涉税事项办理流程

要加快构建"省时省事、快速便捷、一次流转"的涉税事项办理流程，通过减手续、减流程、减报备、减审批等，大力压缩税费办理时间。优化纳税服务内部流转机制，减少不必要环节，加强办税服务厅与对口业务股室、各属地分局的衔接，及时沟通，有效解决问题。要进一步精简办税资料和流程。按照征管改革的要求，在进一步强化一分局税费服务主阵地作用的同时，督促属地税费服务网点向税费服务线上体验区转型，纳税人缴费人业务办理需求将主要通过线上、云上办税接入一分局进行集约化处理，从而最大限度地解决纳税人"多头跑、多次跑"的问题。

2. 推动便民办税服务落地

要加强与市场监管、银行、社保等部门的通力协作，通过多个部门向税务机关传递涉税基础数据，减少中间环节。减少同一纳税人缴费人在不同职能部门间来回跑的现象。推动业务咨询向"高效、便捷、智能"转变，做好相关沟通，加强对"12366"座席人员的培训，提高业务水平和答复质量，尽量实现一通电话就能解决问题。同时，建议强化大数据支撑，引导纳税人通过征纳互动平台进行咨询，进一步节省人力资源。

3. 规范协同共享税费共治

要继续发挥好"纳税人之家"桥梁纽带的作用，通过税企恳谈会、纳税人学堂等，及时开展政策辅导和意见建议收集。强化涉税专业服务机构管理，建立良好的沟通协调机制，广泛收集企业诉求，积极向税务机关反馈，确保征纳双方对税收政策理解的一致性和执行的确定性。

4. 畅通纳税人权益保护渠道

要着力完善服务诉求快速响应机制，进一步健全纳税服务投诉机制，及时处理纳税人投诉问题。通过畅通纳税人权益保护、权利救济渠道，及时、全面地了解纳税人遇到的困难和问题，高效消除纳税人与税务机关之间的争议，维护纳税人合法合理诉求。

（三）构建纳税人满意的纳服机制

1. 建立多层次的纳税服务机制

要加快构建多元化、多层次的纳税服务体系，进一步明确、优化纳税服务领导小组和专门机构职责，形成纳税服务股具体统筹，办税服务厅和各属地单位具体实施，征管、税政、法制、风险、收核、社保、信息等部门统筹联动的服务新格局。要强化税收治理共建共享，实现涉税事项办理由"最多跑一次"向"零跑动"转变，提升纳税服务的针对性、实效性和专业性。要积极争取地方政府的支持，力争从其他部门获取全面、准确、有用的涉税数据，同时加强与其他单位的协同配合，健全信息互换、执法互助机制，形成优化服务的多方联合治理格局。

2. 完善纳税服务绩效考核机制

要建立科学的纳税服务绩效考核体系，依托现有绩效考核标准，制订合理的考核计划。对提供纳税服务的不同部门进行指标分类设定，按年度、季度和月度分解任务指标，督促各职能部门按照规定开展工作。要把绩效考核指标作为评优的依据，对在纳税服务中获得更多"好"

的窗口人员、税收管理员等，加大个人绩效划段中的加分比重，对在服务中有突出贡献的，在年终考核评优中进行优先考虑。要确保绩效考核机制的完善，倒逼整体服务效能的提升。

3. 健全纳税服务监督机制

要加快完善针对纳税服务的监督机制。一方面，要切实做好内部监督，在督促税务干部自觉遵守政策法规的基础上，定期开展执法监督、督察巡查等活动，监督税务干部按照程序依法办税，发现问题及时整改；针对纳税服务容易出现的"微腐败""吃拿卡要"等问题，纪检组要随时开展自查自纠，督促相关部门开展内部检查。

(四) 加强纳税服务信息化建设

1. 进一步完善电子税务局系统

建议省级税务机关提升办税系统稳定性，扩展在线受理业务范围。一是针对电子税务局、江苏税务 APP 等办税软件，进一步畅通反馈机制，做好优化升级，着力解决办税高峰期偶有系统崩溃、出现技术故障等问题，持续提升系统稳定性和纳税人办税缴费体验。二是简化纳税人端的操作界面，在首页增加搜索功能，便于纳税人快速找到所要办理的业务。纳税人可以设置经常操作的事项，将其自动归集到常办事项业务清单中。三是完善电子税务局纳税人学堂建设，实现视频课程在线学习、学习课件实时下载、服务需求在线提交、政策培训及时报名等，真正满足纳税人对事项办理和学习培训的需求。

2. "去柜台化"办税服务厅转型升级

应大力推进集智能导税、业务快办、自助服务等功能于一体的智慧办税服务厅体验区建设。推动传统型办税服务厅向高智能、优体验、全兜底的"去柜台化"办税服务厅转型升级，为企业税费事项网上办理、个人税费事项掌上办理提供可靠支撑，让数据"领跑"，让纳税人缴费人"零跑"，切实让征纳"无阻隔"，让服务"零距离"，打通服务纳税人缴费人"最后一公里"。

(作者单位：国家税务总局镇江市丹徒区税务局)

广州市电商平台税收现状和发展建议

——以 WP 会、J 商城和 T 超市三个电商平台为例

国家税务总局广州市增城区税务局课题组

电商作为消费领域的新兴业态，对促进国内消费起到了至关重要的作用。国家统计局数据显示，2022 年全国网上零售收入达 13.8 万亿元，同比增长 4.0%。其中，实物商品网上零售额近 12.0 万亿元，同比增长 6.2%，占社会消费品零售总额的比重为 27.2%。网络购物已成为主要的零售渠道之一，电商行业的发展日趋成熟。

广州电商企业在多重政策、市场利好叠加的支持下迅速发展。作为全国知名的电商平台，WP 会、J 商城和 T 超市均在广州市设立企业发展电商业务。本文拟从广州市三大电商平台税收状况比较分析的角度出发，分析三大电商平台在广州市的发展状况，对推动广州市电商企业税收持续健康发展提出相关建议。

一、广州市三大电商平台运营模式分析

（一）具有全业务链条的总部运营模式

WP 会是总部设立在广州市的具有全业务链条的垂直电商服务平台。WP 会在广州设立 WP 会（中国）有限公司作为总部母公司，成立于 2011 年 1 月，同时在广州市内设立电子商务、信息科技、物流、商业零售等 23 家子公司，是广州市内电商平台的龙头企业之一。

（二）仅负责销售环节的子公司运营模式

T 超市——广州 H 电子商务有限公司。T 超市设立了广州 H 电子商务有限公司（以下简称"H 公司"），负责广东和海南等三省的销售运营管理业务。H 公司为浙江 T 技术有限公司（以下简称"T 技术公司"）在广州设立的子公司，于 2017 年 3 月成立，以子公司身份参与母公司平台经济商业运营，通过数字链路打破单向价值链，构建互联网销售产业生态圈。

J 商城——广州 J 贸易有限公司。J 商城设立了广州 J 贸易有限公司（以下简称"J 公司"），负责广东、福建和海南等四省的销售运营管理业务。J 公司为北京 J 贸易有限公司在广州设立的子公司，成立于 2007 年 7 月，同样以子公司身份参与母公司平台经济商业运营，统筹管理华南区域供应链管理、市场开发与销售拓展等方面的工作。

二、广州市三大电商平台税收规模现状

（一）WP 会集团税收集聚效应明显

2018—2022 年，WP 会集团为广州市贡献的税收超过 50 亿元，其中年均税收超过 5000 万元的缴税主体共有 5 家，年均综合税负排名前列的大部分为信息技术类全资子公司，集团总部

经济实现的产业集聚效应、税收贡献效应明显。

（二）J公司、H公司税负率和成本利润率相对偏低且业务与集团企业关联密切

J公司和H公司作为典型的平台企业，经营产品与传统超市高度重合。下面选取广州市内的传统超市——广州市R商业有限公司（以下简称"R公司"）为样本，对线上销售运营模式与线下销售运营模式进行比较分析。

综合税负率偏低。从税收数据看，J公司、H公司与R公司的税收同比增幅均呈现波动下降趋势，2022年同时出现税收负增长的情况。另外，R公司近5年的综合税负率高于3%，J公司与H公司近5年的综合税负率均低于1%。从横向对比看，线上电商平台与线下传统超市相比，综合税负率偏低。

成本利润率偏低。与传统超市的商业模式相比，线上平台化的双边市场使得供应商、物流服务商和客户都拥有更大的双向选择空间，打破了传统超市的壁垒和单向的线性产业价值链。就理论而言，在线上销售模式下，上游企业可以通过平台将商品销售给消费者（即B2C销售模式），减少中、下游环节，B端用户群、交易平台会比线下具有更大的利润空间。但从近三年的成本利润率和企业所得税税负来看，J公司、H公司的成本利润率在0.01%左右，企业所得税平均税负低于0.02%，均大幅低于传统线下零售超级市场。这与理论分析结论存在一定程度的背离。

上下游企业主要为关联企业。税收大数据显示，J公司、H公司主要的上下游企业均为集团内部企业。反观传统线下超市R公司，虽然其上游企业同样以集团内部企业为主，但下游企业分布较为零散，超60%为其他或个人，集团内部企业占整体下游企业的比重不超过10%。由此可见，J公司、H公司两大电商企业均呈现出与总公司或关联公司交易密切、主要进项税额来自集团总部的特点。

三、广州市电商平台发展短板

（一）头部电商企业数量较少

在《2021年度中国电子商务"百强榜"》中，数字零售领域共有32家电商企业，坐落在广州的数字零售类电商总部企业仅"唯品会"1家，而企业总部在北京的有10家，在上海的有9家，在杭州的有4家，在深圳的有2家。从"百强榜"的统计数据来看，总部在北京的"京东集团"总值6978.14亿元，总部在杭州的"阿里巴巴"总值21257.54亿元，在上海的"拼多多"总值4750.41亿元，而广州的"唯品会"总值364.18亿元。相比之下，广州电商总部企业与北京、上海、杭州等城市的电商头部企业有较大差距，且企业税源规模和影响力仍有提升空间。整体而言，全市依然缺少规模大、辐射力强的头部平台企业。

（二）电商子公司存在利润转移风险

线上电商平台J公司、H公司与线下超市R公司同为零售商，商品定价差异小，但成本费用利润率差异大。从发票流看，J公司、H公司主要进项税额均来自集团总部，商品的交易定价容易受到集团总部的控制。从税负来看，J公司、H公司近三年的企业所得税税负均接近0，营业收入和营业成本也非常接近。从以上角度分析，J公司、H公司均可能存在通过集团总部调控交易定价，总部配货、多环节销售模式，使两家子公司的利润总额保持较低水平，将利得回流留在集团总部或其他子公司的情况。这种集团企业内部通过产品销售价格影响产品成本、利润的互惠定价方式会导致税收转移，会在一定程度上对广州市产生类似"税基侵蚀"的税源流失负面影响。

（三）电商子公司缺少核心竞争力

在数字经济时代，知识、用户和数据成为影响企业竞争力的关键要素。平台经济的数字经济价值创造在于其中的数字化企业拥有产品的知识产权、可供研究分析以差异化定价和精准营销的用户数据以及技术能力。J公司、H公司的整体定位和功能比较倾向于"把货物调配给消费者"，而掌握核心技术、数据、模型的应该是总公司数字平台或承担信息化职能的子公司。

（四）电商贸易税收政策、征管方式有待进一步完善

在实践中，电商平台数字贸易的业务生产、交易方式、转移交割具有虚拟性和关联性等特点。另外，电商平台经常开展"满减""跨店优惠"等活动，交易复杂性大大增加，税务机关往往难以识别电商平台企业是否足额申报收入或按规定开具增值税发票。虚拟环境下的电商交易记录容易被篡改或删除，进一步加大了税务机关核实纳税信息真实性的难度。

四、关于推动广州市电商产业发展的建议

（一）着力促进电商龙头企业发展

一是强化总部招引。积极对标国际、国内先进城市，充分利用广州市商贸资源优势，持续优化招商引资办法、加大招商力度、创新招商方式，吸引国内外电商产业龙头企业总部落户广州。二是强化龙头培育。进一步壮大广州市电商市场主体，加强电商企业梯度建设，提高企业的服务能力和运营能力，促进电商企业做大、做强、做优，全力打造产业高地，争取创建世界一流的电商经济示范区。

（二）着力规避电商集团内部利润转移造成的税源流失

为了减少集团总部调控交易定价等税收筹划方式导致的利润外流情况，建议加强对市内其他电商集团子公司关联交易的分析和监控，进一步规范跨区总部企业转让定价与转移利润的行为；通过采取"一企一策"的方式，开展点对点跟踪服务，引导企业合理设置机构、安排人员资产，实现公平的利益分配，从源头上避免企业的资源占用与税收产出不匹配的问题。

（三）着力提升本地电商行业竞争力

一是加大研发创新力量。充分运用粤港澳大湾区研发基础优势，推动高等学校、研究机构等科研力量与电商企业合作，协助电商企业加大研发创新投入，提升电商企业"硬实力"。二是加强政策扶持力度。通过财政、金融、税收等方面的扶持政策赋能，为电商企业转型升级、多元发展提供更多资源和支持，培育更多具有全球影响力和经济贡献度的优质电商企业。三是加快产业深度融合。建议以培育国际消费中心城市为契机，大力支持电商企业与大湾区上下游相关产业协作联动、融合发展，维护产业链条，提升广州市电商企业的行业地位。

（四）着力完善政策和监管措施

一方面，建议进一步完善数字经济税收政策，促使电商平台、平台商家实现更加规范的发

展,为电商平台发展营造更加良好的税制环境;另一方面,税务机关与有关政府部门应及时共享信息数据,实行协同监管,同时积极推动线上交易电子发票全覆盖,并将其纳入税务机关的监管范围,堵塞征管漏洞。

课题组组长:陈 杰

课题组成员:骆艺文 徐航灏 姚嘉洪
陈嘉雯 钟嘉麒

深化税收征管改革路径分析

——以四川某市为例

四川省南充市国际税收研究会课题组

近年来,在信息化、大数据、云计算的时代背景下四川某市税务系统根据中共中央办公厅、国务院办公厅印发的《关于进一步深化税收征管改革的意见》(以下简称《意见》),率先探索税收征管改革路径,取得了一定的成效,但也存在一些短板。本文将对此进行分析,并寻求解决办法,以期切实提升税费征管服务质效。

一、征管改革举措及成效

以《意见》精神为"灵魂",围绕精确执法、精细服务、精准监管和精诚共治,探索征管新举措,取得征管改革"五大成效"。

(一)全面采用"3+N"模式,征管资源得到优化

统筹机关和基层分局资源,重新部署基层税务分局征管服务职责,配置相应人力。"3+N"是指各地设3类分局专门负责税费服务(办税服务厅)、风险应对和自然人税费管理,设"N"个行业分局,分别负责房地产、建筑业等行业的管理,实行税费同管。其中,一分局作为办税服务厅,"一厅多点"办理所有税费申请事项;市级和县级分别明确1~2个分局负责风险应对;自然人分局大致为2~4个,根据省局和辖区管户多少确定;县级行业分局5~6个,以房地产、建筑业、金融业管理分局为重点税源单位。改革调整后,征管资源向风险管理、税费服务等倾斜,原管理个体户和自然人的属地分局减少2/3,负责风险和行业管理的分局增加近4倍;人员从农村属地分局释放出来,从事风险管理和行业管理服务工作,改变了以往城区分局人力少而事多、农村分局人力多而事少的局面,工作任务分布更趋均衡。

(二)采取团队管理方式,"管事+管户"机制形成

打破原有固定管户制,在税务分局设立基础事项团队和重点事项管理团队(包括风险和纳服事项)。由基础事项团队负责管户,重点事项管理团队负责复杂事项和临时专门事项。辖区某县税务局探索全面管事制度,在分局成立基础、风险和纳服三个团队,实行全员专事化管理,管户只分配到分局,在系统未自动分配前,由分局局长将上级下发的各项工作统筹分配给团队,进行回复反馈。在市级,由市局直属数风局统筹风险任务管理;在县级,成立税费服务中心、征管运维中心和税费政管理中心,统筹工作任务,提高沟通协作效率。

(三)建设税费服务支持中心,服务质效不断提高

建设税费服务支持中心,不断集成税费服务功能,发挥其连接纳税人和税务机关的中间平台作用。市级税费服务支持中心按照"全省一流、西部争先"的目标突出支撑支持,建立智呼(12366热线)、智宣(宣传)、智维(运维)、智擎(数据)、智聚(交流)5个分中心,以纳税人便捷办税、税务人便捷办公为出发点整合职责。县级税费服务支持中心突出集约集成，促成"线上宣传辅导＋电子办税支撑＋征纳互动平台＋业务集中集成"四位一体，主城区统筹设立综合办税厅和税费服务点。不断扩充功能集成办公，线上咨询和税费业务大幅增加，部分不需要税源管理分局调查核实的事项已能即时办结。不断完善税费服务支持中心功能，推广应用征纳互动平台，逐步推出在线咨询、税务学堂、消息提醒、表单下载、大厅预约等13项基础税费服务功能。同时，与邮政合作建设"天府·税邮驿站"，将税费服务延伸到经济活动较多的城区乡镇，作为税费服务"触角"的有力补充。

（四）探索税务监管新方法，风险防控能力提升

建立风险管理市、县两级闭环。在市局层面，由市局直属数风局"一个口子"接受、分析和推送全市风险案源，市局直属一分局负责国家税务总局千户集团、省局列明企业和市级重点税源风险应对工作。在县（市、区）局层面，由风险股统筹风险任务，风险一分局主要承接市局风险序列工作任务，风险二分局承接稽查局序列工作任务，并负责二手房交易或注销清算等的调查核实；大批量单一风险任务，如简单申报疑点等，交由税源管理分局负责。

（五）加强协同共治，税收"朋友圈"扩大

加强与政府部门的税收共治，与房管、住建局等部门联合督促欠缴税费企业及时缴纳；将纳税信用作为纳税人参选人大代表、政协委员及评先选优的前置条件，督促纳税人及时履行涉税义务；与公安部门协作，对欠税3万元以上的个人和欠税20万元以上的企业法人代表实施阻止出境通报备案。在部分区县局开展与人社、医保互设窗口的试点工作，建立社保费征管服务共建共治格局。积极向政府领导汇报，建成并完善以政府为主导、汇总各部门数据的综合治税平台，逐步提升数据共享水平。

二、改革的难点堵点

（一）系统建设未跟进

国家税务总局和省局的平台建设正在进行中，目前工作流程基本沿用以往模式，虽然各个平台陆续上线，但还不能完全满足实际征管需求。征管系统功能分散，有的系统之间因数据交互规则不一致，不能有效进行共享，与外部门的数据交换亦不及时；同一系统不同模块查询的数据不一致，且数据查询速度慢。无系统统筹所有工作任务，进行智能化清分去重。

（二）机制流程待完善

工作统筹机制不健全，除工单外，各部门临时性工作任务多通过微信或行业网等下发，要求各异，难以去重，基层疲于应对，质效不高。为防范风险，将基层较多岗责权限上收，与事权不匹配，疑难杂症通过运维更改，量大、程序多，不能及时解决问题。有的部门职责不清，如风险管理序列，市局一分局除风险应对外，还要承接省局大企业局的工作，部分任务下压基层，导致基层风险分局多头应对。基层分局管事团队由多人组成，缺乏人工分配任务的标准，可能造成苦乐不均或吃"大锅饭"现象。

（三）以数治税不到位

在数据采集方面，存在税务部门"一头热"的情况，还存在上传数据不及时不规范、数据项纳入不全、采集模型滞后等问题；在数据分析方面，对市人社局、医保局、自然资源规划局等重点部门的数据挖掘不深，数据的时间格式不标准，需要手动转换；在数据应用方面，数据

需求较多，而数据管理部门因技术和人员原因难以及时满足，社保非税、财行、个税等单位对综合治税平台数据的应用明显不够，数据安全风险防控也需进一步加强。数据采集和分析人才缺乏，特别是各县市区局数据应用需求多、频率高，但数据分析应用人才严重不足。

（四）激励机制还缺乏

部分基层人员对税收现代化改革的认识还不够深入，未完全入脑入心。面对频繁更新的税收政策，有的职工难以掌握。基层人员年龄结构老化，能干事者较少，缺乏专门人才，也难以留住人才。内部监督力度加大与处理具体复杂或遗留的问题难以保持平衡，存在做得越多错得越多的现象，打消了部分人员的工作积极性。未建立有效可量化的考评机制，缺少激励措施。

三、深化改革的工作建议

建议按照《意见》精神，加快推进精确执法、精细服务、精准监管和精诚共治，进一步夯实深化税收征管改革的基础。

（一）建设智能化征管系统

集成各类型税费征管系统功能，打通各系统数据之间的链接、共享。依托"金税四期"工程，不断完善各功能模块，提高数据流转、查询、统计效率。建立第三方数据联通、存储和分析平台，自动与税收数据比对，增强数据交换的准确性。建立工作任务统筹平台，智能化去重、清分，按照岗责自动推送，并提醒税务人员，满足实际需要。

（二）完善各项工作机制

梳理税费征管岗责清单，进一步明确事项及部门职责，不断优化基础征管、风险管理和税费服务岗责。持续完善风险双闭环管理机制，完善高、中、低风险纳税人划分标准和风险指标模型，实行分级分类管理，利用大数据实现征管质量动态监控，持续健全以"信用＋风险"为基础的新型监管机制。完善税费服务机制，增强移动端税费服务能力，开展个性化服务，实现线上业务智能办、线下业务及时办。创新团队管理机制，完善"团队管户＋分类服务""团队管事＋专岗应对"管理，将"按户包干、各事统管"转变为"流程牵引、数据驱动"的工单任务管理方式。完善内部风险控制机制，合理设置岗位职权，下放部分风险较小且基层使用较多的职能权限，提高工作效率。

（三）有效应用数据治税

扩大数字化范围。在系统内部，完善平台功能，减少纸质资料，提高数字化比例；在系统外部，广泛采集第三方数据，推动完善"政府领导、税务主导、部门配合、司法保障、社会参与"的数据共享平台，着重进行金融数据、能源数据、原料数据、行业数据和其他同期数据收集，统一数据口径，建立部门数据共享共用的常态机制。提升智能化分析水平。一方面，利用现代技术嵌入程序智能化生成报表；另一方面，培养数据提取分析骨干，增强"智税团队"力量，打造以数治税"拳头产品"。

（四）持续激发队伍活力

开展线下和线上的培训，提高基层人员学习力和执行力。发挥资深税务人员的经验优势和年轻人员的工作劲头足的优势，建立不同层次的激励机制。倡导新风正气，以积极向上的文化引领人，激发税务系统干事创业的活力，助力税收征管改革。

课题组成员：陈绍波　吴菊英　周小芬　董宇

实干为要　砥砺前行　赋能税务服务高质量现代化

何光荣　吴伟夫

党的二十大报告指出税收现代化服务中国式现代化，而如何让精神指引落地落实再推动，就需要分析各职责领域的短板弱项，切实将分析成果转化为真抓实干、兴税强国的实际行动。伫立于我国成长全新历史方位，扶植现代化经济体系为税务机关充分发挥税收机能提供了更加现实的方向指引。作为中国特色社会主义市场经济的"运转中枢"和锐意改革政策的"突破口"，税务服务党的中心任务更加有力有效，近年来又连续实施减税降费，基础性、支柱性、保障性作用进一步体现。在党的二十大新思想、新理念的指引下，税务机关各个部门需要以钉钉子精神抓好政策落实，更好服务经济社会高质量发展，助力全面建设社会主义现代化国家。要突出纳税人缴费人实体地位，以更优服务、更高效率、更实措施助力退税降税降费政策落准落稳。面对税收质量与效率不高的现状，应将重点目光放置于努力实现税收功能最优解上。

一、服务导向，素质强税新要求

管理法制化是现代税收征管服务的根本要求。要避免管理优位、法律缺位、保障失位、监督虚位、内容错位造成的纳税服务问题，进一步完善纳税服务法律体系，对税务服务现代化的总体目标以及相关内容进行补充。从国家、企业、纳税人三方角度进行全面解析，采用法治强税、素质强税、管理强税"三驾马车"，打破单打独斗的现有局面，加强不同部门之间的协作，打造公平公正的税收执法环境。

信息化是推进服务征管体系建设的首要根基。要以信息技术创新为根基，在征管数字化升级、改进办税缴费方式、提升执法精确度等方面推出创新举措。推动实现业务流程、制度规范、信息技术、数据要素、岗责体系的一体化融合升级，实现纳税服务的现代化和特色化。积极探索运用"以数治税"，不断提升税收征管数字化、智能化治理效能。通过智慧税务平台，深挖大数据金山银库，以高效高质的数据为依托，助力"纵合横通强党建"机制体系建设。

专业化是推进服务征管体系建设的主要路径。通过"线上、线下"双系统服务，依托智慧税务现代化的操作平台，全面宣讲，全员帮办。逐步实现"税务线下服务全方面、系统线上纳税服务全天候、专业化个性服务大面积覆盖"税费服务的新结构。加强纳税个性服务需求的分析细化，避免出现"一人生病，大家吃药"的现象，推动纳税服务与日常税收管理的紧密结合与相互促进，形成良性互动。

二、协作联动，改革推进税务新路径

加强税收大数据体系的顶层设计。贯彻《国务院关于加强数字政府建设的指导意见》，按照全国一体化政务大数据体系建设的总体部署，完善税收大数据体系的顶层设计。强化"整体政府"理念，把税收大数据体系纳入全国一体化政务大数据体系，实现数据目录、数据资源、共享交换、数据服务、算力设施、标准规范、安全保障等的一体化，促进部门合作、精诚共治。

稳步推进税收大数据项目建设。综合考虑税收大数据项目投资与预算约束、成本与收益，确保税收大数据项目建设目标的实现。注重推进策略，考虑到个人所得税涉及千家万户、增值税稳居第一大税种位置的实际，优先实施与个人所得税、增值税相关的大数据项目。在纳税人类型上，从大企业税收管理着手，对中小企业综合权衡，区别对待，渐次推进。推进针对企业的大数据综合分析平台，挖掘税收、社保、非税之间的逻辑关系和变化趋势，探索建立评价税收报表体系。

充分挖掘税收大数据的价值。不断提升税收征管数字化智能化治理效能，主动在思想上适应，自觉在行动上践行。以高效高质的数据为依托，推行数字账户、在线申报、在线缴税和退税等服务。面对数字经济时代，我国应使传统税制的调整优先于新数字税种的设立，解决传统增值税和所得税自身缺陷导致的征收问题。

积极探索碳税与碳交易市场的协同性。综合权衡效率与公平对福利的影响，找出最优组合。要实现以税改滋养青山绿水，贯彻"绿水青山就是金山银山"思想，深化我国绿色财税体制改革，着力落实和完善"四梁八柱"工作及资源综合利用等税收优惠政策。减税与增税并举，综合施策、相机抉择是税收制度改革的总基调。不仅要通过减税促进绿色经济的蓬勃发展，还要通过增税筹集更多财政收入弥补环境损失和财政缺口。实现"多税共担""多策组合"的税费社会调节职能，落实绿色税惠的综合性政策，有利于帮助企业算好经济账和环保账，助力现代化绿色税收的建设。

积极探索"数据＋规则"双向推动税收现代化。以规则规范数据。优化事前操作，加强事后监管，进一步完善规则，提升数据质效。以数据完善规则。探索大数据画像技术，多维度、多层次地挖掘税收数据信息，提炼完善业务规则，实现纳税服务和税收监管从"大水漫灌"到"精准灌溉"的转变。以数据为抓手，优化税收风险管理能力，对内加速系统整合，对外建立长效数据交换机制。强化风险结果运用，对纳税企业实施分级分类精准管理。

三、规范战略，改革推进现代化新篇章

组织实干"落好子"，贯彻税务考核协作标准化战略。全面推进税收现代化服务中国式现代化落地落细见效，各级税务干部要立足本职工作，从基层党组织建设、税收征收管理、纳税缴费服务到全过程纪检监督遵循标准化流程。围绕税收法治现代化，扎实推进执法为民，努力创建精准执法有温度、税收普惠有深度、税企连心有力度的"三有"局面；着力提升法治水平，积极创建巩固思想走实路、规定动作亮实招、锻造铁军出实效的"三实"作风，以税收法治现代化服务中国式现代化。

党建工作"牵好头"，落实税务服务联动现代化战略。以深入学习贯彻党的二十大精神为契机，始终站稳人民立场，始终坚持人民至上，不断提升税费服务质效，切实聚焦"焦点"、解决"痛点"、打通"堵点"，全力推广"最多跑一次""非接触式"业务清单，积极构建"线上＋自助式办理为主、远程协助办理为辅、双向互联互通"的税费办理模式。推行党建联系点制度，围绕"六个方面"，聚焦"三个维度"，做到党委班子带头谈、支部党员齐参与、机关基

层畅联通,确保有"高度"、有"广度"、有"力度"。落实多部门联动机制,从公安、海关等部门的联动开始,逐步拓展,最终实现数据全面共享、人员有序互动。

固本求索"新引擎",统筹税务服务创新综合化战略。既要思考将税收现代化置于中国式现代化的理论根基和实践发展,又要谋划税收职能高度嵌入经济社会发展"大链条"。积极开设各级"一把手"谈落实栏目,发挥关键领头效用。同时,利用各类信息资源,从破"个案"中找准防"类案"的密钥,"打早打小、露头就打",以税务稽查治理现代化服务国家治理现代化。依托"一家采集、多家共用"大数据共享平台,围绕"推改革、强征管、优服务",坚决落实各项税费征收便利化举措,扎实做好社保费征收工作。同时,扎根于税费咨询岗位,把群众牵挂记在心上,把群众期盼落在实处。

在税收现代化服务中国式现代化中,"现代化"是关键词,积极探索运用"以数治税",想要深入贯彻落实就需要对党的二十大精神进行再学习、再思考、再领会,对税收现代化服务中国式现代化活动再探索、再研究、再深化,认真思考分析职责领域工作的短板弱项,深入思考"怎么办、如何干"的思路举措,切实将学习成果转化为踔厉奋发、勇毅前行的强大动力,转化为真抓实干、兴税强国的实际行动,持续抓细抓实各项任务终端见效。在新时代赶考路上,初心不改、矢志不渝、笃行不怠,围绕中心、立足职能、服务大局,以税收现代化服务中国式现代化,不断将学习贯彻党的二十大精神引向深入、落到实处。

(作者单位:国家税务总局镇江市税务局、江苏省镇江市国际税收研究会)

税收征管理论和实践研究

曾兰香

一、税收征管理论范畴及关系

目前，我国税收征管理论研究主要包括税收征管体制、税收征管模式、税收征管体系、税收征管制度等。1958年《国务院关于改进税收管理体制的规定》首次提出改进国家税收管理体制，新中国成立以来，税收征管体制经历了从财政与税务部门共同征收到国家税务总局与地方税务局分征，再到国税、地税机构合并为一个税务系统进行征管的变革，最后回归到税收征管主体、征管手段、征管模式的统一。1997年国家税务总局提出建立新的征管模式，2012年提出构建税收现代化六大体系，2018年明确构建优化高效统一的税收征管体系，2020年《中共中央关于制定国民经济和社会发展第十四个五年规划和二〇三五年远景目标的建议》指出，完善现代税收制度，健全地方税、直接税体系，优化税制结构，适当提高直接税比重，深化税收征管制度改革，建设智慧税务，推动税收征管现代化。

认识和理清税收征管理论之间的关系，是进一步深化税收征管改革的基础。税收管理体制是在中央和地方政府之间划分税收管理权限的制度，税收征管体制来源于税收管理体制的发展，与税收管理体制的概念大体相同，更多地涉及征收部门的征管权限范围，是税收管理制度的延伸。税收征管模式是税务部门内部各管理基础构成要素的职能划分、配合协调、组织形式的工作机制，是征管体制的具体表现形式，是解决征管问题的理论图解和实施方案，其内容受制于税收征管体制，为税收征管体制改革提供实践经验和重要支撑。税收征管体系涵盖税务部门内部的征管要素环节，包含税收征管法治体系、执法体系、司法体系、护法体系等。税收征管制度是对各项税收法律法规的贯彻执行以及对各项税务活动的管理与规范，是征管体系的基础和保障。较大规模的税收征管改革都直接或间接渗透着税收征管制度的新增和调整、税收征管模式的嬗变和完善。

二、税收征管改革发展历程及问题分析

税收征管模式是税收征管理论与征管实践的中介环节，是两者的具体化呈现，是税收征管理论的重要实践。改革开放以来，税收征管模式的探索过程是不断深化对现代税收征管理论的认识和突破的过程。我国税收征管模式的发展历程，如图1所示。

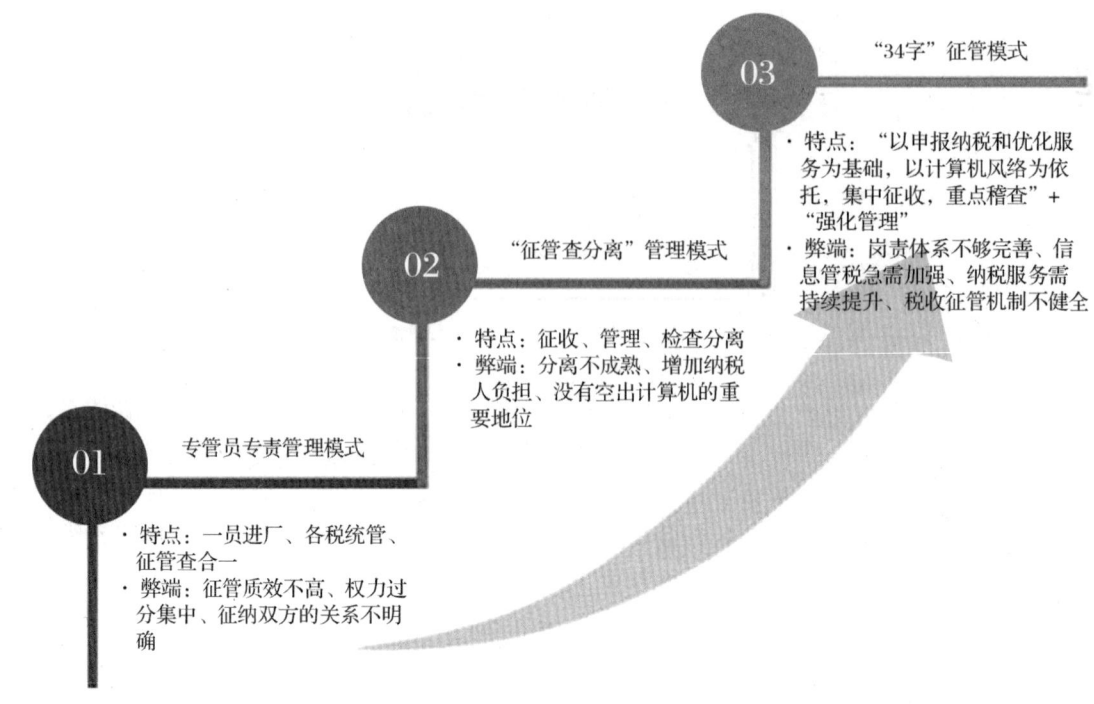

图 1 我国税收征管模式的发展历程图

（一）专管员专责管理模式

1978 年以前，我国实行高度集中的计划经济管理体制，税收征管主要采取专管员专责管理模式，特点是"一员进厂，各税统管，征管查合一"。专管员专责管理模式符合当时的经济管理体制和税制要求，使税务部门与企业之间的关系更加密切，各税统管提高了征收效率，适应以流转税为主的税制结构，为国家培育了重点税源。但是，专管员负责管理模式也暴露出一些弊端，如征管质效不高，在税收管理的组织形式上主要根据纳税人的规模进行人员配置，随着企业数量的增加，征管成本不断上升，而效果却不明显；权力过分集中，税务专管员承担税务登记、纳税申报、税款征收、纳税检查、税务处理等税务征管工作，长期与企业密切交往，缺乏对税务专管员进行有效监督的机制；征纳关系扭曲，在税款征收方式上以税务人员上门收税催税为主，实行"保姆式""包办式"管理，不利于强化纳税人的自觉纳税意识。

（二）"征管查分离"管理模式

经济转轨时期，为配合工商税制改革，税收征管采取"征管查分离"模式，将税收征管工作划分为征收、管理、检查 3 个系列。改革的主线就是分解专管员的权力，实行不同形式的分责制约，形成了征管查相互制约的机制，强化了税收征管科学化、规范化管理。"征管查分离"管理模式也存在一些不足，如分离得不够彻底，没有从根本上改变对纳税人的"保姆式"管理方式，征纳双方仍然没有明确各自的权利和义务；增加了纳税负担，出现了多人进厂、各税分管、征管查分开负责的情况，税务人员对企业的干预过多，检查频繁；信息技术滞后，税收政策推广速度较慢。

(三)"34字"征管模式

社会主义市场经济时期,我国税收征管得到全面加强。1997年,确立了"以申报纳税和优化服务为基础,以计算机网络为依托,集中征收,重点稽查"的30字税收征管模式。2004年,加上"强化管理"四个字,形成了现行的"34字"征管模式。"34字"征管模式的提出,对我国税收征管发展具有里程碑意义。"十三五"时期,统一的税费征管新格局基本形成,税费征管信息化建设成效显著,税费共治格局不断拓展,营商环境持续优化,基本实现了税收征管方式的"四个转变"。"34字"征管模式仍然存在诸多不足:一是岗责体系不够完善。税收管理职能分解到征、管、查不同的机构,但机构间的职责范围划分不清,协调配合不够,信息传递不畅,在过分精细化的岗责体系下,对于没有明确的岗责事项,管理部门存在推诿扯皮情况。二是信息管税亟须加强。"金税三期"工程已经无法满足现代化税收征管需求,各类征管系统急需整合优化。疑点数据散乱,数据安全要求日益严格,限制了基层对税收数据的运用。三是纳税服务尚需优化。"放管服"协调不够,事中事后管理没有明确的管理程序和管理方法。纳税人办税环节多,应用操作系统多,软件兼容性差,降低了纳税服务的质量和效率。四是征管机制有待健全。基层税务机关中非税源管理机构偏多,减少和削弱了直接从事税源管理的力量。基层征管机构与社会保险费和非税收入划转、个人所得税改革等新任务新要求不相适应,属地税务分局业务类型同质化,人力资源分布碎片化,职能职责不清、资源错配问题比较突出。

三、新时代税收征管模式及展望

(一)国际通行的税收征管理念

1. 树立促进遵从理念,提升纳税人满意度

树立促进遵从理念在20世纪六七十年代随着公共行政管理的变革引入,美国连续颁布《纳税人权力法案》《IRS重建和改革法案》,制定IRS重组计划;加拿大税务局在"未来发展计划"中表示将打造"以顾客为中心的行政理念和文化"。建立友好、互信、协作的征纳关系成为税务机关的核心任务。

2. 实行税收风险管理,实现分级分类管理

实行税收风险管理是以最小的税收成本代价来减少税收流失的一种程序,是一种积极主动的管理行为。英国建立了风险评估系统,由税务海关总署配备相应的人员和调查组根据风险等级进行核查处理。澳大利亚税务局利用"企业、行业、社会、经济和心理"(BISEP)模型建立了税收遵从风险金字塔模型和风险矩形图遵从模型,用于分析判断企业的经营行为、涉税事项等,并对不同风险级别的企业采取相应的策略。

3. 强化信息支撑手段,提升税收共治水平

英国法律规定,本土所有纳税人的有关信息必须向政府公开,政府、财政、税务、银行和法院等部门之间实现信息共享。新加坡国内收入局进行公司所得税申报时,纳税人端通过应用程序编程接口从第三方会计软件中直接提取财务数据,自动生成申报表和相关附属资料,基本实现"个人纳税义务一发生即缴税"。"制度+科技"的征管方式,对解决征纳双方信息不对称问题、提高税收征管水平、降低税收流失率发挥了重要作用。

（二）新时代税收征管模式展望

2021年，中共中央、国务院对进一步深化税收征管改革作出重要部署，为"十四五"时期全面深化税收征管改革绘就了蓝图。新时代税收征管模式呈现出以下四个发展趋势。

1. 以数治税，实现税费征管平台升级

将大数据、云计算等现代信息技术充分运用于纳税申报、发票管理、纳税服务、信息共享、风险管理等税收领域，加快推进覆盖税收各环节的全国统一征管系统的建设和推广。集成更多第三方数据，建立健全税收大数据"仓库"。组建专业"智税"团队，采用多因子身份识别、访问控制、数据流控制、数据加密、使用留痕等技术，实现涉税数据深加工安全化、征收管理方式现代化。通过建立税费种、行业、规模、法人关系、虚开特征等建立多维度模型，对纳税人进行精准画像，实现服务、风险智能化管理。

2. 以人为本，实现税费服务转型升级

理清并整合办税服务厅、纳税服务各内设机构、税费服务支持中心等部门的职能职责，拓宽纳税服务内涵和外延，建立集纳税申报、催报催缴、依规公告、政策咨询、问题解决、信息查询、服务投诉等于一体的涉税咨询、办理和问题反馈、处理平台，满足纳税人缴费人的多元化需求。探索个性化服务，针对不同纳税人的特点和需求，线上智能分析识别纳税人缴费人实际，实时推送提醒办税、涉税风险、税收优惠政策等，帮助纳税人解答疑问；线下提供预约服务、延时服务、提醒服务、办税绿色通道等。

3. 以管提质，实现税费监管体系升级

探索建立一种针对纳税人的监控指标模型，根据发票链、资金链等实时跟踪、筛选、比对、分析纳税人各类涉税数据信息，探索以"信用＋风险"为基础的新型监管机制，实现分级分类管理。设计科学的征管质量监控考核指标，以正在开展的税收征管质量"5C＋5R"监控评价系统为契机，建立省、市、县、基层分局4级征管质量考核监控体系，准确查找征管薄弱环节和风险点，并有针对性地及时加以解决，推动"监控、预警、评价、改进、提升"闭环工作机制的形成。

4. 以合共治，实现税费征管保障升级

树立扁平化组织管理思路，以"网格化"的公共管理理念，重新整合基层的征收、管理、服务、风控、稽查5类机构，将有限的人力资源划分到各类税收基础事项网格和专项工作网格中，以网格的形式充实基层征管和税源管理一线，将"管户"与"管事"结合，打造科学的"服评查"体系，减少执法主体的数量和审批环节，优化征管资源配置。主动会同有关部门建立税费征管协同工作机制，扩大税收共治"朋友圈"，加强情报交换、信息通报和执法联动，强化税费征管保障，持续深化税收共治格局。

（作者单位：国家税务总局自贡市税务局）

提升劳务派遣行业税收征管质量的思考

国家税务总局宁波前湾新区税务局课题组

劳务派遣是一种针对企业灵活用工需求的人力资源市场配置方式，也被称为"人才派遣""人才租赁""员工租赁"等。劳务派遣服务行业的兴起，在一定程度上缓解了用工企业的"用工荒"，对促进城乡就业结构转变、调节劳动力市场的供求关系、减少摩擦性失业有着不可替代的作用。但随着个人所得税异议申诉渠道的畅通和自然人维权意识的提高，逐渐暴露出劳务派遣行业门槛低、从业人员素质良莠不齐、管理混乱等问题，加上缺少必要的行业规范和有效监管，使得劳务市场鱼龙混杂，私招滥募现象突出，劳务派遣企业伪造成本、虚开发票等税收违法行为屡有发生，不仅扰乱了正常的税收秩序，还给地方治理带来了严重的负面影响。本文从个人所得税异议申诉核查角度出发，结合劳务派遣行业征管实际，就提高该行业税收监管质量、建立良好的依法纳税生态，从而维护好劳务派遣行业秩序和劳动者合法权益，展开思考。

一、劳务派遣行业征管现实困境

（一）市场准入门槛较低，跨区经营多

劳务派遣企业前置审批和事后备案较少，有些地方仅需满足验资标准即可获取劳务派遣经营许可证，使得一些不具备资格和经营实力的企业进入派遣行业，扰乱了市场环境。由于行业的特殊性，劳务派遣企业的目标客户不会仅限于本辖区，存在异地提供派遣服务的情况。以前湾新区为例，目前拥有劳务派遣经营许可证的企业有302家，还有部分企业以提供物业管理、物流辅助为名，实则以劳务派遣服务进行运作。在这些企业中，85%以上的劳务派遣企业有承接前湾新区以外企业的劳务派遣服务的情况，46%的劳务派遣企业有承接宁波市以外企业的劳务派遣服务的情况，劳务派遣企业异地业务的大量开展给税收征管工作带来了一定难度。

（二）工资发放形式多样，核查难度大

劳务派遣行业的工资收入组成往往较为复杂，收入组成部分有基本工资、计件工资，还有住宿、餐饮补助等，收入往往分多笔进行发放。发放采取现金、支付宝、微信红包等多种多样的方式，造成员工工资信息数据分散，核实难度加大。尤其是现金，其具有便捷性和隐蔽性，是劳务派遣企业最乐于选择也是选择最多的发放形式，导致税务机关在核实企业发放工资真实性时，无法做到快速、准确和高效。

（三）企业财务核算混乱，违法手段多

一些劳务派遣企业财务人员是兼职人员，流动性较大，财务知识薄弱，且公司法人和经营者对财务制度不了解，导致企业账务核算混乱，往往存在收支凭证残缺不全、账本装订不完整等问题。一些企业不按规定进行劳务工资的发放和核算，不按规定为员工缴纳社会保险等"五险一金"，不按规定为月工资在5000元以下的员工进行代扣代缴个人所得税申报，存在税前扣

除混乱、计税依据不准确、财务报表失真等问题。有的企业还采取一人多派、编制假工资单、分解高收入、伪造资金流等手段，以达到少缴所得税目的。

（四）税收征管信息滞后，监管难度大

绝大多数劳务派遣企业为中小型企业，内部管理紊乱，劳务派遣员工多数非本地户籍，特别是那些两头在外的企业（指雇佣员工和用工单位均在管辖区域外），存在先天管理不足的特质，导致税务机关对劳务派遣经营情况缺乏真实了解，征管真实信息获取存在困难，面临劳务派遣企业虚假用工、阴阳合同等违法行为时，税务机关不能及时发现。在现有的征管模式下，当劳务派遣相关的个税异议申诉大量出现或者差额发票疑点问题频发时，税务机关才会予以介入核查。这样的事后监管模式导致税收监管难度加大。部分劳务派遣企业自知企业经营漏洞，当其觉察到无法经营或者有稽查动向时，往往在税务机关采取措施前进行注销或迁移，而员工找不到企业无法维权，就会寻求税务机关的帮助，此时税务机关会陷入被动的局面，调查核查以及解决问题的难度都会更大。

二、劳务派遣企业存在的税收风险

在对劳务派遣的征收管理和调查核查过程中，税务机关可以发现劳务派遣企业存在虚增成本费用、虚开发票、虚假申报等税收风险，急需采取措施进行风险控制。

（一）滥用差额征税政策

劳务派遣企业选择差额征税需满足长期用工的条件。根据劳动合同法的规定，劳务派遣企业需与劳派人员签订两年以上的固定期限劳动合同，并按月支付报酬。但在实践中，普遍存在劳务派遣企业与劳务派遣人员签订不足两年的固定期限劳动合同，仅为有用工需求的单位提供"短期工""季节工"，但在开具发票时仍选择简易计税方式，增值税申报仍按差额征收的情况，不符合税法规定。

（二）虚构劳务派遣业务

一些劳务派遣企业不开展员工派送业务，不履行代发工资等职责，只是以收取服务费为目的，将为企业代为招收员工而取得代理服务收入按劳务派遣服务开具发票。一些劳务派遣企业为大型企业，有自己的人力资源公司，通过将企业自身员工变为劳务派遣员工，规避员工管理上的风险。一些劳务派遣企业将建筑分包业务的建筑服务收入以劳务派遣服务收入开具发票，还有一些建筑型劳务派遣企业摇身变成"开票公司"，通过编造虚假劳务派遣业务的手段，为建筑施工企业以及部分事业单位虚开劳务费发票，并按照票面金额的一定比例收取"管理费"，既扰乱了行业的正常秩序，也存在代开、虚开发票风险。

（三）违法规避税费缴纳

在日常征收管理和个人所得税异议申诉核实中，经常发现自然人"被员工"现象，自然人根本不知道自己是某公司的员工，但却在个人所得税 APP 中看到了任职单位和申报个税的记录，因而提起"从未在职"的异议申诉。经调查核实发现，一些劳务派遣企业存在与下游用工企业相互勾结，利用非法取得的个人身份信息，签订虚假合同，伪造用工数据，多开劳务发票、多列增值税差额扣除的成本费用和企业所得税工资薪金成本的严重税收违法行为。更有甚者，存在部分自然人与扣缴义务人联合作假的情况，不仅危害了税收征管秩序，破坏了会计制度，也侵蚀了当地的社保基金。

三、加强劳务派遣行业税收监管的对策建议

劳务派遣行业的"畸形发展",不但严重侵害了劳动者的合法权益,还严重危害行业秩序和税收征管秩序。对税务机关来说,既要做到企业各类税收政策应享尽享,又要切实转变税收征管方式,进一步加强劳务派遣行业税收监管。具体可以从以下几个方面进行推进。

(一)强化税法辅导,执法宣传求"全"

对辖区内的劳务派遣企业做好纳税辅导,对相关税收政策加大宣传力度,同时要求其规范财务核算制度,健全账簿、凭证、发票管理,务必做到两个合同齐全,即与被派遣单位签订用工合同、与劳务人员签订用工合同。合同内容必须明确用工种类、用工人数、时间、工资标准及发放方式等。此外,对虚开发票、编造虚假计税依据等违法行为的违法后果也要进行宣传,严厉打击借伪造资金流、工资单等手段偷逃税费的行为。

(二)做深税源管理,执法信息求"真"

针对劳务派遣行业的特性,应联合相关部门强化事前管理,严把入口关,对"注册地址与经营地址不一致""经营场所设施设备与开展业务不相适应"等情形建议不予许可。在获取纳税人注册登记信息后,第一时间进行实地走访辅导,用好"实名办税"这一利器,进一步推广个税APP,充分利用税务自身的扣缴申报数据,结合公安户籍、人社劳动仲裁等辅助资料,设置多项个性预警指标,对该行业的涉税事项进行细化评估,还原纳税人业务流程,评估企业税源实况,将有限的征管资源配置于劳务派遣企业税收问题频发的高风险领域。

(三)优化制度设计,执法监管求"早"

转变单一征税职能和孤军作战的征管模式,将"经验管税"转变为"大数据治税"。利用好"行业+片区"和"信用+风险"的新型监管模式,以个人所得税异议申诉处理为抓手,结合各项政策风险应对任务,形成多税种的联合预警机制,第一时间分辨出辖区内劳务派遣行业中的不良企业,实现税收风险早发现、早处置,将问题解决在萌芽阶段。

(四)强调内部管理,执法过程求"精"

针对劳务派遣行业,制定管理细则,实行专业化团队化管理,强化相关领域的代开发票管理。对重点企业的申报收入、发票开具金额、实际缴纳税费等数据进行分析,认真查找劳务派遣企业存在的风险点,并定期对涉税风险高的企业进行风险排查。对异常发票定期发函核验,形成"发现问题—分析问题—整改问题"的闭环管理机制,做到精准管控,实现"智慧税务"。

(五)深化协税共治,执法质效求"高"

联合市场监管、人社、公安等部门建立多方联动机制,形成"资源互补、信息共享、协同配合"的综合监管力量,定期或不定期地开展综合执法,严肃查处非法派遣、欠薪欠保、不依法为派遣劳动者缴纳社会保险等行为,及时收集涉嫌虚开发票、冒用公民信息进行个人所得税申报、不依法履行代扣代缴个人所得税等违法线索,促进监管成效提升,真正做到行业税收精诚共治。同时,进一步推进自然人纳税信用评价体系建设,公告失信人员"黑名单",多维度宣传诚信纳税,降低征纳成本,提高税法遵从度,着力构建"无风险不打扰、有违法必追究、全过程强智控"的税务执法新体系。

课题组成员:黄启强 岑 楠 张 洁

全面建成税收营商环境最佳体验区域研究

匡 鹏　吴伟夫

一、世界银行全球营商环境指标体系

（一）发布目的及重要性

世界银行发布营商环境报告主要致力于推动经济改革、改善营商环境、降低制度交易成本，为政府、社会、企业和其他机构的知识共享和政策对话铺架桥梁，同时提供社会和经济研究的详细信息以及具体政策建议所需要的精细数据。世界银行于 2001 年成立全球营商环境评估项目组织，至 2019 年，营商环境报告涵盖了世界 191 个经济体。营商环境报告因覆盖面广、发布周期稳定、评估内容相对客观，所以对全球投资、国际贸易和营商环境的改善产生了重大积极作用。

2020 年 1 月 1 日起施行的《优化营商环境条例》（以下简称《条例》）这样定义营商环境，即"企业等市场主体在市场经济活动中所涉及的体制机制性因素和条件"。《条例》鼓励各地、各部门根据实际情况，探索优化营商环境的具体措施。世界银行也给出了营商环境的定义，即"市场主体在准入、生产经营、退出等过程中涉及的政务环境、市场环境、法治环境、人文环境等有关外部因素和条件的总和"。结合这两种定义，笔者认为营商环境是市场主体在开展经济活动的全过程中所面临的外部因素的总和，包括政务、市场、法治和人文等方面的内容，涵盖法律、经济、社会和政治等要素。优化营商环境，有利于促成社会生产力的解放和发展，有利于促进现代化经济体系的建立健全，有利于促使经济向高质量发展迈出坚实步伐。

（二）营商环境指标变化及修改

2020 年 8 月 27 日，世界银行发表声明，确认营商环境报告发生数据违规行为。2022 年 2 月 4 日，世界银行发布新项目宜商环境评估体系的说明。至此，运行了 17 年的营商环境（Doing Business，英文缩写 DB）项目宣告结束，宜商环境（Business Enabling Environment，英文缩写 BEE）项目宣告开始。这标志着世界银行对全球商业环境的评估进入新阶段。同 DB 比较，BEE 评估体系的指标发生了较大的变化：在内容上，BEE 取消了 DB 中的保护中小投资者指标，增加了促进市场竞争指标；除纳税和办理破产两项指标不变外，其他七项指标从名称到内容都有不同程度的改变。BEE 还把 DB 的观察指标吸纳到一级指标内，并增加了两项跨越指标。数字化技术和环境持续内容融入每项一级指标中，如电子政务、在线服务、环境许可证和绿色税收等。BEE 评估体系的十个一级指标，依然按照企业全生命周期设计：开业、运营、关闭企业。每个一级指标项下，统一设计三个二级指标组，即监管框架、公共服务和整体效率，共计 30 个二级指标。此外，BEE 还统一了所有指标的考察维度。

(三) 税收营商环境指标

税收营商环境指的是一个企业在缴纳税收、遵循税法规定方面的条件和状况，旨在考察一个国家或地区纳税的便利化程度。世界银行在税收领域使用了三组指标：税收法规的质量（监管框架支柱），税务部门提供的服务（公共服务支柱），税收负担和税收系统的效率（反映前两个支柱影响的衡量）。通过一系列研究，世界银行认为税收制度对经济结果和投资决策产生的影响主要源于税收制度的复杂性、税收征管效率、税收负担、税收合规成本四个因素，BEE指标设计体现了对这些问题的考量。基于上述修订目标，BEE推出了修订后的纳税指标框架草案，用来衡量税收法规的复杂性、税收制度的效率、税收负担和合规成本，具体包括税收法规的质量、税务部门提供的服务、税收负担与税制效率三点内容。与DB中的纳税主题相比，BEE指标涵盖了一些新的方面，范围更广。DB更侧重于税收负担与税务系统效率，而BEE三位一体的评估框架加强了对经济体税务系统的全方位考察。

二、中国税收营商环境指标总体情况

从2020年的世界纳税报告中可以看出，我国的营商环境便利度在全球190个经济体中的排名跃升至第31位，较上年提升15位，连续两年跻身营商环境改善幅度较大的十大经济体，纳税指标排名也提升9位。中国在"纳税时间"和"纳税次数"方面已经远超《世界纳税报告》中的全球平均水平，但在"总税收和缴费率"以及"报税后流程指数"方面仍存在一定的提升空间。《世界营商环境报告》选取北京和上海作为我国样本城市，分别占比45%和55%，指出我国税收营商环境总体呈向好趋势，但全球排名仍处于中下游水平。报告指出，2004年至2018年，我国年纳税时间从832小时下降至138小时，纳税次数也从近40次下降至7次。这些指标取得的巨大进步与我国税务机关推出的一系列富有成效的举措密不可分，如下调增值税税率、"营改增"、上线"金税三期"、推广电子税务局等重大改革，以及现在推行的"互联网＋税务"等改革举措，都为我国税收营商环境的进一步提升提供了强大的动力。

三、江苏省及镇江市税收营商环境现状

(一) 江苏省税收营商环境考核指标及优化税收营商环境的现行措施

在江苏省税收营商环境考核指标中，共有5项二级纳税指标，其中参评指标4项、观察指标1项。第一项参评指标是纳税次数，全省范围无地区差异，全省各地区12个税种的纳税申报次数均为7次。第二项是纳税时间，分析企业完成一次增值税、企业所得税申报所需时间。第三项是总税收和缴费率，均由省级以上税收法律法规确定，地区之间不存在差异，全省平均总税收和缴费率为53.04%。第四项是报税后流程指数，分析增值税留抵退税办理时长。观察指标是税务"不见面"审批服务水平。目前，江苏省绝大部分城市主要采用以下措施来优化税收营商环境：一是推动落实各项优惠政策。自2019年以来，国家陆续推出一系列减税降费政策，个人所得税改革、小微企业普惠性税收减免、深化增值税改革和降低社会保险费率等税收优惠政策不断实施。二是积极开展宣传辅导活动。通过江苏税务微信公众号、纳税人体验区等，结对百强企业、走访科创企业、助力小微企业，通过开展专题活动、强化"非接触式"提醒等方式，围绕税收政策宣传解读、税费服务，为企业纾困解难，确保税费优惠政策应享尽享。三是改善办税服务方式。积极实施实体办税"一体式"，优化办税服务资源。以多种服务

方式满足多样化服务需求，如"网上办税""移动办税""自助办税"等。四是江苏省各税务机关积极推广使用电子发票，持续推进免费税务"Ukey"发放，支持涉税资料的邮寄。五是推动税费业务服务智能化，提高大数据技术在江苏省税收领域的应用程度。

（二）镇江市税收营商环境最佳体验区成效

2022年，镇江税务把优化税收营商环境作为全年工作的三个专题之一，主动贯彻落实市委、市政府、省局优化营商环境决策部署，坚持对标先进和问题导向，坚持协同推进和加紧谋划，制定了税收营商环境优化"139"行动计划，整合打造10项工作机制，制定实施30个项目和90项具体任务并对标对表抓好落实，深入推进税费一体化改革、12366税费服务热线提升试点、税费服务事项全市通办等营商环境建设重点工作，为优化税收营商环境夯实基础。同时，结合2022年"我为纳税人缴费人办实事暨便民办税春风行动"和助力小微市场主体发展"春雨润苗"专项行动的开展，全方位、全时空促进税收营商环境持续优化。一是积极推行智慧税务。智能导税机器人、远程在线咨询、一键呼叫帮办等大数据、区块链新技术，为办税缴费植入"智慧"基因；"智能、智联、智控"的智慧办税系统，为办税缴费提供了智能化、无感式、非接触新方案。为准确把握办税缴费难点、堵点，镇江市税务机关还聘请税务营商环境体验师体验智能化办税。二是全面丰富个性化税费服务。建立全面收集、科学分析、快速响应、有效处理、绩效评价的"链条式"需求管理机制，实现全程权益保护。完善大企业联络员制度，进一步优化大企业服务、优惠政策绿色通道等服务模式。在线下服务水平提高的同时，线上办税质效也全面提升。利用税收大数据及人工智能技术，采取"系统识别＋人工筛选"方式，比对税费政策与纳税人行业、规模等特征，梳理确定符合条件名册，点对点推送给每个符合条件的纳税人。借助电子税务局、微信视频、直播课堂等线上方式，确保纳税人实现每项优惠政策应享尽享、直达快享。三是协同办税"一体化"。应用"全链通"综合平台，明确专人负责，第一时间做好网上领购发票申请核准，实现新办企业"一次登录、一表填报"。建设房地产交易信息共享平台，提升房地产交易税收征管质效。根据不动产登记类事项，组建"二联合"和"三联合"窗口，实现了"一窗受理、集成服务"。关注重点指标，压缩涉税业务办理时间，确保即办类税务注销即时办结。开展"纳税人之家"活动，加强与商会、行业协会等组织的沟通。

（三）镇江市发展税收营商环境的约束因素

在客观因素方面：一是办税系统存在不稳定性。在电子税务局和自然人扣缴客户端等主要支撑软件系统不稳定情况时有发生。申报数据自动带入、校验计算等功能不完善，操作界面设计不够合理，寻找部分功能模块时较为费力，系统频频升级、报错，在申报期尤显卡顿。一系列线上业务办理体验感差，使纳税人出现抵触心理。二是自助办税设备不够完善。自助办税设备的界面设计不够友好、故障维护不及时、24小时自助办税终端数量偏少等都会影响纳税人的体验感。三是税收法治化存在不足。依法治税是税收工作的灵魂，我国的税收法治化建设任重道远。从本质上来说，我国的税法体系并不完善，与发达国家的差距还很大，虽然很多税种已经立法，但还有很多税种以暂行条例、政策法规、地方规范等形式出现，并未上升到立法层面。尤其是我国的增值税，作为我国最重要的税种之一，还未完成立法。依照发票电子化改革的愿景，现有的税收征管体制将发生巨大变革，但配套的法律法规尚未出台，不但对纳税人缴费人的税收遵从成本有所影响，而且对税收确定性也有影响。在主观因素方面：一是办税指引宣传还不到位。近年来，税收政策变化较多、更迭迅速，操作系统升级频繁，对税务人员尤其是办税服务厅和特服号人员的业务能力提出了较高的要求。在实际工作中，存在部分工作者不熟悉税收政策与系统操作的情况，尤其是在阶段性优惠政策落实和纳税人端系统操作方面，其提供的解决措施并不能很好地解决纳税人缴费人的实际问题。此外，"12366"等提供的政策和操作咨询服务，不能完全满足纳税人的个性化需求。在税务宣传方面，有时候税务宣传的针对性较差。一项政策落地，税务机关往往从自身管理需求的视角推进税收宣传，无法精准了解需要享受此项政策的对象，往往通过短信提醒、微信公众号发布等规模化的方式进行宣传，对纳税人需求的收集和反馈机制还不够健全。此外，部分企业财务人员的业务水平参差不齐，主动学习的积极性不高，无法及时跟上政策变化，对优惠政策的理解有限，对优惠政策的推广落实造成了一定的困难。二是税收执法规范度有待提升。执法不规范的问题给税收营商环境的优化带来了阻碍和限制。镇江市税务机关在行政执法过程中可能存在执法不当、执法过轻或选择性执法的现象，即存在执法程序不规范不合理、执法受到外界干扰及税收裁量权使用不当的情况。税务工作者的个人素养和业务水平参差不齐，可能会带来滥用职权和处罚结果不当的问题。裁量权的不规范行使会破坏税收的公平性，不利于税收营商环境的优化。

四、全面优化镇江市税收营商环境的建议

（一）加大平台运维投入

充分发挥电子税务局、自助办税终端等平台的本地运维团队的支撑作用，稳定主要系统服务商运维团队，制定运维快速响应机制，确保全天候快速反应，切实解决本地纳税人的操作应用问题，尽量减少电子税务局卡顿、故障、功能性缺陷等问题对本地纳税人造成的影响。对重点对象进行跟踪服务，及时提供技术操作指导和上门服务，全方面指导纳税人用好税务平台。

（二）建设完善的税收法律体系

减税降费法治化是优化营商环境的内在动能，优化营商环境是减税降费法治化的外在动因。税制改革不仅应与财政改革相配套，还要与内嵌于财税制度的政治、经济、社会等多个领域的改革相衔接，合理运用大数据化的现代立法技术，以高质量立法推动税法完善，从而提升税法的确定性、科学性、前瞻性和可预测性，构建现代税收法治体系，保障纳税人权利，实现公平正义。这正是兼具创新性和普惠性的新一轮税制改革和优化税收营商环境的法治期待。

（三）开展精准宣传及政策辅导

综合运用好税收大数据，实时监测减税降费等税收政策的落实情况，及时扫描分析数据，筛选出应享未享和违规享受的疑点信息，对符合条件的纳税人缴费人进行宣传辅导，指导其依法享受政策红利，让其应享尽享；对违规享受的纳税人进行提醒和及时纠正，为其匹配最优的税收政策，要求其合法纳税。充分运用微信公众号、"纳税人之家"等平台，制作微课、微动漫、公益广告等纳税人喜闻乐见的宣传产品，利用大数据等信息技术，按规模、行业等对纳税人进行画像，根据纳税人关注的热点和行业特性，制定专题式辅导产品，实现税费政策"点对点"精准推送。为法人代表、财务负责人和办税员量身定制不同的宣传辅导产品，向法人推送企业纳税、优惠政策享受等情况的"一户式"报告，向财务负责人和办税员推送税收新政、办税指南、操作指引等。

（四）提升税务执法规范性

第一，应认真开展税务执法全过程跟踪记录工作，完善纳税人投诉反馈机制，在必要时应当告知纳税人可以寻求合法的法律援助服务。第二，应当牢牢把握"依法治税"理念，强化税收程序法的权威性，避免"以言代法""以权压法"现象，自觉接受纳税人及相关法律部门的监督，杜绝税收执法的外界干扰。第三，推行"执法上网"机制，落实执法网上录入、流转、监督及查询一体化，实行执法人员案件责任终身负责制。同时，健全税务裁量权基准制度，重新研究裁量权基准，制定符合实际、规范合理、易于操作的裁量权行使范围，明晰税务裁量权边界，强力避免可能产生寻租空间的裁量权基准，并鼓励纳税人勇于举报税务执法人员滥用税务裁量权的违法现象。

（五）拓展税收共治格局

积极推动纳税服务社会化，在税务机关提供免费的公共服务的同时，引入更多社会中介的力量。加大涉税专业服务机构监管力度，持续敦促中介机构做好涉税专业服务信息和业务要素的采集，依法诚信执业。加大对不法中介的打击力度，规范涉税专业服务的市场秩序。在推进减税降费等重大任务时，发挥涉税专业服务机构的专业优势。

总之，在新形势下，镇江全域只有不断深化纳税便利化改革，积极提高服务质量，提升行政服务效能，以权力"减法"、服务"加法"、激发市场"乘法"，才能不断提高企业和群众的获得感、满意度，营造最佳的营商环境。税务部门为企业经营创造宽松的税收环境，必须做到内外部多方共同参与，促使管理方式从根本上转变；完善管理制度与征管流程，促使管理机制从根本上优化；整合优化信息系统，促使信息化水平从根本上提升；优化和改进纳税服务，促使精细化从根本上改善；创新税收监管方式，打造高效管理"新引擎"。政府部门为企业经营创造宽松的市场环境，必须在如何培育市场主体上动脑筋，在如何优化制度上下功夫，在如何主导多方协同共治上做努力。纳税人为自身经营创造宽松的信用环境，必须培养诚信意识，从思想上端正诚信纳税态度，树立"税收取之于民用之于民"的基本理念，把诚信纳税由被动转为主动。企业需要将思想落实到行动上，如积极学习税收相关知识，积极了解政策变化，并与自身情况相结合，在企业内部通过开展培训、例会等方式，使员工明确诚信纳税对企业发展的重要性，并在各个涉税环节设置关键控制，定期或不定期对涉税事项进行监督检查。

（作者单位：国家税务总局镇江市税务局、江苏省镇江市国际税收研究会）

"以数治税"背景下提升纳税服务质效的思考

王 伟

通过"以数治税"不断推进精确执法、精细服务、精准监管、精诚共治，实现税收征管的数字化升级和智能化转型，将数据分析结果运用到执法、服务和监管各个环节，切实提升为纳税人缴费人办实事的时效性和精准度，建设智慧税务，构建"线下服务无死角，线上服务不打烊，定制服务广覆盖"的税费服务新体系，着力赋能提升纳税服务质效，推动纳税服务大格局建设，持续优化税收营商环境。

一、深刻认识"以数治税"在税收现代化实践中的内涵

2023年，国家税务总局围绕以税收现代化服务中国式现代化的目标，提出以落实新征程税收现代化"六大体系"为根本任务，以提升"六大能力"为有力保障，抢抓机遇，补齐短板，突围进位，在推动高质量发展中迈出新步伐。

（一）深化"以数治税"更好服务科学决策

税务部门作为重要的经济管理部门和税收政策执行部门，必须紧跟时代发展趋势，充分发挥税收大数据覆盖经济活动全、反映经济动态快、数据颗粒度细、反映经济活动准的独特优势，主动跟进中共中央决策部署，融入中国式现代化。一方面，进一步提升政治站位，对标中共中央决策部署，对标各级党委政府工作要求，积极探索完善基于税务登记、发票使用、企业产业链等多维度和全链条的税收指数体系，对宏观经济、税收走势和税收征管实施先导性、指向性研判，服务决策参考；另一方面，聚焦发展所需、社会关切，不断健全税收数据分析长效机制，强化税收大数据的深层次应用，突出挖掘发票数据、产业链分析、重点行业企业分析，细致梳理产业链上下游需要解决的问题，定期提出务实管用的措施和建议，科学服务经济社会发展大局。

（二）深化"以数治税"更好提升治理能力

通过"以数治税"推动税收征管更高效。积极构建跨政府部门协同安全高效的税收大数据交互资源体系，实现数据共享、交互运用，打造数字化税源管理体系，着力构建"高精准"的基础税源管理体系，推动税收工作从传统的"依靠经验""人工判断""重复操作"向"依靠数据""智能判断""自动运行"转变。通过"以数治税"推动风险管理更精准。不断强化"以数治税"风险管理理念，依托海量的数据和信息化技术，探索建立税收大数据可视化应用，实时统筹推送风险信息，变传统的事后税收风险管理为事前、事中、事后全流程动态风险闭环管控，提升税收风险管理质效。

（三）深化"以数治税"更好优化营商环境

在税费政策落实方面，依托税收大数据绘制帮扶"导向图"，精准筛选符合条件的纳税人

缴费人，主动宣传辅导，实时跟踪监测，确保政策红利以最快速度、最精准度直达市场主体。在优化税费服务方面，依托税收大数据和信息技术手段，搭建"云上+云下"智能办税服务体系，为纳税人缴费人提供"一站式"服务，让信息多跑路、群众少跑腿，有效激发市场主体活力。在助企纾困解难方面，用税收大数据分析匹配跨区域、上下游供需企业，重构组织模式，延伸产业链条，引领和驱动企业加快转型升级、技术创新。

二、"以数治税"对提升纳税服务质效的需求

"以数治税"是税务机关借助强大的数字平台，在税收征管过程中进行深度的数据挖掘和有效使用，从而实现税收征管的数字化升级和智能化转型，将数据分析结果运用到执法、服务和监管各个环节，切实提升为纳税人缴费人办实事的时效性和精准度，推动降低征纳成本，提高税法遵从度和社会满意度。

（一）"以数治税"有助于深化纳税服务大格局建设

在"以数治税"背景下，人工智能、区块链技术、大数据技术的迅速发展使实施税费服务精细化转型成为可能，构建"线下服务无死角，线上服务不打烊，定制服务广覆盖"的税费服务新体系成为"以数治税"背景下的现实需求，有利于深化纳税服务大格局建设，赋能提升纳税服务质效，切实提升为纳税人缴费人办实事的时效性和精准度，构建趋于智能化的纳税服务大格局。

（二）"以数治税"对纳税服务提出了新要求

"以数治税"有利于守信激励、失信惩戒和信用修复三个抓手共同发力，依靠数据分析结果在执法、服务和监管环节及时采取措施，推动市场主体依法纳税、诚信经营，从而减少违法经营活动，打造公平有序的市场环境。"以数治税"能够提升税务机关的风险防控能力，税收大数据的全面应用将直接带来税收征管的科学化、精细化，可以为税务机关提供具有针对性、准确性、时效性的信息来源，为提升税法遵从度提供有力支撑，从而鼓励依法纳税，减少税收违法行为，规范市场经济秩序。

（三）"以数治税"有利于纳税人简化办税流程

"以数治税"能够对纳税人多渠道多来源的基础信息进行自动分类和处理分析，精准定位地区、行业和企业特征，发现潜藏在数据库中的税源信息，做到应征尽征，筛选出减免优惠数据，做到应减必减。"以数治税"带来的数据智能化分析处理将大大减轻市场主体办税负担，提升办税缴费便利度，规避"非主观故意"引起的涉税风险，进而推动提升纳税服务质效。

三、构建"以数治税"背景下的税费服务体系

构建"以数治税"税收征管模式下的税费服务体系的意义在于不让纳税人缴费人围绕税务部门的岗责划分和工作流程来回跑、分段办。《关于进一步深化税收征管改革的意见》提出，到2023年，要基本建成"线下服务无死角、线上服务不打烊、定制服务广覆盖"的税费服务新体系，实现从无差别服务向精细化、智能化、个性化服务转变。一方面，税务部门要以现代信息技术为支撑，将大数据、云计算、人工智能、区块链等现代信息技术与办税缴费业务相融合，建立智能感知、智能引导、智能处理的多元化办税缴费方式；另一方面，纳税人缴费人满意是税费服务的直接动力，纳税人缴费人的需求促进了税费征管与服务的创新。因此，要通过

创新征纳双方的互动模式,实时回应并精准识别纳税人缴费人的具体需求,制定个性化服务模式,加强线下和线上服务模式的相互衔接,主动提升办税缴费体验。构建"以数治税"征管模式下的税费服务新体系,要求税务部门始于纳税人缴费人需求、基于纳税人缴费人满意、终于纳税人缴费人遵从,切实推动税费服务向精细化、智能化、个性化转变。

(一)探索实行"发票办理定制服务"

依托动态"信用+风险"的管理模式,发挥税收大数据和风险管理平台作用,推广电子发票,实行发票"开具金额总额度管理",对纳税人开具增值税专用发票和增值税普通发票等共用一个开具金额总额度,纳税人在一个自然月内发票累计开具金额不超过总额度,取消税控专用设备、发票票种核定和单张发票最高开票限额。分级分类实施发票管理,结合纳税人的风险程度、信用等级、实际经营情况等多重维度,分析确定纳税人发票初始开具金额总额度,并进行动态调整。纳税人开具金额不足时,可通过线上线下多种方式向主管税务机关提出调整开具金额总额度的申请。实行电子发票在电子税务局"即需即领,即领即用"。依据不同行业、不同规模、不同经营模式的企业建立不同类型的发票风险数据分析模型,实行风险监控和即时提醒,对触发高风险企业实行发票领用即时阻断,对触发中风险企业实行审核式阻断。税务机关经对风险排查无问题后解锁纳税人开票权限,实现对不同纳税人提供不一样的"发票办理定制服务"。

(二)探索实行"申报缴税(费)定制服务"

深化运用大数据技术,依托动态"信用+风险",探索不同行业、税种、规模、区域纳税人缴费人申报缴税(费)的标准化流程,依法主动甄别、标记市场主体纳税类型,精细描绘市场主体"画像",从而实现"征期申报提醒,自动预填数据,自动计算税费,申报一键确认"。利用大数据识别分析技术,在税费申报和税款征收环节识别未在规定时限内申报或缴纳税款的纳税人,通过电子税务局实名认证绑定微信、支付宝等推送提醒方式,为其提供税费申报催缴智能提醒服务;借助不同部门间、税种间的数据共享,不再要求纳税人缴费人重复报送填写,精准识别纳税人发票开具等多种信息,分门别类预填申报数据;对涉及填报项目较少的小微企业和个体工商户探索实行"申报数据一句话提醒,申报一键确认",减少逐项逐页核对申报表的时间。针对纳税人缴费人需求和偏好,实施差异化推送相关政策法规、办税指南、涉税提醒等信息,提供个性化定制的税费申报服务。例如,依靠区块链技术为大数据的基础采集提供支持,其去中心化的模式有利于建成准确程度高的基础数据库,探索区块链技术在社会保险费征收、房地产交易和不动产登记等方面的应用;通过云计算和人工智能为数据分析提供帮助,通过设置不同指标对不同来源、不同种类的数据进行汇总归类比对处理,筛选出有价值的参考信息并将其分别提供给税务机关和纳税人,提升申报数据质量。

(三)探索实行"信息报告定制服务"

推进部门协作与数据共享,不断完善税收大数据云平台,加强数据资源开发利用,持续推进与有关部门信息系统互联互通。税务机关的"信息报告定制服务"不依赖纳税人缴费人的申请,而是依靠数据智能化分析企业信息变更情况,如企业经营地址信息与市场监督管理部门登记信息、房产税城镇土地使用税应税申报信息、不动产部门的不动产登记信息等多项数据关联比对;企业从业人数与个人所得税、社会保险费等多项数据关联比对;企业行业与发票开具明细数据关联比对;等等。依靠智能分析结果实现对纳税人缴费人的主动提示提醒,对企业或个人的税费"一户式信息"实行信息变更提醒，针对信息不完善的推送补充信息提醒，引导纳税人通过线上线下多种方式享受定制服务。进一步推进与市场监管、银行、海关、民政、教育、退役军人、医保社保等部门进行数据即时共享，纳税人信息发生变更的，主动推送至纳税人提醒确认一键办理，通过与外部门数据之间的关联分析和挖掘，跟踪纳税人缴费人收入、成本、销售经营、财产等情况，可在一定程度上解决征纳双方信息不对称的问题，从而预测纳税人缴费人当前咨询需求，有针对性地开展税费跟踪辅导和智能化风险提醒。需要注意的是，推进部门协作与数据共享需要制定出台数据共享的口径和标准规范，并持续拓展开发涉税涉费信息共享等领域的应用和后台。

（四）探索实行"咨询辅导宣传定制服务"

在"以数治税"背景下，税务机关通过对纳税人基础信息、部门间数据共享、在线交互式评价、操作常见问题等海量数据分析，可挖掘出纳税人缴费人在涉税业务办理中可能存在的难点和堵点问题，对纳税人缴费人进行"服务上门"主动性问题解答辅导，实行"咨询辅导宣传定制服务"。例如，根据通过共享获得的民政部门涉税数据，在残疾人办理涉税事项时主动提供服务，解决现实问题。探索实行"咨询辅导宣传定制服务"，要重视可视化、智能化的移动端应用的开发和推广，逐步实现辅导宣传服务信息由系统根据纳税人情况自动识别和精准推送，化"被动解答"为"主动问需"，从"纳税人缴费人提出问题"向"主动挖掘问题，为纳税人缴费人解决问题"转变。

（作者单位：国家税务总局营口市老边区税务局）

在减税降费新形势下关于如何把握组织税费收入质量的探讨

丁东生　谢　芳　罗欣然

近年来，中共中央、国务院出台了一系列稳经济促发展的税收优惠政策。以丹徒区为例，自2018年实施大规模减税降费政策以来，全区一般公共预算税收收入呈减收趋势，2022年1—11月较2021年同期更是大幅下降。在当前减税降费新形势下如何把握收入质量，是值得基层税务机关思考的一项重要课题。

一、新形势下高质量组织收入，必须坚持"四项原则"

党的十九届六中全会进一步明确要求推动高质量发展。对税务部门而言，高质量组织收入工作，就是坚持"依法征收，应收尽收，坚决不收过头税费，坚决防止和制止越权减免税费，坚决落实各项税费优惠政策"的组织收入工作原则。它概括起来就是以下"四项原则"。

（一）依法征收原则

坚持依法依规组织税费收入，更好地夯实保障高质量发展的财力基础。这是最根本、最重要的原则。不论是税收收入，还是社保费、非税收入，不论是实体还是程序，都要严格遵守相关法律法规的规定，始终做到依法征税、依法收费，始终做到应收尽收、应免尽免、应退尽退。

（二）均衡入库原则

税收收入和非税收入是预算收入的主要来源。《中华人民共和国预算法》明确规定，预算收入征收部门和单位，必须依照法律、行政法规的规定，及时、足额征收应征的预算收入。鉴于预算支出安排的特点，税务部门应尽量保持月度、季度收入均衡入席，防止不同月份、不同季度之间收入大起大落，从而影响预算支出的安排。

（三）遵循规律原则

经济是税收之母。增值税、消费税、企业所得税、个人所得税等主要税种都与经济发展密切相关，都直接或间接地受到经济形势的影响。因此，税务部门要严格按经济规律办事，合理安排收入计划，努力使税收增幅保持在合理区间内，实现税收与经济同步增长、协调增长。

（四）注重协调原则

高质量组织收入工作的开展，离不开基层税务机关对经济税源的精细预测，离不开税政业务部门对税收政策影响的分析测算，更离不开与财政等政府部门的沟通配合。因此，税务部门要加强统筹、注重协同，这样才能科学研判组织收入形势，实现收入高质量增长。

二、新形势下高质量组织收入，需要处理好"五大关系"

近年来，随着我国减税降费的力度不断加大，丹徒区组织收入面临严峻挑战。要想高质量组织收入，需要处理好"五大关系"。

（一）处理好财政需求与税源基础的关系

税收是财政收入的主要来源，目前丹徒区税收收入在财政收入中占有一定份额。税收来源于经济，税收高质量增长必须建立在经济高质量增长的基础上。因此，我们在组织收入、满足财政需求的同时，必须充分考虑税源基础，不能为了完成财政收入任务而"寅吃卯粮"。

（二）处理好眼前与长远的关系

要实现税费收入的持续稳定增长，不能以一时的收入进度作为收入考核指标及收入增长目标，而应着眼长远经济发展目标，大力培育税源型经济，不能为了眼前利益和追求一时的收入高速增长而搞"竭泽而渔"。

（三）处理好减与收的关系

减税降费是党和国家实施的重要战略举措，虽然短期内会造成地方财政收入减少，但对减轻企业负担、稳定经济基本盘、促进经济高质量发展具有重要意义。因此，基层税务机关要落实落细各项税费优惠政策，让纳税人应享尽享减税降费红利。

（四）处理好存量与增量的关系

存量是增量的基础。组织收入时，一方面，要摸清家底，把控好已有税源，着重分析经济税源结构，研判经济运行、重点行业和重点企业变化走势；另一方面，要努力挖掘税源潜力，特别是房土两税核查以及辖区内即将投产达效的重点项目，做到摸清税源家底，实现应收尽收。

（五）处理好税与费的关系

社会保险费和非税收入划转税务部门征收，征收不只是单纯的收费工作，其关系到国计民生和社会稳定。因此，在组织收入时要牢固树立"税费皆重"的理念，坚持"税费并重，征管并举"的原则，既组织好税收收入，也完成好社保费等非税收入。

三、新形势下提高税费收入质量的"四条路径"

在经济新常态下，要实现经济税收协调发展，高质量组织收入。根据国家税务总局提出的"客观地定、科学地分、合理地调、准确地考"的总体思路，结合丹徒区实际，探索出以下"五条路径"。

（一）进一步完善组织领导机制

一是实施收入质量"一把手"工程。明确区局主要负责人为收入质量第一责任人，分管领导为直接责任人，实行党委班子领导"一岗双责"，坚持组织收入原则不动摇，扛牢压实组织收入质量责任。二是建立重大项目挂钩联系制度。主动对接区政府相关部门，围绕全区近年来重大项目建立跟踪服务台账，建立局领导挂钩重点企业制度，并逐一制定跟踪服务方案和措施，主动介入、全程跟踪、优化服务，助推重大项目早日投产达效产税。三是营造良好的外部环境。加大对税费政策法规及依法诚信纳税典型的宣传力度，提升纳税人缴费人对依法纳税缴费的遵从度。

(二) 进一步完善收入规划机制

一方面,要健全税收分析机制。继续坚持和完善税收分析例会制度,全面分析、准确把握政策导向、形势变化、税制改革、区域发展等各项因素,运用科学的方法进行有效预测,科学有序地把握组织收入进度,逐月通报税收预测偏差率,牢牢把握组织收入主动权。另一方面,要完善重点税源户管理制度,分层级划定国家税务总局、省局、市局和县局监控对象。在更大范围、更深层次发挥信息和网络技术对税收分析工作的支撑作用,应用宏观经济数据,测算既定税收制度、经济总量和经济结构之下潜在的税收收入,并与实际征收的税收收入进行比较,客观评价和考核税收收入质量。

(三) 进一步完善风险管理机制

一是防控重点风险领域。压实监管主责,全面实施机关实体化运作。充分发挥税收大数据分析在税务监管和组织收入中的关键作用,把重点领域、重点行业的风险防控作为税收监管的重中之重,防范税款流失。二是加快"信息管税"进程。通过完善涉税信息交换与共享机制,实现涉税信息的"互联互通""资源共享""三方比对",推进社会综合治税。三是充实配强税务检查队伍力量。选调精通税收、财务,懂法律、会查账的人员充实到税务稽查和纳税评估队伍中,努力探索会计电算化模式下的税务检查新方法、新手段,以精准监管堵漏增收。

(四) 进一步完善绩效考核机制

一是优化考核指标。要由税收计划数量考核转变为税收征管质量考核,将重点放在考核税收管理的有效性上,推动收入平稳增长。二是用好预考评机制。按月开展组织收入绩效考评,对重点指标从早从紧抓起,建立"提前介入—督促整改—落实反馈"预考评工作机制。深入分析存在风险点,提前预警,对标找差,提出建议,制定措施,强化整改,补齐短板。三是强化结果运用。以绩效考评为抓手,把绩效指标与全局目标愿景深度融合,把个人价值实现与组织持续发展结合和统一起来,实现个人任务与组织目标相融合,从而促进组织收入提质增效。

(作者单位:江苏省镇江市丹徒区税务学会)

支持民宿业发展的税收征纳模式研究

——以从化区民宿业发展为例

国家税务总局广州市从化区税务局课题组

一、引言

为进一步规范和促进广州民宿业发展,广州市文化广电旅游局依据《广东省民宿管理暂行办法》(粤府令第260号)、《农家乐(民宿)建筑防火导则(试行)》(建村〔2017〕50号)、《旅游民宿基本要求与评价》(LB/T065—2019)等法规标准,结合广州实际制定了《广州市民宿开办指引(试行)》。该指引所称"民宿"是指城镇和乡村居民利用自己拥有所有权或者使用权的住宅或者其他条件开办的,民宿主人参与接待,为旅游者提供体验当地自然景观、特色文化与生产生活方式的小型住宿设施。本文研究的民宿亦采用此定义,拟基于从化区民宿业的相关税收数据和征纳现状,深入分析目前征纳模式存在的问题,探索制约建立民宿业良好征纳关系的因素,思考在当前制度和政策框架下如何更好地建立支持民宿行业发展的税收征纳模式。

二、从化区民宿业发展现状

(一)从化区旅游业发展概况

2022年,从化区完成地区生产总值410.92亿元,同比下降1.9%,见表1。全年接待游客1183.08万人次,实现旅游收入41.19亿元,同比分别下降5.0%和7.8%。2022年,广州市GDP居广东省第二位,为28839亿元,同比增长1.0%,从化区占广州市地区生产总值的比例继续缩小,经济增速低于全市增速,发展面临较大压力。受新冠疫情影响,从2020年起,从化区全年接待游客数量和旅游收入急剧减少。

表1 2017—2022年从化区GDP、旅游与税收收入变化情况

年份	地区生产总值同比	全年接待游客/万人次	旅游收入/亿元	税收收入/亿元
2017年	5.0%	2076.05	89.56	56.36
2018年	5.7%	20133.83	93.1	60.01
2019年	3.7%	2212.43	97.88	60.44
2020年	2.2%	1421.51	50.95	56.83
2021年	3.5%	1451.07	51.73	60.24
2022年	-1.9%	1183.08	41.19	44.95

数据来源:广州市从化区统计局

（二）从化区民宿业发展总体情况

近年来，从化区尝试把发展乡村休闲旅游放在更为突出的位置，在国家提出"乡村振兴"的背景下，借创建全域旅游示范区之机，出台《从化区促进民宿业发展实施意见》，组建全区民宿发展统筹机构，成立广州首个民宿行业协会从化流溪人家民宿协会，大力发展乡村民宿。

目前，全区符合民宿开办指引备案登记民宿达88家，主要分布在北部的吕田、良口、温泉三镇，打造了多家网红精品民宿。引导中高端精品民宿串点连线成片、大众民宿"规模＋特色"发展，形成差异化、特色化发展的区域民宿发展格局。其中，"米埗高端民宿群"是采取政府引导、"公司＋农民合作社＋村民"的方式联合打造的乡村民宿产业发展模式，有效带动了村集体和村民增收致富。民宿业已成为从化区全域旅游的重要组成部分和乡村振兴特色产业，在带动当地村民就业、增加村民收入方面发挥了积极作用。

三、税收视角下的从化区民宿业分析

根据《广州市民宿开办指引（试行）》规定，纳入从化区民宿业发展管理办公室统计范围内的民宿有88户。下文将以这88户民宿作为数据分析基础。

（一）主体区位分布集中且以中小型为主

从民宿业市场主体的分布区域看，从化区内56.82%的民宿业市场主体集中于良口镇，尤其是集中于良口镇溪头村、锦村等旅游景区，可见特色小镇项目与民宿业的关联性较为显著。从民宿业市场主体的经营规模看，区内民宿业79.55%的市场主体经营面积在400平方米以下，68.18%的市场主体房间数量在10间以下，表明从化区民宿业市场主体的经营规模以中小型的个体工商户为主，尚未形成具有较大规模的龙头企业。

（二）部分民宿税收合规意识仍然较低

从税务登记办理情况看，在88户民宿业市场主体中，到税务机关进行工商登记信息确认的仅有61户，占比为67%，在全区未办理税务登记的27户民宿业市场主体中，开业时间超过180天的有21户。从领用发票的数据看，在从化区88户民宿业市场主体中，领取并开具发票的仅有9户，其中6户为公司法人，反映出区内民宿业市场主体，特别是个体经营者的税务合规意识仍然较为薄弱，如图1所示。

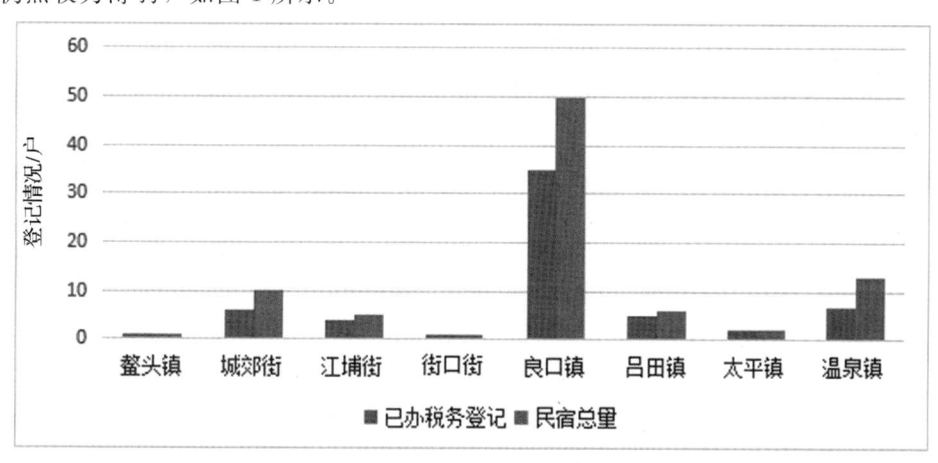

图1 从化区已办税务登记民宿情况

(三) 经营状况逐步恢复且交易渐趋活跃

从增值税应税收入看，2022 年同比增长 120.45%。从税收入库来看，2022 年各税种入库增长明显，在剔除契税等一次性税源入库收入后，民宿行业税收入库增幅达 74.72%，说明旅游业得到恢复，民宿业得到一定程度的发展。但是从 2022 年的税收入库数据看，税收入库额超万元的仅有 3 户纳税人，总体税收贡献度仍然处于较低水平。

四、现行民宿业税收征纳模式的问题及产生原因

(一) 现行民宿业税收征纳模式中存在的问题

1. 传统管户模式的限制

税收管理员是税务机关基层工作人员，在税收征纳关系的维系中承担着重要的角色。传统税收管理员制度简单粗放，类似"保姆式包干到户"的管户模式已经不适应时代发展要求。以从化区为例，截至 2022 年 12 月，从化区正常状态的纳税人达 4.2 万户，在传统管户模式下，税收管理员对辖区内的纳税人"诸事皆管、管得太多"，征管纳服质量受到能力、时间等客观条件的限制。

2. 纳税人存在思维偏见

随着近年来各类组合式税费优惠政策的实施，大部分民宿业纳税人无需实际缴纳税款入库，但是部分纳税人由于长时间受历史等因素影响，习惯性地认为到税务机关"办税"即"缴税"，排斥税务征管。据统计，从化区有 27 户民宿业经营者在办理营业执照后一直未到税务机关确认，除了 8 户纳税人确实处于筹备期尚未正式营业外，其余纳税人均已实际经营。同时，纳税人难以感受到税收遵从带来的红利，"银税互动"等项目推广少、门槛高，难以提高纳税人的积极性。

3. 征纳活动效率较低

不少民宿是自然人合伙的，没有进行工商登记和税务登记。部分小型民宿散落于普通民居住房之间，缺乏明显可甄别的门面。从化区是广州最大的行政区，受限于税务人员数量，全面管理难度较大，如良口税务所负责吕田镇和良口镇两个行政区的税收业务，管理面积达 868 平方千米（超过广州市 8 个行政区），人均管理面积约 68.2 平方千米。发票管理在民宿业管理中也存在难度，民宿客户以自然人为主，发票需求低，同时经营者以特惠房型引导顾客不索要发票，甚至通过"代开票"规避监管。

(二) 现行民宿业税收征纳模式出现问题的原因

1. 纳税人"权利意识"尚未根本普及

受历史、国情等因素的影响，我国长期强调"纳税人义务"，轻视"纳税人权利"。中共中央办公厅、国务院办公厅印发《关于进一步深化税收征管改革的意见》，明确指出要着力建设"以服务纳税人缴费人为中心"的智慧税务，"纳税人权利"的概念显得更加重要。但是，受限于民宿业经营者素质以及税务机关工作质效等因素，纳税人对"申请延期申报权""依法享受税收优惠权"等权利知之甚少。

2. 征纳双方利益本位的冲突

从理性人假设的角度去考虑，纳税人与税务机关存在天然的利益本位主义是两者冲突不可调和的根本原因所在。税务部门代表国家行使征税权，其职责就是保护国家税收入库的利益。

税务部门在征收税款时，会不可避免地侵蚀市场主体所获得的利润。从这个角度分析，征纳双方本来就存在矛盾和冲突。

3. 征纳双方的信息不对等

为减轻市场主体负担，近年来国家出台了众多的税收优惠政策，以扶持中小企业发展，但限于民宿业经营者的财税知识水平参差不齐，对政策难理解、难运用。同时，税收优惠政策数量众多，税收优惠申报系统复杂，缺乏直接的、系统的聚焦于民宿业的税收优惠政策指引，会发生不懂享受、错误享受、追收滞纳金的情况。

五、支持民宿业发展的税收征纳模式建议

近年来，从化区税务局积极落实税收措施，帮助广大纳税人特别是中小微企业解决现实困难，提升发展空间，包括推广区块链电子发票和非接触式办税，创新构建"一核五治"多元化税收共治体系，建立政府牵头、税务统筹、部门协作、街镇推进、村居协同、社区落实、税所兜底式多层管理服务模式，推广"税银互动"缓解中小企业贷款困难等，取得了良好效果。为进一步推动民宿业发展，本文拟从以下几个方面对支持民宿业发展的税收征纳模式提出优化建议。

（一）完善征纳互动制度体系

党的二十大报告提出，要深化简政放权、放管结合、优化服务改革。民宿经济作为乡村经济发展中的一种新业态，具有很大的市场发展潜力，税收征管服务要主动迎接新挑战。一是靶向施策推动团队化管事管户改革提档升级。在实现改革全面落地的基础上，紧扣"改革全面提升"主线，着力实现盘活人力、均衡分配、科学提效，持续优化人力资源和重塑管户架构，推动人力资源向高质量服务和风险精准化应对倾斜。二是着力探索全链条专业化团队管理。成立由税收业务骨干组成的专班团队，定期实地走访、辅导民宿业纳税人，建立良好的税企关系；为税务公职律师、法律顾问、协会专家等行业精英的工作交流构建常态化沟通机制，打造全链条专业化管理团队；通过专班团队深度参与市场监督管理、文化广电旅游体育多方参与、区域协同的共治模式，打造优势互补、资源共享的工作格局。

（二）提高纳税服务的针对性

税务部门应进一步提升工作站位，结合乡村振兴、城乡融合发展战略，加大对地区特色产业发展的关注和协助，提高纳税服务的针对性。一是制定民宿业等特色行业的税收政策专项"指引包"，引导行业规范发展。全面梳理并制发与民宿业相关的新的组合式税费支持政策，以新时代文明实践税惠万家志愿服务队为载体，点对点精准对接应享未享企业，充分响应2022年施行的《促进个体工商户发展条例》，帮助民宿业个体工商户减负纾困。二是开展民宿业税收数据分析，为地方政府提供决策参考。整理区域民宿业的入库、发票等数据的分析报告，为政府决策者提供数据支撑，从而在整体营销策略指导、旅游项目开发、行业组织建设等方面加强地方政策扶持。三是优化"银税互动"产品，为民宿业提供信贷支持。可根据民宿业经营者本身的特点，如民宿业经营规模较小、入库税款较少等特点，持续优化信贷产品，加大信贷支持力度，解决经营成本高、融资难、融资贵等突出问题。

（三）加强税收优惠政策宣传

充分利用已有宣传资源，如微信、微博、电子税务局、门户网站、电台、报纸和新媒体等

渠道，对民宿业经营者开展税收优惠政策宣传。一是强化新媒体宣传技术的运用。可以根据新出台或常用的税收优惠政策内容制作长图、动漫、小视频等，通过新媒体技术载体开展税收宣传，让税收优惠政策更加通俗易懂。二是提升税务人员对优惠政策的熟悉度。完善绩效考核指标体系，激励税务人员提高服务意识。加强专业知识培训，使税务人员提前熟悉掌握各项税收优惠政策，准确捕捉纳税人各环节需求，协助纳税人办妥税、开好票。三是丰富政策宣传辅导形式。因地制宜举办民宿业专场政策宣讲会，联合区邮政局、区电商协会、区民宿协会等，强化各村级农村淘宝站点税收宣传辅导基站建设；继续推广"办税厅＋税务所＋新时代文明实践中心"的全方位覆盖模式，深化推进党性锤炼、为民服务机制，在党群服务中心打造红色穗税连心点，推动涉税服务下沉村居一线。

（四）深化税收协同治理建设

党的二十大报告强调，要发展乡村特色产业，拓宽农民增收致富渠道。民宿经济逐渐向嵌入群落化、区域集群化的模式演进。税务部门要推动构建政府、协会、民宿主三位一体的集群区域品牌架构，提升协同治理成效。一是建议政府和相关部门研究出台更多行业性支持政策。由政府主导，突破区内行政区域分割的限制，制定统一的旅游发展规划、产业政策和管理体制，明确区域民宿业的定位、发展方向，进行公共配套供给。对发展民宿有优势的村、集体适当给予经费、土地、政策方面的倾斜。持续完善民宿经营区域的公共配套设施和特色小镇旅游项目建设，促进景区和民宿业整体的融合优化。二是联合各部门在特色小镇推行"驻点问需"服务，继续建立政府牵头、税务统筹、部门协作、街镇推进、村居协同、社区落实、税所兜底式多层管理服务模式，定期"驻点"开展跨部门知识宣传普及，打造全环节、全流程覆盖的政务服务体系。三是推动构建跨部门联合监管和惩戒机制。目前，部分民宿税收合规意识较薄弱，可以联合市场监管、文化广电旅游体育、银行等部门建立健全信息共享、联合监管机制，精准辅导助力民宿合法经营，着力营造更加公平、健康、有序的营商环境。

课题组成员：马泽龙　王群芳　李小锋
陈碧燕　黎湛深

税务稽查

大规模减税背景下税务稽查风险管理研究

国家税务总局上海市税务局第二稽查局课题组

一、大规模减税背景下税务稽查风险管理现状

近年来，我国施行了大规模的减税降费政策，给税务稽查风险管理带来了正、反两个方面的影响。

（一）积极影响

自大规模减税政策实施以来，一系列直接、有效、公平的惠企措施在很大程度上为企业纾困解难，极大提高了广大企业和社会公众的获得感和满意度，在直接拉动经济增长的同时，提高了纳税人的主观纳税遵从度，使历年税收收入有所提高。尤其是在2019年实施2万亿大规模减税的政策后，税收同比上涨1.8%，还有2501人因涉税犯罪主动投案。纳税人遵从度的提高和税款流失的减少在一定程度上为税务局开展税务稽查工作带来了积极影响。

（二）困难挑战

在大规模减税背景下，我国税务稽查风险管理压力增大，面临的困难和挑战主要有以下几点：

1. 税务稽查部门政策宣传压力增大

面对频繁变更的政策，税务稽查部门不仅要对执法队伍开展政策培训，确保检查人员在执法过程中能够熟练掌握最新政策，还要在稽查过程中做好纳税人的政策辅导工作，确保纳税人应知应会，使各种优惠政策能够具体落地。这一部分的工作量并不能在稽查任务指标中体现，无形中增加了税务稽查部门的工作量和工作压力。

2. 增加税务稽查自由裁量权带来的执法风险

税务稽查局可以在事实认定、性质认定、处理处罚方面行使自由裁量权，如在《中华人民共和国税收征收管理法》关于违法行为处罚决定的规定中，通常有"处5万以上50万以下罚款""一倍以上五倍以下罚款"的罚款幅度，稽查人员可以在这个幅度内对纳税人酌情处罚。在减税背景下，税务稽查局响应优化营商环境助力经济发展的理念和号召，在稽查处理处罚时往往按照纳税人实际违法情况给予从轻处罚，在自由裁量幅度内按最低标准进行罚款，降低了税务稽查对纳税人的威慑力。从某种意义上来说，柔性执法束缚了税务稽查风险管理工作，制约了税务稽查教育职能作用的发挥。同时，税务稽查自由裁量权作为一把双刃剑，有滋生权力寻租的风险。

3. 减税政策优惠吸引纳税人冒认现象增多，为税务稽查局风险识别和应对增加了困难

由于减税政策优惠力度的加大，纳税人可以利用政策的不断更新和政策的适用范围、时间节点、适用税率、具体操作实施方法等的不断改变来隐藏自己的实际信息，给税务稽查风险识

别和应对环节带来挑战。在虚开发票方面，由于税收政策的调整，部分纳税人将虚开重点调整到废旧物资、医药、成品油、贵金属等行业。大规模减税政策实施以后，这些行业的虚开率集中增长，为税务稽查增加了压力。由于税收政策更新速度较快，金融、财政、公安等相关单位的政策推进速度各不相同，不同单位无法有效地信息共享，给税收综合监管也带来了困难。

二、大规模减税背景下税务稽查风险管理存在的问题

（一）风险管理考核体系不健全

一是考察指标机制不完善，缺少定性考察税务稽查风险管理成果的指标。在实际工作中，衡量风险管理成果时通常仅仅关注稽查选案正确率、稽查案件完成率和稽查收入查补入库率等量化指标，却没有做到从性质上衡量实施税务稽查风险管理对于降低稽查风险和提升纳税人遵从度能否起到实质性作用。二是考察指标比较粗放和笼统。指标的设置并非为了压实具体负责部门和负责人员的责任，而是为了方便考察，导致出现风险时责任划分不清晰，部门之间相互推诿扯皮，无法准确地衡量和评价风险管理全部任务的完成情况。三是考察环节单一。税务稽查风险管理的环节包括风险分析识别、风险应对、风险反馈等，但是纳入税务稽查局考核的往往只有风险应对环节中以查补收入为代表的指标，考察无法兼顾稽查风险管理的全部节点，未能做到整体展现应用稽查风险管理的真实成果。

（二）风险管理涉税信息来源单一

稽查风险管理平台在抓取、筛查和发送风险数据时运行进程缓慢，信息的真实性和可靠性难以令人满意，阻碍了稽查风险信息的抓取和分送。在大规模减税政策更新频繁，大数据、云计算和物联网加速发展之际，信息数据更新速度加快，税务机关和纳税人之间存在着愈加严峻的信息不对称。这也增加了征收管理的难度。近几年，税务机关致力于加速推动与外部机关的信息互通，并且成效初显。但是，税务机关收集外部数据的途径单一，与市场监管部门、海关和银行等有关单位还未做到实实在在的数据交融。在大数据、区块链蓬勃发展的时代，税务局与第三方交换数据的手续众多且复杂，需要等待较长时间，人力物力成本上升，往往无法获得十分准确的有价值的信息，导致税务稽查风险识别滞后。

（三）稽查部门依法治税水平还需进一步提升

在税务稽查流程中的检查环节和执行环节都存在纳税人不接受调查的情况，导致执行难以开展等现象，税务稽查对被检查对象的震慑力较低。同时，部分税务稽查人员法律意识淡薄，在执法过程中往往为了追求迅速执行完稽查任务，重实质、轻形式，从而忽略税务稽查工作流程，存在执法风险和安全隐患。另外，审理阶段面对的主要困难是个别案件定性依据的相关法律文件存在争议点，甚至出现同一个稽查案件被两个不同单位的审理部门给出不同审理意见的案例，引发被稽查纳税人的质疑和不满，如果被稽查企业提出行政诉讼，税务稽查局很可能因为法律依据不同而面临败诉。

（四）稽查队伍综合素养跟不上新形势的发展要求

税务稽查对稽查人员的专业素质要求较高，税务稽查技能需要以丰富的税收业务知识、非凡的数据应用能力、敏捷的涉税法治思维为支撑，同时还需要积累丰富的实际查账技能。这需要稽查人员在工作岗位上日日积累、天天实践。近年来，虽然更多年轻税务干部的加入极大地提高了税务稽查队伍的整体业务能力，但是培养业务精湛、文武兼备的稽查能手需要很长的周

期,难免会出现人才队伍"青黄不接";同时,还有一部分干部政治思想素质不高、事业心和工作责任心不强,不求过得硬,只求过得去,工作激情慢慢消退;部分执法人员平常深入学习钻研业务的时间不多,凭感觉、凭经验执法,学习精神、进取精神、务实精神、创新能力正在衰退,综合能力等跟不上新形势的发展要求,抵御风险的能力也逐步退化;激励机制还不够健全,税务人员缺少在业务上精益求精、力争上游的干劲儿。

三、解决我国税务稽查风险管理问题的对策建议

加强税务稽查风险管理是提高我国税收风险管理整体水平、遏制税收违法行为、补充征税收入、增进纳税遵从意愿的关键措施,针对当前在大规模减税政策下我国税务稽查风险管理出现的问题,通过理论分析和借鉴国外先进方法,本文从五个方面提出对策建议,希望可以缓解现存境况,为完善我国税务稽查风险管理提供参考。

(一)完善税收法律体系降低稽查管理执法风险

完善相关法律法规及配套措施。若要加快税务稽查工作进度,必须制定与之相对应的法律规范,通过法律的配合明确税务稽查部门的执法地位,并从法律层面提高税务稽查的地位,同时细化与之相关的职能义务,让稽查人员能够根据相关的法律依据取证或执法。另外,国家还需要根据实际情况制定出台详细的制度与规章,提高基层稽查工作的规范性和可行性。

降低廉政风险。一是明确税务机构的执法权限。详细划分自由裁量征收项目,并对与之相关的使用标准进行细化,避免由于弹性空间过大而造成负面影响,同时也可约束稽查人员,使其不会由于权力过大而出现有违职业道德的操作或行为。二是增强税务稽查人员的法律意识。加强法律宣传与培训,加强廉政警示教育,引导稽查人员自我监督,方能坚守思想防线。

(二)完善体系提升税务稽查风险评估能力

完善风险管理考核指标的设置。首先是合理定性考核税务稽查风险管理的绩效指标。不仅要对其进行定量考核,还要加入与其相应的定性考核标准,做到分档考核打分。其次是将考核流程节点全面化,包含对风险的分析与识别、应对跟踪和反馈评价等。最后是细化税务稽查风险管理绩效考核的相关指标,避免责任模糊不清甚至相互推诿的情况出现。

健全税务稽查风险管理体系。一是完善风险分析和识别管理机制。为保证数据从源头上真实准确,严格审查相关数据,运用科学的数据采集标准,保证信息的第三方渠道来源可靠。对各种风险指标进行整合分析,健全风险特征库,跟踪分析风险特征库的应用情况。针对大型企业要进行专项风险分析和纳税评估,并对已发生的典型案例进行剖析。二是完善风险管理应对机制。明确税务稽查各环节的风险应对分工,鼓励各环节相互配合、畅通合作,避免出现内部环节相互扯皮的现象,保证风险应对的整体效果。

(三)加强大数据和区块链等现代技术手段应用

强化税务稽查基础数据管理。凭借大数据、云计算、移动终端APP等信息化工具,进一步推进稽查信息在线联网录入、稽查程序在线流转并监督、稽查执法决定实时联网推送、稽查执法信息线上线下统一公示、稽查执法信息实时线上查询。利用大数据技术或其他数据分析工具,智能给出解决问题建议、自动生成执法决定文书,起到约束税务行政自由裁量权的作用。

利用大数据进行第三方信息整合。贯彻"以数治税"思维,使稽查人员在识别、分析风险时,懂得如何利用大数据提高工作效率;充分利用其展开管理,并以此作为制定决策、提出创

新建议的主要依据，持续优化税务稽查的风险管理制度，形成高效、精准的管理模式。

健全信息共享机制，实现涉税信息共享。推动信息共享，确保部门与部门在分享信息、互联互通、应用信息时可依法行事；明确涉税信息标准，避免由于信息标准不规范导致信息质量参差不齐的现象出现；搭建共享共建协作平台，将智能化技术与该平台相结合，利用该平台自动交换信息、自动登记涉税信息并进行实时交换。

在税务稽查风险管理中引入区块链技术。将区块链技术与税务稽查风控管理相结合，改变传统的数据流动方法，使其从原先的数据串联转变为矩阵式数据流动。这对于集成发展的管理制度与平台而言，可提高管理便捷度，满足部门与部门间的信息交流。目前，区块链的发展速度越来越快，其应用范围也持续扩大，对提高信息的广泛性有显著作用，两者结合能够提高事后管理质量。区块链文件记录具有不可篡改性，在纳税人展开交易的过程中，其纳税行为都会被登记下来。在此前提下，税务稽查人员不必担心因信息失真而降低事后管理的质量。

（四）加大执法刚性增强风险应对能力

加大典型案件曝光力度。采取各种宣传手法曝光存在涉税违法行为的案件，通过提高税务机构震慑力的方式，让行政相对人意识到构建合理、公平税收环境的重要性。

设立税务警察。稽查部门应引进发达国家的税务警察管理理念，充分利用税务警察的强制性质规范税收秩序。实施税务警察制度后，税务稽查就能在原有的行政执法权上新增调查权与行政侦查权。如此一来，不仅能降低稽查工作的取证难度，还可以简化涉税案件的起诉程序，提高取证、执行等流程的规范度。

制定应急预案。成立稽查风险危机工作领导小组并设置小组办公室，查找整理属于稽查风险的迹象、特征、不利情况、存在的危险和相应的处理办法等，制定稽查风险应急管理方案，尽可能地避免稽查人员只能被动接受风险。

（五）加强队伍建设与培养

加强复合型人才培养，组建人才智库。与过去相比，现阶段的税收管理已相当专业，但还需要由优秀复合型人才进行实践操作，才可实现目标。为此，各级税务机关应尽快培养出一支复合型人才团队来应对现行税收风险管理制度的不足，并对其进行持续优化。

加强风险管理队伍建设。将打造风险管理专业团队作为核心目标，为专业人才开展针对性的业务培训。为了保障风险管理人员的专业水平，需定期开展与税务计算、税收法规等相关领域的培训与考核，持续提升人才团队的专业水平及执法能力，打造专业水平高且作风优良的税收风险管理团队，进而提高税收风险管理工作的效率与质量。

加强年轻后备干部队伍建设。年轻且优秀的干部具有出色的学习能力，能于短时间内掌握先进技术和优秀的管理理念，能为干部队伍注入新鲜血液。勇于挖掘基本素质良好、业绩能力突出且具有较强上进心、工作态度优的年轻干部，对于表现卓越的年轻人才，可视情况给予重用。

完善绩效考核体系，创新激励机制。对业务考核进行细化处理，根据执法员工的工作水平给予相应的精神激励，让干部员工转变传统的平均主义思想，通过综合的精神激励机制，令稽查执法人员在工作中获得成就感与荣誉感，使其在产生进取心之后不断提升工作技能，实现高质量的执法目标。

加强税务稽查精准监管的思考

张红兵 刘以堂 王志宝

中共中央办公厅、国务院办公厅印发《关于进一步深化税收征管改革的意见》（以下简称《意见》）对实施税务精准监管提出了明确要求。从精准监管的内涵来看，笔者认为，以构建税收风险模型为特征的风险防控、以管理税收基础事项为特征的日常征管、以查处税收违法案件为特征的稽查执法三个方面是底层逻辑；运用大数据提升风险精准识别和快速应对能力，强化稽查风险应对质量管理和联动反馈是两大手段；以风险管理为导向，通过深入分析涉税数据风险点，为稽查工作提供准确、客观的证据是一大核心。具体到税务稽查实践层面，就是运用大数据思维和技术，补齐征纳双方涉税信息不对称的短板，强化多方协作合力监管，加强对稽查风险的控制能力，实现精准监管。结合工作实际，笔者提出以下几点建议：

一、坚持"智""治"同频，提升监管专业度

《意见》提出，到2025年，基本建成功能强大的智慧税务，全方位提高税务执法、服务、监管能力。着眼该目标，就要把"智慧税务"作为落实《意见》的关键，统筹数"智"和数"治"，强化集成思维，抓实数据集成利用、税费联动分析、多环节闭合管理，筑牢精准监管的"数字"根基。

（一）增强稽查干部实施精准监管的意识和能力

通过思想动员、以案说法等方式，让稽查干部充分认识规范有效的精准监管在提高纳税人缴费人税法遵从度、防范稽查执法风险方面的重要作用，为提升稽查工作质效夯实思想基础。针对稽查部门不同岗位的实际需求，大力培养和引进财会、法律、信息技术等复合型高素质人才，不定期进行分类、分层、分岗培训，持续优化稽查干部队伍的年龄和知识结构，提高各岗位精准监管的能力，实现专业化、精细化管理。

（二）构建高质量的稽查风险模型

整合一定范围的各类稽查风险模型，以通用风险模型为基本、个性化风险模型为补充，形成稽查风险分析全量模型谱系。采用人机结合方式进行模型验证，对通用模型和个性化模型实行数据扫描验证，对两者的差异开展人工验证，避免因指标相克、数据误区而影响模型精度。除传统的发票域、申报域等以数据载体指标的风险建模外，大力开发登记域、服务域等非数据载体指标的风险建模。同时，开展智能建模，最大限度地提高模型精度，提升风险管理的整体效率。

（三）多渠道推进智能监管

分类分级开展智能化风险防控，对现有各类税务应用系统整合升级，打造包括风险分析、识别、推送、反馈等环节的风控系统。联通风控系统和电子税务局终端，将风险疑点通过互联

网"分类＋定向"推送给纳税人；打通自然人电子税务局客户端和个人所得税扣缴系统的互联通道，通过电子税务局推送提醒自然人自行纠错；对于涉税风险行为经提醒无效后，转至风险应对部门按流程开展对应；提升对发票的实时监控力度，对高风险行为及时自动进行业务阻断。

二、坚持"内""外"并举，提升监管聚合力

《意见》提出，要建成以"信用＋风险"监管为基础的税务监管新体系，实现从"以票管税"向"以数治税"分类精准监管转变。推动实现这一转变，既要坚持系统观念，又要分类实施，既要修炼"内功"，又要依靠"外援"，通过借势借力，搭建好精准监管的梁柱。

（一）加大风险情报共享力度

以"金税工程"建设为契机，加快大数据和云计算的融合，把分散在各个模块的信息和部门分管的信息进行整合，建立以企业为汇总单元的大数据系统，打造税务稽查信息专业化平台，创建更全面有效的风险分析指标和模型，实现对数据的精准分析，提高稽查工作打击税收违法行为的精准性；以天眼查等第三方大数据平台为基础，开发集互联网、纳税人、第三方信息于一体的稽查数据系统，为增强稽查大数据应用能力、实现稽查信息化提供全面充分的数据支撑。

（二）完善与外部门的信息共享和协作机制

推进税务稽查部门与相关部门涉税数据联通共享，探索研发与外部全面覆盖的信息共享平台，即通过外部网络与政府相关部门联网，设计好对应模块，将纳税人识别号作为纳税人统一的"识别码"，为部门之间信息的检索和共享奠定基础，统一第三方税费数据采集标准，破除"数据孤岛"和"数据壁垒"。探索新时代"税务＋"协作新机制，积极推进跨部门协同监管，积极发挥科研院所、行业协会、社会中介组织的作用，为税费服务升级提档提供"多元视角"。充分发挥纳税信用在社会信用体系中的基础性作用，持续深化"银税互动"，推动建立共治共管良好局面。

（三）实行稽查风险区域联动预警

建立稽查风险全国域、省市域和县区域的联动预警机制。充分发挥大数据优势，统一构建稽查风险预警指标评价体系；建立全国域稽查预警模型，提高全国域稽查风险预警能力；各省市域根据地域特点设置预警区间，重点抓好情报纽带作用，提高区域稽查风险预警准确度；县区域积极利用风险管理"前哨"功能，提高实时稽查风险防控效率。

三、坚持"宽""严"相济，提升税法遵从度

《意见》提出，"实现从经验式执法向科学精确执法转变"。在这方面，依法治税是前提，法理相融是目的，要让稽查执法既有力度又有温度，通过优化稽查执法方式，进一步提升纳税人缴费人税法遵从度。

（一）划定执法新标尺

一方面，借鉴国外发达国家的税务稽查法律建设，在符合我国国情的基础上进行创新和发展，尽快完成《中华人民共和国税收征收管理法》的修订，赋予税务稽查更高的法律地位，为稽查部门办案取证提供有力的法律保障；另一方面，运用大数据实施精确执法，避免人为干

预,防止粗放式、选择性、"一刀切"执法;大力推行"首违不罚",在法定范围内,允许纳税人有自我纠错的机会;落实长三角一体化示范区行政处罚裁量基准,推进区域内"执法一把尺子、处罚一个标准、行为一个准绳";开展税务稽查"说理式执法",引导稽查干部形成"信息管税""数据治税"的税收监管新理念。

(二)提升打击新效能

稽查部门实施精准监管,既要保护企业正常的生产经营,也要严厉打击涉税违法犯罪行为。尤其是加强重点领域风险防控和监管,持续保持打虚打骗高压态势,着重做实税警协作机制,以"双随机、一公开"监管和"互联网+监管"为基本手段,深化"信息化稽查"战法,发挥数据驱动作用,联合公安、海关、人民银行等单位开展协同监管,对涉案企业及关联单位开展"一体化、链条式"精确定位,精准打击利用"假企业""假出口""假申报"等手段虚开骗税行为,真正做到既"管得住"又"管得好"。

(三)防范风险新作为

依托税收大数据和协查信息管理系统,建立虚开发票特征库,围绕纳税人登记、主体特征、外部门行为信用和发票开具异常信息等维度设立风险监控指标,进行风险源头画像和行为画像,切实把新生的、趋势性风险隐患消除在一线、化解在萌芽。深化管查互动,落实增值税发票快速反应机制,实现风险实时监测、精准溯源、有效预警,推动从末梢风险化解向前端预防治理延伸。

(作者单位:国家税务总局淮安市税务局)

跨区域稽查局管理模式优化研究

——以辽宁省某市税务局跨区域稽查局为例

罗成伟　陈博姝

税务稽查作为税收征管的最前沿，是维护税法权威的一柄利剑。跨区域稽查局的设立改变了稽查体系原有的执法独立性差、易受当地行政力量影响的局面，实行集约化检查、专业化支撑增强了打击效果，更为有效地发挥了税务稽查的震慑作用。但是，随着大数据时代信息技术水平的不断提高，涉税违法犯罪手段更为多样，也更加隐蔽。这对税务稽查工作提出了新的挑战。特别是在东北振兴转型大背景下，以辽宁省某市税务局跨区域稽查局为例，优化管理模式已成为提升稽查质效的一项现实要求。

一、某市稽查系统现状

市稽查局负责组织落实税务稽查法律、法规、规章及规范性文件要求，拟订具体实施办法；统筹稽查案源管理，协调、指导、考核本系统税务稽查、社会保险费和有关非税收入检查工作任务；组织查办督办税收重大违法案件；推行"双随机、一公开"监管工作；承担税收违法"黑名单"公布及联合惩戒工作；组织落实税务部门和公安部门联络机制；参与实施"一案双查"。

某市税务局稽查体系形成在市税务局领导下，分别设立市税务局稽查局以及第一、第二稽查局，均为市税务局的派出机构，负责辖区范围内的稽查执法工作。跨区域稽查局负责市税务局列名大企业的税务稽查、税收高风险事项应对和协查等工作，同时负责所辖区域内税收、社会保险费和有关非税收入违法案件的查处，以及查办案件的执行工作。

截至2022年底，某跨区域稽查局共有干部职工92人，其中男性52人，女性40人；30岁（含30岁）以下25人，占比27%；31～40岁（含40岁）12人，占比13%；41～50岁（含50岁）19人，占比21%；51岁以上36人，占比39%。本科学历69人，研究生14人。9人获得税务相关资格证书，其中3人获得了律师资格证书，4人获得了税务师资格证书，2人获得了注册会计师资格证书。

2022年，立案检查81户，审结95户，查补税款9738.21万元。发出已证实虚开通知单193份，涉及企业193户，发票8600份，金额52107万元，税额7637万元；受托协查52起，涉及企业44户，发票1098份，金额12550.43万元，税额1645.69万元；完成双随机案源2户，企业查补税费63.72万元，在政务外网系统公示税务行政处罚案件21户，录入"黑名单"28户，移交公安1户。

二、存在问题

(一)年龄老化,复合型人才缺乏

如图 1 所示,从年龄层次看,全市稽查人员年龄偏大,部分已临近退休,难以快速理解和掌握税收新政,且计算机和信息化水平较低;"90 后"人员占比大,但年轻干部缺乏工作经验;有资历、有经验的"70 后""80 后"稽查干部人数少、年龄偏大。从人才架构看,注册会计师、税务师、律师和计算机专业等高素质人员占比低,距总局提出的 5 年内培养百名税务领军人才,取得"三师"和计算机中级以上职称人才达 30%的目标差距甚远。从知识结构看,稽查人员单一型人才数量尚可,但专家型、复合型专业人才缺失;税法水平尚可,但会计、法律、计算机等相关知识储备相对不足;从事具体查账工作尚可,但处理涉税事宜的综合能力较弱。总体看,稽查工作胜任力不足,导致办案中遇到"疑难杂症"无法查深查透,严重影响稽查成效。

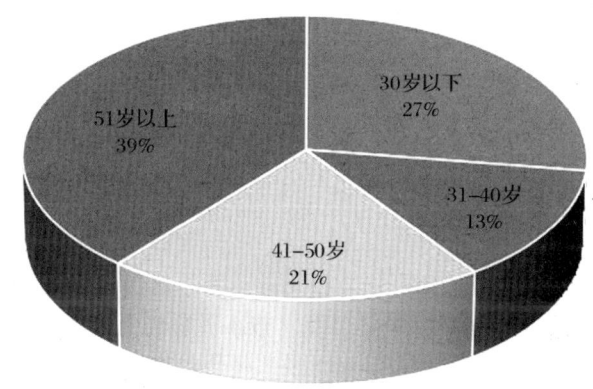

图 1 某跨区域稽查局人员年龄层次分布

(二)思想固化,学习探索力不足

通过走访调查发现,稽查队伍普遍还停留在传统检查思路上,习惯运用约谈、现场检查等手段。在数据应用上局限于简单的计算、汇总;检查过程中对线索资料,仅满足于查看表层,没有深层次查找问题;对查账软件使用不熟练,浪费时间在查阅纸质台账上,工作效率得不到提升,特别是针对中大型企业,无法掌控全局,容易出现失误;缺乏探索精神,对于新事物、新技术、新方法,没有充分利用好培训机会及时更新,与当下税务稽查工作不适应。同时,部分稽查工作人员对手中的案件把控不全面,在未开展案件剖析的情况下,就深入纳税单位开展调查,使整体工作陷入被动局面。检查中也仅听取证人片面之词,未开展证据链收集就草率定性,有悖于"以事实为依据、以法律为准绳"这一基本原则。

(三)经验执法,规范化亟待增强

现有的稽查工作规范虽然已对选案、检查、审理、执行各个环节的文书使用和审批层级等主要事项有较为基础的描述,但在实践中,检查人员往往会依据自身多年的习惯行事,执法随意性较强。近几年,省局推送的执法过错点主要集中在办案流程超期、对外文书法律适用错误、文书送达程序不规范、调取账簿资料超期未归还、取证程序违法等方面,主要原因在于检查人员对稽查流程不熟练,缺乏应有的规范意识。现今社会,纳税人的法律意识逐渐提升,对优化营商环境的要求不断增强,特别是《中华人民共和国行政强制法》《中华人民共和国行政处罚法》《税务稽查案件办理程序规定》相继出台,对执法程序进行了更为细致的规定,随意执法将严重影响执法刚性,甚至导致具体行政行为无效,给违法人员脱罪提供可乘之机,降低税务机关的社会公信力。

(四)线索单一,大数据运用不够

云计算和大数据的深入运用,使涉税违法犯罪日益智能化,税务稽查面临更为专业的挑战。但是,稽查局与局内各部门、其他单位间没有形成大数据统筹分析格局,数据利用并不充分。现有的税务系统内部数据受安全性、保密性、复杂性等因素的影响,开放性不够,稽查部门查询权限受到限制,大量涉税信息无法有效利用;系统外部数据,如市场监管、商务、公安、国土资源、银行、海关等部门信息查询手续复杂,数据无法实时共享;因各系统数据来源多样、种类繁多,对所需信息的查询、筛选与核实也势必增加稽查人员的工作量,但熟悉大数据深度应用的稽查人员却严重缺乏,税收业务水平普遍不高,难以在分析中对数据进行深挖利用,导致数据增值使用度不高,研判成效不明显。

(五)执法受限,案件移送困难

税务稽查部门缺少必要的执法权,部分违法行为涉嫌犯罪,需要采用税警合作才能有效推进,虽然目前已建立税警联络机制,但实际运行并不顺畅。欠缺明确的标准是移送难的主要原因,现行法律法规对于税收案件移送刑事立案标准只停留在"认为有犯罪事实需要追究刑事责任"的原则性层面,导致税收案件移送随意性较强。诸如虚开及骗税案件,违法人员的反侦察意识较强,而现有稽查手段对数据分析认为疑点较大后,由于执法权受限,难以对违法人员深度取证。若公安机关介入,采取较为刚性的取证手段,当事人极有可能如实供述其虚开的违法事实,这将在案件定性上产生巨大影响,检查人员势必承担较大的执法风险。

三、对策建议

(一)加强人才培养

作为税收征管工作的"拳头"部门,税务稽查必须锻造出一批素质过硬、能力过硬、综合素质过硬、作风过硬的专业队伍来维护税法权威。第一,要大力推行"传帮带",聘请思想素质好、业务技能强、实战经验丰富的稽查业务骨干担任导师,以师徒结对的形式实现"一对一"帮扶;第二,要持续举办业务融合培训,补齐原国税地税人员的业务短板,同时实施分级分层稽查人才培训,侧重培训项目实践性和培训方式实战化;第三,要通过开展精品案例评析、实务竞赛等活动提升全体干部业务能力,长期保持学习状态,确保使用的法律法规、流程规范是"正在进行时";第四,要严把税务稽查人员"进口"关,将懂征管、熟政策、通法律、能查账、善执法的专业人才选拔到稽查部门,对于不适应稽查业务的干部及时进行岗位调整,做到"优秀的提拔、合适的留下、不行的离开",盘活稽查人才资源。

(二)转变理念思维

现今涉税违法手段日趋多样,违法活动也更为隐蔽。稽查部门应积极探索高效规范的案件查处模式,从而大力提升案件质效,降低执法风险。首先,要转变就账查账的检查思维模式,建立向大数据要"答案"的新型稽查理念,通过分析比对及早发现涉税疑点。其次,注重运用查账软件、移动办案工具包等稽查信息化软(硬)件,充分发挥信息化战法的速度优势,梳理行业风险点，提前找寻破案思路。再次，通过分析、研判，制定出方向明确、可操作性强的检查预案，充分估计可能发生的困难与问题，有效降低执法风险。最后，重视对典型案例的研讨工作，对全国各地重大涉税违法案件、典型案件进行"庖丁解牛"式分析，在研究违法新特点、新手段的同时，研讨典型案件的调查、取证过程，吸取他人的经验，提升稽查执法水平。

（三）严格流程规范

税务稽查既强调执法严格，又要求救济严格，应以纳税人为中心，构建和谐的征纳关系，促进税务稽查由单纯的刚性执法向说理式执法转变。第一，规范与纳税人合法权益直接相关的程序，如税收检查程序、税收处罚程序、税收保全程序、税收行政强制程序等。第二，保障执法中纳税人享有的权利，如履行告知、举行听证、陈述申辩、申请复议、申请诉讼等。第三，确保执法过程留痕，有效复原已经发生的执法情况，保证过程可追溯、可还原。这对稽查执法人员是约束，也是保护。第四，强化重大执法决定法制审核制度，在执法主体、执法程序、事实证据、法律适用和文书规范等方面重点审核把关，确保重大执法决定合法有效。第五，加强稽查成果运用，行使稽查"以查促管""以查促改"的效能，推介工作经验，交流工作做法，彰显工作成绩，促进稽查成果增值和固化。

（四）拓展数据共享

在大数据时代，应建立数据互通与共享机制，推进稽查执法向"智慧稽查"迈进。在系统内部信息上，依托"金三"管理系统，搭建统一的稽查税费数据平台，实现内外部信息一体化；在外部信息上，依托公安"大情报平台"、税务"金税三期"、海关"金关工程"、人民银行反洗钱监测分析机制和外汇管理局跨境资金渠道监控机制，集聚税务、公安、纪检、海关、人民银行、外汇管理部门现有执法资源，形成工作联动、风险联防、问题联治、成果联创的工作机制，发挥协同治税功能，最大限度发挥联合打击涉税违法犯罪的作用。同时，培养一批懂技术的业务人员和懂业务的技术人员，建设一支稽查团队，把熟悉税种知识、财务知识、法律知识的业务骨干与善于数据提取整合分析和建立数据模型的专业人才吸收到工作团队中，打通各平台数据藩篱，构建智能化工具平台。

（五）促进税警联合

当前，涉税犯罪案件呈现"短、平、快"的流窜式、团体化和专业化的作案特点，税警合作能更好地履行双方的法定职责，借助公安系统的强制手段，加强税务稽查执法力度。首先，明确案件移送条件、移送期限、法律责任、具体监督等，切实解决行政执法权与刑事司法权之间的衔接。其次，建立联合作战指挥平台，形成信息互通机制，运用公安部门的技术分析手段，实现高信息化的税警联合作战机制。再次，创新合作模式，落实公安派驻税务部门联络机制，双方在保持日常信息和情报交换的基础上，保障案件查办阶段的信息互通，定期开展业务联席会，将税警合作推向常态化、制度化的新阶段。最后，对于重大疑难案件，成立专案组，形成"人员统一调动、资源统一部署、案件统一推进"的行政与刑事联合执法模式，形成打击涉税犯罪的合力。

（作者单位：国家税务总局抚顺市税务局第二稽查局）

以税源管理为主链推进征管体制改革的实践与思考

李晓平 张 牧 江 滢 闵 燕

税收征收管理是税务机关对纳税人依法征纳税和进行税务监督管理的总称。税收征收管理涉及方方面面，包括许多内容，但归根到底，主要还是集中在税源的监控和管理，归结在税收征收、管理和稽查三大方面。税收征收是税收执法的中心内容，是对税源的识别、征缴和服务；税收管理是税收执法的关键环节，是对税源的管理、确认和监督；税务稽查是税收执法的重要内容，是对税源的再管理、再确认和再监督。如何推进税收征管体制改革，更好地协调税收征收、管理和稽查各个环节的运作，形成合力，提高效率，一直是一代代税务人矢志不移的使命和努力方向。

一、征收、管理和稽查等诸环节存在的不足

（一）纳税人遵从度不足

一部分纳税人不了解具体税收政策。纳税人的财务会计知识有限以及税源管理部门政策宣讲的覆盖盲区，使纳税人对适用于自身的税收政策一知半解。另一部分纳税人因为懒惰拒不配合，进而产生消极应付的情绪。还有一部分纳税人想要利用税源监管漏洞，故意不配合。由于税源管理风险应对的滞后，发票虚开和虚假申报较难被发现，而稽查查处率与处罚率较低，少部分纳税人出于自私自利的心态故意虚开发票牟利或利用监管漏洞恶意申报。

（二）税源监管不够全面，相关信息缺乏有效监管

目前，各纳税人登记注册的经营地址、法人姓名、电话、办税人员等信息并没有一个系统的监管体系，主观上认为各类信息都是真实的，缺乏实地考察，而且对于各类信息的变更，很多企业也缺乏主动变更备案的意识。由此导致的信息失真问题时有发生，影响税源监控工作的开展。

多数税务局采用的税收分析方法为比率分析法、算术平均法、基数加减法等。虽然这些方法可以快速得到结果，但统计工作量较大，误差也较大，实际结果不够准确，容易误导税务局，产生管理风险。

（三）税务稽查案件案源管理不足

部分案源质量不高。税务稽查案源有上级交办、协查立案、评估转检查等类型。在实务中，税源管理部门对于难处理、纳税人不配合或者走逃失联的情况通常采取移送稽查局立案处理的方法，此类案源往往因纳税人配合度低、证据资料不充足导致案件推进较难。同时，稽查部门在检查过程中发现的监管问题也未能及时反馈至税源管理部门，或者针对《稽查建议书》反馈并未采取相应征管措施，征收管理与稽查互动不足。

(四) 跨部门协作流程不畅

许多主管税务机关与稽查局的协同意识较差,工作衔接不顺畅、职能协同效应低下等问题较为突出,包括协作意识不强,在面对各种工作时会重点考虑自己的利益,缺乏为其他部门提供支持和帮助的主动性;协作工作量太大、人员不足,发票协查工作量大,管理局对稽查流程不熟悉,导致发票协查质量不高;协作渠道匮乏,在日常办案中,协作并无统一的渠道,往往是检查人员找到自己比较熟悉的管理人员,"通过私人关系办公事",这种办法并不能长久运用,但也是目前系统内协作的一个妥协之举;协作政策不清,存在协作中缺乏统一规范、习惯各自为战等问题。

(五) 涉税信息共享不畅

税务部门与银行、公检法、房管部门等税收数据信息共享并未完全互通,由于各部门数据独立,导致数据无法共享,信息不能及时进行更新,也不能第一时间对纳税人进行政策辅导,会造成税收管理滞后。稽查案件检查、执行等工作环节,存在许多需要其他单位配合的情况,但往往因手续繁杂、信息不对称等导致信息调取时间过长、有效信息无法调取等情况,直接影响稽查案件进度。

二、存在不足的原因分析

(一) 政策精准推送宣传度不够

税源管理部门并未介入税务登记过程了解新增税源的基本情况,并未严格把控税费种和税率的认定以及税收优惠政策的适用,税源管理的应对措施滞后。在税源管理的税中管理环节,税源管理部门本应在纳税人进行纳税申报和税款解缴的过程中进行监控和管理,及时发现并纠正申报错误,及时提醒并辅导税款减免和多缴退库问题。但是,纳税人网上申报的电子税务局归属于纳税服务部门,并未集成税源管理部门的审核指标和监控工具,无法及时掌握和发现纳税人在税款申纳环节存在的问题。

(二) 税收征管风险识别与防控精准度不够

税收征管信息化程度不足,防控精准度不够。一是信息不对称。由于信息化建设规划的原因,税务系统的发票管理系统、征收管理系统、社保费管理系统、自然人管理系统等业务模块是分批次逐步实现信息化运作,并且掌握在不同科室或不同层级的税务机关手中的,纳税人经营活动产生的各类数据需要在内部不同系统间同步运作才能实现共享共用。二是技术的不对称,数据分析能力存在不足。虽然现阶段已经开始推进大数据税收征管模式,但是精准掌握大数据技术的税务工作人员并不多,数据利用的层面较低,大多停留在数据的查询统计、传统的数据模型和指标分析等层面上,大数据分析和利用的有效性和深度还不够,在全行业分析、区域分析、宏观税收经济分析、行业风险分析、精准风险分析上尚未能深入涉猎。行业指标、模型指标和风险指标的建立精准性不足、针对性欠缺,不能全面体现出大数据的价值。

(三) 税务部门协作不到位

从选案的内部因素看,与税源管理部门缺乏有效的配合与协作,税务稽查部门与税源管理部门没有建立案源传递程序和配合协作机制,不能全方位、多角度地掌握检查对象的财务、税收、信誉等方面的信息,不能及时地掌握其最基本的原始资料和动态线索,致使稽查选案掌握的检查对象信息不完备,导致选案工作不能做到有的放矢。

(四)税收征收管理体系不健全

各部门之间的税源风险管理联动机制不够健全,主管税务机关负责管理日常工作,涉及纳税人的基本业务均在其职权范围内,除极其个别的转办、交办案件外,基本不需要依靠稽查局的力量进行工作,导致主管税务部门的协作意愿不高。稽查局作为税务部门的最后一个环节,主要负责事后监督,处理税收违法案件。这在一定程度上,是对主管税务机关征管"打补丁"。征管部门认为稽查工作的目的是找到自己工作中的疏漏,而稽查局则认为征管部门的配合积极性较差,会主动规避和隐瞒一些工作问题,从而对稽查工作造成人为阻碍。

(五)外部协同化机制不健全

外部信息应用效能相对较低。目前,国内外涉税信息交换仍缺少法律法规和体制机制保障,以及规范的数据交换信息格式和数据端口,国内统一的涉税信息交互管理平台迟迟没有形成。种种原因造成税务部门拥有数据但没有匹配和利用数据,在税源管理的过程中处于信息盲区。另外,没有一个统一的制度为第三方涉税共享信息的安全性提供保障,这也给信息交换带来了阻碍。

三、弥补不足的建议措施

(一)前移办税服务关口,让服务更精细

一是精准推送,适时答疑,提升纳税人政策知晓度。通过微信公众号、智能短信等载体,向企业法人代表、财务负责人、办税人精准推送税费政策,提升宣传辅导的准确性和及时性。依托在线直播课、短视频等载体,把热点税费政策和操作流程简明、高效、快捷地宣讲到位。二是聚力快速响应,组建反应快、效率高、服务准的"在线咨询+远程专员"团队。三是聚焦办税缴费痛点堵点,深化大数据运用,创新纳税服务举措。力求用最短时间、最快速度、最优方式把纳税人缴费人的事情办好,切实提升纳税人缴费人的获得感。

(二)建立指标化风险防范机制,让监管更精准

1. 分类分级开展日常税源风险管理

建立高效的税源监管体系,要有针对性地对监管税源进行划分,以适用不同程度的监管措施,依托税收大数据,有效推行"信用+风险"动态监控,深入实施"无风险不打扰、低风险预提醒、中风险勤提示、高风险严监控"。根据地域分布、行业种类、经济规模以及课征主体类型等分类型建立税源监控指标体系。同时,要加强纳税人档案的完善和管理,在实现一户一档的基础上,着重加强对纳税人生产经营状况、税源分布情况等信息的获取,按照纳税风险等级确定出风险较大的纳税人并对其进行重点关注,对其申报缴款等流程进行全面的评估。

2. 注重静态指标和动态指标的综合运用

首先,在宏观层面通过运用大数据分类和数理统计测算方法,对本地区整体或某个特定行业的纳税能力进行事先的预判,根据预判结果相应地制订和调整税收计划,根据实际情况实施相应的措施。其次,在微观层面通过指标分析结果,结合纳税人实际生产经营情况和财务核算情况,对纳税人纳税能力和税收承担能力进行综合分析,准确找出影响因素,针对不同情况采取相应措施以提高纳税遵从度和税收质量。

(三)健全内部风险防范机制,让监督更有效

一是健全税收执法风险防控机制。定期开展税收执法风险点排查工作,税收执法风险防控

的重点由事后审查问责向事前主动防范转变，推动风险防控关口前移，强化风险预警的作用，同时运用风险防控信息网络加强日常防控。建立税收执法监督闭环反馈机制。执法督察与纪检监督结合，突出"一体联动"优势。打造"督审职能监督＋纪检专责监督"双轨式监督格局，督审部门围绕政策宣传、政策享受、退税进度、执法方式等开展职能监督，对税务机关及税务干部定期抽查，对纳税人开展回访。纪检部门围绕工作推进不力、落实不到位、内外勾结等问题开展专责督察。同时，定期开展两部门研究会商，提升监督合力。

(四) 优化部门协作机制，让执法更精确

一是增进部门间协同配合，打造全链条闭环监管模式。围绕信息传递、任务复核、协作平台运行等重点事项，建立"数据互享、任务互通、执法联动"的部门横向联动体系。加强任务统筹协调，抽调精通税收政策、BIEE操作、系统应用和数据分析的业务骨干，组建成立税务监管综合管理团队，以及税费种和管理类两支细分专业监管团队。建立以团队管理取代个人管理、数据分析取代经验分析的管理新模式，构建"需求产生分析—任务整合下发—结果跟踪评价"闭环监管链条，税务监管团队围绕闭环链条各司其职、协同运作。二是加强稽查与征管之间的深层次互动，强化互动结果的增值应用。依据不同数据信息，将税务选案数据分为日常征管数据、财务数据、第三方数据三种类型，采用先易后难、依次推进的方式，强化税务选案工作。要加强征、管、查互动机制，对税源管理部门的税源基本情况，尤其是对重点税源户的税负变化、长期零申报、纳税信用等级以及日常管理中发现问题较多的税源户，税源管理部门要定期向稽查部门传递相关信息。

(五) 构筑共享共建税收新格局，推进精诚共治

1. 拓展深化与政府部门的共享合作机制

第一，搭建涉税信息共享平台。实现政府职能部门、银行、公检法等各部门的涉税涉费信息共享和信息联通，并综合考虑保密等原则，赋予各部门不同的查询权限，简化数据查询审批流程，实现信息传递高效便捷。同时，平台建设重视信息安全保障问题，严格落实数据安全责任，切实做好数据安全工作。第二，加强涉税信息分析与应用。构建税收大数据思维，深度挖掘税收数据价值，对涉税信息进行深度挖掘，将大量独立的静态原始数据进行联合分析，整理出有联系的动态涉税信息数据链，提升税收征收管理质效。

2. 强化税警一体化协作联络机制

建立"公安＋税务"一体化深度合作模式，组建税警打击团伙犯罪专项工作专班。在分析研判骗税案件过程中，主动提请公安部门提前介入，税警双方共同研讨、数据共享、联合研判、定性共商，增强行刑衔接紧密度。公安部门利用网侦、技侦、图侦等手段，实现双方数据的实时交换，税警双方延伸查、联动打、全面治，联合开展外调工作，深挖上游企业和关联团伙，拓展查处虚开增值税发票行为。运用涉税案件数据化办案思路及平台工具，对批量违法犯罪线索集中研判，推动税警协作联络机制全面进入实体化，提升防范打击涉税犯罪的能力和水平。

（作者单位：国家税务总局淮安市税务局第二稽查局）

关于完善实名办税制度的思考

李清泉

实名办税是指纳税人办理涉税事项前,将其办税相关人员的实名信息提交税务机关采集和验证的制度,其实质是对纳税人的办税人员身份进行确认的一种制度。实名办税制度的推行,既方便守法纳税人办理涉税事项,也能有效避免有人以假冒身份从事违法犯罪活动,有利于促进诚信体系构建;还能防范一些不法分子偷税漏税,有利于税务机关更好地打击涉税违法行为。笔者拟通过典型案例就实名办税制度谈谈目前存在的主要问题和完善建议。

一、典型案例回放

【案例一】近日,上海市静安区检察院查证,潘某、金某等参与的犯罪团伙共计骗领虚开发票3000余份,涉税数额超过1亿元,以涉嫌诈骗罪、伪造国家机关证件罪、伪造身份证件罪批准逮捕了犯罪嫌疑人20人。案件的基本特点:多个犯罪链条完整、分工明确的犯罪团伙,通过利用被害单位财税网站的初始登录密码未修改的漏洞非法获取公司信息、伪造其营业执照等经营文件、冒领公司CA证书、登录网上办税服务厅申请一般纳税人升级备案及票种、税种核定,再以被害单位的名义,向税务机关骗领税控盘及大量空白增值税专用发票,用于非法出售和暴力虚开等,造成被仿冒企业产生巨额的应缴税款。

【案例二】近期,四川南充经济开发区税务局已移交公安查办一批增值税小规模纳税人虚开增值税普通发票1200余份、涉税金额过亿元的案件。案件的基本特征:不法分子冒用他人身份证并伪造其签名和捺印、提供虚假的经营地址及其他申请材料骗取工商行政机关注册登记多个批零建材类的公司,通过网络联系代办人员办理涉税事项及领用发票后交给指定人员,通过网络或以小卡片的形式招揽有用票需求的"下家"进行非法虚开,在设立不超过一个季度的申报期前夕就集体"失踪"。

以上案例,在其他地方可能也不同程度的存在,特别是在注册制放开之后,虚开增值税发票现象更加猖狂。如何加以防范呢?笔者认为,可以通过加大实名办税制度的推行力度得到有效解决。

二、实名办税的推行情况及目前存在的主要问题

(一)实名办税的推行情况

为了优化纳税服务、推进诚信办税、促进税收遵从、有效打击涉税违法行为,国家税务总局根据国务院简政放权、放管结合、优化服务的工作要求,于2016年7月19日出台了《国家税务总局关于推行实名办税的意见》(税总发〔2016〕111号,以下简称《意见》)。随之,各省税务局制定了具体方案,作出了统一部署,有序推进实施;各市、县税务局开展了广泛宣

传，狠抓制度落实，稳步推进实名办税，取得了良好的效果。

（二）实名制办税目前存在的主要问题

由于实名办税推行前期相关工作机制的不完善，加之犯罪手法不断翻新，目前实名办税制度主要存在以下问题：

1. 纳税人层面

一是对实名办税认识不到位，认为前期的信息采集环节需要提供的资料太多，还需要法人、财务负责人等到场采集，而法人经常难以抽身，故总是找借口予以搪塞，导致信息采集面不够理想。二是相关信息系统初始登录密码未按规定进行修改，给不法分子留下可乘之机，导致企业及办税人员的相关信息泄露、以假冒身份办理涉税事项事件的发生。

2. 税务机关层面

在总局层面：主要是无统一明确的推行规范，对实名办税的事项范围，信息采集的对象、范围和要求无具体规定。在省局层面：主要是各地推行方案不统一，推行力度不一致。在县区局层面：在内外宣传方面，主要是未严格按要求开展广泛宣传，未能取得政府及相关部门和纳税人的大力支持。在信息采集环节，首先是相关设备添置不够或功能低端，不能满足正常需要，如无法进行人像扫描、指纹笔迹采集等；其次是对采集的信息未进行实地核查，特别是在日常管理过程中对纳税人的生产经营、财务核算、发票使用等情况的巡查不到位。在认证办理环节，主要是个别前台人员工作责任心不强，未严格进行人证信息一致性认证或对纳税人相关信息发生变更的未及时补采、变更并认证就办理了涉税事项。在处理环节，主要是对利用假冒身份信息骗领虚开发票案件的处理上，相关规定还不够明确，双方主管税务机关衔接还不够顺畅，影响受害方纳税人涉税事项的办理。

3. 相关部门层面

主要体现为登记环节部门配合不畅。一是公安部门的户籍信息未与工商等部门共享，工商等部门无法对法人、股东等人员信息进行比对，导致以虚假的身份信息登记注册的情形难以避免。二是工商部门按"放管服"要求推行商事登记制度改革，依规仅对设立登记的申请材料是否齐全、是否符合法定形式等进行形式审查，导致对申请材料的真实性不再进行实地核查，经营地址虚假的情况也难以避免。

三、完善实名办税制度的对策

为了有效杜绝冒领虚开增值税发票现象的发生，针对实名办税制度推行前期存在的主要问题，笔者认为可以从以下几方面着手：

（一）加强舆论宣传

各区县级税务机关要充分利用办税服务厅、门户网站、微信等宣传渠道，广泛开展实名办税工作宣传，引导社会舆论。一是宣传实名办税的推行目的是让"守信者一路绿灯，失信者处处受限"，增强纳税人及其办税人员的风险意识；二是宣传推行实名办税的积极意义，能为纳税人减轻办税负担、维护合法权益，力争赢得纳税人的理解和支持。

（二）完善制度建设

目前，对实名办税工作，国家税务总局仅出台了《意见》，具体内容、操作规程暂未统一明确，需要从总局层面进行统一完善。一是完善实名办税的具体内容。主要包括明确实名办税的事项范围、信息采集的对象和范围。实名办税的事项范围，尽可能涵盖所有涉税事项；信息采集的人员对象，主要包括纳税人的法定代表人（负责人）、财务负责人、办税人员（含购票人员）和税务代理人；采集的信息范围，主要包括身份信息、人像信息、指纹信息、笔迹信息等，其中身份信息包括办税人员姓名、身份证件信息、身份证件影像件、授权委托书影像件、联系电话等。二是完善实名办税的操作规程。主要包括统一完善的操作系统、简洁实用的操作流程，以便于纳税人简单顺畅的操作。三是明确实名办税的推行要求。主要是要求各级税务机关高度重视，加强组织领导，并借鉴税务系统内部控制监督平台的有益做法，适时进行监督检查和责任追究，并纳入绩效考核。

（三）加大推行力度

总局完善实名办税相关制度后，各级税务机关就应严格按要求大力推行，确保实名办税制度的落地落实。在省局层面：一是尽快制定明细的操作规范，以便规范推行；二是制定具体的检查考核和责任追究规范，以便监督推行；三是加大相关设备的资金投入，大力促进推行。在区县局层面，主要是增强责任意识和风险意识，抓常、抓细、抓实各环节的工作：一是加大宣传力度，赢得政府及相关部门和纳税人的大力支持；二是增加专用设备预算，添置能够采集人像、指纹、笔迹等信息的设施设备，对采集的信息适时进行实地查验；三是强化日常管理，严格开展对纳税人的生产经营、财务核算、发票使用等情况的巡查，及时发现和处理相关问题；四是增强责任心，严格进行人证信息一致性认证或对纳税人相关信息发生变更的及时补采、变更并认证后再办理涉税事项。

（四）密切部门配合

实名办税制度的顺利推行，需要相关部门的密切协作配合。一是加强与公安部门的配合，争取户籍等信息与工商、税务等部门共享，适时对法人、股东、办税人员等信息进行比对，杜绝以虚假身份证进行登记注册情况的发生。二是加强与工商部门的沟通协调，建立工商登记数据质量和传输的通报、对账机制及管理办法，提升共享信息的准确性、完整性和及时性。三是加强税务系统内部的协作，特别是加害方与受害方主管税务机关在处理被监控纳税人事项上更要密切配合，尽可能地减少对受害方纳税人涉税事项办理的影响。

（作者单位：国家税务总局南充市税务局第二稽查局）

浅议对虚开增值税专用发票行为的智慧稽查与精准打击

李国庆　张艳伶　陈　镔

近年来，虚开增值税专用发票行为屡见不鲜，特别是重点区域、重点人群的税收风险防控形势愈加严峻。它的表现特征：一是数量增长较快，单户金额较大；二是注销走逃迅速，虚开周期缩短；三是数字化整为零，违法手段隐蔽；四是形成犯罪团伙，构成虚开链条；五是跨区域流窜，顶风作案露头。这从近几年国家税务总局曝光的多起稽查案例就能得到充分验证。从以前的"金三"和现在的"金四"系统监控、疑点分析及稽查结果来看，问题较为突出的行业有商贸、生产加工及农产品加工等，他们不同程度地存在虚开、虚抵的违法问题。欲打击该行为，检查人员不但要付出较多的努力，而且税收成本较高、耗费时间长，且在后续定性处理及向公安移送环节也并非易事。正因如此，我们从稽查实践中，摸索出一些较为智慧精准、高效快捷的路径。

一、未雨绸缪、科学分析是前提

工作中，对税收管理的大数据分析要尤为重视，在海量云集的数据库中准确筛选有价值的信息，并以此来研判税收风险，进而透视疑点的客观性与准确性。有了数据分析，才能逐步实现现有信息的全面整合与综合利用。检查人员要善于借助"金税四期""电子底账系统""防伪税控系统""进销数据分析系统""税收征管分析与风险管理系统"等业务模块，从涵盖纳税人大量数据的信息里，导出所有相关涉税数据，再对其进行科学梳理、分类统计。以被查对象为主线，延伸至上下游企业，通盘考虑各被查对象数据及相关信息的钩稽关系，在纷繁的资料中找到捷径，在庞杂的数据中理清线索。目前，存在的较为突出的问题：一是数据监控未做到全方位。或许漏掉的冰山一角就是虚开的黑洞。二是数据监控机制仍然缺乏。在税收管理中，相关人员不同程度地存在对大数据望而生畏的心理。三是信息比对利用率欠佳。在应用现代化技术手段时有束手无策的茫然感等。稽查人员要潜心学习各种税收应用软件知识，掌握技巧、学以致用；树立数据分析理念，才能保证相关涉税数据的准确性、完整性、一致性和及时性。

二、有的放矢，完善方案是推动

工作中，为了使打击虚开增值税专用发票工作事半功倍、井然有序，在开展工作之初，分析探究有的放矢非常必要。一是要制定科学严谨的实施方案，明确检查期限、实施时间、检查重点、总结报告及稽查建议等内容。二是要制订详尽周密的检查预案，包括人员配置、检查思路、工作方法、实施步骤、疑点分析、纪律要求、电子工具和后勤保障等方面。三是索引税收相关法律法规。在熟悉相关法律法规的前提下，着重学习好国家税务总局下发的相关文件，它是"打虚"工作的实战工具。四是准备灵活机动的应急预案。对突发事件要有措施、有手段、有设备，防患于未然。实施检查中，在"方案""预案"的引领下，首先是本着以调查取证为总思路，以"资金流"为切入点，以"票流""物流""运输流""合同流"为辅助证据，进而对被查企业开具（取得）发票与实际所发生的业务是否相符进行甄别；其次是本着效率与质量并重的原则，要集中优势兵力，"快打、快收、快结、快移"；最后是抓住主要矛盾，在个案选择上，本着走逃户优先，正常户其次，但要以不丢失重大疑点为原则。

三、运筹帷幄，证据准确是核心

工作中，调查取证是稽查工作的核心环节。稽查风险的高低主要取决于证据的充分性和可靠性。按照《中华人民共和国税收征收管理法》的法定权限行使检查、按照《中华人民共和国行政诉讼法》和《最高人民法院关于行政诉讼证据若干问题的规定》的法定程序调查取证、按照《中华人民共和国行政处罚法》的法定原则做好行政处罚等。善于运用好"内查＋外调"的取证方法。内查即对被查企业的生产规模、生产工艺、生产能力、企业性质、开票数量、开票规律、抵扣情况、进销货物品名比对、纳税变动幅度、税负浮动程度、合同是否真实、企业续存时间及货款结算等多方面进行调查取证，以此判断是否存在虚开疑点；具体的方法是实地勘验、账务检查、线索询问、内网信息查询、银行信息查询及各种方法重叠交叉运用等。外调即对开（受）票方涉案企业，采取派人协查方式，进行协查取证。针对开票方，注重取得关于基础信息资料、产品销售真实性、生产能力、货物起运地、开票方所在地、"运输流"终端、收款后流向、发票流向等证据；针对受票方，注重取得关于生产用料、发票来源、资金支付来源等证据。无论是开票方还是受票方，外调工作的重点应放在银行资金往来上，即证明资金交易是否存在虚构、是否存在只有发票信息而没有资金交易信息、是否存在资金回流、是否存在收取货款后整体转出对公账户等与实际经营业务不符等各类情形。

四、重拳出击，穷追猛打是目标

工作中，虚开增值税专用发票行为直接危害国家税款的正常征收，给国家造成严重的经济损失。长远来看，"高发"必"高压"，严阵以待、重拳出击才能发挥法律的威慑力。预防和查处虚开增值税专用发票违法犯罪活动是一项复杂的系统工程。一是加快税制改革的步伐。从税制改革的战略高度，将预防和惩治虚开增值税专用发票违法犯罪活动与下一阶段的增值税制度改革结合起来；要适时进行有关增值税制度的改进和完善，研究完善法律法规，加强制度建设。二是改进稽查管理模式。培养优秀领军人才，打造一支能征善战的队伍，提高对重大案件查处的应对能力。三是加大执法力度。拿起法律的武器，提高税收遵从。事实证明，税务部门科学完备的突击检查、雷厉风行的办案速度、利剑出鞘的巨大威力，已将犯罪分子震慑得无所遁形。

五、粮草先行，后勤补给是保障

加大对一线稽查办案和基层稽查办案的经费投入和装备的保障力度，夯实稽查工作的物质基础，充分调动办案人员的工作积极性。一是要适应现代科技进步的形势。为检查人员配备优质电脑，工作更能得心应手。二是备齐现场办案的音视频采集传输设备。为检查人员提供执法记录仪，随时准确记录现场办案情况。三是配备执法专用车，提高办案速度，保障办案需要。四是选择安全可靠的办案场所，有利于安全、高效地集中办公。办案中，如若后勤得到保障，就能够实现工作的集约化与团队化，进而达到缩短检查时限，提高检查质量之目的。

六、奉公守法，纪律监督是必备

稽查人员应当遵守工作纪律，恪守职业道德，不得违反法定程序、超越权限行使职权；不得利用职权为自己或者他人谋取利益；不得玩忽职守，不履行法定义务；不得泄露国家秘密、工作秘密，向被查对象通风报信、泄露案情；不得弄虚作假，故意夸大或者隐瞒案情；不得接受被查对象的请客送礼；不得未经批准私自会见被查对象；不得在执法办案中滥用职权、徇私舞弊。做到政令畅通、令行禁止；做到自重、自警、自醒、自励；做到统一步调、统一进度、统一标准、统一文书。只有严格纪律，办案才能高效，"打虚"工作才能有条不紊地开展。

对于"打虚"工作，上述六个节点环环相扣、缺一不可。税务部门对税收违法犯罪行为，要始终以零容忍的态度，重拳出击、严惩不贷；要始终以驰而不息的精神，保持高压态势，护航税收政策措施落实到位，并且掷地有声。实践证明，只有高质量地完成好智慧稽查的诸多动作，才可以精准打击虚开增值税专用发票的税收违法行为、震慑不法分子、净化社会经济环境、维护法律的神圣与尊严，进而达到"税收现代化"中的"六大体系"愈加完备、"六大能力"稳步提升。

（作者单位：河北省廊坊税务学会）

涉外税收

"一带一路"税收征管合作机制落地见效的基层思考

虞华荣

本文以连云港市税务局探索推进"一带一路"税收征管合作机制落地见效的实践为例,总结取得的成效,分析面临的挑战,并提出相应的对策建议。

一、"一带一路"税收征管合作机制简介

"一带一路"税收征管合作机制(以下简称"合作机制")由中国国家税务总局倡议发起,通过"一带一路"参与国(地区)税务部门共同签署谅解备忘录的方式成立,是第一个以我国为主构建的多边税收合作机制。合作机制旨在贯彻落实习近平主席关于推进"一带一路"建设和"加强全球税收合作"的重要指示精神,落实阿斯塔纳"一带一路"税收合作倡议,推动"一带一路"建设参与国(地区)在税收领域的务实合作,为"一带一路"建设营造良好的税收环境。这是我国税务部门落实"一带一路"倡议的税务实践,是推动"一带一路"国家或地区间增进理解互信、促进沟通交流和共同繁荣发展的税收合作平台。

近年来,中国税务部门在"一带一路"框架下积极拓展国际税收合作,积极发出"中国声音",提供"中国方案"。不断扩大和完善税收协定网络,利用税收协定项下的相互协商机制,及时处理、积极化解跨境涉税争议问题。目前,中国税收协定网络已覆盖全球百余个国家和地区,为跨境投资创造了确定、有利、合作共赢的税收环境。这是中国作为一个发展中大国致力于推动构建公平、合理、有序的国际税收新秩序的创举。

二、基层税务部门推进"一带一路"税收征管合作机制落地见效的实践

合作机制落地见效需要各国税务部门,特别是与纳税人密切联系的基层税务部门的积极探索与努力实践。近年来,连云港市委、市政府积极构建全面开放新格局,与"一带一路"参与国(地区)贸易投资合作日益深化。连云港市税务局积极履职、主动作为,出台一系列举措,立足本地实际,不断按照合作机制要求开展有益探索。

(一)持续推进跨境税收争端解决

1. 建立跨境纳税人涉税诉求和意见快速响应机制,及时响应关切,切实维护合法权益

通过国别税收分析、走访座谈、问卷调查、12366热线等多种方式,多角度了解相关企业在税收政策执行、税收协定享受和税收优惠政策执行等方面的诉求,引导和支持纳税人理性表达诉求、依法维护权益。

2. 充分利用现有税收协定相互协商机制,化解涉税争端

随着"一带一路"建设的持续推进,我国已与多个国家(地区)签订了双边所得税协定。这就意味着,企业"走出去"不必再担心东道国的税收政策什么时候变、怎么变,税收政策的

确定性大大提高。为让企业更加深入地了解税收协定的相关情况，连云港市税务局将精心制作的《国别投资税收指南》挂在了网上，企业随时可以通过扫描二维码、登录网站查询等方式，了解投资目的地的税收信息。同时，针对有"走出去"计划的企业，提前介入，帮助他们分析和防范跨境经营的涉税风险。

（二）持续营造良好税收营商环境

1. 提升人员素质优化税收服务

通过大比武、外出培训及去总局挂职锻炼等方式，大力培养懂外语、懂政策、懂沟通的国际税收专业人才。建立"国别"涉税信息库，开展分国别税收政策、税收协定研究。开展税收服务"一带一路"政策宣讲会、税企沙龙、纳税人学堂等活动，帮助跨境企业尽快适应目的国投资环境，了解相关税收制度和涉税风险等。

2. 创新服务形式优化税收服务

连云港税务部门从服务"一带一路"建设出发，通过加强"互联网＋智慧税务"建设，升级"非接触式"办税缴费服务，实现了标准提升、办税提速、服务提质，让外贸出口企业享受便捷、多元、高效的办税体验。而在"引进来"方面，税务部门延伸服务触角、定制个性化服务，助力将连云港打造成吸引外资、人才和技术的"强磁场"。在连云港自贸区，税务部门专门培训外语专业人才，为外籍纳税人制定"新办纳税人套餐"，开办外籍纳税人学堂。不仅如此，在服务好企业的基础上，连云港税务部门还致力于优化税收营商环境系统工程建设，积极促进"一带一路"一体化协同发展，为企业营造持续改善的经营环境。

3. 提升管理效能优化税收服务

具体实践如，进一步缩短《中国税收居民身份证明》办结时限，在对外支付源泉扣缴环节，取消了合同备案和税款清算手续等，让跨境税收涉税办理更加简便快捷。同时，实施跨境税收分类分级管理，将跨境企业纳税遵从情况、跨境信息申报等情况纳入分类分级指标体系，持续更新调整其风险应对等级，实施分类应对监管，合理引导"走出去"企业的税收遵从。

三、"一带一路"税收征管合作机制工作的进展与展望

当前和今后一个时期，基层税务机关应积极落实合作机制商定的共同税收理念，紧紧围绕加快税收争议解决、加强税收征管能力建设、促进税收服务经济发展经验互享等主题，提升合作机制下的税收治理能力，推动"一带一路"建设取得更大成效。

（一）强化全球税收合作，逐步拓展"朋友圈"

"一带一路"倡议是构建人类命运共同体的"中国方案"，而"一带一路"税收征管合作机制是"一带一路"倡议下践行人类命运共同体的"税收方案"。它不仅是"一带一路"沿线国家以税收合作为手段增进理解互信和合作发展的平台，而且是融合人类命运共同体理念的国际税收治理机制，代表了未来全球税收征管合作的发展方向。伴随着时间的推移，"一带一路"建设在广袤无垠的大陆上渐次拓展、在浩瀚辽阔的海洋上持续延伸，全球越来越多的国家加入"一带一路"建设事业中，一路同声相应、同向而行，中国的国际税收合作"朋友圈"愈加壮大。

（二）搭建税收合作平台，唱响"中国税务声音"

当前的国际税收秩序主要是第二次世界大战后由西方国家主导建立的，与当今国际社会权力结构的变化和税收治理面临的形势存在着较大的不适应性。我们通过"一带一路"税收征管合作机制建立的形式，通过举办高层次国际税收会议等方式，积极为"一带一路"沿线发展中国家搭建国际税收合作平台，在引领发展中国家广泛参与国际税收事务、深度融入联合国及其他国际经济组织的同时，也以更大的责任和担当发出更加铿锵有力的"中国税务声音"。

（三）分享税收成功经验，提升沿线国家税收征管能力

在推进"一带一路"建设中，税收作为"一带一路"沿线国家间加强经贸协作的重要考量因素，已成为国家间加强经济协作的重要组成部分，其影响和作用越来越突出，不仅为促进相关国家经贸便利提供了可预见的制度性保障，而且关系到"一带一路"沿线国家税收经济环境的"软实力"。"一带一路"沿线发展中国家、低收入国家较多，中国作为世界第二大经济体和最大的发展中国家，通过分享税收成功经验和实践，帮助沿线国家加强税收征管能力建设、共享改革成果，努力营造公平公正的国际税收环境，既提升了我国税务国际影响力，也体现出大国税务的良好风范，推动全球税收体系向着更加公平、透明和现代化的方向发展。

（作者单位：国家税务总局连云港市税务局）

"专精特新"企业国际税收服务与管理探讨

杨 洛

一、"专精特新"概念的提出及政策发展回顾

工业和信息化部原总工程师朱宏任于 2011 年 7 月在《中国产业发展和产业政策报告（2011）》新闻发布会上率先提出"'十二五'时期将大力推动中小企业向'专精特新'方向发展"。同年 9 月，工信部发布的《"十二五"中小企业成长规划》明确提出，坚持"专精特新"，将"专精特新"发展方向作为中小企业转型升级、转变发展方式的重要途径。2012 年 4 月，《国务院关于进一步支持小型微型企业健康发展的意见》（国发〔2012〕14 号）提出，鼓励小型微型企业发展现代服务业、战略性新兴产业、现代农业和文化产业，走"专精特新"和与大企业协作配套发展的道路，加快从要素驱动向创新驱动的转变。这是"专精特新"政策发展的第一个阶段。

2019 年 4 月，中共中央办公厅、国务院办公厅印发了《关于促进中小企业健康发展的指导意见》（中办发〔2019〕24 号），提出引导中小企业专精特新发展。2021 年 7 月，中央政治局会议提出，要强化科技创新和产业链供应链韧性，加强基础研究，推动应用研究，开展补链强链专项行动，加快解决"卡脖子"难题，发展"专精特新"中小企业。同年 10 月，中央政治局集体学习时提出，加快培育一批"专精特新"企业和制造业单项冠军企业。同年 12 月，中央经济工作会议明确提出，提升制造业核心竞争力，启动一批产业基础再造工程项目，激发涌现一批"专精特新"企业。这是"专精特新"政策发展的第二个阶段。这一阶段，国家政策推动力度明显加大。自 2019 年以来，工业和信息化部陆续评选并公布了四批专精特新"小巨人"企业。

党的二十大报告明确指出，支持专精特新企业发展。从概念提出及政策发展历程看，我们对"专精特新"在国家经济发展中的作用的认识在不断深化，"专精特新"企业也正在被赋予越来越重要的历史使命。大力发展"专精特新"企业，已经成为贯彻新发展理念、构建新发展格局、推动高质量发展的重要内容。

二、慈溪市"专精特新"企业情况

根据工业和信息化部有关数据，目前全国累计培育 8997 家专精特新"小巨人"企业（包含四个批次）、6 万多家专精特新中小企业。

根据 2022 年工业和信息化部公布的第四批专精特新"小巨人"企业名单，宁波市有 101 家企业成功入选。加上前三批入选企业，宁波市国家级专精特新"小巨人"企业达 283 家，总量居全国第四位，企业数量占全国的 3.15%。同时，宁波市级专精特新中小企业达 611 家。

慈溪市入选国家级专精特新"小巨人"企业34家，入选宁波市级专精特新中小企业104家（含专精特新"小巨人"企业）。从行业分布情况看，慈溪市专精特新中小企业主要集中在电气机械和器材制造业（27家，占比25.96%）、橡胶和塑料制品业（12家，占比11.54%）、专用设备制造业（12家，占比11.54%）、通用设备制造业（10家，占比9.62%）、金属制品业（8家，占比7.69%）、电子设备制造业（8家，占比7.69%）、汽车制造业（7家，占比6.73%）和其他运输设备制造业（5家，占比4.81%）。

三、"专精特新"企业国际税收服务需求分析

根据慈溪市国际税收服务实际和企业反馈情况，结合慈溪市"专精特新"企业基本情况，笔者对"专精特新"企业国际税收服务需求进行梳理。

（一）对外支付代扣代缴非居民税收

"专精特新"中小企业具有一定规模和产品市场优势，生产经营中大多存在对外支付业务。从2020—2022年的对外支付税务备案情况看，有12家"专精特新"中小企业办理过备案；从2020年9月以来的外汇支付交换数据看，有72家"专精特新"中小企业有服务贸易等项目下的外汇支付情况。

近年来，税务机关依托外汇支付数据持续开展对外支付扣缴非居民税收情况核查，企业面临一定的滞纳金乃至罚款方面的风险，以及纳税信用评价扣分的问题。因此，企业对于对外支付中代扣代缴非居民税收方面的政策也越来越关注。

（二）利润分配涉及协定待遇、递延纳税政策

在慈溪市"专精特新"中小企业中，外资（港澳台资）独资或者直接参股企业有8家，存在股息红利所得税缴纳及协定待遇享受、境外投资者以分配利润直接投资递延纳税政策等方面的服务需求。

目前，在股息红利所得协定待遇方面，虽暂无"专精特新"中小企业申报享受情况，但其中1家外资企业已就相关政策进行了咨询；在境外投资者递延纳税政策方面，累计已有5家"专精特新"中小企业办理过该事项，税务机关均进行了专门的政策辅导，并就可能涉及的协定待遇问题进行了提醒。

（三）"走出去"企业

在慈溪市"专精特新"中小企业中，有6家是目前仍有境外投资的"走出去"企业，涉及"走出去"税收服务及境外税收风险管理。企业相对比较关注境外投资所在国家（地区）税收环境，以及境外企业利润分配、税收抵免等方面的政策。

（四）关联交易往来及转让定价

在慈溪市"专精特新"中小企业中，有11家于2021年度申报了关联业务往来报告表。需要关注关联业务往来申报情况及关联交易转让定价问题，2022年有1家"专精特新"中小企业关联方资金无偿拆借被立案调查。

目前，企业在这方面的意识还相对欠缺，对相关申报要求和政策不够了解，税务机关需要加大关联业务往来申报及反避税相关政策宣传，并做好关联业务往来情况申报辅导。

（五）中国税收居民身份证明开具

2021、2022年度慈溪市税务机关共计开具8份中国税收居民身份证明，其中4份开具给

了"专精特新"中小企业,占比达50%。企业方面存在一定的开具中国税收居民身份证明的需求,但对相关政策要求不甚了解,需要加以辅导。

四、"专精特新"企业国际税收管理风险分析

根据慈溪市国际税收管理实际,结合慈溪市"专精特新"企业基本情况,笔者对"专精特新"企业国际税收管理风险进行了分析,相对突出的问题有以下三个方面:

(一)企业对外支付未正确履行代扣代缴义务

目前,企业对外支付履行非居民税收代扣代缴义务,税务机关主要是通过对外支付税务备案后续管理以及第三方外汇支付数据事后核查的方式进行管理。管理风险大体可控,但后续管理、事后核查对风险的消除属于事后的纠错管理,企业需要承担滞纳金、罚款及纳税信用评价扣分等损失。企业希望能够在事前消除相关纳税风险。

另外,受基层税务人员对政策掌握不够准确等因素影响,执法风险实际上也在一定程度上存在。

(二)"走出去"企业境外税收管理风险

从境外税收管理及企业走访情况看,"走出去"企业对境外投资和所得信息报告、境外所得申报及外派员工所得税等方面的政策了解不够,税务机关需要有针对性地加强宣传。

从境外被投资企业2021年度经营数据看,慈溪市73家境外被投资企业2021年度盈利的仅25户,占比34.25%;累计未分配利润为正的仅22户,占比30.14%。其中,6家"专精特新"中小企业所投资的8家境外企业,2021年度盈利的仅3户,占比37.50%;累计未分配利润为正的仅2户,占比25.00%。总体来看,境外被投资企业处于普遍亏损状态。对长期处于亏损状态的境外被投资企业,税务机关需要加强关注。

(三)关联业务往来申报及转让定价管理风险

"专精特新"中小企业具有一定的经营规模和经营历史,通常不存在仅有自然人股东且自然人股东仅投资该家企业的情况,大都存在一定数量的关联企业。从2021年度关联业务往来报告表申报情况看,仅11家"专精特新"中小企业申报关联业务往来情况,占比仅10.58%,可能存在一定的应申报未申报风险。同时,从反避税案源摸排及调查情况看,"专精特新"中小企业也存在一定的利用关联交易避税的风险。

五、"专精特新"企业国际税收服务与管理思考

(一)对接需求,改进服务供给

做好"专精特新"企业国际税收服务需求的调查分析,有针对性地改进国际税收服务。在精细服务上做文章,把服务做细做实。例如,对外支付代扣代缴非居民税收有关政策问题,可以根据外汇支付数据核查情况,有针对性地开展常见政策问题解答和风险提示。

(二)关注风险,优化税收管理

针对代扣代缴非居民税收、"走出去"企业境外税收、关联业务往来情况申报等方面存在的管理风险,相应地优化国际税收管理。例如,针对关联业务往来申报风险,通过纳税申报信息、财务报表信息、增值税发票信息等比对,对存在关联交易或者可能性较高的企业,开展重点提醒。另外,对于具有行业性特点的问题,可以分行业解决。

（三）注重统筹，服务管理融合

正确把握纳税人纳税风险与税务机关管理风险的内在联系，将事后管理尽可能以服务的形式在事前环节完成，减少"专精特新"企业的纳税风险，同时起到提前消除税务机关管理风险的作用。

（四）强化协作，统筹协同用力

强化国际税收服务管理与其他税收服务管理工作以及与其他部门服务管理工作的协作，形成服务管理合力。比如，"专精特新"企业不少为拟上市企业，可与金融等部门合作开展相关服务管理工作。

（五）夯实队伍，提升履职能力

国际税收队伍力量配备呈"倒金字塔"形态，基层特别是税务所国际税收服务管理能力薄弱。需要有针对性地加强队伍建设，提升履职能力，为改进"专精特新"企业国际税收服务与管理提供更好保障。

（作者单位：国家税务总局慈溪市税务局）

低碳绿色税收体系国际比较研究

谭婷元　鹿洪源　崔昊力　谭　伟

一、研究背景与意义

1997年《京都议定书》规定，在"共同但有区别责任"的原则下，发达国家和发展中国家共同承担减排义务；2015年《巴黎协定》提出，在20世纪末把全球平均气温上升幅度较工业化时期控制在2℃之内，并努力把升温控制在1.5℃之内。很多国家相继确定了本国的碳减排目标并承担了相应的减排义务，制定了包括税收政策在内的促进碳减排目标落实的一系列政策举措。继习近平总书记关于"绿水青山就是金山银山"的科学论断以及党的十八届五中全会第二次全体会议上正式提出"绿色"新发展理念之后，我国作为世界上最大的发展中国家，秉持大国担当，在应对全球性环境危机中主动发挥作用，首次在环境保护目标中明确"碳达峰、碳中和"（以下简称"双碳"）的任务目标，为维护全球生态平衡作出积极贡献。

本文梳理我国和代表性国家的低碳绿色税收政策，针对我国与代表性国家的低碳绿色税收体系进行比较研究，借以总结归纳我国低碳绿色税收政策的成效和不足，为我国低碳绿色税收体系的建立与完善提供政策支持与决策参考，推动现代化的税制改革进程。本文特别关注了碳关税壁垒问题，随着全球化进程的加快和全球性气候问题的频发，许多国家逐步建立碳关税壁垒，本文通过分析代表性国家低碳绿色税收体系的做法，从中汲取经验，为应对相关国家的碳关税壁垒提供政策建议。

二、我国低碳绿色税收体系现状

我国低碳绿色税收体系以负面清单类政策为主，正向激励类政策为辅。为适应生态文明建设的阶段性特征，我国陆续出台了相关政策，低碳绿色税收体系不断完善。

（一）负面清单类低碳绿色税收政策梳理

负面清单类低碳绿色税收政策也可称为限制性低碳绿色税收政策，主要以2018年开始正式实施的环境保护税为主，还包括开征时间较长的资源税、消费税等。同时，为提升低碳绿色税种的实施效果，我国对相关的税种和政策进行了多次修改、补充和完善。

1. 环境保护税

我国环境保护税是由原排污费根据"税负平移"的原则改制而来的，《中华人民共和国环境保护税法》自2018年1月1日起施行。环境保护税相关政策梳理，见表1。

表 1　环境保护税相关政策梳理

年度	文号	主要政策内容
2016 年	中华人民共和国主席令第六十一号	公布《中华人民共和国环境保护税法》
2017 年	中华人民共和国国务院令第 693 号	公布《中华人民共和国环境保护税法实施条例》
2017 年	国家税务总局公告 2017 年第 50 号	公布《海洋工程环境保护税申报征收办法》
2018 年	财税〔2018〕4 号	停征排污费等行政事业性收费
2018 年	财税〔2018〕117 号	明确环境保护税应税污染物适用、应税污染物排放量的监测计算等有关问题
2021 年	生态环境部　财政部　税务总局公告 2021 年第 16 号	规范因排放污染物种类多等原因不具备监测条件的排污单位应税污染物排放量计算方法

资料出处：项目团队根据中国政府网、财政部、国家税务总局官方网站公布信息整理所得

2. 资源税

我国资源税自 1984 年开征。2019 年 8 月 26 日，《中华人民共和国资源税法》正式公布并于 2020 年 9 月 1 日开始实施。这是贯彻落实税收法定原则的必然要求，同时也标志着我国在健全地方税体系、完善绿色税制体系方面迈出了重要一步。资源税相关政策梳理，见表 2。

表 2　资源税相关政策梳理

年度	文号	主要政策内容
2010 年	财税〔2010〕54 号	在新疆率先进行原油、天然气资源税从价计征改革
2010 年	财税〔2010〕112 号	在西部地区实施原油、天然气资源税从价计征改革
2011 年	中华人民共和国国务院令第 605 号	修改《中华人民共和国资源税暂行条例》
2011 年	中华人民共和国国务院令第 606 号	修改《中华人民共和国对外合作开采陆上石油资源条例》
2011 年	中华人民共和国国务院令第 607 号	修改《中华人民共和国对外合作开采海洋石油资源条例》
2015 年	财税〔2015〕52 号	稀土、钨、钼资源税由从量定额计征改为从价定率计征
2016 年	财税〔2016〕53 号	全面推进资源税改革有关事项，包括扩大资源税征收范围、实施矿产资源税从价计征改革等
2016 年	财税〔2016〕55 号	在河北省开展水资源税改革试点工作
2017 年	财税〔2017〕80 号	在北京、天津、山西、内蒙古、山东、河南、四川、陕西、宁夏 9 个省（自治区、直辖市）扩大水资源税改革试点

续表

年度	文号	主要政策内容
2018 年	财税〔2018〕26 号	对页岩气资源税（按 6%的规定税率）减征 30%
2019 年	中华人民共和国主席令第三十三号	公布《中华人民共和国资源税法》
2020 年	国家税务总局公告 2020 年第 14 号	公告资源税征收管理有关事项
2020 年	财政部　税务总局公告 2020 年第 34 号	公告资源税各税目执行口径有关问题

数据出处：项目团队根据中国政府网、财政部、国家税务总局官方网站公布信息整理所得

3. 消费税

我国消费税属于特别消费税，体现了"寓禁于征"的特征，节约资源和保护环境是其重要的调控职能。当前，我国消费税共包括 15 个税目，其中对成品油、小汽车等征税，充分体现了消费税节能减排的调控目的。消费税节能减排政策，见表 3。

表 3　消费税节能减排政策

年度	文号	主要政策内容
2008 年	财税〔2008〕105 号	调整乘用车消费税税率
2008 年	财关税〔2008〕73 号	调整部分乘用车进口环节消费税
2008 年	财税〔2008〕167 号	提高成品油消费税税率
2010 年	财税〔2010〕118 号	对利用废弃的动植物油生产纯生物柴油免征消费税
2013 年	财税〔2013〕105 号	对以回收的废矿物油为原料生产的润滑油基础油、汽油、柴油等工业油料免征消费税
2013 年	财关税〔2013〕79 号	明确部分征收进口环节消费税的成品油税目
2014 年	财税〔2014〕15 号	以外购或委托加工收回的已税汽油、柴油为原料连续生产汽油、柴油，准予从汽、柴油消费税应纳税额中扣除原料已纳的消费税税款
2014 年	财税〔2014〕94 号	提高成品油消费税
2014 年	海关总署公告 2014 年第 86 号	提高成品油进口环节消费税
2015 年	财税〔2015〕11 号	继续提高成品油消费税
2016 年	财税〔2016〕129 号	对超豪华小汽车在零售环节加征消费税
2016 年	财关税〔2016〕63 号	调整小汽车进口环节消费税
2018 年	财税〔2018〕144 号	延长对废矿物油再生油品免征消费税政策实施期限
2021 年	财政部　海关总署　税务总局公告 2021 年第 19 号	对部分成品油征收进口环节消费税

数据出处：项目团队根据财政部、海关总署、国家税务总局官方网站公布信息整理所得

(二)正向激励类低碳绿色税收政策梳理

1. 增值税优惠政策

作为我国第一大税种,增值税对国民经济发展和社会稳定具有十分重要的意义。近年来推出的系列政策主要集中在促进可再生资源的回收利用,起到了引导循环低碳经济发展的重要作用。促进低碳发展的增值税优惠政策梳理,见表4。

表4 促进低碳发展的增值税优惠政策梳理

年度	文号	主要政策内容
2015年	财税〔2015〕74号	对纳税人销售自产的利用风力生产的电力产品,实行增值税即征即退50%的政策
2015年	财税〔2015〕78号	整合、调整资源综合利用产品和劳务增值税优惠政策,印发《资源综合利用产品和劳务增值税优惠目录》
2019年	财政部 税务总局公告2019年第90号	销售自产磷石膏资源综合利用产品,可享受70%的增值税即征即退政策;将《资源综合利用产品和劳务增值税优惠目录》中"废玻璃"项目退税比例调整为70%等
2021年	财关税〔2021〕17号	通知"十四五"期间能源资源勘探开发利用进口税收政策,支持天然气进口利用

数据出处:项目团队根据财政部、国家税务总局官方网站公布信息整理所得

2. 企业所得税优惠政策

促进低碳发展的企业所得税优惠政策主要包括:一是企业购置并使用符合《环境保护和节能节水专用设备优惠目录》的专用设备,可享受税额抵免;二是环境保护节能节水项目享受"三免三减半"税收减免优惠政策;三是企业以《资源综合利用企业所得税优惠目录》规定的资源作为主要原材料生产相关产品,减计收入总额;四是对于污染防治第三方企业,按15%的税率征收企业所得税。促进低碳发展的企业所得税优惠政策,见表5。

表5 促进低碳发展的企业所得税优惠政策

年度	文号	主要政策内容
2008年	财税〔2008〕117号	公布资源综合利用企业所得税优惠目录(2008年版)
2008年	财税〔2008〕115号	公布节能节水专用设备企业所得税优惠目录(2008年版)和环境保护专用设备企业所得税优惠目录(2008年版)
2008年	财税〔2008〕47号	执行资源综合利用企业所得税优惠目录
2008年	财税〔2008〕48号	执行环境保护专用设备企业所得税优惠目录、节能节水专用设备企业所得税优惠目录和安全生产专用设备企业所得税优惠目录

续表

年度	文号	主要政策内容
2009 年	财税〔2009〕166 号	公布《环境保护、节能节水项目企业所得税优惠目录（试行）》
2010 年	国税函〔2010〕256 号	环境保护、节能节水、安全生产等专用设备投资抵免企业所得税
2012 年	财税〔2012〕10 号	明确公共基础设施项目和环境保护、节能节水项目企业所得税优惠政策
2016 年	财税〔2016〕131 号	将垃圾填埋沼气发电项目列入《环境保护、节能节水项目企业所得税优惠目录（试行）》
2017 年	财税〔2017〕71 号	调整完善节能节水和环境保护专用设备企业所得税优惠目录

数据出处：项目团队根据财政部、国家税务总局官方网站公布信息整理所得

3. 车辆购置税、车船税优惠政策

近年来，我国不断扩充《免征车辆购置税的新能源汽车车型目录》，推广新能源汽车，支持新能源汽车产业的发展，使新能源汽车逐渐代替传统燃油车，助力"碳达峰、碳中和"目标的实现。车辆购置税和车船税优惠政策梳理，见表 6。

表 6 车辆购置税和车船税优惠政策梳理

年度	文号	主要政策内容
2018 年	财税〔2018〕74 号	对节能汽车，减半征收车船税；对新能源车船，免征车船税
2020 年	财政部公告 2020 年第 21 号	自 2021 年 1 月 1 日至 2022 年 12 月 31 日，对购置的新能源汽车免征车辆购置税

数据出处：项目团队根据财政部、国家税务总局官方网站公布信息整理所得

三、低碳绿色税收体系的国际比较

为应对全球气候变暖，实现减排降碳的目标，发达国家基本形成了以碳税为核心的低碳绿色税收体系，以直接体现减碳目的的绿色税收政策为主，辅以间接体现减碳目的的绿色税收政策。

（一）丹麦

丹麦是世界上较早开征碳税的国家之一，早在 20 世纪 70 年代就开始对能源消费征税。丹麦在 1992 年开始征收的碳税属于融入型碳税，是通过附加在已有的对石油、煤炭和电力等产品开征的能源税中征收的。丹麦还实施各种税收返还和减免优惠，自愿签订减排协议的企业可以享受税率减免。此外，丹麦还通过征收能源税、汽车新碳税、汽车登记税附加等进一步限制了二氧化碳的排放。

（二）芬兰

芬兰是世界上第一个在全国范围内推行碳税的国家。1990年1月，芬兰开始征收碳税，启动之初，基于运输或供暖的化石燃料的含碳量征税，采用从量计征的方式。为了实现减排目标，提升民众节能环保意识，芬兰采取相对于北欧其他碳税国家较少的税收优惠，如对天然气减半征收碳税、对工业用电实行低档碳税税率等，通过对不同行业实施差异化碳税征收标准，芬兰有效控制了二氧化碳的排放量。同时，芬兰为延续碳税的税收中性特征，将取得的碳税收入用于弥补个人所得税的减免和社会福利保险开支。

（三）英国

英国为了确保在应对气候变化方面取得进展，每年的气候变化税率将随通货膨胀率的增加而上调。值得注意的是，由于天然气较之煤炭、焦炭和液化石油气的碳排量低得多，英国设定的天然气气候变化税税率始终低于电力、煤炭、焦炭和液化石油气的气候变化税税率。可见，英国在气候变化税税率的设定上，同时考量了不同燃料对环境的污染程度，对于污染较多的燃料类型设定较高的税率，反之则设定较低的税率。

（四）德国

为实现生态环境的可持续发展，德国主要利用生态税来限制二氧化碳的排放，生态税主要包括能源税和机动车税。1999年，德国开始对电力、化石燃料等征收能源税，对降低能源损耗起到了积极的推动作用。德国在引入生态税时推出了一系列的税收优惠，如除了汽车燃料支付全额税率外，制造业和农林业仅支付包括燃油、天然气、电力在内的正常税率的20%；获得生态税的双重红利，不仅增强了民众的低碳环保意识，减少了二氧化碳等温室气体的排放，还降低了社会劳动力成本，创造了更多的就业机会。

四、构建国际低碳绿色税收体系的建议

完善我国低碳绿色税收体系，首先应该根据国情合理定位，明确征收原则。借鉴国际相关经验，在低碳绿色税收体系建设中，坚持"统筹税制改革，择机推出碳税；调节功能为主，收入功能为辅；低税起步，动态调整；限制与保护并重，激励与约束相容"等原则。在进行税制要素设计时，要最大限度地反映减排二氧化碳的边际成本、对宏观经济和产业竞争力的影响，实现各相关税种之间的自然衔接。

（一）合理扩大绿色税制体系征税范围

将VOCs有机气体挥发物纳入环境保护税征收范围。VOCs的种类很多，多数为温室气体，具有不同的毒性与刺激性，超过一定浓度时，会刺激人的眼睛和呼吸道，使皮肤过敏、咽痛和乏力，在严重的情况下，会导致神经系统和人体免疫力遭到侵害，损害消化系统、肝功能和造血系统等。部分VOCs已被列为致癌物。初步估计结果显示，我国VOCs年排放量约为2500万吨，超过了二氧化硫、氮氧化物、细颗粒物的排放量，已成为目前我国大气污染的主要来源。鉴于VOCs气体对环境和人体的危害巨大，将其列入环保税范围迫在眉睫。若VOCs气体的排放量不能得到有效控制，其对环境产生的危害将进一步扩大，并对"双碳"目标的实现形成阻碍。

（二）从"名义性碳税"逐步过渡到"实质性碳税"

将碳税融入车辆购置税，使其以机动车碳税的形式存在于车辆购置税中，纳税人、征税环

节、税收优惠、税收征管均可借助现有车辆购置税税制体系，只需附加一个依据二氧化碳排放量划分的额外税额（类似于城市维护建设税等税费附加模式），就能够在较小的税制变动下实现对车辆生产周期机动车碳排放的调控，有利于降低征税成本。车辆购置税纳税人为购买机动车的消费者，计税依据为车辆生产周期二氧化碳排放量。在税率设计方面，在当前车辆购置税依据车辆价格按比例税率征收的基础上，根据车辆周期二氧化碳排放量，以收取额外附加税的形式征收碳税，征收环节为消费环节，在消费者购车时一次性征收。在征管方面，可借助现行车辆购置税征管方式，即在纳税人办理车辆登记注册前一次性缴纳。

（三）多措并举应对西方国家碳关税壁垒

继续推进与"一带一路"沿线经济体税收协定和区域自由贸易协定的签署。通过开展税收协定的谈签、修订工作，明确税收管辖权、税收饶让及优惠的协定税率，为企业争取更多税收利益，如东盟作为"一带一路"沿线地区，扩大了对我国包括汽车及零部件在内的零关税产品范围，促进了汽车出口产品的贸易自由化；同时，借助区域自由贸易协定的签署，充分发挥关税减免的政策优势，如 2020 年签署的《区域全面经济伙伴关系协定》（RCEP）。多措并举，引导制造业企业开拓"一带一路"沿线国家市场，以出口市场多元化战略规避欧盟碳贸易壁垒的扩散风险，营造有利的出口贸易环境。

（作者单位：国家税务总局平度市税务局、青岛市李沧区税务局、天津财经大学财税与公共管理学院、青岛市即墨区税务局）

RCEP 对转让定价的影响及建议

国家税务总局广州市税务局第二税务分局课题组

在经济危机的大背景下，去全球化、贸易保护主义等现象不断冒头，跨区域、高质量的贸易投资环境显得尤为重要，也尤为难得。因此，《区域全面经济伙伴关系协定》（以下简称RCEP）的成功签订和实施，对区域内的贸易、投资和经济发展都具有重要的积极意义。同时，要素的流动不仅和关税、进出口贸易息息相关，也与转让定价息息相关，对关联交易的转让定价价格、跨国集团的全球布局等产生影响。因此，本文将从探讨RCEP对转让定价产生的影响出发，为持续优化营商环境、促进区域经济发展、维护我国合法税收权益提出建议。

一、RCEP 出台背景及主要内容

RCEP出台和实施的背景，与世界贸易组织（以下简称WTO）多边谈判的停滞不前有重要的联系。当今国际贸易环境已经发生了巨大变化，而众多现实的新课题并未包含在世界贸易组织谈判框架中。同时，世界贸易组织的多边谈判和争端解决机制实施效果并不理想，进度因各种原因停滞。在当前"大一统"的国际规则出台缓慢、国际贸易保护主义抬头的重要时期，RCEP以其开放包容、互利共赢的丰富内涵开创了区域经贸合作的新范式和新篇章，为全球经济复苏和多边体系再造发出了亚洲的声音。

RCEP共含有20个章节，其中最受关注的内容包括货物贸易关税减免、原产地规则、服务贸易和投资开放承诺、知识产权保护和电子商务保障制度以及金融服务贸易处理规则等。RCEP的成功签署具有重要的经济、政治意义，也将对国际税收格局产生深远的影响。

二、RCEP 对转让定价的影响

从长远来看，RCEP的落地和推进将逐渐对区域内贸易、投资和经济发展产生影响，从而进一步对转让定价产生影响。其主要影响包括以下几个方面：

（一）RCEP 的实施将逐步丰富关联交易类型

RCEP的关税减免将带来更多的新增长点。例如，RCEP对金融和劳务交易的高水平开放承诺，将在一定程度上促进跨国集团在相关领域的新投资和新发展。同时，关税减免表将扫清部分产品关税壁垒，在未来带来新的经济增长点。以我国对外承诺关税减免为例，我国承诺对东盟、澳大利亚、新西兰的鲜果最终将实现100%零关税，对日本逐步实现80%零关税。与当今农产品领域较高关税壁垒的情况相比，这将形成新的投资和出口风向，吸引跨国集团进入新的投资和交易领域，跨境关联交易的对象和类型与过往相比将有所增加。这对未来转让定价工作的关注重点提出了新的要求。

（二）关税减免将在部分程度上影响关联交易价格

RCEP 主要涉及的税种为关税，关税税率越高，同样价格所缴纳的税款越多，如果能合理控制关联交易价格，那么跨国集团可节省更多的关税税款，跨国集团操纵关联交易价格的动机也就越强。伴随着 RCEP 的逐步实施，关税对物品价格的扭曲作用减少了，跨国集团没有额外的动机通过操纵关联交易价格来减少关税负担。因此，RCEP 协定中的关税减免将在部分程度上，促进关联交易价格向市场可以接受的独立交易价格靠近。

表 1 关税壁垒对转让定价价格的影响分析　　　　　　　　　　　　　单位：元

项目	正常交易价格		人为控制价格	
	A 国生产商	B 国分销商	A 国生产商	B 国分销商
收入	600	1000	520	1000
成本	500	600	500	520
销售推广费用	0	200	0	200
营业利润	100	200	20	280
关税税率	10%		10%	
缴纳关税	600×10%=60		520×10%=52	
扣缴关税后合并利润	100+200−60=240		20+280−52=248	

从表 1 可以看出，在存在关税壁垒的情况下，企业更有可能控制关联交易价格。例如，通过人为控制将跨境关联交易的 600 元下降到 520 元，既可以降低所需要缴纳的关税，也可以降低需要在 A 国缴纳的所得税。

如果 A 国和 B 国之间的关税壁垒消失，企业人为控制关联交易价格的动力就会下降。从表 2 可见，企业更有可能遵循独立交易原则进行交易。

因此，RCEP 将在一定程度上缓解由于关税壁垒带来的价格扭曲问题，关联交易的转让定价将逐步趋于理性，关税的影响权重会有所降低。相应地，所得税税率对跨国集团最终缴纳税款影响权重则会有所提升。企业在制定转让定价政策时将更关注不同国家或地区所得税税率政策的影响。

表 2 关税壁垒消失对转让定价价格的影响分析　　　　　　　　　　　单位：元

项目	签订 RCEP 免税协议前		签订 RCEP 免税协议后	
	A 国生产商	B 国分销商	A 国生产商	B 国分销商
收入	600	1000	600	1000
成本	500	600	500	600
销售推广费用	0	200	0	200
营业利润	100	200	100	200
关税税率	10%		0	
缴纳关税	600×10%=60		0	
扣缴关税后合并利润	100+200−60=240		100+200=300	

（三）贸易流动将逐渐影响产业链的布局

从短期来看，RCEP的签订并不会直接引发产业链的转移。在现阶段，中国的制造业产业链更为完整，物流网络更为发达，同时也积累了较多的技术力量，且产品市场更为庞大，具有东南亚地区所不具有的优势。但是众多跨国集团早已在东南亚布局，并在近些年来不断有新增投资的行为。在原产地规则和投资便利度的进一步影响下，跨国集团仍有较大可能将部分产业链向周边国家转移，形成分散性全球布局。

（四）争端解决机制仍有缺失，企业面临不稳定性增加

目前，RCEP争端解决程序方面主要规定了投资开放承诺方面的内容，但对投资方面的争端解决程序并未进行详细规定，只是规定缔约方将在不晚于RCEP生效后的两年内对这一机制进行讨论。因此，在投资方面的决策，如是否承认外国投资建议、批准或承认投资方面，由于不受争端解决机制的约束，存在较大的不确定性。

同时，RCEP成员国中仍有较大部分数量的国家为发展中国家，其执政水平和征管水平欠发达，在双边磋商、预约定价等税收政策的选择和执行上缺乏足够的经验。RCEP强调，不得要求最不发达国家缔约方承担与透明度和合作相关的任何义务。

（五）社会对RCEP的关注各有侧重，信息需求各异

RCEP自正式实施以来，得到社会各界关注。总体来说，由于其对关税减免和经济贸易的促进作用，社会上对其评价以正面为主，如图1所示。主要关注的重点为其具体内容、相关法律法规等介绍性内容。

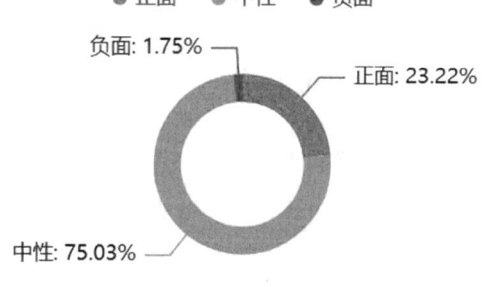

图1　2022年公开网络对RCEP的评价分布图

总的来说，人们对RCEP的关注主要聚焦在对企业、外贸、电商、经济、市场的影响，如图2所示。同时，人们也会考虑外部因素将会对RCEP实际落地带来怎样的影响。

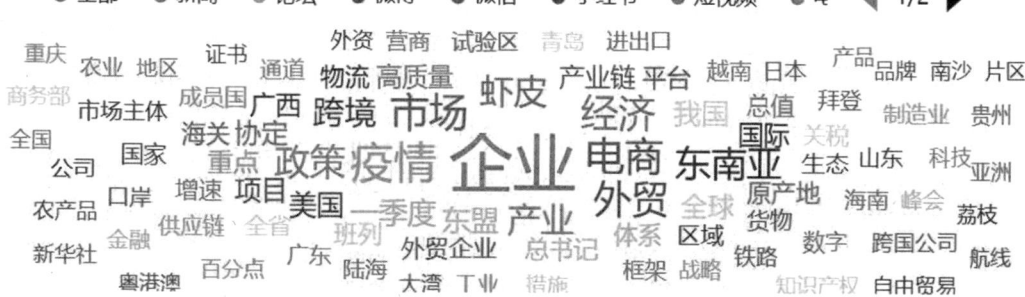

图2　2022年公开网络对RCEP的热词关注分布图

从分类来看，可以看出不同渠道的网络圈层关注 RCEP 不同方面的重点，可以有侧重点地开展后续的宣传，如图 3 所示。

图 3　2022 年各网络平台对 RCEP 的热词关注分布图

总的来说，微博上的信息更多围绕 RCEP 最新动态和其带来影响进行深度讨论。在短视频领域，人们重点关注跨境电商、国际贸易，更加偏重于知识扫盲，重点在于介绍什么是 RCEP。在小红书上，大家更关注 RCEP 对跨境电商、免税、创业等方面的影响。这与小红书的社交属性、生活体验和经验特征有关。

三、转让定价应对建议

从上文可知，RCEP 为我国经济和贸易带来了机遇的同时，也带来了更多挑战。这里建议我国税务机关要从转让定价角度关注政策。

（一）加强经济分析，及时把握企业投资经营动态

加强对外资企业的进出口贸易额、重点企业全球价值链布局的关注，及时把握企业经营的变化趋势，有针对性地做好管理和服务工作。根据 RCEP 涵盖的国家（地区）范围，全面梳理归纳中国居民税收身份证明、各国家（地区）协定待遇、对外支付税务备案等常用政策。做好政府部门间的信息共享，及时掌握辖区企业的最新动向和需求，以便有针对性地提供涉税咨询服务。税务机关可以制定个性化政策辅导方案，精准对接跨境涉税需求，帮助企业用好用足 RCEP 红利。

（二）加强预约定价和磋商服务，提高税收确定性

通过提供预约定价和磋商服务，有效消除跨境税收遵从风险，降低跨境关联交易遵从成本，鼓励优质的企业留在国内经营。针对 RCEP 所涉及国家多为发展中国家，税收风险较大的情况，就企业普遍关注的特别纳税调整政策等热点问题进行深入浅出地解析，提升政策宣传针

对性和可获取的便利度；外资企业可充分运用预约定价安排确定未来年度关联交易的定价原则和计算方法；通过双边磋商等途径，帮助企业解决跨境重复征税问题；积极探索税务转让定价与海关估价的跨领域部门联合治理、综合执法。

（三）加强跨国集团价值链分析和监控，提升管理水平

加强对跨国集团价值链的分析和监控。一是加强对产业链、价值链变动方向的监控。通过定期调研、采访等手段，及时掌握和了解企业经营变动情况，关注其中是否存在税收筹划风险。二是对合理的产业链外迁和重新布局做好针对性税收政策宣传和辅助工作，避免企业因不合理的跨境关联交易而陷入转让定价税务调查。对不合理的产业链和价值链重新布局，需要结合OECD企业业务重组的内容及时完善相关法律法规，维护我国税收权益。三是要总结跨国公司利润变化规律。需要在观察个别产业转移现象的同时，从中总结规律，为后续的税收管理提供经验。

（四）加强行业引导，鼓励产业发展壮大升级

利用好税收对产业发展的引导作用，将更多的税收政策和政策"组合拳"更好地推向企业，推动产业发展和升级。应以产业转型发展与技术创新为核心，依托我国制度优势、产业体系、国内市场规模、基础设施、人力人才资源等综合优势，聚焦产业转型与科技创新发展，提升制造业产业核心竞争力和企业出口竞争力，推动本土企业出口竞争力水平稳步提升，培育我国对外贸易竞争新优势。

课题组成员： 陈志清　邱志斌　刘姝成　丁　兴　唐玉华

我国非税收入管理研究

张法德

一、非税收入管理的现状

（一）非税收入总量及现状

我国非税收入包含三类政府财政预算收入，即一般公共预算收入、政府性基金预算收入和国有资本经营预算收入。2021年一般公共预算收入中非税收入为29808亿元，占全国一般公共预算收入的14.72%，占全部非税收入的22.4%。国有资本经营预算收入5180亿元，占全部非税收入的3.9%。政府性基金预算收入98024亿元，占全部非税收入的73.7%。其中，国有土地使用权出让收入87051亿元，占全部非税收入的65.4%。

（二）非税收入相关政策及依据

"非税收入"在国家正式文件中最早出现在《财政部、中国人民银行关于印发〈财政国库管理制度改革试点方案〉的通知》（财库〔2001〕24号）中。《财政部、国家发展改革委、监察部、审计署关于加强中央部门和单位行政事业性收费等收入"收支两条线"管理的通知》（财综〔2003〕29号）首次提出"非税收入"，但概念较为模糊。《财政部关于加强政府非税收入管理的通知》（财综〔2004〕53号）进一步较为科学、全面、清晰地明确政府非税收入的概念。《财政部关于将按预算外资金管理的收入纳入预算管理的通知》（财预〔2010〕88号）规定，非税收入应纳入预算管理。当前，我国非税收入征管依据《政府非税收入管理办法》（财税〔2016〕33号），法律层次为部门规章。相比而言，税收征管依据《中华人民共和国税收征收管理法》，社会保险费管理依据《中华人民共和国社会保险法》和《社会保险费征缴暂行条例》，征管依据法律和行政法规，法律层次较高。《政府非税收入管理办法》明确，各级财政部门是非税收入的主管部门。县级以上地方财政部门负责制定本行政区域非税收入管理制度和政策，按管理权限审批设立非税收入，征缴、管理和监督本行政区域非税收入。

二、非税收入管理的不足

我国非税收入征管中客观存在的一些矛盾和问题仍不容忽视，尤其在制度建设、征管模式、部门协作等方面，仍然存在不足。

（一）非税收入法律体系不够健全

非税收入缺乏统一性和系统性，在法律依据方面层级不高。2004年，财政部出台的《关于加强政府非税收入管理的通知》是第一部规范非税收入管理的全国性法规文件，明确了非税收入的管理范围，确定了分类规范管理的要求，提出加快非税收入管理法治建设的进程。沿着这一思路，各地纷纷出台非税收入征收管理相关的法规规章，非税收入管理迈入法制化、规范化道路。此后，财政部发布《行政事业性收费项目审批管理暂行办法》《政府性基金管理暂行办法》《政府非税收入管理办法》等，进一步加强了非税收入管理，初步搭建了非税收入法制框架。但是，作为非税收入的统领性文件，大多数是由财政部发布的部门规章，缺乏专项立法，法律依据不够充分，权利义务规定不够明确。

（二）缺乏统一的征收管理办法

国家在制定非税收入统领性文件时，主要着墨于项目立项、审批管理、预算决算、入库管理及资金使用等内容，而涉及征收管理的内容篇幅普遍较少。《政府非税收入管理办法》中的征收管理章节，采用的是原则性、概括性、整体性规定，可操作性差，与非税收入管理需求脱节，导致基层单位大多停留在粗放式征收管理阶段。非税收入征管没有专门的征收管理办法，不同非税收入项目的征收管理规定分散在不同业务主管部门出台的不同文件中。划转税务部门征收后，相关征收管理文件未能及时修订和更新，税务部门征管工作面临没有依据难以规范的尴尬局面。

（三）部分政策规定相对模糊，执行难以精准到位

一些非税收入政策规定不够清晰，内容以框架性规定为主，缺乏政策的详细内容和执行口径，不管是征收单位内部人员还是缴费人，对政策的理解都不够透彻，存在误解和偏差。另外，一些非税收入政策出台时间早，随着经济社会的发展，原有的政策不适用当前的新形势、新变化。

（四）非税收入存在二次分配现象，预算约束力不足

已经纳入预算管理的非税收入基本上由各主管部门自行安排收支计划，许多主管部门和预算单位在编制年度预算方案时只申报一个总体收入计划，对于其分配使用并不提出详细的方案，形成主管部门二次分配和整个年度预算的频繁调整，削弱了年度预算的严肃性。同时，拥有行政管理职权的部门和单位，一般都有收费项目或罚没收入，因而擅自提高收费标准、自立收费项目等行为时有发生。具有政府非税收入监管任务的部门又比较多，且缺乏明确分工，日常监督管理和专项检查缺乏制度化的界定和配合，容易形成监管"缺位""越位"现象，不利于营商环境的优化。

（五）非税收入征管分散，征收体制尚未理顺

目前，行政事业收费、政府型基金等非税收入征管文件基本上由财政部门制定或参与制定，而非税收入征收主体是各级行政事业单位甚至是社会团体。征收主体过于分散，形成了多方征收、多家使用、多头管理的格局。这样就造成了非税收入征收管理与同级财政部门脱节，容易形成财政管理盲区，给非税收入的征管带来困难。

三、非税收入管理的思考与建议

按照《中华人民共和国国民经济和社会发展第十四个五年规划和 2036 年远景目标纲要》要求，要进一步深化非税收入征管制度改革，深化智慧税务建设，不断推动中国式现代化非税收入管理。

（一）推进"非税法定"，强化非税收入立项和征收法治化建设

要推进非税收入项目法定。对现行非税收入进行分类逐项评估，对于适宜保留的，建议在充分征求社会公众意见的基础上，逐步通过法律法规予以确认；对于不适宜保留的，则设定执

行期限，到期后将不再延续，或者适时予以取消。要推进征收职责法定。税务部门征收非税收入的职责、权限需要法定，对应的行政处罚、行政强制等，也应符合法定权限和法定程序。在后续改革中，建议出台全国统一的"非税收入征收管理法"，同时分类授予税务部门对已征项目的征收权限，特别是对新划转税务部门征收的非税收入项目，应明确税务部门关于费款追缴和违规处理的权限，以提高非税收入征收的法治化水平。

（二）逐步推进非税收入征收制度规范化建设

要根据具体项目政策特点，结合非税收入法治化建设进程，逐步对征收对象、征收标准、缴纳期限等征收要素进行统一规范。对于全国统一征收的中央项目，适宜制定全国统一的征收制度，同时可视情况授权地方在一定范围内进行调整。对于部分地区征收的非税收入项目，可由地方确定征收制度，但对于滞纳金、行政处罚、强制执行等关系缴费人切身权益的征收措施，仍然适宜由全国统一的"非税收入征收管理法"予以规定，以提高非税收入征收的规范化水平。

（三）增强非税支出刚性，清理不规范收费

对于纳入预算管理的非税收入，要增强预算支出的刚性，防止存在二次分配现象，同时要取消不合法、不合理的各类收费，特别是取消用于政府性管理职能、"收费养人"的收费项目。要整合性质相近、重复设置的收费基金，合并不同部门分别设立但性质相近的收费项目或罚没收入。随着职能转变，要将相关机构体现市场经济服务性质的收费转为经营性收费，并对其依法征税。将部分具有税收性质的收费基金逐步改为税收。

（四）构建非税监督管理和评价机制

要建立全链条的非税收入征缴的监管体系，推动税费联动监管。加大信息公开力度，坦诚接受社会各界的监督，建立公开透明的监督管理机制，有畅通反馈渠道，在接受社会各界的反馈信息后，及时处理不合规、不合理行为。设置奖惩激励机制，对一些违法违规行为要进行惩戒，同时对一些征管工作绩效高、表现好的行为要予以相应的奖励，以此促进政府非税收入征管工作的健康有序发展。要建立健全非税收支管理评价机制。

（作者单位：国家税务总局连云港市税务局）

基于交互式分析方法在基层税务机关出口退税风险管理中的应用研究

——以广州市番禺区为例

国家税务总局广州市番禺区税务局课题组

一、研究背景

为激励和保证对外贸易的持续发展,我国出台和修改了多项政策,特别是在国家税务总局颁布《关于加快出口退税进度有关事项的公告》后,各级税务机关均积极落实优化出口退税政策的相关措施。

但是,随着退税速度的加快,退税风险也不断地增加,特别是骗税情况更是屡禁不止。大规模的骗税案件严重影响国家财政安全。因此,强化出口退税风险管理,打击出口骗税行为成为当今出口退税管理部门的重点工作。

目前,出口退税风险分析方法都是基于税务机关内部客观数据进行的,数据来源单一,并且忽视了主观因素的影响,因而结果偏差较大,较难在基层税务机关中执行。

因此,本文以广州市番禺区为例,尝试运用主客观数据结合交互式的分析方法,进一步挖掘出口退税相关的风险点、控制点,帮助基层税务机关建立有效的前瞻性出口退税风险的防御体系。

二、广州市番禺区退税风险现状分析

(一)广州市番禺区出口退税基本情况

2020年,广州市番禺区已办理出口退(免)税备案的出口企业有3689户,共计有1468户企业申报了退(免)税,2020年广州市番禺区申报出口退税额达38.76亿元,如图1所示。

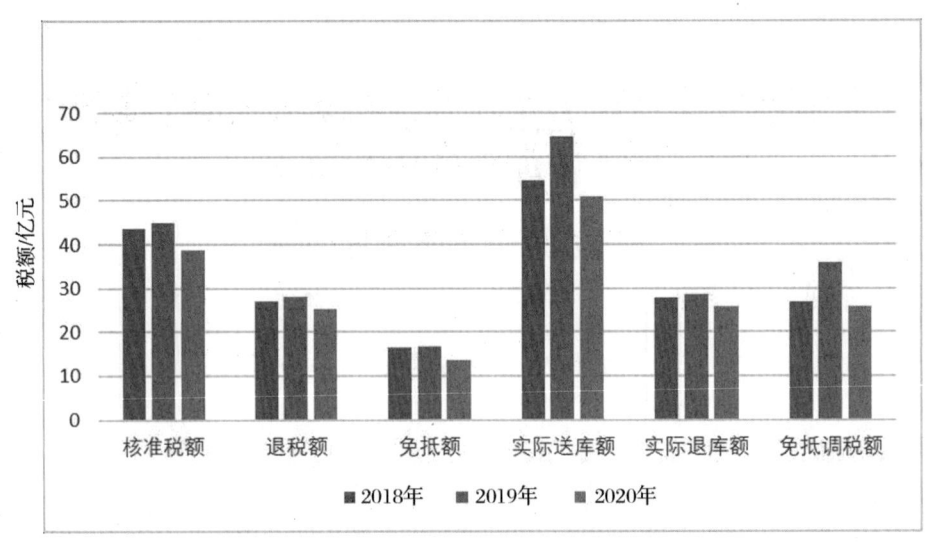

图 1　2018—2020 年番禺区出口退税情况统计

番禺区出口情况有以下三点特征：一是较大规模的出口企业数量较多；二是番禺区涉猎的出口退税政策涵盖的业务类型比较齐全；三是番禺区高风险产业较多，骗税风险较高。

（二）广州市番禺区出口退税风险管理存在的问题

历经多年发展，广州市番禺区已经形成了较为健全、完善的退税风险管理制度，但在信息的共享、指标体系更新及人才培养上还存在一些问题。

1. 出口信息共享存在的问题

要做好出口退税风险防控，信息共享非常重要，只有通过准确的内外部信息的综合分析，才能形成高效且全面的防控网络。

在外部信息共享方面，除了海关总署有固定的报关单交换渠道外，其他信息如准确的查验情况等都没有分享的渠道。而在内部信息共享方面，因权限问题，税务机关内部风险数据大部分只能靠上级共享的方式获得，从而造成风险研判滞后。

出口退税部门内部也存在信息共享缺失的问题。一是风险防控经验和知识没有有效的途径传承下去。二是业务线条精细化管理后，各线条间的配合程度有所下降，内部信息交换也出现较大的延迟。

2. 旧有的预警指标体系存在的问题

总体来看，旧有预警指标的应用效果并不理想。实践发现，超过 50% 的指标在骗税案件中并未触发，有 35% 的指标却在无风险企业中频繁误触发。主要原因有以下几个：一是数据分析来源单一，目前税务机关进行数据分析时的主要数据来源是税务机关内部的系统，外部数据源极少。二是指标设定指向性较弱，有些指标对部分地区不太适用。三是指标更新较慢，现有出口退税预警指标少有更新，很多指标的指向性或者预警值已与实际不相符。四是没有明确的指标应对操作指引，很多风险应对任务下发到应对人员时，应对人员并不清楚应该做些什么。

3. 出口退税专业管理人才缺乏

近些年,广州市番禺区出口规模持续增加,出口退税管理的工作量和风险程度也以指数式增长,但管理人员却没有增加。另外,数据分析人才缺乏,能灵活运用各种监控系统的人才少,数据分析敏感度极高的人才更少。

三、基于交互式分析方法的基层税务机关出口退税风险管理模式的构建

为应对越来越多的退税风险,税务机关急需寻找一种更合理、有效的方法评估出口退税风险。通过大数据及交互式分析方法进行多维度融合分析,并运用风险认知矩阵工具构建基层的出口退税风险认知矩阵,是一种突破目前出口退税风险管理困境的方法。

(一)基层税务机关出口退税风险矩阵架构的设立

风险矩阵是美国空军电子系统中心采办工程小组于1995年4月率先提出的,用于评估潜在的项目风险影响。根据风险矩阵的原理和出口退税风险的特性,出口退税风险的程度可以用"风险严重程度"和"风险发生概率"来描述,其中"风险严重程度"是出口退税风险中最应关注的一项内容,可以理解为"骗税行为发生的可能性",行为一旦发生将产生严重的后果;而"风险发生概率"是指出口退税风险发生可能性的高低。

本文将设定用 X 表示"风险严重程度",用 Y 表示"风险发生概率",然后将两种维度从低到高设置为5个级别,1级为最低级,表示程度最低,5级为最高级,表示程度最高,各级应对含义见表1、表2。

表1 风险严重程度解析表

风险严重程度(X)		
等级	程度	说明
1	极低	风险程度极低,发生骗税可能性极低,无需过度关注
2	低	风险程度低,潜在骗税可能性,要引起注意
3	中	风险程度中等,有骗税可能,要持续加强监控和评估,有税款流失的可能性,但金额不大
4	高	风险程度高,骗税可能性大,需马上实行风险防范行动,若不干预或制止,会造成较大的税款流失
5	极高	极高风险水平,骗税可能性极高,不进行干预或制止,会造成重大的税款流失

表2 风险发生概率解析表

风险发生概率(Y)		
等级	程度	说明
1	极低	年发生概率小于5%
2	低	年发生概率5%~20%(不含)

续表

	风险发生概率（Y）	
3	中	年发生概率20%～50%（不含）
4	高	年发生概率50%～70%（不含）
5	极高	年发生概率大于70%

将二维的风险特性分别放入 5×5 的风险矩阵中的 X 轴与 Y 轴中，从而形成二维的出口退税风险矩阵框架，其中 X 轴表示风险危害程度，Y 轴表示风险发生的概率，整个矩阵分为 25 个区域图。

从风险矩阵可知，越往矩阵右上方风险发生的概率和危害程度越大，反之越往左下方风险发生的概率和危害程度就越小，将不同组合的格子按综合风险程度排列并以不同颜色标识，将综合风险等级分为五级，一级表示综合风险程度极低，而五级为最高级，表示综合风险程度最高。风险等级说明，见表 3。

表 3 风险等级说明

综合风险应对等级	说　明
一级	风险程度极低，主要可能是企业管理不善造成的
二级	风险程度低，有潜在骗税可能性，要引起注意
三级	风险程度中等，有骗税可能，要持续加强监控和评估
四级	风险程度高，骗税可能性大，需制定风险防范策略
五级	极高风险水平，骗税可能性极高，亟须制定规避策略

（二）基层税务机关出口退税风险预警指标的设定

为了使指标更具代表性，笔者选取 2016—2020 年番禺区的所有退税申报数据，以及广州市发生的重大出口退税风险的案件进行分析，从骗税手段、审核疑点和重点特色行业入手，筛选出备选指标待评。将待评指标与退税专家进行研讨后，最终从上游供货环节、生产运营环节、出口销售环节、单证备案、其他环节 5 个方面筛选出与番禺区最为适合的预警指标，其中一级预警指标 5 个，二级预警指标 21 个。风险预警指标说明，见表 4。

表 4　风险预警指标说明

一级指标	二级指标	风险描述
A 上游进货情况	A1 供货商经营状态异常	供货商非正常或成为一般纳税人后两年内注销
	A2 供货商进销异常	供货商既不能生产该商品又非外购该商品，进销比对异常
	A3 供货商品为供货商外购商品	供货商品为供货商外购商品
	A4 供货商物流异常	供货商货物流与购货企业举证的货物流不一致
	A5 供货商品数量重量不符	供货商品实际数量重量严重偏离增值税专用发票记载数量或重量
B 企业经营情况	B1 企业不在注册地址经营	企业已不在注册地经营或已失踪
	B2 企业员工不知道该公司业务	企业员工不清楚企业的实际经营情况
	B3 企业经营业务与出口业务不相关	企业经营业务与申报出口的业务没有联系
	B4 企业现场无财务资料或经营销售资料	现场没有或企业不能现场提供企业财务和销售的资料
	B5 法人不知道自己是法人或法人不知道企业业务	法人不知道自己是该公司法人，或法人无法说清楚企业的经营模式和状况
C 出口数据分析情况	C1 异地报关	报关舍近求远
	C2 出口报关公司数量异常	出口报关公司数量多且分散，同一目的地和批次的出口货物由不同报关公司申报
	C3 同类商品出口额同比、环比增长异常	年度、季度同类商品出口额增长异常

（三）利用调查问卷方法进行主观评价数据分析

对于主观评价数据，本文主要通过调查问卷获取，调查问卷的结果反映了出口退税相关人员的主观评价情况，对调查问卷中风险发生频率 X 值和风险发生概率 Y 值进行数据统计，再进行无极量化后聚合为程度分值 0～1，最后通过相关度公式 $Z=XY$，计算出最终的主观综合评价得分 Z，Z 分值越靠近 0 表示综合风险程度越低，越靠近 1 则表示综合风险程度越高。主观评价量化分析，见表 5。

表 5 主观评价量化分析表

二级指标	风险发生频率平均值（X）	风险发生频率得分（X）	风险严重程度平均值（Y）	风险严重程度得分（Y）	主观综合评分（Z）
A1 供货商经营状态异常	4.1	0.82	4.3	0.86	0.7
A2 供货商进销异常	4.2	0.84	4.6	0.92	0.77
A3 供货商品为供货商外购商品	3.35	0.67	4.1	0.82	0.54
A4 供货商物流异常	3.9	0.78	3.65	0.73	0.56
A5 供货商品数量重量不符	3.95	0.79	3.8	0.76	0.6
B1 企业不在注册地址经营	2.5	0.5	4.35	0.87	0.43
B2 企业员工不知道该公司业务	3.6	0.72	4.4	0.88	0.63
B3 企业经营业务与出口业务不相关	3.25	0.65	4.25	0.85	0.55
B4 企业现场无财务资料或经营销售资料	3.65	0.73	3.25	0.65	0.47
B5 法人不知道自己是法人或法人不知道企业业务	4.35	0.87	4.8	0.96	0.83
C1 异地报关	2.1	0.42	2.4	0.48	0.2
C2 出口报关公司数量异常	2.25	0.45	2.3	0.46	0.2
C3 同类商品出口额同比、环比增长异常	1.6	0.32	2.05	0.41	0.13
C4 从供货企业购进出口货物增长异常	1.05	0.21	2.35	0.47	0.09
C5 进销比对异常	4.35	0.87	3.6	0.72	0.62
C6 票流分析异常	3.65	0.73	4.3	0.86	0.63
D1 单证不齐	3.25	0.65	4.05	0.81	0.52
D2 单证记载信息与企业报关信息不符	4.65	0.93	4.75	0.95	0.88
D3 出口货物流异常	4.1	0.82	3.95	0.79	0.64
D4 收汇异常	3.45	0.69	3.35	0.67	0.46
E1 因外部不可抗力因素影响造成业务异常	1	0.2	1.05	0.21	0.02

（四）利用大数据分析方法进行量化分析

大数据分析方法是从多个数据源和大量的密度高的数据中寻找目标的规律和特性的方法，从出口退税风险管理相关联的数据情况看，正适合使用大数据方法进行量化分析。

1. 主要的数据来源

与出口退税业务相关的数据源很多，具体可分为"出口退税业务类数据源""出口退税风险类数据源""其他关联类数据源"三类数据源。"出口退税业务类数据源"主要是指在日常出口退税征管相关业务工作中产生数据的。"出口退税风险类数据源"是指风险管理类系统数据的，如"大数据应用平台"等。"其他关联类数据源"是除了业务和风险两大类数据源外产生数据的。

2. 数据源分析的数据处理

数据类型不同,数据处理方式也不同。对于数据类型数据,可以用传统数据分析方法,通过编写 SQL 语句,在各系统数据库中导出与出口企业风险指标相关的内容,建立出口退税风险数据仓库进行量化统计分析。客观数据量化分析,见表 6。

表 6 客观数据量化分析表

一级指标	二级指标	风险发生频率			风险发生频率评分	风险严重程度		风险严重程度评分	客观风险综合评分
		2018	2019	2020		涉案金额100万以下户数	涉案金额100万以上户数		
A 上游进货情况	A1 供货商经营状态异常	0.79	0.96	0.71	0.82	12	7	0.82	0.82
	A2 供货商进销异常	0.78	0.92	0.97	0.89	15	7	0.85	0.87
	A3 供货商品为供货商外购商品	0.35	0.41	0.14	0.3	0	7	0.68	0.49
	A4 供货商物流异常	0.31	0.72	0.47	0.5	8	7	0.78	0.64
	A5 供货商品数量重量不符	0.56	0.89	0.65	0.7	10	7	0.8	0.75
B 企业经营情况	B1 企业不在注册地址经营	0.31	0.21	0.11	0.21	21	3	0.51	0.36
	B2 企业员工不知道该公司业务	0	0.1	0.2	0.1	42	3	0.72	0.41
	B3 企业经营业务与出口业务不相关	0	0.1	0.2	0.1	26	4	0.66	0.38
	B4 企业现场无财务资料或经营销售资料	0	0.1	0.2	0.1	54	2	0.74	0.42
	B5 法人不知道自己是法人或法人不知道企业业务	0	0.1	0.2	0.1	68	2	0.88	0.49
C 出口数据分析情况	C1 异地报关	0.12	0.2	0.28	0.2	2	4	0.42	0.31
	C2 出口报关公司数量异常	0.12	0.1	0.08	0.1	6	4	0.46	0.28
	C3 同类商品出口额同比、环比增长异常	0.11	0.14	0.05	0.1	12	2	0.32	0.21
	C4 从供货企业购进出口货物增长异常	0.14	0.12	0.04	0.1	2	2	0.22	0.16
	C5 进销比对异常	0.84	0.96	0.96	0.92	28	6	0.88	0.9
	C6 票流分析异常	0.9	0.96	0.93	0.93	53	7	0.73	0.83
D 单证备案情况	D1 单证不齐	0.9	0.98	0.97	0.95	45	2	0.65	0.8
	D2 单证记载信息与企业报关信息不符	0.96	0.94	0.95	0.95	23	7	0.93	0.94
	D3 出口货物流异常	0.84	0.8	0.7	0.78	12	7	0.82	0.8
	D4 收汇异常	0.31	0.11	0.18	0.2	0	7	0.7	0.45
E 其他情况	E1 因外部不可抗力因素影响造成业务异常	0	0.1	0.2	0.1	12	0	0.12	0.11

非数据内容数据则利用大数据分析的方法将非数据的内容数据化,从而实现对非数据内容进行量化分析,如利用 Python 爬虫技术抓取 2018—2020 年相关文本资料中(包括处罚决定书、评估报告、咨询论坛等)含"出口骗税""骗税""出口退税风险"结论的样本资料,再通过热词分析工具统计样本中涉及的热词频率进行统计,热词频率如图 2 所示。

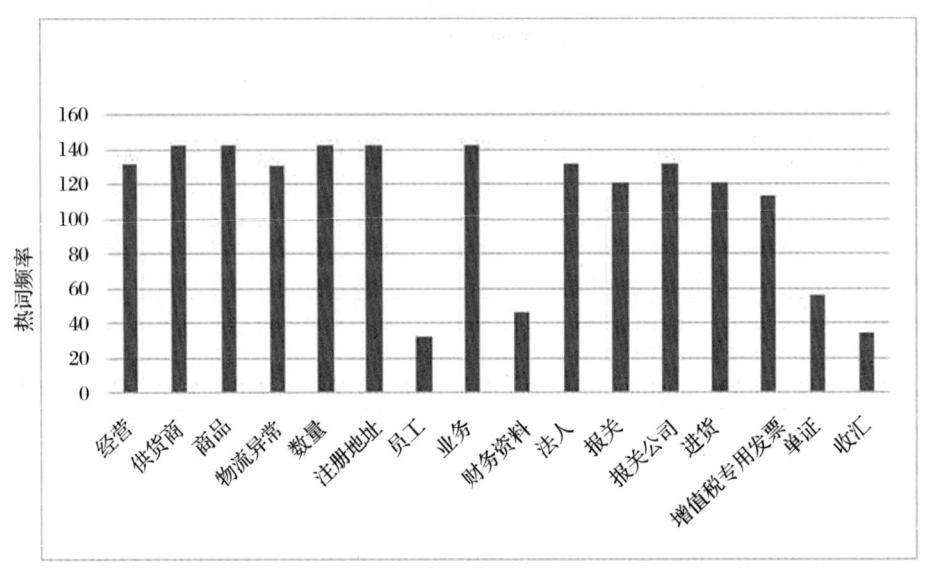

图 2　热词频率

最后,将热词与预警风险指标相对应,作为辅助参数,按照"客观综合风险综合得分×90％＋非文本数据分析调整得分×10％"的方法调整上述量化分析指标分数,热词修正评分见表 7。

表 7　热词修正评分表

一级指标	二级指标	客观综合风险程度评分	调整后客观综合风险度评分
A 上游进货情况	A1 供货商经营状态异常	0.82	0.82
	A2 供货商进销异常	0.89	0.87
	A3 供货商品为供货商外购商品	0.3	0.49
	A4 供货商物流异常	0.5	0.64
	A5 供货商品数量重量不符	0.7	0.75
B 企业经营情况	B1 企业不在注册地址经营	0.21	0.36
	B2 企业员工不知道该公司业务	0.1	0.41
	B3 企业经营业务与出口业务不相关	0.1	0.38
	B4 企业现场无财务资料或经营销售资料	0.1	0.42
	B5 法人不知道自己是法人或法人不知道企业业务	0.1	0.49

续表

一级指标	二级指标	客观综合风险程度评分	调整后客观综合风险度评分
C 出口数据分析情况	C1 异地报关	0.2	0.31
	C2 出口报关公司数量异常	0.1	0.28
	C3 同类商品出口额同比、环比增长异常	0.1	0.21
	C4 从供货企业购进出口货物增长异常	0.1	0.16
	C5 进销比对异常	0.92	0.90
	C6 票流分析异常	0.93	0.83
D 单证备案情况	D1 单证不齐	0.95	0.80
	D2 单证记载信息与企业报关信息不符	0.95	0.94
	D3 出口货物流异常	0.78	0.8
	D4 收汇异常		0.45
E 其他情况	E1 因外部不可抗力因素影响造成业务异常	0	0.11

（五）主客观数据交互评价分析结果

将调查问卷的主观得分与大数据客观的风险分值通过1：1的权重进行分数综合修订，得出最终指标得分数据，见表8。

表8 主客观数据交互分析表

一级指标	二级指标	主观综合评分	客观综合评分	综合风险得分
A 上游进货情况	A1 供货商经营状态异常	0.71	0.82	0.71
	A2 供货商进销异常	0.77	0.87	0.80
	A3 供货商品为供货商外购商品	0.55	0.49	0.40
	A4 供货商物流异常	0.57	0.64	0.47
	A5 供货商品数量重量不符	0.60	0.75	0.57
B 企业经营情况	B1 企业不在注册地址经营	0.44	0.36	0.31
	B2 企业员工不知道该公司业务	0.63	0.41	0.36
	B3 企业经营业务与出口业务不相关	0.55	0.38	0.32
	B4 企业现场无财务资料或经营销售资料	0.47	0.42	0.27
	B5 法人不知道自己是法人或法人不知道企业业务	0.84	0.49	0.47

续表

一级指标	二级指标	主观综合评分	客观综合评分	综合风险得分
C 出口数据分析情况	C1 异地报关	0.20	0.31	0.15
	C2 出口报关公司数量异常	0.21	0.28	0.13
	C3 同类商品出口额同比、环比增长异常	0.13	0.21	0.09
	C4 从供货企业购进出口货物增长异常	0.10	0.16	0.07
	C5 进销比对异常	0.63	0.90	0.64
	C6 票流分析异常	0.63	0.83	0.71
D 单证备案情况	D1 单证不齐	0.53	0.80	0.65
	D2 单证记载信息与企业报关信息不符	0.88	0.94	0.89
	D3 出口货物流异常	0.65	0.80	0.63
	D4 收汇异常	0.46	0.45	0.30
E 其他情况	E1 因外部不可抗力因素影响造成业务异常	0.03	0.11	0.02

（六）交互分析后更新风险矩阵最终结果

根据综合风险得分相关度高低对二级指标进行重新排序，将其与风险应对等级相匹配，得出交互分析后指标排列，见表9。

表 9 交互分析后指标排列表

风险应对级别	二级指标	综合风险等级
五级	D2 单证记载信息与企业报关信息不符	0.89
四级	A2 供货商进销异常	0.80
	C6 票流分析异常	0.71
	A1 供货商经营状态异常	0.71
三级	D1 单证不齐	0.65
	C5 进销比对异常	0.64
	D3 出口货物流异常	0.63
	B5 法人不知道自己是法人或法人不知道企业业务	0.57
	A4 供货商物流异常	0.47
	B5 法人不知道自己是法人或法人不知道企业业务	0.47
	A3 供货商品为供货商外购商品	0.40

续表

风险应对级别	二级指标	综合风险等级
二级	B2 企业员工不知道该公司业务	0.36
	B3 企业经营业务与出口业务不相关	0.32
	B1 企业不在注册地址经营	0.31
	D4 收汇异常	0.30
	B4 企业现场无财务资料或经营销售资料	0.27
	C1 异地报关	0.15
	C2 出口报关公司数量异常	0.13
	C3 同类商品出口额同比、环比增长异常	0.09
	C4 从供货企业购进出口货物增长异常	0.07
一级	E1 因外部不可抗力因素影响造成业务异常	0.02

将结果引入矩阵框架,最终形成番禺区出口退税风险矩阵,见表10。

表10 番禺区出口退税风险矩阵

高	B2 企业员工不知道该公司业务	D1 单证不齐	C5 进销比对异常	A2 供货商进销异常	D2 单证记载信息与企业报关信息不符
中	B3 企业经营业务与出口业务不相关	B1 企业不在注册地址经营	D3 出口货物流异常	C6 票流分析异常	A1 供货商经营状态异常
		D4 收汇异常	A5 供货商品数量重量不符	A4 供货商物流异常	B5 法人不知道自己是法人或法人不知道企业业务
		B4 企业现场无财务资料或经营销售资料	C1 异地报关	C2 出口报关公司数量异常	A3 供货商品为供货商外购商品
低	E1 因外部不可抗力因素影响造成业务异常			C3 同类商品出口额同比、环比增长异常	C4 从供货企业购进出口货物增长异常
—	低		风险严重程度 X		高

从用上述方法总结出来的出口退税风险矩阵中可以看出,当核查的时候发现"D2 单证记载信息与企业报关信息不符"这一疑点时,风险级别最高,应马上按照五级风险应对机制进行管理,而出现"E1 因外部不可抗力因素影响造成业务异常"疑点时,其风险级别最低,可通

过政策宣传或辅导协助企业调整策略应对风险。

另外，如"C3 同类商品出口额同比、环比增长异常"这类风险主观骗税可能性较高，但实际上正常经营的企业也会经常出现这种情况，而且根据案例分析单通过该疑点而定骗的可能性非常小。因此，当出现该疑点时，按二级风险应对方法应对。

（七）根据风险矩阵建立基层出口退税风险管理模式

完成风险矩阵的设置后，最后一步要根据风险级别制定一套行之有效的具体执行策略和模式。根据现有管理手段细化分析后总结出高、中、低三个等级的具体风险应对措施，见表11。

表 11 基于番禺区具体风险应对措施表

风险级别	五级	四级	三级	二级	一级
风险特征	高风险	中风险	中风险	低风险	低风险
应对措施	加强政策宣传	加强政策宣传	加强政策宣传	加强政策宣传	加强政策宣传
	中风险出口退税评估	中风险出口退税评估	中风险出口退税评估	一般风险评估	一般风险评估
	全面函调	针对性函调	针对性函调	单证抽查	辅导整改
	全面外调	针对性外调	针对性外调	发函抽查	
	全面单证检查	针对性单证检查	针对性单证检查	外调抽发	
	企业约谈	企业约谈	企业约谈	辅导整改	
	暂不办理退税	暂不办理退税	辅导整改	加强监控	
	移送稽查处理	加强监控	加强监控		

另外，在利用该模型进行风险应对过程中如发现新的情况，应及时回归到风险矩阵，重新评估该企业的风险级别，并调整风险应对策略。整个应对过程是一个多次循环的过程，番禺区出口退税风险管理模式应用流程，如图 3 所示。

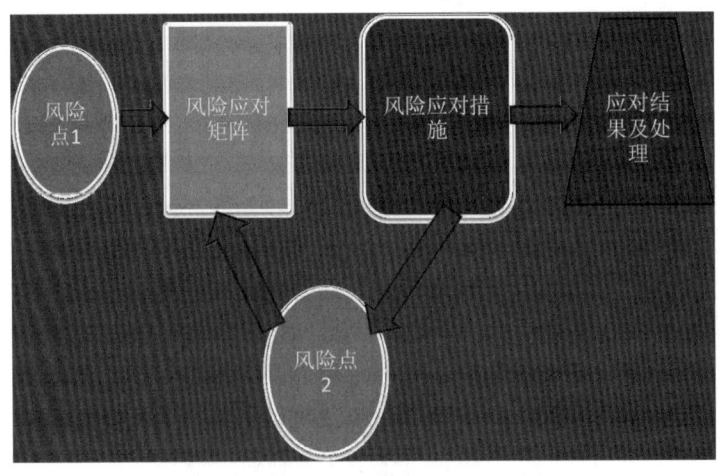

图 3 番禺区出口退税风险管理模式应用流程图

四、基于交互式分析方法的基层税务机关出口退税风险管理模式的优势

经实践运用基于交互式分析方法的基层出口退税风险管理模式后,发现该管理模式非常符合番禺区出口退税风险管理"快、准、狠"的要求,特别是在以下方面有着明显的优势:

(一)大数据分析方法在挖掘潜在风险点时优势明显

采用跨数据源关联性分析以及对非数据信息数据化的大数据分析方法,能更容易发现原来容易忽略的风险影响因素,能更好地修正客观数据,使客观数据分析结果更趋准确。

(二)"风险矩阵"在识别风险时更便捷化

使用风险矩阵能简化识别风险的步骤,风险应对人员通过预警指标即可在风险矩阵中找到对应的应对措施,按相应的应对措施执行即可,省去了很多二次调查分析或重复研究的时间,就如同给一线执法人员一本简便操作手册,大大节省风险应对成本。

(三)"公式化"模式容易推广应用

整个风险管理模式的设定流程简单易用,可复制性强,只要按文中"公式化"的步骤即可成型。因此,该模式不仅可以供不同的税务机关使用,还可以供开展风险管理的其他公共部门参考,帮助这些部门不断优化风险管理的机制,持续改进政府部门的各种风险。

课题组成员: 彭标生　周　亮　张晓辉　冯　刚

全球最低税实施难点研究

袁金才　沈　涛　周栻吉

一、全球最低税简介

全球最低税实施带来的机遇和挑战是涉及国家税收主权的重大国家利益和国家发展利益问题。政治经济学理论认为，独立自主的征税权、自主协定的税收权、自主选择税收管辖权是国际税收理论提出的三项基本原则。各国的税收主权包含在国家主权中，自主征税权由一国的宪法规定，不受他国控制。主权国家有权按照对等原则，通过签订税收协定，自主决定给予有关国家税收优惠，促进对外经济的发展，保护本国民族经济。各国的税收管辖权既可按照地域管辖，也可按照居民管辖，各国自由选择和行使税收管辖权，确定征税权力，解决国际双重征税问题。

当前，跨国投资格局深入发展是导致各国财政压力空前加大的原因之一。冷战后，各国纷纷降低税收吸引跨国投资。根据美国税收基金会统计，1980—2020年全球企业平均税率从40%降至约23%。近年来，全球经济衰退加剧导致各国财政收入的GDP占比大幅下降，由于财政收入的不足，西方国家纷纷把应对"税基侵蚀和利润转移"（BEPS）问题提升至首要政治高度、作为财政部门的首要任务。

全球化既推动了跨国投资发展，也导致各国税收政策协调困难。据联合国贸易和发展组织《2020年世界投资报告》披露，在经历2007—2009年美国经济"大衰退"后，2015年全球跨国投资规模达2万亿美元，2019年为1.54万亿美元。据税务公正网络分析，各国政府每年因跨国避税损失4270亿美元税收，相当于流失约9.2%的卫生预算，或损失3400万名护士的薪酬。

全球税收协调又因数字技术的兴起面临新的博弈格局。随着智能制造、工业互联网、增材打印技术的广泛应用，全球产业链缩短，中间流通环节减少，生产更加靠近消费市场，呈现出数字平台"一点接入、服务全球"的特征，极大降低了国际贸易门槛和成本。以2008—2018年为例，全球数字交付贸易出口规模从不足2万亿美元增长至近3万亿美元，年均增长5.8%，远超同期商品和服务贸易增长速度。2014—2019年，全球跨境电商市场规模从2360亿美元上升至8260亿美元，年均增速27%，过半的全球服务贸易通过数字平台实现。

2013年OECD和G20国家曾共同推出BEPS计划，同时欧洲国家还强调了所谓"双支柱"解决方案：一是侧重解决与数字经济相匹配的征税权分配机制问题；二是侧重解决剩余利润转移和税基侵蚀问题，确保大型跨国企业必须向市场国支付最低水平的税收。从照顾不同发展水平国家的利益来看，"双支柱"方案较好地融合了不同发展水平、处于不同发展阶段国家的利益，有助于国际税收协调和合作。然而，其协调通过和实施过程无疑是漫长的。

七国集团的"全球最低税"共识是实现国际税收协调的基本步骤之一。西方七国财长和央行行长共同发布了公报《推动强大、可持续、平衡而有包容性的全球经济复苏》，着重强调了三大问题：一是实行变革应对气候变暖和生物多样性减少；二是继续支持低收入国家和脆弱国家；三是塑造各国安全与繁荣的未来。七国集团由发达国家组成，对于全球经济稳定和全球税收治理负有重大责任和义务。该公报提出，实现全球安全与繁荣，必须重视解决高盈利跨国公司的"全球最低税"，数字货币和支付领域的创新，金融稳定，打击洗钱、恐怖主义融资和扩散融资标准以及抗击新冠疫情五大问题。

由此可见，西方国家认识到，实现全球税收协调是一项综合性工程，除了要求OECD的配合，还要求G20国家加入，带动全球广泛参与，解决"税收天堂"是关键，还要解决大型电商企业的征税权问题。

二、全球最低税实施难点

一是15%的全球最低税目前还只是美国和七国集团的提法，这一标准的合理性有待检验。目前，欧洲国家的企业最低税率差别很大，匈牙利为9%、爱尔兰为12.5%、葡萄牙为31.5%、法国为32%，OECD国家也坚持税率应当由各国确定协商一致。欧盟自2011年以来试图统一对公司征税，但针对的是统一的税基，并不是统一税率。

二是七国集团提出，"给予市场国家对利润超过10%的最大和最赚钱的跨国企业至少20%的征税权"，这一标准的确定规避了欧洲按照税基划分征税权的思路，但20%的征税权是否合理，有待公认。以欧洲为例，由于英、法、意、西班牙等国的数字经济发展主要依赖数字大国，所以大致支持数字税；爱尔兰、卢森堡由于长期依赖低税率吸引跨国科技投资，因而反对数字税；而丹麦、荷兰、瑞典和芬兰四国虽然数字化程度高，但态度并不一致。

三是七国集团提出按照不同国家分别核算最低税率，不同发展水平的国家是否都要按照15%确定最低税率也将产生争议。

四是"全球最低税"只是一个国家间的"承诺"，是否要成立具有执法严肃性的全球最低税核查机制是政策难点。

三、针对全球最低税难点的建议

中国要站在全球税收协调和全球治理高度重新审视七国集团的"全球最低税"。

（一）必须重视中国的发展利益

《全球数字经济竞争力发展报告（2020）》显示，中国数字产业竞争力连续四年位居全球首位，且与位居第二的美国相比，领先优势逐年扩大。2019年，我国数字经济增加值规模达35.8万亿元，占GDP比重达36.2%，较2018年提升1.4个百分点，对GDP贡献率高达67.7%。2019年，中、美两国占据了全球70个大型数字平台市值的90%。

（二）中国作为大国要在长远利益与短期利益之间正确权衡

跨国投资进入中国对于中国的经济增长和技术创新以及就业推动较大，税率较低只是影响跨国投资深耕中国市场的主要原因之一，中国稳定的社会发展预期、法治环境和巨大的市场潜能，才是本质原因。

实际上，影响跨国投资的因素可分长期和短期，如国家政治稳定、法规健全、经济增长好、市场广阔、基础设施完备、对知识产权保护有力等长期因素；而诸如税率的调整、财政赤字的年度变化则是短期因素。只有对跨国投资产生长期影响的因素才是根本性的，跨国企业决定是否投资一个国家、是否追加对东道国投资，往往要综合考量，其实际边际有效税率是指标之一。如果未来国际上按照国别厘定最低税率，相信中国良好的发展势头仍将吸引更多的跨国投资。

中国需要站在国际道义制高点参与全球税收协调和治理。中国是抵御国际金融风险、影响全球治理、推动全球经济增长的重要力量，国际税收治理作为全球治理体系的组成部分之一，中国参与其中的战略意义与长期价值要远远超过税收收入本身和吸引跨国投资增长。党的十八大以来，习近平主席一再强调参与国际税收治理的重要性及其深远意义。2013年9月，习近平主席在G20圣彼得堡峰会上强调，中国愿为健全国际税收治理机制尽一份力。2014年11月，习近平主席再次在澳大利亚布里斯班G20峰会上指出，中国将加强全球税收合作，打击国际逃避税，帮助发展中国家和低收入国家提高税收征管能力。2021年3月，《关于进一步深化税收征管改革的意见》提出，深度参与数字经济等领域的国际税收规则和标准制定，持续推动全球税收治理体系建设。迄今为止，中国税收协定网络已覆盖全球111个国家和地区，先后三次联合有关国家税务部门和国际组织举办"一带一路"税收合作会议，建立健全"一带一路"税收征管合作机制，并且积极融入世界包容性增长框架。

（作者单位：国家税务总局常州市金坛区税务局）

税收法治建设

探索建立"协同共治、源头防控"内控监督新机制

国家税务总局广州市税务局课题组

一、绪论

（一）研究背景、目的及意义

1. 研究背景

党的十八届四中全会审议通过《中共中央关于全面推进依法治国若干重大问题的决定》明确提出，加强对政府内部权力的制约是强化对行政权力制约的重点，要求强化权力集中部门和岗位的内部流程控制，防止权力滥用。这是对政府内部控制的具体要求，也是政府部门内部控制的发展机会。税务部门作为重要的行政执法和经济管理部门，承担着为国聚财、为民收税的使命。随着税收征管改革的深入，新的问题接踵而至，税收执法和廉政风险不容小觑。通过加强内控机制建设，有效防范和控制风险，已成为新形势下税务部门必须认真对待和解决的重要课题。

2. 研究目的及意义

广州市税务局作为征管税收、社会保险费和有关非税收入的重要部门，肩负着"聚财"重任，其征管质量的高低直接影响政府的财政收入。科学、完善的内控机制能够通过对税务工作过程中各类风险的自查、自控、自纠，实现预警在前，全程控制，从而预防和化解风险，规范权力运行，促进依法治税。

（二）文献综述

1. 研究现状

内部控制理论源于西方企业管理实践，与欧美国家相比，我国在行政单位内部控制方面的理论研究处于较为青涩的阶段。柳光强、周易思弘、陈宸（2016）在《财政监督》上发表的《政府部门内部控制的实施路径探讨》提出了完善内控基本制度、鼓励部分地区试点试验、完善政府部门内控建设的保障措施、建立绩效评价体系等建议。柳光强、马懿洲（2016）在《财税纵横》上发表的《完善税务部门内控机制的对策探讨》提出税务部门应当基于内部控制概念框架，紧密结合当前内控机制改革面临的新形势新要求，从优化内控环境、构建税务部门内控制度体系、提高内控机制信息化水平、完善考核监督机制等方面进一步完善内控机制建设。

2. 研究评述

国内政府部门内控机制理论研究起步较晚，在研究方式上引入国外理论和方法较多，研究内容缺乏系统性和具体性，研究成果还不能对一线税务征管部门的内部控制实践提供系统规范的指导。因此，需要各级税务部门在实践中不断探索，总结提炼出可以指导实践的理论成果。

（三）研究方法

1. 文献研究法

通过图书馆、期刊数据库等资源，查阅相关的税收执法、风险管理、税务部门内部控制等规范性文件、论文资料，寻找理论依据，把握税务部门内部控制研究的理论和前沿动态，为研究税务部门内控机制的改进做好准备。

2. 实地调查法

通过实地调查到广州市税务局及下属区局进行数据采集，通过与税务人员的交流沟通取得第一手资料，并利用收集的资料对其内部控制现状进行统计分析，总结当前广州市税务局内控机制中存在的问题，为改进策略的提出提供依据。

二、税务部门内部控制的相关理论

我国对内部控制定义比较有影响的规范及制度：2008年5月，财政部、审计署、证监会、银监会、保监会联合制定《企业内部控制基本规范》，提出"内部控制是由企业董事会、监事会、经理层和全体员工实施的、旨在实现控制目标的过程"。2012年，财政部正式印发《行政事业单位内部控制规范（试行）》，提出"内部控制是指单位为实现控制目标，通过制定制度、实施措施和执行程序，对经济活动的风险进行防范和管控"。2014年，财政部制定《财政部内部控制基本制度（试行）》，提出"内部控制是指通过查找、梳理、评估财政业务及管理中的各类风险，制定、完善并有效实施一系列制度、流程、程序和方法，对财政部工作风险进行事前防范、事中控制、事后监督和纠正的动态过程和机制，提高内部管理水平"。

三、广州市税务局内部控制现状分析

本文主要以广州市税务局为例，以相关走访调研情况为基础线索，对税务部门内部控制取得的成效、存在的问题等方面进行深入探索。

（一）内部控制取得的成效

面对全面从严治党新形势、新任务、新要求，在进一步深化税收征管改革的关键时期，广州市税务局对加强内部控制的重要性和必要性有了更充分的认识，开展了一系列卓有成效的工作，并取得了一定的成绩。

1. 夯实了风险防控理念

自机构改革以来，广州市税务局即成立内部控制工作领导小组，并以基本制度、专项制度为指引，领导干部带头学、亲自抓，先后8次在党委会针对内部控制相关制度进行学习，听取内部控制工作情况汇报，从上到下消除了部分干部认为的"管一会""紧一阵"。常规性开展内控评估、执法督察、风险排查等工作，对岗位职责、风险、应对措施进行检查、整改和优化，初步形成了全面防控风险的良好氛围。

2. 提升了内控信息化水平

广州市税务局高度重视内控监督平台和内控机制防御及管理评价系统（以下简称RED系统）的推广应用，按照"建场景、重实效、立长远"的思路，发挥市局、区局、税务所三级联动优势，持续优化内控指标建设。目前，在市局层面共设置46个RED风险点，在区局层面共设置302个风险点，不断拓宽对人事、国际税收、非税收入等各类业务场景的覆盖面。此外，还以内控平台财务内控功能上线及推广应用为契机，进一步提升财务内控信息化水平，有效发挥内控监督智能化治理作用。

3. 增强了风险应对能力

广州市税务局结合国家税务总局下发的《税收法制工作风险内部控制制度（试行）》等8个内部控制专项制度，对34个业务线条的内部控制操作规程进行了全面梳理，有效帮助税务人员认清存在执法风险的环节，严格落实各项规范制度，更好地规避税收执法风险。此外，积极开展专票电子化内部风险跟踪控制等重点工作，截至2022年8月，内控专岗筛查、办结风险点13060条；内控管理岗抽查9252条，抽查比例70.93%；督审监督岗完成核查425条，确认追责68条，切实提升风险防范意识及应对质量。

（二）内部控制存在的问题

结合前期调查研究的结果，本文从控制环境、风险评估、控制活动、信息沟通、监督反馈五个方面对广州市税务局内部控制存在的问题进行分析。

1. 内控环境方面

（1）重视程度不够。面对繁重的工作任务，广州市税务局的部分工作人员仍然存在惯性思维，如收好税就是干好了工作，内部控制只是锦上添花的事情，对内部控制的必要性没有清醒的认识；也有部分同志认为此项工作只是督察内审部门的事情，缺乏参与内部控制的主动性。

（2）人才支撑不足。内控管理部门人力尚未配齐配强，特别是内控信息化人才较为缺乏，在全市税务系统内控干部中，具有计算机专业背景的仅有4人，大多数未系统学习SQL语言等相关知识，在自建内控指标方面面临较大困难，需借助其他部门的力量开展指标设置。

2. 风险评估方面

（1）风险评估的准确性不足。个别核查指标的取数口径有待优化，以增值税发票内部风险快速反应为例，2021年，组织开展省局推送核查任务36批次，疑点数量389个，发现问题21个，命中率仅有5.40%。

（2）风险评估的覆盖面不够。在纳税服务、人事管理、财务管理等行政事项，以及社保费非税收入方面仍存在覆盖不足的风险。

3. 内控活动方面

（1）一人多岗情况依然存在。目前，基层一线执法人员数量相对不足，而要将税收执法的全部职责进行一一落实，一人多岗的情况必然出现，从而导致各个环节之间的监督制约弱化。

（2）过程控制相对弱化。税务工作缺乏有效的全程监督，风险提醒往往在事前进行，执法督察往往在事后进行，而非全程跟踪提醒，事中监督仍存有一定的空档。

4. 信息沟通方面

（1）部门信息沟通方面。内控管理部门与内控主责部门之间的信息沟通和共享均处在表面，而未形成长期有效的机制。

（2）信息技术应用方面。目前主要依靠在RED系统和内控监督平台设置指标进行风险应对，但目前数据来源偏窄，分析工具有限，发现问题不够及时，研判风险不够精准。

5. 监督反馈方面

（1）结果运用不充分。近年来，广州市税务局不断丰富督察形式、强化数据分析，取得了一定的效果。但是，对于执法督察中形成的阶段性成果，未能及时总结提炼，对于相关情况的通报不全面，对规范执法的警示性不足，导致部分执法风险仍得不到重视。

（2）监督检查的针对性不足。目前，广州市税务局较多停留在层级督审、主要负责人经济责任审计等常规检查，以及按照审计、财监等外单位的要求进行配合检查整改方面。检查过程多是在固定的时间，抽调固定的人员对规定的项目进行检查，成效不够明显，尤其是在分析研判上不够深入，力度不强。

四、建立"协同共治、源头防控"内控监督新机制的对策建议

内部控制是一项长期的、系统的、全面的工作，贯穿于税务工作的方方面面。上述广州市税务局在内部机制建设中所存在的问题，在一定程度上制约了内部控制的实施效果。为了推动"抓好党务、带好队伍、干好税务"这个目标的实现，本文根据内部控制五要素理论，结合广州市税务局工作实际，通过优化内控环境、健全风险评估、完善内控制度、推进信息建设、强化考核评估等举措，探索建立"协同共治、源头防控"内控监督新机制，使其成为保障权力规范运行的长效机制，促进税收工作的有序开展。

（一）优化内控环境

成立内控评价工作组，其由固定人员（内控专家）与机动人员（业务骨干）构成，单位领导班子统一授权，工作组独立于其他部门，按季对内部控制设计及运行的有效性进行评价，并出具评估报告，直接向领导班子负责。探索建立跨区域督察内审机构，增强独立性，将内控机制建设触角延伸至区税务局，加强统一领导、前移监督关口、强化部门联动、促进安全履职。

（二）健全风险评估

编制内部风险目录，根据风险性质、发生概率及危害程度评定等级，确定相应的应对措施。结合风险目录，推动主责部门关注税收政策、征管环境特点、执法人员等因素的动态变化，定期分析可能出现的新风险，提出内控工作建议，及时堵塞管理漏洞。

（三）完善内控制度

坚持"必须、管用、高效"原则，将制度设计、修订和清理并举，按照"谁主管、谁负责"，以及"合理的要执行到位，有缺陷的要修订完善，过时的要及时废止，缺乏制度规范或规定不明需细化的要及时规定"的思路，通过落实目标责任、整合旧制度、补充新制度等措施，建立层级监控、协调制衡的内控模式。

（四）充分运用信息技术

一方面，要用好内控监督平台和RED系统，对内部风险尽可能在应用系统中通过内控内生化方式进行防控，实现风险的事前防范和事中控制，暂时无法实现内生化的，要通过市局、区局、税务所三级联动机制，设置内控指标等方式加强风险监控；另一方面，探索建设常态化监控平台，实现自动扫描税收风险、自动发起风险应对任务、远程调用督审任务、集中展示内控督审成果，以及"拖拉拽"指标制作等功能，推动内控工作全面数字化转型。

（五）完善考核评价

将内控机制建设和运行情况作为绩效考评的重要内容，将目标任务细化分解，确定每个内控项目的主体责任部门并明确要求。对内控工作进行全方位考评，严把内控工作质量，做到工作偏差及时发现、及时修正，工作结果全面考核、综合评价。

关于进一步推进税务机关精确执法的几点思考

张剑虹

中共中央办公厅、国务院办公厅印发的《关于进一步深化税收征管改革的意见》（以下简称《意见》）明确了"十四五"时期税收改革发展的指导思想、基本原则、目标任务和工作要求。《意见》强调，要进一步完善税收执法制度和机制。这意味着要深入推进精确执法，严格规范税务人员执法行为。税务机关要深刻理解《意见》中健全执法制度机制、把握税务执法时度效的核心要义，运用法治思维，创新行政执法方式，严格规范税务执法行为，强化税务执法内部控制和监督，在规范执法中显公正，在柔性执法中显温度，推动从经验式执法向科学精确执法转变。

一、健全执法体系，坚持严格规范公正文明执法

坚持严格规范公正文明执法，是全面推进依法治国的基本要求，是维护社会公平正义的重要举措。要把严格规范公正文明的执法要求贯彻落实到税收执法实践的方方面面，依法惩处各类涉税违法行为，积极维护社会公平正义。

（一）持续推进行政执法"三项制度"

推动税务机关持续深入落实行政执法"三项制度"，推动"三项制度"持续融入税务行政许可、行政处罚、行政强制、行政征收、行政检查等具体执法行为。切实推广运用行政执法信息公示平台，认真做好行政执法信息公示管理；为执法人员配备执法记录仪，为税费服务窗口配备高清探头，建立高科技加持的约谈室、查账室等专业执法场所；建立健全以公职律师、外聘法律顾问、系统内具备法律职业资格人员组成的法制专家审核团队，充分发挥法制审核把关作用；加强对"三项制度"工作的跟踪指导和监督检查，定期开展对制度落实情况的监督检查，及时解决突出问题。

（二）加强重大税务案件审理管理

贯彻落实总局新修订的《重大税务案件审理办法》，提高重大税务案件办理质量，发挥好重大税务案件审理制度的权力制约和审核把关功能。通过细化规范工作流程，加快案件审理进度，推进重大案件审理工作向规范化、标准化发展，充分考虑审理案件数量多、案情复杂、审理时限紧的特点，组织好审理力量，协调好人力物力，保障大案审理顺利进行。

（三）依法打击涉税违法行为

持续打击虚开骗税违法行为，严厉打击逃避缴纳税款的涉税违法行为。联合有关部门开展重点行业、领域的专项整治工作，有效落实"黑名单"制度和联合执法、联合惩戒机制。健全与外部门的合作协作机制，包括与检察机关的检察建议协作机制以及与法院在税款追征、破产清算等涉税领域的协作机制，加强涉税数据共享共用，强化税收司法保障。

二、优化执法方式，提升税务执法工作效能

优化行政执法方式，让执法既有力度又有温度，是《意见》中为民理念的具体体现，既可以约束行政机关的执法行为，也可以更好地保护公民法人和其他组织的合法权益，有利于维护正常的税费管理秩序，有利于提升税法遵从度和纳税人满意度。

（一）推广柔性执法方式

有效运用说服教育、约谈警示等非强制性执法方式，鼓励行政相对人主动纠错，主动消除或减轻社会危害。对违法行为轻微并及时改正、没有造成危害后果、主动消除或者减轻违法行为危害后果等行为，依法给予免于、从轻或减轻处罚的宽宥处理。结合实际情况分行业编写税务合规指南，制作发放《行政指导建议书》，促进纳税人合规管理。

（二）开展"说理式执法"

依法准确把握一般涉税违法与涉税犯罪的界限，处理涉税案件，做到罚当其责。在行政处罚领域引入说理式文书，突出强化违法事实和证据、法律依据和处罚依据、执法程序、行政相对人陈述申辩及处理意见、行政裁量的理由和依据五个关键环节，做到晓之以法、动之以情、以理服人，使行政相对人认识到税务机关处罚案件事实清楚、证据确凿充分、程序合法、处理适当、合法合理。

（三）建立案例指导制度

在行政处罚中引导税务干部参照省局判例库开展处罚工作，持续收集具有本地特色的处罚案例供基层参考。加强行政执法案例交流，复制推广规范行政执法经验做法。

三、健全纠纷调处机制，有效解决涉税涉费争议

依法办理复议诉讼案件，拓展纠纷解决方式，引导和支持纳税人缴费人理性表达诉求、依法维护权益，妥善应对涉税争议，能够有效保护纳税人缴费人的合法权益，营造良好的营商环境。

（一）提升复议诉讼案件办理质量

牢固树立征纳双方法律地位平等的理念，关注纳税人缴费人合理诉求，倾听纳税人缴费人意见建议，尊重纳税人缴费人的知情权、陈述权和申辩权，发挥行政复议解决争议的主渠道作用，积极做好税务行政应诉工作，努力构建平等信赖合作的征纳关系。

（二）创新调解机制，延伸调解触角

探索建立行政调解司法确认制度，为行政调解的推进提供有力司法保障。实行调解环节前置，对非行使自由裁量权作出的行政征收、行政不作为、举报投诉、信息公开等类型的行政复议案件进行调解尝试，如在税务机关尚未作出告知或决定前，相对人通过前期的参与，对税务机关的倾向性意见有所认知，可提前申请调解；工作人员在重大执法决定法制审核、重大税务案件审理过程中结合双方的具体情况，也可提出调解建议。

四、提升队伍素养，加强税收法治能力建设

当前，税收执法面临着税收环境快速变化和税收风险日益隐蔽的挑战，在征管资源有限的情况下，充分挖掘人力资源的潜力，培养大量优秀的执法人才，有利于提升税务执法精确度，

促进依法纳税和公平竞争。

（一）加强执法资格规范管理

有序组织税务执法资格考试，提高执法资格考试通过率，丰富新入职公务员的税收知识储备，全面打牢新入职公务员业务基础。落实《税务执法辅助人员管理办法》，全面推进执法主辅制度，强化对辅助人员的制约监督和规范管理。

（二）着力提升依法行政能力

加强法制教育培训，培养一批具有丰富实践经验和扎实业务能力的业务骨干。针对税收执法领域的重难点问题，实现培训内容与实际需要相匹配，增强培训效果。建立素质评估机制，定期结合学习培训内容和执法人员工作成果进行对等分析，评估业务知识和实践效率的差距，并有针对性地调整相关培训方案。进一步完善公职律师任职管理、能力培养、统筹使用和考评激励机制，更好地发挥公职律师和法律顾问在推进税收执法体系建设、促进依法行政中的积极作用。树立重视法治素养和法治能力的导向，营造办事依法、遇事找法、解决问题用法、化解矛盾靠法的法治环境。

（作者单位：国家税务总局连云港市税务局）

关于认定税务人员玩忽职守罪的思考与建议

刘焕龙

在税务工作人员违法案件中,玩忽职守罪占较大比重。与主观故意触犯法律相比,税务工作人员以玩忽职守罪受到法律的惩戒更让人痛心和惋惜。剖析税务系统出现玩忽职守罪的成因,增强税务工作人员的防范意识,积极从执法主体上降低执法风险刻不容缓。

一、玩忽职守罪适用的法律条款和司法解释

本文所指玩忽职守罪,是指税务人员在税收执法和行政管理过程中,由于主观过失而非故意,未能履行或未能正确履行职责,致使国家利益和纳税人权益受到损害,依法应给予刑事处罚的行为。

在司法实践中,对税务工作人员玩忽职守罪犯罪适用的法律条款和司法解释主要有:

《中华人民共和国刑法》第三百九十七条:国家机关工作人员滥用职权或者玩忽职守,致使公共财产、国家和人民利益遭受重大损失的,处三年以下有期徒刑或者拘役;情节特别严重的,处三年以上七年以下有期徒刑。

《最高人民检察院关于渎职侵权犯罪案件立案标准的规定》(高检发释字〔2006〕2号)第一条第二款:玩忽职守罪是指国家机关工作人员严重不负责任,不履行或者不认真履行职责,致使公共财产、国家和人民利益遭受重大损失的行为。涉嫌"造成公共财产或者法人、其他组织财产直接经济损失30万元以上的,或者直接经济损失不满30万元,但间接经济损失150万元以上的",应予立案。

2012年12月7日,最高人民法院、最高人民检察院公布的《关于办理渎职刑事案件适用法律若干问题的解释(一)》(法释〔2012〕18号)第一条:国家机关工作人员滥用职权或者玩忽职守,造成经济损失30万元以上的,应当认定为刑法第三百九十七条规定的"致使公共财产、国家和人民利益遭受重大损失";造成经济损失150万元以上的,应当认定为刑法第三百九十七条规定的"情节特别严重"。

二、玩忽职守罪的法律认定现状

玩忽职守罪在主观方面由过失构成,故意不构成本罪。也就是说,行为人对其行为所造成的重大损失结果,在主观上并不是出于故意的,而是由于过失造成的。与玩忽职守词义关联密切的是工作失误。工作失误往往也会给国家和人民的利益造成重大损失,但玩忽职守可构成犯罪,工作失误则不构成犯罪。

当前,对法律要素齐全、特征明显的玩忽职守罪认定没有争议,存在争议的是对玩忽职守和工作失误的界定,这也是罪与非罪的界限。对两者的区别,比较一致的表述如下:

（一）客观行为特征不同

工作失误，行为人已经按照工作制度、规范和程序，切实履行了自己应尽的职责和义务。而玩忽职守罪则表现为行为人不履行或不正确履行自己的职责义务。

（二）导致危害发生的原因不同

工作失误，一是制度不健全、政策不完善，规定制度本身的设计缺陷，导致何为尽职的界限不清楚，管理上存在弊端造成的；二是执行具体政策的工作人员文化水平有限，业务素质不高，缺乏经验，在实际工作中计划不周、措施不当、方法不对，以致发生错误或疏漏，造成国家和人民利益遭受重大损失。而玩忽职守罪则是违反工作纪律和规章、严重官僚主义、对工作极端不负责任等行为造成国家和人民利益遭受重大损失。

尽管两者在文字表述上有不同，但是有些概念表述得并不清晰。例如，业务水平有限或履职的方法不当与不正确履行职责如何区分？业务素质的高低和工作经验的多少，其量化标准是什么？同样致使公共财产、国家和人民利益遭受损失，怎样区分切实履行了职责和不正确履行职责？正是这些模糊概念的存在，造成了各地检、法机关对玩忽职守罪认定的标准不一、判决不同、结果迥异的结果。同一个行为，在甲地可构成玩忽职守罪，在乙地则可能是工作失误。而玩忽职守罪本身又被称作"口袋罪"。所谓"口袋罪"是一种对某一行为是否触犯某一法条不明确，但又与某一法条相似，而直接适用该法条定罪的情况。这种情况多次出现，就将此罪戏称为"口袋罪"。刑法虽然将许多玩忽职守行为具体化为其他罪名，但是仍然保留了"玩忽职守罪"这一罪名。这就造成不构成其他罪名的玩忽职守行为仍然可以纳入这个"口袋"中。综上所述，税务工作人员在工作中，只要发生了致使公共财产、国家和人民利益遭受经济损失30万元以上的，就面临着被定罪的可能。如果造成经济损失150万元以上的，就要面临更为严重的刑罚。

三、税务工作人员玩忽职守罪的特点

（一）不知不觉中犯罪

"故意"不构成玩忽职守罪。在实际工作中，许多税务工作人员都是在自以为正常的履行职责的过程中，按照规定的工作流程和执法程序进行业务操作。但是，当管辖区域内出现了偷骗税或虚开发票等给国家造成损失的案件后，其不知不觉地就面临被追究法律责任的可能，甚至因此丢掉工作。他们的工作程序、方式、方法、措施均与其他同类岗位的工作人员一致，只是由于管辖区域内出现个案，就难以逃脱被"牵连"的命运。

（二）无不正当交易

玩忽职守罪的另一个特点是与犯罪嫌疑人无权钱交易，无不正当往来。许多税务工作人员与犯罪当事人素昧平生，甚至从未谋面，但由于玩忽职守罪属"结果罪"，只要有了致使公共财产、国家和人民利益遭受损失的"果"，检、法机关就可以以"果"推"因"，从而导致其被追究责任。

（三）涉案人员多

税务机关对执法的各个环节都有较明确的工作规程，要求层层把关，各负其责，如果发案，每一个环节的人员都有可能被追究责任。在笔者任职地区的8起案件中，涉案人数达28人，最多1起涉案6人。

（四）造成的损失大

玩忽职守罪是按照给国家和人民财产造成的损失确定是否立案的，有明确的量化标准。只要被认定为犯罪，给国家和人民财产造成的损失就是巨大的，少则几十万元，多则上亿元，因而渎职类犯罪也被称为"不落腰包的腐败"。

（五）负面影响广

一是违法者本人是在正常履职中被以"果"问罪的，所以情绪上难以接受。二是违法者的同事会产生畏难情绪，不愿从事有风险的工作。三是在社会上产生不良影响。

四、税务人员玩忽职守罪的成因分析

（一）主观方面

1. 法治观念不强

部分税务人员对税务职务犯罪的特殊性、危害性，对犯罪分子的隐蔽性、狡猾性，对预防职务犯罪的重要性、紧迫性都没有思想上的明确认识和执法上的充分准备，缺少法治观念。

2. 防范意识不足

部分税务人员认为只要按规程操作，就不会有风险。既然"作为"有风险，只要不"为"就不会有风险。有些干部在某些对自己有利害关系人员的干预下，放弃原则，酿成大错。

3. 业务素质不高

税收工作是一项业务性较强的工作，对税务人员的业务素质有较高要求。面对新业态和新的经营方式的出现，部分税务人员跟不上时代的需求，监管理念、方法滞后，给国家造成损失。

4. 责任意识不够

个别税务人员工作作风浮躁，得过且过，存在淡化责任、疏于管理的问题。

（二）客观方面

1. 基层工作有待加强

一是基层的队伍建设存在人员结构不合理、队伍老化、钻研业务氛围不足等问题，先进的管理措施和落后的税收管理队伍的矛盾凸显。二是税收管理的基础工作不扎实。近年虽然工作重心不断向基层倾斜，但是在夯实税收征管基础工作方面还有较大空间。

2. 与检、法机关缺乏有效沟通

检、法机关掌握罪与非罪的尺度，各地检、法机关对相关行为的法律认定并不完全相同，追责延伸度直接关乎税务人员的违法人数。同样的问题在不同地区可能会有不同的处理结果。

3. 有些政策制定不规范

过去，税务部门在制定税收政策和工作流程时，往往只考虑如何防止税收流失，而忽略了执法风险的防范。这些规定规程最终都有可能作茧自缚，成为检法机关定罪的依据。

4. 内部监督力度不够

各部门之间缺乏有效的监督制约机制，执法监察上强下弱，省以下纪检监察干部均是本系统干部，难以大胆开展工作，使一些规章制度落实不到位。

5. 对苗头性问题查处不严

对苗头性、倾向性问题不敏感，有的单位领导和纪检监察人员有老好人思想，主动查处案件少，出现问题时火冒三丈，处理问题时网开一面，使一些问题由量变到质变，由违规、违纪发展到违法。

6. 税收管理员工作量大

全国大部分地区基层税收管理员人均管户超过 100 户，经济发达地区则更多。国地税合并后，税收管理员需要掌握的税收政策翻倍，加上税收政策和管理规定变化频繁，很难将所有规章制度、规程完全落实到位。

五、玩忽职守罪的风险预防建议

（一）主观方面

1. 增强法律意识，树立法治思想

随着社会管理由"人治"向"法治"的转变，那种靠关系、靠人情去"沟通""协调"处理问题的方式，已经与我们渐行渐远了。必须认清形势，树立法治意识。一是要认识到国家对侵权渎职的打击力度在不断加大。二是对发生在身边的案件，要多从主观上找原因，用法治思维筑牢防范之堤。

2. 慎用手中权力，提升防范能力

要认识到"乱作为会犯罪，不作为也会犯罪"，要完整准确地执行国家法律法规，严格依法办事，按规程操作，在税收政策的贯彻上要做到理解到位、掌握到位、执行到位、落实到位。要牢固树立责任意识，敢于排除外部干扰，维护税法尊严。

3. 总结前车之鉴，善于抓住重点

对已经被查处的案件或发现的问题，要举一反三，认真对照检查，看看自己的管户是否存在相似问题，亡羊补牢，犹未为晚。要善于抓住工作重点和捕捉风险点。不同岗位的风险点不同，要因人而异，量体裁衣，对症下药。

4. 加强业务学习，提升管理水平

执法要懂法，懂法就必须学习。要防范执法风险，就要知道风险所在，就要练就过硬本领。既要熟练掌握现行的税收法律法规和管理规定，又要了解发生执法过错的相关责任，税务人员只有熟知不规范执法的相关责任，才能更加自觉地规范执法，有效减少涉税渎职犯罪的发生。要树立钻研业务的风尚，形成钻研业务的氛围。

（二）客观方面

1. 完善法律制度，明确双方职责

应对现行政策进行彻底清理，厘清税务部门和纳税人各自应承担的义务和责任。要防止制度设计缺陷或设定不可能完成之任务。今后出台的规定规程要充分考虑对执法风险的规避。

2. 立足税务实际，做好有效沟通

充分考虑税务执法的特殊性，科学确定罪与非罪的法律界限。以虚开发票案件为例：现实工作中，任何一个想虚开发票的不法分子，都要先购买发票，也就是说买票在先，虚开在后。如果纳税人购票手续齐全，税务机关没有理由拒售发票。纳税人购票后虚开，之后被发现，在这个环节中，虚开在先，发现在后。如果纳税人发生了虚开行为就要追究税务人员的责任，那么谁还愿意从事发票的发售工作呢？对发现的问题查还是不查呢？查，自己必然要受到牵涉；不查，或许侥幸不被发现。这种制度不利于调动税务人员的工作积极性，更不利于打击偷骗税行为。

2005年，最高人民检察院和国家税务总局联合下发了《关于加强检察机关税务机关在开展集中查办破坏社会主义市场经济秩序渎职犯罪专项工作中协作配合的联席会议纪要》（高检会〔2005〕5号）（以下简称《纪要》）。《纪要》第二条第三款明确指出，准确把握一般工作失误与渎职犯罪的界限。查处税务人员渎职犯罪，要准确把握一般工作失误与渎职犯罪的界限，严格遵循法定犯罪构成的主、客观要件，认真查清已造成的损失与税务人员的行为是否有法定的因果关系。要区分一般违反内部规定和触犯刑法的关系，要根据违规的程度和造成的危害综合考虑，不能笼统和简单地把税务机关内部的工作规定作为认定税务人员渎职犯罪的依据。对那些主观罪过轻，仅仅是违反税务机关内部工作规定造成的工作失误，或由于政策性原因，或者在现有征管条件下，一般税务人员尚难完全达到规定要求，又未造成严重危害后果的，由税务机关作内部行政处理。遗憾的是，许多基层检、法机关以《纪要》无法律效力为由，拒绝执行，致使该《纪要》在许多地区得不到落实。对此，国家税务总局应与最高人民检察院做进一步的沟通，使之充分考虑税务执法的特殊性，保证《纪要》的落实，以保护税务人员的执法积极性，解决规范执法中的后顾之忧。

3. 健全内控机制，强化执法监察

预防涉税渎职犯罪，教育是基础、法制是保证、监督是关键，必须坚持标本兼治，强化监督。要严格执行税务人员规范执法、廉洁从政、过错追究等有关规定，不手软、不迁就、敢碰硬，切实解决"疏于管理，淡化责任"的问题。要加大执法监察的力度，加强内控机制建设和绩效考核，为预防涉税职务犯罪提供保证。

4. 注重防范教育，突出部门合作

针对不同的税务工作人员，按岗位和执法风险点的不同，分期分批进行轮训，加强涉税渎职犯罪的法制教育，提示风险点，使其树立正确的执法行为准则和规范，避免执法中的经验主义和教条主义，纠正执法行为的随意性，降低涉税渎职犯罪发案的概率。市局相关处室要结合政策规定调整带来的风险点变化，及时做好辅导，提示基层，做好跟踪监控。稽查局与风险管理局、纪检监察机关也要定期通报税收执法中发现的问题，帮助基层化解风险，形成市局业务处室、稽查、风险管理三位一体的共同防控执法风险的良好机制。

5. 切实体恤基层，夯实基础工作

要了解基层的实际需求，让减负深入民心，为发挥基层税务人员的主观能动性创造条件，让他们有更多主动工作的时间。要关心基层税务人员的生活，关注税收基础工作，夯实管理基础，安排到基层的工作要考虑实情，把关爱基层的真情落到实处。

（作者单位：国家税务总局抚顺市税务局）

"明股实债"的税务处理争议研究

国家税务总局广州市荔湾区税务局课题组

"明股实债"作为一种新型融资方式，指投资方将资金以股权投资的形式投入企业，约定投资回报不与企业经营业绩相关联，不根据企业利润或亏损进行分配，而是提供固定保本收益，并且约定在满足特定条件后，以赎回股权、偿还本息的方式实现投资方退出。它的表现方式与股权投资类似，可以规避部分资金监管规定，同时资金提供方又可获得稳定收益，因而受到广泛欢迎。目前，我国仍未针对"明股实债"制定相关具体税收法规和监管措施，税务机关在实际执法中存在困难，厘清"明股实债"如何适用税收政策十分必要。

一、"明股实债"三种不同模式案例分析

（一）一般股权投资类型：A公司案例

2018年，B集团股份有限公司（以下简称"B集团"）成为某城市更新项目合作企业，成立A置业有限公司（以下简称"A公司"）。为了筹集资金，B集团与C城市更新投资发展中心（以下简称"C中心"）合作，以"明股实债"方式向A公司融资，并于2020年3月签订增资入股协议，约定C中心以现金12000万元向A公司增资，500万元作实收资本，11500万元作资本公积。C中心于2020年3月23日支付12000万元，由于在约定时间内未获城市更新工作领导小组批复同意触发回购条款，B集团于2020年11月30日向C中心支付回购款，其中包括原增资金额12000万元及回购收益455.67万元（共经过252天）。另外，C中心还取得了165.70万元资金占用费收益。对于回购收益及资金占用费，C中心缴纳增值税并开具发票。B集团将回购支出，于企业所得税前列支扣除。C中心针对取得的资金占用费及回购溢价申报企业所得税。双方均未就此事项申报印花税。

C中心作为投资方以股权投资的形式向A公司投资，A公司定期支付资金占用费且在触发回购条款时进行股权回购。根据约定，C中心不参与A公司的经营，不承担经营责任。由这些条件可知，C中心是投资者设立的一个私募基金，通过这个基金向融资方注资，双方约定以固定收益使投资方获得回报，最后以股权回购的方式实现投资方的退出。因此，该案例属于一般股权投资模式的"明股实债"。

（二）收益权类投资模式类型：H公司案例

H信托股份有限公司（以下简称"H公司"）在2013年与F置业发展有限公司（以下简称"F公司"）签订《信托融资合同》，约定H公司筹集16000万元，用于F公司某工程。作为投资回报，H公司受让了甲某、乙某所有的F公司100%的股权收益权（两年）。另外，双方约定了关于溢价款和违约的相关条款。2013年5月，H公司向F公司汇入16000万元信托资金，F公司分三笔向H公司支付了第一期回购溢价款共1080万元。在支付第一期回购溢价

款后，F 公司无力继续支付剩余的回购溢价款，H 公司向法院提起诉讼，要求 F 公司及其自然人股东支付相应的借款本金、利息及逾期利息。对于第一期回购溢价款，F 公司未取得发票，H 公司也未开具发票，未申报营业税（该案例发生在营改增前），但申报了企业所得税，双方未就该事项申报印花税。

合同中载明，H 公司设立信托计划，募集资金用于 F 公司某工程，信托财产则是 F 公司为期两年 100%的股权收益权，F 公司及其自然人股东负有按照约定履行收益权回购的义务。由于 F 公司并未办理股东变更，企业名义上的股东仍为甲某、乙某，H 公司只获得收益。该投资方式与大部分股权投资类似，主要为了获取股权收益权。另外，合同中约定了综合融资利率和回购溢价款。因此，这是一项收益固定的投资项目。该案例模式属于收益权类投资模式。

（三）分级收益投资模式类型：M 基金案例

M 投资基金（有限合伙）（以下简称"M 基金"）是私募基金公司，E 基金管理有限公司（以下简称"E 基金公司"）、Y 置业有限公司（以下简称"Y 置业公司"）为有限合伙人，X 资产投资有限公司（以下简称"X 资产公司"）为普通合伙人。M 基金主要投资某商业地产项目，该项目由 Y 置业公司的子公司持有。合伙协议约定，经普通合伙人书面同意，合伙人可以退伙；普通合伙人对外代表合伙企业。收益分配方式为，向 E 基金公司分配，分配比例为其约定投资回报；向 Y 置业公司分配直至分配金额达到其约定的投资回报；向 X 资产公司进行分配直至分配金额达到 X 资产公司的约定投资回报；若仍有剩余，再按出资比例分配。2020 年，M 基金实现了预期投资收益，向 E 基金公司支付投资回报 3250 万元，E 基金公司未申报增值税和企业所得税，双方也未就该事项申报印花税。

从该基金的收益分配来看，收益分配有一定的顺序，E 基金公司是优先级合伙人，且投资为固定收益投资。协议还规定 Y 置业公司对于投资决策有一票否决权，X 资产公司实际上并不能决定投资事务，且投资项目实际由 Y 置业公司的子公司持有，E 基金公司对该投资基金不具有控制权。同时，合伙协议约定满足期限后，Y 置业公司的子公司将对 X 资产公司及 E 基金公司的投资份额实行回购。因此，该案例属分级收益投资模式"明股实债"案例。

（四）现行政策下的税收政策适用分析

不同模式的"明股实债"在现行税收政策下的政策适用也不同，"明股实债"三种模式分税种适用情况，见表1。

表1 "明股实债"三种模式分税种适用情况

项目	A 公司案例	H 公司案例	M 基金案例
增值税	按"贷款服务"缴纳	按"贷款服务"缴纳	按"贷款服务"缴纳
印花税	按"资金账簿"缴纳 按"产权转移书据"缴纳	不缴纳	不缴纳
企业所得税	适用股权式税务处理	适用债权式税务处理	适用股权式税务处理
是否适用"41号公告"	否	是	否

增值税：依据财税〔2016〕36 号、财税〔2016〕140 号文件，对于合同中承诺保本的收益，应按照金融服务中贷款服务征收增值税。三种"明股实债"模式均需缴纳增值税。

印花税：在印花税相关条例中，明确除特定机构与融资方签订的借款合同才需要缴纳印花税。另外，对于股权转让签订的合同、实收资本及资本公积的增加，也需要缴纳印花税。

企业所得税：相关政策文件主要包括《中华人民共和国企业所得税法》及国家税务总局公告 2013 年第 41 号（以下简称"41 号公告"）。"41 号公告"中提出了混合性投资的概念并规定了特殊情况下的混合型投资的税务处理规则。

二、当前"明股实债"各规定之间存在的冲突

（一）不同法律和政策对于债股属性的规定不一致

1. 民商法相关规定

民商法中并未有关于"明股实债"实质如何判定的相关法条，但是司法判例中不难见到法院对于"明股实债"判定的踪影。由于债权人相对于股东受偿的优先性，法院审理时会对事项的债权或股权属性进行界定。在相关典型司法判决案例中，法院一般引用《关于审理民间借贷案件适用法律若干问题的规定》（法释〔2020〕6 号）进行裁定和判决。依据合同，"明股实债"模式支付对价的义务人应该是被投资企业的股东，但上述文件第二十三条明确规定，若判定为借款合同，而且满足款项用于企业生产经营的条件，则可将支付对价的义务人认定为该被投资企业及其股东。同时，在相关案例（〔2016〕浙 0502 民初 1671 号）中，法院认为，在对内关系上产生的问题，可以按照当事人约定；而在对外关系上需严格遵循《中华人民共和国公司法》规定，即不涉及外部对象的利益可按约定认可为债务，如涉及外部对象则以工商部门登记的股东为准。

2. 资金管理相关规定

根据中国证券投资基金业协会制定的《证券期货经营机构私募资产管理计划备案管理规范第 4 号》中的第一条规定，将以"明股实债"方式受让房地产开发企业股权的投资方式与委托贷款以及其他债权投资方式同时列入不予备案的情况中。笔者认为，这是基金业协会将"明股实债"认定为是其中一种债券投资。这可以说明，资金管理将"明股实债"认定为一种债权投资。

3. 财务准则相关规定

《金融负债与权益工具的区分及相关会计处理规定》（财会〔2014〕13 号）第二条详细说明了金融负债的定义，即只要满足四个条件之一的负债，都可以被划分为企业的金融负债；相反，对于权益工具的确认，则需要满足相关规定中的两个条件才可以被确认为权益工具。此外，针对金融负债和权益工具的区分，该文件提出了三种区分方式。而针对"明股实债"中的一般情况，双方结算是以现金或现金等价物做结算的，双方一般约定的是一个固定的或是可以通过计算得出的回购金额，这个金额并不与权益工具相关。因此，根据这个规定，会计上对于"明股实债"应当认定为债权，也就是认可双方约定的内容。这一认定与会计中实质重于形式的原则相符。

4. 税务规章现有规定

"41 号公告"认为，兼具股权和债权属性的投资应认定为混合性投资。在实务中，该文件被认为是对"明股实债"税收处理方式判定的政策依据。笔者认为，"41 号公告"的描述和定义过于宽泛，"明股实债"仅为其中一部分。从文件中可以看出，符合条件的混合性投资应当采用债权式税务处理方式，故笔者认为总局将特殊的混合型投资认定为债权。但是，对于其他

的混合性投资应当如何进行划分和进行属性认定,现有文件未再进一步进行规定。

(二) 不同税种对"明股实债"的债股属性认定不一致

1. 增值税

《关于全面推开营业税改征增值税试点的通知》(财税〔2016〕36号,以下简称"36号文")对贷款服务的范围作出了详细规定,以货币资金投资取得的固定利润或者保底利润,需要按照贷款服务缴纳增值税。如果投资双方约定了保底利润,满足"36号文"中贷款服务的规定,就需要征收增值税。《关于明确金融房地产开发教育辅助服务等增值税政策的通知》(财税〔2016〕140号,以下简称"140号文")规定,保本收益、资金占用费等合同中明确承诺到期本金可以全部收回的投资收益。非保本的上述收益不属于利息或者利息性质的收入,不征收增值税。据此,"明股实债"符合"36号文"以及"140号文"对保本收益的定义,应当缴纳增值税。

2. 印花税

关于"明股实债"的相关合同。在认定借款合同时,签订方为其他金融组织的,需要缴纳印花税,其余情况不属于印花税的应税范围。如果签订的为非上市公司股权转让合同,则需缴纳印花税。签订增资扩股协议,被投资方计入资本公积和盈余公积的部分应缴纳印花税。但是,部分合同在实务上难以区分。印花税是一种应税凭证正列举的税种,对于任何不符合正列举条文中的应税凭证,不应当缴纳印花税。对于判定产权转移书据的问题,应参照企业是否到工商部门进行股东变更。同理,对于增资扩股协议,被投资单位应当以其财务报表中记载实收资本和资本公积一栏中记载的数额为准,若其数额增加,则应缴纳印花税。

3. 企业所得税

企业所得税相关条例也没有对"明股实债"作出详细解释,仅在"41号公告"中阐述特殊条件下的处理,即对于持有期间收到的收益以债权式税务处理,赎回时认定为债务重组。从这个角度看,大部分"明股实债"都不能满足此条件。对此种投资,笔者认为应参照法院的裁定标准,对于需要认定为股权投资的事项,应当以其是否办理了工商部门相关登记事项为准,如未办理则应认定投资未完成。因此,对于未办理股权变更手续的,原则上应认定该"明股实债"为债权投资并适用企业所得税政策;对于各方办理了股权变更手续的,原则上应当认定为股权投资适用企业所得税政策。

(三) 不同地区之间的相关规定存在差异

由于总局并未出台针对"明股实债"的税务处理指导意见,导致各地相关规定存在差异。四川地税在《四川省地方税务局关于营业税若干问题的通知》(川地税发〔2010〕49号)第四条中指出,银行、信托投资公司或其他企业等以投资的名义向被投资单位注入资金,在名义上虽然"共担风险",但是在实际上却收取固定资金占用费或利润,应当判定为贷款业务,按照相关规定征收营业税。青岛地税印发的《青岛市地方税务局关于进一步加强房地产开发经营业务企业所得税管理有关问题的通知》(青地税发〔2012〕48号)第六条规定,对于约定进入和退出时间并且约定退出时间的股权收购价格的房地产信托基金投资,应当认定为有限期的股权投资,其认为该投资方式下对于房地产企业采用利息等方式向投资方支付的金额,不得在企业所得税前扣除,应认定为向股东支付股息,在税后进行相关处理。

三、结论及建议

(一) 明确"明股实债"的定义

对于"明股实债"这一行为，不同范畴的主管部门制定的规章给出的定义并不一致，不同部门的描述和定义之间存在一定差异。税务总局有必要对"明股实债"进行定义，现有文件中采用的"混合性投资"这一概念远远不够。建议将"明股实债"定义为投资方将资金以股权或类似股权的形式投入目标企业，并且约定投资回报不与目标企业的经营业绩相关，不根据目标企业利润或亏损进行分配，而是约定向投资者提供保本、固定收益，在满足特定条件后以赎回股权、偿还本息等方式进行退出的投资。

(二) 明确"明股实债"的债股属性及区分方式

明确"明股实债"如何划分为债权投资或股权投资，是解决"明股实债"在现实税务处理中无法可依窘况的前提。建议尽可能与法院判决的原则保持一致，即区分内部关系与外部关系。税务机关不是企业内部的当事人，应以当事人对外的公示为准。对于"明股实债"的判定，应当以相关企业签订的合同是否要求到工商登记部门办理股权变更作为一个重要的判断依据，如果协议中约定或被投资单位需要或有义务将投资单位在工商部门登记为股东，原则上应当认定为股权投资；如果投资协议中约定被投资方不需要或者没有义务将投资单位在工商部门登记为股东的，在原则上应当认可该协议为债权投资协议。

(三) 统一不同税种规定，为"明股实债"出台综合性的文件

不同税种之间对于"明股实债"的税务处理原则存在明显差异，建议订立综合性文件，对"明股实债"认定以及各税种适用等方面进行统一阐述，为基层征收提供指引。建议对于"明股实债"的实质性判断，除了"41号公告"第一、第二、第四、第五项条件外，以被投资方是否需要或者是否有义务为投资方办理股东登记作为判断其为债权投资或股权投资的条件。另外，在各税种的税务处理上，应当遵循实质性判断。满足判断为股权投资的，在增值税上应当作为投资收益，按照股权式税务处理方法进行相关的税务处理；对于判断为债权投资的，应当按照债权式税务处理方法进行相关的税务处理。

(四) 引导企业防范"明股实债"的税务风险

作为"明股实债"的参与者，投资方和被投资方应当在签订的协议中明确该投资为债权投资或是股权投资，这样有利于避免出现投资方与被投资方税务处理方式不一致的情况。但是，由于行业的限制性规定，部分行业不得利用债权进行投融资。在此情况下，建议投资方与被投资方通过沟通协商，将前文中对于判断"明股实债"的债股实质的"41号公告"中第一、第二、第四、第五项条款以及被投资方是否需要或者有义务为投资方办理股东登记作为判断标准，据此判断该投资项目属于股权投资或是债权投资，并且双方同时按照判断结果进行税务处理，避免出现投资方与被投资方税务处理不一样的情况，同时避免被认为存在恶性税收筹划，降低企业法律风险。

课题组成员：裴　旭　王柏孺　谭铭恩　聂佳云

大企业税收遵从面临的挑战与对策

——以 H 市为例

杨向军　郁　典　任　毅　周　伶　季云青

一、税收遵从的意义

税收遵从是优化税收管理、衡量征管水平的重要尺度之一，税收遵从度直接影响税收管理的成效，合理的征管制度一定是可以促进税收遵从度的提升的。纳税人如果积极遵从相关的税法，国家制定颁行的相关税收制度与政策才能真正被执行下去，社会整体的税负秩序才能有序的构建起来，税收环境才是优化的，国家也才能及时而且足额地收取税收。如果想防止税收的流失，实现政府和企业的双赢，需要在纳税人群体间做好税收宣传，强化他们的纳税意识，提升社会整体的税收遵从度。

目前，我国税务部门在大企业税收管理过程中坚持五项基本准则：依法治税、专业管理、分类管理、风险管理、个性服务。借此五项原则，在税收管理领域保证服务的及时性和全面性，提高服务的个性化水平，降低税收风险和税收征缴成本，最终达到全社会税收遵从度的有效提升。

二、大企业税收遵从的现状

在普法教育的大力开展和税收体制的不断完善下，国民整体的纳税意识明显增强。尽管如此，当前我国的税收遵从度还比较低，纳税观念依然以被动纳税为主，全国各地大量存在偷税漏税的行为。这些税收不遵从行为一方面造成财政资源流失，另一方面抑制了公共服务水平的提升，同时对社会整体的稳定也是不利的。另外，站在税务部门的视角分析，税收遵从度低迫使税务部门要付出更多的劳动、更高的成本征缴税收。这会造成税收征管领域财政投入的增加，无形中浪费了税收征管资源，降低了税收效率。还有，纳税不遵从毕竟是部分纳税人的行为，他们不依法纳税对于其他依法纳税的社会主体来讲就是不公平的。这会影响建设公平社会目标的实现，不利于国家长期向前发展。

（一）纳税人税收信息不对称

近年来，我国税法不断发生变化，税务制度不断深化改革，利改税、分税制改革、营业税改增值税以及关于税收的立法等都获得了明显的效果。税收立法加速、增值税税率降低、个人所得税变革都为很多企业带来了直接的利好变化，但同时也要求企业更新税务知识的速度要相应加快。

以 H 市大企业的状况来看，现阶段普遍存在着企业对税收法规了解不够的情况。新的政策以及执行办法出台后，企业很难主动去了解变化、进行知识的更新。对政策解读不够深入，会直接导致税收不遵从现象的发生。大企业人员相对较多，财务制度较为健全，会有专门的人员来负责税务征收等工作，但在税收知识储备方面还存在很大进步的空间，一般企业在这方面就更为薄弱。

（二）纳税行为处于被动纳税状态

受文化与传统意识的影响，我国在纳税遵从领域依然存在诸多突出难题，如纳税人整体没有树立较强的纳税意识，和发达国家的自觉纳税以及暗示纳税相比，我国在这一领域还有很大的提升和改进空间。因为纳税意识不强，所以纳税人就会有意抑或是无意地违反税法的规定。实践中虽然并不常见暴力抗税的行为，但是社会整体是消极纳税、被动纳税的，逃税、欠税乃至骗税难以杜绝，各种避税案件层出不穷。比如，账外经营、现金交易等，还有不按时纳税、逾期申报等。

责任意识有待加强，依法纳税的重大意义还需要进一步深化，纳税人的税收遵从意识和公民责任意识仍然需要加强。税务人员走访相关企业时发现，部分集团企业办公地点在同一地区，仍然存在着集团间成本费用列支划分不清等问题，甚至还有人员重叠的现象。集团间成本费用列支划分不清的情况并不少见，在集团性企业内频有发生。集团性企业的税收遵从度相较于一般企业较高，但仍存在以通过集团内资金往来增加成本费用等多种避税手段来逃缴纳税款的现象。企业普遍的纳税观念及责任心均需进一步增强。

（三）税收遵从度参差不齐

纳税信用，即依法纳税对应的诚信水平，直接反映企业税收遵从度的高低。国家税务总局在2014年7月印发了试行版的《纳税信用管理办法》和《纳税信用评价指标和评价方式》，针对纳税信用评价，税务部门确立了四项评价维度、99个评价指标，借此全范围地对纳税信用进行评估。次年，国家税务总局针对纳税信用对外发布动态调整文件，让纳税信用管理从静态评价逐渐走向动态管理。2016年底，国家税务总局通过"金三"工程平台，借助系统平台采集86项不同的评价指标。2018年，按照《纳税信用管理办法》评价纳税诚信度，将纳税信用划分成A级、B级、C级、D级、M级五个等级，A级信用最高，D级信用最差，新办企业无失信行为的为M级。

H市税务局公布的2022年144732户企业的最终评价结果显示，最终评价结果为A级的企业有7559户，所占比例为5.97%；最终评价结果为B级的企业有50459户，所占比例为39.84%；最终评价结果为M级的企业有52656户，所占比例为41.58%。由此可见，H市企业基本具有较高的税收遵从度，但所占比例仍有大幅提升的空间。

同时，由于H市经济在省内相对落后，大多数纳税大户为国有企业或者省属垂直管理企业，一般配有较高的行政级别。例如，国家电网H分公司、江苏省烟草公司H公司均为处级级别，而它们的主管税务机关H市税务局直属税务分局和大企业局均为正科级别单位。行政级别的不对等导致基层税源管理单位难以对高级别的企业进行有效监管，无法保证应收税款按时征收。而与企业级别对等的上级税务机关因不了解企业的实际经营情况难以掌握企业的财务状况。这些原因直接导致企业税收遵从度参差不齐。

三、提升大企业纳税遵从的对策

提升纳税人的税收遵从不仅要依靠纳税服务质量、征收管理效能，还需从税收制度、整个社会的环境与信用体系等诸多方面一起努力。

（一）积极适应大企业需求

政府对现代企业管理，在以"法制化"建设为基础的同时，要更加注重"服务化"的建设。培训专业的企业税收征收管理队伍，将企业转变为客户来对待。与企业创建客户型的新型服务关系，注重在服务中针对不同类型企业的需求，为企业提供其所需要的高水平的专业服务，提升纳税服务品质，提供个性化纳税服务，满足不同群体的需求。税务机关应以供应更多的服务为目标，不停完备纳税服务工作，能够迅速处理企业税务风险，能以最快速度对不同企业的诉求给出反应，使纳税人感到满意。

建设完备的大企业涉税诉求体系。规范完整的涉税诉求程序，针对企业涉税诉讼，要明确办理的时限要求。创建"税企联盟""税收研讨会"等平台，促进税务机关与企业之间思想共享，推动双方信任机制的建设。可以创建税务机关与企业之间的服务卡，反馈服务具体内容、明确对应责任人，来对纳税人提升的税收遵从的成效进行追踪。设立纳税服务专线，明确相应的责任人，提升税务机关工作人员的咨询水准。通过加强纳税服务管理，促进税企双方的交流沟通，以技术手段来加大税企双方流通与沟通的有效信息量。

（二）加强涉税部门的协调

税务系统首先需对内做好协调管理工作。税务系统内部各处室、分局数据信息要做到能够完全共享，在管理税收风险的过程中，税务总局要做好跨省、跨地区信息的共享协调，要在稽查及征管两个工作层面进行有效协调，预防重叠管理的出现和发生。

但更重要的是，应形成以政府为领导，税务部门牵头，各部门配合的涉税信息获取机制。在设立信息共享平台的同时，实现税企联网，最大限度实现信息资源共享，拓宽数据采集途径，提升数据有效性，从根本上解决信息不对称问题，尽可能减少税收无法监控的地带，由此降低税收的流失。强化数据质量管理也尤为重要，建立信息监管与数据核对的工作规范，及时录入新增数据并且定时清理无用数据，确保税务机关获取的纳税信息及时、准确，从而进一步加强对企业税源的管理，为纳税遵从提供制度上的保证。

（三）建设复合型税务人才队伍

税收风险管理要想走向专业化，离不开专业的管理机构，离不开高水平的专业人才，离不开不断提升的税收遵从行为，所以我们要建设专业化的管理机构，培养高水平的专业人员，推动高速、有效税务运行机制。税务局的业务繁多，特别是国地税合并以后，需要税务人员掌握的相关政策等成倍增长。这就对税务人员的业务能力有了更高的要求。现阶段，通过律师、注册会计师、税务师等执业资格考试的复合型专业人才相对较少。仍需抓紧"技能"这面旗帜，对素质载体进行丰富。通过建立专业的人才库，对入库人员进行动态化的调整，借助"岗位"这个平台，对提升的成效予以巩固。强化和改善对办税服务厅工作人员的管理，关心前线工作人员，设立全面纳税服务厅窗口，让工作人员处于高效流转状态，在服务工作中引入鼓励机制，不断完善服务队伍的干部构成，选配业务精熟、协调水平高、技术好的专业人才在服务大厅担负支柱责任。将稽查人员准入机制在全国范围内逐渐推行，在稽查队伍中引入新生力量，让干部实现年轻化，让人才走向信息化。

（四）创新建设互联网新平台，提升服务效能

拓宽税收服务宣传广度。要着力建设切实有效的多样化宣传渠道：定期举办纳税宣传讲

座,强化纳税人的税收遵从意识;举办税收活动月,加强与纳税人和公民的沟通交流,了解他们的疑难和意见;增进与新闻媒体的合作,开展纳税责任意识宣传,强化责任意识。将最新的税收立法、税收政策尽快地传递给企业,使纳税人拥有更多能够实时知晓最新税收政策及优惠政策的途径,避免由于运用失当引发税收风险。组织税务工作人员定期到纳税主体间宣讲税务政策、税务法规,现场答疑纳税人的诸多问题。对于具有较强针对性的政策法规,税务机关首先要予以深入研读分析,而后再将其认真地落实下去,通过各种途径将纳税服务递送到纳税主体身边。当前开展税务工作,必须要加紧做好税法宣传,降低税收风险,让工作更有成效,提升税收管理工作水平和质量,在政策层面更好地支持企业发展。

加强税收服务宣传深度。要拓宽宣传服务对象范围:要增强全社会的税收意识、培育公民精神,就需要更大范围地宣传纳税意识,而不是仅仅针对纳税人,应以全社会公民为对象,以纳税人为重点进行税收宣传。改善税收宣传缺乏针对性的现状,增加其他税种和综合性税收政策内容的宣传,及时对新税收政策和纳税方法进行宣传和普及。

创新税收服务宣传载体。继续推进智慧办税服务大厅的建设,以信息时代的高新技术为依托,借助实体大厅的不同体验、自助、人工区域,以在线办税的端网打通、上下联通、内外融合为重点,让办税服务逐步走向智能化,逐渐实现便利化,在智慧办税核心思想的引领下继续创新服务模式、提升服务水平。

企业税收遵从度的管理工作,是税务机关必须肩负的责任与使命,但在这个过程中需要多方的协作与配合,只有形成社会合力,才能使我国企业健康有序发展,在参与国际竞争时更具优势,更好地保证国家税源与税收收入的稳定性。在日常企业税收风险管理工作中,税务机关干部要牢记"为国聚财、为民收税"的使命完成各项税收工作,在政策落实、税收风险管理等各方面为大企业提供及时有效的纳税服务,助力企业良性发展,提高税收遵从度。

(作者单位:国家税务总局淮安市税务局第一税务分局)

"互联网＋"背景下税收治理畅想

李明春

税务部门认真落实《关于进一步深化税收征管改革的意见》，顺应新趋势，抓住机遇，认清形势，以创新的公共服务模式带动产业发展水平，推动经济发展，提升政府服务与监管的能力，加速完善社会经济治理转型。如何将传统的税收治理模式打破，利用"互联网＋"的手段改变产业纳税模式，推动经济多元化健康发展是本文研究的问题。

经济决定税收，税收反映经济，税收和经济的关系是政治经济学的重要原理。如何利用"互联网＋"的手段，完善现行税收体制，将社会经济的纳税模式转型，进而刺激经济发展。从实际运用层面来讲，在"互联网＋"背景下的税收治理是调控经济的重要手段。税收作为经济杠杆，通过增税与减免税等手段来影响社会成员的经济利益，引导企业、个人的经济行为，进而影响产业的发展和资源配置，从而达到调控宏观经济运行的目的。最终影响区域和国家的整体经济发展。

通过对现代化税收治理及纳税服务的研究，利用"互联网＋"、大数据、人工智能等信息化手段，从宏观上说，在经济新常态背景下，有助于调整经济结构、加快完成供给侧改革；从微观上说，创新纳税服务方式，既为社会的纳税服务提供便捷的方式方法，又为社会的产业发展和调整提供有力的支撑。这些都对社会体系改革及经济调控有实际作用和意义。

一、"互联网＋"背景下的税收治理方式

（一）服务型政府有效推动社会经济发展

经济体制改革是全面深化改革的重点，其核心问题是处理好政府与市场的关系，让市场和政府"两只手"更加协调、更加有力。在现代经济当中，无论是市场还是政府都很重要。要建立一个适应新环境的社会主义市场经济，两者缺一不可。而税收治理在现代经济当中，尤其是在"互联网＋"的背景下有自己特殊的地位。税务部门作为国家执法机关，要慢慢从查、补、漏的收税方式，转变为服务好纳税人。纳税人纳税意识淡薄、税法知识缺乏是目前存在的突出问题，也是税务部门难以向服务型单位转型的原因之一。中国社会在不断发展，全民素质也在进一步提升，纳税人更多的是希望自己光荣纳税，尽到应尽的义务，同时能够得到政府的尊重。要建设服务型机构，必须进一步深化改革，创新行政管理方式。切实协调好纳税机关与纳税人的关系，只有向自助、便捷、高效发展，才能够真正服务大众、服务社会。

（二）税收多样化助力社会经济发展

随着中国现代社会经济发展，税收多样性的发展也是税收体系不断升级更新的一个必要过程。目前，税种较多且征收方式繁杂，各类减税政策也较多，导致纳税人很可能无法享受到多类政策。而"互联网＋"可以逐步将数据统一分类，由系统进行初步筛选，区别各类纳税人应

纳税的税率及征收方式。更加明晰多样化的特点，让每一位纳税人都能够享受到自己应当享受的政策，税种的多变、税率的调整都可以根据实际情况进行实时更正。而纳税人可根据提供的各类条件，直接汇总缴纳应缴纳的税额。同时，税收多样性在很大程度上有区域性的问题，在某些特定的区域对于某一类税种与其余地区都不同，既有可能是减免性政策上的不同，也有可能是税率上的不同。区别化对待，响应我国现有交流平台，打通跨境企业的通道，协调推动经贸合作项目实施。税收多样化已经是无法避免的课题，我们应当顺应"互联网＋"的潮流，应用好大数据等先进手段，为税收多样化添砖加瓦。

二、"互联网＋"背景下税收治理的问题

（一）纳税咨询缺乏人性化

目前，纳税咨询的主要途径是12366热线和办税服务厅咨询岗，咨询解答服务的质量依托于工作人员的业务水平和业务知识库的支撑程度。解答通常是一对一的服务，工作人员经常需要就同一个问题向不同纳税人重复解答，服务效率低。由于税务涉税事项较多，纳税人在咨询时也经常会表述不全面，而咨询答疑人员并不了解纳税人的具体情况，纳税人又因税务知识缺乏，在办理涉税事项时准备不齐资料，或是申报不正确，经常出现跑两次甚至更多次的情况。纳税人经常认为办税难，税务门难进，对税务部门的误会不断加深，认为税务部门不作为，问题得不到根本的解决。

（二）涉税应用普及率与税收管理制度有差距

现有税源管理方式不适应新时代要求。随着社会的发展和企业多元化服务，纳税人混合经营、多元化经营、跨区域甚至跨境经营已成常态。规模庞大、结构复杂的金融电子交易和电子商务量不断增长，原有的税收管理方式过多依赖登记、审批、控制，使纳税人办税流程越来越长，纳税人反映涉税资料反复报、多次报，纳税评估与税务稽查之间反复查、多次查，以票控税等传统税源管理方式难以适应新时代要求。虽然网上办税服务厅系统已建立了，纳税人可以在互联网上办理税务登记、纳税申报和增值税网上报税以及网上认证工作，结合安全、便捷、高效的财税库银横向联网系统实现网上电子缴税，同时也推行了不少服务举措，但是往往面临"剃头挑子一头热"的尴尬局面。纳税人虽然对网上办税意愿强烈，但是对于购置设备、实际操作，以及后期的技术维护等具体问题仍不积极。

（三）服务资源整合差

各类涉税信息系统存在关联度不高，数据量较大，但是过于分散，需要通过第三方工具集中整合，制约了信息的整体利用；现在仅统一了征收系统，但在信息利用共享中存在差异。干部能力参差不齐，在应用信息数据时需要用的数据找不到、得到的数据不会用，信息数据应用能力和应用效果有待提升，深入研究挖掘应用不到位。社会化程度不高，有效的第三方数据利用率较低。对"互联网＋"的税收治理还缺乏科学准确的认识，将它看作把传统业务简单搬到互联网上，理解成仅是运用互联网技术为税收工作服务，将其视为互联网与税收工作的简单相加，忽略了信息技术和互联网平台与税收业务的深度融合。还有人认为这是一个全新的概念，将其与持续多年的税收信息化建设割裂开来，认为其是对税收现有制度的改造和重构。随着技术的发展，网上支付、微信支付，已经非常普遍，但在税款的缴纳方式上，如何与银行建立现代信息支付的合作机制，还需要进一步探讨。

三、"互联网+税收治理"的对策研究

(一) 健全政策法规,完善服务模式

1. 建立健全相关法律制度规定

税费立法在政府向服务型转变的过程中尤为重要,也是新时代发展势在必行的。随着税制改革的进一步完善,税费立法不仅仅起到震慑作用,更重要的是要从法制层面增强纳税人的遵从度。在未来新经济形势下,个人所得税的缴纳,不仅要体现出个人缴纳税款的多少,还要体现个人所得税征收过程中纳税人为社会做出的贡献,将个人所得税纳入个人征信体系,偷税、漏税、避税等行为直接纳入征信黑名单,杜绝零收入的有钱人出现。其余如增值税、企业所得税等大且灵活的税种,不仅要影响企业征信,如偷税、漏税、避税后不但要补缴税款和罚款,还要根据涉税金额的多少裁定触犯的经济罪的等级,进行监禁等相关刑罚。现行税费税种是中国社会经济发展的历史产物,在新经济发展形势下,建立健全相关的法律制度才能使社会经济发展呈良性循环,同时应增强全民对税收法制的认可度,增强纳税人的遵从度和对社会的责任感。

2. 完善纳税服务体系,做到人性化服务

改变、完善现有的纳税服务体系,根据纳税人的种类区分纳税人,让服务真正做到人性化、精准化。通过"互联网+"大数据,更快获知纳税人需求,将纳税人到窗口办理业务变为纳税人通过电子渠道交办涉税需求,税务机关根据纳税人的需求调集各部门、各岗位人员参与办理纳税人的涉税事项,及时满足纳税人的办税需求,使纳税人的手机和电脑变成税务局的"前台",逐步把办税服务厅窗口变成税务局的"后台"。根据"点的菜",提前告知纳税人需要准备的各项资料,精准引导纳税人在前来办理涉税事项时能够快速、便捷的办理。建立咨询专栏,由业务水平强的税务干部进行解答、反馈。定期对问题进行归纳整理,通过各类互联网平台,将常见问题分门别类整理成咨询热点提供给全网纳税人查询借鉴。建立纳税人自己的信息查询平台,纳税人可以利用此平台查询自己的各类涉税信息,如信用评价、申报、征收明细、发票情况、税务文书办理情况,让纳税人对自身的涉税状态一目了然。

(二) 提高数据管理能力,解决各类信息不对称问题

1. 促进大数据融合,提升征管能力

通过"互联网+"大数据,将金融、会计(税务)事务所、电子商务等行业数据融合,通过监管银行转账、企业会计核算、出入货等,监管纳税人的资金流向及企业动向。

2. 加强信息共享,提高税源管理能力

在"互联网"时代,要建成服务型政府,政府各部门间就要利用好信息共享。要在工商、监督管理局、国土资源局、发改委、社保局、教育局、医院、街道办、税务局之间打造一条完整的信息链,无论是从政府监管的角度考虑,还是从服务大众的角度考虑,在不违背公众隐私信息安全的情况下,实现公众信息共享,能够更加准确、便捷地服务大众。

(三) 构建"互联网+"系统与集成平台

1. 集成征收管理、预警机制大数据平台

利用收集到的大数据,以网上办税平台为出发点搭建"互联网+"税收管理服务应用平台。围绕互联网背景下的税收服务,使税收服务工作实现由"单一"主体到"多元"主体的转

变，实现由服务地点单一、时间固定、手段有限向全方位、全天候、全时段服务模式转变。

2. 善用应用服务实现支付即开票

电子发票的应用一直是税务系统探索的大方向，个人在单位报账时均须提供有效发票，现阶段还需要卖方主动开具电子发票，在日常生活中要应用、普及电子发票。电子发票相较于普通发票的优势：一是可以直接进行验证，降低收到假发票的风险；二是不用再担心丢失、需要补开发票等问题；三是在系统内入账时可作为电子凭证，会计人员消除凭证入账的烦恼，提升财务人员的工作效率。为让电子发票落地实施，个人可实现支付即开票，目前须与国内带有支付功能的APP应用进行合作，尤其是在不久的将来实行电子人民币后，进行电子付款即会自动生成电子发票，并将发票反馈给个人。在付款之前可以选择开票的抬头及相关信息，如个人开票则直接付款即可，而不是现在普遍的需要用各类APP被动扫商家的二维码。在进行网购时亦是如此，每完成一笔订单交易，系统自动将电子发票开出，电商的崛起对于税务部门的监管能力是一种新的挑战，税务部门无法正确掌握纳税人的销项、进项情况，征收税款就无从下手。支付即开票极大地提高了小规模纳税人的纳税比例，避免了偷税、漏税的行为。以实际交易额为准，让电子数据作为纳税凭证，将增大服务行业整体纳税水平。支付即开票需要大量的互联网数据交换，也对每一个公民在录入开票信息时有一定的要求，要迎合大数据平台的支撑，就必定要有大量的服务器支撑，可将硬件成本分摊到每一个支付平台服务商。

（作者单位：国家税务总局黄南藏族自治州税务局）

基层税务机关执法的确定性与统一性研究

瞿卫国　王云峰　于　叶

亚当·斯密曾在《国富论》中提出了著名的税收四原则，其中税收确定性原则指每一个个体应承担的税收义务应当是确定的，而不是随心所欲的。可见，从理论上来说，确定、统一的准绳是税务行政执法的重要前提。从基层税收工作的视角来看，研究税务行政执法的确定性与统一性问题，不仅有利于降低执法风险、提高税法遵从度，而且是进一步规范执法、打造最优营商环境的重要路径。但是，影响确定性的因素是多方面的，包括内外部信息不对称、税务干部执法能力良莠不齐、税收法律法规条文不够明确等。本文从基层税收行政执法的角度，对税收执法的确定性与统一性问题进行研究，分析其主要影响因素，探讨应对措施。

一、税务执法确定性的内涵与现状分析

（一）税务执法确定性的内涵

税收行政执法是指税务机关执行法律、法规的行为，同时是对被管理的相对方即纳税人采取的具体的直接影响其权利、义务或者对其进行监督检查的行为，而基层税收行政执法的主体必须是主管税务机关。税务执法的确定性意指该执法行为对于执法人员和纳税人而言，具有统一确定的执行标准，其结果具有稳定、可预测的特征，并且整个执法行为不会给双方带来额外的风险。税务执法的统一性不但包括确定性，还要求税收队伍内部统一执法和与其他部门的协同执法，确定性与统一性两者相辅相成、相互补充。

（二）我国税务行政执法风险现状

1. 执法程序不规范、自由裁量权被滥用

一方面，基层行政执法历来重实体、轻程序，加上基层税收征管任务琐碎繁杂且时限紧凑，使"重税收政策贯彻落实、轻执法程序严格规范"的矛盾更为突出。这不仅会导致行政执法中的不确定性，也会给执法人员带来不小的执法风险。另一方面，"裁量权就像斧子一样，正确使用时是一件工具，但它也可能作为伤害或谋杀的武器"。合理使用自由裁量权对税收行政执法来说至关重要，它使行政执法更具生命力，但在基层执法实践中，自由裁量权极易被滥用。《中华人民共和国税收征收管理法》规定，对纳税人偷税的，由税务机关追缴其不缴或少缴的税款、滞纳金，并处不缴或者少缴的税款百分之五十以上五倍以下的罚款；构成犯罪的，依法追究刑事责任。在选择具体罚款数额的时候就意味着要行使自由裁量权，这无疑会带来实践中执法的不确定性，如果处置欠缺公平公正，即使行政执法行为不构成违法，也会影响税务行政执法的权威性，削弱税法遵从度。

2. 纳税评估机制有待完善

我国的纳税评估工作始于1998年实行的《外商投资企业、外国企业和外籍个人纳税申报

审核评税办法》，经过多年的实践取得了一定成绩，然而在当前纳税评估工作中也存在一些突出问题亟待解决。纳税评估是基层税务部门的一种主要的税收征管手段，其侧重对纳税人实行事中事后的监控，以提示提醒、自查补报为主，对补税一般不做处罚。这样，纳税评估就很容易演变为一种"协商式税收检查"，会带来执法的不确定性风险。另外，在微观层面，我们的基层税务干部对财务核算、会计知识的掌握参差不齐；从宏观上来说，税务部门与银行、海关、市场监督管理局等部门也存在信息共享衔接不足的情况，因而在实际执法过程中就隐藏着很多不统一性的风险，纳税评估对纳税人依法纳税的监控作用也得不到充分体现。

二、影响税收确定性的主要因素分析

（一）信息因素

税收是政府获取收入的主要方式，也是财政支出的重要来源。由此可见，在社会高速发展的今天，为满足不断增长的社会性支出，从理论上来说，税务部门会保障纳税应收尽收，而纳税人出于自身经营利益的考量，更倾向于减少纳税。这就形成了在实际征纳关系中的税收博弈。在博弈过程中，"信息差"占据主导地位，纳税人比基层税务干部掌握更多的信息，双方信息不对称就导致了基层税务部门在博弈过程中处于被动地位，在执法过程中难免产生税收风险。因此，信息不对称是影响基层税务行政执法确定性的主要因素之一。

（二）人员因素

征管体制改革的不断深化和完善，对税务干部尤其是一线基层税务执法人员的综合素质要求越来越高。可以说，没有执法人员的高素质就没有税收执法的高质量，其素质高低直接决定着执法效果，进而决定风险大小和不确定性的程度。现代税收执法不仅要求税务人员精通税收法律法规，还要求其有相当的财务会计知识、丰富的实践分析能力及交际谈判能力。但在实际工作中，我们的税务干部素质参差不齐，业务能力有待提高，使得执法效果往往事与愿违。因此，基层税务执法人员也是影响确定性和统一性的重要因素。

（三）政策因素

1. 变化的税收政策影响执法的确定性

税收政策往往是为了完成某一历史时期的任务而制定的，会随着经济社会的发展而不断变化。此外，实践过程中普遍存在的税收执行口径不同也给税收政策的执行带来更大的不确定性。由于地区发展的不均衡，税收实践中不同地区、省份乃至地市对同一税收政策的执行口径并不一致，甚至出入较大的情况还普遍存在，这无疑进一步影响其确定性。

2. 政策条款表述过于复杂或抽象不利于执法统一性

不可否认，某些税法条文相对抽象是有一定合理性的，但是过于复杂的表述带来的直接后果，就是征纳双方难以理解与运用条款，特别是中小规模纳税人。以《股权转让所得个人所得税管理办法》为例，对制定者而言，其无法预测股权转让过程中具体出现的情况，只能针对每种可能出现的类型制定抽象的处理规则。在实践操作中，股权转让的情况千差万别，税务人员要根据每户实际再结合个人对抽象政策的理解来逐一应对。但是，某些复杂的案例无法直接在政策中找到对应条款，在很大程度上要依靠执法人员的自由裁量。因此，对于基层税务人员和纳税人而言，在执法方式上很难达到确定统一。

三、保障基层税务行政执法确定性与统一性的路径思考

（一）提高立法质量，建立释义机制

完善税收立法释义以提高执法的确定性。税收立法具有天然的滞后性，解决立法与执法间的脱节问题，可以借鉴司法解释这条路径。司法解释一般指国家最高司法机关在适用法律过程中对具体应用法律问题所作的解释。类比此举，基层税收执法过程中遇到的政策法规难点，可以层层递进到税务总局层面，由其成立专门部门专司税收立法释义。将目前已出现的基层政策进一步规范化、制度化，提高其时效性。每年将总局的税收立法释义汇编成册，刊印下发，以供基层执法使用。这样对解决税收立法滞后性的痼疾、提高执法确定性，以及减少基层执法中的风险无疑是大有裨益的。

（二）规范执法程序，提高执法水平

首先，基层税务干部要在执法过程中做到掌握政策精准、检查严格、程序规范、执行到位。规范执法程序能克服执法的随意性，从而大大提高税务行政执法的确定性与统一性。其次，各级税务部门应高度重视干部队伍素质提升工作，制订人才分层次培养计划。一是着力培养纳税评估领军人才，将先进的执法理念、丰富的专业知识和高超的执法能力转化为整个团队的宝贵财富，带动执法水平整体提高；二是加速培养特定行业的专家队伍，使基层税务征管能够对本地区重点税源企业实施有效监控；三是大力培养专业骨干，逐步提高可以担当主岗职责的一线基层人员比例；四是积极开展高端培训，通过通报表扬、授予荣誉称号等方式，提高广大干部的事业心和荣誉感。

（三）优化外部环境，强化执法监督

我国经济进入新常态，基层税务机关的干部应主动邀请相关部门帮助排查潜在的税务执法风险，共同寻找对策进行防范、规避和消除执法的不确定性。在完善税务机关获取第三方信息法律制度的基础上，搭建政府部门涉税信息综合利用平台，建立与市场监督、统计、国土、海关、社保、医保和产权交易等部门的信息交流交换机制，完善信用联合惩戒体系，尽量降低信息不对等带来的税务执法风险。此外，应该在基层税务部门建立重大决策集体审议、执法全过程记录、政务清单公开和终身责任追究等制度，健全指标科学、责任明确、监控有力的行政执法绩效考核体系，确保对税务执法各环节实施有效监督内审。税务人员也要主动接受内外监督、化解执法风险，从而实现税务行政执法的确定统一，共同营造良好的营商环境。

（作者单位：国家税务总局常州市金坛区税务局）

加强税务行政执法风险管理的思考

沈建华　冯定成　沈洪波

随着税收征管体制改革的深入,依法治税进程不断加快,党风廉政建设持续推进,税务干部队伍建设面临许多新情况、新考验。从近期的调研了解和有关部门反馈的情况看,当前税务干部的行政执法风险越来越大,如何加强和改进对税务干部行为的风险管理,创新纪检监察工作思路,切实加强"两权"监督,坚持和贯彻"预防为主、标本兼治、综合治理"方针,努力构建适应新形势要求的纪检监察工作机制和预防体系,已成为今后纪检监察机关要着力研究的课题。

一、当前税务行政执法中存在的主要问题

近年来,我们通过加强党风廉政建设,建立健全岗责体系,实行执法责任追究制和行政责任追究制,加大执法监察和效能监察力度,已初步建立了税务干部行为风险管理机制,党风、政风、行风明显改善,税务干部的行为风险在很大程度上得到有效控制。但是,就目前情况看,仍存在一些明显的问题。

(一) 行政执法不作为或不完全作为所带来的税务渎职、失职责任风险增大

税务渎职、失职责任风险主要有三种类型:一是不认真履行征管职责;二是对应当移送司法机关的税务行政执法案件瞒而不送;三是税收征管失职失误,造成不征、少征税款。

调研分析发现主要有以下几方面的具体表现:一是在税务登记管理方面,不认真执行新办户的巡查制度或在日常管理中不注重对纳税人基础登记信息的动态管理,造成基础登记信息失真或缺失、纳税鉴定错误、固定税源监控不力,甚至漏征漏管现象的发生;二是涉税文书使用时,未按法律规定填写和使用,造成涉税文书不合法;三是在日常检查方面,对已确认的偷税行为,企业为逃避行政处罚而采取自查或评估入库;四是在发票管理方面,对纳税人发票资格认定尤其是专用发票的审核把关不严,对日常的发票领购、使用及核销等疏于管理,普通发票验旧购新环节不认真验旧、监控不到位,致使纳税人长期偷税未被发现,对责任区内使用假发票的业户不采取有效的行政执法手段加以控制;五是在所得税征收方式的确定方面,不严格执行、机械执行业务规则或帮助纳税人利用业务规则本身的缺陷规避或少缴应纳税收;六是在双定户定额管理方面,不认真开展典型调查和准确采集定额要素信息,对个体的定额不进行认真的分析,在评议和调整定额上就低不就高,对不符合查实征收的纳税人按查实征收,定额与实际销售额相差几十倍,管区内不坚持或不认真坚持巡查制度、疏于管理,存在漏征漏管的现象;七是在纳税评估方面,评估时浅尝即止、不深不透,避重就轻而规避处罚,出于地方保护、行政干预、怕暴露弱点或重点企业特殊性等原因,应当移送司法机关的案件拖而不办等。

（二）税收征管方式由管事向管事与管户相结合调整，导致税务干部不廉行为有抬头滋长的趋势

具体表现有：一是接受管辖户请吃现象明显增多，造成执法不严、管理不力的人情税和关系税现象有所抬头；二是逢年过节收受或索要纳税人的礼品、礼金等不廉行为禁而不止，且将其视为"小事"；三是部分税务干部追求贪图享乐的生活方式，接受甚至要求纳税人安排高消费休闲娱乐活动，并与纳税人外出旅游等；四是个别税务干部利用红白喜事及乔迁之机，通知自己管户参与，接受甚至索要纳税人的钱物；五是少数干部利用职务之便办企业或投资入股获取私利；六是个人消费支出到企业报销，如娱乐等费用支出、私家车费用支出及旅游费用支出等；七是极少数税务干部利用职务之便帮企业带账，收取酬金帮助企业逃避税收、谋取私利；八是酗酒失态、酒后驾车等现象时有发生；等等。

二、税务行政执法所面临的主要风险

税务机关是国家行使执法权的行政管理部门，从行使权力的角度看，税务干部所面临的行为风险主要包括税收执法风险和行政管理风险。从权力制衡追究责任的角度看，税务干部所面临的行为风险主要包括法律责任风险、行政责任风险、党纪政纪责任风险和经济责任风险。

税务行政执法的行为风险是潜在的又是客观存在的，它所形成的原因既有客观因素又有主观因素。就其客观成因大体可归类为：一是行政法治建设的不断完善对行政执法行为形成了严格的约束力，同时行政法治建设本身的不健全也会给执法者依法行政带来难度；二是体制转轨和社会急剧转型所带来的多元化利益诉求和不规范的市场经济运行增加了税收行政执法的难度，同时由此带来的风险转嫁也越发明显；三是地方政府为谋求地方经济的快速发展而出台一些游离于法律边缘的"保护""发展"政策，不可避免地给行政执法增添了法律风险；四是税收管理体制的改革对税收精细化管理的要求增加了对税务干部行政行为的责任约束，同时由于制度体系设计的不科学和业务规则设置的不统一、不稳定，使得执行者的行为风险陡然增加；五是现代税收管理对税务干部的能力素质要求更为严格，税务干部知识结构的改善和业务技能的储备跟不上现代管理的要求；六是多元时代所形成的多元价值观对税务干部行为的影响和渗透力越来越大；七是违规违纪及商业贿赂的表现形式及手段越发隐蔽，加之查处不及时或不力，导致风险警示作用弱化；八是行政机关内部监控缺乏有效的手段，预警机制尚未有效建立；九是系统内部制定的管理办法、考核办法超出了征管法规定的责任，给税务干部带来风险；等等。就其主观成因大体可归类为：一是税务干部对自身行为风险的认识不充分，防范意识不强；二是对行政执法环境的变化缺乏应有的预判和主动应对的内在诉求；三是对职业素质和业务技能仅满足于现状；四是价值观缺少应有的正确取向，进而导致自律意识的缺失。

三、加强税务行政执法风险管理的几点思考

（一）进一步提高税务干部对行为风险管理的认识

1. 加强税务干部行为风险管理是税收法治精神的本质要求

税收法律是一把"双刃剑"，它在规范纳税人纳税行为的同时，在更大程度上约束着税务行政执法权力的行使。税收法治的本质在于"民治"，其"控权"的核心功能要求税收行政执法工作必须有效控制权力滥用，切实防范行政执法风险，这样才能实现法治的根本目的。

2. 加强税务干部行为风险管理是践行"聚财为国、执法为民"宗旨的基本要求

国税部门作为国家重要的经济执法部门,要贯彻落实科学发展观,必须切实强化以纳税人为本的观念。随着纳税人法治意识、权利意识不断提高,税收行政执法工作必须有效防范行政执法风险,正确处理好"执法"与"维权"、"执法"与"为民"相统一的问题,树立公正的行政执法形象,有效保障纳税人权益,促进征纳双方的良性互动,努力构建和谐的征纳关系。

3. 加强税务干部行为风险管理是税收管理科学化、精细化的必然要求

科学化是前提、是方向,在于研究管理规律、科学制定战略,而精细化则在于对科学化战略目标的有效分解、细化和完善。精细化的税收管理主要依靠精细化的税收执法和行政管理来体现,随着科学化、精细化管理的不断深入,对行政执法精细化的要求也会越来越高,行政执法风险也会越来越大。如果不能有效防范行政执法风险,势必导致征管质量和行政管理效能降低,从而导致科学化的战略目标不能有效分解、细化和完善。

4. 加强税务干部行为风险管理是人本立局的重要体现,也是促进税务干部全面发展的客观需要

促进税务干部全面发展,既要尊重和满足税务干部不断增长的物质文化需求,又要真正关心、爱护税务干部,不断增强税务干部对自身行为风险的抵御和防范能力,从机制层面上控制税务干部行为风险的发生,更好地保障税务干部权益,促使税务干部健康成长。

(二) 从廉政文化建设入手,提高税务干部防范风险的能力

廉政文化是国税文化的重要内容,是对传统廉政教育的一次重大突破,是国税系统党风廉政建设和反腐败斗争的新理念、新发展、新探索,也是强化税务干部防范行为风险意识、提高抵御行为风险能力的重要抓手。因此,我们要通过增加国税系统廉政文化建设的文化内涵,拓展廉政文化的宣传阵地,整合廉政文化的社会资源,优化廉政文化的良好环境,营造浓厚的国税廉政文化氛围,打造具有国税工作特色的廉政文化。通过深化廉政文化建设来正确引导税务干部的价值取向,增强税务干部行政执法风险防范意识和廉洁自律意识,提高税务干部的职业道德水准和综合素质,逐步建立起与法律规范相协调、与本部门职能相适应的具有时代气息的国税廉政文化体系,实现廉政文化与国税中心工作的和谐,为国税新一轮的发展提供更加强大的精神动力和政治保障。

(三) 以行政执法风险为导向,整合并完善内部教育制度和创新教育理念

建立和完善教育是抵御和防范风险的基础要素。在教育上下功夫,在教育的方式和理论探讨上勤突破。可开展"加强廉政建设、预防职务犯罪展览教育",通过大量正、反面事例教育警示税务干部。

(四) 建立行政执法风险预警机制,实行全过程的行政执法风险管理

风险管理是指对风险的识别、判断、评估和及时处理。要实行对税务干部行为有效的风险管理就要求组织内部建立行政执法风险的预警、评估和控制机制,着力解决面临什么样的风险、在所有面临风险中哪些是严重的、谁在监督控制风险、为什么要监控风险、如何控制风险等问题。认真审视现有的风险管理机制,我们不难发现:一是重视制度、规范及流程的创设,而轻视执行、运营及效能的管理,使制度体系静态化而不能形成动态有效的管理机制,出现"两张皮"的状态;二是在制度设计中注重责任的分解,绝大多数责任风险都由基层一线干部承担,忽视了对管理层以及责任主体本身应承担责任风险的落实,因而形成监控管理链的脱

节；三是我们的风险控制常采用的是日常考核与年度考核、专项考核与综合考核、定期的执法检查和执法监察及效能监察等下行单向的控制方式，这几种控制方式基本上属于事后监控，对事前尤其是事中的风险控制则较弱，同时也没有形成很好的双向动态闭环的控制管理链；四是所采取的控制方式主要以人工为主或人机结合，对信息化环境下"两权监督"的研究很少，也没有建立相应的管理控制平台，无法更好地利用大量的管理信息，没有从数据分析应用的视角建立必要的风险预警、评估及控制机制，使得目前我们的风险控制能力偏低。为了有效地解决以上问题，可以采取以下对策：一是充分利用现有的数据综合管理系统，以执法风险为分析视角对大量的业务管理信息进行评估并产生预警信息，在此基础上进一步拓展系统的功能，建立双向的信息沟通渠道，使预警信息从发布到风险信息的解除形成闭环的信息流，从而真正形成动态的过程控制机制；二是充分利用省局开发应用的行政管理系统，扩展数据综合管理系统的数据库信息，将行政管理类信息有效地纳入分析评估监控的内容，使"两权监督"的作用在信息化应用环境下得到高效的发挥；三是要加强各部门的协调，建立行政执法风险管理的组织体系和工作规范，从而保障风险控制机制的有效运行；四是建立行政执法风险管理审计制度，以有效开展内部控制的监督和再控制；五是强化行政监察与执法监察的有机结合，出现重大执法过错问题时行政监察必须跟进或由监察部门实施监察；六是要建立重大执法差错沟通机制，出现问题严肃查处，抓住一个教育一片。

（五）开展"阳光国税"的政务公开活动

将权力置于社会的监督之下，有效化解税务干部的行为风险。任何徇私舞弊、贪腐贿赂的不廉行为均产生于不透明、不公开的藏污纳垢环境之下的，要使权力腐败得到有效控制，将权力运行置于社会和群众的公开监督之下不失为一条有效的途径。近年来，我局在政务公开方面做了大量行之有效的工作，使政务公开的内容、形式和载体都得到不断的丰富和优化。但是，要打造"阳光国税"这一品牌，还需要我们提高工作标准和要求。具体的措施和目标：一是进一步拓展政务公开的内容，做到凡是运用"两权"办理的与人民群众、纳税人利益和国税机关工作人员相关的各类事项全部公开，以形成民主监督的机制。二是进一步丰富政务公开的形式，做到凡是运用"两权"办理影响力大、涉及面广或与"两权"作为相对人利益攸关的事项，应公开决定、成立案件审理委员会。三是进一步创新政务公开的载体，做到"两权"作为相对人所关心的事项，如住房公积金、房改货币化等，可以通过多途径方便、快捷地获取信息。四是建立健全政务公开的外部监督机制和内部互动机制以及监督评价机制。风险管理是一门新兴的学科，而行为风险管理则是运用风险管理的基本架构及原理并将之与行为科学理论相结合，从而形成的一种控制管理方法。本文从另外一种管理思维和角度对我局现行的行政执法管理活动进行审视和评价，以期使税务干部防范行为风险的能力进一步提高。

（作者单位：江苏省常州市税务学会、国家税务总局常州市武进区税务局）

县域税务落实"一体化"综合监督体系的实践路径研究

胡玉杰

一、加强"两权"监督的重要意义

在税收征管改革不断深化、智慧税务建设全面推进的大背景下，不断提升权力监督水平是保障税收事业健康发展的迫切需要。充分运用互联网思维，发挥大数据对税务监督的驱动作用，不断激发监管活力，以达到更好地预防和治理权力腐败的目的。

（一）全面深化从严治党的内在要求

习近平总书记在中国共产党第十九届中央纪委六次全会上强调，坚持党要管党、全面从严治党，坚持以党的政治建设为统领，坚持严的主基调不动摇，坚持发扬钉钉子精神加强作风建设，坚持以零容忍态度惩治腐败，坚持纠正一切损害群众利益的腐败和不正之风，坚持抓住"关键少数"以上率下，坚持完善党和国家监督制度，以伟大自我革命引领伟大社会革命，坚持不懈把全面从严治党向纵深推进。税务"一体化"综合监督体系是税务系统贯彻落实习近平总书记关于健全党和国家监督体系重要论述的具体举措，是各级税务局党委带好队伍、干好税务的重要抓手，是税务系统推动全面从严治党向纵深发展的重要制度安排。近年来，随着信息技术的发展与进步，公职人员、党员干部违法违纪逐渐呈现出隐蔽化、智能化、多样化的特点，给权力监督带来了新的考验和挑战。由此可见，依托互联网和信息化手段，充分发挥大数据的驱动力作用，为基层税务"两权"科学监督提供新的方向，是新形势下推动全面从严治党在税务系统向纵深发展的必然要求。

（二）提高风险防范能力的现实需要

以数字经济、服务经济发展为主的新经济形态层出不穷，税源的变化和日益复杂的纳税人经济活动为税收征管和基层税务干部的执法工作带来挑战。基层税务机关普遍面临繁重税费统管任务与税务干部队伍建设不相匹配的问题，以及"精确执法、精细服务、精准监管、精诚共治"的现代化税费治理要求与传统执法能力和管税理念不相匹配的问题，可能导致管理风险、执法风险、遵从风险和廉政风险多发频发。

（三）突破权力监督困境的重要工具

从"两权"内部监督情况来看，税务系统具有点多、线长、面广的特点，存在上级监督远、同级监督软、下级监督弱的问题。特别是在本该发挥重要作用的同级监督上，不想、不敢等主观原因和缺乏必要的权限手段等客观原因的双重影响，导致监督的主动性不够，更多地依靠分析核查上级发现推送风险、外部审计反馈疑点和群众信访举报等线索，进行事后纠治。从"两权"外部监督情况来看，审计部门对税务系统组织实施审计，通过大数据分析对税务系统"两权"运行进行监督，呈现出常态化、全覆盖、网格式、精准性的特点。很多问题都会在大数据的比对分析中暴露出来，甚至很多时候外部监督会早于内部监督发现风险问题。要改变内部监督效果不佳和外部监督问题多发的现状，就必须推动"以人工监督"为主的传统监督方式向以"用大数据说话"为核心的大数据监督方式转型。上级税务机关可以远程对大数据进行监测分析，及时发现风险疑点并作出风险提醒，有效解决传统监督远的问题。下级税务机关通过大数据平台反馈风险疑点核查情况，规范审核审批等过程监控，有效解决监督弱的问题。

二、加强"两权"监督存在的困境

虽然我国税务机关已经积累了很多"两权"制约、监督的有益做法，但是仍与充分发挥税收大数据作用、对"两权"实现信息化监督的目标存在不小差距，主要表现在以下几个方面。

（一）数据赋能待拓展

目前，税务部门拥有大量业务系统，但因为数据库接口类型不统一，系统间无法有效关联，涉税数据相互独立，获取效率低，信息资源无法得到充分利用，内部系统数据采集范围狭窄，应用难度大，缺乏个性化的查询功能，所以难以获取统一、规范、关联的内部监管数据资源。监控的实现主要是逻辑比对，而前台功能模块并没有这方面的功能，数据分析面临"巧妇难为无米之炊"的困境，造成数据冗余、信息失真、预警失效等问题。"两权"运行过程中累积的相关数据分散在税务系统内部的不同信息系统或平台当中，这些数据在信息系统或平台内部流转较为顺畅，但与其他系统或平台的协同运转略显不足。

（二）队伍建设待优化

从目前基层税务机关队伍的现状来看，普遍存在难以满足精准实施税务监管需求的问题。例如，现阶段税源管理工作重心已由单纯的催报、催收等基础性工作，逐步拓展到以计算机操作、申报审核、税源监控、政策辅导、风险应对等为主的技术性、综合性工作。加之在税费同征的工作模式下，税收管理员面临需掌握20多个税费种政策的要求，部分年龄大的同志在工作中利用信息化手段已力不从心，学习税收业务知识能力弱，缺乏工作积极性和主动性。年轻同志虽然熟悉信息化电脑操作且学习税收业务知识能力强，但在工作经验方面尤其是能适应精准监管要求的专业素养、综合素质、应对能力明显不足，这些因素无形中加大了执法风险。

（三）监管指标待完善

目前，税务机关日常使用的多数税务信息系统或平台中已经嵌入一些风险防控指标，但实际应用风险防控指标进行风险预警和防控还存在监控指标不够科学合理的问题。例如，部分指标设置忽视了对后台数据合理性和有效性的分析，导致将后台抽取的无效信息也纳入风险预警范围，增加了预警信息的数量，降低了预警信息的参考价值；部分指标设置过于简单，预警范围过于宽泛且未进行轻重缓急的分类，导致在人工核实过程中耗费大量精力，降低了风险应对质效。

（四）考核考评待改进

在绩效考评方面，针对"两权"制约、监督的考核指标和考核内容占比较少，且多由各职能部门自行考核，缺乏较为完善的考评体系，考评结果容易受考核尺度不一、标准不同及主观人情等因素的影响，难以客观反映"两权"制约、监督的真实效果。在问责追责方面，部分基层税务机关对问责追责积极性不强，其主要原因是在基层税务人员特别是业务骨干工作量普遍较大的背景下，可能出现"多做多错"情况。如果在一些轻微问题上动辄则咎，容易挫伤干部的积极性，让能干事、真干事的干部产生心理落差。在结果运用方面，责任追究和结果运用缺少可量化的详细标准，裁量空间较大。

三、加强"两权"监督的建议

为有效解决"两权"大数据监督存在的问题，更好地开展大数据监督，提出以下建议。

（一）推进数据资源深度融合

1. 打通壁垒，在数据收集上做好加法

以建立健全政务数据共享协调机制、加快推进数据有序共享为契机，依托政务服务一体化平台、财税综合信息平台等，进一步规范共享流程、统一口径标准、提升数据质量，常态化、制度化与相关部门共享协调数据，实现涉税信息的定期或实时获取，切实解决涉税信息不对称的问题。以"金税四期"为契机，运用大数据、云计算、人工智能、移动互联网等技术，推进内部税收数据汇聚联通。以"接入是常态，不接入是例外"为原则，加强现有数据平台之间的融合对接，充分挖掘各平台数据潜能，盘活数据"存量"，实现信息系统平台集全业务事项、全业务数据、全业务软件于一体的大集成。

2. 分析归类，在数据整合上做好减法

税务机关要把好基础数据采集录入关口，提高数据质量，加强各项数据的归集和应用，实现数据有效获取、风险准确分析、任务统一推送，夯实税务监管的"大数据"基础。完善数据"采集—分析—加工"链条，建立数据加工模型，对海量的无序性、重复性和缺失性数据资源"去伪存真""优化提纯"。利用"金税四期"平台，以数据仓库技术为依托，建立类型多、价值高、颗粒度细的多维数据子库，实现税务人员信息"一员式"和权力运行事项信息"一件式"智能归集，提高监督的准确性。

3. 加强管理，在数据安全上做好乘法

加强安全态势感知平台建设，常态化开展数据安全风险评估和检查，健全监测预警和应急处置机制。将数据安全管理贯彻于数据治理的始终，围绕数据生命周期管理，加强顶层设计，规范数据标准，制定操作规范。在安全可控的条件下，对不同阶段的数据采取不同的管理策略，通过对数据进行标准化、关联化和标签化处理，实现数据价值最大化的终极目的。加强智能信息系统的运维保障，提高系统的实用性和稳定性。加强网络信息安全保障，防止因信息集中导致出现的重大网络安全事故，以及工作秘密甚至是国家秘密泄露事件。

（二）盘活队伍人力资源优势

根据"一体化"实施税务监管，认真研究监管队伍建设，增强监管力量配备。一是针对不同岗位人员的实际需求，分类、分层、分岗组织培训，提高各岗位精准监管的能力。二是合理调整税务机关内部行政、业务机构的人员比例，在人员配置方面向税源管理、征收管理、风险管理等业务岗位倾斜，不断提高人员编制的使用效率。三是大力培养和引进会计、统计、法律、信息技术等专业的复合型高素质人才，持续优化基层税务监管队伍的年龄结构和知识结构。四是建立激励考核机制，将政治待遇和经济待遇向业务岗位倾斜，坚持精神激励为主、物质激励为辅，坚持正面激励为主、负面激励为辅，营造奋发有为、奋勇争先的浓厚工作氛围，充分调动干部的主动性和积极性。同时，要强化监督考核，对不愿为、乱作为的人严处理，为工作落实提供有力保障。

（三）科学设置监督指标

1. 合理设置事前、事中预警指标，实现无感监督

税务机关在设置监督指标时，可根据权力事项的具体流程和内在逻辑，紧扣"实体"和"程序"两个维度，发现数据之间的关联性或因果结构，科学设定编写参数，将指标编写缩小范围、提高门槛、细化标准，寻找切合实际的突破口，精准识别、科学预测可能出现的风险漏洞，强化事前预警和事中阻断，实现监督关口前移，减少对税务干部的事后追责，形成有效的"无感"监督。

2. 突出关键领域和高风险事项，强化重点监督

在预警指标设计中，对涉及自由裁量权使用、大企业管理、发票管理、现金税费征缴、信息化建设等风险多发的权力事项，税务机关可开展典型剖析、深挖管理流程，实现精准画像、动态画像，找准可能存在廉政风险的方向和节点，精准设置预警指标。抓住"关键少数"，突出对权力集中人员和岗位的监督，科学设定触发预警的指标区域，及时发现线索、防止发生重大问题。

（四）深化监督结果运用

1. 加大问责追责力度，强化以案示警，形成不敢腐的震慑

税务机关应当充分运用监督执纪"四种形态"，对查实的违法违纪行为进行严肃查处，依规追究有关人员的直接责任、监管责任和领导责任，使"两权"监督发挥真正的效力。可依托数字人事系统，探索建立税务人员个人"负面清单"子集，把税务干部出现的"负面清单"行为及处理情况记入数字人事系统，与重点岗位任职、职务职级晋升、日常考核考评等事项挂钩，通过日常管理的约束，深化落实监督效果，警示干部自觉规范用权、廉政用权。

2. 加强制度机制建设，强化制度约束，扎牢不能腐的笼子

税务机关应当按照"强基础、促规范、防风险"的逻辑链条，深入分析各类信息系统收集的税收大数据，查找"两权"行使中存在的潜在风险，及时制定应对措施。针对违纪违法问题多发易发领域，从实体入手，明确权力归属，厘清权力边界；从程序入手，规范岗责流程，制定手册式操作指引；从风险入手，强化权力制衡，给权力涂上"防腐剂"、戴上"紧箍咒"。

3. 加强法纪宣传教育，强化正向引领，筑牢不想腐的自觉

税务机关应当继续加强对习近平法治思想和相关法学知识的培训和教育，帮助基层税务干部筑牢法治理念，做到知法、懂法、敬法、畏法，提高依法行政的思想意识和能力水平。要利用新媒体技术，用好用活新媒体平台，让监督成果得到多种形式的运用，让廉政文化内化于心、外化于效能。强化以案警示作用，点名道姓通报曝光，提高警示教育的时效性。发挥以案促改、以案促建的作用，通过深入剖析各类典型案例中存在的执行短板、监督漏洞、制度弱项，深化改革、完善机制，推动各类监督落实落地。

（作者单位：国家税务总局扬中市税务局）

职工队伍建设

优化组织绩效和个人绩效衔接机制的实践与思考

江苏省淮安市国际税收研究会课题组

按照国家税务总局设计的架构，淮安市税务系统近年来全力推进组织、个人绩效管理工作，以组织绩效和个人绩效衔接为突破口，在落实中央从严管理干部、加强干部日常绩效考核、促进干部履职尽责等方面，取得了较好成效。在实际工作中，由于受评价指标及评价方法、评价依据的客观性和同类比较的局限性等因素限制，两者衔接还需进一步协调。本文依托国家税务总局设计的架构，结合淮安市税务系统近年来的实践情况，在分析当前难点、堵点的基础上，提出改进评价的相关路径选择，以期能对改进组织绩效和个人绩效衔接有所帮助。

一、当前组织绩效和个人绩效衔接存在的难点、堵点

近年来，淮安市税务局先后制发《数字人事一册通》、个人绩效"共性＋个性"指标库，探索试行借用人员考编分离的管理模式，构建了"组织绩效＋个人绩效"的"大绩效"新格局，实现了组织绩效与个人绩效在一定程度上的衔接，但是在促进组织绩效、个人绩效双提升和有效衔接融合方面，仍然存在一些难点、堵点，主要体现在"三个不够强"。

（一）考核指标互融程度不够强

2023年，国家税务总局、江苏省税务局组织绩效考核，强化了个人绩效指标编制质量考核。这是对组织绩效与个人绩效衔接互融的有力推动，但从目前看来，互融方面还存在以下问题：

一是指标编制存在"拈轻怕重"。个人绩效指标制定环节，大多采用"干部自拟"的形式自下而上编制，干部难免会"拈轻怕重"，造成完成难度较大的组织绩效指标会有承接上的遗漏，形成重点工作任务落实的"断头路"。

二是指标考核存在"形似神弱"。目前，组织绩效对个人绩效指标质量的考核停留在"形似"层面，即指标数量、指标分值、扣分标准是否合理、差异化是否达标等，并未对指标的"神似"做较多要求，如指标考核标准是否合理、指标编制是否全面承接组织绩效任务、指标编制是否贴近工作实际等。

三是指标管理存在"个体差异"。就客观情况而言，各单位人员存在素质强弱、能力高低等个性差异，主管领导要更多地考虑做到人尽其才，融合组织愿景和个人发展。这样导致主管领导在分配审核个人承接组织绩效指标时要通盘考虑，会更多地将重点难点组织绩效指标分配给能力强、素质高的同志，部分同志仅承接简单的事务性工作。

（二）考核客观评价的程度不够强

近年来，尽管税务系统部分单位借助客观量化助手定期生成纳税服务等部分岗位干部业务量化排名，为主管领导客观评价干部业绩提供了参考和支撑，但组织绩效与个人绩效考评衔接

依然存在客观量化不足的瓶颈。

一是系统共享有空间。涉及与组织绩效考评相关的"金三"系统、执法监督管理系统等反映干部工作组织贡献成果的相关数据，还没有完全实现互联互通，信息数据难以共享，个人日常绩效没有完全实现机考，主观评价缺乏定量化的客观数据支撑，干部"画像"存在模糊。

二是部门联动需强化。职能部门之间考评信息共用不够。各部门之间或多或少掌握着干部的考评信息，如党建部门的政治生态评价、荣誉评价，人事部门的业务能力评价，纪检监督部门的廉洁状况评价，这些信息不能实时互通、按人归集，对干部的"画像"难免失真。

三是人情因素难避免。当前，个人绩效成绩与干部职级晋升、选任、评优等挂钩力度逐步增强。受传统文化影响，主管领导会综合考虑组织绩效贡献度、干部能力、工作态度等诸多维度，开展对干部个人绩效的评价，最大化促进本单位干部的成长进步，保持队伍和谐稳定。

（三）两项考核影响程度不够强

当前，在考评结果挂钩、日常管理等方面，组织绩效和个人绩效已经实现了一定的融合衔接，但就其影响度而言还有待进一步提高。

一是日常管理有脱节。在基层日常考评实践中，组织绩效平时考评往往大幅落后于个人绩效平时考核。比如，1季度个人绩效指标在1月初即编制完成，但年度组织绩效指标一般在3月下发，组织绩效与个人绩效衔接的时效性大打折扣；再比如，个人平时考核成绩一般在季度结束后10日内完成，但组织绩效成绩由于各种主客观原因可能要延后一两个月，直接导致组织绩效结果不能及时有效关联挂钩。

二是结果挂钩影响小。组织绩效是千分制考核，数字人事是百分制考核，对部门正职而言，组织绩效挂钩权重换算后影响较小；对一般干部而言，年度考核按部门进行排序，一般干部的组织绩效挂钩得分、年度考核得分占比权重均一致，没有实质性影响。

三是干部认知不平衡。经过多年来的探索实践，税务干部对绩效管理和数字人事形成了一定共识，但客观上还存在着不同群体、层级、单位之间思想认识不够均衡问题，组织绩效更多的是部门领导关注较多，一般干部往往关注个人绩效，甚至一些干部存在不合理的预期，干部的主体和主责意识有待进一步加强。

二、优化组织绩效和个人绩效衔接的路径选择

按照"基础是标准、核心是评价、关键是可比、根本在应用"的原则，结合以上分析的堵点难点，建议从指标衔接、客观评价及完善结果运用三个方面优化组织绩效和个人绩效的衔接。

（一）指标衔接的路径选择

针对指标编制存在"拈轻怕重"、指标考核存在"形似神弱"、指标管理顾虑"个体差异"等现象，必须压实责任，夯实绩效衔接制度基础。

一是要规范岗责体系。组织绩效狭义上是组织绩效考核，广义上为履行"三定"职能的成效。岗责是"三定"法定的职责使命，是组织绩效和个人绩效衔接的基础工作。个人绩效不仅要全面承接组织绩效考核任务，也要充分对标岗责体系，既要突出重点抓关键性工作，也要立足根本抓基础，个人绩效指标要完全覆盖各项税收工作。对此，建议印发《税收征管职责清单》和《税收征管业务工作规程》，全面梳理岗责标准体系，并将其作为编制个人绩效指标的

依据。

二是要规范指标编制。统一规范个人绩效指标编制是落实法定职责,对接组织绩效的前提。可采用共性指标与个性指标相结合的模式。每个单位对标组织绩效指标和年度重点工作任务,按季度编制个人绩效的共性指标库;每个部门结合组织绩效和岗责体系,编制本部门个人绩效的指标库;各职能部门根据业务特点编制条线指标库,规范各类指标设计和考评标准。干部在承接共性指标库的基础上,结合个人岗责和临时性、阶段性工作任务,编制个人绩效指标。

三是要规范考评制度。要从强化指标编制质量方面建立评审办法,引入定量与定性相结合、日常检查与专门考核相结合的考评方式,对一些综合性指标和概括性指标出台责任分解细化的标准和规范,与部门负责人和责任人确认任务认领,避免责任不清互相推诿。要逐级建立责任明确、任务清晰的岗位目标责任体系,夯实"两个绩效"衔接的制度基础。

(二)客观评价的路径选择

以客观量化数据为依据,对干部精准画像,是优化组织绩效和个人绩效衔接的重中之重。

一是要推进智能化考核。持续推动数字人事信息系统的功能研发,打通数字人事系统与"金三"系统("金四"系统)、内控系统、组织绩效系统的关联,并将各业务系统数据反馈至数字人事系统,根据情况不同,在数字人事系统自动进行加、减分处理,实现内嵌融合,从源头上解决"组织和个人绩效任务量化难"问题,真正推动绩效管理渗入业务流程、融入岗责体系、嵌入信息系统。

二是要打通信息隔离。《税务系统个人绩效指标编制指引(试行)》明确提出:个人绩效指标库应注重充分运用税务执法、税费服务、税务监管行为全过程记录和数字化智能归集成果。要在推进智能化考核基础上,逐步让客观数据考评成为干部日常评价的主要组成部分。要配齐配强绩效管理员队伍,加大对各类考评数据的增值利用,根据每年的考评结果、干部工作量、业务能力升级等数据开展智能分析,既为每个干部进行"数据画像",又为干部队伍状况进行"数据建模",为优化人力资源配置提供决策支持。

三是要引入专项考评机制。对积极承担急难险重工作任务且成绩突出的干部,既可以实施跨机构序列考评,也可以给予适当加分。例如,淮安市税务局对稽查积案清理、土地增值税清算等组织绩效失分较多的重难点指标实施揭榜挂帅,由干部主动报名,组织选择,将跨不同机构序列的干部考评关系挂至某一单位,实施单独考核,激发干部的工作潜能,实现重难点指标的质的突破,最大限度地降低人情、机制体制障碍等因素的影响。

(三)结果融合的路径选择

要针对组织绩效和个人绩效衔接结果融合所存在的日常管理有脱节、结果挂钩影响小、干部认知不平衡等问题,从机制上、理念上加以改进。

一是要优化日常管理的运行机制。首先,要根据税务干部不同类别和岗位特点,合理设定组织绩效挂钩指标,对确定事由的差错扣分事项,明确责任人予以挂钩,对争先类、量化类指标不进行直接挂钩。其次,要对税务稽查、纳税服务、纳税评估等同质化岗位人员,根据工作成效、工作量等对组织的贡献度,实施"积分化"管理,把工作成效量化到人,实施跨部门比较。最后,要加强组织绩效和个人绩效考评时间的衔接管理,实现考评的有效衔接。

二是要优化结果挂钩的运行机制。一方面,可引入等次赋分制度,舍弃组织绩效千分制换算为百分制做法，根据组织绩效考核序列内部门排名进行赋分，切实提升组织绩效挂钩对数字人事年度考核得分的影响；另一方面，可引入条线激励排序机制，组织绩效考评均定责到具体条线，所取得的业绩既有职能部门的努力，也有条线工作紧密配合，可引入上级条线进入先进单位，下级条线可增加一定比例的人数。

三是要营造绩效认同的文化氛围。系统上下要探索运用多种载体开展绩效文化建设，多元渗透绩效文化理念，强化绩效价值认同，引导个人和组织同心同向，以担当作为、狠抓落实提升工作质效，推动"人人知绩效"向"人人高绩效"转化。同时，丰富拓展绩效考核结果运用路径，以正向激励为主，树立"奖优罚劣"的鲜明导向。

三、做好组织绩效和个人绩效衔接的保障

政府绩效管理是世界性难题，组织绩效和个人绩效的衔接更是难题中的"硬骨头"，绩效管理必须处理好以下三类关系，为优化组织绩效和个人绩效衔接提供保障。

（一）要处理好组织与个人的关系

在谋划推进绩效管理工作时，不能偏重于眼前目标，忽视打基础、谋长远；不能偏重于组织发展，忽视个人职业发展，要消除重组织绩效、轻个人绩效的思想误区，增强对个人绩效驱动组织绩效的认识。组织绩效与个人绩效成绩的影响效力不同，故应合理设置，避免组织绩效成绩掩盖了个人的绩效和努力。

（二）要处理好主管与个人的关系

要充分发挥部门主管在绩效管理中的作用，无论在绩效管理的哪个环节，组织绩效与个人绩效都是以部门主管为纽带进行传导的，个人绩效直接影响部门绩效进而影响组织绩效，而组织绩效影响部门绩效进而传递给个人绩效。要实现组织绩效与个人绩效的有效衔接，必须发挥部门层级的作用，提高部门主管对绩效管理的认识，强化对部门绩效的过程控制，加大对部门绩效管理联络员的培训、教育、检查和考核力度。

（三）要处理好当前与发展的关系

无论是评价的标准，还是跨部门机制的构建，都是建立在现有税收流程、规则、部门职能等基础之上的，但随着税收改革的推进，需要及时研究对接的标准机制，做到组织绩效与个人绩效评价持续改进，既要立足当前，也应着眼长远。

课题组组长：孙长举

课题组成员：周道迁　张　朋　陆　辉

发挥党建引领作用 聚焦税务主责主业
——努力推进盐城税务税收服务高质量发展

卢李华

2023年，盐城市委八届四次全会向全市发出"全面建设绿色低碳发展示范区，奋力谱写中国式现代化盐城新篇章"的动员令。全国税务工作会议强调，要更好发挥和拓展提升税收在国家治理体系中的基础性、支柱性和保障性作用，为实现经济运行整体好转、实现质的有效提升和量的合理增长、服务中国式现代化贡献税务力量。盐城市委八届四次全会和全国税务工作会议为盐城税务部门推进税收服务高质量发展指明了方向、提供了根本遵循。

一、要把旗帜鲜明讲政治放在首位

没有离开政治的业务，也没有离开业务的政治。旗帜鲜明讲政治是马克思主义政党的鲜明特征，也是我们党一以贯之的政治优势。历史启示我们，税收服务高质量发展，要把旗帜鲜明讲政治放在首位，始终保持正确的发展方向。我们必须继续发扬这一优势，牢记"国之大者"，心往一处想，劲往一处使，全局上下拧成一股绳，坚定地向着既定目标奋勇前进。一是要坚持旗帜鲜明讲政治。方向是行动的先导，只有方向正确，才能蹄疾步稳。我们要始终坚持政治引领，强化政治机关意识，把税收工作放到讲政治的高度，切实增强税收服务高质量发展的思想自觉和行动自觉，以实际行动践行"两个维护"，擦亮税务机关的政治底色。二是要切实加强党的全面领导。全面建设社会主义现代化国家、全面推进中华民族伟大复兴，关键在党。我们要切实加强党对税收工作的全面领导，坚决维护党委班子的团结统一，切实提升党委把方向、谋大局、定政策、促改革的能力，调动各方面积极性，努力形成政令畅通、政通人和的良好局面。三是要切实强化理论武装。思想是一切行动的总开关。我们要用习近平新时代中国特色社会主义思想统一思想、统一意志、统一行动，重点学习习近平总书记关于高质量发展以及税收工作的重要论述、重要指示、重要批示精神，着力解决世界观、人生观和价值观的问题，切实提高理论武装头脑、指导实践、推动工作的能力。四是要发挥党建引领作用。我们要牢固树立抓党建是本职，不抓党建是失职的理念，把党建工作作为最大政绩来抓，认真落实新时代党的建设总要求，把落实全面从严治党主体责任和大抓基层组织建设有机结合起来，推进党建和业务深度融合，切实增强基层党组织的政治功能和组织功能，在税收服务高质量发展中，充分发挥党支部战斗堡垒作用和党员先锋模范作用。

二、要牢牢把握高质量发展主题

发展是党执政兴国的第一要务，推动高质量发展是关系全局的一场深刻变革。税收服务高质量发展，要求我们必须完整准确把握高质量发展要求，牢牢把握高质量发展的主题，这样才能在税收工作中真正贯彻这个要求。一是要完整准确把握高质量发展要求。党的十九大作出了我国经济已由高速增长阶段转向高质量发展阶段的重大判断,党的二十大报告用一个完整的章节对其进行了全面阐述。"万物得其本者生,百事得其道者成。"高质量发展就是新时代我国社会的"本"和"道"。我们要重其"本"、遵其"道",学懂弄通其中所蕴含的价值观和方法论,完整准确地把握高质量发展要求,坚定不移地推动税收服务高质量发展。二是切实增强税收服务高质量发展的责任感和使命感。高质量发展是全面建设社会主义现代化国家的首要任务,税收服务高质量发展是新时代赋予税收的新的职能和历史定位,也是各级税务机关的使命担当。我们要切实增强责任感、使命感,增强税收服务高质量发展的积极性、主动性,充分发挥税收在高质量发展中的基础性、支柱性和保障性作用,为高质量发展助力赋能。三是要修好服务高质量发展内功。税收服务高质量发展不是一句空话、套话,而是对新时代、新征程税收工作新的更高要求。从近年来上级巡视巡查和各类督察检查反映出来的问题来看,笔者认为应着力从以下几个方面入手:第一,要从解决党建和业务"两张皮"的问题入手,强化基层党组织的政治功能和组织功能,提升党员身份意识,推进党建和业务深度融合。第二,要从税费管理的基础事项问题入手,落实好基层管理事项清单要求,该抓的要抓到位,该管的要管规范,把最基本的事项管到位、管规范,提升管理效能,提升税收治理能力。第三,要从纳税人反映强烈的问题入手,着力解决问题反映处置不及时、机关和基层沟通协调不通畅等问题,增强干部职工务实担当的精神和进取意识。第四,要从税务干部职工能力素质提升抓起,有针对性地开展分级分类培训,营造良好的选人用人导向,着力解决不愿干、不会干、能力不足的问题。第五,要从增强组织凝聚力和向心力入手,坚持严管和厚爱相结合,健全完善干部职工关爱帮扶制度,加强税务文化建设,发挥群团组织桥梁纽带作用,着力解决组织认同感、集体荣誉感不强的问题。多方面练好内功,为在"两个服务"中展现盐城税务更大作为打下坚实基础。

三、要以高质量税收服务高质量发展

要想税收服务高质量发展,就要在税收工作中牢牢把握这一主题,加快税收职能作用充分发挥、服务保障高效的税收现代化建设。在2023年税务工作会议上,市局党委提出了要坚持"扬优势、补短板、激活力、争一流"的工作思路,提出了"争当全省税收工作的排头兵"目标,并部署了全年的九大重点工作任务。当前,要以高质量税收服务高质量发展,笔者认为要从以下几个方面发力:一是聚焦税务主责主业,要保质保量地"收"。聚精会神抓好组织税费收入工作,严格收入质量监管,坚决守住依法征收底线,均衡有序组织收入,推动税费收入质的有效提升和量的合理增长,实现组织收入"没有水分的增长",为高质量发展提供强有力的财力支撑。二是聚焦激发市场主体活力,要不折不扣地"减"。坚决克服各种减收困难,落实好各项税费支持政策,持续推动落实减税降费等涉企利民政策,切实降低市场主体负担,为稳定宏观经济大盘蓄力赋能。三是聚焦税收营商环境提升,要全心全意地"服"。坚持数据推动,实施分级分类服务,持续推动办税缴费便利化改革,打造最佳税收服务体验区。要研究出台税收营商环境负面清单,为规范税收执法和优化税费服务立规矩、画红线,进一步提高税收征管服务水平,助力服务盐城地方经济社会高质量发展。四是聚焦税收治理能力现代化,要依法依规地"管"。坚持创新驱动,持续深化税收征管改革,推进税费征管数字化和职能化改造,一体推进精确执法、精细服务、精准监管、精诚共治,加大税费服务运营中心、税收监管运营中

心、智慧税务运营中心"三个中心"的建设力度,持续优化执法、服务、监管方式,不断拓展和深化税收协同共治,完善税收风险防范和一体化综合监督体系,全面推进依法治税,营造公平竞争法治环境。五是聚焦盐城市委、市政府建设绿色低碳发展示范区和四个"绿色之城"建设,要尽心尽责地"咨"。发挥税务部门职能优势,积极向地方党委建言献策,提高以税咨政的能力和水平,主动服务地方高质量发展大局。

(作者单位:国家税务总局盐城市税务局)

关于基层税务机关发挥双重领导优势创建"首善党支部"的探索

国家税务总局北京市密云区税务局课题组

2022年初,中央组织部组织二局系统总结了税务系统党建工作经验,形成了《扛起主体责任 汇聚各方力量 推动税务系统党建工作创新发展——税务总局"纵合横通强党建"工作机制的调研报告》,为基层党建工作的开展明确了方向。作为首都税务机关,必须坚持首善标准,贯彻好习近平总书记"看北京首先要从政治上看"的重要论述,落实好国家税务总局党委书记、局长王军同志"六个走在前"的要求,打造首善税务机关。密云区税务局积极发挥税务系统和地方双重组织领导的优势,探索"首善党支部"创建工作,带动整体工作全面提升,并结合实际总结相关经验启示。

一、发挥双重领导优势创建"首善党支部"的主要做法

(一)主动接受地方党组织领导,夯实基层党组织基础

建强基层组织。密云区税务局有党组性质的党委1个,机关党委1个,党支部29个,在职党员378人。区局机关党委按照密云区委区直机关工委的统一工作部署和要求,严格程序,配齐配强支部班子。在11名党员以上的党支部设立党支部副书记,强化基层党组织力量。基层党支部的完善,为"首善党支部"的创建奠定了坚实的组织基础。

提升党务水平。制发区局《关于进一步严肃党内政治生活、规范基层党务工作的实施方案》,就党支部"三会一课"、主题党日活动等进一步进行规范。2022年评选出三个党支部标准化、规范化典型。在区直机关工委的指导下,建设党支部规范化实训教室,实现活动阵地标准化、活动机制规范化、活动信息公开化三大效果,为"首善党支部"创建奠定了坚实的工作基础。

担当重点任务。多次代表密云区直机关参加中组部、市委组织部的调研活动,积极投身密云区保水护水、创建全国文明城区等重点工作。2022年,开展"党建红+税务蓝"志愿活动,组织干部参与疫情防控工作超1万余人次。连续37周开展"周末大扫除",参与创城工作1500多人次。擦亮密云机关党建品牌"三进四帮扶",巩固帮扶对象转山子村脱低成果,帮助其销售6万余元农副产品;捐款7万多元改善村容村貌。派驻1名干部到集体经济薄弱村担任第一书记,助力乡村振兴。参与重点任务,为"首善党支部"搭建展现战斗堡垒作用的平台。

(二)落实系统部署,加强税收工作与党建业务融合

压实"首善党支部"责任。制发区局《落实全面从严治党主体责任和监督责任实施办法》,建立全面从严治党主体责任和监督责任"两个清单",明确党支部7项主体责任。将党建工作重点任务完成情况纳入绩效管理考核,科学制定考评指标,让各党支部工作干有目标、行有方

向。运用"税务党建云平台"信息系统,定期向党支部推送应完成工作事项,及时掌握党支部完成工作情况。将"两个责任"落实纳入基层党组织书记抓党建工作述职评议和巡察工作,形成全方位、多维度的督促落实机制。

突出党建与税收业务融合。在税收征管改革、减税降费等一系列重大任务中,坚持"书记抓、抓书记",把加强党对税收工作的领导落到实处,将党建嵌入业务工作各环节。依托"三会一课"、主题党日活动等载体,将理论学习与业务研讨相结合,提升干部业务素养。成立退税减税临时党支部,带领党员攻坚克难。深入开展创建党员示范岗、"为党旗增辉、为税徽添彩"等活动,强化党员意识、发挥先锋模范作用。与工作联系密切的相关部门结对共建,促进业务协作。

在税收工作中显现支部力量。把党支部打造成为落实党中央、国务院税收政策的"桥头堡"。通过建立党员先锋队、划分党员责任区等方式,引导党员干部在急难险重任务中冲锋在前。

(三)兼顾密云税务双重特色,打造党建品牌

党建引领品牌赋能"密云税务先锋"行动初见成效。着力打造"密云税务先锋"党建品牌,明确工作目标、搭建行动平台、建立工作机制。2022年以来,累计开展先锋行动17000余人次,带动工作质效全面提升。2023年以来,积分榜考核成绩在全区71个区直和垂管单位中位居前七,荣获各级荣誉15项。擦亮"接诉即办"品牌,归口管理12345热线、12366热线工单,建立闭环管理模式,"接诉即办"成绩连续12个月在全市税务系统及全区各委办局中排名第一;建立"团队+数据"自然人异议申诉处理模式,异议申诉处理率指标稳居全市前列;制定个税汇算征管服务工作方案,2021年度个税汇算申报率位居全市第一。

百年党史走进少年税校。依托少年税校特色品牌开展"百年党史走进少年税校"系列志愿服务活动,以录制党史、税史教学视频的形式进行税法宣传。通过北京密云税务微信公众号开设专栏,将16个教学视频发布到全区41所小学,实现教学全覆盖。其中,有3条视频被国家税务总局青少年税法学堂收录。"百年党史走进少年税校"系列志愿服务项目获得北京市2022年"团建百强"品牌项目称号。

践行保水保生态初心使命。成立党员保水护水志愿服务队,全面贯彻落实习近平总书记回信精神。2023年以来,开展保水护水主题党课活动2次;组织队员走进密云水库展览馆等红色教育基地6次;开展库区捡拾白色垃圾等保水护水活动6次。连续3年开展"夏季送清凉"慰问保水护水一线员工;连续5年联合库区周边党政、非公单位开展共建活动,致力打造富有水库特色的党建工作品牌。

二、双重领导优势在推进创建"首善党支部"中的作用分析

(一)双重领导便于得到更为专业的指导

税务机关作为重要经济管理部门,业务的专业化程度高。税务机关开展党建工作,不能离开"围绕中心、服务大局、建设队伍"的重要任务。得到税务系统的垂直领导,对找准党建与税收业务的契合点具有重要现实意义。地方党委,特别是组织部门,长期从事基层党建工作,对如何提升党支部规范化建设、打造亮点工作、融入地方发展大局等方面具有丰富的经验。因此,得到地方党组织的指导和支持对"四强""五好"党支部建设具有重要指导意义。

（二）双重领导使创建平台更加广阔

在"首善党支部"的创建过程中，得到系统和地方的双重领导，既能够将深化税收征管改革、落实组合式税费支持政策等重要任务作为"练兵场"，又可以主动融入地方发展大局，通过参与创建全国文明城区、落实习近平总书记给建设和守护密云水库的乡亲们的重要回信精神等具有地方特色的工作任务，发挥党组织优势、锻炼党员队伍。

（三）双重领导提供更加丰富的创建资源

党支部的建设需要日常党建工作锻炼，也需要参与各项荣誉的争取以及获得肯定。双重领导让基层税务机关党支部有机会在系统和地方两个方面平台参与"两优一先"党组织、规范化标准化典型、优秀主题党日、党建创新课题等各项荣誉的评比。同时，有更多的机会参加纵向和横向的工作交流活动，从中得到更多的经验和启示，进而指导党支部工作的开展。

三、发挥双重领导优势创建"首善党支部"的经验启示

（一）推进税务机关基层党建工作的重要途径

结合双重领导优势，形成独有的党建工作方式，是基层税务机关党的建设的重要特色；按照首善标准，不断强化党支部建设，对于推动党建工作具有重要的现实意义。今后，我们要继续发挥双重领导优势，树牢首善意识，突出税务特色，结合党支部规范化标准化典型、优秀主题党日、先进基层党组织等评选活动，不断细化"首善党支部"评定标准，提升基层党支部工作水平，为各项工作的开展奠定坚实组织基础。

（二）落实税务总局"纵合横通强党建"机制制度的重要载体

坚持上下联动、条块协同，将党建融入具体业务，融入地方发展大局，"首善党支部"的建设才能焕发出强大的生命力。今后，我们要继续层层压实党建工作责任，调动各方面积极性，用好"条"和"块"两种资源，做到既同向发力，又各有侧重，实现优势互补、全面提升，让"首善党支部"创建成为落实"纵合横通强党建"机制制度体系的发力点。

（三）发挥党建引领作用推进中心工作的重要抓手

"抓好党务、带好队伍、干好税务"是新时代税收现代化建设的总目标。今后，我们要继续坚持党的全面领导，充分发挥党支部战斗堡垒作用和党员先锋模范作用，深化"三个打造"，强化"两个支撑"，以创建"首善党支部"为契机，找准党建与税收业务结合点，完善"两结合、四一起"具体措施，有力组织收入、减税降费、优化营商环境、保水保生态等工作落实落地，交出税务工作满意答卷。

课 题 组 组 长：张之乐
课题组副组长：赵　刚
课 题 组 成 员：王　丹　翟羽佳
课 题 执 笔 人：张晓华

基层税务干部思想政治工作的实践和思考

武 琼

思想政治工作是一切工作的生命线。国家税务总局连云港市税务局针对思想政治与税收业务工作"两张皮"等问题，深入学习研究中共中央、国务院印发的《关于新时代加强和改进思想政治工作的意见》，建立健全思想政治工作制度，创新工作方式方法，层层压实工作责任，凝聚起磅礴的进一步深化税收征管改革的人才力量和思想政治保障。近年来，连云港市税务局继续保留全国文明单位、多次获评全市综合考核"优秀等次"、服务地方高质量发展优秀单位、全省税务系统"绩效优秀单位"；基层14个单位获得江苏省文明单位、江苏省巾帼文明岗等多项荣誉称号。

一、强化组织统领，定向把舵，在"理想信念"中夯实思想政治工作基础

思想政治工作是党领导中国式税收现代化建设的重要方法。我们坚持党对思想政治工作的全面领导，强化习近平新时代中国特色社会主义思想指导，提高思想政治工作判断力、领悟力、执行力，不断推动思想政治工作向纵深开展、向基层一线扎根。

（一）强化组织保障，增强思想政治工作的领导自觉

全面组织学习中共中央、国家税务总局和省市委制定的思想政治工作规划及要点，成立全市税务系统思想政治工作领导小组，健全党委领导体制及相关工作体系，推动全系统各级党委发挥思想政治工作把方向、管大局、保落实的作用。研究制定党的建设、政治能力建设、深化税收征管改革"三位一体"总纲领，探索建立"党建引领双促进＋双提升"工作机制，组织"思想政治工作课题研究"，开展"扣好廉洁从税的第一粒扣子"主题征文，举行"税月如歌、薪火永续"机关干部荣誉退休仪式，颁发"光荣在党50年"纪念章，《致全市税务系统干部职工家属的一封信》《致退役军人同事们的慰问信》，全系统118个党支部发挥了壹引其纲、万目皆张的作用。坚持把税务思想政治工作融入党的建设、行政执法、纳税服务、征管改革的各个环节之中，纳入中心工作整体部署和重要议事日程，做到同谋划、同部署、同检查、同考核。坚持把税务思想政治工作要求融入干部日常教育监督、落实到中央八项规定及其实施细则、聚焦"四风"问题之中，集中开展警示教育、以案释法和专项整治，营造风清气正的思想政治工作生态环境。

（二）强化理论武装，增强思想政治工作的历史自觉

持续深化"不忘初心、牢记使命"主题教育和党史学习教育成果的转化工作，把思想政治工作与税务系统的业务培训、理论教育、道德培养紧密结合起来，明理增信、崇德力行、坚韧奋斗、向上向善，极大丰富思想政治工作理论。完善各级党委会议"第一议题"、理论学习中心组学习和各类干部教育培训"第一主题"、青年理论学习"第一任务"及支部"三会一课"

等制度，把税务思想政治工作纳入各级党委及各个支部的理想信念、文明创建、作风建设、意识形态学习中去，组织巡学旁听，量化考核评比，在全面从严中锤炼党性，在攻坚克难中彰显作为，在服务发展中体现担当，推动思想政治工作理论创新、实践创新。

（三）强化责任意识，增强思想政治工作的行动自觉

按照"条块结合、分工明确、权责清晰"的原则，制定思想政治工作战略规划和实施方案，出台思想政治工作责任清单、思想政治工作任务分解表，细化工作目标、节点任务。积极打造思想政治工作最佳体验区，开展"主题党日＋退税减税"，培育"惠更好"临时党支部品牌；打造"主题党日＋云端办税"，党员先锋岗全时在线，让9.2万户次纳税人缴费人享受"云端服务"；"主题党日＋风险防控""团队式党小组＋流程化运作"，实体化运作市级深度分析和重大风险负责事项专项应对小组，提升风险管理质效。组织党建优品荟，打造税行者、税壹号、税先锋等一大批党建品牌，推动税务党员干部进一步解放思想、履职尽职。建立健全"党建＋"机制，发挥基层党支部和广大党员战斗堡垒和先锋模范作用，一体推进税务思想政治工作与精神文明、物质文明协调发展。擦亮政治巡察"利剑"，定期研究指导督促思想政治工作推进进度，致力做好思想政治工作落实"后半篇文章"，思想政治工作的向心力和凝聚力显著提高。

二、聚焦职责使命，强基固本，在"价值理念"中创新思想政治工作作为

思想政治工作是实现中国式税收现代化建设全过程各环节治理的重要手段。我们精准把握思想政治工作在税收主业、主线、主责中的方位，激发税务干部治理潜力，书写"为国聚财、为民收税"新时代税收工作崭新篇章。

（一）聚焦税费收入质量建设，打好思想政治工作"免疫针"

坚持走思想政治工作与组织税收收入中心任务融合发展之路，建立健全依法依规组织收入机制，坚决不收"过头税费"，系统排解市场主体扩展、服务对象剧增给税务干部职工带来的心理压力与工作挑战，营造政府牵头、部门合作、信息共享、协同共治的组织税费收入大环境，力争完成全系统各项税费收入任务，为全市社会经济建设提供坚实财力保障。持续深挖税收大数据"金山银库"，全方位打造税收分析拳头产品，形成了30篇税收分析报告，综合研判时势，高质量服务各级党政领导决策，扛牢抓实组合式税费支持政策及税费法律优惠等重大政治任务的落实。

（二）聚焦税费治理能力建设，唱响思想政治工作"主旋律"

顺应税收征管范围由税向费、由法人向自然人、由传统业态向新兴业态不断拓展的新特点，探索构建"1＋5"新税收征管体系和优化高效统一的新税费征管体系，搭建高质量税费征管的思想政治工作载体。坚持把税务思想政治工作作为税收大数据、信息化建设和新征管体系建设的重要引擎和核心驱动，打造税收大数据平台和风险分析识别库，持续优化电子税务局功能，实现"以票管税"向"以数治税"思想的深刻转变。大力实施风险导向下的税务思想政治工作差别管理，恪守税收执法"三项制度"底线，精准打击虚开骗税违法行为，一体防控税收遵从风险、管理风险和廉政风险，契合新媒体用户碎片化阅读税收法规需要，力求内容精简、通俗易懂，制作微视频精品。

（三）聚焦税费营商环境建设，树立思想政治工作"风向标"

转变税收服务思想理念和执法方式，推行"首违不罚"事项清单，全面开展"我为纳税人缴费人办实事暨便民办税春风行动"。持续深化"放管服"改革，大力推出优惠政策"直达享"、个人社保"手机缴"、跨区迁移"线上办"等多元服务产品。积极打造税收营商环境最佳体验区、智慧税务，开创"一揽子"升级线上办税、"一张网"深化"非接触式"服务、"一件事"集成跨部门服务、"一体化"助力长三角和江苏（连云港）自贸区发展，打造税收征管、服务、信息和文化"共同体"，持续改进干部作风，不断提质增效。规范统一税收、社会保险费和非税收入征管服务标准，形成全市"税费统管"新的工作思路和理念，针对城乡居民医保参保缴费留言量大、个性化问题多的突出情况，组建回复专班，及时帮助缴费人答疑解惑。

三、致力公益行动，立己达人，在"道德观念"中引领思想政治工作风尚

思想政治工作是保障中国式税收现代化建设成为全社会共同事业的重要纽带。我们要树立"人民至上"思想政治工作观，深深扎根人民群众，探究乡村振兴、春蕾计划、志愿者的生动社会实践，不断激活思想政治工作的向心力和凝聚力。

（一）擦亮乡村振兴思想政治工作的人文底色

统一税务干部思想政治工作认识是乡村振兴的关键，持续加大智力投入，建设党群服务文化中心、"蓝莲花"农家书屋、乡村大舞台、乡村游"网红"打卡地和大学新生走进田间"微党课"，让更多的乡村孩子通过文化知识改变命运，激活乡村振兴人才资源。持续加大人力投入，选派思想政治文化素质高的税务干部对接各个行政村的振兴工作，做到人员、责任、效果"三落实"。持续加大物力投入，按照"思想政治工作＋产业"发展思路，打造"一村一品"基础工程，筹措资金建设经济产业园、高效温室大棚，壮大集体收入。

（二）擦亮"三下乡"思想政治工作的人本底色

落实村规民约、公序良俗，坚持文化添力，每年春节期间，组织税务干部和书法爱好者为村民现场书写对联，开展送日历、年画等文化活动。坚持卫生助力，引导村民参加社会医疗保险和大病统筹工作，建设村民文化、健身、休闲场地。坚持科技给力，利用科技信息大数据平台，收集产、供、销、研等涉农产品信息，拓展企业投资和农产品销售渠道，解决村民就业问题。

（三）擦亮志愿服务思想政治工作的人道底色

持续开展"传递爱心、奉献社会"、义务献血、"文明交通、劝导执勤"活动，鲜活思想政治工作素材，推高思想政治工作品位。

思想政治工作是一项系统的、长期的、复杂的社会工程，没有最好，只有更好。下一步，我们要强化科学理论指导，构建"党性锤炼＋为民服务"党史学习教育常态化长效化机制，持续提升政治能力，健全完善"党委主责、支部主抓、党员主角、群众主动"的政治思想工作体系，放大"蓝海红心"党建品牌集群效应，同步共振，营造干事创业、改革创新的思想政治工作浓郁氛围。

（作者单位：国家税务总局连云港市税务局）

如何把党建绩效"软指标"变成"硬约束"？
——基于 H 市税务局党建责任考核体系的案例观察与思考

张 杰 张晓惠 朱亚兰 张 震

机关党建作为党组织工作的重要组成部分，在整个党建工作中起着事关全局、举足轻重的作用。如何进一步压实机关基层党组织书记管党治党政治责任，推动机关党的建设高质量发展，H 市税务局把稳方向、找准定位、强化责任、考用结合，回答好从严治党"从何处治"、落实党建责任"落在哪里"、强化党的领导"何以能"的问题。本文将对 H 市税务局在党建责任考核工作中的探索与实践进行分析和研究，希望为机关党建工作提供有益参考和经验借鉴。

一、选题背景与研究现状

党建责任制是党承担主责主业、强化组织肌体建设的重要举措。从既有研究来看，党建责任制是落实全面从严治党、管党治党的坚实保障，是确保党建工作常抓不懈、强化实效的稳固基石。党建责任制是落实全面从严治党的有益实践，建立专项评估考核机制是基层党组织落实全面从严治党责任制的关键环节和问责制的前置环节。从党组织工作看，党建工作责任制能够有效改善党建工作边缘化的现象，克服党建工作抽象化、模糊化问题。从党组织队伍看，党建责任制为党员干部提供了强化责任意识、履行责任职责的"指挥棒"，有助于解决"本领恐慌"问题，不断提升基层党组织的能力本领，强化并发挥其战斗堡垒作用。

然而，在推进党建责任制的过程中，也出现形式大于内容的"走过场"现象。究其原因，笔者认为：一是政绩观念的偏差。一些基层党组织书记并没有树立正确的政绩观，仍然存在党建工作"说起来重要、做起来次要、忙起来不要"的思想，"第一责任"职责不明。二是制度保障的缺位。从严治党靠教育，也靠制度，制度"宽松软"、考核机制不完善，党建责任执行就会走样、变形、打折扣。

为推动党建责任制的落实，H 市税务局（以下简称"该局"）抓住关键点、关键人和关键事，以机关党组织书记述职评议考核为切入点，对推进机关党建责任考核由"虚"到"实"、由"软"变"硬"进行了探索实践。2020 年 8 月，该局在全系统印发《全市税务系统推进党支部标准化规范化建设实施方案》，为推动党建责任落实提供有力保证；随后在此基础上建立并推行《H 市税务局机关党支部书记述职评议考核工作实施方案（试行）》，不断深化党建责任考核的科学化路径。

二、党建责任制从"大政绩"变成"软指标"的问题探究与原因剖析

党建责任制考核体系是对"最大的政绩"的集中检验。定性指标实际操作性弱，考核过程松紧弹性大，考核结果缺乏约束力，党建责任考核就会流于形式、失之于软、落之于空，"最

大的政绩"沦为"最软的指标"。

（一）基础党务工作不扎实，组织弱化、虚化、边缘化

一个组织的生命力和战斗力，需要依靠组织内部严密的制度和严格的纪律来维持。组织生活松一寸，组织建设弱一尺，干部队伍散一丈。从调研结果来看，机关部分基层党组织在制度、管理、组织生活等方面均不完善，不同程度地存在"三会一课"记录不规范、发展党员程序不标准等失序现象，基础党务工作的不扎实导致党组织"弱、虚、散"，从而严重影响组织作用的发挥。

（二）基层党组织工作重点不明确，党建成效不明显

长期以来，基层党建工作在一定程度上存在"头痛医头、脚痛医脚"的弊病。一方面，某些党组织书记认为党建工作任务模糊、责任不明、重点亮点难突出，更为关注营商环境、征管改革、纳税服务等考核"硬指标"，导致"第一责任人"主体地位逐渐丧失，渐渐由"不想干"变为"不会干"。另一方面，对于如何推进机关党建工作缺乏系统整体设计，存在标准不高、落实不力和考评不严等问题，很多党组织目前都没有能拿得出手的案例或品牌。如何加强顶层设计，推动形成机关基层党建工作"一盘棋"、整体融合推进的工作格局尤为重要。

（三）党建责任考核主观定性多、客观量化少，陷入"形式主义"困境

以往对落实党建责任的考核以定性为主、定量为辅，主观性强，缺少可观测、可比较的量化指标。有些基层党组织虽然制定了责任清单，但实际上党组织书记"只挂名不挂帅"，转手"打包"给了副书记或委员。有的党组织追求务虚的面子工程，工作重点是资料规范、台账完整、照片美观，党建的实际引领作用难以衡量。在考核时，具体业务往往成为领导干部个人绩效的主要依据，党建逐渐沦为"副业"。

（四）党建工作评价"一刀切"，考核方式简单化、片面化

以往对机关党建责任落实情况进行评判，主要依据年度党建工作述职评议考核。但是，从实际效果来看，这一方式容易陷入以个人工作总结代替党建工作总结的误区。另外，党建责任考核内容缺乏深层次的针对性考核，大多以一个指标体系进行衡量，简单通过党员人数、会议和活动次数等指标来衡量党建成效。

（五）党建责任制考核结果运用"失效"，考而无效等于白考

党建工作抓得好不好，要靠"果实"来说话。构建党建工作责任制考核评价体系是为了得出更具科学性、准确性的考核结果，其终极目的是更好发挥党建工作责任制考核的实践指导作用。当前，对于党建工作责任制考核结果的运用仍然存在不充分、不具体、不够有效的问题。

三、机关党建责任考核体系的有效探索和积极实践

该局机关有29个党支部，均以部门为单位，现有职工456人，党员干部374名，占职工总数的82.02%，其中在职党员311名，占党员总数的83.2%，是一支较为庞大的党员干部队伍，且青年党员是"中坚力量"。如何进行规范化、科学化党责任考评，提高党组织吸引力和号召力，是该局机关党建责任考核的重点突破方向。

针对以往基层党建工作难量化、工作标准不明确、工作实效难考评的问题，该局积极探索机关党建责任考核体系，对机关29个基层党组织开展党建责任考核。该体系分为日常工作评价指标、工作质效评价指标和述职评议考核指标三大类，共计3类、13个方面、44个小项指标，

进一步加大考核指标指向性和区分度。考核结果按"好、较好、一般、差"确定等次，其中评价为"好"的，原则上不超过50%，给基层党组织戴上"紧箍咒"，将"软指标"变成"硬约束"。

该体系同时具有动态调整功能，根据年度重点工作、中心工作和难点工作的推进效果，按年度调整党建责任考核体系指标。如某项工作完成水平较高，则相应降低所占分值，对于未达到应有成效、存在薄弱环节和缺口短板的工作，有针对性地增加指标或者分值，增加考核的科学性和实用性。该局机关党建责任考核体系，如图1所示。

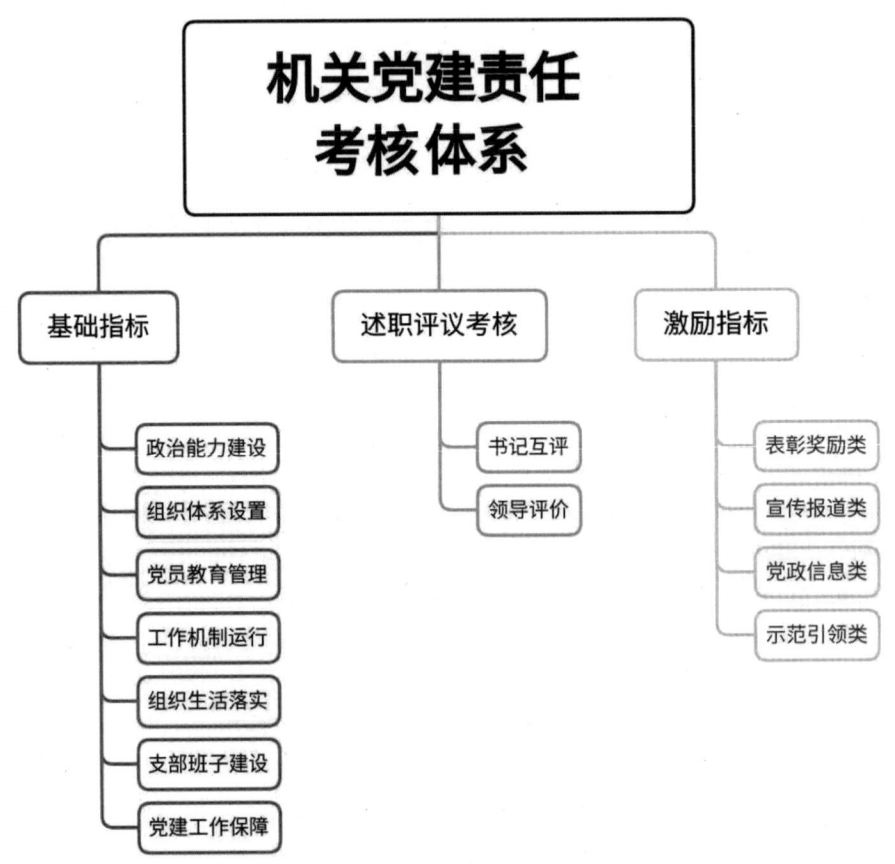

图1 该局机关党建责任考核体系

（一）提升政治站位，突出标准规范，明确基础指标

日常工作评价即基本指标，占考核总分的40%，侧重考核机关基层党组织的党建"基本功"。由该局机关党委专门抽调专职党务工作者，与机关党委委员共同组成测评组。通过有机组合查阅资料、实地考察、线上（国家税务总局党建云平台）核查、个别访谈等9种考核方式，严格对照《H市税务系统党支部标准化规范化建设考评清单（试行）》，从政治能力出现建设、组织体系设置、党员教育管理等7个方面，多维度地对机关基层党组织推进党建工作整体情况进行评价。

多种形式灵活组合的考核方式，避免基层党组织为了应付考核出现"临阵磨枪"包装账面、"重痕迹而轻实绩"等各类形式陷阱，将以往对"墙上文化""纸上党建"的注意力放回党建工作本身的内涵上。同时，力求全面涵盖党建工作，避免考核"一刀切"，激发各基层党组织规范、科学开展党建工作的动力与干劲。基础指标构成，如图2所示。

职工队伍建设

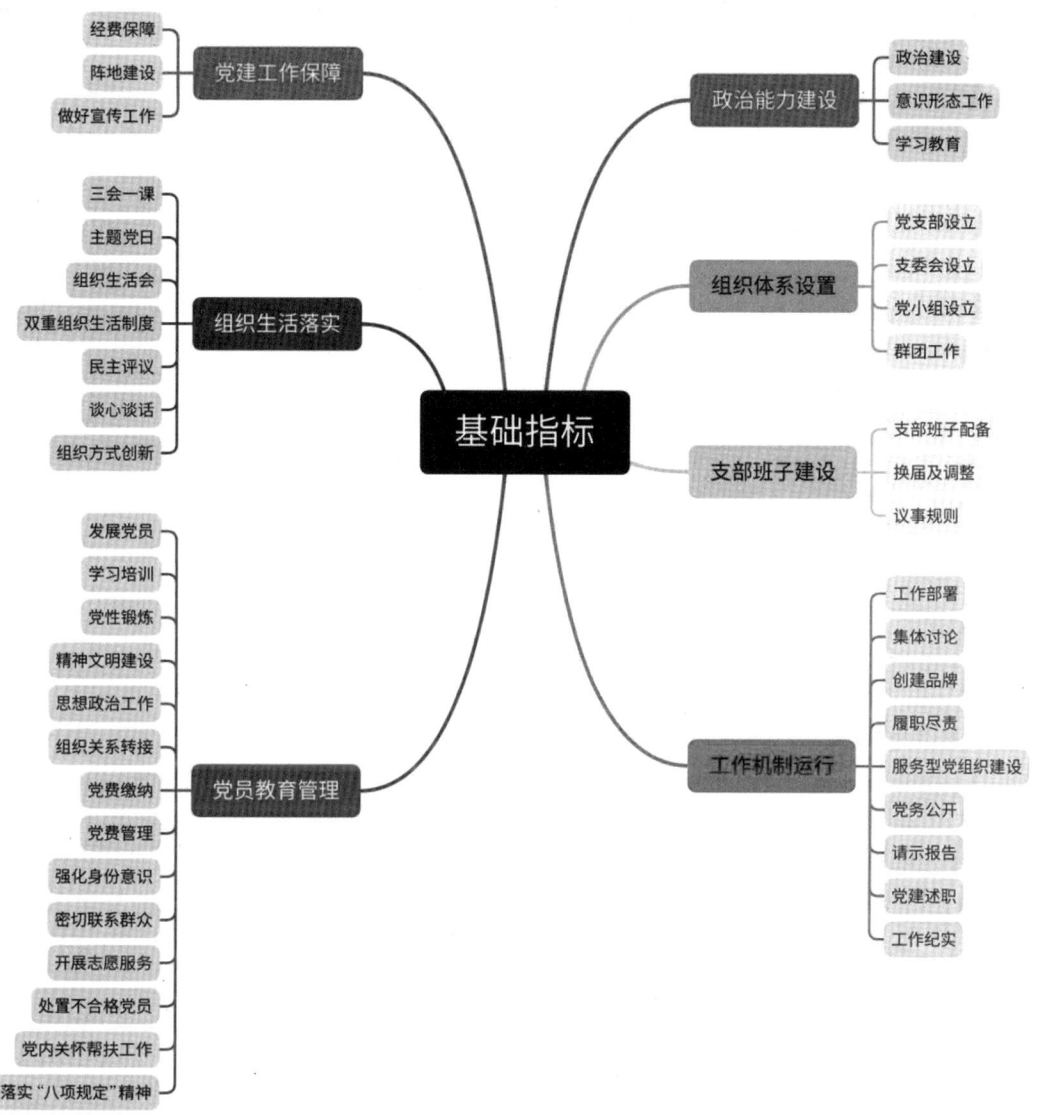

图 2 基础指标构成

（二）强化目标导向，聚焦特色亮点，探索激励机制

日常质效考评即激励指标，占考核总分 10%，侧重对各基层组织推进党建创新工作进行加分，大致分为表彰奖励类、宣传报道类、党政信息类、示范引领类。激励指标的单独赋分，改变了以往"一揽子"考核方式，破除共用一个考核清单、党建工作亮点不突出、党建工作质量无法客观评价等问题，让党建责任考核更加精准、客观和科学。通过考奖结合、加减明晰，达到更加公平、客观、科学、直观地开展党建工作责任考核的目的，激励基层党组织以整体提升工作质效为突破口，成长为多层次、多角度、多形式宣传党的路线方针政策的前沿阵地。

（三）压实责任链条，发挥"头雁效应"，抓牢述职评议

述职评议考核占考核总分的 50%，打破以往书面述职的单一方式，改为书面述职和现场述职评议相结合、领导评价各占一定比例分数的组合方式，将简单考核变为"全过程跟踪式"考核，破除以往主要靠演讲水平和评委主观评判的"一锤定音式考核"，让责任主体把主要精力都放在平时。一年一度的述职评议考核是严肃的政治生活、严格的政治训练。述职前，党建部门对29个党支部的日常考核结果和述职材料进行分类统计、梳理汇总，提前为每名"考官"提供翔实的参考资料。述职时，党组织书记围绕"5+2"党建工作格局，依据"三个三分之一"组织内容，机关党委书记按照"三个不通过"辣味点评，见人见事、直击痛点，牢牢牵住履行管党治党主体责任的"牛鼻子"。

（四）统筹整体推进，形成常态长效，科学分类定级

基本指标、激励指标、述职评议三方面得分之和，即为党建考核最终结果。考核结果按"好、较好、一般、差"确定等次，其中评价为"好"的不超过50%。对考核结果未达到"好"等次的，该党支部书记年度考核不得评定为"优秀"等次，并核减其所在支部民主评议党员的优秀名额。对于"一般、差"者，根据实际得分进行不同程度的提醒、批评、责令整改。

考核是工具手段，而结果运用是根本。该考核体系实现了对机关支部分类定级，更加直观地区分党建工作成效。通过正向激励与负向惩戒相结合，基础党务工作考核与重点亮点工作考核并行，实现了动态量化评价与定性综合评价相结合、"党绩"与"政绩"考核相结合、工作评价与述职评议考核相结合等多种方式规范考核程序，形成了"树责明晰—履责俱全—评责科学—问责有力"的闭环逻辑，打造了环环相扣的责任链条。党建责任考核体系闭环逻辑，如图3所示。

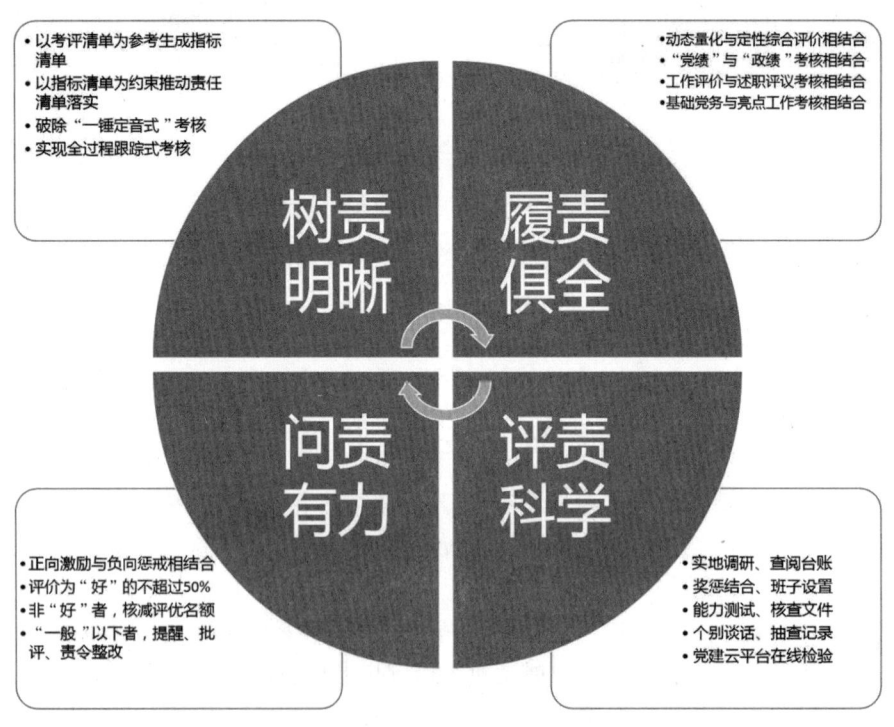

图3 党建责任考核体系闭环逻辑

（作者单位：国家税务总局淮安市税务局）

基层税务系统思想政治教育工作研究

孙 敏

当前,我国政府正由"管理型政府"向"服务型政府"转变。市、县两级基层税务部门是实现税收现代化目标的重要部门,税务干部的素质情况更是决定目标能否实现的根本保证。随着我国社会环境的深刻变化和税收事业的改革发展,广大税务干部的思想也发生了相应的变化,出现了一些新情况、新问题,如思想政治素质不高,理想信念不够坚定,事业心、责任心不强,法制、纪律观念淡薄,工作观念陈旧,创新意识及动力不足。基层税务机关是国家财政管理工作最主要的执行机构,只有认真执行党和国家的一系列政策法规,提升税收执法效能,牢牢把握新常态下税收工作的重点,努力推进税制改革,深入机构整合,加强科学管理,保证队伍建设,才能确保税收稳定增长。同时,要有效利用税收的调控作用和对经济的影响力,服务好地方工作,进而影响全国经济大局。

一、税务系统思想政治教育工作内涵

(一)税收的含义及特征

税收是国家(政府)财政收入的主要来源。税收的实质是国家为了能够进行社会建设,满足基本公共需要,依据国家权力,按照法律政策所规定的标准和流程,对人民的收入进行再分配,由国家获得财政收入的一种特别的获取形式。它反映的是一定社会体制下国家与国民在收入和税收的利益再分配上的某种特殊的分配关系。与其他收入方式相比,税收具有强制性、无偿性和固定性的特征,我们习惯上称其为税收的"三性"。

(二)思想政治教育工作的含义及特征

思想政治教育工作,主要指共产党领导下的有严密组织系统的思想政治教育工作、理论宣传和鼓舞工作等全部实际活动,是政治工作中的思想性部分和思想工作中的政治性部分的叠加、融合。

面对新形势给思想政治教育工作提出的新任务、新挑战,思想政治工作需要遵循三项基本原则:一是方向原则。方向原则是指思想政治工作活动要始终与我国社会主义社会发展的要求相一致,坚持正确的政治方向不动摇。二是渗透原则。思想政治工作只有渗透到具体工作中,才能满足教育对象的需要,及时发现并解决问题,增强针对性、实效性。三是物质利益原则。坚持思想政治工作物质利益原则是党的优良传统之一。我们要把实现好、维护好、发展好最广大人民根本利益作为出发点和落脚点,坚持以民为本、以人为本。

(三)做好税务干部思想政治教育工作的必要性

面对中国经济和社会的新发展、新要求,将思想政治工作与基层税收工作结合起来,融合现代新媒体、新技术,推进税收制度改革,税务系统思想政治教育工作具有重要意义。现阶段，基层税收系统的思想政治工作主要还是学习政策，阅读材料，听报告，写思想体会。模式过分老套陈旧，效果不但不明显，反而容易引起大家的逆反情绪，因而改进和创新思想政治工作方法是目前基层税务系统的迫切要求，应设法确保基层税务干部改变自身想法，增强服务意识，为改变他们的工作作风，夯实坚实的思想基础。

二、基层税务系统思想政治教育工作存在的问题及其原因

（一）基层税务系统思想政治教育工作现状

改革开放的不断深入和社会主义市场经济体制的日臻完善，必然带来新的社会心态和个人心理体验，人们的价值观念、生活态度、政治信仰都会发生不同程度的变化。为了巩固改革开放成果，坚持社会主义市场经济改革方向，需要对税务人员的思想观念进行正确引导。在新的形势下，人们的思维方式和行为方式也发生了一些转变。市场经济的许多新观念，如时间观念、效益观念、人才观念、法制观念在广大税务工作者的思想中逐渐根深蒂固，他们从自己的切身体会中认识到，只有坚持科学发展观，我们的国家才能走向富强、民主、文明，民族才能复兴。

（二）基层税务系统思想政治教育工作中存在的问题

当前，国际国内的形势发生了重大变化，我国对税收管理的要求也越来越严格和规范。然而，一些干部的素质、能力与之不相适应，部分基层税务单位在加强思想政治工作方面，没有去研究这些新情况、新问题，思想工作往往流于形式，产生了不良的氛围。这导致思想政治工作的深入推进与思想政治意识滞后的矛盾愈加明显。

1. 与税收业务工作结合不够

部分基层税务部门领导没有从税收工作的实际和特点出发，没有从税收工作中存在的一些亟待解决的问题出发，没有从需要思想政治工作介入的内容和环节入手，来研究干部职工的思想实际，开展深入扎实的思想政治工作。结合点选不准，没有将思想政治工作渗透到业务工作中去，与业务工作融合得不够，无法做到有的放矢，取得良好效果。

2. 与基层的热点、难点问题结合不够

部分基层税务单位抓思想政治教育工作之前不搞调查研究，不了解干部职工的思想状况、思想问题，把握不准思想脉搏，找不准问题症结。不能有效地针对思想问题，通过"入脑入心"的思想工作来引导基层干部职工，化解情绪、解开疙瘩、提高觉悟。

3. 与解决实际问题结合不够

在实际工作中很难抓住根本，帮助解决实际问题，大多是理论的灌输和嘴上的说教，与解决实际问题结合得不够。不能在解决实际问题中解决思想问题，也影响了思想政治工作的展开。

（三）基层税务系统思想政治教育工作存在问题的原因

部分基层税务单位存在重税收业务工作、轻视思想政治教育工作的倾向。他们通常认为完成本部门的税收任务和考核指标就万事大吉了。觉得思想政治工作比较"虚"，不容易出成绩、出效果，因而抓思想政治工作不愿意花大力气。因此，在进行思想政治教育时，有的单位往往是时间上挤、工作上让、人员上凑，有的单位领导则简单地认为思想政治工作是专职人员的职责，与一般干部沟通的时间越来越少，距离也显得越来越远，给人的感觉是高高在上的。这样

做不易征求到下属同志的真实意见，也对形成各部门齐抓共管做好思想政治教育工作产生了负面影响。

三、完善和创新基层税务系统思想政治工作的具体对策

（一）丰富基层税务系统思想政治教育工作内容

影响基层税务人员思想政治工作成效的一个基础性因素就是对于教育内容的选定。及时、适用且针对性强的内容，会提高思想政治工作效果。而想要提高教育内容的全面性、及时性，不能仅停留在常规教育和税务系统固定教育内容范围内，应结合国内外时政及主流思想发展情况，拓宽教育内容覆盖面、丰富教育题材；应紧跟国家大政方针步伐和社会价值观念演变，及时将国家和社会倡导的理念传递给基层税务人员，时刻保持基层税务人员思政工作的全面性、先进性和及时性。

（二）提升基层税务系统思想工作的实效性

一是加强基层党建工作。思想政治工作的关键是坚持和加强党的全面领导，健全基层党组织是搞好思想政治工作的组织基础。二是要加大对思想政治教育工作的领导力度。把思想政治工作纳入领导干部责任目标考核制，通过签订责任书、述职和考核，强化领导干部对思想政治工作的责任意识，形成思想政治工作与业务工作、税务现代化建设一体运行的模式。三是完善基层税务系统思想政治工作考核机制。开展思想政治工作的最终目的是增强全体税务人员的综合素质。因此，建立起对税务干部职工尤其是基层税务人员的综合素质考核机制是评价基层税务机关思想政治工作的重要依据。

（三）创新基层税务系统思想政治工作方法

一是将税务文化与思想政治工作相融合。税务文化对税收事业起着重要的指导作用。将税务文化与思想政治工作结合起来，可以对思想政治工作进行有效创新，提升干部对思想政治工作的认可度，增强干部的主体意识。二是将现代化工具和思想政治工作相融合。随着科学技术的快速发展，很多现代化工具，如两微一端和抖音等短视频平台，已经成为人们获取信息和知识的主要途径。利用现代化工具进行思想政治教育内容的传播，使税务干部的思想政治教育工作更加科学、规范、有效。三是将心理干预运用到思想政治工作中。要针对不同干部的认识展开不同的工作，比如通过心理干预加强税务部门领导对思想政治工作重要性的认识，发挥带头作用，可以提高员工的积极性和学习热情。

（作者单位：国家税务总局连云港市税务局）

智慧税务背景下的青年干部培养研究

——以广州市越秀区税务局青年干部培养工作为例

国家税务总局广州市越秀区税务局课题组

一、引言

在全面建设智慧税务的时代背景下，为认真落实国家税务总局关于倾心带好青年、用好青年的总体要求，打造素质过硬的税收事业生力军，越秀区局试以区局青年干部培养工作为例，分析新形势下青年干部培养面临的机遇和挑战，研究青年干部培养的现状与需求，总结关于青年干部培养实践的思考。

二、智慧税务背景下青年干部培养的机遇与挑战

（一）智慧税务的内涵

2021年3月，中共中央办公厅、国务院办公厅印发的《关于进一步深化税收征管改革的意见》提出要着力建设智慧税务。智慧税务是以大数据、云计算、人工智能、移动互联网等现代信息技术为手段，着力推进内外部涉税数据汇聚联通、线上线下有机贯通，驱动税务执法、服务、监管制度创新和业务变革，进一步优化组织体系和资源配置的新型税收治理方式。

（二）青年干部培养工作面临的机遇

为适应智慧税务带来的技术上和管理方式上的变革，对青年干部的培养要求应更明确，要培养高端人才、专业人才、复合型人才，打造高端引领型、专业骨干型、基层实战型青年干部队伍。对青年干部的培养方式应更多元化，可以将岗位实训、业务轮训、实战培训、交流锻炼等培养方式统筹使用。

（三）青年干部培养工作面临的挑战

大部分青年干部的学业背景和素养能力不同，工作经验相对不足，全局意识、统筹能力和基于实际工作的创新创造能力都有待提升；在智慧税务建设的时代背景下，青年干部如何不断拓宽知识视野，加快知识更新，不仅要结合青年干部的专业、特长在点上发力，也要注重不同岗位轮换、不同领域学习，向上培养；在智慧税务"互联网＋"模式下，更要注重运用大数据思维，组织、管理和考核人才，数字建档、数据画像，确保培养规划更精准、培养效果更突出。

三、智慧税务背景下青年干部培养的现状与需求

（一）培养现状分析

越秀区局2019—2022年补充近70名年龄在40岁以下（含40岁）的青年干部，青年人才

总量迎来大幅度增长。截至 2022 年 7 月，越秀区局共有 40 岁及以下青年干部 289 人，占在职干部人数的 43.26%，其中 25～30 岁的人数达青年干部群体的 39.10%，如图 1、图 2 所示。

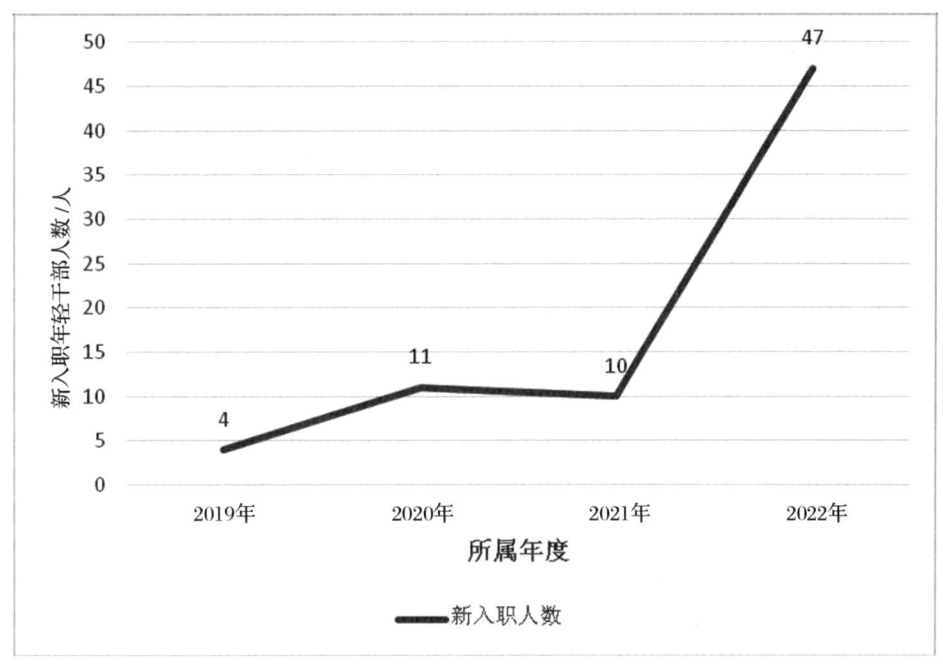

图 1　越秀区局 2019—2022 年新入职公务员人数图

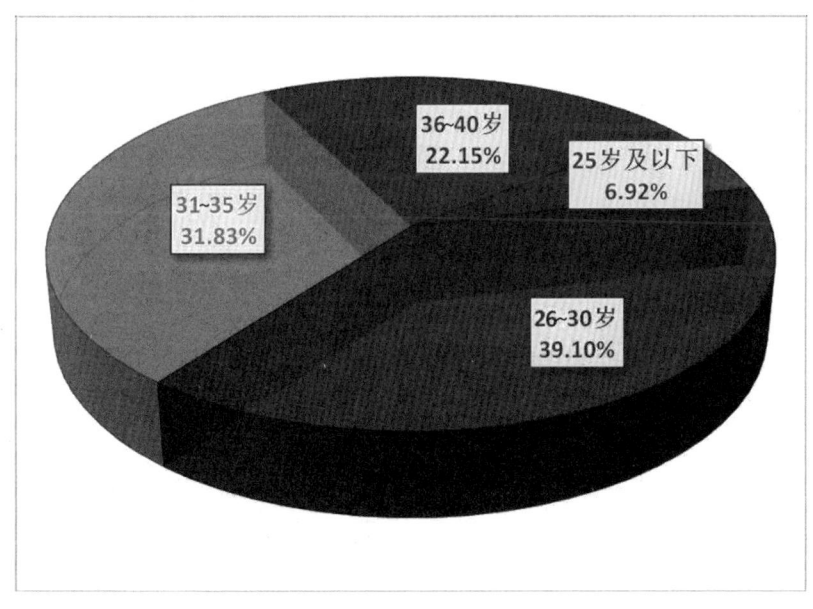

图 2　越秀区局青年干部年龄段分布比例图

1. 自我提升意识增强

40 岁及以下青年干部均为大学本科以上学历（涵盖全日制及在职），其中拥有研究生学历（涵盖全日制及在职）的 99 人。攻读公共管理、法律及会计的在职研究生比例近年大幅度提高。

2. 走上中层领导岗位

青年干部中正科长级领导职务5人，最年轻的33岁；副科长级领导职务28人，最年轻的30岁。在职务职级分布上，有超过10%的青年干部已经进入了中间管理层。按照领导干部逐步年轻化的趋势，青年干部的领导职务占比在今后会逐步提升。

3. 人才储备初具规模

入选市一级专业人才库的青年干部有57人，占区局总入库人数（68人）的83.8%，入选省一级专业人才库的青年干部有5人，占区局总入库人数（8人）的62.5%。40岁及以下青年干部中有68人具有"三师"资格（注册会计师、税务师以及法律职业资格）。

（二）培养需求分析

为更好地了解青年干部的实际情况和需求，越秀区局组织局里40周岁以下的青年干部270人参与青年干部培养使用情况问卷调查。经分析，青年干部的工作及个人发展需求主要体现在以下几个方面。

1. 职业规划

超过65.67%的人认为，职务或者职级晋升都是可以接受的，如图3所示。随着税收征管体制改革的进一步深化以及智慧税务建设的推进，青年干部渴望在工作中获得激励，而最直接的诉求就是评先评优及职务职级晋升。

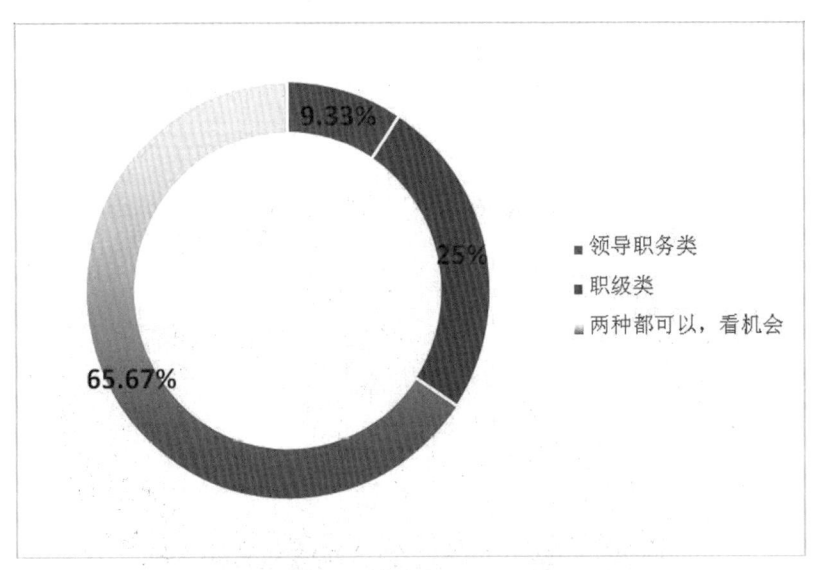

图3 越秀区局青年干部未来职业生涯发展倾向统计图

2. 岗能匹配

调查中有超过70%的青年干部对自身未来有相对明确的规划，特别是在进一步深化税收征管体制改革的背景下，他们更多地倾向于参与到风险管理、税费分析、大数据应用等与智慧税务建设直接挂钩的税收业务领域中。

3. 教育培训

在智慧税务建设大趋势下，更多青年干部希望丰富政策解读以及业务操作等培训内容，并认为有时效性、实操性或沉浸式教学培训效果更显著。

4. 实践锻炼

随着"金四"建设、"云税厅"等多项智慧税务工作的推进,越秀区局有不少青年干部参与相关专项任务,他们普遍认为,当下最有利于青年干部能力提升的方式就是参加实践锻炼,更期望通过这样的形式提高业务能力、综合素质。

(三) 培养问题分析

尽管有接近80%的青年干部对越秀区局的青年干部培养任用效果持肯定态度,但在青年干部的培养任用上仍存在不足。

1. 成长规划有待进一步完善

近年来,为应对智慧税务建设带来的人才培养高要求、新标准,越秀区局采用了多岗位锻炼的方式加强对综合人才的培养。但总体的流动性存在一定局限,表现为对外交流的范围有限和对内交流的频率有限。

2. 岗能匹配有待进一步提高

在智慧税务建设背景下,相对而言专业对口的青年干部对税收工作适应得更快。但实际上,部分具有财税专业背景的青年干部处于部门综合岗位,难以更好地将其所学、所有的专业知识应用到税收管理实践工作中。

3. 素质提升有待进一步加强

越秀区局干部人数较多、个人情况不一,但在课程内容的设置上往往会过于笼统,导致培训收效不显著,干部队伍知识结构更新还不能满足智慧税务建设的需要。

4. 激励措施有待进一步完善

近两年来,越秀区局的职级晋升主要解决历史遗留问题和任职年限较长的干部晋升需求,科级领导职数仍然较为有限。年度评先评优名额的有限性让有些部门存在平均分配、滚动评优等情况,影响了青年干部群体的工作积极性。

四、智慧税务背景下关于青年干部培养实践的思考

为应对上述问题,越秀区局搭建青年成长"实验室",分阶段打造智慧税务背景下青年干部成长成才培养机制。

(一) 铸骨强魂、科学谋划,守护"青芽"茁壮成长

1. 党建引领,筑牢根基,提升青年干部政治素养

将突出政治标准作为全面推进智慧税务建设的首要条件,打造"青税先锋"工程,通过"光荣在党50年"老党员讲学、"行走中的红色党课"等"红课堂",以及青年主题沙龙、青年会客厅等交流学习活动的"青课堂",为青年干部上好立体鲜活"思政课",进一步激励青年干部担当作为。

2. 入职识别,导师护航,做细青年干部职业规划

围绕智慧税务所需的数据分析、系统运维保障等能力加强对新录用公务员的考察识别,尤其是软件交互设计、数据分析等较为紧缺的人才,在专项工作中大胆任用;落实新录用公务员"青税导师"指导制度,及时对青年干部予以跟踪培养和指导支持;探索引入职业规划测试,研判识别青年干部的专业能力、性格特点以使其制订更有针对性和个性化的职业规划。

（二）岗能匹配，素质提升，铺就"青苗"成长道路

1. "人才画像"，数据智汇，挖掘青年队伍潜力

充分发挥数字人事系统的数字画像功能，为青年干部量身打造职业规划和成长建议。借助人才库、"三师"团队等数据，采用能力测试、性格测试等相结合的方式，分析打造每一个青年干部独特的标签，评估其与各线条各工作岗位的契合度，精准匹配合适岗位，做好信息储备。

2. "破局重塑"，岗能智绘，提升交流轮岗实效

探索建立更适合智慧税务建设的人员管理制度，绘制青年干部工作岗位交流图，实现人与岗位的"更匹配"与"多匹配"，提升轮岗频率和交流针对性。同时，在交流轮岗中发现和培养各岗位专业型及复合型人才，逐渐形成由数字化专家、业务型专家及其他领域专家组成的智慧税务建设团队作为后备干部储备。

3. "实训赋能"，因材施教，促进专业素质提升

实施青年英才培训计划，搭建具有税务特色，适用于从事税收宣传、融媒体等工作的专业化人才现场学习、观摩交流、模拟演练等多个场景的融媒体实训基地，探索"线上学习、线下集训、实战锻炼、复盘总结"四位一体的实战化培训模式，推动教育培训向实战化转型。

4. "青税引航"，交互成长，实现个人组织双赢

依托"青税先锋"工程，打造系列青年素质提升活动，推行"一人多角"师资培训模式，组建"青年讲师团"，构建"导学、研学、讲学、考学、比学、督学"六位一体的学习体系。推出先锋导师训练营系列课程，引导青年干部自我增值，让青年尖兵人才发挥所长。

（三）"搭台唱戏"，选贤任能，打造"青松"施展舞台

1. "搭平台"，多维度创造青年成长成才机遇

搭建实践锻炼、攻坚历练及志愿锤炼平台，在纵向上，实现系统内上挂下派、跟班学习实践；在横向上，与地方党政部门、四大会计师事务所合作，实现挂职交流。组建深化税收征管改革、退税减税政策落实等专业队伍，并开展"越税有i"专项行动，组建"税爱桑榆"志愿服务队，引导青年干部积极投身志愿服务。

2. "重识别"，多场合考察检验青年干部成色

秉持"只要政治强、想干事、在状态、有能力，就给予更多机会"的理念，注重在改革攻坚、评优推优、竞赛比拼、日常工作及平时考核中考察识别青年干部，结合青年揭榜挂帅、深耕战略建言献策情况，充分研判青年干部的专业能力和综合素养，注重从基层一线发现优秀青年干部。

3. "优机制"，多举措激励青年干部担当作为

进一步发挥创先争优机制在选人用人中的作用与意义，将绩效结果运用、专项工作成绩等纳入创先争优考量范围，真正把干多干好敢出彩的青年干部选出来、用起来。注重选树青年干部先进典型，采取新媒体展示、先进典型巡讲等形式，广泛宣传优秀青年干部的事迹，持续营造鼓励先进、崇尚先进、学习先进的良好氛围。

课题组成员：徐晓升　霍颂芬　刘骏煜
乔俊楠　黄露莹　李佳楠

新时代税务机关强化思想政治工作与推进模范机关建设路径初探

庞 斌

一、内容摘要

党的思想政治工作，是党的各项工作的中心环节，是做好党的各项工作的根本保证。高度重视思想政治工作，是百年党史的宝贵经验。做好机关思想政治工作，是基层党组织的一项主要职责，也是维护稳定、完成工作的重要保障。税务机关首先是政治机关，其第一属性是政治属性。准确把握税务干部思想脉搏，及时回应思想关切，教育引导广大党员干部不断提高政治判断力、政治领悟力、政治执行力，切实增强广大党员干部捍卫核心和维护核心的思想自觉、政治自觉、行动自觉是税务机关强化思想政治工作的根本目标。而以政治建设为统领，突出做好"三个表率"，深入开展"让党中央放心、让人民群众满意的模范机关"创建工作，推进税收现代化建设更是税务机关强化思想政治工作的根本出发点和落脚点。

二、新时代税务机关强化思想政治工作与推进模范机关建设的重要意义

（一）是由新时代思想政治工作面临的新情况、新问题决定的

近年来，国际环境日趋复杂严峻，外部势力对我国的遏制变本加厉，意识形态领域可预见的风险因素明显增多。特别是随着数字技术、网络技术的广泛应用，新兴媒体的快速发展和普及，对包括税务干部在内的广大人民群众的工作、生活产生了极大的影响。新兴媒体在为机关思想政治工作提供新手段、新载体和新平台的同时，也给传统思想政治工作带来了巨大挑战和严重冲击。当前，第二个百年奋斗目标新征程成功开启，在党的二十大胜利召开的关键历史节点上，增强斗争意识，强化机关思想政治工作，为学习宣传贯彻党的二十大精神营造良好安定的政治环境已经是迫切需要。

（二）是由新时代税务机关的职能和税务干部的独特性质决定的

税务部门承担着"为国聚财、为民收税"的神圣使命，作为重要的行政执法机关和窗口单位，税务部门的工作人员直面市场主体，服务着几千万的企业纳税人、数亿自然人纳税人和十多亿缴费人，一旦发生思想偏差和倾向性问题，容易诱发严重的政治、经济、社会风险。税收在国家治理中发挥基础性、支柱性、保障性作用，税务系统点多、面广、线长，从中央的"最先一公里"到地方的"中间段"再到基层的"最后一公里"，压力传导容易逐级递减，特别是县区级税务机关正处在承上启下的"中间段"，是深化税收征管改革的最前沿、第一线，更是思想政治工作的"吹哨人"。

（三）是由新时代机关思想政治工作和模范机关创建的内在关系决定的

思想政治工作从来都不是空谈，必须依托实实在在的载体和平台来实现和完成。税务机关创建的"让党中央放心、让人民群众满意的模范机关"是对党忠诚的模范机关、全面过硬的模范机关、风清气正的模范机关、担当有为的模范机关，为机关思想政治工作提供了难得的契机和有力的载体，是针对性解决思想政治工作易偏"软"和"虚"的最佳良方，也是检验思想政治工作成效的"试金石"。强化思想政治工作与推进模范机关建设互为表里，只有强化思想政治工作才能打造出政治可靠的模范机关，否则模范机关建设只能成为"无源之水"，失去前进的动力。同样，只有不断推进模范机关建设，才能让思想政治建设永葆生机，否则思想政治工作只能成为"无根之木"，变为虚无缥缈的空谈。

（四）是由新时代推进新发展阶段税收现代化的迫切需求决定的

党的十八大以来，税收征管改革始终以服务国家治理为目标，围绕中心、服务大局，税收在国家治理中基础性、支柱性、保障性作用不断发挥。特别是 2022 年以来，以习近平同志为核心的党中央高瞻远瞩、科学决策，部署实施包括大规模增值税留抵退税在内的新的组合式税费支持政策以及稳经济一揽子政策措施，切实帮助企业纾困解难，稳住宏观经济大盘，推动中国经济高质量发展。税务机关作为主责单位，发挥了落实新的组合式税费支持政策的"主力军"和推动经济高质量发展的"生力军"作用。船到中流，更当奋楫。2022 年是党的二十大召开之年，也是税务机关深化税收征管改革的攻坚之年，在这个关键时期，贯彻落实《关于进一步深化税收征管改革的意见》、落实新的组合式税费支持政策、加强税收监管和税务稽查、组织税费收入、优化税收营商环境、推进发票电子化改革、推动社保费和非税收入征收职责划转，为服务国家治理现代化作出新的更大贡献，是税务机关和税务干部的重大使命和无上光荣。需要以扎实的思想政治工作和模范机关创建新成效为引领为税收现代化校准政治方向，注入红色动力，针对性破解理论学习不实、业务学习不足、攻坚意识不强、创新意识不够、畏难情绪较重、党性观念弱化等问题，建设一流的讲政治、守纪律、有效率的模范机关，打造一支有激情、敢担当、能落地的税务铁军，为税收现代化建设铸牢党的组织基础、建牢干部的思想基础、打牢税收共治的群众基础。

三、新时代税务机关强化思想政治工作与推进模范机关建设的路径

强化思想政治工作与推进模范机关建设的总思路是，坚持以习近平新时代中国特色社会主义思想为指导，认真贯彻落实新时代党的建设总要求，牢牢把握党的建设这条主线，突出政治机关建设，坚决走好践行"两个维护"的第一方阵，结合税务机关税收工作的实际，创新思想政治工作方式方法，学习好、宣传好、贯彻好党的二十大精神，教育引导税务系统各级党组织和广大党员干部增强"四个意识"，坚定"四个自信"、捍卫"两个确立"做到"两个维护"，特别在做好"三个表率"、锻造坚强有力的基层党组织、持之以恒正风肃纪、发挥党建引领上下功夫，以创建模范机关的实际成效推动税务系统党的建设高质量发展，为推进新时代税收现代化提供坚强保证。

（一）坚持主线，高举旗帜

党委理论学习中心组要充分发挥其思想政治工作"领头雁"的领学促学作用，同时要组建青年理论学习小组。要充分利用"学习强国""青年大学习""学习兴税"等平台，强化政治理

论学习，紧密结合岗位职责任务，学习贯彻好习近平总书记关于税收工作的重要论述，推动学用结合。要坚持不懈地开展理想信念教育，加大党的创新理论、成就宣传、典型宣传和形势政策教育力度，全面落实意识形态工作责任制；加强税务机关门户网站建设和管理，强化税务干部思想和舆论引导，牢牢把握正确舆论导向。要完善责任包干、沟通交流、重点疏导、多元激励体系，定期开展党员干部思想动态和政治状况分析，落实党员领导干部与党员谈心谈话制度，探索实施家庭访谈，增强思想政治工作实效。

（二）激活主体，改进法子

强化思想政治工作与推进模范机关建设关键在人，要严格落实主体责任，发挥党员主体作用，锻造坚强有力的基层党组织，推动建设担当有为的模范机关。要扎实开展"政治功能强、支部班子强、党员队伍强、作用发挥强"的"四强"党支部创建活动，大力推进党支部标准化、规范化建设。要组织发挥好政治和服务两大职能，关心关爱党员，定期开展党支部思想政治建设状况调研，建立直报机制，在科学评估基础上分类精准施策，着力解决"灯下黑""两张皮"等突出问题。要坚持开门搞党建，主动与系统外机关事业单位、非公经济组织、企业等党组织开展联合共建。要强化基层党组织的政治属性和政治功能，认真落实"三会一课"、民主生活会、组织生活会、领导干部双重组织生活等制度规定，组织开展好重温入党誓词、重读入党志愿书及党员过"政治生日"等政治仪式，增强党内政治生活的政治性、时代性、原则性、战斗性。实施涵盖基层分局党支部书记和支委班子的政治能力提升轮训计划，将提高政治能力、防范政治风险教育纳入教育培训内容，切实提高辨别政治是非、保持政治定力、防范政治风险的能力。

（三）发挥优势，多向聚力

发挥"纵合横通强党建"机制制度体系优势，用好"条""块"两种资源，以"纵合横通"格局激活思想政治工作与模范机关建设工作一池"春水"，为持续高质量"抓好党务、干好税务、带好队伍"提供坚强保障。要善于聚焦地方党建工作大盘子，融入地方思想政治工作大格局，靠前一步、主动融入，先发一招、经验共享，做到互学互鉴、共促共进、同治同享。贯彻落实定期汇报走访制度，做好每半年至少向地方党工委、纪工委、组织部、宣传部等相关单位汇报一次工作的"规定动作"，做到对思想政治工作与意识形态领域工作的主动协调、主动交流、主动参与。增强争先创优扛旗意识，深入推进品牌化建设，按照"一党委一品牌、一支部一特色"的创建思路，形成支部品牌群集聚效应。

（四）春风化雨，绵绵用力

开展机关文化建设，对于增强机关凝聚力和向心力，增强干部职工认同感和归属感，团结一致高质量完成各项目标任务具有重要意义。税务机关文化是税务机关理念、体制、机制的系列复合体，是引导和激励、规范税务干部行为的精神文化、管理文化和行为文化。构建税务机关文化可以在潜移默化中统一干部思想，凝聚起团结合作、共同奋进的强大合力，增强对创建模范机关的认同感、归属感、责任感。这也是税务机关思想政治工作的重要支柱和工作载体。税务机关文化的核心理念应该是"春风化雨润心田 弘扬正气聚人心"。要坚持以政治文化为核心，将机关文化建设抓紧抓实，着力培育积极健康的机关政治文化，涵养税务机关风清气正的政治生态。要弘扬中国税务精神，引导党员干部牢记"为国聚财、为民收税"的神圣使命。要大力加强对党忠诚教育，把对党忠诚纳入家庭、家教、家风建设。坚持以物态文化为平台，因地制宜，打造"沉浸式""开放式""人本式"文化阵地，切实陶冶干部思想情操，活跃机关文化氛围，增强队伍整体的凝聚力和战斗力。

（五）优化集成，系统推进

坚持高要求加强机关建设。要以干部思想政治综合素质提档、基层模范机关建设提升和政务服务保障提劲为突破口，全面营造"实干担当、服务基层、集成高效"的机关建设氛围。牢固树立"人才兴税，教育为先"理念，坚持内训外学相结合，从思想理念、作风纪律、财务税务、技能素质等方面强化工作培训，不断提升税务干部能力素质。持续弘扬税务"爱心妈妈"的时代楷模精神，把税务"爱心妈妈"的大爱辐射到系统内外，在更大范围掀起新一轮学习税务"爱心妈妈"新时代奉献精神的热潮。建立健全党委班子基层联系点制度，聚焦基层干部难点和痛点，进一步夯实"服务基层、关爱基层、体谅基层"举措。要在党委的正确领导下，发挥群团组织密切联系群众的优势，推动税务机关工青妇组织把思想政治工作和模范机关创建作为重要职责列入工作内容，形成齐抓共管大格局，扩大思想政治工作覆盖面。

（作者单位：国家税务总局连云港市税务局）

加强县级税务机关党建工作的思考

王 军

党的二十大报告擘画了以中国式现代化全面推进中华民族伟大复兴的宏伟蓝图，全面推进税收现代化服务中国式现代化责任重大、使命光荣。国家税务总局金湖县税务局认真学习党的二十大精神，聚焦"抓好党务"，深化自我革命的重大要求，对标税务系统"纵合横通强党建"工作机制，找准党建工作融入税收中心工作的有效方式，积极探索基层党建与基层税收工作深度融合的新思路和新措施，构建基层税务党建新形态，以高质量党的建设助推高质量税收现代化。

一、基层党建工作的重要意义

（一）是贯彻落实中央全面从严治党主体责任的必然要求

党的十八大以来的成功经验告诉我们，不明确责任，不落实责任，不追究责任，从严治党就难以做到，管党治党"宽松软"问题也必然难以解决。因此，全面从严治党，必须增强党员领导干部管党治党意识，落实党员领导干部管党治党责任。在现行税务系统实行"双重管理"体制下，抓党建对于税务机关党委来说，既是职责所在，也是落实全面从严治党主体责任体系的必然要求。基层税务部门要深入贯彻落实习近平总书记重要讲话精神，牢固树立"抓好党建是本职，不抓党建是失职，抓不好党建是不称职"的工作理念和看齐意识，积极推进全面从严治党主体责任体系在税务系统落细落实，形成一级抓一级、层层抓落实的税务系统党建工作新格局。

（二）是引领税收事业发展的根本政治保障

党的二十大报告提出"三个务必"，强调全党上下要始终牢记"五个必由之路"。要不断深化"税务机关首先是政治机关"的认识，充分领悟税收事业作为党和国家事业的重要组成部分的现实意义。推进税收现代化服务中国式现代化，必须深刻领悟"两个确立"的决定性意义，更加坚定税务机关的政治属性，毫不动摇地从政治高度谋划和推进税收现代化建设，确保税收事业始终沿着正确的方向前进。同时，税务总局也明确把"抓好党务、干好税务、带好队伍"作为新时代税收现代化建设总目标。因此，基层税务机关应当深刻领会新时代党的建设目的、方针、主线、总体布局及相互关系，正确认识并坚持党对税收工作的领导，全面加强基层党建工作，把党的建设作为引领税收事业发展的根本政治保障。

（三）党的建设水平决定了税收现代化建设的高度

新时代新征程，税务要以新形象、新作为，积极主动承担起落实国家重大战略的责任，要提高税收治理效能，高质量推进税收现代化建设。发展离不开党的领导，更需要税务系统党的建设水平的提高。国家税务总局领导多次强调，没有高质量党的建设，就没有高质量的税收现代化。县级税务部门要始终把"围绕中心抓党建，融入中心促发展"作为新时代党建工作的出发点和落脚点，坚持和加强将党的全面领导贯穿税收工作全过程，只有不断提高税务系统党的建设质量和水平，才能保障税收事业高质量发展。

（四）党的建设引领锻造忠诚干净担当税务铁军

党的二十大报告指出，党的自我革命永远在路上。这一论断揭示了我党经历百年依然风华正茂的奥秘所在，充分彰显了我党一以贯之坚持自我革命，确保永远不变质、不变色、不变味的政治决心。全国税务系统全面从严治党工作会议上也强调，要持续构建完善税务系统"六位一体"全面从严治党新格局。加强党的建设，基层税务部门要坚持以自我革命的勇气清除一切弱化先进性、损害纯洁性的因素，着力营造税务系统风清气正干事创业良好氛围，是走好新时代赶考之路的客观需要，是在砥砺奋进中持续锻造党的税务铁军的必然之举。

二、基层党建工作中存在的问题

（一）党建业务两张皮现象依然存在

基层税务部门的工作任务重、时间紧，因而"重业务、轻党建"的思想在一些部门或多或少地存在，导致业务和党务割裂，没能把党建和业务工作同部署、同检查、同落实。在基层调研时发现，部分基层党员干部和兼职党务干部对党建工作的重要性认识不足，工作思路模糊、职责不清晰，把党建与业务剥离，对党建工作的积极性不高，缺乏双促共赢认识。

（二）党建干部队伍人少事多力量弱

从事党务基层工作的人员在发展上还存在一些劣势，导致积极主动想从事党务工作的干部欠缺。党建干部队伍不够稳定、业务不够熟练。有的部门、分局配备的专职党务干部较少；有的部门、分局党务岗位干部调整较为频繁；有的部门、分局则存在非党干部和临聘人员在党办工作的现象，系统内党务工作者"新手"较多，对党建业务工作不熟悉，党建工作质量还有待进一步提升。

（三）党建工作细节有待提升

一是党建材料归档整理不够及时规范。一些部门的各项党建工作资料归档不够及时、材料存放较为零散，不利于规范保存管理及接受检查。二是部分单位的党务宣传工作欠缺。一些党支部对党务工作信息简报宣传重视不够，缺乏主动报送信息简报、推介本单位（部门）党建工作特色亮点的意识。三是党建信息质量整体不够高，大部分稿件反映内容相对单一、一般化，没有理清党建工作和税收工作的关系，双促共赢的作用提炼不足，缺少亮点特点，缺乏新意和深度。四是部分基层部门没有建立党员活动室或活动室未达到相关标准，导致基层活动的开展大打折扣。

（四）基层党组织"两个作用"发挥不够明显

党支部建设存在弱化、虚化、边缘化，履行"教育党员、管理党员、监督党员和组织群众、宣传群众、凝聚群众、服务群众"的职责不够好，尤其在贯彻落实各项税收重点工作中，党建与业务没有深度融合，支部战斗堡垒作用和党员的先锋模范作用不明显。

三、进一步加强基层党建的建议

税务总局党委通过构建"纵合横通强党建"工作机制，探索出一条契合实际、务实管用的管党带队治税新路径，为县级税务机关在新时代坚持党的领导、加强机关党的建设提供了重要启示。

（一）坚持党的全面领导，高质量推进机关党建工作

习近平总书记指出，机关党的建设是机关建设的根本保证，中央和国家机关党的建设必须走在前、作表率。这都要求我们把机关党建始终摆在重要位置。税务总局党委深入学习贯彻习近平总书记重要指示批示精神，深刻把握新形势下机关党建的使命任务，把机关党建作为建设政治机关、完善机关治理、凝聚职工群众、推动改革发展的坚强保障，统筹推进税务系统党的建设和其他各项工作，取得了实实在在的成效。实践充分证明，只有站在政治和全局的高度认识和把握机关党建各项工作，把政治标准和政治要求贯穿始终，把服务中心工作和促进事业发展贯彻全程，才能实现从"被动抓"向"主动抓"的转变，推动机关党建高起点谋划、高标准推进、高质量落实，有为有位、彰显价值。

（二）牢固树立系统观念，构建机关党建工作新格局

习近平总书记指出，只有全面落实党建责任制，坚持党委（党组）班子带头、以上率下、以机关带系统，机关党建工作才能形成强大合力。税务总局党委牢牢牵住责任制这个"牛鼻子"，打出一整套党建工作"组合拳"，推动建立上下联动、条块协同、内部配合的工作体系，将机关党建融入具体业务和改革发展，将税务系统党建融入地方经济社会发展大局，形成了齐抓共管、整体推进的良好格局。实践证明，机关党建是一项系统工程，作为县级税务机关，离不开各股室的协同配合，只有通盘谋划、一体推进机关党的建设各项工作，层层压实各级党组织和相关职能部门的党建工作责任，充分调动各方面积极性，用好"条"和"块"两种资源，激活各类党建要素，做到既同向发力又各有侧重，才能实现优势互补、全面提升，推动党建责任落地见效、党建任务开花结果。

（三）必须坚持常抓不懈，不断健全机关党建工作机制

习近平总书记强调，在新的征程上，我们要牢记打铁必须自身硬的道理，增强全面从严治党永远在路上的政治自觉，要搞好制度"供给侧结构性改革"，空白缺位的抓紧建立，不全面的尽快完善，成熟经验及时推广。实践证明，改革发展越是向深入推进越需要持之以恒加强党的建设，机关党建工作只有进行时没有完成时，只有锚定目标绵绵用力、久久为功，确保事业发展到哪里，实践探索就推进到哪里，制度建设就跟进到哪里，才能推动机关党建从量变向质变转化，不断取得新成效、迈上新台阶。

（四）聚焦突出问题和明显短板，强化县级税务机关政治属性

习近平总书记强调，要以问题为着力点，在补短板、强弱项上持续用力，以增强精准性、实效性，要推进理念思路创新、方式手段创新、基层工作创新，创造性开展工作。基层税务部门要坚持从影响税收改革发展的突出问题和机关党建的薄弱环节入手，紧扣时代特点、部门实际和党员特征，持续推动机关党建工作守正创新，为税务系统党的建设向纵深发展注入动力。实践证明，坚持问题导向、积极开拓创新是适应新形势新任务、提高机关党建工作质量的必然要求，只有瞄准业务工作难题，找准党建工作短板弱项，做到精确制导、精准发力，不断探索加强自身建设、有效发挥作用的方法载体，才能使县级机关党建工作全面进步、始终充满生机活力。

（作者单位：国家税务总局金湖县税务局）

高举伟大旗帜　谱写崭新篇章
为推动税收事业高质量发展建强人才队伍

李云鹏

党的十八大以来，在以习近平同志为核心的党中央的正确领导下，全国税务系统高举中国特色社会主义伟大旗帜，在矢志不渝、笃行不怠的新时代，党对税收工作的领导全面加强，税收服务国家治理效能实现整体性提升，税收改革发展取得实质性突破。党的二十大制定了当前和今后一个时期党和国家的大政方针，描绘了以中国式现代化全面推进中华民族伟大复兴的宏伟蓝图。立足新的历史起点，税务系统要更好肩负起新时代新征程党的使命任务，充分发扬党在百年奋斗历程中重视培养人才、团结人才、引领人才、成就人才的优良传统，厚植人才根基、强化培养力度，教育引导广大税务干部坚持以习近平新时代中国特色社会主义思想武装头脑、指导实践、推动工作，为推动税收事业高质量发展建强人才队伍。

一、强党建引领、促理论武装，勇担新时代税务人使命

"党的领导直接关系中国式现代化的根本方向、前途命运、最终成败"，历史充分表明，只有毫不动摇坚持党的领导，中国式现代化才能前景光明、繁荣兴盛，党的奋斗目标才能一代一代地接力推进，以人民为中心的发展思想才能持续坚持。作为中国特色社会主义制度的有机组成部分和重要内容，税收制度只有始终置于党的绝对领导之下，以党的政治建设统领税收工作，才能有效发挥其制度优势，充分释放中国特色社会主义税收制度的蓬勃生机和活力，才能更好发挥税收在国家治理中的基础性、支柱性和保障性作用，把制度优势切实转化为税收治理效能。

思想是行动的先导，理论是实践的指南。有思想上的高度认同，才有政治上的绝对忠诚、行动上的坚决维护，只有保持理论上的清醒，政治上才能更坚定，贯彻落实才能更自觉。站在新的历史起点，税务系统要始终坚持党对税收工作的绝对领导，进一步强化政治统领，突出强基导向，教育引导广大税务干部深刻领悟"两个确立"的决定性意义，把增强"四个意识"、坚定"四个自信"、做到"两个维护"贯彻到税收工作全过程。坚持不懈用习近平新时代中国特色社会主义思想凝心铸魂，紧紧依靠党的领导，助力广大税务干部思考和解决事关新时代税收工作发展的一系列重要理论和实践问题，破解新时代税收发展难题，勇担新时代税收发展重大使命。

二、强统筹谋划、促高效发展，彰显新时代税务人担当

坚持系统观念、守正创新，搞好综合平衡、统筹兼顾。这是党领导各项工作的重要原则和经验。未来五年是全面建设社会主义现代化国家的关键时期，做好税收工作意义重大。这就要

求广大税务干部要更加深刻地认识到税收工作的重要性,积极做好统筹谋划,锚定年度目标、主要工作和重点任务,不断增强做好税收工作的责任感、紧迫感和使命感,为经济社会高质量发展作出应有的贡献。

人才是发展之本,担当是发展之需。要坚持教育引导广大税务干部从战略高度把握客观税收经济规律和发展趋势,从全局角度坚定不移做好各项本职工作,坚持完整、准确、全面贯彻新发展理念,依法依规组织收入服务振兴发展大局,落实落细税费政策激发市场主体活力,着力突破改革瓶颈推进精准监管,持续提升服务质效优化营商环境,在构建新发展格局中展现税务人的新气象,在全力推动税收高质量发展中彰显税务人的新担当,交出不负时代、不负人民的税收发展答卷。

三、强复合培养、促干部成长,提升新时代税务人水平

"君子不器,不以一能而盈诸身",新形势在为税务事业的发展提供新机遇的同时,也带来了新挑战。在新的历史起点上,培养知识复合、能力复合、思维复合的复合型税务人才是税务系统需要重点关注的重要课题,只有顺应潮流、主动作为,下大气力全方位发掘、培养、使用复合型人才,才能确保完成新时代新征程的光荣使命与艰巨任务。我们不仅要保障复合型人才在税收知识和党建理论等方面融会贯通的能力,更要提升复合型人才在理论和实践上有机结合的水平。

"及其使人也,器之,不以众能而责诸人",人才的培养是循序渐进的过程,要尊重人才成长的客观规律。实践证明,复合型人才的主要业务基础越牢固,其所带来的知识结构、创新结构和能力结构的延伸就会越宽广,由税收实践创造出的新思想、新方法、新技术与新成果就会越丰富。税务系统要通过给专业人才库制定培养计划,逐步实现既要"专精",又要"广博"的"两手抓"育人战略,充分发挥"数字人事"和绩效管理的作用,把各条线学习培训、比武练兵和税收工作有机结合起来,以多元化手段提升税务干部综合能力,形成协同培养高层次复合型人才新格局。

四、强改革创新、促实践探索,激发新时代税务人力量

改革是社会主义制度的自我完善和发展,也是社会主义社会发展的直接动力;创新是推动一个国家、一个民族向前发展的重要力量,也是推动整个人类社会向前发展的重要力量。十年来,税收征管改革使税收职能作用进一步发挥、税费征管效能进一步增强、纳税人缴费人获得感进一步提升,税务系统在税务执法规范性、税费服务便捷性、税务监管精准性上取得了重要进展,有力书写了税收改革发展的新篇章。

2021年3月,中共中央办公厅、国务院办公厅印发的《关于进一步深化税收征管改革的意见》(以下简称《意见》),对深化税收征管改革进行了全面部署,明确了近年来工作的主要目标。《意见》指出,2025年要形成国内一流的智能化行政应用系统,全方位提高税务执法、服务、监管能力。这就要求税务系统要引领干部职工充分发挥主观能动性,不断提升创新能力,尤其是在一线工作中,要让广大税务干部从执法、服务、监管的实践里汲取养分、总结经验,主动思考、积极探索,不断拓宽创新思路、发掘创新潜能、完善创新机制、推出创新举措,达成"创新带动改革、改革带动发展、发展带动创新"的良性循环,形成以创新为主要支

撑的税务工作体系和税收发展模式，全面激发新时代税务人力量，为沉着应对税收工作中的各种风险挑战提供更强有力的保障，为夺取新征程上的更大胜利贡献不竭动能。

五、强严管厚爱、促和谐共进，释放新时代税务人活力

严管就是厚爱，厚爱必须严管。严管是队伍战斗力和凝聚力的保障，厚爱是队伍向心力和创造力的基础，只有将严管和厚爱充分结合，党员的先锋模范作用才能全面发挥，广大干部职工才能永葆初心、勇担使命，"忠诚担当、崇法守纪、兴税强国"的新时代税务精神才能被深刻践行。站在新的历史起点，税务系统要着力破解"如何始终保持干事创业精神状态"这一难题，坚决落实严管厚爱要求，进一步教育引导、激励保护干部担当作为，推动形成奋进新征程、建功新时代的浓厚氛围和生动局面。

税收人才的不断涌现与队伍建设的不断优化息息相关，我们既要让干部职工心有所畏、言有所规、行有所止，也要让干部职工行有所为、尽忠职守、负责担当。这就要求我们要坚持结合严管厚爱，既要及时发现、宣传、重用那些敢于负责、勇于担当、善于作为、实绩突出的干部，也要及时教育鞭策那些稍有欠缺的干部，继续给他们干事创业的机会和平台，使每名干部都能感受到组织的关心爱护；既要对干部职工从严教育、从严管理、从严监督，严肃查处不作为、慢作为、乱作为等问题，也要及时通过谈心谈话、深入沟通来关心关怀他们的思想和工作情况，使其能够始终保持思想清醒、保持行动自觉，进而全面释放税务活力，锻造出一支忠诚、干净、担当的"税务铁军"，为新时代税收事业发展凝聚磅礴力量。

六、强真抓实干、促服务大局，展现新时代税务人作为

党的二十大擘画了全面建设社会主义现代化国家、以中国式现代化全面推进中华民族伟大复兴的宏伟蓝图。这对税务机关服务党和国家工作大局、服务经济建设和社会发展大局、服务全面建设社会主义现代化国家大局提出了更高要求。当前，我国税收经济运行仍面临不少风险挑战，需求收缩、供给冲击、预期转弱三重压力仍然较大。

"千秋基业，人才为先"，在这一重要历史时刻，税务系统更要把人才工作置于首位，全力打造有利于人才成长的培养机制，有利于人尽其才的使用机制，有利于竞相成长的激励机制，有利于脱颖而出的竞争机制，激励广大税务干部坚持以习近平经济思想为指导，把思想和行动统一到党的二十大精神和党中央关于经济工作的决策部署上来，坚持真抓实干，以奋发有为的精神状态和"时时放心不下"的责任意识，加强战略谋划、多谋全局之策，有针对性地研究对高质量税收发展、高效能税收治理具有牵引性的工作实践，为进一步掌握税收工作主动权、打好税收发展主动仗夯实人才基础，以实打实的举措有效改善社会心理预期、提振企业发展信心，从战略高度和全局角度推动税收经济高质量发展取得新成效，在全面建成社会主义现代化强国、实现第二个百年奋斗目标的具体实践中展现新时代税务人的担当与作为。

（作者单位：国家税务总局朝阳市龙城区税务局）

完善基层税务机关"双带头人"机制建设的实践与思考

张 杰 陈前龙 徐 静 韩 婷

党建和业务"两张皮"一直是困扰基层的难点问题。自机构改革以来，淮安市税务系统将党支部设在科室和分局（所），为党建和业务融合打下良好基础。自2022年以来，淮安市税务局全面落实"党管人才"总要求，创新建立党务和业务"双带头人"培育机制，力求培养一批政治强、业务精的"双过硬"税务干部，为推进新时代税收治理体系和治理能力现代化、助力经济高质量跨越发展提供可靠的政治保证和人才保障。

一、实施党建与业务"双带头人"机制建设的现实背景

习近平总书记指出，要处理好党建和业务的关系，解决"两张皮"问题。因此，推动党建与业务工作深度融合，使基层党支部战斗堡垒更加坚实、党员先锋模范作用有效发挥、党建工作全面提质提效，是税务系统党组织面临的重要课题。必须找准党建与业务融合存在的问题，以更高站位、更优方法予以推进解决，推动税收事业发展行稳致远。

（一）对于党建与业务工作深度融合的重要意义认识不到位

有的党员干部认为抓党建工作是"潜绩"，抓业务工作才是"实绩"，因而把"党建引领"作为口号，对"党建+"工作模式应用得不够到位，导致党建工作成为脱离业务工作、失去针对性和目的性的"花架子"；有的党员干部对党建和业务工作辩证统一关系认识不到位，存在就党建抓党建等认识误区，创新抓党建的意识还有所欠缺，照抄上级的多，结合自身情况创新举措的较少，围绕党建高质量发展主动研究的深度还有待拓展。

（二）党建与业务工作深度融合的着力点把握得不够准确

有的基层党组织不善于从讲政治、讲大局的高度思考和推动业务工作，使业务工作偏离了正确方向；对新时期党建"围绕中心、服务大局"的职责定位把握得不够到位，没有把党建工作较好融入税收重点工作、急难险重任务中，部署的党建工作成了脱离业务的自我循环，一体化推进的结合度还不够紧密；党建工作还没有深度融入地方党建体系框架，与地方联系还不够密切，和省局、市有关部门的沟通缺乏常态化机制。

（三）党建与业务工作深度融合的载体机制还不够完善

部分党员干部"围绕中心抓党建、抓好党建促发展"的积极性和主动性还有所欠缺，工作任务难有质效保证，在急难险重任务面前担当不积极、不主动，鉴于此，党建和业务融合效果的评价激励机制还需进一步优化；党建品牌的辐射力和影响力还需提升，党建成果在推进工作、凝心聚力上的引领作用还没有充分显现。

二、深入理解党建与业务"双带头人"机制建设的重要内涵

建立"双带头人"的选配、培养和工作保障机制,打造"12345"培养体系:"1"是坚守一个身份,"2"是强化两个理念,"3"是抓好三个重点,"4"是实现四个一起,"5"是落实五个第一,以此推动"双带头人"成为党建和业务工作双融合、双促进、双提高的中坚力量源泉。

(一)坚守一个身份

各支部党员要旗帜鲜明讲政治,牢记自己的第一身份是共产党员,第一职责是为党工作、为人民服务。打破以行政部门开展工作的固有思维,亮出党员身份,运用多种组织生活方式开展税收具体业务工作,带头做表率、当先锋,促进支部党建与税收业务工作良性互动。

(二)强化两个理念

坚持"没有离开党建的业务,没有离开业务的党建"理念,从税收业务工作实际出发,开展组织生活,通过党建工作引领、推动业务工作,并以业务工作检验党建工作成效,实现党建工作与业务工作同向聚合、深度融合。

(三)抓好三个重点

在支部会议上讨论重点业务,聚焦党建和业务热点、难点、堵点问题,群策群力推进工作落实;在支部会议上研究重点工作,以"三会一课"为载体,丰富党内组织生活实质内容;在支部会议上商议重要事项,形式多样地开展"主题党日"活动,增强组织重要活动的感染力。

(四)实现四个一起

坚持做到党建和业务一起谋划、一起部署、一起落实、一起检查。深刻认识抓好党建是政治机关履职尽责、确保各项职能正常运转的内在需要,推动党建在统筹谋划、顶层设计上指导业务,将党的领导贯彻到税收业务全过程、各领域。创新"党小组+点评""党小组+服务""党小组+志愿者"等活动方式,将业务工作重心由党支部向党小组延伸,充分发挥基层价值链条功能。

(五)落实五个第一

充分发挥"双带头人"示范引领作用,深入落实五个第一。

1. 把政治建设作为"第一要务"

把政治建设摆在首位,把捍卫"两个确立"、做到"两个维护"落实到具体工作和行动中。带头落实上级党委的各项要求,从政治上把握工作,从政治上履行职责。

2. 把管党治党作为"第一责任"

切实做到知责、明责、担责,强化调查研究,深入了解掌握本部门重点工作落实情况、重要任务推进情况、重大风险防范情况,把管党治党的要求转化为解决实际问题的实在举措。

3. 把解决业务难题作为"第一课题"

把破解难题作为抓党建的"第一课题",因地制宜深化探索,创造性解决问题。围绕退税减税政策工作要求,建立功能型党小组,以党建引领退税减税,以党员助力优惠落实,用服务践行党员初心。

4. 把党建与业务融合作为"第一工程"

围绕总局《党建引领税收业务工作指引》,找准结合点,进一步完善"两结合、四一起"

融合抓的具体举措。按照"党委抓支部、支部管党员、党员带群众"的思路，切实提升基层组织战斗力。充分发挥党支部在干部日常教育引导和监督管理中的优势，凝心聚力，激发干部干事创业热情。

5. 把忠诚干净担当作为"第一追求"

勇于担当作为，心怀"国之大者"，严格税收执法，抓好组合式税费支持政策落实，确保各项工作有力有序推进。严格遵守中央八项规定及其实施细则精神，注重管住管好家属亲友，在廉洁自律上把好关、带好头。

三、实施党建与业务"双带头人"机制建设的主要做法

（一）"双向培育"并进，促进党建与业务理念融合

坚持经常性教育和个性化培养相结合，聚焦支部书记、优秀青年等人员，抓实党务培训、提升专业能力，加强党务、业务"双料人才"的针对性"补位"选育培养。一方面，安排业务骨干、专业能手参与党建事务，负责党建工作，强化党员身份意识，带头开展"三会一课""主题党日"活动，提升组织生活质量，使党员干部善于在业务工作中统一思想、凝聚集体智慧和力量。同时，开展支部书记轮训，引导全系统支部书记开展"我去讲什么、我来学什么"小座谈等，通过书记讲给书记听、相互交流促发展的方式打开思想"阀门"。另一方面，把有党建工作经验的党员干部安排到业务岗位，使其在组织收入、退税减税、征管改革等重大工作推进和完成急难险重任务中，发挥党员先锋模范作用，在落实部署中体现党支部的担当作为。

（二）"双融项目"驱动，促进党建与业务载体融合

坚持问题导向、创新导向和结果导向，按照"小切口、可操作、好普及"原则，紧盯困扰基层党建工作与业务工作"两张皮"问题，突出"需要书记解决、书记能解决"，各党支部书记紧扣中心工作、紧贴基层实际，把牵头领办1个"书记项目"作为主攻方向。书记亲自抓、带头抓、带领抓，明确具体"时间表""路线图"，列出推进举措、实施路径等，细化到具体的推进措施和月度工作安排。建立书记项目档案库，一方面及时挖掘和培育新品牌，另一方面巩固和扩大新成果，通过年初建账定任务、分段查账督进度、年度交账量实绩和考后对账树先锋，确保项目开花结果、示范推广。树立品牌意识，精益求精、精雕细琢，精心打造一批基层党建工作特色案例，以具体工作带动整体工作，进一步强化党务、业务"双带头人"的责任意识和担当意识，实现党支部建设、党员作用发挥、干部成长成才的有机融合。

（三）"双线激励"同行，促进党建与业务机制融合

通过考核指标设置、调研评估、述职评议等方式，党建与业务工作深度融合从"软任务"变为"硬指标"，充分发挥了考核评价的激励、牵引作用；通过考核评价及结果利用，提升"双带头人"的"双带头"意识，明确"双带头人"必须"双过硬""双带头"。将"书记项目"推进落实情况列为党支部书记抓基层党建述职评议考核的重要内容，确保书记项目抓实、抓好、抓出成效。将党建成绩列入基层党建工作平时考核、年度绩效考评，并将考评结果作为"双带头"选拔任用、职级晋升、评先评优、交流遴选、干部调训等重要依据，有效突出党建引领导向，用党建成果促进业务成绩提升，用业务成绩检验党建成果。扎实推进"一支部一特色"，结合实际打造党建与中心工作深度融合党支部"优秀案例"，促进党建与业务能力双提升，在推动党建工作与税收业务同频共振、有机融合、互促互进的同时，倒逼党建和业务"双

带头人"的自我革命和自我提升。

四、经验启示

（一）要坚持政治性原则，强化"双带头人"的思想锤炼

要深刻把握好税务机关"抓好党务、干好税务、带好队伍"的职能定位，通过加强政治能力建设、锤炼党性修养、打造党建品牌等系统举措，不断提升"双带头人"的政治能力，把党建引领作用体现在党组织、党员、干部的一切活动中，贯穿于税收各项工作始终，使党建工作真正为税收业务工作增添强劲的发展势能。

（二）要坚持创新性原则，强化"双带头人"的载体建设

要紧扣新时代税收工作的使命要求和党建工作的时代特征，创新融合的方式方法，结合工作实际，找准切入口，把准着力点，把载体创新和工作创优结合起来，充分调动税务干部干事创业、担当作为的积极性，为培育"双带头人"注入强劲"动能因子"。

（三）要坚持系统性原则，强化"双带头人"的制度保障

建立完善"双带头人"培育的制度体系，提高可操作性强化培育效能、稳定可预期性引导奋进方向、突出可评估性推进结果运用。统筹协调，一体推进，用好系统和地方资源，凝聚系统内外合力，形成纵向到底、横向到边、多点合力、协同高效的工作格局。

（作者单位：国家税务总局淮安市税务局）

浅论青年税务干部的培养

邹积安

"青年强，则国家强。当代中国青年生逢其时，施展才干的舞台无比广阔，实现梦想的前景无比光明。"青年干部是党和国家事业的传承者和接班人，青年税务干部是税务干部队伍中最活跃、最有朝气、最具创造精神的一支力量。因此，税务系统要倾力打造一支立场坚定、作风优良、素质过硬、能力突出的青年税务干部队伍，营造团结奋进的发展态势，凝聚起税收现代化服务中国式现代化的强大力量。

一、青年税务干部综合素质欠缺的具体表现

青年税务干部因为缺乏党性锤炼、社会历练和环境考验，所以其适应工作的综合素质有待提升。

（一）意志品质薄弱

目前，青年税务干部群体多是"80后""90后"甚至是"00后"，没有经历过艰苦环境的考验和磨炼，成长在改革开放和发展市场经济的优越环境中的他们，面对条件艰苦的基层工作环境常常会有心理落差，在单调、枯燥、平凡的税收工作中缺乏艰苦奋斗的意志品质，特别是面对压力、委曲或者挫折时，更容易动摇信念，甚至丧失政治坚定性。

（二）传统美德缺失

青年税务干部思想观念较新，思维活跃、视野开阔，对新知识、新技术的学习和接受能力强，而有时对中华民族的优良传统美德认识不深刻，仅停留在表面，没有落到实处。比如，个别青年干部自以为接受过高等教育，具有较高的"品位"，不把其他干部放在眼里，恃才傲物，自负过头，对老同志的指导和教诲置若罔闻，甚至针锋相对，缺乏虚怀若谷的胸襟和低调做人的情怀，这些都会成为青年税务干部成长道路上的"绊脚石"。

（三）不愿扎根基层

青年税务干部学历层次较高，学习能力强，能够熟练运用互联网获取外部信息，敢想敢做。但却有少数人，随时做着"跳槽"的准备，试图寻找更好更高的工作平台，服务基层、扎根基层的意识淡薄，也由此造成了基层税务机关青年税务干部队伍相对不稳定、人才流失严重的现象。

（四）竞争压力过大

青年税务干部工作态度端正，进取意识强烈。他们多是通过严格的考试、竞争、考察而获得工作机会的，他们对自己的事业有着较高的热情，普遍具有追求事业成功的渴望和激情，表现出了积极的进取精神。但是，由于现行干部选拔制度采用的是公推、公选、竞争上岗等方式，导致青年税务干部存在一定的竞争压力。同时，工作经验欠缺、为人处事能力不足、容易

出现工作失误等问题,在某种程度上也会引发他们产生心理压力。

(五)自我意识较强

青年税务干部个性特征鲜明,他们大多充满活力,对工作具有较为强烈的进取意识,对各项活动的参与意识比较强,能够在工作和生活中展现自我。但他们有时团结互助、维护大局的意识不强,不能正确处理集体荣誉与个人利益的关系,不能互相包容、求同存异、和谐发展,不能理清整体与局部的关系,以己之长比他人之短,缺乏全局眼光和整体观念。

二、影响青年税务干部成长进步的主客观因素

任何事物的成长都是主客观因素共同作用的结果,青年税务干部的成长进步也是如此。

(一)主观因素

少数青年税务干部在岗位实践的价值取向上存在偏差,把追求个人利益和安逸享受作为主要目标定位,而脚踏实地、艰苦奋斗的决心不足。有的青年干部在一线岗位上工作一段时间后,无法正确对待工作的艰辛劳累和遇到的挫折,便怨天尤人、丧失信心,甚至自暴自弃。个别青年税务干部"官本位"思想严重,将职位的升迁作为人生追求,一旦竞争上岗升迁受阻,工作积极性、事业进取心便随之动摇。还有的青年税务干部在工作中存在重机关轻基层、重业务轻政治、重荣誉轻实干、重应付轻基础的不良倾向。

(二)客观因素

一是社会环境的影响。当今社会价值取向多元化,人们的思想观念、生活方式、价值取向时常受到拜金主义、利己主义、享乐主义思潮的影响,青年税务干部的思想和行为也在这些浪潮中经受着冲击。二是生活环境的影响。基层青年税务干部工作累、待遇低,他们时常感叹"理想丰满,现实骨感",总体收入水平与不断上涨的房价和物价不相匹配,思想压力、生活压力不断加大。有些青年税务干部对个人在未来婚姻、住房、赡养父母等生活保障方面表示担忧,在前景茫然的情形中,得过且过,不思进取。三是选拔任用机制的影响。税务系统常用竞争上岗的手段激发青年干部的工作热情和进取心,但由于受基层职位所限,对参与竞争者从年龄、资历等方面进行限制,一批年轻有为的青年税务干部得不到及时晋升,挫伤了他们的工作积极性。四是培养教育简单化。少数税务机关对青年干部的培养只停留在灌输式的教导上,缺乏有针对性的引导,缺乏灵活多样的培养教育手段,且培养环境单一、发展空间狭小,这导致青年干部的思想境界和责任意识得不到有效提升。

三、促进青年税务干部健康成长的基本途径

积极探索培养青年干部的方式方法,切实提高青年干部干事创业的积极性和主动性,努力打造高素质的税务青年干部队伍。

(一)加强学习教育,提高政治素养

干部的政治素养不会随着年龄的增长而自然提高,也不会随着职务的升迁而自然提高。因此,必须始终把提高青年税务干部思想政治素质作为前提,以党性教育为核心,以道德建设为基础,完善青年税务干部思想教育机制。并充分发挥各级党校、行政学院、税务培训机构的主阵地作用,有计划地举办青年税务干部专题培训班,提高这一群体的政治素养和理论水平,引导他们树立坚定的理想信念和牢固的政治信仰。

（二）加强价值引导，树立职业价值观

应引导青年税务干部树立爱岗敬业的价值观，使其认识到只有通过认真、踏实、细致的工作才能实现远期的工作目标，脚踏实地地打牢成长进步的基石。同时，也要引导他们树立正确的权力观、地位观和金钱观，正确把握自身定位和价值取向。还要引导他们尊重职业规范、严守职业道德、恪尽职业操守，忠于自己的职业选择，把个人的愿望、要求同事业的需要统一起来，以党和人民的税收事业为重，始终使个人利益服从国家税收利益，把全心全意为人民服务落到实处。培养青年税务干部的集体荣誉感和吃苦耐劳、无私奉献精神，促使他们树立正确的责任意识、服务意识、大局意识，在工作岗位上默默奉献、认真干事、勇挑重担。

（三）加强实践锻炼，拓宽培养空间

要始终把辛苦岗位、基层一线作为培养锻炼青年税务干部的主战场和大平台，定期选派那些看得准、有能力、有发展前途的年轻干部到工作任务重、环境差、问题矛盾多的地方进行实践锻炼，让他们在税收事业发展中挑重担、担责任，时刻感受到来自组织的信任和支持，从而将税收事业的发展与每一个青年人的个人前途有机地结合起来，最大限度地发挥其优势，使其始终保持旺盛的工作热情和创新活力。青年税务干部若想提升能力必须下苦功夫、硬功夫、真功夫、实功夫。各级税务机关应注重搭建各种舞台，为青年税务干部提供更多展示才华的机会，增强他们的内驱力，促使其不断自我完善、自我提高。截至目前，从总局的全国领军人才培养、省局的高素质人才培养到各市、县级税务机关在各个领域的专业人才库干部的选拔培养，都是对"人才兴税"战略的贯彻与落实，既给广大青年干部提供了学习锻炼的机会，又为税收事业的发展储备了后续力量，让想发展、能发展的青年税务干部脱颖而出。与此同时，还应不断完善竞争择优机制，用正确的用人导向引导人，坚持德才兼备、以德为先的用人标准，按照公平、公正、竞争、择优原则，把那些真正政治素质好、业务能力强、作风过得硬、担当底气足、群众基础好的优秀青年税务干部适时选拔上来、培养下去。

（四）加强人文关怀，激发青春活力

大多数青年税务干部工作在基层、执法在一线，他们的工作任务较为繁重，生活相对单调，面临的工作和生活压力较大。因此，应注重人文关怀，把青年税务干部作为税务大家庭的重要成员，让他们受到重视和关注，当他们受到挫折时送上一份关爱，取得成绩时送上一份祝福，需要帮助时送上一份力量。对于他们面临的实际困难和问题，要设身处地帮助解决，解除其后顾之忧。同时，对青年税务干部应多一些包容与宽容，给他们一定的时间去思考人生、完善自我，让他们尽快把年轻气盛的自信转化为成熟稳重的自尊，更好地为税收事业贡献力量。

（五）加强管理约束，促进健康成长

从严要求、从严管理、从严监督，是对青年税务干部最大的关爱。要把从严管理约束贯穿年轻干部培养的全过程。应建立省、市、县三级青年税务干部跟踪管理长效机制，坚持经常性追踪考察和谈心谈话，帮助他们找不足、增动力。应完善青年税务干部定期分析评议制度，定期分析梳理青年税务干部的成长情况，全面准确掌握他们的思想动态、工作表现、能力素质等。应健全后备青年干部动态管理、优胜劣汰制度，对进步快、群众反映好的青年税务干部应重点培养，对考核情况差、群众意见大的青年税务干部应调换岗位观察培养，始终保持青年税务干部后备队伍像一池活水充满生机与活力。必须消除其"一劳永逸"的心理，培养坚韧不拔的进取意识，明确自身的成长与进步有如逆水行舟，不进则退。

培养和选拔青年税务干部，是全面推进税收现代化，适应税收事业发展新常态的重要举措。要把这项战略任务落到实处，必须在选人观念、育人措施、用人胆识、管人机制上有新思路、新举措、新突破，通过有目标、有规划、分步骤、分阶段、全方位的循序渐进的教育培训，逐步提高青年税务干部的思想理论水平和实际工作能力，使其能够更好地发挥自身优势、凝聚群体力量、激发工作热情。基层税务机关是税收工作的前沿阵地，更是青年干部成长的摇篮，在对青年干部爱护培养的同时，更应帮助他们扫清前进路上的各种障碍，鼓励其开拓创新，勇于担当，为实现税收现代化贡献智慧和力量。

（作者单位：国家税务总局阜新市税务局）

"党旗红"引领"税务蓝"
全力打造高素质专业化税务铁军

李晓峰

"为政之要,惟在得人。"习近平总书记在党的二十大报告中强调,全面建设社会主义现代化国家,必须有一支政治过硬、适应新时代要求、具备领导现代化建设能力的干部队伍。进入新时代,税收在国家治理体系中的基础性、支柱性、保障性作用日益凸显。

一、坚持纵合横通,品牌铸魂提升政治素质

"东西南北中,党是领导一切的。"打造高质量税务干部队伍,必须以政治建设为统领,结合实际,深入落实"纵合横通强党建"机制体系,持续推动税务系统党的建设高质量发展,以"抓好党务"实现新提升,推动"带好队伍"展现新气象、"干好税务"开创新局面。

(一)扛牢管党治党责任,把好前进之舵

税务部门首先是政治机关,坚定不移讲政治是第一要求。要始终把党的政治建设摆在首位,坚决走好"两个维护"第一方阵,深刻领会"两个确立"的决定性意义,增强"四个意识"、坚定"四个自信",不断用习近平新时代中国特色社会主义思想武装头脑。要坚定不移地传承红色基因、发扬红色传统,组织全体党员干部通过个人自学、集中辅导、座谈讨论等形式加强理想信念教育,传承红色记忆,厚植家国情怀,把习近平新时代中国特色社会主义思想融会贯通到税收事业改革发展上来。要坚持用社会主义核心价值观铸魂育人,引导税务干部在思想上、行动上自觉与中共中央保持一致,引导广大税务干部自觉做共产主义远大理想和中国特色社会主义共同理想的坚定信仰者和忠实实践者。

(二)凝聚齐抓共管合力,汲取奋进之力

健全条块协同机制,落实与地方党委及其他工作部门重要情况相互通报、有关工作联合开展等机制,进行常态化走访、沟通和汇报,争取理解和支持。坚持"下抓两级、抓深一层"工作机制,坚持树样板、带中间、促落后,抓一级带一级,打通责任链条落实"最后一公里"。把创建"一机关一品牌,一支部一特色"作为加强机关党的政治建设、模范机关建设的重要抓手。发挥党建先锋岗示范作用,做到"带头抓好党建、带头参与党建、带头融入党建",切实把党建融合优势转化为推动税收工作创新发展的"红色引擎",为地方经济高质量发展增添"蓝色动能"。

(三)推动党建业务并进,积蓄发展之势

通过党委会议、党委理论学习中心组及时传达学习任务并开展专题研讨,努力将习近平新时代中国特色社会主义思想学习成果转化为推动税收改革发展的具体举措。围绕中共中央、国务院关于税收工作的重要部署,健全任务分解、督查督办、重点推进、效应分析、持续改进的

工作闭环，确保事事有回音、件件有着落。同时，出台关于切实发挥党建引领作用促进党建工作与税收工作建立党建与业务联动评价机制，把党建工作有机融入税收工作的全过程，促进党建与业务深度融合。同时，完善评价考核机制，将党建工作与业务工作同部署、同落实、同考核，并将考核结果与领导班子评价、评先评优、干部任用紧密挂钩，用业绩检验党建成效，用党建促进业绩提升。

二、坚持人才兴税，素质提升打造专业队伍

发展是第一要务，人才是第一资源。党的二十大报告强调，完善人才战略布局，坚持各方面人才一起抓，构筑规模宏大、结构合理、素质优良的人才队伍。税务部门肩负税收现代化服务中国式现代化的光荣使命，必须把发现人才、培养人才、使用人才放在突出位置，为税收高质量发展提供强有力的智力支撑和人才保证。

（一）以服务税收现代化为导向，加大人才选用力度

落实"人才工程育俊杰"体制机制，根据税收事业发展的战略目标和工作任务，科学规划税务人才队伍的总量、结构、布局等，形成一套符合需求、适度优质、动态平衡的配置方案。根据岗位需求，通过公务员招录、公开遴选、交流调动等多种方式专项引进高素质专业人才，增加专业技术人员在人才总量中的比重，提高管理人员在人才结构中的层次；提升高学历人员在人才总量中的比重，降低中低学历人员在人才结构中的占比；要加强培养力度，培育一批领军型人才和专业型人才，保障不同岗位的用人需求，优化整个税务队伍的知识结构。

（二）以干部队伍长期发展为目标，丰富人才培养方式

结合当前税务干部队伍新老交替的实际，全力营造人人渴望成才、人人努力成才、人人皆可成才、人人尽展其才的良好局面。按照"因材施教、全面覆盖、资源共享、梯次递进"的培养思路，建立以需求导向为原则、以分类指导为方法、以全员覆盖为目标的教育培训体系，并将其与岗位调整、岗位轮换、岗位交流等相结合，设立以尊重个性为前提、以激发潜能为核心、以实现价值为导向的激励机制。根据人才类型、岗位、需求，制订"订单式"的培养规划，依托"学习兴税""数字人事"等平台，建立税务干部的终身教育体系。

（三）以完善人才评价机制为手段，激发队伍建设活力

把围绕中心、服务大局作为人才工作的根本出发点和落脚点，激励各类人才敢为人先、勇于实践，使其在税收事业高质量发展中起到示范引领作用。积极营造"有为者有位、优秀者优先、吃苦者吃香、出力者出彩"的鲜明导向。建立以岗位职责为导向、以工作绩效为依据、以职业发展为目标的评价标准体系，并将其与薪酬待遇、职称晋升、奖惩措施等相衔接，持续激发人才的积极性和创造性，促进人才的合理流动和优化配置。

三、坚持党管青年，严管善待培养税务未来

青年工作是战略性工作，优秀年轻干部要有足够本领来接班。应按照税务总局印发的《深入推进税务青年工作高质量发展三年行动计划（2023—2025年）》要求，对年轻干部从严教育、从严管理、从严监督，打造一支"敢于担当、善于创新、勇于攻坚、勤于奉献"的青年干部队伍。

（一）政治建设统领，加强青年干部全方位教育

把学习贯彻习近平新时代中国特色社会主义思想作为青年理论学习的"第一任务"，铸牢年轻干部的政治关，为年轻干部上好第一道保险。对所有的年轻党员、年轻干部开展全覆盖式培训，培根塑魂，让年轻干部以党的旗帜为旗帜、以党的方向为方向、以党的意志为意志，做政治上的明白人，引导年轻干部对党忠诚老实、坚定理想信念、牢记初心使命、正确对待权力、时刻自重自省、严守纪法规矩，扣好廉洁从政的"第一粒扣子"。

（二）建立健全机制，加强青年干部全方位管理

不断健全完善青年干部发现储备、培养锻炼、轮岗交流、选拔使用的全链条机制。细化"德能勤绩廉"五个维度科学考核考评体系，在干部选拔任用中让优秀的年轻干部脱颖而出，形成"用一贤人则群贤毕至"的鲜明导向和效应。引导年轻干部自立自强，自觉摒弃"躺平""打工人"心态，鼓励青年税务干部主动学习、自我提升，积极参与各种业务竞赛和交流活动，不断丰富知识储备、提高技能水平、拓宽视野思路。引导青年强化主人翁意识，敢于担当、勇于作为，用"想干事、能干事、干成事"的实际行动，更好地肩负起新时代赋予的职责和使命。

（三）完善监督体系，加强青年干部全方位监督

构建包括党内监督、部门职能监督、社会监督、舆论监督等多维度、一体化综合监督体系，切实加强对年轻干部的全方位监督，纵深推进"三不"机制制度建设，推动"不敢、不想、不能"落实落细落地。对照革命和建设时期党的光荣传统、优良作风和新时代党的建设总要求，让批评和自我批评真正发挥惩前毖后、治病救人、咬耳扯袖的作用，教育引导青年干部切实加强党性修养，做到信念坚定、对党忠诚，坚持原则、敢于斗争；严格遵守纪律规矩，严格贯彻执行中央八项规定精神，时刻绷紧党风廉政建设这根弦，始终牢记"清廉是福、贪欲是祸"的八字教诲，时刻自重自省自警自励，做到知敬畏、存戒惧、守底线；加强自我约束，练好内功，坚持将法纪思维作为行事准则，多思"贪欲之害"、勤扫"思想尘埃"、常破"心中之贼"，严守纪法规矩，坚守拒腐防变底线，确保不走偏、不落伍、不掉队。

人才兴则事业兴。"党旗红"引领"税务蓝"，全力打造高素质专业化税务铁军是一项长期性、系统性、战略性的工作。税务部门要在习近平新时代中国特色社会主义思想的引领下，不断总结经验、完善机制、创新方法、强化保障，努力实现税务人才与税收事业的相互促进、共同成长，为中国式现代化贡献源源不断的生机活力。

（作者单位：国家税务总局本溪市税务局）

当前基层税务机关思想政治工作存在的主要问题及对策探索

孙贵康　周　斐

基层税务机关思想政治工作是以基层税务干部职工为对象，解决基层税务干部职工的思想、观念、政治立场问题，提高基层税务干部职工思想觉悟的工作，是基层税务机关带好队、收好税的有力保证。面对当前繁重的税收任务和征管体制改革的不断深入，基层税务干部职工的思想更加复杂多变。因此，如何加强和改进思想政治工作，以适应新形势、新情况、新任务对充分调动干部职工的积极性，进一步深化税收征管体制改革，完成税收工作任务，构建和谐税务有着十分重要的现实意义。

一、基层税务机关思想政治工作存在的问题

近年来，虽然基层税务机关比较重视思想政治工作，采取了一系列措施，提升了基层税务干部职工的思想素质，推动了税务各项工作的顺利开展。但是，思想政治工作在基层税务机关的具体实践中还存在着一些问题，影响了该项工作的进一步开展。

（一）思想政治工作表面化

思想政治工作应该横向到边、纵向到底、不留死角，但有的基层单位除了按要求开展一些政治学习外，很少开展深入细致的思想工作，思想政治工作形式化、表面化现象明显。究其原因，一是重视程度不够。有的基层单位领导没有正确处理业务工作与思想政治工作的关系，认为抓税收工作已是千头万绪，无暇顾及思想政治工作；有的单位认为，思想政治工作是虚的，是软指标，可做可不做，因而片面地强调业务工作，不能把思想政治工作放到相应的位置上，平时很少专门研究部署思想政治工作，抓思想政治工作的主动性不够。二是日常教育不实。有的单位对待思想政治工作仅满足于完成上级统一部署的教育任务，习惯于用"一把钥匙开百把锁"，不愿做经常性的思想工作，不想在如何让教育入脑入心上下功夫。平时对思想政治工作要求的多、疏导的少，管理的多、教育的少，检查的多、帮助的少，应付的多、主动的少，难以达到预期效果。三是长远规划缺失。部分单位对思想政治工作没有长远的规划，没有前瞻性，没有统一的工作体系，目标不明、责任不清。开展思想政治工作时往往是就事论事，头痛医头、脚痛医脚，缺乏预见性。

（二）思想政治工作方法单一

不少基层单位的思想政治工作还停留在简单空洞的说教上，方式方法与新形势、新任务不适应，与社会发展不合拍。主要表现为：一是缺少有效的载体。有的单位思想政治工作的创新意识不强，缺乏新思想、新观点，方式方法简单，没有找到思想政治工作的切入点。二是停留于"灌输式"。多数单位在开展思想政治工作时，仍采用"我讲你听、我说你做"的方式，开开会、读读文件、提提要求，上面讲啥我讲啥，很少触及能引起干部职工共鸣互动的话题，这

直接影响思想政治工作的效果。三是习惯于"一刀切"。有些基层单位在开展思想教育时忽视了税务人员个体的差异性,没有考虑受教育者的接受能力、教育需求、年龄、学历、生活阅历等方面的差异性,而是采用"一刀切""一锅煮"的集中教育。特别是在矛盾集中、焦点突出、问题严重时,不能结合干部职工的思想实际,因人而异、因地制宜地开展工作。

(三)思想政治工作针对性不强

现实中的思想政治工作没有紧紧围绕税收工作任务和干部职工思想实际来开展,与实际脱节,缺乏针对性。主要表现为:一是内容存在空泛滞后现象。一些基层单位的思想政治教育存在内容陈旧,与现实要求不相适应的现象,有的内容存在"假、大、空",没有结合实际,不接地气;有的内容生搬硬套、老生常谈,落后于形势的发展。二是紧扣思想实际不够。少数基层单位领导抓思想政治工作缺少务实的作风,不能深入进行调查研究,与干部职工思想上的交流沟通少,对干部职工的思想状况掌握不清,对干部职工想什么、需要什么、关心什么知之甚少,很难有效地开展思想工作。三是与业务工作结合不紧。少数单位存在思想政治工作与业务工作"两张皮"现象,抓教育不考虑业务,抓业务不考虑思想教育,各敲各的锣、各打各的鼓,没有将思想政治工作渗透到业务工作中去,思想政治工作与业务工作深度融合不够。

二、思想政治工作中存在问题的原因分析

(一)对思想政治工作认识上存在偏差

基层税务机关少数领导对思想政治工作的地位和作用认识不足,他们有的认为,税务部门是业务单位,只要干部职工的业务能力提高了,就能高质量完成税收任务,思想政治工作做得好与坏,对税收工作影响不大;有的认为,思想政治工作是虚的,看不见也摸不着,费时费力,投入多、见效慢,甚至出力不一定讨好;还有的认为,思想政治工作就是开开会、聊聊天、学学文件、搞搞活动,无需在上面花太多的时间、下太大的功夫。这些思想认识上的偏差,造成了不少基层单位对思想政治工作重视程度不够,抓思想政治工作意识不强,对思想政治工作的原则性要求多,具体落实指导少,思想政治工作往往处于应付了事状态。

(二)思想政治工作缺少严格的责任制

一些单位没有把思想政治工作作为重要事项纳入日常管理范畴,没有形成严格的责任制。在开展思想政治工作时,往往是有计划、无措施,有要求、无标准,有部署、无检查,没有规范严密的考核监督奖惩体系。一些单位和部门存在思想政治工作是领导的事、是政工部门的事的片面认识,协同意识比较薄弱。还有一些从事思想政治工作的同志,存在干好干坏一个样、干多干少一个样的想法,工作主动性不强,缺少责任心和使命感,导致思想政治工作出现落实不到位的问题。

(三)从事思想政治工作的人员不专业

目前,基层税务机关从事思想政治工作的人员主要是单位主要领导、分管领导、人事党务干部、纪检干部,他们大多数都是业务干部出身,在开展思想政治工作中普遍存在不想做、不会做、不敢做的"三不"现象。"不想做",表现在思想政治工作讲起来重要,实际上领导的关注度并不高,大家普遍认为思想政治工作要想做出成绩比较难,不愿从事这项工作。"不会做",是因为基层政工干部大多数都是"半路出家",没有经过专门系统的培训,不了解思想政治工作该做什么、怎么做,更谈不上把握特点规律,开展工作的随意性较大。"不敢做",俗话

说"打铁必须自身硬",而少数基层领导和政工干部平时的作风不够严谨,对自身要求不够严格,因而在开展思想政治工作时往往底气不足,面对消极现象和不良倾向,不能理直气壮地开展批评教育,使思想政治工作的成效大打折扣。

三、加强和改进基层税务机关思想政治工作的建议

(一)提高思想认识,摆正思想政治工作的位置

思想政治工作是我们党的优良传统和作风,是做好一切工作的重要保证。做好思想政治工作对调动干部职工工作积极性、主动性、创造性,激发干部职工的工作热情,高质量完成税收中心任务具有十分重要的意义。因此,基层税务机关要大力宣传做好思想政治工作的重要性和必要性。一是强化领导干部特别是主要领导干部对思想政治工作的认识,促使主要领导重视思想政治工作,把思想政治工作摆上相应位置,由被动抓变为主动抓、亲自抓,与税收业务工作同计划、同部署、同落实、同检查、同考核;二是强化政工干部做好思想政治工作的责任感,教育引导基层政工干部牢固树立责任意识,把做好思想政治工作作为政治责任,积极主动作为,深入细致地开展好思想政治工作;三是强化全体干部职工对思想政治工作认知度,提高他们的思想觉悟,使其自觉参与和接受思想政治教育。

(二)拓宽教育形式,增强思想政治工作的感染力

思想政治工作是一项有血有肉的工作,必须采取多种形式,充分运用现代科技手段,给思想政治工作增添新的元素,做到寓学于乐、寓教于乐于一体。一是扎实开展思想教育。结合形势任务和税收工作的特点,组织开展一系列主题实践活动,帮助干部职工树立正确的人生观、价值观、世界观、事业观,引导干部职工坚定理想信念,爱岗敬业、乐于奉献,为税收事业发展多作贡献。二是广泛开展丰富多彩的活动。针对基层税务干部职工对文化需求多样化的特点,经常组织开展形式多样、生动活泼、喜闻乐见、有益健康的文化活动,丰富干部职工的文化生活,提高文化品位,陶冶情操,升华思想。三是强化税务文化建设。拓展思想政治工作阵地,因地制宜建设基层党团活动室、文化活动室、税史教育馆、暖心减压室等场所。有效运用移动互联网等新媒体资源,开辟思想政治工作新阵地。注意宣传和培养基层税务先进典型,积极倡导学习身边的人、身边的事,挖掘让干部职工看得到、摸得着,容易感受到的先进人物和先进事迹,引起干部职工的共鸣,使"学习先进、争当先进"的氛围越来越浓。

(三)改进方式方法,提高思想政治工作的实效

面对复杂的政治和经济环境,思想政治工作要主动求变,不断改进和完善工作方式方法。一是坚持疏堵结合。既要用先进的理论和思想疏导,又要有严明的纪律和制度约束,将制度的刚性与思想政治工作的柔性有机结合起来。同时,要注意情理交融,在开展思想政治工作时,既要真诚以待、开诚布公、以心换心、以情感人,又要充分说理,把道理讲深讲透,以理服人。二是体现人文关怀。干部职工的思想问题往往与实际问题交织在一起,做好思想政治工作,不能只停留在简单的灌输和空洞的说教上,必须关心爱护干部职工。要经常深入基层一线,了解干部职工的真实想法,准确把握干部职工的实际困难和需求,既要做耐心细致的说服教育工作,又要主动为他们办实事、解难事。三是注重个体差异。思想政治工作要根据不同的对象,进行差别化的教育。要注重用党的先进科学理论来武装青年干部职工的头脑,要经常对他们进行廉政教育、强化纪律规矩、筑牢思想防线,让他们在政治上更加成熟;对年龄偏大的

同志,要结合他们的心理特点和思想实际,多与他们面对面进行交流沟通,多听他们的倾诉,掌握他们的思想动态,有针对性地对其进行思想疏导,做到"对症下药"。四是紧扣税收实际。领导干部要深入税收实际,了解税收征管现状和干部职工的思想状况,特别要掌握税收征管改革过程中干部职工思想发生的变化,及时跟踪做好工作。要统筹好思想工作与业务工作,把思政工作渗透到各项税收工作全过程,坚持思想与业务工作一起抓,增强思想政治工作的有效性,为税收改革和发展提供精神动力。

（四）健全工作机制,强化思想政治工作的保障

基层税务机关要从实际出发,建立和完善思想政治工作机制,使思想政治工作保持生机和活力。一是强化责任落实。基层税务机关"一把手"要对思想政治工作负总责,分管领导具体抓,政工干部专职抓,其他领导实行"一岗双责",做到一级抓一级,层层抓落实,确保思想政治工作落实落地。二是建立工作会议制度。要定期召开思想政治工作会议,总结交流经验,分析研究干部职工思想状况、思想政治工作开展情况、倾向性问题和工作对策等,制定工作规划和措施。三是配强配齐政工队伍。把思想素质高、群众基础好、作风硬、愿做会做思想政治工作的干部选配到教育、人事、党建、纪检等部门,并在基层分局配置一名专职政工干部,定期组织学习培训,强化做好思政政治工作的责任意识,提高开展思想政治工作的能力。四是加强考核。结合党建工作,每半年对基层思想政治工作进行一次考核,对思想政治工作开展得好的单位和个人及时进行表扬,并与评选优秀公务员、干部职务职级晋升挂钩；对思想政治工作做得不到位,致使基层干部职工思想问题较多且长期得不到解决的单位要进行通报批评。

（作者单位：国家税务总局镇江市丹徒区税务局）

奋楫争先展现新作为 实干笃行谱写新篇章

李文芳

2023年是贯彻落实党的二十大精神的开局之年，也是深化征管改革的突破之年。在新的一年，丹徒税务局将以习近平新时代中国特色社会主义思想为指导，紧紧围绕"抓好党务、干好税务、带好队伍"三大目标，倾力打造"四大"特色品牌，着力构建"四精"征管体系，努力实现"四个"更加满意。在推进税收现代化征程中展现新作为，在服务中国式现代化实践中谱写新篇章。

一、坚持党的领导，倾力打造"四大"特色品牌

坚持党对税收工作的全面领导，充分发挥党建引领作用，大力营造税务文化氛围，持续优化税收营商环境，全力推进党风廉政建设，在打造"四大"特色品牌、推进税收事业高质量发展中展现新风貌。

（一）发挥党建引领作用，倾力打造"宜心税月"党建品牌

丹徒古称"宜"，取"宜心"，寓意"一片丹心"，"税"是"岁"的谐音，意指丹徒税务人情系"税"月，一心向党，不忘初心，始终坚持党的全面领导。

围绕打造"宜心税月"党建品牌，深入落实新"纵合横通强党建"机制制度，切实发挥党建引领作用，大力推进党建与组织收入、落实优惠政策、深化税收改革、优化税收营商环境等业务的深度融合。坚持"以党建带群建"，积极创新党建共建活动方式，通过党委牵头、支部发力、群团联动，推动机关与基层、内部与外部联合开展结对共建活动，构建起上下贯通、左右横通的党建共建新格局，在全局形成党委创品牌、支部创特色、党员争先锋、干部争先进的创优争先、干事创业的良好氛围，以高质量党建引领推动税收事业高质量发展，充分发挥"宜心税月"党建品牌的引领力和战斗力。

（二）营造税务文化氛围，着力打造"宜风税韵"文化品牌

"宜风"意在描写丹徒税务人强化责任担当、接续奋斗、砥砺前行的精神风貌，"税韵"着重勾画丹徒税务人用税收好声音讲好税收故事，传播税务文化，展现税务风采。

围绕打造"宜风税韵"文化品牌，完善党团活动室、图书阅览室、文体活动室、荣誉展示室、老干部活动中心等文化活动阵地建设。坚持开展为新入职人员上好"廉政教育第一课"，为新入党人员举行"入党宣誓"仪式，为青年干部举办"激扬青春力量、争做时代先锋"主题团日，为妇女干部搭建"税月芳华展风采、提质赋能建新功"巾帼建功舞台，为退休干部举行"峥嵘'税'月""'心'火相传"荣退仪式等具有丹徒税务特色的文化活动，进一步增强干部职工的责任感、使命感和自豪感。持续开展争创文明单位、先进集体、巾帼示范岗、青年文明号等活动。积极开展"菁税之星""智税之星""服务之星""老骥伏枥之星"等评选表彰活动，

鼓励先进、树立典型，充分彰显"宜风税韵"文化品牌的感染力和凝聚力。

（三）优化税收营商环境，努力打造"宜诚税悦"服务品牌

"宜诚税悦"取立足于"宜"、谋事以"诚"、着眼于"税"、致人以"悦"之意，代表丹徒税务始终坚持以纳税人缴费人为中心，努力为纳税人缴费人提供优质高效便捷的税费服务。

围绕打造"宜诚税悦"服务品牌，以落实世界银行新一轮宜商环境评估指标为契机，在持续压缩办税缴费次数和时间，减轻纳税人缴费人负担等方面找差距、补短板、强弱项，努力实现在税收营商环境纳税指标评价中进入全市乃至全省前列。努力提升"宜诚税悦"服务品牌的创新力和影响力。

（四）强化党风廉政建设，全力打造"宜税清风"廉政品牌

"宜税清风"代表丹徒税务将始终保持清正廉洁、风清气正的政治生态和干事创业的良好环境。

围绕打造"宜税清风"廉政品牌，落实党委主体责任和纪检监督责任，全力推动"一岗双责""两个责任"贯通落实，积极构建全面从严治党新格局。健全和完善权力运行制约监督机制，推进党风廉政建设制度化、常态化。创新开展多角度、多层次廉政文化和警示教育，引导干部职工增强"不敢腐、不能腐、不想腐"的思想自觉和行动自觉，切实增强"宜税清风"廉政品牌的约束力和执行力。

二、坚持深化征管改革，着力构建"四精"征管体系

认真对照"精确执法、精细服务、精准监管、精诚共治"目标要求，着力构建"四精"征管新体系，实现征管改革全面突破，在高质量推进税收现代化新征程中展现新作为。

（一）着力构建税费执法新体系，实现税费执法更精确

围绕构建"无风险不打扰、有违法要追究、全过程强智控"的税费执法新体系，推广应用"大数据动态监控＋前置式提示提醒＋纳税自查自纠"的执法方式，实现从经验式执法向科学精确执法转变。加快建立全面覆盖、全程防控、全员有责的税费执法风险信息化内控监督机制，最大限度地规范税务人。充分运用说服教育、约谈警示等非强制性执法手段，做到宽严相济、法理相融，让税务执法既有力度又有温度，最大限度地便利纳税人。

（二）着力构建税费服务新体系，实现税费服务更精细

围绕构建"线下服务无死角、线上服务不打烊、定制服务广覆盖"的税费服务新体系，依托"去柜台化＋智能化"办税服务厅改造，打造集"智能导税服务＋自助办税体验＋自行填开发票＋云办税服务中心"等为一体的"360°全场景"智慧办税服务功能区。推行"值班领导＋首席办税员＋业务骨干＋导税服务"的服务新模式，实行简易事项首问即办、复杂事项首席帮办、所有事项一厅通办，真正实现企业税费事项网上办、个人税费事项掌上办、所有税费事项通城办，基本实现"线上服务不打烊"。

（三）着力构建精准监管新体系，实现税费监管更精准

围绕构建以"双随机、一公开"监管和"互联网＋监管"为基本手段、以重点监管为补充、以"信用＋风险"监管为基础的税务监管新体系，加快实现法人税费信息"一户式"、自然人税费信息"一人式"智能归集，深入推进对纳税人缴费人行为的自动分析，实施风险分析、任务推送、应对处理、监控评价闭环管理。针对不同等级的风险事项采取不同的应对方

式,实现"事前提醒服务、事中提示更正和业务阻断、事后快速应对"的全流程智能精准管理,让税务监管无处不在、无事不扰,真正做到"无风险不打扰、低风险预提醒、中高风险严监控"。

(四)着力构建精诚共治新体系,实现税费共治更精诚

围绕构建"党政领导、税务主责、部门协作、社会协同、司法保障"的税费共治新体系,积极争取地方党委政府建立部门常态化和制度化的情报交换、信息共享、执法联动协调机制,构建财政、税务、市场监管等部门密切协作新格局。积极融入乡镇(街道、园区)网格化服务和管理,发挥基层综合治理网格在协税护税中的基础作用,拓展税费共治新空间。进一步加强与司法部门的密切协作,保障国家税费利益和纳税人缴费人合法权益。努力提升税费共建共治共享能力。

三、坚持做实主责主业,努力实现"四个"更加满意

充分发挥税收职能作用,坚持把服务大局作为第一使命,把组织收入作为神圣职责,把带好队伍作为根本保证,努力完成好各项税收改革和服务工作,实现"四个"更加满意,在高质量服务中国式现代化中谱写新篇章。

(一)服务好纳税人缴费人,努力让纳税人缴费人更加满意

牢固树立"便利度就是满意度,体验感就是获得感"的理念,持续开展"便民办税春风行动",从诉求响应提质、政策落实提效、精细服务提档、智能办税提速、精简流程提级、规范执法提升6个方面发力,努力为纳税人缴费人办实事、解难题,切实维护纳税人缴费人的合法权益,不断提升纳税人缴费人的获得感和满意度。

(二)服务好经济社会发展大局,努力让地方党委政府更加满意

紧紧围绕区委区政府"稳增长、保民生、促发展"的发展目标,牢固树立"税费并重、同征同管"的理念,正确处理好征税收费与减税降费的关系,坚决守住"不收过头税费"的原则底线,不折不扣地落实各项减税降费政策,确保实现税费收入质的有效提升和量的合理增长,为地方经济社会高质量发展提供强有力的财力保障。聚焦地方经济税源发展态势和党委政府决策需求,深挖税收大数据"金山银矿",定期开展专题经济税收分析、税费政策效应分析,着力打造数据翔实、可信度高的经济税收分析精品,为地方党委政府科学决策提供强有力的数据支撑。

(三)服务好基层征管一线,努力让基层干部职工更加满意

深入践行"我为群众办实事、我为基层服务好"的服务理念,把对上级负责和对下级负责相统一,持续推出为基层减负赋能的系列举措,做到区局能协调的事务不摊派给基层、机关能完成的工作不推送给基层。进一步精简会议、文件和任务派送流程,切实为基层减负减压、排忧解难。按照做实基层的要求,将人、财、物向基层一线倾斜,充实基层一线征管力量,为基层创造一个良好的工作环境。落实党委"一把手"走流程活动,深入基层倾听干部职工的心声,关心基层干部的健康成长,持续开展关怀帮扶行动,帮助干部职工解决实际困难、消除后顾之忧,切实为基层干部职工办实事、做好事、解难事。

(四)落实好上级部门工作部署,努力让上级机关更加满意

紧紧围绕税务总局"抓好党务、干好税务、带好队伍"的目标要求,以抓好党务为牵引、

干好税务为根本、带好队伍为保障，努力完成全年各项目标任务。在抓好党务方面，坚持以打造"宜心税月"党建品牌为牵引，以落实"书记项目"为示范，以创新"一局一品牌、一支部一特色"为亮点，充分发挥党委的示范引领作用、党支部的战斗堡垒作用和党员的先锋模范作用。在干好税务方面，认真对标对表"四精"目标要求，高标准制定契合丹徒实际的务实举措，高质量狠抓各项任务的创新落实，以数字化改革为牵引，推动智慧税务建设取得突破性进展，构建优化协同高效的税费征管新体系，努力打造征管改革的"丹徒样板"，向上级党委交上一份满意的答卷。在带好队伍方面，认真落实总局党委提出的"绩效管理抓班子、数字人事管干部、人才工程育俊杰、选贤任能树导向、严管善待活基层"的"带好队伍"机制制度体系，建立健全"横向到边、纵向到底、任务到岗、责任到人"的绩效管理体系和数字人事考核机制，树立重实干、重实绩、重担当的选人用人导向，把政治过硬、能力较强、勇于担当的年轻干部选拔到重要工作岗位上，积极营造向上向善的浓厚氛围，努力打造忠诚、干净、担当的丹徒税务铁军。

（作者单位：国家税务总局镇江市丹徒区税务局）

关于加强基层税务干部队伍建设的思考及建议

李 鹏 宗 瑶

治税先治队，只有治好队，才能收好税。基层税务干部处于税收事业第一线，是税务工作的主体，也是税收事业兴旺发达的关键和根本。多年税收工作实践证明，加强基层税务干部队伍建设是完成各项重要税收任务的保证。因此，税务部门在大力抓好组织收入、深化税制改革和征管改革的同时，要始终坚持把建设一支高素质的税务干部队伍作为一项重要工作来抓，盘活现有干部资源，充分激发干部队伍担当活力，在新形势下努力打造一支"政治过硬、业务熟练、作风优良"的税务干部队伍。

一、当前基层税务干部队伍建设过程中存在的问题

（一）综合素质能力不足，缺少"本领恐慌"

基层税务部门处于政策贯彻和工作落实的一线，日常工作面宽量大、政策性强且直面群众、问题琐碎，因而对于干部的专业素养和综合素质水平有较高要求。但部分基层干部由于缺乏历练学习机会和主动自我提升意识，在处理突发性事件及临时性重要工作时，难以做到快速反应、积极协调、抓准重点和良好应对。

（二）创新工作理念不强，缺少"开拓思维"

面对新时代的新要求，基层干部需不断提升改革创新能力，把攻坚克难、灵活应变、不怕错误作为新时代改革的制胜秘籍。但部分领导干部习惯于用传统的方式开展工作，工作安于现状、墨守成规，缺乏创新主动性，不能跳出圈子看问题，忙于"唱新"而不能真正以开拓的精神面对、分析和解决新问题。

（三）干部宗旨意识偏失，缺少"昂扬之志"

部分干部在工作一段时间后，会逐渐表现出心态不佳、作风疲沓的问题，终身学习意识渐趋淡化，日常工作渐趋被动，逐渐缺失明确的群众观和服务意识。在实际工作中作风略显飘浮，导致工作不能及时处理，税惠政策不能及时落实，不利于上级各项部署要求的有效落实和下一步具体工作的及时推进。

二、基层税务干部队伍建设存在问题的原因

（一）针对性和实质性培养"失位"

为提升基层干部队伍专业素养和综合素质水平，系统内部会不定期组织相关专业培训，但此类培训大多周期较短，学习管理不够严格，缺少学习成果检查环节，培训难以达成最优效果。此外，基层人力资源有限，许多岗位人手紧张，许多干部需要"身兼多职"，很难做到放

下手里的事情全身心投入培训，并不能"彻底"摆脱工学矛盾，反而有很多干部需要"两头跑"，最终哪头都不能顾全。

（二）创新思维激励方向"错位"

一方面，虽然系统内部大力倡导创新，并通过开设项目、开展竞赛等方式不断拓宽创新展示平台，激励各级税务干部参与到创新活动中来，但是部分干部由于怕担责不敢创新、缺少激励不愿创新、本领少不会创新等原因，即使有平台，也迈不上去。另一方面，受基层税收工作影响，许多干部将大量时间用于解决日常琐碎的问题，使得基层缺乏充足的时间、精力和人力进行深入的创新性探索和研究，更有部分基层干部存在"少干事少出事、不干事不出事，宁可不干事也别出事"的心理。

（三）价值观念正向引导"缺位"

大多数税务干部的思想道德是良好的、理想信念是健康的，但网络信息时代，大量良莠不齐难以分辨的信息填满了我们的日常生活，受各种新言论、新观点的影响，人们的价值观念难免出现偏差，"躺平""摆烂"等言论会对税务干部的思想产生一定影响，此类不良思想在缺乏及时有效的正向引导的情况下，很容易泛滥。此外，系统内虽经常举行练兵比武、主题竞赛等相关活动，但由于缺乏实质性的表彰奖励和激励培育举措，对比武竞赛优胜者缺乏后续完善的重点培育和选拔任用规划方案，部分税务干部因认为其意义不大且耽误正常工作而逐渐发展成"被迫"参加，敷衍了事，使得各项比武竞赛活动大多只停留于竞赛层面，无法真正激发干部队伍的学习活力，难以发挥尚学尚才价值观点的实质引导作用。

三、加强基层干部队伍建设的意见建议

（一）坚持党建引领，强化队伍建设

干部队伍建设是一项重要的政治工作，党建工作是做好一切政治工作的基础和保障。加强基层干部队伍建设必须坚持党建引领，不断扩大党建对队伍的"引领效应"，健全完善新"纵合横通强党建"工作机制，贯通党建引领基层治理现代化路径，严格贯彻落实党建要求，坚决做到听党指挥，履职尽责，以党建带业务，以业务促党建，着力打造一支政治坚定、业务精湛、作风优良的高素质基层税务干部队伍。

（二）提升认识水平，完善培育机制

要提高培训成效，就必须制订完善严格的培训规划，实施全方位、立体式、宽领域的教育培训，丰富培训内容，改进培训方式，满足干部多层次培训需求。按照"短期与中长期相结合，工作与培训相兼顾，普及与提高相融合"的原则确定培训方案，按照"轻重缓急"制订"短中长"培训计划，按照"日常考核保质量，结训考核促提升"检验学习成果，以精细化管理和标准化流程确保培训效果，以高标准、严要求强化学习主动性和紧迫性，不断提高学习水平，营造良好学习氛围。

（三）找准砥砺方向，激活创新"根茎"

从创新意识薄弱、创新能力不足的源头出发，破除阻碍创新的体制机制障碍，通过奖励举措全方位支持鼓励优质创新想法。必要时，可抽调人员进行集中工作研究，确保相关干部能够将充足的时间精力投入创新想法落地中去，让"创新"从脑子里落到纸上，再落到地上，推进创新方案顺利转化为基层工作创新成果，给足基层创新"底气"和创新"动力"，全面激发基

层创新动力。

(四) 重视思想引导，扶正价值导向

要注重培养干部队伍勇于担当的使命感和责任感，使其保持昂扬的精神状态和饱满的工作热情，同时加强日常教育谈话，坚定干部队伍理想信念，及时扶正错误观念；进一步落实公务员职务与职级并行制度，让基层干部思想有盼头、心里有奔头、工作有劲头，消除部分基层干部身上存在的悲观失望、怨天尤人、消极麻木的负面思想；建立健全绩效管理机制，运用好绩效"指挥棒"，将竞赛比武等活动中的优异表现纳入考核范围，让人才被看到、被用到，激发干部的干事热情。

（作者单位：国家税务总局永清县税务局）

关于新时代税务现代化人才库建设的思考

吴伟夫

随着中国特色社会主义进入新时代，税收也开启了新征程。税收管理日益成为国家治理体系和治理能力现代化的重要组成部分，在国民经济和社会发展中发挥着越来越重要的作用。税收的视野进一步扩大，参与度进一步提高，专业性、综合性进一步提升，因而对税务人才培养提出了新的要求。如何适应新形势，加快税务人才库建设，发挥好其人才"蓄水池"作用，培养造就新时代需要的税收现代化人才，引领干部成长进步，这是值得我们深入思考的课题。

一、当前税务人才库建设面临的困境

人才库是人才的"蓄水池"。各级税务部门虽都按照分级分类的原则，建立了人才库，如领军人才库、各类专家库。但在实践中不同程度地存在着重选拔轻使用、重建库轻实训、重储备轻激励等现象，削弱了人才库在干部队伍建设中应有的作用。

（一）容量过小

人才库成员从各个部门、岗位"掐尖"选生，人数较少，到了县区局只有寥寥数人。人才储备库和预备库的功能没有发挥出来，一些有成长潜力的干部被排除在外，人才入库的吸引力不足。

（二）范围过窄

建库时重点考虑了传统的征管、稽查、风险、法制等业务人才，对税收现代化建设急需的宏观经济、大数据分析、协同共治等方面的人才还没有涉及，对新职能、新经济、新业态的人才需求考虑不足。

（三）与干部意愿脱节

只考虑干部的业务能力，没有把建库与干部的职业规划和发展前景、个人兴趣结合起来，不利于调动干部入库发展的积极性。

（四）缺乏日常管理

建立人才库只是登记造册，后续培养不足，跟踪管理不及时，不能为入库人才提供有针对性的培训，没有为人才的发展创造更好的平台。

（五）缺乏激励机制

优秀人才培养与干部选拔任用机制未能有效衔接，优胜劣汰的良性机制尚未形成，在库人员缺乏进一步提升的动力。

二、瞄准新标准，找准人才库建设的方向

税务总局提出了"政治引领能力、谋划创新能力、科技驱动能力、制度执行能力、协同共

治能力和风险防范能力"的建设要求，江苏省局"1+5"新税收征管体系也绘就了优化高效统一征管体系建设蓝图，这些正是我们人才库建设的方向。

（一）党建与税收融合发展的贯通型人才

随着新时代的发展，税务机关逐渐从传统的业务机关转向"首先是政治机关"，治税理念从传统的中性原则转向更加积极主动的参与国民经济发展和社会管理，税务机关党组织管理由地方转向条线，形成了"条主责、块双重、纵合力、横联通"模式，党管税收的格局已经形成。然而实践表明，基层税务机关党建与业务"两张皮"的现象仍然存在，党建人才不足，熟悉党建的不懂业务，精于业务的又不懂党建，很难做好干部的思想工作，发挥政治引领作用。

（二）重点领域的税务专才

税务部门长期重视"三师"（注册会计师、注册税务师、公职律师）培养，但涵盖面还是过窄，在一些专业化程度较高的领域，如工程造价、网络工程、污染排放、房产评估等方面人才奇缺，往往在实际工作中受制于人。一类是长期依赖中介机构的领域，如网络服务、资产评估等业务，长期服务外包，忽视了对内部人才的培养。江苏省局要求土地增值税清算业务与中介脱钩，实现税务部门单独清算，这使土地增值税清算人才面临着严峻挑战。另一类是县局较少涉及的业务领域，如跨境税收管理、国际税收、反避税等，随着经济业态的多样化，税务人才也捉襟见肘。

（三）风险识别和数据整合人才

新征管体系把风险应对作为导向，这直接影响征管工作的质效。虽然江苏省局一再强调对疑点数据的整合和综合运用，但从实践来看，数据分散，靶向不明，难以形成对问题的集中描述。大量的疑点数据直接推向基层，过度消耗了基层征管力量，劳而无功，风险应对人员没有成就感和获得感，消弭了工作激情。因此，风险管理能否发挥导向作用，关键取决于风险识别的精准度和数据整合的能力，而这些人才正是我们所缺少的。

（四）宏观经济分析人才

新机构成立以来，税务部门经历了增值税改革、个税改革、社保费转型、大规模减税降费等重大变革，政策效应分析日益成为各级政府决策的重要依据。税务部门的分析报告，也从传统的税源分析转向经济形势分析，从事后分析转向事前预测。与其他部门相比，政府更看重税务部门的数据优势、管理优势和常年联系纳税人的人脉优势。政府经济决策对税务部门的倚重越来越明显，这也是税务部门彰显责任与担当的重要机遇，而这些都有赖于一支懂财务税收、懂经济规律、懂数据分析的专业化经济分析人才队伍。

三、适应新需求，找准实现干部价值的契合点

新税务机构成立以来长期面临"瘦身"和"健身"的压力，职级晋升通道和物质激励通道受限，广大干部迫切需要一个长期稳定的、能够体现自身能力和价值，并使自己得到锻炼提升的发展平台。

（一）优秀人才希望脱颖而出

入选人才库，既是一种荣誉，也是一种激励。在人才库中成为骨干，带动团队成员高质量完成任务、承接科研课题、接受高水平培训、担任培训讲师等，在自身能力提升的同时，自身的影响力无形中也在提升，不但打造了"优秀员工"的形象和气质，而且也赢得了更多人的尊

重。这有利于干部树立向上向善的精神追求。

(二) 广大干部希望提升专业技能

组建人才库，不仅是组织的单方面需要，也是干部提升能力素质的需要。一些"优秀员工"在专业能力上已经领先一步，常规的全员培训、业务轮训已很难满足他们的个性化需求，他们迫切希望接受更高层次的培训和锻炼，在理论上拓展、在能力上提升。因此，把这些优秀员工集中起来，小班化教学，开展针对性训练，有利于建设一支"领跑者"队伍，增强"领跑者"的荣誉感，使其在今后的业务工作中保持工作动力。

(三) 部分干部希望得到职业规划的帮助

职业规划并不仅仅是年轻人的事，一些在职多年的同志也面临职业转型等问题。目前，税务部门还没有专门的职业规划管理制度，许多人并不知道自己的优势在哪里，不知道如何扬长避短，不知道今后的发展方向。因此，在人才库的组建、申报、筛选过程中，对一些有发展潜力的干部进行适当的组织干预，发现他们的特长，挖掘他们的"闪光点"和"兴趣点"，充分结合个人意愿，引导干部做好职业规划，尽快确定职业发展方向，是对人力资源的提前优化，也是对干部成长进步的最大帮助。

四、对新时代税务人才库建设的构想

十年树木，百年树人。人才培养有其自身的内在规律，要经历一个较长的周期。要聚焦人才库集聚选拔功能、培养实训功能、职业规划功能、价值激励功能，充分发挥人才库在人才选拔、储备、管理、培养和任用方面的作用，挖掘人才自身潜力，激发干部活力，探索出一条税收发展需要与干部个人成长相结合的人才培养新路。

(一) 聚焦选拔储备功能，把各类英才尽收入库

1. 在招录环节引进新经济人才

公务员招录是人才队伍构建的一条重要渠道。随着税务部门职能作用的进一步发挥，其涉及的领域也越来越宽，亟须对人力资源管理、工程造价、公共经济、统计分析、电子商务、大数据运用等专业方面的人才做适当补充。

2. 在各类比武、考试中选拔人才

当前，税务系统内比赛平台不少，总局组织了"岗位大练兵、业务大比武"，县市局也有各种考试制度，各条口还会组织专业知识技能竞赛。这些活动为发现人才、广罗人才提供了平台。

3. 在日常工作中发现人才

在征收管理、风险应对等日常工作中，我们应注重发现业务能力强、实战经验丰富、在团队中起核心作用的干部，充实人才储备，为后续培养积累资源。

(二) 聚焦培训提升功能，开展针对性提升培训

1. 合理确定人才库容量

对于县区局人才库的定位，除了选拔精英，更重要的是培养干部，造就更多的应用型人才，建库应以中低端库为主。库容量太小，难以形成辐射面，不能组织有效培训，是目前人才库建设的一大瓶颈。因此，库容量应与日后的培训相适应，既可以组织开班集中培训，又可以分组开展实践锻炼。

2. 科学设计人才库的分类

人才库的分类应根据单位发展目标对各类人才的需求来设计。按层次，人才库可分为高端的领军人才库、中端的应用人才库、低端的储备人才库；按专业门类，可以分为行政管理人才库、税收业务人才库、数据分析人才库、大企业管理人才库、风险管理人才库、纳税服务人才库、法制人才库等。

3. 创新人才库培训模式

一是高校合作模式。充分利用高等院校、培训机构等平台，对人才库成员进行有针对性的业务培训和各类高层次培训。二是团队合作模式。发挥人才库人才集聚优势，组成专项工作组，提供专业化涉税服务，帮助纳税人解决涉税疑难复杂问题，放大个性化服务的效能和效应。三是课题攻关模式。在人才库内部成立课题组，申报重点调研课题，培养理论调研能力，为税收事业的科学发展提出可行性建议。四是考察交流模式。组织人才库成员进行纵向、横向及系统内外等多种方式的学习考察、参观调研活动，拓宽人才眼界和思路，学习先进经验，提升工作水平。五是师资培养模式。组建兼职师资库，根据内部培训教学需要，优先从人才库中选用师资，让干部在教学实践中锻炼提高。

（三）聚焦职业规划功能，把人才培养与干部成长结合起来

1. 与税收事业发展相结合，引导人才发展方向

根据未来业务岗位需求及税收事业发展趋势制订相应的人才培养计划，培养出能更有效满足未来税收事业发展需要的高素质综合人才及高级专业人才。只有这样才能真正保证人才的发展需求与税收工作的发展目标协调一致，才能保证税收事业不断适应新时期各种经济形势变化的要求。

2. 与干部特长兴趣相结合，建立双方共同愿景

兴趣是最好的老师，确立人才的发展方向首先要从兴趣着手，对一门业务知识或者所从事的工作若是没有兴趣，那将很难在所在领域有所建树。因此，人才库建设要紧密联系干部的思想和工作实际，吸纳有志于在某领域发展的人才，将其自身兴趣与系统未来需求相结合，激发人才的创造力，达到"双赢"。

3. 与学习型机关相结合，营造良好成长氛围

学习型机关能够提供有利于干部职工学习、交流、验证知识的宽松环境，提供有利于干部友好交流的机会。建立学习型机关，就是要创造一种环境，"工作学习化，学习工作化"，让干部意识到要适应社会的发展，必须追求个人的成长和能力的提高，而最有效的方式就是在工作实践中提升自己的能力。实行人性化管理，尊重个性，鼓励创新，形成一种互相切磋、取长补短、共同创业的良好氛围。

（作者单位：江苏省镇江市税务学会）

基层税务机关全面从严治党工作存在的主要问题及改进建议

陈韶军　周斐

"全面从严治党，核心是加强党的领导，基础在全面，关键在严，要害在治。"习近平总书记对全面从严治党提出的严格要求，是深入推进全面从严治党的努力方向和根本遵循，是新形势下，基层税务机关当前乃至今后一个时期面临的一项重要课题。

一、当前基层税务机关全面从严治党工作存在的问题

（一）主体责任传导落实不够到位

基层税务机关党委班子成员对落实全面从严治党和党风廉政建设"两个责任"投入的精力仍有不足，压力传导层层衰退递减的现象仍然存在。个别领导干部谋划全面从严治党工作的思路还不够清晰，对党建工作安排部署多，监督落实不够。有的班子成员落实"一岗双责"不够有力，未能对分管部门进行经常性的督促指导。支部书记多数分管业务工作，对于抓党建工作投入的时间和精力不足，支部书记党建"第一责任人"的作用发挥得不够充分。有的党委把落实党风廉政建设责任制看成纪检组的事，对贯彻落实责任制满足于一般性工作部署和要求，具体指导和检查落实不够。个别基层党委在落实主体责任上不注重跟踪问效，忽视对党风廉政建设和全面从严治党工作的监督检查和落实，特别是缺少对重点岗位、重点领域、重点环节廉政风险防控的监督检查。

（二）敢管敢严力度有待加大

习近平总书记指出，在当前全面从严治党新常态下，有的领导干部不敢抓、不敢管，抱着"鸵鸟心态"，唯恐得罪人、丢选票，要建立有利于干部敢抓敢管的制度。基层税务机关有的党组织和党员干部存在"圈子"文化和"好人主义"思想，对违规违纪的一些现象和人员有时睁一只眼闭一只眼，存在失之于宽、失之于软的问题。对党建工作上级重视基层就重视，开展活动就紧一阵，不开展活动就松一阵，时紧时松，缺乏持之以恒的韧劲。对苗头性、倾向性问题重视不够，从严治党的思想没有得到真正的贯彻落实。有的党组织责任追究不痛不痒，责任追究手段通常仅限于通报批评、诫勉谈话和组织处理，较少给党纪政纪处分。

（三）干部队伍作风纪律不够过硬

基层税务机关部分党员的党性意识和纪律规矩意识不强，干事创业精气神弱化，工作能力不足、作风散漫的问题依然存在。个别税务干部还存在执法行为不规范、办事效率不高、服务态度不好等问题。对服务对象缺乏热情，"门难进、脸难看、话难听、事难办"现象还在个别地方不同程度地存在。个别干部"八小时以外"问题频发，对干部"八小时以外"作风建设及遵纪守法情况还缺乏行之有效的监督管理手段，在具体的监督工作中，还停留于传统的监督思维和方法，监督方式没有随着干部工作生活方式的转变、干部"八小时以外"生活空间范围的

拓宽等而创新，方式方法不够灵活多样。

二、进一步加强基层税务机关全面从严治党工作的建议

（一）必须以落实全面从严治党主体责任为重要抓手

习近平总书记指出，全面从严治党必须落实管党治党责任。管党治党责任是最根本的政治任务。不明确责任，不落实责任，不追究责任，从严治党是做不到的。坚持全面从严治党方针，首先必须明确责任主体、落实责任主体、追究责任主体。而推进基层税务机关全面从严治党，关键是落实党委的主体责任。一是健全党建工作责任制。以主体责任的落实狠抓全面从严治党，以制度机制统领党建工作全局，着力构建党委主体责任、纪检监督责任、班子分工责任、支部直接责任、部门共建责任"五位一体"的党建工作责任制。强化领导责任，让各级税务局党委、党委书记具体且认真地履职尽责。坚持以"纵合横通强党建"为抓手，推动基层税务系统的党建责任制，从思想上、行动上、举措上落实好主体责任，切实管好班子、带好队伍、管好自己、当好表率。二是严格党建工作考评制。开展党建工作专项考核，开展党委书记抓基层党建工作述职工作，抓好基层党组织书记履行党建第一责任。把全面从严治党有关规定的落实情况作为衡量领导班子工作实绩的重要内容，充实到有关责任部门单项考评指标体系，实行基层党建工作联述、联评、联考，把考核结果作为各级党组织领导班子及成员实绩评定、选拔任用、培养教育和奖励惩戒的重要依据。三是完善党委与纪检定期会商制度。定期分析党风廉政建设工作与全面从严治党方面存在的问题，并研究切实可行的工作举措。把专题会商作为落实"两个责任"的有力抓手，进一步发挥会商在破解"一把手"监督和同级监督难题、压实管党治党责任方面的积极作用，推动"两个责任"更好贯通协同一体落实，以规范性的会商程序为党委履行主体责任提供有效载体。

（二）必须以严的标准为有力武器

全面从严治党是新时代党的自我革命的伟大实践。习近平总书记关于党的自我革命的战略思想，深刻阐释了自我革命和全面从严治党的内在联系，对永葆党的先进性纯洁性、密切党与人民群众的血肉联系、实现党的伟大革命具有重大的战略意义和现实意义。基层税务机关党组织要深刻把握习近平总书记关于党的自我革命战略思想的深刻内涵和重大意义，以严的标准为有力武器，推进全面从严治党向纵深发展。一是抓思想从严。税务机关要突出党性教育，着力打造学习型党组织，把坚定理想信念作为第一位任务。加强对党章以及党内政治生活准则、廉洁自律准则、党内监督条例、纪律处分条例等党规的学习，把尊崇党章、遵守党规的要求落到实处。坚持读原著、学原文、悟原理，深入领会习近平总书记系列讲话的丰富内涵，把握好蕴含其中的治国理政新理念、新思想、新战略，更好地用系列重要讲话精神统一思想、武装头脑。切实把全面从严治党贯彻于党员干部教育全过程的各方面，进一步在政治上、思想上与中共中央保持一致。二是抓管党从严。习近平总书记指出，严肃党内政治生活是全面从严治党的根本性基础工作，是全党的重大任务。各级党组织要自觉担当，严格按党的政治纪律和政治规矩办事，在任何时候任何情况下都不能破坏党的政治纪律和政治规矩，都不能拿党的政治纪律和政治规矩做交易。要坚持从领导机关、领导干部做起，形成以上率下的浓厚氛围。班子成员带头参加所在支部、党小组的组织生活，带头上党课，积极发挥模范带头作用，特别是要开好民主生活会，用好批评和自我批评武器，让"扯袖红脸出汗"成为常态，进一步严格落实党章

规定，严肃党内政治生活。三是抓执纪从严。突出执纪审查重点，重点审查不收敛不收手、问题线索反映集中、群众反映强烈等问题。积极运用监督执纪"四种形态"，特别是第一种形态，做到抓早抓小，防微杜渐。严格执行问责条例及税务总局制发的实施办法，对党的领导弱化、党的建设缺失、全面从严治党主体责任落实不到位的，对维护党的政治纪律和政治规矩失责、贯彻中央八项规定精神不力、选人用人问题突出、腐败问题严重、不依法征税和收"过头税"的，严格按规定实施问责，以从严问责倒逼责任落实，让有错必究、有责必问成为常态。

（三）必须以深化正风肃纪为着力点

税务机关要始终坚持以深化正风肃纪为着力点，保持惩治腐败的高压态势，加大反腐倡廉宣传教育和廉政文化建设，准确把握全面从严治党的新形势、新要求，切实担负起全面从严治党的政治责任。一是持续深化思想教育。补足精神上的"钙"，铸牢理想信念的魂，不断坚定和提高政治觉悟，解决干部"不想腐"的问题。要持续不断地开展理想信念教育，党的宗旨教育，党性党风党纪、职业道德教育和警示教育，促进税务干部加强党性修养、增强纪律意识，提升拒腐能力。要进一步推进廉政文化进机关、进基层、进家庭，充分发挥廉政文化的导向功能，引导和促进广大税务干部学会在约束中工作生活，习惯在监督下干事创业，让接受监督和约束成为思想和行为的一种习惯、一种自觉。要开展家庭助廉行动，把培育良好家风作为党风廉政建设的重要内容，引导广大党员干部正家风、树家训、严家教，使每名税务干部、每个家庭向廉、向善、向好。二是持续深化内控制约。盯住领导干部这一"关键少数"，剖析案件发生的主客观原因，形成用制度控权、按制度办事、靠制度管人的有效机制。强化内控制度执行，在日常检查、巡视监督、督查督办、检查考核中加强对税收政策和管理制度执行情况的监督检查，运用执纪问责、通报曝光等方法，确保制度刚性运行。深化内控信息化运用，在深化应用上发力，要在内控指标精准度和有效性上下功夫，将内控机制建设与绩效管理工作有效融合，推动各部门、各单位积极、主动健全内控风险防控动态管理机制，主动查找风险，采取科学有效的防控措施。完善监督制约机制，统筹整合纪检、人事、督察内审等监督资源，制订全年综合监督检查工作计划，明确综合监督的牵头部门、协办部门、检查时间、检查内容及方式，最大限度地发挥监督合力，提高监督效能。三是持续深化作风效能建设。严格正风肃纪，坚持有腐必惩、有贪必肃、违纪必究，形成有力震慑，使每一名税务干部做到正确对待权力、谨慎使用权力、不敢滥用权力。加强效能监督，纠正懒政懈怠，狠抓干部作风，切实解决干部不担当、不作为、乱作为等问题。把守时间节点，紧盯"四风"新动向新表现，严肃查处违规发放福利津补贴、公款吃喝、私车公养、违规收送礼品礼金、大操大办婚丧喜庆敛财等问题，防止"四风"问题反弹回潮。健全干部"八小时以外"监督制度，突出监督重点，对领导干部"八小时以外"的监督必须从领导干部的"社交圈""生活圈""家庭圈"入手，增强领导干部自觉接受监督的意识，建立群众举报奖励制度，增强群众的监督工作动力，实现对领导干部监督的全覆盖。

（作者单位：国家税务总局镇江市丹徒区税务局）

基层税务机关党建和队伍建设的思考

——以金坛区税务局为例

詹必涛　丁爱华　张兰英

习近平总书记强调，各级党委要高度重视党建工作队伍特别是基层党建工作队伍建设，努力造就思想、作风、能力都过硬的高素质党建工作队伍。税务部门首先是政治机关，必须毫不动摇地坚持做好党建工作。面对改革发展的新形势，按照全面从严治党的新要求，全面推进党的政治建设、思想建设、组织建设、作风建设、纪律建设，发挥党建工作的引领力，着力培养和打造忠诚、干净、担当、创新、实干的基层党务干部队伍，既是提高基层党建质量的迫切需要，也是税收事业高质量发展的重要保证。

一、加强党建干部队伍建设的重要意义

（一）落实全面从严治党主体责任的内在要求

全面从严治党管党历来是我们党加强党的建设、推进党的发展的重要方法和传统优势，也是党的十八大以来中共中央作出的重要战略部署，是"四个全面"战略布局的重要组成部分。

基层党组织应积极推进税务系统全面从严治党、落实主体责任，建设一支讲政治、守规矩、勇担当的党建干部队伍，发挥"关键少数"的引领优势和担当作用。近年来，税务部门基层党组织作为落实全面从严治党主体责任的基本单元，虽然以不断自我革命的精神，探索建立了"六位一体"全面从严治党新格局，引领保障税收事业健康发展，但是税务系统更全面的从严治党还面临严峻挑战，存在一些短板，需要我们推动全面的从严治党向纵深发展。

（二）发挥党组织战斗堡垒作用的关键因素

基层党组织作为党在社会基层组织中的战斗堡垒，起着非常重要的作用，是党的全部战斗力和工作的基础。党建干部作为党建工作的组织者、推进者、践行者，责任重大、使命光荣，他们的政治意识、素质能力、工作水平，关系着基层党建工作的成效。因此，建设一支高素质的党建干部队伍，是基层党建的重要组成部分，更是推动基层党建工作全面进步、整体提升的内在要求。

（三）税收事业高质量发展的重要保证

2019年，习近平总书记在中央和国家机关党的建设工作会议上发表重要讲话并指出，要建设高素质专业化的党务干部队伍，把党务干部培养成为政治上的明白人、党建工作的内行人、干部职工的贴心人。这为新时代党务干部队伍建设指明了准确方向、提供了根本遵循。税务部门是业务部门，更是政治机关，税务机关党建工作者不仅要干好税务，更要抓好党务。建设一支坚持围绕中心、服务大局的党务干部队伍，能够更加充分地发挥基层党组织把方向、议大事、管大局、抓落实的政治功能，将党的理论和党建成果融入、渗透到税收事业发展的各个

环节，积极推进基层党建工作与业务工作的深度融合，从而实现高质量党建引领税收事业高质量发展。

二、金坛区税务局党建队伍面临的困境及成因

目前，金坛区税务局在编干部337名，其中党建工作股工作人员6名；8个派出机构，每个机构各有1名兼职党建工作者，其中除开发区1名党建工作者为工作年限较长的税务干部外，其余均7名为近3年来新加入的党建工作者。通过调查发现，金坛区党建工作队伍主要存在以下问题。

（一）党建工作者普遍存在本领恐慌

党建工作者在本单位党建工作中主要起引领、示范作用，但在实际工作中，他们中有的没有系统学习党的理论知识，对理论知识一知半解，对上级的工作要求无法深入领会，也无力在实际中加以运用。有的创新能力不足，形式主义严重，习惯于以会议落实会议、以文件落实文件，满足于规定动作多、自选动作少，缺乏创新的激情、方法和手段。

（二）党建工作者成就感低

金坛税务的党建工作者普遍认为党建工作非常重要，但在实际工作中却表现出对党建工作的疲劳应付状态。他们认为税务部门的主责主业是业务工作，从事党建工作容易被边缘化，还认为从事党建工作在税务部门晋升通道窄，希望能够调整工作岗位。出现以上现象的主要原因：一是缺乏系统考核标准。从事业务工作的同志可以通过量化工作向上级汇报工作量，可以通过"三师"证明个人业务水平，可以通过大比武体现工作水平。二是思想认识有偏差。党建工作者在思想认识上没有把机关党的建设当作关乎机关建设根本保证的重大政治责任，重业务轻党务，没有像重视业务队伍建设那样将基层党务干部队伍建设放在同等重要的高度，没有制定专职基层党建干部队伍建设规划。

（三）党建队伍工作量与党建人力不匹配

随着党建工作重要性的提升，党建工作任务越来越复杂、越来越重，然而从每个分局来看，大多只有一个人从事党建工作，为完成任务加班加点成为常态。出现这种问题的原因：从制度保障来看，对于机关专职党务人员的设置没有统一的、规范性的要求，缺乏有效保障；从重视程度来看，各部门在安排人事时，首先会考虑业务部门的需要，而党建部门的需求往往容易被忽视；从个人职业规划来看，税务部门大部分的干部首选的工作是基础岗，很少有人愿意从事党建工作，即使是党建工作在岗的干部，也会存在换岗的想法。

三、进一步优化金坛税务党建队伍的对策分析

（一）建立健全培训培养机制

组织开展培训是提高党建工作者业务水平的必要途径，为了更好地提高培训的实效性，需要从培训前端、过程和后期全面考量。

1. 全面了解党建工作者对培训的需求

一方面，可以通过主动征求党建工作者的意见，了解并掌握他们工作中知识匮乏、技能缺失的问题；另一方面，可以通过工作中观察党建工作者普遍存在的典型性问题，有针对性地设计培训内容。

2. 设计合理的培训内容和培训方式

根据前期调研，本着"缺什么补什么"的原则，分类别、分领域开展基层精准化培训，着力提高党建工作者在新时代的履职能力。创新培训方式，抛开一培训必开会的老模式，既可以通过线上培训增强培训效果，又可以通过党建工作优秀案例交流、现场模拟演练等方式满足党建工作者多样化的需求，更可以以组织干部定期到外单位挂职锻炼、开展主题调研等方式帮助党务干部开阔视野、增长知识，学习先进经验，提升履职能力。

（二）建立激励约束机制

1. 设置科学合理的考核标准

结合考核量化的要求，对党建工作中涉及的三会一课、主题党日、党建活动、党员笔记等进行频次考核，同时又要考虑到党建工作的特殊性，通过民主测验、民主考评、自我考核、综合评价等多种形式进行。总的来说，应采取定性与定量、动态与静态相结合，以动态为主的方式进行考核。

2. 增强对党建干部的人文关怀和激励措施

加大对党建干部的关心和支持，通过定期谈心谈话及时了解党建工作者的思想动态、工作状态、意愿诉求。对工作表现好，有担当、有作为的干部给予跟进培养，在晋升上给予更多的机会，进一步激发他们干事创业的热情；对工作状态萎靡，或者抵触情绪强烈的干部，要及时提醒，给予帮助。定期开展优秀党建工作者评选，加大对优秀党建工作者的通报表扬，并将其作为年终考核、评先评优的重要依据。

（三）培养责任意识

党建干部必须带头增强政治意识、大局意识、核心意识、看齐意识，严守政治纪律和规矩，强化"有位必须有为"的责任担当，解放思想、转变作风、主动作为，以敢于担当的干劲、逢山开路的闯劲、抓铁有痕的韧劲，直面工作中的畏难情绪、棘手问题。党委和支部要充分重视党建工作的重要性，切实把党建和业务工作摆在同等重要的位置。支部书记要切实履行"一岗双责"，把党建工作和业务工作紧密结合起来，严格组织生活，严肃党的纪律，并把党的工作方法贯穿于行政工作，承担起思想政治工作的责任，抓好各项任务的贯彻落实，合理进行支部人员安排，对党建适当倾斜，以突破长期缺人的局面。定期进行岗位轮换，既能充分调动党建工作人员的工作积极性，也能解决党建岗工作人员知识面狭窄的问题。

（作者单位：国家税务总局常州市金坛区税务局）

加强对基层青年税务干部教育和监督的思考

杨坤勇　程　垠　朱旭东

青年税务干部投身税收改革发展的主战场,处于服务纳税人缴费人的最前沿,其一言一行直接关乎党和税收事业的形象。

一、基层青年税务干部违法违纪现象呈上升趋势

近些年,一些关于年轻税务干部走上违纪违法道路的新闻屡屡被报道,不断刷新的年龄纪录和贪腐金额令人瞠目。对青年税务干部的教育监督管理,不容小觑。

准确把握青年税务干部的特点,有助于有针对性地开展廉政教育监督。刚刚入职的青年干部往往工作热情高涨但工作经验缺乏,工作了5—10年后进入人生奋斗的黄金期,工作成绩显著;步入35岁以后,事业进入了相对的稳定期和瓶颈期,工作激情有所减退。青年税务干部大多直接同纳税人缴费人打交道,面临更为直接的诱惑和执法风险。他们的廉政工作没有做好,既影响当前的税务工作,又给以后走上领导岗位可能出现问题留下了隐患。青年处于成长的过渡期,因为恋爱、成家、交际等原因,他们对物质需要较多,同时这个阶段的他们思想尚不够成熟坚定,容易冲动、浮躁,抵制诱惑的能力较差,在权力、金钱、美色面前,如果不加强教育和监督,往往就会一不小心滑向犯罪的深渊。青年干部虽然服务团队,认同集体,但是独立意识更加明显,追求更加多样,个性突出,与现代科技联系紧密,线上交流居多、线下互动偏少,容易造成个人封闭、精神空虚、困惑迷茫。同时,他们大多是独生子女,家境较好,又缺乏艰苦奋斗的作风,一些表现为对税收工作复杂性、艰巨性预估不足,一些表现为"躺平"式拒绝奋斗。

二、基层青年税务干部教育监督管理中存在的不足

一些青年税务干部出现违纪违法行为,纵有各种主客观的原因,归根到底还是相关教育监督没有做到位。当前的教育监督工作滞后于青年成长的需求,未能全面有效地帮助他们树立正确的价值观,未能内化成力量促进青年税务干部自我革命、自我净化。总的来说,从调查了解到的情况来看,存在以下几点问题。

(一)对青年税务干部的监督教育重要性认识不足

部分单位和领导干部认为加强对青年税干的教育监督,是监督创新,是锦上添花的事情,往往只注重宣传和教育,并没有把青年税务干部看作一个特殊的群体,有针对性地对其开展具体的、系统的教育监督。一些单位和领导干部,不注注重对青年税务干部进行思想教育,平时业务要求多,党风廉政要求少,对其思想情况的关注更少,对于出现的不良苗头视而不见,甚至包庇掩护。

（二）对青年税务干部廉政教育监督的内容空泛

对青年税务干部的廉政教育往往局限于廉政理论、党纪条规或领导讲话等内容，文件读物偏多，过于笼统且脱离实际，适合税务系统特别是青年干部的廉政教育监督内容不多。

（三）对青年税务干部廉政教育监督的方式方法脱实就虚

不可否认，当前廉政教育监督的方法存在简单陈旧、单一且不连贯等问题。廉政主题教育集中在全面从严治党会议和"510"活动阶段，只管耕耘，不问收获，从事党建和纪检工作的干部参加的多，业务型干部参加的少，青年干部直接参与的面太狭窄，往往需要传达再传达。

（四）廉政教育监督的配套制度薄弱

目前，系统内很多廉政教育和监督工作都是任务式、应景式的，形式上死板单调。在考核上，注重数量统计，对教育的内容和取得的效果考核甚微。

（五）一体化综合监督格局效能未能充分显现

国家税务总局构建的"1+1+4+N"一体化综合监督体系对各个监督单位的职能做了明确，由党委牵头，纪检组主抓，各相关部门共同参与、协调配合的监督大格局已经建立。但是，在实际过程中，理论设计的效能未能充分显现，纪检牵头撬动作用发挥不到位，各成员单位之间沟通不畅、协作不够，没有形成监督工作的合力。

三、对基层青年税务干部加强教育监督的思考

青年税务干部在成长过程中，在税收服务和执法过程中会遇到许多诱惑和考验，稍不注意，就可能"失足落水"，断送前程。对于如何做好青年税务干部的教育监督工作，有以下几点思考。

（一）转换教育监督的理念

不能把青年干部放到被教育、被监督的对立面，要坚持以保护为主的理念，对待苗头性和非主观故意出现的违规违纪问题要区别对待，在教育监督过程中坚持鼓励和宽容原则；应充分发挥"挽救"的重要作用，通过严管严查警醒教育一部分人。此外，突出分层进行教育监督，"因时制宜"，根据青年税务干部所处的年龄阶段，针对其成长相应阶段容易犯错误的问题；"因地制宜"，针对所在重点领域、重点部门、重点岗位和重点环节容易滋生的问题；"因节制宜"，在重大节假日和"八小时以外"，加大对青年税务干部的党纪政纪教育和警示教育，及时开展廉政提醒，降低职务和非职务违法违纪问题发生的概率。

（二）过好组织生活开展廉政教育

首先，重点要确保"三会一课"有效运行，不被空泛化和流于形式。高质量召开支部大会、支部委员会和党小组会议，上好党课，让青年干部置身于党组织的教育、管理和监督之下。其次，要有针对性地开展廉政约谈提醒。要根据青年干部廉政勤政工作中某一个具体问题、具体的事、具体的人开展廉政谈话。

（三）创新教育监督的方式方法

根据青年税务干部的特点，不断探索，选择适合的载体，运用行之有效的方式方法推动监督教育。理论灌输就是我们常说的"大道理"，要使青年干部从内心真正接受这些看法和主张，需要将大道理往"小处说"，通过沟通将青年干部的真实思想和存在的问题摸清查明。在沟通的过程中要带着爱护和热忱，讲究说话的艺术和技巧。同时，善于将廉政知识渗透到各种文体

娱乐活动中去，通过激发思考且带有感情的形式进行监督教育，这样可以消除被教育者的抵触心理，也能调动青年税干的积极性和主动性。

（四）用廉政文化涵养青年

深度挖掘税务系统、干部身边的清廉事迹，选树典型示范，讲好系统内的廉政故事，号召广大税务青年向他们学习，激发青年税务干部向先进看齐的意识。用好本地家规家训、民间典故、红色基地等鲜活教材，在人文历史中探寻清廉源泉、培养廉洁操守。积极探索宣传教育的新途径、新方法，鼓励创作一批体现青年税务干部特色、反映廉洁文化的公益广告、微电影、短视频等，用喜闻乐见的方式增强廉洁文化的辐射力、影响力、感染力，营造廉荣贪耻的氛围。

（作者单位：国家税务总局射阳县税务局）

加强基层税务机关政治建设的思考

胡 巍

基层税务机关位于税费服务管理最前沿、日常监督管理第一线，是税务系统贯彻落实中共中央、国务院决策部署的"最后一公里"。因此，务必牢牢把握政治机关的本质属性，突出政治建设的统领作用，把"建强政治机关、走好第一方阵"要求融入各项税收工作具体实践中，在新时代新征程上书写税收现代化服务中国式现代化新篇章。

一、坚持顶格标准，旗帜鲜明讲政治

税务机关首先是政治机关，讲政治是第一要求。必须突出政治标准，提高政治站位，把讲政治的要求落实到税收工作全过程，全力当好政治建设"排头兵"。

把对标看齐作为第一目标。要深入学习贯彻习近平新时代中国特色社会主义思想，抓好"第一议题""第一主题"制度的执行和党委理论学习中心组学习规范的落实，做到习近平总书记重要讲话、重要指示批示和党中央决策部署第一时间学习领会、第一时间研究讨论、第一时间贯彻落实。要完善习近平总书记关于税收工作重要论述、重要指示批示精神和党中央、国务院重大决策部署的落实机制，形成"学习研究、任务部署、办理落实、跟踪问效、督考推进、持续深化"的工作闭环，确保党中央决策部署和税收改革发展任务落地见效。

把政治"三力"作为第一能力。提升政治判断力、政治领悟力、政治执行力是习近平总书记站在新的历史起点上对提升政治能力提出的具体要求。要善于从倾向性、苗头性问题中发现政治问题，着力提高政治判断力；坚持用党的创新理论武装头脑、指导实践，着力提高政治领悟力；坚决贯彻党中央、国务院以及税务总局、省局各项决策部署，着力提高政治执行力。

把政治规矩作为第一准绳。政治纪律和政治规矩是第一位的纪律和规矩，严守党的政治纪律和政治规矩是讲政治的最基本要求。要坚持"个人服从组织、下级服从上级、少数服从多数、全党服从中央"原则，严格执行"三重一大"集体研究、"一把手"末位发言和重大事项请示报告等制度。任何时候都把党的纪律摆在首位、任何时候都把党的规矩刻在心里、任何时候都把是否符合党的纪律规矩作为衡量一言一行的重要标准，对违反党的政治纪律和政治规矩的言行坚决批评制止，问题严重的要严肃处理。

二、保持满格状态，矢志不渝讲忠诚

坚持履行"为国聚财、为民收税"的神圣使命不动摇，忠诚担当、履职奉献，始终保持"满格在线"状态。

对党忠诚，做到在党言党。对党忠诚，必须体现在对党的信仰的忠诚上，必须体现在对党组织的忠诚上，必须体现在对党的理论和路线方针政策的忠诚上。要在意识深处牢固树立党的观念，牢记自己的第一身份是共产党员，第一职责是为党工作，始终站在党的立场说话，筑牢绝对忠诚的政治品格。

对事业忠诚，做到在税言税。忠诚于事业，是忠诚于党、忠诚于人民的最好体现。税务干部是国家公职人员，必须对税收事业赤诚无私，在税言税、在税兴税、在税护税。要围绕党的二十大精神，在突出政治机关建设、依法组织收入、优化营商环境、以税咨政作用"四个重点"上提高站位；围绕税收现代化服务中国式现代化新任务，在聚焦法治、共治、善治、智治"四项治理"中找准方位；围绕省局党委"一二三四"工作思路和"四严"新要求，在营造"四股新风"、赢得"四方满意"中落实到位，鼓足"争"的勇气、拿出"干"的拼劲、增强"战"的本领、恪守"严"的标准，奋力推进税收事业高质量发展。

对组织忠诚，做到在责言责。一个人的成长，固然离不开个人的勤奋和努力，但更重要的是要靠组织的培养和同志们的支持。因此，必须增强对组织的归属感，永远保持对组织的忠诚，应时刻牢记组织原则，坚守岗位之责，保持"时时放心不下"的工作状态，做到不负重托、不辱使命。特别是基层税务局的"一把手"，要带头摆正位置，以大局为重，坚决杜绝个人主义、本位主义，做好上传下达的沟通者、协调者。面对出现的问题和矛盾，既要坚持原则，又要妥善处理，绝不能推诿责任、上交矛盾，更不能误导干部，造成基层与上级的隔阂。

三、拿出真格举措，靠前担当讲实干

始终以实干诠释初心，用实绩践行使命，在税收现代化服务中国式现代化的生动实践中动真格、出实招、见成效。

领导带头干。"一把手"是党的事业发展的"领头雁"，是"关键少数"中的"关键少数"。因此，"一把手"必须在坚定捍卫"两个确立"、坚决做到"两个维护"，旗帜鲜明讲政治上走在前、作表率，一级做给一级看，一级带着一级干，切实建强政治机关。在推进新征程税收现代化的实践中走在前、作表率，不安于现状，不等待观望，不畏首畏尾，带头干事担事，以"赶考者"的姿态奋勇担当、积极作为，把各层级的智慧和力量凝聚起来，把各方面的积极性和主动性调动起来，倡树忠诚担当的政风、干事创业的事风、成就自我的学风、廉洁自律的清风"四股新风"，抓好党务展现新作为、干好税务干出新气象、带好队伍开创新局面，确保各项工作始终处于第一方阵。

注重方法干。以点带面是建强政治机关的重要方法。要把握关键点，学会统筹兼顾，弹好"十指钢琴"。当前，要继续深化"三表率一模范"机关创建，坚持抓重点和带整体相结合、重点突破和渐进推动相衔接，重点抓功能、抓责任、抓基础、抓保障，突出管好关键少数、关键岗位、关键事项，促进政治机关建设由点上破题向面上开花发展。要抓住融合点，积极探索党建与业务深度融合的实践路径，重点力推党建联盟和"12366"工作法党业融合创新模式。要挖掘创新点，创造性地贯彻落实政治机关建设要求，紧扣税务部门职能特征和党员思想行为特点，奔着难题堵点，因时因地制宜，推进理念思路创新、方式手段创新、基层工作创新。重视总结提炼和巩固深化政治机关建设实践中的新经验、好做法，打造工作特色品牌。

放开手脚干。调动好、保护好、发挥好基层党员干部积极性。要抬高标杆，激发斗志，将对党的工作的满腔热忱和澎湃激情，转化为做好党建工作的思想支撑和精神动力，沉下心、扑下身，出实招、求实效，吃大苦、下大力，开创生动活泼的工作局面。要画定标线，容错免责、为担当者担当、为负责者负责、为实干者撑腰,准确运用监督执纪"四种形态",容该容之错、纠必纠之责。要校准标尺,激昂干劲,对任何工作,要有功论功、有过追过,奖章要挂在具体人"胸前",板子要打在具体人"身上"。

四、落实严格要求,持之以恒讲廉洁

把"严"的主基调长期坚持下去,围绕省局"四严"工作要求,以坚定的决心和魄力,持之以恒正风肃纪反腐,努力营造风清气正的政治生态。

构建亲清的政商关系。一方面,清而有为。将服务意识和发展意识顶在更优先位置,树立"人人都是税法宣传员、人人都是税收服务员、人人都是营商环境"的全员、全程、全方位服务理念,严肃纠正和治理为官不为、懒政怠政问题,落实好"便民办税春风行动""心连心走基层、面对面解难题"主题活动部署,切实解决好办税缴费的堵点、痛点问题,为纳税人缴费人提供更贴心、更便捷的服务。另一方面,亲而有度。守牢底线、守住红线,注重保持双方关系的清白与纯洁,绝不允许搞权钱交易、利益输送。要进一步明晰清亲关系的界限和禁区,明确"安全区""禁飞区",推动税务干部同企业交往既坦荡真诚、真心实意靠前服务,又清白纯洁、守住底线。

构建规矩的上下级关系。对于税务干部而言,要坚守初心,坚决抵制拉拉扯扯、吹吹拍拍等歪风邪气,真正以党性为准则、以党纪为规矩,摒弃"择利而交"的功利化交往、"择权而交"的实用化交往、"择富而交"的庸俗化交往,真正形成清清爽爽的同志关系和规规矩矩的上下级关系。对于税务机关而言,上级机关要树牢基层导向和服务理念,坚持"一线工作法",从基层反映最强烈的工作统筹、人员借调、减压减负等方面的问题抓起,一项一项改进、一项一项落实,以扎扎实实的举措赢得下级机关的认可。下级机关要树立"一盘棋"理念,在工作实践中体谅上级机关的难处、维护上级机关的威信,设身处地为上级机关分忧,切实做到雷厉风行、令行禁止。

构建一体化综合监督体系。握紧全面监督的"指挥棒",党委要站准主体责任位置,既抓紧"关键少数",以"一岗双责"监督体系、从严治党第一责任监督、政治生态分析研判机制为抓手,监督各级领导干部履职尽责;又抓紧"绝大多数",围绕制度化建设,深化政治巡视巡察等,加强党员干部依法履职监督。扎紧职能监督"基本盘",按照"谁主管、谁监督"的原则,完善职能监督清单,前移监督关口,有力拓展监督深度。筑牢党支部监督"防火墙",发挥党支部"基本单元"的监督作用,秉持"严管就是厚爱"理念,严格落实责任,特别是党支部书记作为"领头雁"和"第一责任人"的责任,对于不良习气要敢于斗争,多提醒提点,对于干部困难、合理需要多关心关注,真正做到"爱在细微,严在日常"。

(作者单位:国家税务总局湘潭市税务局)

浅析如何从严从实加强青年税务干部教育和监督

刘春阳　徐志峰　吴　静

一、新时代对青年干部的新要求

"要加强年轻干部教育管理监督，教育引导年轻干部成为党和人民忠诚可靠的干部。"习近平总书记在十九届中央纪委六次全会上强调了对青年干部的教育管理监督，对青年干部成长提出了明确要求，并为其指明了路径方向。可见，培养选拔优秀年轻干部是加强领导班子和干部队伍建设的重要基础性工程，是关系党和人民事业后继有人、关系红色江山代代相传的重大战略任务。自党的十八大以来，各级党组织将对干部的教育培养问题逐步聚焦到青年干部身上，从理想信念、担当作为、斗争精神等不同层面为青年干部发展指明努力方向，规划成长路径，将忠诚干净担当的时代要求贯穿教育监督的各方面，将严管与厚爱落到实处，激发青年干部奋斗新进程、建功新时代的豪情壮志，为党和国家培养造就出一批又一批的事业接班人。

（一）对党忠诚，坚定干部理想信念

理想信念是立党兴党之基，是党员干部安身立命之本。习近平总书记在对青年干部的谆谆教诲中，始终把坚定理想信念、对党忠诚作为第一位要求。作为党和国家事业发展的生力军，坚定理想信念是青年干部扣好"人生第一粒扣子"、上好"廉洁从政第一课"、践行"打铁还需自身硬"的根本要求，是克敌制胜、拒腐防变、坚守自我的决定性因素。青年干部只有拥有坚定的理想信念，才能经得住各种考验，扎实稳健走好人生每一步。

（二）为民服务，践行党员初心使命

党的十八大以来，习近平总书记始终将人民情怀浸润到工作每一处，彰显出党的根本宗旨和初心使命。百年来，一代代共产党人不忘初心、牢记使命，在奋斗中接续为民服务的宗旨，在实践中培育并坚持着光荣传统和优良作风。因此，青年干部要从一开始就找准为官从政的"定盘星"，接过艰苦奋斗的接力棒，常怀爱国忧民之心，时刻将群众利益放在心上，认真落实中共中央各项惠民政策，将小事当做大事来办，切实解决群众急难愁盼问题，认真践行立党为公、执政为民的初心使命。

（三）心有所畏，守住拒腐防变防线

清廉是福，贪欲是祸。青年干部一定要知敬畏、存戒惧、守底线，拧紧思想上的总开关，慎用权力这把双刃剑。要坚守内心，正心明道、怀德自重，勤掸"思想尘"、多思"贪欲害"、常破"心中贼"，以内无妄思确保外无妄动。要清醒认识到，无论职位高低、手中权力大小，这一切都是党和人民所赋予的，要始终保持对权力的敬畏感，在权力面前如履薄冰，在用权上坚持执政为民，才能让权力始终在阳光下运行。

二、近年来青年干部违法违纪现象的特点

近期查处曝光的违纪违法案件显示，青年干部违法违纪行为呈上升趋势。针对青年干部违纪违法问题，税务部门不断探索管理新途径，通过摸清问题的规律和特点，从根源解决青年干部问题。通过梳理近年来各地查处的典型案例，结合身边青年干部的思潮变化情况发现，在五花八门的案情之下，贪婪腐败的诱因的确不尽相同。

缺乏对金钱诱惑的抵制力。与其他年龄段干部的问题相比，青年干部违纪违法问题案件相对单纯，多为对金钱赤裸裸的追求，借助职务之便广开财路，满足物质上的需求。不论是迫于生活压力向金钱低头，逐渐习惯难以收手；或是为了追求物质生活享受，工资不够就钻研旁门左道；还是因沾染不良嗜好，入不敷出只好拆东墙补西墙。究其原因，都是因为理想信念的不坚定导致无法抵制金钱的诱惑，让本是前途大好的青年，渐渐迷失在物欲的漩涡中。

缺乏对真情假意的辨别力。面对错综复杂的社会人际关系，青年干部因经验不足、鉴别能力较弱等原因，更容易掉入"围猎者"精心设计的人情陷阱。有的人错把相识多年的老板当挚友，直至被调查才恍然大悟；有的人误以为老板的追捧是爱慕、追求，辨不清真正的情感。因此，青年干部只有不断提高政治鉴别力和警惕性，洞悉"有心人"的"不怀好意"，才能在"围猎者"的糖衣炮弹中坚守阵地。

缺乏对权力掌握的自制力。当前，随着对青年干部培养力度的不断加大，一大批"80""90"干部逐步走上领导岗位，然而在他们初尝权力滋味后开始飘飘然，在"尊重"和"膜拜"面前觉得自己"无所不能"，缺乏对权力的敬畏心，只看到权力带来的五光十色，却没有认清任意用权背后的陷阱，以至于私欲的"口子"越撕越大，最终导致权力失控、脱轨。

三、当前税务系统青年干部教育监督存在的难点和不足

青年干部违纪违法的原因是多方面的，虽有主观心理的催化，但也有客观监管的疏忽。当前，税务系统各级党委均对青年干部的培养非常重视，但在基层落实过程中，仍在一定程度上存在注重业务能力素质教育、忽略为政守廉方面教育的不足。这导致日常的教育监督工作尚不能完全适应青年干部成长的需求，没有很好地引导青年干部树立正确的价值观，帮助他们快速锻炼成长，呵护他们在新征程上行稳致远。

（一）对青年干部监督教育的认识不够深刻

随着全面从严治党的不断深入，各级税务部门已然深刻认识到抓住领导干部这个"关键少数"是党员干部队伍建设的核心，但却往往忽略了对青年干部进行廉政教育监督的重要性。主要表现：部分单位把加强对青年干部的教育监督当成干部教育管理工作中的一项创新举措，没有真正把青年干部当作一个重要群体，不注意对该群体进行有针对性的思想教育，甚至存在片面地认为教育监督工作抓得太紧会束缚手脚，影响青年干部工作积极性的偏颇思想。同时，部分青年干部接受教育监督的意识比较欠缺，认为廉政教育活动是形式主义，而实际上单位的日常教育监督是加强党风廉政建设的需要，是组织严管厚爱的具体举措。

（二）对青年干部监督教育的责任落实不到位

党的十八大以来，中共中央提出落实党风廉政建设责任制，党委负主体责任，党组织负责人是第一责任人，要自觉带好队伍，组织实施好党风廉政建设和反腐败的各项任务；纪委负监

督责任，要按规定，在党委统一领导下履行好监督、执纪、问责的责任。但是，对青年税干的监督管理应该由谁负责、谁是监管主体，尚不够明确，加上缺乏配套的实施办法，因而在实际工作中监管责任难以落实到位，各种监管力量难以发挥作用。主要表现：上级监管要求层层传达，易造成监管执行偏离；基层单位认识不足，日常疏于教育监管；税务纪检部门因受权力限制，难以掌握即时线索；家庭成员纵容包庇，更易产生侥幸、麻痹心理。

（三）对青年干部监督教育的措施不够有力

抓好党员干部的教育监督工作，不能只是喊喊口号，而要真正将工作落到实处。就目前而言，青年干部教育成效不高，除了前面提到的主观因素，更重要的是当前的相关配套措施执行不够有力有效。一方面，基层税务机关对青年干部的教育监督管理还停留在传统的思维、手段和方法上，廉政相关教育仍集中以全面从严治党会议、警示教育、党组织统一活动日等普适性的活动为载体，学习内容都是传达的再传达，青年干部直接参与机会较少；另一方面，当前的廉政教育内容往往局限在领导讲话、党纪规范等理论层面，针对青年干部的学习内容不多，易造成照本宣科的表面教育。与此同时，对青年干部违法犯罪的防范措施也存在滞后，监督仍然偏重于案件事后的惩处，对违法违纪行为事前、事中监管制约不力。

（四）对青年干部监督教育的制度不够完善

目前，系统内一些廉政教育存在敷衍应景式的情况，平时考核也大多只注重次数统计，忽视对教育内容和效果的考核。加之监督管理也仅仅停留在干部的工作圈，年轻人业余活动丰富多样，无法做到对人员情况的全方位跟踪了解，导致"八小时以外"监督存在盲点。为此，总局提出构建"1+6"一体化综合监督体系，明确了党委牵头、纪检主抓、各部门共同配合的大监督格局。但在基层实际运行过程中，制度效能尚未得到充分体现，纪检牵头撬动作用不够明显，部门之间沟通协调不够顺畅，未能充分发挥系统监督的合力。

四、对加强青年干部监督教育工作的思考

在成长过程中，青年干部会遇到许多诱惑和考验，稍有不慎就会行差踏错。因此，我们要高度重视青年干部教育监督管理中存在的问题，把准问题主脉，因时制宜制定解决当前问题的措施，最大限度预防和遏制违纪违法行为的发生。

（一）在转变理念中体现组织"厚爱"

深刻认识到青年干部的教育管理监督工作是推进全面从严治党工作至关重要的一环，始终坚持"严管就是厚爱"的原则，既注重对青年干部的历练培养，也不放过教育监督的任何死角。一是善于"搭台"历练。组织上可采取"轮岗交流""专项工作组""兴趣小组"等方式，多为年轻干部搭建展示才华的平台，让有多元需求的年轻干部能在各类平台上得到充分历练。二是敢于"容错"纠偏。对待苗头性、非主观故意造成的违规违纪问题，按照"三个区分开来"的要求，对青年干部出现的失误进行评估、认定、纠正，帮助他们打消顾虑、扔掉包袱。三是勤于"监督"引导。注重对青年干部的思想引导教育，将青年干部进行分类管理，针对易滋生问题的"高危险"领域、"高风险"岗位、处于"高频发"环节的青年干部开展专项教育、靶向监督，破除青年干部的侥幸心和麻痹观。

（二）在拓展深化中校正成长"航标"

对于成长中的青年干部而言，悉心栽培虽然很重要，但是常修"枝桠"才能确保他们不长

歪、不长坏，因而不断深化教育监督应是我们培养青年干部的首要任务。一是拓展理论教育载体。进一步发挥基层党组织的日常管理教育作用，运用青年干部理论学习"第一任务"制度，将"大道理"往"小处说"，开展贴合青年干部心理特征的廉政教育活动，将廉政知识渗透进各类文体娱乐活动，激发青年干部的学习热情，在潜移默化中增强他们对党忠诚的高度自觉。二是丰富实战锻炼方式。积极丰富"导师制""跟班制""新老配"等"传帮带"的方式，注重对青年干部入职"第一导师"的选配把关，通过业务精、素质高、能力强的导师"一对一""手把手""面对面"的言传身教，有针对性地开展"临床诊断"，帮助青年干部扣好入职后的"第一粒扣子"。三是拓展监督管理广度。要针对青年干部的特点，注重日常监督方式，以"平易近人"的监督形式消除其抵触情绪。在关键时间、重要节点开展廉政谈话提醒，通过日常沟通谈话摸清青年干部的真实思想和潜在问题，化被动灌输变主动思考，提升青年干部执行制度的内在自觉性。

（三）在培树文化中激发内在"动能"

廉洁文化对党员干部的思想浸润、对政治生态的塑造具有固本培元的重要作用。一是先进典型引领。要深挖税务系统内部、干部身边的清廉事迹，并从中选树部分先进典型，带领青年干部学"廉"践"廉"，激发青年干部向先进模范看齐的意识。二是警示教育提醒。针对青年干部人群特点，运用青年干部听得进、易接受的语言和形式，借助新媒体和新传播方式，制作推送廉政文集、漫画、微视频、影视剧等廉政警示教育作品，用"身边人、身边事"的"前车之覆"，以案示警、以案促改，警示提醒青年干部知敬畏、存戒惧、守底线。三是廉洁文化涵养。积极推进廉洁文化建设，针对青年干部对"家"文化的偏重，注重家风建设，开展"暖心家访""共签家庭守廉承诺"等活动，共筑"单位＋家庭"廉政防火墙，关注引导青年干部规范"八小时以外"行为。

（四）在健全制度中扎紧监督"篱笆"

严管须有铁制度，制度须靠硬监督。加强和完善对青年干部的教育监督离不开制度制约。要不断织密制度网，形成"管理＋监督＋考核"全流程式的教育监督模式。一是健全"全流程"管理制度。进一步细化、明确税收征管"两权"运行的各项流程性制度规范，扎紧权力运行之笼，压缩自由裁量空间，为青年干部秉公用权提供制度遵循。二是构建"全覆盖"监督格局。着重发挥内外协同共治作用，一方面利用好联席会议、监督传递单、纪律检查建议书等形式将纪检监督贯穿税收执法工作的全过程；另一方面整合外部资源，加强与地方纪委监委、公安局、作风办等部门的沟通联系，及时收集青年干部"八小时以外"的问题线索。三是实施"全方位"考核评价。将青年干部"考绩"与"考德""考廉"相结合，通过动态评价、贴身考核等方式倒逼青年自我提升，同时做好考核结果的反馈，通过绩效排名、评先评优等方式激励青年干部比学赶超。

（作者单位：国家税务总局盐城市大丰区税务局）

树清正家风　养浩然正气

王绪友

家是最小国，国是千万家。家风正才能民风醇，民风醇才能政风清，政风清才能国风盛。好家风要世代传承，教育子女、孝敬长辈、督促爱人、奉献国家，做到这些，才能为后世树清正家风，为国家养浩然正气，"家文化"的传承才真正融入血液中，一代一代经久不息。

一、加强家庭家教家风建设的重要意义

（一）理论价值

家庭是国家和社会的基础，家庭建设事关国家的长治久安、社会的稳定和谐。因此，我们要重视家庭建设，注重家庭、注重家教、注重家风，使千千万万个家庭成为国家发展、民族进步、社会和谐的重要基点。

1. 家风建设"理论化"对破解家风建设困境具有指导意义

新时代家风建设，将"马克思主义家庭观科学内核"和"中华优秀传统文化"相结合，熔铸了马克思主义家庭观和中华文明的共性，具有中庸和谐、崇德修身、慎独自律等独特的中华文化精髓。与此同时，又紧密结合中国实际、与时俱进，将新时代国家物质文明、精神文明发展要求和人民思想文化发展特征贯通于整个家风建设进程之中，以继承与发展马克思、恩格斯家庭伦理思想为理论基础开辟了新时代独具中国特色的家风文化。

2. 家风建设"理论化"对社会关系演变至关重要

结合新时代中国基本国情，顺应新时代中国社会经济基础的变迁，遵循社会主要矛盾变化规律，从国家、社会、家庭、个人四重维度出发，调整家庭与家庭之间和人与人之间全面的、动态的、发展的社会关系。这将成为中国社会家风建设的主流思潮，符合中国人民的切身利益。同时，家庭和睦、家风兴盛、民风淳朴、社风清正等人民权益也将得到更好的保障。因此，新时代家风建设"理论化"契合中国具体国情，丰富发展了中国家庭家教家风建设的理论需求。

3. 家庭家教家风建设在文化传承、家庭教育、社会道德等方面具有深远的理论价值

正所谓"天下之本在家"。尊老爱幼、妻贤夫安、母慈子孝、兄友弟恭、耕读传家、勤俭持家、知书达礼、遵纪守法，家和万事兴等中华民族传统家庭美德，铭记在中国人的心中，融入中国人的血脉，是支撑中华民族生生不息、薪火相传的重要精神力量，是家庭文明建设的宝贵精神财富。良好的家庭家教家风建设是马克思主义家庭伦理观、传统优秀家风文化与无产阶级革命家红色家风精髓传播的重要渠道，同时也是继承、弘扬传统家庭美德的重要途径。对青少年进行德育教育具有引领作用，既能丰富当代青少年德育教育的方法，又有利于完善当代家风教育理论，实现家庭教育理论的创新与发展。对社会思想道德素质整体发展具有基础性作

用,是影响和决定未来德育发展的重中之重,对社会道德教育具有重要的启示和价值。

(二)现实价值

家风是当代中国家庭建设的主流价值观,涵盖着国家对家庭文明、个人修养的理想塑造目标。把新时代家风的精神追求转化为制度实践层面的价值原则,以法制规章、规范机制、道德规约等形式强化理论内化于心、外化于行的作用,对于保障新时代家风建设的稳定性、持续性和有效性具有重要实际意义。

1. 优良家风建设有利于个人全面发展,尤其有利于青少年成长成才

家庭功能和文明作用实现的主要载体就是家风。优秀的家风、家教可以转化为青少年的价值追求,引领青少年规范社会行为,养成良好品质,解决其在成长成才过程中遇到的困难和问题,促进其健康成长和全面发展。

2. 优良家风建设有利于社会和谐稳定

注重发挥家庭家教家风在基层社会治理中的重要作用。家风是一个家庭的精神核心,引导着一家人的行为作风。同时,家风"偏颇"对党风、政风及社会风气都有着极大影响。"家风正则党风正",有廉洁自律、奉公守法的家风,党员干部才会有廉洁的工作作风,方能组建一支忠诚干净担当的好干部队伍。领导干部秉持正确的家风,保持谦逊有礼的言谈举止,保持中国共产党人的廉洁性和先进性,充分发挥领导干部的示范引领作用,以身作则、言传身教,有利于我国党风廉政建设的有效实施。实现成为引领社会家风风向标,弘扬良好社会风气,营造良好社会氛围的目标。

3. 优良家风建设有利于推动社会主义核心价值观在家庭落地生根

家风与社会主义核心价值观在内容、目的上具有相通性。家风教育,可以提高家庭美德、职业道德、社会公德和个人品德水平。有利于引导整个社会和谐安定、崇德向善,为进一步贯彻落实社会主义核心价值观提供更加有力的科学支撑,从而为我国建设社会主义现代化强国奠定良好的社会基础。

二、培育优秀的家庭家教家风

(一)从中华优秀传统文化中汲取丰厚文化滋养

中华优秀传统文化积淀着中华民族最深沉的精神追求,是中华民族生生不息、发展壮大的丰厚滋养,潜移默化地影响着人们的思想和行为方式。重家教、守家训、正家风是中华民族的优良传统。从孔子庭训"不学礼无以立"到诸葛亮诫子"静以修身,俭以养德",从岳母刺字激励精忠报国到朱子家训"恒念物力维艰",无不承载着长辈对后代的希望与嘱托,蕴含着丰富的人生智慧与传统美德。

家国同构的社会治理模式以及由此凝结而成的家国一体情怀,使这些人生智慧与传统美德早已融入中国人的血脉,成为中华民族生生不息、薪火相传的重要精神力量,也成为新时代我们加强家庭家教家风建设、加强和创新基层社会治理的丰厚文化滋养。加强家庭家教家风建设,需要尊重历史、延续文脉,对中华优秀传统文化进行创造性转化、创新性发展,从中萃取精华、汲取能量,进一步为社会治理提供丰厚文化滋养。我们要对中华优秀传统文化进行深入挖掘和阐发,使其与当代文化相适应、与现代社会相协调,把跨越时空、超越国界、富有永恒魅力、具有当代价值的文化精神加以弘扬,讲好新时代的家风故事,进而为基层社会治理提供

有力文化支撑。

（二）与培育和践行社会主义核心价值观结合起来

社会主义核心价值观是当代中国精神的集中体现，凝结着全体人民共同的价值追求。传统家庭家教家风建设中以和为贵、与人为善、自强不息、诚实守信等价值理念，与社会主义核心价值观高度契合。在现实生活中，我们可以将家庭家教家风建设作为培育和践行社会主义核心价值观的重要抓手，将个人、家庭、社会有机联系起来，从个人和家庭起步，做好基层社会治理大文章。家庭是培育和践行社会主义核心价值观的重要载体。传承向上向善的家庭美德，把家庭作为道德品行教育的第一场所，重视父母对孩子的家庭教育，形成良好家风，引导孩子"扣好人生第一粒扣子，迈好人生第一个台阶"，使孩子成长为具有美好心灵、对国家和社会有用的人才，是社会长治久安的基础。

当前，我们要把社会主义核心价值观作为行为准则，从家庭、社会、国家层面探索推进家庭家教家风建设的有效路径。在家庭层面，聚焦家庭德育功能，通过生活化场景、日常化活动、具体化载体，在传家风、立家训中筑牢责任意识、担当精神，在正家风、齐家规中砥砺道德追求和理想抱负。在社会层面，通过生动、具体、直观、形象的社会宣传、学校教育、志愿服务等，使体现社会主义核心价值观的家庭家教家风走进百姓、贴近生活，在潜移默化中浸润人心、成风化俗。在国家层面，教育引导下一代增强对家庭、社会的责任感，提高对国家、民族的认同感，使千千万万个家庭成为国家发展、民族进步、社会和谐的重要基石。

（三）促进德治与法治相得益彰

加强家庭家教家风建设，既要注重道德教化，又要注重制度规范，努力实现教育引导和制度支撑相互作用、相互促进。《新时代公民道德实施纲要》明确提出用良好家教家风涵育道德品行，到《中华人民共和国民法典》确立家庭应当树立优良家风，弘扬家庭美德，重视家庭文明建设的原则性规定，都为新时代家庭家教家风建设提供了制度保障，为基层社会治理实践指明了重要方向、开辟了新的路径。这要求人们自觉提升道德修养和法治素养，将道德规范和法律约束有机统一起来，善于运用法治解决道德领域存在的突出问题，促进德治与法治相得益彰，使社会形成良好的文明风尚，从而营造良好的基层社会治理环境。

此外，还要特别重视以制度规范领导干部家庭家教家风建设。领导干部的家风，不仅关系自己的家庭，而且关系党风政风。《中国共产党廉洁自律准则》明确，廉洁齐家，自觉带头树立良好家风。《中国共产党纪律处分条例》规定，党员领导干部不重视家风建设，对配偶、子女及其配偶失管失教，造成不良影响或者严重后果的，给予警告或者严重警告处分；情节严重的，给予撤销党内职务处分。这就以党内法规形式对领导干部家庭家教家风建设提出明确要求，既从廉洁自律方面画出道德高线，又对家风不正，对配偶、子女及其配偶失管失教的情况作出处分规定，明确了不可触碰的底线和禁区。领导干部要对标对表，以身作则、严于律己、廉洁修身、廉洁齐家，始终保持公仆本色，牢记党员身份，坚定理想信念，自觉带头树立良好家风，严格要求亲属和身边工作人员，以共产党人的高尚品格和操守为社会作表率。

三、几点思考

（一）齐家之要在修身

要落实好家庭家教家风建设，首要任务是要增强党员领导干部自身的党性修养，发挥本人示范带头作用。一是党员干部要多学习、多读书,从知识中汲取营养,保持智慧的头脑和儒雅的风度。二是党员干部要掌握修身的方法。首先,要重视"反躬自省、自我批评""吾日三省吾身""见贤思齐焉,见不贤而内自省也""见善如不及,见不善如探汤";其次,要"心存敬畏,手握戒尺",严守规矩,不碰底线;最后,要"防微杜渐、不弃微末""慎权、慎独、慎微、慎友"。以上这些思想为干部的崇德修身、建设良好家风标注了认识论和方法论。

(二)齐家之法在传承

家庭是培育和践行社会主义核心价值观的重要载体,党员干部要在家庭中积极传承向上向善、夫妻和睦、尊老爱幼、勤俭持家、邻里互助的中华民族传统美德,提高家人的道德水平,强调家教家风传承的主要内容是精神财富而非物质财富。要在落实家庭家风家教建设中,将培育和践行社会主义核心价值观结合起来。党员干部要通过生活场景、日常互动、具体载体,在潜移默化中正家风、齐家规,善于言传身教,注重传承效果,在传家风、立家训中筑牢责任意识、担当意识。

(三)齐家之基在法治

一是要学法。习近平总书记强调,法律是准绳,任何时候都必须遵循;道德是基石,任何时候都不可忽视。因此,党员干部不但本人应学习法律知识,还要引导家庭成员共同学习,在家庭家教家风建设中促进德治与法治相得益彰。二是要学制度。加强家庭家教家风建设,既要注重道德教化,又要遵循制度规范,努力实现教育引导和制度约束相互作用、相互促进。党员领导干部要带领家人一同学习《中国共产党廉洁自律准则》,突出"廉洁齐家,自觉带头树立良好家风"的规定,学习《中国共产党纪律处分条例》规定,突出学习"党员领导干部不重视家风建设,对配偶、子女及其配偶失管失教,造成不良影响或者严重后果的,给予警告或者严重警告处分;情节严重的,给予撤销党内职务处分"等相关内容,引导家人在做任何事时都讲个"廉"字,避免出现对配偶、子女及其配偶失管失教导致触碰底线和禁区的情况。三是要守法。在懂法的基础上还需要严格遵守法律。

(作者单位:江苏省连云港市税务学会)

税务机关组织文化与党建工作融合共建的实践与思考

丁向阳

"全面建设社会主义现代化国家,必须坚持中国特色社会主义文化发展道路。"习近平总书记在党的二十大报告中强调,增强文化自信,围绕举旗帜、聚民心、育新人、兴文化、展形象建设社会主义文化强国。近年来,丹阳市税务系统聚焦组织文化建设,深入推动组织文化与党建工作的融合共建,以优质税务组织文化涵养党员干部政治品格、丰富党建工作内涵,为税收改革发展聚合力、凝群心,以充沛的精气神和高度的执行力,为高质量服务丹阳经济社会发展汇聚更加充实的税收动能。

一、组织文化与党建工作融合共建的重要意义

推动组织文化与党建工作融合共建,是基于组织文化与党建工作在主体、客体、内容和表现形式上有诸多共通之处,两者优势互补、要素互融、载体互通,能够推动党的建设更加深入人心,扩大组织文化的覆盖面与提升组织文化的影响力。

(一)有利于提升党建工作水平

税务机关组织文化与党建工作在受众、内容、形式上互相交叉、互为载体又互相促进。党建工作以支部为主要阵地,以支部党员为主要群体,而组织文化多通过党工青妇等组织开展,人员覆盖更广、组织形式更加灵活。借助组织文化载体,融入党建要素,不仅有利于打造特色凸显、形式丰富、主题鲜明的党建品牌与党建活动,有效提升党建工作的生命力、吸引力,也能够寓党建工作于组织文化,化政治功能于文化建设,通过潜移默化、寓教于乐、实践感悟的方式推动党的建设向纵深发展。

(二)有利于凝聚干部队伍合力

2018年7月,原国地税结束14年的分设状态,再次合为一家,"合兵一处"。在全局上下的共同努力下,工作内容、行为习惯、管理模式、制度规范等方面都存在较大差异的两支队伍实现了"事合、人合、心合、力合",丹阳税务部门成为一个拥有500多位干部的有机体和大家庭。在"合"的基础上,持续深化组织文化与党建工作的融合建设,能够通过融合干部职工的理想、信念、作风、情操,培养和激发深层的群体意识,能够在开展组织文化活动的过程中,营造互敬互爱、互信互助、共同进步的公共生活空间,进而激发干部队伍创新创业的活力和砥砺前行的动力。

(三)有利于推动税收改革发展

2021年3月,中共中央办公厅、国务院办公厅印发了《关于进一步深化税收征管改革的意见》(以下简称《意见》)。经过一年多的努力,《意见》绘就的税收改革蓝图逐步落地,"四精"工作目标已经成为各级税务机关的生动实践。但也能够看到,随着税收征管改革逐渐向纵

深推进，一些制约税收改革发展的"肠梗阻"和"老大难"问题仍需破解。比如，部分不法分子利用减税降费优惠政策钻税法空子、打"擦边球"的行为影响公平税赋环境；又如，如何更深层次推动乡镇党委政府参与到综合治税工作大局，改变税务"单兵作战"的局面。这些税收改革发展进程中面临且亟待破解的难题，需要税务干部秉持攻坚克难的韧劲与锐意进取的干劲一一破解。优质的组织文化和有力的党建引领，对持续提振干部精气神，提升队伍执行力，发挥着潜移默化且不可替代的作用，从长远看，必然对推动税收改革发展大有裨益。

二、组织文化与党建工作融合建设存在的不足

当前，基层税务机关在推动组织文化与党建工作融合建设的探索和实践中，虽然取得了一定成效，收到了不错的预期效果，但是在顶层设计、思想理念、配套机制等方面也存在较为明显的短板与不足。

（一）顶层设计仍需完善

顶层设计是加强组织文化与党建工作融合共建的关键，对推动组织文化与党建工作的有机统一发挥着导向作用。当前，税务机关对组织文化的认识还不够深入，存在简单化、片面化的问题，如认为组织文化就是开展一些集体活动、就是重大节庆有仪式感等，这制约了组织文化的全面建设与深层次发展。对如何抓住组织文化与党建工作的关键契合点还缺少系统、准确的把握，对基层党组织党建工作仅仅停留在规范性、制度性的安排上，没有充分利用组织文化驱动党建工作、提升党建工作成效的优势，缺少一体统筹和全盘谋划。抑或突出了整体谋划，而忽略了实际的可操作性，导致执行过程中出现效果不佳、参与度不高的情况。

（二）思想意识有待强化

组织文化与党建工作都是通过外化的手段、措施、活动影响和感染内心、情感和价值观念，进而作用于个人行为和集体行为的。在具体的组织文化与党建活动落实过程中，部分基层税务干部对组织文化缺乏全面深入的认知，对文化内涵挖掘不够，理解片面、僵化，导致组织文化与党建工作在融合过程中出现缺乏个性、偏重于形式、脱离工作目标、参与度不高等问题。还有部分基层党支部在开展组织文化建设与党建工作过程中，不善于推动两者的融合，经常顾此失彼，没有很好地将组织文化与党建元素结合起来，影响了工作效果。

（三）考核激励仍显不足

在税务机关绩效考核体系中，组织文化虽然被嵌入党的建设、政治建设等指标当中，但对组织文化的成效仍然缺少较为立体、全面、详尽的考核评估标准，有的仅对具体活动的完成度进行考核，考核主要围绕具体方案的落实进度进行，对创新推动党的建设、组织文化建设缺少明确的考核激励手段，尚未发挥绩效考核在推动组织文化与党建工作融合共建的"指挥棒"作用。

三、进一步深化组织文化与党建工作融合建设的建议

组织文化与党建工作的有机融合，既需要立足税务机关定位与税收工作内容、党委的正确领导与强力的组织保障，也应当与税务机关"为国聚财，为民收税"的工作宗旨相契合，与高质量服务地方经济发展相协调。

（一）明确基本原则，把准发力方向

税务机关开展组织文化与党建工作融合共建，要立足税务实际，彰显税务特色，明确工作的基本原则和方向。一是坚持中心任务原则。"为国聚财，为民收税"是税收工作的宗旨，也是党和国家赋予税务机关的光荣使命，开展组织文化与党建工作融合共建，要着重把握这一中心，体现依法依规、科学合理、智慧税务、协同共治等要素，打造特色鲜明、重点突出的融合共建机制。二是坚持以人为本原则。组织文化、党建工作归根结底是作用于党员干部的，是需要领导干部推动、党员干部参与的。因此，必须牢固树立以人为本原则，把人的发展作为首要任务，尊重人性、发展个性，善于用先进的组织文化、政治理论、党建机制教育人、培养人、塑造人。要体现人性化关怀，从尊重人、爱护人、关心人入手，在满足群体诉求的同时，关注特殊群体、特别个体的需求，对其给予政治上、生活上、工作上的关心支持。三是坚持创新发展原则。既要继承和运用好优秀传统文化，把优秀传统文化融合到政治建设、思想建设、作风建设、纪律建设当中，也要积极推动理论创新，尤其要利用学习宣传党的二十大精神的重要契机，创新理论运用，创新共建方式，丰富和提升组织文化与党建工作融合共建的内涵与成效。

（二）注重高位谋划，突出党建引领

一是坚持党委领导。要坚持党委领导、党委部署的原则，加强组织文化与党建工作融合共建的"顶层设计"与整体规划，坚持传承与发展并重，科学谋划、超前谋划、贴合实际，制定组织文化与党建工作并行的发展规划。从推动税收现代化事业、服务经济社会高质量发展的高度统筹部署，谋划决策。二是强化制度规范。要全面梳理现行制度，结合充分的调研论证，听取一线干部职工的诉求，对组织文化管理与组织实施制度进行全面修补与完善，进一步加强和凸出组织文化在党建工作机制中的地位与作用，为同步实施、融合共建创造有利条件。三是健全考核评价。更加突出组织文化与党的建设的一体考核、一体评价，针对组织文化、党的建设开展要素分析，确立考核指标，建立健全能够督促落地效率、体现质量标准、推动效能提升的"考、评、督、促"一体化考核评价机制。

（三）融入地方大局，打造特色品牌

一是融入经济发展大局。加强与地方市委组织部、宣传部、机关工委、文明委等相关部门的沟通汇报，听取发展建议，主动融入地方经济社会发展大局，适应基层党组织建设需要，以优质的组织文化、过硬的党建本领，提升服务地方经济社会发展的引领力。二是强化品牌驱动效应。突出税务机关组织文化特色，打造组织文化建设品牌，细化组织文化建设方案，以党支部为载体，强化跨部门工作统筹力度，融合工、妇、团等工作安排，部署开展组织文化系列活动。加强品牌建设、特色活动、工作成效的对外宣传力度，展示良好的税务形象和精神风貌，以优质高效的品牌建设，提升干部队伍荣誉感、凝聚力和向心力。三是突出服务发展职能。摆脱简单搞文体活动、党建活动等"粗放式"建设方式，挖掘组织文化与党建工作融合共建的深度，更高质量地服务税收中心工作。要围绕组织收入、减税降费、营商环境建设、深化税收改革等重点工作，通过打造优质思想文化、制度文化、行为文化，持续提振干部队伍精气神，提升服务经济社会发展、驱动产业转型、助企纾困解难的执行力，为持续推动地方税收事业现代化进程，服务经济高质量发展贡献更加蓬勃充沛的税务力量。

（作者单位：国家税务总局丹阳市税务局）

推进税务系统"六位一体"全面从严治党新格局向基层延伸的几点思考

万 鹏

习近平总书记指出,要推动全面从严治党向基层延伸,解决群众反映强烈的突出问题。基层税务机关与纳税人缴费人距离最近、联系最紧密、接触最广泛,他们的一举一动、一言一行,群众都看在眼里、记在心里,因而迫切需要建强党在基层的政治堡垒。2023年初,总局及省以下各级税务机关党委先后召开了全面从严治党工作会议,充分彰显了税务系统各级党委贯彻落实党的二十大精神和二十届中央纪委二次全会精神,着力构建完善"政治建设一体深化、两个责任一体发力、综合监督一体集成、党建业务一体融合、约束激励一体抓实、组织体系一体贯通"的"六位一体"税务系统全面从严治党新格局,一以贯之全面从严治党的政治定力和强党治税带队的使命担当。笔者结合基层工作情况,就推进税务系统"六位一体"全面从严治党新格局向基层延伸作了一些思考。

一、把握"四个突出",深刻理解"六位一体"全面从严治党新格局的丰富内涵

(一)突出以政治建设为统领

把"政治建设一体深化"摆在税务系统"六位一体"全面从严治党新格局的首位,就是明确贯彻落实全面从严治党,首先要切实提高政治站位,进而推进税务系统牢固树立政治机关意识,旗帜鲜明讲政治,把讲政治的要求不折不扣贯穿全面从严治党的全过程各方面,用习近平新时代中国特色社会主义思想凝心铸魂,引领各级税务机关政治机关建设不断走深走实。

(二)突出压实管党治党责任

"两个责任一体发力"强调持续推动主体责任和监督责任共同落实,从根本上解决主体责任缺失、监督责任缺位、管党治党宽松软的问题。"一体化综合监督"强调把党委全面监督、纪检组专责监督、党的工作部门职能监督、党的基层组织日常监督、党员民主监督等系统内监督资源有机整合起来,同时自觉接受纳税人缴费人、新闻媒体和社会公众对税务机关的监督,健全税务系统内外监督体系。"组织体系一体贯通"强调党建工作部门和纪检机构的组织力协同力,发挥好各党支部纪检委员作用,使责任压实更有保障。

(三)突出推进党建与业务融合

"党建业务一体融合"强调进一步落实和完善党建与业务深度融合,把党建引领保障作用贯穿组织税费收入、落实减税降费、深化征管改革等重大政策落实全过程。针对客观上面临上级税务机关与同级地方党委抓党建工作"两边管"的情况,持续完善"纵合横通强党建"机制制度体系,纵向上不断凝聚"系统上下级、系统与地方"共抓党建的"两个合力",横向上持续推动党建与税收业务等"七个打通",以更高质量的税务党建引领保障党的税收事业高质量

发展。

(四) 突出坚持严的主基调

"约束激励一体抓实"坚持严格管理和关心信任相统一,最大限度防止干部出问题,最大限度激发干部积极性;注重强化党性教育学习,严守党的纪律规矩,严肃党内政治生活;紧盯重点领域和重点环节,常抓不懈,严肃查处违规违纪问题,释放越往后执纪越严的强烈信号,促进干部廉洁从税;深化运用监督执纪"四种形态",对违纪违法行为绝不姑息,及时查处和通报。

二、坚持"三个到底",准确把握全面从严治党向基层延伸的内在要求

(一) 坚持责任一贯到底

税收工作一头连着国计、一头连着民生。全面从严治党向基层延伸,必须以知责明责为前提。税务系统队伍大、层级多,必须厘清责任边界,层层传导压力、层层督导跟进、层层考评问效。要紧扣责任制,扎实扛牢"两个责任",着力推动主体责任与监督责任同向发力,抓住基层党委"一把手"和班子成员两个"关键少数",盯住"最后一公里"重点环节,构建全面覆盖、统一规范的责任体系。

(二) 坚持"风腐"一纠到底

党的二十大指出,党风问题关系执政党的生死存亡。全面从严治党向基层延伸,必须坚持零容忍震慑不变。要牢牢把握贯彻落实党的二十大精神这条主线,持续加强基层政治建设、作风建设和纪律建设,以"全周期管理"理念把不敢腐的强大震慑效能、不能腐的刚性制度约束、不想腐的警示教育优势融于一体,实现一体推进"三不腐"同时发力、同向发力、综合发力,坚决查处纳税人缴费人反映强烈的不正之风和腐败行为。

(三) 坚持基调一严到底

党的二十大提出,坚持以严的基调强化正风肃纪。全面从严治党向基层延伸,必须深刻理解、准确把握"严"的内在要求,是全方位的、全链条的、长期的严,是依规依纪依法的严,是"三个区分开来"的严。扎实层层传导压力,着力厚植全面从严、一严到底的氛围,切实把严的基调、严的措施、严的氛围一刻不停长期贯穿税收治理的各环节全过程,传递到基层末梢。

三、结合基层实际,深入推进"六位一体"全面从严治党向基层延伸的主要举措

(一) 厘清责任主体,着力解决"谁来抓"的问题

当前,基层一体化综合监督体系中各类监督主体普遍存在工作积极性、责任心、执行力的"三个不平衡",信息共享机制尚未完全有效建立,监督工作整体协同效应还没有完全形成。因此,深入推进全面从严治党向基层延伸,要切实厘清责任主体。基层党委"一把手"应切实肩负起职责使命,始终扛牢抓实主体责任,要充分发挥领头雁作用。充分发挥党委与纪检组会商机制的作用,聚焦重点领域、重要问题,更大力度推动"两个责任"贯通落实、同向发力。同时,进一步厘清党委纪检组与机关纪委、派出机构监督小组之间的关系,发挥好基层支部和纪检委员监督职能,推动形成监督合力,着力打通全面从严治党"最后一公里",践行政治机关

的职责使命。

（二）明确目标任务，着力解决"抓什么"的问题

少部分基层税务干部的政治站位还不够高，有的年轻同志缺少奋发进取的精神，有的老同志存有"躺平"等退休的思想，不同程度存在缺乏热情不想担当、怕被追责不敢担当、本领恐慌不能担当的现象，甚至偶有干部存在纪律作风"慵懒散""八小时以外"发生非职务违纪违法行为、向纳税人缴费人"吃拿卡要"等问题。因此，深入推进全面从严治党向基层延伸，要以问题为导向，明确目标任务。一是强化政治监督。在带好队伍和干好税务两个方面加强监督，对意识形态工作不重视，出现违反政治纪律和政治规矩的事和人，以及对损害纳税人缴费人利益、破坏营商环境的事和人进行严肃追究。二是持之以恒强化正风肃纪。持续巩固纪律作风专项整治成效，紧盯具有反复性顽固性、改头换面、隐蔽性强的基层"微腐败"，切实加强对干部"八小时以外"行为的监督管理，从"关键少数"抓起，督促其严以律己、严负其责、严管所辖。三是强化"两权"运行日常监督。持续梳理内部管理风险，紧盯税收风险多发、信访反映集中、督察审计关注的事项。

（三）强化制度执行，着力解决"怎么抓"的问题

一些基层税务机关虽然制度构建得较全、要求提得较高，但在实际运行时缺乏跟踪监督，层层失控，制度机制形同虚设，成了"稻草人"，在一定程度上存在管理上的盲点、死角和漏洞，与制定制度的初衷还有差距，出现针对性不强、效力递减的现象。因此，深入推进全面从严治党向基层延伸，要强化现有制度执行力度。运用好党委和纪检组会商、一体化综合监督联席会议等机制，定期研究全面从严治党、党风廉政建设和反腐败等方面工作，形成联合研判、联动监督、联动整改的工作合力，加强监督体系与税收中心工作的对接，推动监督体系融入税收治理体系，监督到税务机关各级党委关注、纳税人缴费人关心、基层税务干部关切的点子上、关键处，将制度优势转化为更优质的税收治理效能。

（四）传导责任压力，着力解决"抓不好"的问题

全面从严治党"上热中温下冷"的现象还不同程度存在，尽管各级税务机关出台了相关文件，但党支部书记、支部纪检委员监督的"前哨"和"探头"作用发挥得还不够好，对特殊群体和重点岗位上易发多发风险掌握得还不够全面、精准和及时。因此，深入推进全面从严治党向基层延伸，要层层传导责任压力。首先，党委牵头抓总。基层税务机关党委切实履行好党委全面监督责任，压实一体化综合监督体系建设责任，牵住全面从严治党主体责任落实的"牛鼻子"。其次，党建工作领导小组和党风廉政建设领导小组要发挥好协助党委落实全面从严治党主体责任的职责，认真研究做实全面从严治党压力层层传导的机制，深入开展支部标准化规范化建设和支部"书记项目"，实施"双带头人"培育工程。再次，纪检机构盯紧抓实。立足"监督的再监督"职能定位，按照"源头把控、过程可视、无感监督"的监督思路，编制一体化综合监督可视化工作手册，以专责监督撬动各类监督协调贯通，压实监督责任，切实发挥监督保障执行，促进发展。最后，职能部门对标抓细。切实加强对税源管理部门的工作指导、督促落实、监督检查，在监督方式上聚焦监督下沉、监督制度的执行、监督于问题未发之前；在监督成效上聚焦坚持系统施治、标本兼治，推动税务系统全面从严治党在基层取得新成效。

（作者单位：国家税务总局淮安市清江浦区税务局）

新时代全面推进建设清廉机关、创建模范机关的路径办法研究

——基于浙江税务系统近年来的实践与思考

周凯姗

王军局长强调，要坚持厚植清风正气树导向，持续锻造忠诚干净担当的铁军队伍，持续把税务系统全面从严治党向纵深推进，持续为高质量推进新发展阶段税收现代化提供坚强保证，更好发挥税收在国家治理中的基础性、支柱性、保障性作用。建设清廉机关、创建模范机关需要各级税务部门在当前和今后相当长一段时期内持续推进深化。

一、广角聚共性——浙江税务系统推进"双建"工作的亮点做法总结

（一）擦亮文化品牌，发挥引领作用

党建品牌能将一个基层党组织的各项党建工作有机整合、提炼升华，增强党员对党建文化的理解、感悟和认同，不断丰富和发展党建工作的传统内涵，形成该党组织在党建工作领域的知名度、信誉度和美誉度。浙江税务系统大力弘扬社会主义核心价值观和中国税务精神，在省局机关"税美之江"文化品牌引领下，各基层机关纷纷结合自身特点，挖掘提炼，打造形式各异、内容丰富的品牌，如杭州市西湖区税务局通过总结提炼"荷合印象、税润西湖"党建文化特色，完成"党旗红税务蓝"文化场景建设，创新开辟"书香税务·有声图书馆"专题场景，打造内蕴党性税魂、外显西湖特色的文化品牌；杭州市临平区税务局自创廉政品牌"临税清风"，以漫画的形式绘制廉政组图引导干部遵守纪律、廉洁从政；金华市武义县税务局挖掘提炼"蓝莲"廉政品牌，通过开展书法、绘画、摄影等主题活动，传播廉政文化理念和价值观，不断提升全体干部职工的思想境界，不断强化他们的文化认同感和归属感。

（二）丰富教育载体，多重凝心聚力

新时代背景下，教育面临新挑战、新机遇、新要求，理想信念教育载体必须与时俱进、创新发展，为推动理想信念教育常态化、制度化，明确价值导向，提高教育成效贡献力量。浙江省税务局迭代更新"税·越"文化展厅，创建"党员工作室"，以文化"软实力"提升干部队伍向心力、战斗力。杭州市淳安县税务局开辟"淳心向党·税秀千岛"税务文化展厅廉政警示教育专栏，营造"以案警示""以文化人""以德养廉"良好氛围；金华市武义县税务局利用"清风税悦"开展廉政"指尖教育"，开设警示教育专栏，引导干部随时随地进行廉政学习；台州市椒江区税务局全景式打造"清风税韵"廉政展厅，记录干部从税以来的职工照片、廉政格言、家属提醒等廉政点滴，督促干部以更加优秀、更加廉洁的姿态展现在大家面前；嘉兴市海宁市税务局注重发挥家庭在廉政监督中的特殊作用，通过集中座谈、上门走访、电话联系等形式，号召广大干部家属共同参与监督工作；温州市平阳县税务局定期组织党员干部到知名高校、企业集团、先进单位学习，让学员及时掌握多领域最新政策精神，引导干部多学、善学、活学；温州市龙港市税务局则举办"读家书 谈家风 展清正税月"读书沙龙活动，从清廉家

风传承角度切入主题，并采用拍摄短视频的形式展现清廉文化建设行动。

（三）创新建设机制，狠抓监督落实

建设机制的优化和完善，不但可以促使党组织的作用和党员的模范作用得到充分发挥，还可以促进党员自身修养的提升，培养出一支具有先进性、纯洁的党员队伍。丽水市税务局引入"白板"机制，群策群力制定税务系统全面从严治党的工作要点，建立健全"责任清单＋工作规范＋信息化支撑"的责任落实链条；嘉兴市秀洲区税务局建立"一日一学习""一周一提醒""一月一监督""一季一警示""一年一承诺"的"五个一"机制，有力确保队伍建设平安；温州市洞头区税务局为党员干部量身定制廉政数字"身份证"，实现干部本人及家庭主要成员房产、集资借贷等多项内容监督全覆盖，定期分析研判并实时更新干部"廉政指数"，内部风险控制实现由"人防"向"机控"的迭代升级；绍兴市嵊州市税务局出台"六必问六必谈"办法，最大限度预防和减少违规违纪问题发生，提升干部廉洁自律意识；台州市玉环市税务局致力于打造"党委抓、书记抓、层层抓"的税务系统党建工作长效格局，9名班子成员分别联系1~2个支部，强化支部党建工作指导，逐层逐级压紧压实管党治党责任。

（四）党业深度融合，赋能办税服务

习近平总书记在总结中央和国家机关党的建设经验时强调，只有围绕中心、建设队伍、服务群众，推动党建和业务工作深度融合，机关党建工作才能找准定位。浙江税务系统从服务税收治理现代化大局出发，全面落实总局"纵合横通强党建"机制体系，响应"抓好党务、干好税务、带好队伍"的号召。杭州市滨江区税务局创建集监督数据库、数字监督卡、征纳沟通平台于一体的"数智监督管家"，构筑起纳税人涉税风险、税收执法风险、人员廉政风险联防体系，一体推进"三不"建设；杭州市淳安县税务局工作人员在进户执法时主动向纳税人发放"税收执法廉政监督卡"，让纳税人对执法人员行为及廉政情况作出评价，筑牢税务干部廉洁从税红色"防线"，并利用金税三期、防伪税控系统等大数据平台，查看辖区内行政事业单位物品采购情况，采集筛选各单位违规发放福利、利用公款吃喝等疑点发票信息；绍兴市柯桥区税务局探索以党建制度为保证、信息化手段为支撑的"4Y"智慧党建新模式，实现责任落实情况"云填报""云管理""云监督"；金华市磐安县税务局推出"亲清便民卡"，以日常涉税信息为内容抓手，同时列举了12条税企交往"负面清单"，并公布对外监督电话，鼓励纳税人、缴费人和社会公众对税务部门和税务人员执法、服务行为及廉洁自律情况进行监督，提升税收执法规范性和服务满意度。

二、锐化查不足——浙江税务系统在"双建"工作中存在的主要问题

（一）制度设计存在标准"空泛化"问题

工作的实施需要制度的引领，但光有制度性的文件是不够的，制度设计标准不够明晰具体往往导致实施困难。有的虽然制定了创建模范机关的制度，但在落实时由于分工不够明确、后期监管跟进不够到位，存在执行不力、落实不到位的问题，导致模范机关创建工作流于形式、走过场。有的党组织在制定创建方案时照搬照套上级文件，没能充分体现税收职能和行业特色，没有更好发挥税收服务大局的作用。有的把"双建"工作等同于文明单位创建或机关党的建设，没有突出"双建"工作中建设清廉机关的底线性和创建模范机关的开拓性。

（二）创建工作存在实践"阶段化"问题

在"双建"号召发出后，省内各级机关如火如荼开展相关工作，但纵观当下，相较于

2020年号召刚提出时步伐有所放缓。有的找不到创建工作与机关党建、业务工作的结合点；有的没有准确认识到创建工作、机关党建工作和业务工作三者之间的内在联系，只能单纯地为创建而创建，就创建抓创建，使创建工作事倍功半，使以创建带党建、以创建带业务的美好愿景沦为空谈。省、市、县三级机关"上热中温下凉"的情况较为常见，工作热情和创建热度逐级下降现象较为普遍，部分市、县两级机关之间甚至出现工作"断层"。有的依靠开会、发文推动创建工作，工作刚性不足、工作落实不紧、工作整体缺乏系统性和连续性措施；有的把创建模范机关当作阶段性任务，对创建的长期性、艰巨性和重要性认识不足，简单认为完成计划任务就是完成创建工作。

（三）党员先锋模范作用发挥还不够充分

基层党组织担负着直接教育党员、管理党员、监督党员，以及组织群众、宣传群众、凝聚群众、服务群众的职责。目前，部分基层党组织的支部存在战斗堡垒作用、党员先锋模范作用难以高质量发挥的问题。部分党组织并没有认识到自身工作的重要性，没有结合社会发展的形式转变传统的工作模式和思想，缺乏与时俱进的精神，自身的能力素质不足且缺乏主动性、创新力和前进动力；有的党组织党员队伍庞大，受党员干部的年龄、岗位、级别、学历、家庭及学校教育等影响，党员队伍素质差异化明显，如果不能很好地处理这些差异，将会影响基层党组织党建工作高质量开展。

三、校正优作品——新时代全面推进建设清廉机关、创建模范机关的思考建议

（一）抓好责任落实

牢牢抓住领导干部这个"关键少数"和机关基层党支部这个"末梢神经"，严格落实领导干部双重组织生活和主题党日等各项制度，强化一切工作到支部的导向，把党员管住管好。明确党委对建设清廉机关、创建模范机关工作的领导地位，党委书记要履行好"第一责任人"职责，党委成员要扛好"一岗双责"。党委要会同有关部门，具体牵头负责创建工作，加强督促指导，把任务落实到各个部门，并加强党建、纪检、业务的融会贯通，合作发力。

（二）强化推进措施

一是抓结合融合。把创建工作与业务工作、机关党建、机关治理及文明单位创建等工作结合起来，建立一体化的工作机制，在创建中提升工作质量、破解工作难题、推动事业发展。二是抓典型引路。注重培育、选树一批立得起、站得住、叫得响、推得开的先进典型，通过示范引领推动建设工作全面推行。三是抓督促检查。通过调研反馈、当面约谈、情况通报等，强化过程督导和经常性监督检查，确保创建工作不虚、不偏、不走过场。

（三）提升能力水平

清廉机关、模范机关创建，离不开一支精通党务、熟悉业务的党务干部队伍。应加强政治历练、思想淬炼、实践锻炼、专业训练，使党务干部善于从政治上谋划推进创建工作、从思想上加深对创建工作理解，培养党建工作的行家里手、创建工作的业务能手。通过党建和业务双促双融，让党务干部懂业务、业务干部懂党务，更好提升税收服务能力，使创建工作在服务中提效、党建工作在服务中提质。

（作者单位：国家税务总局慈溪市税务局）

新时期税务系统青年干部培养路径探析

蒋 红 戴启庚 温 罡

青年干部是税收事业发展的关键力量,如何激发青年干部活力,提升青年干部整体素质,培养一支能够将税务事业建设重任"担得起,担得好"的青年干部队伍是当前干部队伍建设的重要课题。本文对某区税务局青年干部现状进行分析研究,就加强青年干部培养的有效路径进行探析。

一、青年干部现状分析

该局为国地税合并后,由原国、地税市区分局组合而成的党委局,青年干部多为近些年从各县税务局遴选调入,新招录应届大学毕业生较少,故在年龄结构、职业基础、文化认同等方面均存在分析研究的价值。

(一)青年干部年龄结构分析

从青年干部年龄结构来看,该局40周岁以下青年干部86人,平均年龄32岁。其中,30周岁以下29人,30周岁以上57人。未婚19人,已婚67人。30周岁以上占比66.28%,已婚占比77.91%,占比均较大。根据青年干部特点,这样的年龄结构往往会造成工作节奏稳定有余,但工作激情有所减退的局面。

从机关与基层股室人力资源配比来看,机关股室35周岁以下青年干部29人,占比39.19%;50周岁以上8人,占比10.81%;基层税源管理股35周岁以下青年干部7人,占比10.77%,50周岁以上24人,占比36.92%。与机关股室相比,各税源管理股年龄结构趋向老龄化,青年干部占比较低。

(二)青年干部职业基础分析

该局共有40周岁以下青年干部86人,90%以上为本科及以上学历。财会类专业人数40人,占青年干部总数的46.51%;硕士研究生17人,占青年干部总数的19.77%。

拥有"三师"资格证的27人次(23人),其中注册会计师2人次,税务师21人次,法律职业资格4人次,占总人数的11.0%。取得三项资格的1人,取得两项资格的2人。35周岁以下人员中"三师"资格人员占比10.7%。青年干部总人数占比高,考取资格证的人数占比反而少,可见青年干部在这一方面存在不小的差距。

(三)青年干部工作岗位分析

目前,共有32名青年干部在局机关工作,占青年干部总数的37.2%。其中,12名青年干部在行政股室工作,20名青年干部在业务股室工作。共有54名青年干部在纳税服务和税源管理部门工作,占青年干部总数的62.79%。其中,24名青年干部在纳服部门工作,30名青年干部在税源管理、风险应对等岗位工作。

青年干部工作岗位分布广，各条线、岗位均有青年干部，这为培养青年干部，培养税收事业接班人打下良好基础。但是，还存在少数青年干部工作岗位、工作经历较为单一的情况，需要进一步优化。

二、青年干部培养实践

（一）制度保障

一是完善年轻干部培养制度保障。牢固树立"尊重人、理解人、关心人、激励人、培养人"的人本理念，把对年轻干部的教育管理作为促进其健康成长的重要措施，制定《青年干部培养方案》《"三师"人才培养活动方案》《年轻干部成长档案》等配套制度，为培养年轻干部成长成才提供制度保障。二是强化能力素质考评与结果运用。制定年轻干部跟踪考评制度，创新制定《青年干部成长积分管理办法》，科学设计不同奖惩类型，将干部的日常工作表现进行业绩量化汇总评定，按月收集登记、公示得分排名，以此作为干部评优评先、选拔任用的重要标准之一。

（二）平台搭建

一是组建青年学堂。组建青年学堂为区局青年干部提供展示青春风采、互相学习提升的广阔舞台。设班委会，分工负责青年学堂学习计划制订、课程组织、干部思想状况和学习成效跟踪等各项工作。二是树立共同愿景。营造向上向善的青年学堂集体文化，增强青年干部团队向心力和集体荣誉感。三是开展青蓝"传帮带"。选派经验丰富的老干部与青年干部结对，开展"青蓝携手 薪火相传"传帮带活动，为青年干部成长提供帮助。四是组建业务团队。在区局各业务部门内设立业务组，由青年干部任组长；选派业务骨干到市局专业团队跟班学习，给青年干部搭平台、压担子，大力培养区局青年干部专家团队。

（三）品牌创建

创建品牌，并开展系列评选活动。引导动员青年干部立足岗位、学技成才，进一步激发青年干部的工作热情，营造见贤思齐、创先争优的浓烈氛围。以先进典型为榜样，开展"身边人，身边事"学习宣传活动，引导和发动广大青年干部勤于实践、勇于创新，促使更多纳税服务、税收执法、勤政廉政等方面的先进青年典型涌现出来，进一步推动税收事业又好又快发展。

三、青年干部培养存在问题

（一）干部队伍结构性矛盾

局机关青年干部比例高，基层税源管理部门青年干部比例低的现状有待打破。相关研究表明，干部从参加工作至退休，大致10年为一个阶段，可分为4个年龄段，同一部门每个年龄段的人数占总人数的25%左右为合理结构。根据前文的数据分析，目前区局的队伍结构现状如下：51周岁以上干部占总人数的30.3%，46周岁以上的干部已达总人数的51.8%，年龄结构是明显偏大的，队伍出现了"青黄不接"情况。

（二）思想观念的价值性冲击

税务干部文化结构多元，尤其是青年干部思想观念的独立性较强。准确把握青年税务干部的思想动态特点，有助于有针对性地开展队伍建设。刚刚入职的干部往往工作热情高涨但工作经验缺乏；工作5—10年进入人生奋斗的黄金年龄，工作成绩显著；到35岁以后，事业进入了相对的稳定期和瓶颈期，工作激情有所减退。而该局恰恰是30岁以上青年干部占比较高，他们面临工作出成绩与晋升通道有制约的尴尬处境，难免会心态失衡、精神倦怠。

（三）干部队伍的专业性欠缺

与岗位相适的人才严重匮乏。部分岗位专业人才不足，特别是土地增值税清算、风险应对、税种管理等方面人才短缺。基于原分局班底合并成立，人员的知识不全面、发展不平衡，缺乏专业的人才。尽管近3年从县区局遴选了一批年轻的干部充实到队伍中，但随着深化征管改革的深入推进，"四精"要求和精细化的管理要求越来越高，经常会出现一些较为复杂的问题，青年干部反映在处理此类问题时会出现力不从心的情况。青年干部工作时间短、接触的问题少、实战经验不足，因而亟需为青年干部精准应对复杂性、疑难性问题的能力进行提升，培养"专家"型青年人才。

四、青年干部培养路径

（一）统筹人力资源，构筑学习团队

1. 优化人力资源结构

根据本地干部年龄结构、征收管理水平等实际情况，进一步优化本单位人员与岗位配置。充分考虑基层分局年龄结构老化、税源管理任务繁重的现实情况，将更多的青年干部充实到一线税源管理部门，形成层层递进的传帮带结构，使青年干部更加迅速地成长起来。

2. 加强学习团队建设

组建青年干部学习团队。以团队建设为突破口，加强税收业务知识学习，无论在何工作岗位，都紧抓业务学习不放松，为成长打好坚实基础。在传统的全员培训、业务培训、青年干部学堂学习之外，拓宽培训的渠道，提升培训层次，如以跟班学习的形式，参加省、市局部门轮训。

（二）加强文化引领，建立共同愿景

1. 创建文化品牌

传承独具地方特色的税务文化。以基层某区税务局为例，该局是由原国、地税市局两个分局合并成立的，成立后还未形成特有的税务文化品牌与理念。针对这种情况，可结合本单位工作实际，形成新税务机构新的文化标识，营造全新的文化氛围，以德树人、以文化人。

2. 引导担当作为

制度文化作为组织文化建设的一个重要内容，对于引导青年干部担当作为起到关键作用。完善激励评价制度、容错纠错机制、培养提升通道等制度体系，既可以激励干部、培养干部、保护干部，也可以营造担当作为的氛围、增强担当作为的本领、打造担当作为的后盾。

3. 增进沟通交流

一是持续开展青年干部座谈会。听取青年干部诉求、意见建议，掌握青年干部思想动态，把问题谈开、把政策讲透、把道理说清，充分肯定每名成员所作出的努力和取得的成绩，充分尊重、爱护每名成员，形成团队共识，确保队伍不散、人心不乱。二是办好团建活动。利用好区局共青团支部、青年干部学堂等组织载体，创造性地开展好各项青年干部文体活动，增加青年交流机会，充分凝聚共识。

(三) 培养精英人才，转变心智模式

1. 实施竞争激励机制

通过业务比武、民主测评等环节，更多有能力、有抱负、有胆识的青年干部走上中层领导岗位，迅速成长起来。这样既充实了税务系统中坚力量，也给全体青年干部以鞭策和激励，帮助他们摒弃"干好干坏一个样、干与不干一个样、干多干少一个样"的心理。

2. 推进干部双向交流

定期开展岗位调整，青年干部可以双向选择、定期轮岗，实现机关股室和基层税源管理部门之间相互轮岗，解决因长期工作岗位不变，工作固定、业务单一导致的知识结构不全面，思维固化的问题。通过调换岗位，真正实现人才流动，激发青年干部队伍活力，培养全局意识和系统思考的能力。

3. 完善学习鼓励机制

鼓励青年干部参加高学历学习，结合工作要求选择相关专业，提高个人专业素质与学历水平；鼓励青年干部参加"三师"资格考试，提高干部队伍专业化程度；积极组织青年干部参加业务练兵比武竞赛，通过比赛培养出一批专业技能标兵。在选拔任用中对学习能力强、竞赛成果多的青年干部强化结果运用，让这批专业人才在税收征管工作中发挥模范带头作用。

（作者单位：国家税务总局盐城市亭湖区税务局）

新时期税务青年干部发展路径研究

国家税务总局射洪市税务局调研课题组

习近平总书记指出,青年最富有朝气、最富有梦想,青年兴则国家兴,青年强则国家强,强调培养选拔年轻干部,事关党的事业薪火相传,事关国家长治久安。随着国地税征管体制改革的落地,高质量税收现代化建设不断推进,税收工作也进入崭新的发展阶段,税收在国家治理中的基础性、支柱性、保障性作用也愈加凸显。事业的基础在人才,税务的希望在青年。如何加强青年干部培养,激发青年干部的主观能动性,发挥青年生力军和突击队作用,使其积极投身税收改革发展之中是非常值得思考的问题。本文结合射洪市税务局实际,通过研究探索新时期基层税务青年干部发展路径,力求构建整体化、多层次的干部激励体系,从思想、政治、经济等方面激发青年干部活力,深挖青年干部潜能,将广大青年干部的内生动力和创造活力引向推动射洪税务事业发展的主战场。

一、当前射洪税务青年干部的基本情况

全市税务系统共有35岁以下青年干部49人,占全局在职干部职工总人数的19%。其中,30岁以下的28人,占比为57%;30~35岁的21人,占比为43%。党员(含预备党员)33人,共青团员8人,群众8人。从学历来看,在青年干部中,硕士研究生1人,党校在职研究生1人,大学本科学历47人(含双学位2人);从职务来看,在49名青年干部中,中层正职5人(含"80后"分局长2人,"90后"分局长1人),中层副职14人,其他30人;从职级看,四级主办1人,一级行政执法员37人,未定职公务员8人;从岗位分布来看,在49名青年干部中,机关17人,税务分局32人,其中行政管理岗7人、税源管理岗17人、政策法规岗10人、纳税服务岗15人。目前,这49人中已取得税务师资格证的有3人,取得法律职业资格证书的有1人。

二、青年干部培养发展存在的主要问题

(一)责任担当不够,进取意识不强

在经济社会快速发展、税收管理由粗放式向精细化转变的税务新常态、新要求下,素质、能力兼具的复合型人才需求越发紧俏。但是个别青年干部考入税务部门以后,面对大量繁杂的日常工作,思想准备不足,只满足于掌握一般性税收经济知识和管理技能,缺少不用扬鞭自奋蹄的精神和抽挤时间学习提升的自觉性,目标方向不明确,适应新形势发展的专业知识技能水平不高,进取心和责任感不强。在工作时满足于"差不多""可以了"。习惯于顺风顺水的工作局面,在面对复杂、棘手的难题时,缺乏持之以恒的意志力和敢于负责的担当精神。

(二）知识储备单一，缺乏职业规划

税务部门岗位门类多、专业性强，不仅需要有较强的税收业务知识，还需要有较丰富的法律法规、统计分析、综合政务等方面的知识储备，以及耐心热忱的服务精神。青年干部大多长期处于税收征管一线，承担本部门急难险重的任务，工作强度高、接触面单一，疲于应对日常工作，对自身职业发展缺乏规划和整体考虑。而基层税务部门在如何识人用人、区别培养青年干部方面还存在短板，缺乏配套的针对性措施，对青年干部的培养缺乏长远性的考虑，没有充分发挥制度的引导作用。

（三）工作压力加大，激励机制不健全

近年来，税务系统实施科学化、专业化、精细化管理，尤其是推进减税降费政策落地落实、社会保险费和非税收入征收职责划转等工作量急剧增加，使青年干部感到前所未有的工作压力。同时，现阶段，正向激励的制度匮乏和负向教育的运用不足，税务系统不同程度存在"鞭打快牛""苦乐不均"等现象，从而使青年干部在一定程度上存在消极情绪，存在工作积极性和主动性不够等问题。

（四）收入待遇偏低，晋升空间有限

随着近年来公务员工资制度的改革，职务与职级并行政策不断完善，基层税务人员的收入待遇有所提高，但同部分行业相比，大多数新参加工作的青年干部收入依旧不高。作为垂直管部门，相比其他地方政府部门，税务机关面临的领导职位少、交流渠道少、干部晋升慢的客观现实，对系统内青年干部的横向纵向发展有较大制约。

三、加快青年干部培养发展的具体对策

（一）强化思想引领，指引人生方向

坚持把思想政治建设摆在首位，积极构建以"对党忠诚"为主导的"清正廉洁"的廉政文化、"规范执法"的法治文化、"优质高效"的服务文化、"激励激活"的绩效文化和"向上向善"的精神文化"六位一体"的青年文化体系，教育引导青年干部坚定理想信念，明确奋斗方向，强化青年干部对税收事业的归属感和使命感。首先，丰富学习形式，让青年干部学有所获。通过集体学习、个人自学、专家辅导、讲座、知识竞赛、演讲辩论、观影观展、学习分享、读书交流等沉淀为民情怀，筑牢信念根基。其次，拓展宣传载体，让青年干部见有所感。利用文化墙、文化走廊、阅览室、活动室等阵地和学习强国、学习兴税等平台，营造向上向善氛围，增强青年干部干事创业、奋勇争先的使命感。最后，强化人文关怀，让青年干部心有所属。发挥群团组织作用，围绕"大集体"，丰富"小团体"，以服务税收工作为中心，兼顾青年队伍多元化、个性化特点，开展形式多样的群团活动。

（二）加强能力建设，增强创业本领

注重引导青年干部把学习作为一种生活方式和工作责任，努力打造高素质人才队伍，实行"税务新军—岗位能手—专业骨干—专家人才—领军人才"五级人才培养规划，建立成体系的税务青年干部学习、成长、上升的通道与平台。加强对青年干部在党的建设、税收征管、纳税服务、公文写作等技能型知识和人际交往、组织能力、管理能力等抽象化知识方面的培训，满足税收工作的发展需要。

（三）夯实晋升激励，完善选任制度

秉持"推人向上、助人向前、引人向善"的育人理念，根据税收工作需要和"缺什么重点培养什么"的要求，制定专业岗位青年干部培养计划，分系列明确一段时期内全市系统培养青年干部的方向与计划，引导青年干部根据组织工作需要、岗位履职要求和自我能力的客观评估，做好个人职业规划。建立科学合理的干部轮岗交流制度，定期对青年干部的结构进行分析，根据个人工作经历和岗位培养特点，实施多岗历练，锤炼其综合能力。畅通青年干部在综合部门和业务部门之间的交流渠道。侧重在重点和难点工作、重大项目中淬炼人才，加大专业人才使用力度，培养青年干部的责任意识和担当意识。有计划选拔优秀青年干部到基层税务分局任职。根据青年干部成长需要，把不同能级、不同类型、不同性格、不同专长的青年干部放到相应的岗位和职位上，磨炼心智、开阔视野、接受锻炼、增长才干。

（四）拓展规划激励，深化人事改革

积极创新培养方式，建立分管局领导为青年干部辅导员，部门负责人、结对老师为青年干部双培养人的逐级培养机制，注重对青年干部的综合培养、专业深化和潜能开发，畅通青年干部与各级领导的沟通联络渠道。每半年召开1次青年干部座谈会，听取青年干部诉求并提供个性化指导，引导青年干部确立正确的价值取向，做好职业规划，明确职业目标和努力方向。建立青年干部人才档案，对35周岁以下青年干部实施积分管理，积分项目涵盖职业基础、工作业绩、比武考试、职业资格和学历提升、文体活动、荣誉表彰、精神文明建设、廉政建设等方面，定期进行公示，以此综合评价青年干部素质，激发青年干部内在动力，在青年干部中营造干事创业、比学赶超、奋发向上的良好氛围。此积分管理办法结果可作为评先评优、转正定岗、职务和职级晋升的重要参考。

（五）优化教育激励，灵活奖励措施

着眼于培养守信念、讲奉献、有本领、重品行的高素质专业化的青年干部队伍，以理想信念教育、知识结构优化、法治观念养成、能力素质提升为主线，把青年干部培训需求调研作为制度固定下来，增强培训的针对性和实效性。每年在制订培训计划之前，单独进行青年干部培训需求调研，充分了解他们的培训需求，尊重青年干部的学习主体地位，干什么学什么、缺什么补什么。目前，基层的业务培训多向青年干部倾斜，但形式多样、内容轻松的培训却鲜有青年干部参与，此类培训可拿出一定名额，作为"福利"，适当安排青年干部参加，使他们得以舒缓心情、丰富知识。多方面制定奖励激励措施，调动青年干部自我加压成才的积极性。对在练兵比武活动中获得总局、省局、市局"岗位能手""优秀个人"称号的给予一定的奖励。鼓励干部职工报名参加"三师"等资格考试，并根据各类资格考试的难易程度给予物质奖励。奖励资金从每年政府的目标考核奖中列支。对各类岗位能手、专业人才，除在物质上给予奖励外，在外派学习、岗位调整、选拔任用中，予以优先考虑并积极向地方党政、工会、妇联、共青团等为其申报荣誉表彰。

课题组组长：任　璐

课题组成员：蒲亚林　何　非　赵远志　刘雨函（执笔）

新形势下基层税务部门政务信息工作问题分析及路径选择

任 林 胡英杰

一、政务信息工作的内涵及特点

（一）政务信息的内涵

政务信息是机关部门以文字材料呈送政府领导，供决策参考的政务信息稿件。这里所说的政务信息稿件是指按照政务信息流程专门收集、加工整理、编写而成的用以反映政府行政行为的特定文稿。也就是说，政务信息文稿是现行国家行政机关使用的法定性公文之外的，随着政府职能转变和工作发展而新派生的一种反映政府政务活动，用于汇报工作、交流情况、提出问题和咨询建议，帮助各级领导掌握情况、指导工作的非法定性公文。

（二）政务信息的特征

1. 客观性

信息是客观事物及其联系变化的最新反映的表征，是不以人的意志为转移的。信息只能源于客观世界，不能主观臆造。政务信息的客观性是由政府工作本身的客观性决定的，它明确了对各级单位工作实事求是的认识态度，规定了政务信息工作人员要以严肃认真的工作精神和负责的态度，做好去伪存真、去粗取精工作，尽量避免信息传递失真情况。

2. 准确性

准确性是指对经济和社会各方面情况所做的客观真实的反映。准确性建立在客观性基础上，政务信息的准确性必须以客观性为前提，离开了客观性，政务信息就谈不上准确性；同样，离开了准确性，政务信息也不可能是客观的。

3. 时效性

时效性是指政务信息从整理、形成到发出、传递、接收，直到应用于政府工作的时间间隔及其效率。从某种意义上讲，政务信息的价值取决于政务信息的时效性。政务信息的时效性是由当前国际国内飞速发展的形势所决定的、是由政府工作运行节奏的日趋加快决定的、是由政府工作的行政管理直接目标所决定的。

（三）政务信息的原则

1. 实事求是原则

实事求是是党的思想路线，也是信息工作必须遵循的根本原则。信息工作是为领导决策服务的，而领导决策的目的是要解决实际工作中存在的问题。因此，信息工作必须反映的是客观存在的实际情况。搜集信息不能先入为主，应当从实际出发，以事实为基本依据。同时，要用实事求是的原则把握事物的本质，力求使信息准确、客观、公正。

2. 全面性原则

全面就是要从各方面、不同角度去反映工作动态，揭示事物的发展趋势。这里包括三个方面的含义：一是背景材料要全面，要弄清问题产生的原因；二是相关因素要全面，要弄清这一问题受哪些因素的影响和制约；三是信息要素要全面，不仅要把信息发生的时间、地点、状态、趋势交代清楚，还应当有材料、有观点、有分析、有建议。

3. 时效性原则

现代化的通信手段使时空距离大大缩短，人们能在最短时间内，通过各种传播媒介获取大量的信息，可以说现代社会是信息高密度产生和高效能传递的社会。因此，作为政务信息工作者，在信息捕捉上要有强烈的时间观念，反应要灵敏、迅速，加工要快节奏，传递也要加快速度，尽量缩短信息的滞留时间，使领导能够在复杂多变的情况下，及时得到最需要的信息。

二、丹徒区局政务信息完成情况及存在问题

近年来，丹徒区局始终坚定政务信息工作坚持正确的政治方向，加压奋进、有效作为，不断提高政务信息工作质效，助力税收改革有序发展，为完成丹徒税收各项重点任务和改革攻坚营造了必要的舆论环境。

（一）近三年考核要求

从近三年区局政务信息的考核力度来看，主要有两个方面的变化：一是考核对象划分更为精细。2020—2022年，区局将考评对象分为两个序列，即机关股室、信息中心为第一序列，各派出机构、耕地占用税和契税管理所为第二序列。其中，第一序列又分为两个类别：法制股、税政一股、税政二股、社会保险费和非税收入股、收入核算股、纳税服务股、征收管理股、税收风险管理股为第一类别；财务管理股、人事教育股、党建工作股、纪检组、信息中心为第二类别。二是信息任务分配更加合理。近三年，在信息考核任务量下发中，丹徒区局根据分局（所）和各股室业务量大小、业务类型等特征，重新确定各部门的季度信息报送及采用考核基数，有效地分配信息报送任务量，确保任务得以全面落实。同时，通过实行"线索提交制度"和"点题制"，加大各单位、各部门对区局办公室信息报送力度，由办公室结合近期工作实际，确定部分有价值、有分量的信息点，将其转交给有关部门进行资料搜集、调研整理、成文上报。

（二）近三年信息完成情况

从近三年丹徒局信息工作完成情况来看，主要有以下两个方面的变化：一方面，政务信息的推动力进一步夯实。围绕税收发展高质量和减税降费、税制改革、惠民办事等主题，加强调查研究、分析研判和综合归纳，紧抓重点、关注热点、剖析难点、捕捉亮点。三年来，累计录用各类政务信息441条。政务信息工作整体呈现范围更广、领域更宽、质量更优、层次更深的良好局面。另一方面，政务信息的导向力进一步提升。从近年政务信息公开的氛围来看，在区局内网发布工作动态，主动展示部门的近期成绩和动向，已经成为常态，各单位、各部门主动发声的意愿更加强烈。从系统内外环境来看，政务信息工作向地方党委政府和上级部门反映实际情况，在解决好问题、总结好经验、宣扬好成绩、树立税务形象和提升部门站位方面发挥作用。

(三) 政务信息工作中存在的问题

一是考核督查不到位。政务信息工作长时间形成个别部门、个别人员单打独斗现象的一个重要原因，就是考核加压不够。一方面牵头部门考核滞后，考核周期长，无感状态时间长，没能做到跟踪问效、阶段考核；另一方面是压力传导力度不够，部分单位"一把手"对信息工作不重视、不布置、不过问，考核压力下沉到干部肩上的力度还有待增强。二是责任意识有偏差。近年来，丹徒局制定了《全区税务系统信息宣传及科调研工作暂行管理办法》，明确各单位要切实重视信息宣传及科调研工作，并根据分局（所）和各股室业务类型和功能属性，确定各部门的季度信息报送及采用考核基数、分配信息报送任务量等。但是，部分单位或者信息员仍然不够重视，导致不能在规定时间内完成信息报送任务。三是报送质效不佳。部分单位不能及时抓住信息报送的时效性，使信息失去了参考价值；部分单位信息宣传稿件上报内容不实、情况不准，夹带"硬伤"。还有些信息缺乏案例和分析，事实支撑不够；有些宣传缺乏目标和要素，亮点特色不强。四是自主调研信息较少。综合近年报送的信息，极少有单位根据自身工作实际，确定自主选题开展信息宣传工作，绝大多数单位依靠约稿完成下发的任务，导致部分税收工作反映的不全面、不深入。在日常报送的稿件中，问题导向未能得到很好体现，多以好的做法、取得的成绩为主，较少报送政策执行过程中遇到的困难和日常工作中发现的问题。

三、新形势下，做好政务信息工作的实现路径

（一）精准选题，提高信息报送精准度

政务信息是沟通情况、反映问题、服务决策、推动工作的重要载体。要按照"高站位、大主题、小切口"的选题标准，始终把增强选题精准性作为做好信息工作的首要环节，通过下好"先手棋"，把领导的关注点、纳税人缴费人的聚焦点、基层的创新点等细化分解，以"三个紧扣"着力提高政务信息选题精准性，助推政务信息工作实现"量增质升"。

1. 紧扣中心工作落实见效，以"高站位"精准谋划选题

紧盯上级党委和地方政府的要求和需求，围绕主题主责主业和"做优做实精品"的新要求开展政务信息选题工作，为上级部门和地方党委政府了解情况、指导工作、科学决策提供参考依据，着力提升政务信息服务的"含金量"。同时，以"立足现实需要、满足决策需求"为目标，围绕党委中心重点工作，深入基层一线挖掘信息点，确保选题精准、内容精准、效果精准。

2. 紧扣各时期重要关注点，以"大主题"精准谋划选题

围绕经济社会发展领域中存在的苗头性、倾向性问题策划具有战略性、全局性、前瞻性的政务信息选题，从宏观着眼、从中观破题、从微观解析，从不同角度分析政策、产业、资源等因素，加强预警性、苗头性、趋势性信息报送，着力提升政务信息工作的预见性和前瞻性。紧盯党中央、国务院重大决策部署、重要会议精神及重大活动，以两会等重要时间节点为纵向坐标，以重大方针政策实施为横向坐标，迅速收集整理报送群众期盼和基层反响，确保实现精准选题、精准定向、精准择材。

3. 紧扣基层工作探索创新点，以"小切口"精准谋划选题

立足丹徒区局"小体量要做优精品"的区位优势，根据各个属地分局所属辖区内企业的特点，制定不同板块业务类别清单，有针对性地开展选题调研，不断深挖涉税信息选题的深度，

扩展其广度。同时，要拓宽信息视野，扩大信息收集渠道，整合各方资源，积极挖掘并上报可供推广的好经验、好做法，第一时间为上级决策提供参考。

（二）精准识别，打造特约政务信息尖兵

当前，改革任务日益繁重，社会各界高度关注税收工作，传媒格局发生巨大变化，税务干部队伍的思想也比较活跃。这些都对做好税收领域政务信息工作提出了更新更高的要求。建强建优一支政治过硬、本领高强、求实创新的信息宣传团队，是摆在我们面前的一项现实且紧迫的任务。

1. 拓宽视野"找"

针对文字综合能力欠缺问题，要持续优化整合信息宣传人力资源，注重从年轻干部中发现写作苗子，并加以跟踪培养，为信息宣传工作储蓄后备人才，提供力量支撑。

2. 深入考察"识"

全面加强信息宣传人才梯队建设，组建信息宣传工作团队，鼓励信息宣传联络员立足岗位实际，发挥"基层信息员"优势，捕捉本单位存在的倾向性问题线索和先进经验，深入挖掘现实状况、存在问题、实际需求及工作成效等信息，推动问题快速解决、经验有效分享，逐步形成以办公室为引擎，机关股室、基层管理分局联动运行的政务信息工作协同矩阵。

3. 严格标准"筛"

持续优化信息宣传员团队，不断提高各单位信息宣传员政治站位，组建一支有思想、通业务、能动笔的宣传干部队伍。强化政务信息稿件的组织报送，并将其严格纳入组织绩效和数字人事管理，切实提升政务信息工作质效。

（三）精细管理，有效保证政务信息完成质量

1. 强化审核

将审核信息质量工作进行明确和规范。政务信息核稿岗要严把审核关，对报送的信息本着主题鲜明、实事求是的原则进行审核，对无实效性、质量差的信息坚决不发，切实提高信息的针对性和指导性。

2. 定时通报

实行按季通报制度。将各部门的信息任务完成情况按季度进行全局通报，并将此项工作纳入绩效考核，以此促进信息数量和质量的稳步提高。

3. 奖优罚劣

规范奖惩机制。确定各部门负责人为信息宣传工作的第一责任人，对没有完成按时上报任务数的部门要在每季度绩效考核时进行扣分。同时，加大信息奖励力度，开展优秀信息宣传稿件和优秀科研调研文章评选活动，调动干部职工踊跃投稿的积极性。

（作者单位：国家税务总局镇江市丹徒区税务局）

铸造党建"强引擎" 聚合发展"税力量"

吴 俊

2022年，江苏阜宁县税务局坚持以党的政治建设为统领，以迎接党的二十大和学习宣传贯彻党的二十大精神为主线，聚焦"三个提升""三个示范""三个融合"，拿出勇挑大梁的担当和敢为善为的本领，聚精会神办好发展、安全两件大事，在新发展阶段税收现代化中铸造党建"强引擎"、聚合发展"税力量"。

一、聚焦"三个提升"，激发党建"源动力"

（一）"学深"，提升政治判断力

在内容上求实，突出党的二十大精神、《习近平谈治国理政》《习近平经济思想学习纲要》和习近平总书记重要指示批示精神等；在范围上求全，依托党委理论学习中心组、"三会一课"、主题党日、青年理论学校等载体广泛学习贯彻；在形式上求新，通过举办"青春献礼二十大"征文比赛、微党课巡讲和现场知识竞答等，以及开展"赓续红色血脉，兴税强国有我"和"学习贯彻二十大，建功税收现代化"主题活动，让"小舞台"变成"大课堂"。全年组织各类学习活动共计309次，切实以"理论厚度"成就政治定力。

（二）"悟透"，提升政治领悟力

代表启发悟。邀请二十大代表吴红梅来局宣讲，以其"亲历的二十大、了解的二十大、感悟的二十大"，为党员干部全面领会、精准把握二十大精神提供指导和帮助。学习讨论悟。在原汁原味学报告基础上，围绕税收现代化服务中国式现代化开展大讨论，加深对推进共同富裕、加快绿色发展等要求的内涵的领悟。结合工作悟。系统上下不同层级、不同岗位人员，结合主责主业、紧扣工作实际，以"大主题"对接"小切口"，撰写学习心得160余篇，多篇文章在省市县各类媒体上刊出，切实以"研究准度"增添发展底气。

（三）"做实"，提升政治执行力

抓机制建设。健全项目清单、督查督办、结果问效等制度，强抓过程控制，推动各项工作闭环落实。抓方式转变，坚持系统思维、辩证思维、底线思维，突出问题导向、目标导向、结果导向，以"团队化、项目化、清单化"推动工作取得实效。抓重点推进。以落实党中央重大决策部署为第一要务，狠抓各项重点工作落地落实。全年累计办理退税12.81亿元、缓税3.16亿元，1—11月减税降费7.27亿元。各项工作均得到纳税人缴费人充分肯定，切实以"业务精度"提升服务温度。

二、聚焦"三个示范",强化党建"引领力"

(一)领导示范,发挥"头雁效应"

以上率下强学习。严格落实党委"第一议题"制度,将基层党支部和青年理论学校学员代表纳入党委理论学习中心组学习范围,强化示范引导。导师引领强思考。建立青年干部培养"导师制""课题制",坚持问题导向、项目研究,县局领导作为兼职导师,对学员承担的课题直接进行面对面指导,全年形成27篇课题研究成果,多篇获得市局和县委县政府主要领导批示。冲在一线强执行。在急难险重任务前,县局领导担任项目团队负责人,在攻坚中抓统筹,在推进中抓落实。大规模留抵退税政策实施以县局主要领导亲自指导、参与审核团队工作,将"问题清单"变为"任务清单",最终形成纳税人认可的"满意清单"。

(二)支部示范,发挥"磁场效应"

完善组织架构。聚焦"四强"党支部建设要求,将党支部建在每个分局(股室)上、党小组建在业务单元上,部门主要负责人担任支部书记,全面规范支部组织建设。规范组织活动,推行"5+N"活动模式,做好"第一主题"、党费收缴、业务讲坛、与廉同行、书香税阅5项"固定动作",因地制宜开展体验型、实景式"自选活动"。拓展组织共建。与县委党校、县财政局、荣威公司等联合开展主题党日联建,延伸党建链条,提升组织活力,让党建"朋友圈"变成为民服务的"工作圈"、纳税人缴费人的"幸福圈"。

(三)党员示范,发挥"榜样效应"

做廉洁的榜样。各级负责同志带头用党章党规党纪约束和要求自己,带头落实反腐倡廉和作风建设各项规定,带动广大党员干部做清正廉洁、勤勉从税表率。做攻坚的榜样。机关中层完善任务统筹下发机制,制定工作落实模版指引,在指导基层高效落实、推进机关基层融合方面积极担当作为。基层分局长细化分解落实各项工作任务,履职尽责、冲锋在前,在基层带动形成了真抓实干的良好氛围。做奉献的榜样。在创建文明城市、助力乡村振兴一线,200余名税务党员志愿者冲锋在前,做到志愿服务、本职工作两不误,用自己的"辛苦指数"换取人民群众的"安全指数"和"幸福指数"。

三、聚焦"三个融合",凝聚党建"向心力"

(一)注重党建与业务融合

党委定期听取退税减税落实、深化税收改革、优化营商环境等工作成果汇报,研究工作部署,推动党对税收工作的全面领导体现在每一个重大税收事项中;支部讨论、研究、确定和推进重点业务事项成为常态,税收重大改革落实、重要政策宣讲、重点业务学习成为支委会、支部大会和"主题党日"的固定议程;党员注重身份意识教育,开展"书记委员走流程"活动,在推进减税降费、征管改革、优化营商环境工作中,书记委员积极投身党员突击队、青年先锋队和党员示范岗,用战斗堡垒红、先锋模范红、志愿服务红托起永不褪色的"党旗红"。

(二)注重党建与育人融合

坚持忠诚担当,通过系列学习宣传贯彻活动,"全覆盖"式开展对党忠诚教育,锤炼干部政治品格,引导干部主动将"小我"融入"大我",以"硬作风"决胜"硬任务";坚持干净做事,突出抓早抓小,"嵌入式"开展"以案明纪"教育、实景警示教育、廉政家访等,促进清廉思想深植税收工作全过程。

（三）注重党建与文化融合

重视文化传承，依托县域红色文化资源优势，开展"红色故事青年说""老党员讲税收故事"，办好《阜宁税务人》报，促进干部在"传承铁军精神、赓续红色血脉"中守望传统、争做先锋；重视阵地建设，围绕"党建＋传统""党建＋新媒体"，打造"党建活动中心"，助力党建工作创新发展，展示党建税收融合发展成果；重视品牌打造，围绕"党建＋文化"主题，坚持"一支部一品牌"，打造符合时代要求和阜宁税务形象的党建品牌。机关支部推出"铁军传承·湖海税韵"党建工作品牌，新沟分局党支部《村上税局党旗红》获评全省税务系统党建工作创新优秀案例，真正让品牌"亮起来"，党建"活起来"。

（作者单位：国家税务总局盐城市税务局）